U0115396

學術論文集叢書

周鼎珩教授易學
國際學術研討會論文集

陳素素、侯淑娟　主編

鼎亨三聖《易》，珩耀太極心

──《周鼎珩教授易學國際學術研討會論文集》序

　　臺北市士林區外雙溪東吳大學「景昃鳴禽集，水木湛清華」（東晉·謝混〈游西池〉）、「造化鍾神秀，陰陽割昏曉」（唐·杜甫〈望嶽〉），此地龍蟠虎踞、鍾靈毓秀，校園內外山川風景，十分幽雅恬靜，代有才出，炳炳蔚蔚。

　　根據該校中國文學系退休陳素素教授於中華民國七十三年（1984）八月恭撰〈周鼎珩先生事略〉與〈補遺〉記載：周鼎珩（字公燮，安徽桐城人，1903-1984）先生畢業於北京朝陽大學法律系，年少即隨侍清末翰林九華山三元道長左右，一心深研《易》學。先生來臺之後，於東吳中文系教授《易經》，隨後自中華民國五十一年（1962）在中國廣播公司專設《易經》節目播講，此初掀研《易》風潮；迨《易經講話》行世，臻乎鼎盛，此第二度也；於是應讀者之請，先後在黎明文化公司、中華文化大樓開設講座，此第三度也；因此，吸引許多愛好《易經》與中華文化的學者專家、社會賢達，激揚文章，輔仁會友，切磋琢磨，齊聚一堂，掀起臺灣朝野競研《易經》風潮。書法家賀其燊（字仲烈，江西永新人，1903-1982）先生嘗贈聯語曰：「此間有山中宰相，何處問世外桃源？」這位「山中宰相」始終沒有出仕的機緣，而在默默從事薪傳「聖道」的志業。

　　先生遷化後，《周氏易經通解》以機緣未成熟，遲未刊行，致本人編撰之《臺灣易學史》與《臺灣易學人物志》，亦未嘗納入。沉寂經年，而今因緣俱足，「周鼎珩教授易學國際學術研討會」，順利召開，並致贈與會者《周氏易經通解》第一冊，再掀風潮，可謂第四度也。（案：以上有關周鼎珩先

生《易》學的四度歷史進程，係本於陳素素教授惠函賜教，特此說明。）

　　中華民國五十二年（1963），周鼎珩先生於「乾初易舍」校訂，彙整出版為《易經講話》三十二講（第一講前有自序與問答一、二，第三十二講後，附：《原易》八章與〈編後餘言〉），故於十一月初一日之自序末段曰：

> 是編所輯，多為電臺廣播詞，電臺廣播，不能與聽者親切相對，且無從畫卦作圖以曲盡其情，故師孔子大象之意，由人事以明天理，將宇宙造化引伸至於社會現象，藉使人天之際，融為一體，庶乎意遠而言近，不致邃奧難解，人人得以知《易》矣，但《易》之深且廣，固不止此也，故益之以〈長短略〉，而附《原易》八章，首太極迄於六十四卦，各申其義，兼作綜合說明，以便初學者循序而進，稍窺四聖宗廟於萬一，至於編內各節講解，有泛論《易》例者，有分釋卦理者，要皆順其層次，參照序卦，慎為排比，期能前後一貫，並在編首增列問答二則，先明其概焉。

　　《易經講話》付梓問世至今，已近五十年，慶幸陳素素教授與同門於「周鼎珩教授易學國際學術研討會」後，發心起願，攜手彙整梓行《周氏易經通解》第一冊，此冊《易》例與〈乾〉、〈坤〉、〈屯〉、〈蒙〉四卦講詞，半世紀前皆經周鼎珩先生親訂。先生《易》書兩種夙為士林尊崇為學術經典，煌煌德業，深信將能「不廢江河萬古流」（唐‧杜甫〈戲為六絕句‧其二〉），流傳久遠。

　　本人因緣際會，承蒙東吳大學中國文學系主任侯淑娟教授熱情誠懇邀約，有幸擔任「周鼎珩教授易學國際學術研討會」總籌，授權籌謀策劃會議作業，戰戰兢兢，誠惶誠恐，渥蒙該系傑出校友陳素素教授鼎力協助，以及侯主任領導召集系內同仁組成籌備委員會，於中華民國一一〇年（2021）三月二十三日（星期二）午後四時，於七樓系辦會議室一起集思廣益，共同研商討論會議主題、舉辦方式、邀請名單與工作分組，底定會議相關細節，並全權委託本人與系辦助教一同展開實質的會議整體聯繫安排，預計邀請與會

的海內外專研《易》學優秀學者，計有：

一、臺灣地區：曾春海、陳福濱、朱高正、趙中偉、林文欽、蕭登福、林安梧、黃忠天、胡瀚平、吳進安、孫劍秋、賴貴三、楊自平、陳睿宏、許維萍、陳威瑨、羅聖堡、王詩評、蔡郁焄、李威侃、郭振清、李蕙如、林世賢、謝綉治、黃乾殷等先生。

二、香港地區：鄭吉雄、韓子奇、吳偉明、鄧立光、黎子鵬等先生。

三、新馬地區：勞悅強、陳明彪等先生。

四、大陸地區：劉大鈞、林忠軍、張善文、張叔銘、林勝勤、黃黎星、楊慶中、張麗麗等先生。

五、韓國地區：方仁、鄭炳碩、林在圭、黃炳起、金聖基、元勇準、金演宰等先生。

六、日本地區：舘野正美先生。

七、歐美地區：費颺（Stephane Feuillas，法國）、劉正（美國）等先生。

濟濟多士，可謂極一時之盛。「周鼎珩教授易學國際學術研討會」係陳素素教授為感念恩師，並弘揚恩師《易》學而籌辦，經費由陳教授全額捐助。在國際COVID-19新冠疫情嚴峻的時刻，通權達變，以實體與視訊二種方式進行會議，順利於中華民國一一〇年（2021）十一月二十六日（星期五）在外雙溪校區第一教研大樓普仁講堂（場地A）與戴氏基金會會議室（場地B），分別上下午四場次舉辦整天議程，兩個會場「群賢畢至，少長咸集」，「文明新舊能相益，心理東西本自同」（清・陳寶琛題贈哈佛大學燕京圖書館聯），誠為學林杏壇盛事。

此次會議除邀請東吳大學潘維大校長開幕致詞外，陳老師亦偕同亞東聯合會計師事務所林鴻基會計師、臺北護理健康大學陳永銓老師、財團法人千代文教基金會樊楚才董事長，以及美國賓夕法尼亞大學口腔頜面外科學系盧博一教授等同門參與。而原本預邀的海內外學者，最終發表論文者，計有：

鄭吉雄教授專題演講：《易經》的東亞植根與全球遊歷。

場地A上下午兩場次：曾春海、楊自平、陳威瑨、羅聖堡、劉正、許維萍、張麗麗、王詩評、賴貴三9位先生發表論文。第一場次主持人為孫劍秋教授、第二場次主持人為黃忠天教授，特約討論人分別為趙中偉、孫劍秋、張文朝（評論兩篇）、賴貴三、陳恆嵩、許維萍、蕭登福、黃忠天8位先生。

場地B上下午兩場次：林忠軍、金演宰、舘野正美、陳明彪、趙中偉、吳進安、陳睿宏、黃乾殷、黎子鵬9位先生發表論文。第一場次主持人為金培懿教授、第二場次主持人為陳福濱教授，特約討論人分別為陳麗桂、林安梧、金培懿、黃忠天、曾春海、陳福濱、楊自平、陳睿宏、鄭吉雄9位先生。

總計發表論文18篇，收入本論文集者14篇，另有發表而未收錄本論文集者，計有楊自平、羅聖堡、許維萍、林忠軍4位教授4篇論文。

開幕式首先安排周鼎珩先生門生弟子樊楚才、盧博一、陳素素、林鴻基、陳永銓諸位先生，透過影片與現場真摯懇切致詞，博得與會嘉賓師生一致的感動與懷念；又特別安排高雄師大經學研究所前所長黃忠天教授指導，國內首位以「周鼎珩《易》學之研究」獲得高雄中山大學中國文學系碩士學位論文的陳柱言老師，辛勞遠自南臺灣屏東蒞臨說明研究歷程點滴與分享成果心得，完美揭開會議序幕。接著，特別邀請香港教育大學文化史講座鄭吉雄教授專題演講──《易經》的東亞植根與全球遊歷，成功為本次會議注入古典風華與國際視野，鄭教授已彙集其《易》學論文為《周易鄭解》專書，即將由「臺北：聯經出版事業公司」付梓出版，鴻篇鉅著，且共拭目以待，必然洛陽紙貴。

本次研討會主題設定為：《易》學反本開新與視域融合。包括三項子題：周鼎珩先生《易》學成就與貢獻、《易》學普及化與國際化、《易》學之轉化創新與應用發展，共計發表18篇論文，分別來自日本、韓國、馬來西亞、中國、香港與臺灣等地，除承繼前人對《易經》、《易傳》義理的詮釋，也提出《易》學新說，揭橥近年研究最新成果，「卻顧所來徑，蒼蒼橫翠微」（唐‧李白〈下終南山過斛斯山人宿置酒〉），郁郁斯文，漪歟盛哉！

　　《周鼎珩教授易學國際學術研討會論文集》已編輯完成，即將付梓出版之際，大功告成，終不負侯淑娟主任殷殷託付——反身而誠，樂莫大焉。（《孟子・盡心上》）最後，謹代表東吳大學中文系赤誠感謝——陳素素教授鼎助國際會議舉辦與論文集出版所有資金經費、襄贊圓成的海內外《易》學師友同道，以及專業編輯、精實出版的萬卷樓圖書公司，衷心期盼再有「以文會友，以友輔仁」的學緣——時止則止，時行則行，動靜不失其時，其道光明。（《周易・艮・彖傳》）

　　　　賴貴三　謹序於臺灣師範大學國文學系　屯仁學易尼進齋
　　　　　　　時維2022年7月20日（星期三）壬寅初伏吉旦

主編序

　　一一〇年十一月二十六日（五）本系於本校第一教研大樓一樓普仁講堂與戴氏基金會會議室，舉辦一日雙場地同步開展的「周鼎珩教授《易》學國際學術研討會」。委請《易》學專家臺師大國文系主任賴貴三教授擔任研討會學術總召，以「《易》學反本開新與視域融合」為主題，周鼎珩教授《易》學成就與貢獻、《易》學普及化與國際化、《易》學之轉化創新與應用發展等三大面向作為研討子題。邀請美國、日本、韓國、馬來西亞、香港、大陸、臺灣之《易》學專家學者與會，共發表十八篇論文，收入本論文集計十四篇。

　　本研討會因本系退休教師陳素素副教授為感念其恩師周鼎珩（1903-1984）教授之提攜教誨，弘揚恩師《易》學成就，其賢妹陳韓老師欣然贊助而籌辦。

　　周鼎珩教授畢業於北京朝陽大學法律系，年少即隨侍清末翰林九華山三元道長左右，一心深研易學。在大陸時期已著有《易經通論》，可惜渡海未及攜出。來臺之後，於東吳中文系教授《易經》，並在中廣公司專設《易經》講座，掀起臺灣朝野競研《易經》風潮，講詞彙整為《易經講話》，至今仍為研《易》者所重視，流傳不歇。民國六十二年，周鼎珩教授先後於黎明文化公司、中華文化大樓開設講筵，陳素素副教授當年分擔記錄，雖歷經波折，仍堅毅為之，耗時四十年，同門或補記或重聽，齊心彙整，並蒙本系前主任林伯謙教授精心擘劃，民國一一〇年終獲成果，預計出版《周氏易經通解》一套七冊。第一冊易例及乾、坤、屯、蒙四卦講詞，周鼎珩教授親訂，新面世時，舉辦「周鼎珩教授《易》學國際學術研討會」，分贈與會學者專家。

　　本次學術研討會旨在紀念周鼎珩教授，弘揚其《易》學，開幕式陳素素副教授偕同師門弟子：亞東聯合會計師事務所林鴻基會計師、臺北護理健康大學陳永銓老師、美國賓夕法尼亞大學口腔頷面外科學系盧博一教授，於恩師仙逝三十八年後，克服COVID-19新冠肺炎國際疫情的困難，實體、線上重聚，緬懷感念師恩，其文皆為研究周鼎珩教授及其《易》學的珍貴資料，一併收入論文集。

　　在研討會籌備期間得本系陳恆嵩教授與謝君讚、賴位政兩位助理教授、及系辦行政同仁之助，又有碩、博班研究生積極參與協助，在論文集彙整時有鄭宇辰助理教授校對，出版前賴貴三教授惠賜書序，以《周易・艮・彖傳》「其道光明」為祝，凡此種種，皆深銘五內，無任感激，研討會論文集刊行在即，謹此簡誌，聊表謝忱。

侯淑娟　謹序於東吳大學中國文學系

111年9月28日

目次

Contents

先師周鼎珩對《易經》之體悟與闡發
──以賁卦等十七卦為例

陳素素[*]

提要

先師周鼎珩（字公燮，1903-1984），安徽桐城人。幼赴九華山從三元道長學《易》，民國三十八年遷居臺灣。民國五十一年，在中國廣播公司專設《易經》節目播講，其後又在黎明文化公司、中華文化大樓開設《易經》講座。著有《易經講話》、《周氏易經通解》。先師所授為漢《易》，期恢復《易經》本色，嘗命素素記錄者，先後有〈賁〉卦等十七卦，因得窺先師之體悟與闡發。大抵其解《易》首明易例，以為鑰匙，俾以闡釋六十四卦。或以糾正宋《易》之謬，闡發漢《易》之理，或以澄清先儒之懷疑；其了解本卦卦體，或從本卦內外體之卦象、從旁通卦與本卦卦象之比較、從互卦本卦卦變之來源與本卦比較等等角度；並時而參照〈乾〉、〈坤〉十二爻之爻辭、援用天地人三才爻位、八宮、納甲之說，以觀察卦體；而根據師承，特別發明者，尤詳審可觀。凡所體察領悟者，必運用於實際人生，期人之立身處世，有借鏡焉。

關鍵詞：周鼎珩、《易經講話》、《周氏易經通解》、易例、漢《易》

---

[*] 東吳大學中國文學系退休教授。

The Comprehension and Elucidation of the Master Zhou Ding-heng's *The Book of Changes* (*Yi Jing*)

——Using Seventeen Hexagrams with the "Ben" Hexagram (*Gua*) as an Example

Chen Su-su

Abstract

Zhou Ding-heng (alias Gong Xie, 1903-1984) was from Tongcheng, Anhui Province. When he was young, he went to Jiuhua Mountain to learn *Yi* from Sanyuan Dao and moved to Taiwan in 1949. In 1962, he set up a special program about *The Book of Changes* (*Yi Jing*) in Broadcasting Corporation of China to give lectures, and then gave lectures on *The Book of Changes* in Li Ming Cultural Enterprise Corporation and Chinese Culture Building. His works include *Yi Jing Jianghua* and *Zhoushi Yi Jing Tongjie*. What master Zhou taught was the Han "Yi," and he hoped to restore the true color of *The Book of Changes*. Those who had read and recorded Zhou's works had come up with seventeen hexagrams (*gua*) successively, such as the "Ben" hexagram, because they had had a glimpse of the master's insight and interpretation. Zhou's interpretation of *Yi* is the first to show the example of *Yi*, which is regarded as the key to explain the sixty-four hexagrams. It is used to correct the fallacy of the Song *Yi*, expound the rationale of the Han *Yi*, or to clarify the doubts of the early Confucians. With his interpretation of *Yi*, it helps to understand the hexagram form of the original hexagram, from the hexagram image of the internal and external bodies of the original hexagram, from the comparison between the bypass hexagram and the original hexagram, and from the source of the change of the original hexagram and the original hexagram, etc. Meanwhile, it sometimes refers to the twelve lines of "Qian" and "Kun" and uses the theory of the three talents of heaven, earth and man, eight palaces, and Najia to observe the hexagram body. Based on the master's inheritance, the special inventor's detailed review is considerable. Those who observe and comprehend must be applied to real life, expecting people to stand in the world and have a reflection with it.

Keywords: Zhou Ding-heng, *Yi Jing Jianghua*, *Zhoushi Yi Jing Tongjie*, Yi li, Han *Yi*

先師命素素記錄者先後有賁卦、剝卦、无妄卦、頤卦、大過卦、離卦、遯卦、晉卦、睽卦、夬卦、井卦、震卦、歸妹卦、巽卦、渙卦、中孚卦、既濟卦等十七卦，記錄既竟，得略窺先師對《易經》之體悟與闡發，因不揣鄙陋而論述之。

先師首明易例，易例為探索《易經》的鑰匙。易例既明，則用以闡釋六十四卦。茲分條舉例如下：

一 糾正宋《易》的謬誤、闡發漢《易》的道理

先師在易例一中指出：「《易》至魏晉，經王弼掃象之後，即已流於空洞，唐宋兩代，如孔《疏》、程《傳》與朱《義》，亦皆局限於義理，而象數見絕，《易》之本旨，逐漸喪失！所幸李鼎祚掇拾兩漢三十餘家之殘篇賸簡，兼之邵康節又闡明先天數，於是象數之說，得以略存一二，藉使後之學者尚有途徑可循，故明清兩代，有不少之經師，於摸索之中，復窮漢《易》。但至民元鼎革，西風東漸，此已即將失傳之《易》學，便不為人所重，而湮沒莫聞！時至今日，中華文化，不絕如縷，欲謀文化之復興，必先昌明文化源頭的《易》學，鼎珩不敏，願與海內外諸君子共勉之。」可見先師是志在追隨明清的經師，復窮漢《易》，挽救即將失傳的《易》學的，在闡說六十四卦時，常常可見，以下僅舉兩例以為證明。

在〈无妄〉卦裡，先師說：「根據卦變，二陰四陽的卦是來自〈遯〉卦和〈大過〉卦，〈无妄〉卦是從〈大過〉卦來的呢？還是從〈遯〉卦來的呢？是從〈遯〉卦來的，〈遯〉卦的上爻下來了，於是乎變成〈无妄〉；宋儒有些講是從三爻下來的，但三爻不對，何以故？」以下先師緊接著用〈乾〉卦上九「亢龍有悔」，上九已發展到極點，於是反生於下，來說明上爻理當下來；另外又用「乾、坤生六子」來說明三爻不能下來的道理；艮是六子中的少男，既是少男，陽就不夠，還是嫩的，怎麼能下來？這是糾正宋《易》的謬誤。

在賁卦裡，先師說：「這卦以漢《易》的說法，是從泰卦來的，為什麼

呢？在卦變裡，三陰三陽的卦，是以〈泰〉、〈否〉兩卦為主，這卦是三陰三陽的卦，他的本源是從〈泰〉卦演變來的。〈泰〉卦外卦是坤，內卦是乾，〈乾〉卦的九二上居〈坤〉卦的上六，〈坤〉卦的上六下居〈乾〉卦的九二，於是就變成〈賁〉卦。」緊接著先師先舉〈彖傳〉「柔來而文剛」，來說明〈坤〉卦上六為「柔」，下「來」「文」飾〈乾〉卦九二的「剛」；又舉〈彖傳〉「分剛上而文柔」，來說明「分」〈乾〉卦九二上的「剛」，「上」去「文」飾〈坤〉卦上六的柔。這是闡發漢《易》的道理。

二　針對先儒懷疑，援用易例，加以澄清

　　先師在易例三說：「〈繫辭傳〉曰：『爻也者，效天下之動者也。』六爻就是一現象所含之動態有其六種不同之方式，〔……〕二與五爻之動，是指示主幹之動，二為內卦之主，有關基礎之建樹，其動也篤實；五為外卦之主，有關成功之表現，其動也榮華，〔……〕此所以〈乾〉卦二爻爻辭，僅繫『見龍在田』，以狀其篤實，而於五爻爻辭，則繫之『飛龍在天』，以狀其榮華。」又說：「卦是代表現象的，任何現象〔……〕自其結構的形態看，有內在的基礎，就有外在的發展，卦即因之而分內外，意為示人以觀察之途徑也。」可見有些卦要拿「爻」來觀察，有些卦則要拿「內外兩體」來觀察。

　　比方先師在〈剝〉卦裡說：「先儒有人懷疑〈剝〉卦是剝掉五個陽，只剩一個陽，像那花木已零落，裡頭生機不夠了，本它他是九月卦嘛，說它剝，還可以；〈觀〉卦剝了四個陽，也僅比〈剝〉多了一個陽，怎麼倒還有可觀之處呢？怎麼還有『大觀在上』呢？至於〈否〉卦只剝掉三個陽，還有三個陽存在啊！怎麼就閉塞不通呢？這怎麼講法呢？這不是矛盾嗎？」

　　先師如何來澄清先儒的懷疑呢？先師先拿「爻」來觀察〈剝〉卦、〈觀〉卦的不同——「〈乾〉卦代表乾陽的爻是五爻，『九五，飛龍在天，利見大人』，這個五爻可以代表乾陽最大的主力，假使主力不亡，它還有辦法，〈觀〉卦雖說剝到四陽，而五陽——乾陽的主力還存在，所以還有可觀之道也。到了〈剝〉卦，它乾陽的主力已經沒有了，所以它就剝落了、凋零

了，這是拿『爻』來講。」

〈否〉卦乾陽的主力還在啊！為什麼他又閉塞不通呢？先師又如何來解釋呢？先師是拿「內外兩體」來觀察〈否〉卦的，他說：「中國過去講卜筮的，是講『內貞外悔』，內卦是『貞』，外卦是『悔』，那是什麼意思呢？內卦是主宰，是不動的，外卦是發展的，可以變動的，有懊惱的，可是只要內卦的主宰不壞，外卦就可以減少它的危機，現在〈否〉卦內卦的主體，已經為陰剝完了，內在變成塊然死體，是靜止的，只是外體的浮陽向外發展，內外兩氣連不起來，不能相通，所以它閉塞不通，這是拿『內外兩體』來看的。」先師又順便提出「〈遯〉卦也是拿『內外兩體』來看，〈遯〉卦內卦本來是陽，現在內卦變成艮，艮為止，內在停止了，內在沒有力量了」。其觀察方法和〈否〉卦相同。

三　從本卦內外體的卦象來了解本卦卦體

先師在易例三說：「〔……〕卦體則分為內外、本末，重卦的體例是由兩個三畫卦複合而成，既為三畫卦所複合，當然有內、有外。先儒對在內的三畫卦，多稱之為「內體」，亦稱「內卦」；對在外的三畫卦，多稱之為「外體」，亦稱「外卦」。〔……〕〈泰〉之〈彖傳〉曰：『內陽而外陰，內健而外順，內君子而外小人。』〈否〉之〈彖傳〉曰：『內陰而外陽，內柔而外剛，內小人而外君子。』這是就內外以言卦體。」

先師在〈泰〉卦即根據這個原則來闡釋，他說：「內體乾，乾為天而居下；外體坤，坤為地而居上。〔……〕就內外言：乾乃動能的陽，而為萬物生機之所在，乾居內，是表示生機藏之於內；坤乃靜態的陰，而為萬物形質之由來，坤居外，是表示形質現之於外。舉凡宇宙萬物，其內在必藏有生機，外在方現出形質，外在既現出形質，內在必藏有生機。例如花木之能發枝發葉、開花結果，完全是於內在根荄所蘊藏的生機，根荄生機，倘已耗盡，則枝葉花果一切外在的形質，立即隨之而消滅，所謂『有諸內者形乎外』是也。」

四　從旁通卦和本卦做卦象之比較來了解本卦卦體

先師在易例四說：「設有兩卦於此，卦體位置一致，並不顛倒，而兩卦所含之陰陽各爻，本質完全相反，在這一卦的某爻是陰，在那一卦的某爻卻是陽，在這一卦的某爻是陽，在那一卦的某爻卻是陰，似此陰陽相反的兩卦，就叫做『旁通』（一稱錯卦或對卦）。例如〈屯〉和〈鼎〉兩卦，圖解於次：

屯卦　　　鼎卦

除〈屯〉與〈鼎〉兩卦外，如〈蒙〉與〈革〉、〈需〉與〈晉〉、〈訟〉與〈明夷〉、〈師〉與〈同人〉、〈比〉與〈大有〉等等皆是。以旁通較之於前述的反對，彼則起於位置上的關係，而無與於卦爻的本質，故其為用猶狹，僅能施之於五十六卦；此則乃起於本質的差異，而為陰陽互變，故其為用特廣，可以行之於六十四卦全部。」

「旁通」既可以行之於六十四卦全部，所以先師在闡釋卦體時，常從旁通卦和本體卦做卦象的比較，經由比較，更能了解本卦。現在試舉〈夬〉卦為例，以見一斑。「〈夬〉卦的旁通是〈剝〉卦，〈剝〉卦是五陰剝陽，就是五陰向上浸長，只有一個陽孤懸在上，這個情勢勢必為陰所剝，存在不住的。夬卦的情形也是如此，五陽向上浸長，只有一個陰孤懸在上，當然到了最後一定為陽所滅，毫無問題。這兩個形勢是相同的，可是裡頭有不同的地方，有什麼不同的地方呢？陰剝陽比較容易，陽決陰比較難，何以見得？」以下先師分別舉自然現象──「火滅水是慢慢地熬、水滅火是突然地驟滅」、人事社會──「小人害君子容易，君子去小人困難」來說明。

五 從互卦來幫助對本卦卦體的觀察

　　先師在易例五說:「〈繫辭傳〉曰:『雜物撰德,辨是與非,則非中爻不備。』所謂中爻,指的是一卦裡面二、三、四、五各爻,因這幾爻居卦體之中也。那麼,中爻何以能辨別是非好壞呢?這得要經過一番的手續:將二、三、四、五各爻,依其所居位置之上下,分為內、外兩體,二、三、四疊之於內,而成內體;三、四、五疊之於外,而成外體。於是中爻遂疊成另一個完整的卦體;既經有了另一個完整的卦體,在卦體形式上,當然就會顯示是非好壞,而中爻便可藉此以發揮其應有之作用——雜物撰德,辨是與非。惟卦非本有,係由中爻互相複合以成,故稱之為「互卦」。茲仍舉〈屯〉、〈蒙〉兩卦,圖解於次:

屯卦中爻互成剝卦　　　　　蒙卦中爻互成復卦

　　後儒有疑互卦非先聖之旨意,其實,孔子於〈繫辭傳〉裡指出『中爻』,非互體而何?這好比選擇樹木的材料,並不在乎樹枝之茂,以及樹根之牢,而要審度樹幹之中段成材與否。故對一卦之觀察,絕不能忽視中爻之互體。」

　　互體既如此重要,所以先師常用來觀察卦體,比方頤卦,〈頤〉上頭是艮,艮為止,底下是震,震為動,等於口車輔吃東西,底下動,高頭不動,所以是口車輔之象。中間四爻互著兩個坤,坤作成物,坤為萬、為物,坤厚德載物,就是嘴裏面有厚德載物,嘴裏面有萬物;下頭在動,高頭在輔助,中間有萬物在口中,所以是養的象徵。

六　從本卦卦變的來源和本卦比較以加深對本卦卦體 的認識

　　先師在易例四說:「宇宙間從沒有一成不變的現象,人事現象固然不斷地在變,自然現象更是變動不居,而且白雲蒼狗,一息萬殊。卦者,掛也,掛萬象於其上也。卦之為用,是在指示周遭所懸掛的現象;質言之,無異乎是現象的代表。現象既經時時在變,代表現象的卦體形式,當然也就隨著現象之變而變,這便是『卦變』的由來。卦變一稱『變卦』,謂由這一卦演變而成那一卦。」並列舉虞翻及李挺之所傳的卦變,以為「李挺之所傳之『卦變』,持義最精,針對實際現象,而將卦變分為兩大類:曰『反對』,曰『相生』。在實際現象中,相生者,如父而子、子而孫是也;反對者,如暴虐統治之下,而有革命運動出現是也。窮極宇宙萬有,其現象之能不斷演進,無非由於相生與反對兩種途徑;故言『卦變』,應以此為準。」

　　故先師在觀察卦體時,常用「卦變」,比方先師在講〈既濟〉卦時說:「我們根據『卦變』來講,三陰三陽的卦都是從〈泰〉、〈否〉兩卦來的。這一卦是從〈泰〉卦來的,〈泰〉卦的二爻上去居五,五爻下來居二,變成〈既濟〉。泰卦是正月卦,在《禮記・月令》上講:『是月也(正月),天氣下降,地氣上騰。』『天氣下降』,所以乾在下,乾在裡頭;『地氣上騰』,所以坤在上,坤在外頭。〈泰〉卦是陰陽兩氣全面相交,萬物生機暢遂,可是萬物真正到定局的時候,光陰陽全面相交還不夠的,在陰陽兩氣全面相交之後,一定要再由乾、坤兩氣中心的契機互相交換;就是〈坤〉的中心契機居乾體之中,乾的中心契機居坤體之中,萬物才真的可以成就。我們看萬物,無論是胎生的也好,卵生的也好,種植生的也好,藉著春天(〈泰〉卦)陰陽兩氣相交的這個機遇,他自己本身生殖的中心點,兩個還要交換,還要互相契合在一起,這樣才能變成萬有的生物,人才能變成人,禽獸才能變成禽獸。泰卦是講陰陽全面要交換,〈既濟〉是講每一個物體他自己內在的那個陰陽契機要交換,才能成就每一個物體,所以〈既濟〉卦和〈泰〉卦的關係很深。」〈既濟〉卦和〈泰〉卦經由如此的比較,不是可以加深我們對〈既濟〉卦的認識嗎?

七 參照〈乾〉、〈坤〉十二爻之爻辭來認識各卦體之爻的好壞

先師在易例四說:「〔……〕〈乾〉、〈坤〉十二爻,在功用上既各有其差異之表現,如分別散居於各卦之中,而為各個卦體之組成分子,固然分具各個卦體之爻位特性,但或多或少,仍保持〈乾〉、〈坤〉十二爻之原有的意義。〔……〕要之,認識各個卦體中之爻是好是壞,以及引申到人事社會的應進應退,須參照〈乾〉、〈坤〉十二爻之爻辭。」

舉例來說,在〈遯〉卦,先師為了說明〈遯〉卦二爻的陰把整個內在的基礎掌握住了,就引坤卦二爻的爻辭來證明,他說:「〈姤〉卦這個初爻的陰,固然是基礎,但是初爻還不當位,還不能代表內卦。如果〈姤〉卦這個初爻的陰升到二爻,二爻就能代表內卦,為什麼呢?〈坤〉卦的二爻:『直方大,不習无不利。』〈乾〉卦的二爻:『見龍在田,利見大人。』內卦到了二爻以後,它內在的基礎,就歸它所掌握,陰長到二爻,內卦就被陰所掌握住了,現在這個〈姤〉卦初爻的陰升到二爻,於是把整個內在的基礎掌握住了。」

在剝卦,先師為了要說明〈剝〉卦裡頭生機不夠了,而〈觀〉卦還有可觀之處,就引〈乾〉卦五爻的爻辭來證明,他說:「〈乾〉卦代表乾陽的爻是五爻,『九五,飛龍在天,利見大人。』這個五爻可以代表乾陽最大的主力,假使主力不亡,它還有辦法;〈觀〉卦雖說剝到四陽,而五陽——乾陽的主力還存在,所以還有可觀之道也。到了〈剝〉卦,它乾陽的主力,已經沒有了,所以他就剝落了、凋零了。」

八 用天地人三才來看卦體

先師在易例三說:「所謂才,指的是從內在本有之氣質,到外在表現之能力。才之所以分為天地人者,是說天具主宰的能力,空洞而無形,其為才也屬於氣;地具凝聚的作用,實在而有體,其為才也屬於質。人生於天地之

間，稟賦雖各不同，但就一般而論，人得天地均衡之數，稟之於天所主宰的氣，約佔其半，是即人之靈能的來源；稟之於地所凝聚的質，約佔其半，是即人之軀體的來源。故凡人類應具之才，則屬於氣與質的配合。氣質配合適宜，其才高而且美；氣質配合不當，其才卑而且劣。這在《易經》卦爻上，指示得極為明顯：三畫之卦，以在上一爻為天，在下一爻為地，居中一爻為人；六畫之卦，以在上的五、上兩爻為天，在下的初、二兩爻為地，居中的三、四兩爻為人。」

　　在〈既濟〉卦，先師說：「〈既濟〉卦拿三才分開來看，更可以證明老子這句話——『功遂身退，天之道。』所謂『天道』，指陽而言，因為陽為天嘛。〈既濟〉卦六爻皆正，而且陰爻皆居前，陽爻皆居後。初、二兩爻是地，三、四兩爻是人，五、上兩爻是天，所謂『兼三才而兩之』。拿天地來講，陰爻在前，陽爻在後，陰爻在外，陽爻在內；拿人來講，也是陰在外，陽在內。所以我們人所看到的都是五官百骸，至於精神意志呢，藏在裡面。拿天地來講，看到的都是有形的東西，無形的東西隱藏在後。所以老子講『功成』——『陰體已經成功了』，『事遂』——『是花就是花，是樹就是樹，是草就是草，是牛馬就是牛馬，是飛禽就是飛禽，這樣子事已經成就了』，於是『身退』——『造成這些物體的動力就退後了，陽爻就是退後了』。總而言之，宇宙萬有，一般所看到的都屬於具體的表現，具體的表現屬於陰；至於陽的方面的能力呢，是不具體的，所以就退後了。」這就是用三才觀察既濟所得的認識。

九　用八宮之說來觀察卦體陰陽消息的情形，進而了解卦情

　　先師在易例八說：「八宮之說，詳見《京房易傳》，旨在示人以觀察現象之途徑，並為占筮上確立推斷之基礎。析而言之：乾本純陽，但乾宮所領導者，率皆陰消之卦，而且陰消之勢，逐級增強；初消成〈姤〉，二消成〈遯〉，三消成〈否〉，四消成〈觀〉，五消成〈剝〉，〈剝〉盡即入於純陰之

坤矣。坤本純陰，但坤宮所領導者，率皆陽息之卦，而且陽息之勢，逐級增強；初息成〈復〉，二息成〈臨〉，三息成〈泰〉，四息成〈大壯〉，五息成〈夬〉，〈夬〉盡即入於純陽之乾矣。」

在〈剝〉卦，先師即從此途徑以觀察卦體，他說：「〈剝〉卦本來是乾宮的卦，是陰來消陽的卦，陰初消成〈姤〉，是乾宮一世；二消成〈遯〉，是乾宮二世；三消成〈否〉，是乾宮三世；四消成〈觀〉，是乾宮四世；到了五消，就成〈剝〉，此時乾宮本身快剝完了，剩了一個孤陽空懸於上。我們曉得任何一個現象，他所以能夠成長，乃至於能夠發展，都是靠著陽在裡頭做他的生機，假使這個現象，他的陽快完了，到了五消成〈剝〉的，這個現象就存在不下去了，就要瀕於死亡的邊緣。」

在〈泰〉卦也是如此，先師說：「〈泰〉本坤體，而為坤宮三世卦。乾入坤體，初息成〈復〉，二息成〈臨〉，三息成〈泰〉，四息成〈大壯〉，五息成〈夬〉；自〈夬〉以後，如再上息，則已成〈乾〉，而坤體即不存在。故就坤體存在之範圍內，只始於初息而止於五息，三正居於初至五之中。在三之前，為初、為二，初陽猶微，二仍屬於涵養期內；在三之後，為四、為五，四已過壯，五則瀕於決陰之程度。是初、二嫌不及，四、五卻太過，過猶不及，惟有陽息至三，三陰三陽，各得其半，配合均衡，始能達成通泰的境界。」

十　用納甲之說闡明卦爻

先師在易例七說：「兩宋以來，治《易》者率多側重義理，擯棄象數，有謂五行、干支與《易》無關，納甲只是術家所用，而非聖門之學。持此觀點，何異耳食？按《易經》裡面，以干支解釋卦爻，屢見不鮮，如〈蠱〉卦卦辭曰：『先甲三日，後甲三日。』〈革〉卦卦辭曰：『己日乃孚。』〈巽〉卦九五爻辭曰：『先庚三日，後庚三日。』是則《易》固未嘗諱言干支，干支且為《易》之所本有，而與卦爻結成不可分之關係。尤其在文王演《易》之前，夏、商兩代帝王，即已沿用干支為名，夏之孔甲、履癸，商之盤庚、武

丁，其例之多，舉不勝舉！幾乎所有夏、商帝王的名字，十之八九，都離不開干支，足見當時對於干支，非常重視。然而為什麼這樣的重視呢？蓋《易》在古代，乃唯一的立國寶典。治曆明時，準之於《易》；制器尚象，準之於《易》；凡有興革大計，無一而不準之於《易》。而夏之《連山》、商之《歸藏》，其文字內容更較《周易》為簡約，有關卦爻性能及其變化，不得不藉干支以為之說明。因八卦中乾、兌屬金，坤、艮屬土，震、巽屬木，坎屬水，離屬火，八卦就是五行，干支也是從五行而來，彼此都以五行為依據，故兩者之間，脈絡相通；而干支遂成為卦爻的主要標誌，『納甲』之說，於是應運而起。」又說：「干支是怎樣的從五行而來？這就由於五行分陽、分陰，木分為甲、乙，火分為丙、丁，土分為戊、己，金分為庚、辛，水分為壬、癸，以成十天干。十天干既成，再經遁成地支，癸遁子，癸、辛、己遁丑，甲、丙、戊遁寅，乙遁卯，乙、戊、癸遁辰，丙、戊、庚遁巳，丁、己遁午，丁、己、乙遁未，庚、壬、戊遁甲，辛遁酉，辛、丁、戊遁戌，壬、甲遁亥，而十二地支以成。根據以上分析，所謂『干支』，無非指的是太空氣化。十天干遁成十二地支，是在表示太空氣化經過五行的演變，做更進一層的發展，由天干的氣化，走向地支的形化，而已具有作育萬物的功用了。至於《易經》裡面所有的卦爻，不論是如何複雜，要皆由於陰爻和陽爻組合而成卦體，陰爻和陽爻，就是陰、陽兩種氣化的代表，先聖作爻畫卦，無異乎是演氣化方程式，而將卦爻體例代表太空氣化各種組合的形態。總而言之，干支指的是太空氣化，卦爻也是代表太空氣化，彼此所講的對象，完全相同，當然其間的脈絡是相通的。不過卦爻組合，只是陰、陽氣化在位置上往來升降的不同，如僅憑此以認識卦爻的性能，似覺較為困難，必須多費思考。而干支標誌，從五行到天干，從天干到地支，其間每一類型之氣化的特質，以及演變的情形，均能一一點出。如將干支運用在卦爻之上，則對卦爻的性能，自能獲得較為清楚的認識；甚至對卦爻的變化，亦可藉干支加以體察。這就是納甲在理論上的基礎。」

「納甲」在理論上既有這樣的基礎，於是先師就用「納甲」來闡明卦爻，比方巽卦九五的爻辭：「先庚三日，後庚三日。」先師先說內體變至震

（見圖一），震納「庚」（見圖二），中間互離（見圖三），離為「日」，這是「後庚三日」。如此用「納甲」說明了「先庚三日，後庚三日」後，再與蠱卦的「先甲三日，後甲三日」比較其不同，從而對「先庚三日，後庚三日」自然有深切的認識。

（巽）→（艮）→（坤）→（震）

圖一　〈巽〉變至〈震〉

上六　六五　九四　六三　六二　初九

庚戌　庚申　庚午　庚辰　庚寅　庚子

（以上係京房所傳之納甲法，尚有他說，詳見先師易例七

——納甲對於卦爻之功用）

圖二　〈震〉納〈庚〉

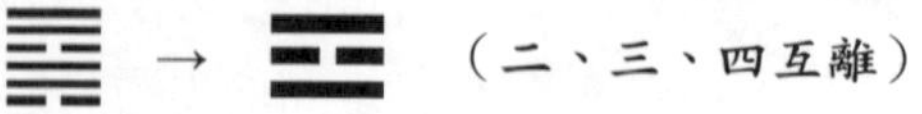

→　（二、三、四互離）

圖三　〈巽〉中間互〈離〉

十一　根據師承，特別發明

先師在大過卦說：「這一卦很難講，而且也很重要，可以說在現在這個時候是最重要的一卦。過去鄭玄、虞翻、荀爽諸家，一直到兩宋程《傳》、朱《義》，滿清惠棟、張惠言諸家所講，裡頭很多意義，都沒交代得清楚，都非常含混，因為裡頭有很多的東西，實在是很難講。我對於這一卦，根據師承有一些特別發明的地方。」所謂「特別發明」，大約有以下幾點：

第一，用比較的方法說明〈大過〉之體象（見圖四）：先用〈小過〉與〈大過〉比較，陰為小，陽為大，陰過於陽，謂之「小過」；陽過於陰，謂之「大過」。經由這樣的比較，〈大過〉的特色不是很明顯嗎？但是〈中孚〉

也是陽過於陰（見圖五），為什麼不稱為「大過」呢？先師再提出一個原則來說明「陽過於陰」，所謂「陽過於陰」，陽一定要在內，陽在內，它才能過於陰；陽在外，過不了（見圖四）。如此，〈大過〉的特色更明顯了。接著先師又順便取〈小過〉（見圖六）與頤卦（見圖七）比較，因為頤卦也是「陰過於陽」，為什麼不稱為「小過」呢？所謂「陰過於陽」，陰要居在外面，才能過於陽。最後，先師再提出一個原則，來說明〈大過〉、〈小過〉的共同特色，那就是「渾圓」的性質。所謂「渾圓」，就是反覆不衰，掉過頭來，它還是四個「陽」在裡面，「陽」沒有少；掉過頭來，它還是四個「陰」在外面，「陰」沒有少。這樣子才行，要不然，四爻陽、二爻陰，陽就過於陰。那還有五爻陽的呢，為什麼不稱之為「大過」呢？比方夬卦五爻陽，為什麼不稱之為「大過」呢？因為〈夬〉卦雖是五個陽，掉過頭來，就不對了；像這一頭——〈夬〉卦（見圖八）陽是很旺，掉過頭來，就是〈姤〉卦（見圖九），〈姤〉卦是陰剝陽的形勢，陽就衰了，陽不是「過」了。

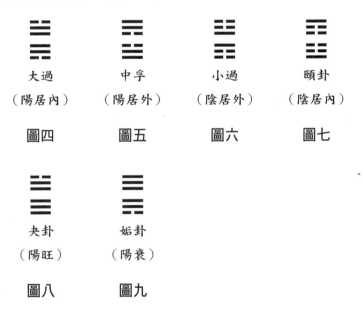

大過	中孚	小過	頤卦
（陽居內）	（陽居外）	（陰居外）	（陰居內）
圖四	圖五	圖六	圖七

夬卦	姤卦
（陽旺）	（陽衰）
圖八	圖九

第二，說明〈大過〉的道理，並舉證以明之：所謂「過」，在卦體卦象上稱之為「過」，而揆之於理呢，恰到好處。先師先舉例說明〈小過〉，「陰

過於陽」，恰到好處，其次說：「〈小過〉既然如此，〈大過〉亦復如此；〈大過〉是『陽過於陰』，所過者大，所過者大，揆之於事理方面是什麼東西呢？這種行為不是平常人所能辦得到的，也不是平常時候所能看得到的，千百年而一見的，那一種非常的行為、非常的舉動，所以稱之為『大過』，大有過人的意思；因為它是以陽為主，這種中心的四陽，力量太大，不是普通力量趕得上的，所以稱之為『大過』。〈大過〉者，名為『大過』，事實上並不『過』，『過』而合乎『道理』；比方湯放桀、武王伐紂，這是『大過』，在堯、舜禪讓之後，在那極端倫常的社會，而湯、武能夠起來，放逐、革命，這是驚天動地、驚人的動作，普通人不敢做的，所以稱之為『大過』。湯、武他不革命，夏桀、商紂弄得亂七八糟，社會上已經支持不下去了，有他這個驚人的動作，社會上賴以復生，所以他雖是『大過』，但是合乎『理』，『不過』就錯了。」

第三，用陽爻的性能、陽爻的位置來說明〈大過〉另一個體象上的特色「本末弱」：「陰為柔弱，陽為剛強，二、五兩個陽在三畫卦居中，三、四兩個陽在六畫卦也居中，重要的位置都是陽居著，陽本來剛強，而居的位置又是剛強的位置，所以中幹太強，本末太弱。」

第四，用「陰卦多陽」說明初六、上六兩爻的特色：「〈大過〉外頭是兌、裡頭是巽，兌是少女，巽是長女，兩個都是陰卦，『陰卦多陽』，所以〈大過〉固然是以陽為主，但是它的基礎是陰，它要陰來調和它、輔助它。」接著舉商湯革命（陽），雖然有驚天動地的力量（陽），而沒有社會基礎（陰）輔助他也不行為例證。

第五，用特例說明大過卦九二、九五兩爻的特色：一般的卦是初爻與四爻相應，二爻與五爻相應，現在〈大過〉卦是特例，「應位不應，過位而應」；二不應五而應上，為什麼和上爻相應？因為五比上，五爻使上爻的陰和二爻相應，因此二爻是過五應上；同樣的道理，五不應二，五爻是過二應初。

第六，〈大過〉不講「應」而講「比」：用此原則來了解九二、九五兩爻，以及九三、九五兩爻的特色，是九二比初六、九五比上六，所以九二、九五都接近陰，陰就來滋養他；至於九三、九四無應而相比，表示九四這個階段就受到九三這個階段的影響。

第七，用《河圖》、《洛書》九是老陽、七是少陽、八是少陰、六是老陰，來觀察九二和上六的關係、九五和初六的關係，進而再指示出這種關係是生機再造的方法。但是九二和上六是老陽少陰的關係，表示社會上青年壯丁很夠用、物質也很夠用（少陰），在中樞主持的人頭腦子也夠用（老陽），所以「无不利」；而九五和初六的關係是少陽和老陰的關係，表示這時社會已經凋零，已經老弱殘兵，陰老了，不太夠用（老陰），中樞主持人的頭腦不夠（少陽），少陽、老陰配合起來，還是可以「枯楊生華」，不過是「无咎无譽」，沒有好處，也沒有壞處。可見兩種關係都可以生機再造，而前者比後者的配合好。

第八，用陽爻居陽位、陰位之不同來判斷九三、九四兩爻之吉凶：九三、九四都沒有應，都沒有陰爻輔佐，但九三以剛居剛，流於剛愎自用，所以「凶」；九四以剛居柔，謙抑有輔，所以「吉」。

第九，從宇宙生機永遠無窮、社會生機永遠無絕來看上爻：有一個說法，就是〈大過〉之世，到了這個時候（上六），已經無藥可救了！但是先師說：「這個說法我不敢取，因為我們曉得宇宙生機永遠是無窮，社會是永遠不絕地延綿，不至於一個社會到著萬劫不復，根本就消滅了；這個固然是有，像過去巴比倫的種族，根本都消滅了，猶太人變得很少，但是〈大過〉之世，上六不宜於做這個解釋，還是宜於『君子殺身成仁』地解釋善，〔……〕把自己毀掉了，雖是凶，但是沒有罪責，我是這個解釋。」三爻居內卦之極，上爻居外卦之極，爻辭都不好，但上爻還沒有到無藥可救的地步，先師的看法是如此。

十二　觀察卦體、領悟卦義，必運用於實際人生

我們看《易經講話》的篇目就知道，比方第七講「發創時期的作法」是先師研究〈屯〉卦，從而運用於實際人生；第八講「蒙昧時期的自處」是先師研究蒙卦，從而運用於實際人生。本書更是先師體悟的結晶，對我們立身處世尤有幫助，僅介紹兩卦以見一斑。

在〈剝〉卦，先師說：「根據〈剝〉卦的體象，山勢高而險峻，地勢卑而平坦，所以居高位的，一定有危險，為什麼呢？因為〈剝〉卦的體象，只有一陽而孤懸於上，所謂位高而勢孤，位一高了，勢就孤了，所以過去做帝王的常常稱『寡人』，稱『不穀』；『寡人』就表示我沒有人，我是寡的，我是孤的；『不穀』就表示我不善。那意思就是說我們居富了，就想到不要富；居高了，就想到不要高，要想到自己的危險，而求其平坦。何以求其平坦呢？〈謙〉卦和〈剝〉卦是往來卦，〈剝〉卦上九這一陽來而居三，六三這一陰往而居上，於是變成〈謙〉；變成〈謙〉什麼意思呢？這一陽勁氣內斂，陽就不會傷勁了，所以根據這個卦象，我們居高位的人，不要居高，位置是高，但自己的作法要居卑，要在人之下。所以往年『王者師，霸者友，匹夫則僚下』，你想成就王業，把人都當先生待；你想成就霸業，見到人，都把他當朋友待；假使把人當作自己部下，指使奴差的，任意驅遣的，那是個匹夫，不能成就大業。成就大業，一定要有這胸懷，自己本來位置高，要掉下來，居卑位，把人家當先生、當朋友；那麼你把人家當先生、當朋友，人家當然給你賣命啊！因此就有成就，自己那陽就不至於衰，就可以凝聚得住。所以我們學這一卦，居高位，就應當卑躬屈節的，不一定在政治上如此，在事業上也是如此〔……〕。」先師又說：「我們知道剝卦是以陰消陽，我們剛才講乾宮陰初消成〈姤〉，二消成〈遯〉，三消成〈否〉，四消成〈觀〉，五消成〈剝〉，一直往上消，這趨勢是往上長的，這陰很盛，你如果任其發展，那一點點孤陽就完了。所以我們省察自己的環境或事業，好像是凋零了、剝了，這時要特別當心，我已經在凋零了，那我就要保持我的陽，不能讓它自己一直線發展下去；把這一點陽剝完了呢，要再恢復，那就很困難了！宇宙間陽不會太絕的，可是要經過相當的期間才恢復得來；陽剝盡了，就成〈坤〉，要經過一個階段、二個階段、三個階段、四個階段、五個階段、六個階段，到第七個階段，這一點陽才能恢復，所謂『七日來復』（〈復〉卦卦辭），就表示第七個階段，陽才恢復得了（見圖十）。因為〈復〉卦講陽，所以拿『日』字代表；臨卦講『至於八月有凶』，因為講陰，所以拿『月』字說。既然這一點孤陽，不要任它發展，如任它發展，等

著恢復，那長得很，那費事了，所以要拉回來。拉回來有二個現象，第一個現象就是我剛才講的，把它拉到三，上與三應（見圖十一）；另一個現象就是五爻上去，上爻下來，到初爻的位置（見圖十二）。不管你怎麼拉，拉回來，內斂住了，這陽都可以保持住，還可以保持一段很長久的輝煌的節奏；如果任它發展，要經過一段漫漫長夜的黯淡，才能恢復這一陽。比方辦公司、辦企業，你假使凋零了，你千萬不能閉門，不管用什麼方法維持住了，內斂住了，還可以徐圖復興；如果公司根本上這一點孤陽，任它發展完了，這公司就完了，你想東山再起、重起爐灶啊！難！難！難！所以我們學〈剝〉卦第二個意義即在此。」

剝卦　　坤卦　　復卦

圖十　七日來復（坤卦六個爻就是六個階段，復卦初爻是第七個階段）

剝卦　　　　　謙卦

圖十一　把剝卦上九拉到三爻

剝卦　　　　　復卦

圖十二　把剝卦上九拉到初爻

　　在〈遯〉卦，先師說：「〈遯〉卦的卦體，是顯示小人當權。小人當權，君子必須要逃避，不逃避就要受到傷害。因為君子、小人不同道，小人當權，是為著他自己的利益，不是為國家社會；君子則不然，君子是為著國家社會，眼光是注重整個的。君子、小人既不同道，小人做些事情不能見人，他看到君子這個做法，自己就不安，所以非除掉君子不可。因此，君子在小人當權的時候，非逃避不可，不逃避就要受到傷害；但是怎樣逃避法呢？第一個逃避要遠，什麼道理呢？因為這個小人關起門來，天天就想要害人，今天殺這個，明天除那個，假使你還在他頭腦子有印象，你也是在他殺傷名列的，他一定要把你除掉。所以我們要逃避宵小，一定要逃避得很遠，使令你在他頭腦子沒有印象，已經忘記你了，傷害的名單裡頭沒有你的存在了，這樣子逃避得愈遠愈好。但是在為環境所迫，不能夠逃避得很遠，怎麼辦？我們看有些人被宵小殘害了，為什麼呢？因為他是非感太重，他看小人在弄權，心裡就憤憤不平，悻悻然作色，『那個是什麼東西！這個是什麼玩意！』好！這樣一來，你就和那個宵小結怨了，他就要想法暗害你。所以我們假使不能逃避得很遠，還要常常和宵小有接觸的機會的時候，那就要慎重我們的態度，第一個，不要結怨於宵小，要和他虛與委蛇地應付，宵小不對了，千萬不要勃然變色、嚴辭譴責，這樣宵小非殺你不可，無損於小人而有害於自己；第二個，要嚴整自己的言行，自己一切的言行要檢點得非常的到堂，使令小人想害我，而沒有機會、沒有嫌隙。歷史上很多忠臣被殺，就是對於宵小應付得不對，我們同鄉前輩左忠毅公上了好多奏摺，彈劾魏忠賢，結果反為魏忠賢所害，受了炮烙之刑，好苦！所以我們就是要揭破小人，要看自己有力量沒有，自己沒有力量，犯不著這樣做，總要保全自己。各位先生，你一定要懷疑這個說法，你這樣子逃避宵小，你這個人豈不是太消極了嗎？不然，這絕對不是消極，因為我們知道國家社會的正氣就在一般的正人君子身上，如果宵小已經當權了，外頭這個乾陽已經被他消滅了，這個正人君子的正氣就沒有了，這個社會上一團漆黑，那就很久很久才能夠翻得了身，甚至於翻不了身。因此，我們當君子的這些人，就要保持自己的安全，保持自己的安全，就是為著國家社會保持一股子正氣，因為我們知道，這個遯卦如果宵小往上生長，於是乎把乾陽剝掉，變成天地〈否〉，天地閉，賢

人隱，這個時候，子弒其父，臣弒其君，無是無非，無黑無白的，社會上完全沒有一點軌道，非常的危險（見圖十三）；假使我們君子自己保全自己，不為他傷害，屹然獨立，那遯卦就不會成為否卦。遯卦不成為否卦，就會怎麼樣呢？那這個遯卦就會有二條出路：第一個出路，就是上爻下來、初爻上去，變成澤火〈革〉（見圖十四）；第二個出路，就是二爻上去、五爻下來，變成火風〈鼎〉（見圖十五）。〈鼎〉是鼎新，〈革〉是革故，所以君子逃避小人的傷害，不是單純的消極，這是為社會國家保持一點正氣，社會國家的正氣保持住了，這個卦體就不至於變成天地〈否〉，而變成澤火〈革〉或者火風〈鼎〉；等到局勢已經變成澤火〈革〉、火風〈鼎〉的現象，君子可以出而問世了，這是我們學〈遯〉卦的第一個意義。

第二個，我們剛才講過，這個卦體內在是代表發縱指使的政府，外在是代表一般的社會活動，乾陽居外，乾陽是君子，就表示君子不在政府之內，而散漫在一般的社會上；散漫在社會上的君子，尤其是中國，自來最重大的課題，就是自身的生計問題，過去有些先生們常常為五斗米折腰，因為他母老家貧，沒有辦法，只好在政府裡屈身做個小官。因此，在這個〈遯〉卦的時代，如果一般君子散漫在社會上，第一個很重要的問題，就是自身的生計問題，這個在明末七子、清初的時候，一般人都注意這個問題，為什麼呢？那時候，滿清入關，一般的讀書人，不出仕於滿清，既不出仕於滿清，自己要能站得住，自己要能站得住，就要自己有生活，所以顏李學派，六藝教育而外，每一個學生學一個生產的技術，學裁縫也可以，學水泥匠也可以，學木匠也可以，總要學一門生存的手藝，到必要的時候，自己可以生活下去，政府壓迫不了你。在前十幾年政府發創一個『一人一技運動』，這是根據顏李學派的那個辦法來的。〈遯〉卦是個最危險的時候，例如現在在共產黨之內，要是有非感的人，自己不能夠生產，怎麼存在？〈遯〉卦在幾千年前就知道這個現象，它就告訴你，在宵小當權、君子散漫於社會的時候，不僅是要自己的精神存在，還應該有生計來顧慮到自己的存在；因為〈乾〉卦本身就是精神，除了精神的存在，還要自己生活的存在，這是〈遯〉卦的第二個意義。」

圖十三　〈遯〉卦宵小往上生長，把乾陽剝掉，變成〈否〉卦

圖十四　〈遯〉卦上爻下來，初爻上去，變成〈革〉卦

圖十五　〈遯〉卦二爻上去，五爻下來，變成〈鼎〉卦

　　以上所述，可以略窺先師用易例以闡發《易經》的大概特色，讀者如能掌握這些特色，玩索含咀，沉潛既久，於立身處世，必定有很大的幫助。

我在「乾初易舍」隨侍
周鼎珩教授的歲月

陳永銓*

提要

　　周鼎珩教授於民國六十二年在臺北市重慶南路中華文化大樓開設「易經講座」，我在六十五年才報名上課，第一天聽周老師講授第五卦需卦。從此每個週日上午聽完課，下午就前往當時位在南海學園的中央圖書館整理聽講筆記，直到六十八年周老師講完第六十四卦未濟卦。

　　隔年戊午春節期間，我去北投中和街「乾初易舍」向周老師拜年，順便請教老師計畫哪天再開課。老師得知我尚未成家，要我報生辰八字，看了一下說：「還算平順」，接著問我有沒有意願住進「乾初易舍」幫他打雜，就這樣，我很幸運地成了周老師的「入門弟子」。

　　那年周老師忙著撰寫《周氏易經通解》，有幾位老同學敦請周老師每週一晚在「乾初易舍」講解《淵海子平》，六十九年接著講《黃帝陰符經》、《長短略》，這是老師得自安徽九華山三元道長的真傳。我算是旁聽生，搬張椅子坐在門口勤做聽講筆記。

　　七十年五月，周老師恢復在文化大樓講課，然而七十一年八月講完第二十卦觀卦就因病中輟。周老師是在七十二年將《周氏易經通解》第一冊付梓，要我負責校對初稿，不料因排版印刷問題造成延宕。而今這本書在四十年後竟然能夠出版，主要是陳素素教授排除萬難，促成其事，應居首功。

關鍵詞：乾初易舍、周鼎珩、易學講座、周氏易經通解、易經講話

---

* 國立臺北護理健康大學退休教授。

The Years when I Served Professor Zhou Ding-heng in Qianchu Yishe

Chen Yong-quan

Abstract

In 1973, Professor Zhou Ding-heng gave a "Lectures on *The Book of Changes*" in the Chinese Culture Building on Chongqing South Road, Taipei City. I signed up for the lecture in 1976. On the first day, I listened to Professor Zhou's lecture on the fifth hexagram (*gua*), Xu *gua*. From then on, after listening the lectures every Sunday morning, I went to the central library at Nanhai Academy to sort out the notes of the lectures in the afternoon until Professor Zhou finished the sixty-fourth hexagram Weiji gua in 1979.

During the Wuwu Spring Festival in the following year, I went to Qianchu Yishe on Zhonghe Street in Beitou to pay New Year's greetings to Professor Zhou and ask when will he start another class. When the teacher learned that I was not married yet, he asked me to report my birthday horoscope. He looked at it and said, "It is quite smooth." Then he asked me if I wanted to live in Qianchu Yishe to help him with chores. In this way, I was lucky enough to be his "beginner disciple."

That year, Professor Zhou was busy writing *Zhoushi Yi Jing Tongjie*, and several old classmates urged him to explain *Yuanhai Ziping* in Qianchu Yishe every Monday night. He then lectured *Huangdi Yinfujing* and *Changduan lue* in 1980, which is the true teachings handed down from the master Sanyuan Taoist priest in Jiuhua Mountain, Anhui. I was an auditor, so I moved a chair and sat at the door to listen and take notes.

In 1981, Professor Zhou resumed lecturing in the Cultural Building. However, he stopped the lectures due to illness after finishing teaching the twentieth hexagram in August of 1982. In 1983, Professor Zhou published the first volume of *Zhoushi Yi Jing Tongjie* and asked me to proofread the first draft. Unexpectedly, the problem of typesetting and printing caused delays. Now this book can finally be published after forty years, which is mainly because Professor Chen Su-su overcame all difficulties and made it happen. Professor Chen should be the first credit regarding the publishing.

Keywords: Qianchu Yishe, Zhou Ding-heng, *The Book of Changes* Lecture, *Zhoushi Yi Jing Tongjie*, *Yi Jing Jianghua*

根據陳素素教授撰寫的《周鼎珩先生事略》，周老師的「易經講座」是在民國六十二年開講。我是從民國六十五年二月廿九日開始，固定每週日上午，在臺北市重慶南路的中華文化大樓聽講。那天，周老師是講第五卦需卦，需卦上六爻辭「有不速之客三人來」，讀到這句爻辭，我不禁會心一笑，因為這好像是說，我是半途插班，不請自來的學生。從那天起，我養成一個習慣，上午聽完易經課，午餐後就前往當時位在南海學園的中央圖書館整理聽講的筆記，這樣連續記錄了三年，直到六十八年元月十四日，周老師講完第六十四卦未濟卦。

那一期的最後一堂課，周老師說等過年後會再開課，重講六十四卦，請大家等候通知。六十八年戊午年春節期間，我去北投中和街「乾初易舍」向老師拜年。當天在座的還有周老師的義女魏畹芸女士與其夫婿曹英龍先生，閒聊時發現魏女士跟我是西螺同鄉，她還是我母親的遠房姻親。他們夫婦是住在新店，平日上班，大概只有假日能來陪周老師，至於幫傭的阿嫂，只是固定時間來做飯與打掃，所以他們希望找個熟人來住老師家，有人照應，比較放心。當他們知道我還是單身，就問我有沒有意願？

對學習易經來說，能住周老師家，是個千載難逢的好機會。但是當時我是在板橋上班，板橋與北投之間的通勤是個難題。我曾在六十五年插班就讀東吳大學夜間部經濟學系，因為投考時不知道上課是在士林的校本部，而非小南門的城區部，所以半工半讀的日子裏，每天下班從板橋趕到士林，幾乎要花一、二個小時，以致經常遲到或缺課，不到一年就輟學了。北投比士林還遠，的確讓我視為畏途。

不久，我還是搬到「乾初易舍」住宿，不過每天早出晚歸，除了假日，能為周老師效勞的事情並不多。倒是每逢假日，老師的親友與門生來訪，客廳常是滿座，我有機會幫忙招呼，也學習到應對進退的禮節。六十八年中，周老師開始著手撰寫《周氏易經通解》，當時有幾位老同學敦請周老師每週一天晚上在「乾初易舍」講《淵海子平》，因為周老師也精通八字命理。我就是讓周老師看過八字，才能夠搬進去住的。他們上課的時候，我就搬一張凳子坐在門口旁聽做筆記。

　　六十九年，周老師接著講《黃帝陰符經》，還有《長短略》，這是周老師得自安徽九華山三元道長的真傳。據周老師說，《長短略》有三八四章，第一章是「一統略」，請參考《易經講話》頁二八六，此外，《易經講話》有三十二講，每講附有一略，所以《易經講話》提到了三十三個略。這一年，周老師又講了「闢闔略」、「彼是略」、「真妄略」、「反正略」。大家如果上網打關鍵字「長短略」，會看到有個部落格提到周老師的「闢闔略」，說：「闢是開，闔是關，一開一關，兩相對待。如同住一屋，屋有二門，一開一關，獨門出入。既便管理，又便聯繫。」

　　我在「乾初易舍」聽周老師講《闢闔略》，則是說：「天地之間，其猶橐籥；陰陽往來，一闢一闔。闢以濟闔，闔則闢之；闔以濟闢，闢則闔之。勵士役民，闢之而闔；移風易俗，闔之而闢。不闔而闢，其氣鬱結；鬱結者病，山風之蠱也。不闢而闔，其氣耗竭；耗竭者死，山地之剝也。故用闢闔，或須偏重；慎典時行，執之勿縱。」顯然可見這「闢闔」講的是「陰陽往來」，而非「門戶開關」。

　　七十年五月，周老師恢復在文化大樓講課，從乾卦講起，每講一卦都有發講義，但是只講到七十一年八月第二十觀卦。現在我負責整理完稿的十四大有卦、十五謙卦、十六豫卦、十七隨卦，就是綜合第一期與第二期上課筆記以及講習大綱匯整而成。前陣子我在整理第十六卦豫卦，大家都知道先總統蔣公名介石、字中正，但是只有讀過《易經》的人才知道，蔣公的名與字都取自豫卦，六二爻辭「介于石，不終日，貞吉。」六二小象「不終日貞吉，以中正也。」當時有學生提問：「為什麼先總統會從豫卦取名取字？」周老師只有簡單回答：「可能是有高人指點！」由此可見，周老師講學是很嚴謹的，不會隨便借題發揮。

　　周老師是在七十二年中將《周氏易經通解》第一冊交給平陽印刷廠排版印刷，因為舊版《易經講話》就是交給平陽印刷的。周老師要我負責校對平陽送來的印刷稿件，可能是平陽的鉛字版太老舊，很多字體模糊不清，周老師看了也不滿意，要求平陽改善，平陽卻藉故拖延，所以直到七十三年周老師逝世仍未談妥出版。現在東吳大學出版的《周氏易經通解》第一冊，就是

根據當時校對的鉛版印刷稿件，使用電腦重鍵的。巧合的是，現在陳素素教授又將五南出版社的印刷稿件交由我來校對。

周老師逝世之後，他在大陸的親屬委託律師提告訴求繼承遺產，周老師的義女魏畹芸女士列為被告，雖然周遭的人都知道老師從東吳大學退休之後，生活起居大多是靠魏女士照料，林鴻基學長和我都曾經出庭作證，但是苦無文書證據。曾有人說：法院審判的是證據，而非正義。最後法院判決周老師的大陸親屬勝訴，這造成《周氏易經通解》的出版以及後續講稿的整理都停擺下來，當時我甚至以為出版的事可能就此中斷了。

四十年後的今天，很榮幸能夠受邀參加這場盛會，這必須感謝陳素素教授。因為是她找到周老師在大陸的家屬，把版權買回來；又召集我們幾位同學，共同分擔整理其餘六十卦的任務，至如版權、闕遺等種種問題，都賴她一一解決。接著，她又將《周氏易經通解》捐給東吳大學中文系出版發行，更捐款作為後續整理出版的運作基金。陳教授目前身體狀況欠佳，行動不便，可說是用堅強的精神願力，支撐著老弱的身體，完成這件艱鉅的使命。我相信周老師在天之靈得知《周氏易經通解》終能出版發行，一定會感到欣慰。

憶周師文

盧博一[*]

提要

　　本文概分兩部分言之，一者述我與周師相識，從其學《易》之始末；一者述我在美國授《易》多年之步驟。前篇其一，「謐然周師，尋道求知」，言我初詣周師之緣由，並舉周師嘗以吐納養生之術以消弭胃癌之一事，影響我之後研究針灸、禪定，足見周師道功深厚，則其治《易》之崖岸可知。其二，「傳道心切，授業梗略」，言周師初於乾初學舍及電臺播音授《易》，及授我《長短略》之要旨。其三，「倡《易》推展，以廣流傳」，述周師〈原易〉之特色及其價值，以知治《易》必自原《易》始。末篇述在美授《易》之步驟，蓋為先得象，諳卦變、爻變之則，舉凡錯綜互變，應比乘承，能觀象演數證理，繼之以〈說卦〉、〈序卦〉、〈雜卦〉與〈繫辭〉之研討，並錄歐美人士學《易》之答問，足可旁證周師治《易》之特色。

關鍵詞：吐納養生、治《易》之道、道家《易》學、〈長短略〉、〈原易〉

[*] 美國賓夕法尼亞大學（University of Pennsylvania）口腔頜面外科學系臨床教授。東吳英文系52級，通訊電郵：domlu@upenn.edu

Remembering Teacher Zhou

Lu Bo-yi

Abstract

This article is divided into two parts: one is about my acquaintance with Teacher Zhou and how I studies *Yi* from him; the other describes the steps I took to teach *Yi* in the United States for many years. The first part of the first chapter, "Missing Teacher Zhou, seeking for knowledge," explains why I went to Master Zhou and mentioned how Teacher Zhou tried to put himself on regimen to eliminate stomach cancer, which influenced my later research on acupuncture, moxibustion, and meditation. This also shows Teacher Zhou's profound Taoism and his deep understanding of *Yi*. The second part is "Preaching with zeal and briefing of teaching", which shows that Teacher Zhou first taught *Yi* in Qianchu Xueshe and on the radio broadcast and taught me the gist of *Changduan Lue*. The third part, "Promoting the promotion of *Yi* and spreading it widely," describes the characteristics and value of Teacher Zhou's "Yuan Yi" to know that *Yi* must start from the original *Yi*. The last part describes the steps of teaching *Yi* in the United States. *Gai* is the first to obtain the *xiang* and is familiar with the rules of *gua* change and *yao* change. It should be compared to the inheritance of all the intricate changes, which can visualize the image and perform mathematical proofs. With this, it is discussed with the *Shuo Gua*, *Xu Gua*, *Za Gua*, and *Xi Ci* as well. Meanwhile, it also contains the recording of the questions and answers from the European and American who study *Yi*, which is enough to corroborate the features of Teacher Zhou's understanding and governance of *Yi*.

Keywords: regimen, the way of governing *Yi*, Taoist *Yi* study, *Changduan Lue*, *Yuan Yi*

一 謐然周師，尋道求知

桐城代有奇人出，周師鼎珩其一焉。初識周師時：適值校徙日，移址座落雙溪傍，依山臨水景非常，我因就讀外文系，主修英文與法文。詣聽周師授《易經》，從此與師結善緣。期終央師續授《易》，周師聆之亦頗奇。蓋以系外旁聽生，竟為何對《易》有志趣？且為系外生，根基自有限，學據何所本，矧安知其誠？師居比鄰申丙師宅，周申二師時往來，過訪亦詢及實情，申師時授吾人課，我以文章知於師，申師遂云：「此生筆似馬騁漠，鳥空翔。老馬不前，願見騏驥。」周師乃授我為徒，遂虔心恭己，執弟子之禮，凡四年有餘，至來美而止。然在東吳日，課餘則訪師，固不計寒暑，聆誨從不倦。暑期返鄉時，不因地遙故，信箋互交馳，冀於學有助。師嘗語我云：「汝文誠可讀，詞藻亦可嘉，然句含贅字，洗煉猶未足，使致力中文，日後自有成。」無奈日後，棄文從醫，未遂師願，於心偶亦自憾。

在臺從師日月長，遂與家嚴家慈善，有宴亦延師共饗，偶亦高談幾忘餐，猶憶吾師罹牙疾，齒搖牙脫多不齊，珍餚食來咬無力，嚼物兩頰互交替，始聘榮民為炊食。餐物必煮爛供之，授吾課如逾餐時，師亦留我與共食。吾素恤其嚼物難，欲助無力亦無方。周師曾為我語道：「有次嘗飲奶一杯，腸胃不化致積堆。經週茶飯更無心，日感衰兮體越羸。身虛困頓心疲煩，求醫被認病非常，終而診斷為胃癌。」症無可治時不再，照料無親尋誰來？為此周師費躊躇。尋忖平生膺《易經》，秉真頤和且知命，知事有必至，理必有固然，物既有自然，法更有當然。先後筮預知，更可卜終始，揣事於未萌，測跡乎將至。既豁達以宏度，復安天而知命，安有治《易》者而得癌者乎？矧得癌者，率多情不清而志不和患得失尤不達理，於此周師不與焉。因思及少時，曾師從道家養生吐納之功，雖滄桑歷更，時續時輟，然於今之計，固可溫故知新，重操幼時之業，遂決意自我調理，不假逗藥尋醫。乃日夜臥床，作吐納養生之術，經月而病解癌消，吾頗神其術。

當時我偶亦神躁於中，而形喪於外，時而達旦難瞑。遂問師其術安在，可得而聞乎？周師乃授我其術，遂知存神納氣之功，屏思絕慮之法，遂能遊

心於虛靜，結志於微妙，委慮於無思，指歸於無為。乃勤行修鍊，而微見其妙，其對我也終生受用無窮，心尤感之。吾不知其術名，姑名之道家隨意禪。此術固可修性以保神，安心以全身，愛憎不棲於情憂喜不形於意。未遇周師前，雖曾修禪坐，學達摩面壁之功，然以秉性疏懶，輒以挺脊盤腿為苦，體不適則分心，故修而不得其所。遇周師後，遂知心如無所定，雖終年面壁，猶擾擾爾，使心有所定，雖終日入於朝肆，猶寂寂爾；我終於由周師處，得知禪修可臥可坐，不須挺脊以為苦，盤腿而自縛。師曰氣存丹田之功，不適於女性。女性習此功，理應氣存膻中，然如不得法，或致心氣促。蓋古代之術，以男性為對象，而女性無與焉。意者，氣存丹田則行腹式息，存膻中則為胸式息，無怪乎其心氣急促。

吾在東吳日，亦經申丙師之介而拜師中國針灸學會會長吳惠平師習針灸，復師從考試院中醫師考試主委蘇錦全學《難經》脈診，遂悉經絡之說，始知周師導氣之意，知其本末端倪，而運氣能致經絡通。周師常言彼導氣丹田，如置冷濕毛巾於腹，片刻可使水分蒸發，冷巾成熱巾。師言此吐納導氣之術，為之則食慾增而色慾減，此乃道家運氣功法。而周師胃腸消化功能經月終臻正常。彼時吾對運氣之說雖存疑，然日後赴美學醫，從事臨床科研，遂依醫理而得知道家運氣之利弊。後又學得西洋醫學催眠後，與之相較周師吐納術，則感師術與「自我催眠」術，頗有雷同而非純屬巧合。而道術所發之功，我依雙指環醫試（Bi-digital O-Ring Medical Test）測之，卻有正負相異之類別。正功癒人，而負功傷人，周師之功則屬正功也。惜師已作古，無由與之共論也。我於醫訓迄而任紐約醫大教職後，得識同事腦神經科杜維醫生（Harsha Duvvi, MD），彼以熱正像機（Thermography）照攝我為病人針灸前後穴道經絡之影相，而發現穴道在未針前，其色為晦暗淺綠微黃，針後其色則變粉紅炎黃，由知氣通則血順，氣阻則血滯，而氣阻之患部始感寒涼，繼而疾病叢生。遂知周師昔日之言不虛，由之而知，氣與血相輔而行，非氣無以導血，非血無以致氣。血為陰，氣為陽，氣以血為依歸，血因氣而流暢。其後我應邀加入賓州大學醫學教授團，而賓大固以腦部掃描禪功入定而著稱於世，我遂時而參與其事而得禪定描相，因能對證周師昔日所授禪坐

修定之功，遂知師言其來有自，言有所據。我在賓大，雖以教授麻醉學／口腔顏面外科為務，然亦致力科研於結合醫學（Integrative medicine）及身心醫學（Psychosomatic medicine），此亦因周師昔日之影響，此是後話。

師曾對我言，國府遷臺前，曾於大陸尋通《易》者唯得十三人，周師其一也，國府攜六人來臺，多半年已趨老邁。當大陸除四舊時，倒孔之舉正火熾，臺灣多年經日治，師恐《易》學從此絕，遂往四處誨不倦。我於一九六四年離臺負笈來美後，甚少返臺，一九七八年應臺大醫學院之邀，講學一月，乃乘隙得償拜謁吾師。始詣其乾初易舍，見貼示師墨，言已離址，及訪申丙師時，方得知周師臥病榮總。遂赴院探望，久違相會，交談甚歡。師言《易經》於世，終被重視，由美來臺求教吾師者，大有其人。並指懷襁褓而默立床沿之少婦對我言，此即義女也。蓋師煢然孑身在臺，認一親人，有所必要。並出資治妝嫁之，而此女亦感其德，日日來相陪，情逾骨肉之親，師云即使親生子女，亦無以過之。

猶憶未從周師前，偶讀古習老莊者，恆於曠放以為達，標新立異以為高，傲物衿己，蔑棄禮法，遺物自欽，裂裂衣冠，厭然以身為疣贅，名教為桎梏，戀彼丘林，研道修心藐朝廷，蔑萬物，或途窮而慟哭，或箕踞而嘯笑，如阮籍、劉伶之流。自忖如學道，我或亦成其類，豈可不惕哉？故心惴而甚以自危。及遇周師，知彼亦受道家之學者，遂知上述名士之詭行異跡，實干個人之秉性，固與道家之術無涉也。苟性不定，則隨境而屢遷，情不穩，則因時而推移。周師習道者也，固亦彬彬君子，有儒門師長之風，我心遂安而不疑。

二　傳道心切，授業梗略

猶憶東吳日在校，課暇即訪師求教，凡四年有餘。「乾初易舍」居吾師，該舍取名自《易》辭，當時擇屋費躊躇，終乃卜居至善路，階旁蕾卉迎風舞，幽居夢繞翠林處，明霞高映夕陽側，秋蕙疏倩凝霜露。該屋臨溪依山起，碧湍灣湧將心寄，迴溪聲潺激漾流，裊煙撲嵐雲出岫。蔭映伴巖流之

際，偓息於書香之夕，寄心乎松竹，取樂於魚鳥，澹泊之願既著，潛志《易》道自顯。周師滄桑歷經，而風格不遷，是其深信《易》道所使然，歷久而彌篤，故行而彌摯，造次顛沛而不驚，孤介自強而不變。其為人也，不忮不求，數履險惡，而依然本色。師感當時治《易》者，宏博洽聞者寡，而臆斷妄說者眾。乃著〈原易〉之文，昭示我等，始知茫茫宇宙，厥初冥昧，有氣流行，無極始而太極萌，陰聚陽闢，二儀冶化，物以肇開，人倫始有，斯乃《易》之本意，豈止卜筮之餘緒哉？

吾師憂古道之不昌，患《易》學之將亡。忖此時不振其道，終成絕學，遂施教東吳外，亦電臺播音，宣伏羲之奧旨，跨萬古於茲日，顯孔子之〈十翼〉，表千載於當今，抽演微言，啟發道真，探幽窮賾。明吉凶之別，趨吉避凶，使臨危不驚，處世以寧。凡事思深慮遠，不謀眼前之利，循《易》理以應世，不致唯利是圖。塞邪知正，辨可否之別。不悖於本性，通人道之正，屈伸變化，唯《易》道是從。師憂吾儕，即使心慮存真，功德之脩已圓，然處此險詐妖譌之時，處世之慧必備。遂亦授《長短略》，轉禍為福，以防不測。使臨深淵而惴戰，履薄冰而無虞。知往知來，知己知彼。知有晦則有明，睹有彰則有隱法日月之軌跡，善辨天意。則天地之常規，處世無驚。古往今來，以道一而貫之，時移世易，以不變而應萬變。人人各安其分，萬物各得其所。暑來寒往，地久天長，傳之不朽，永記心版。此周師教學之要旨，訓我儕之要義。

吾師之教，要言不煩，承諄提示，暮鼓晨鐘，遠近學士，靡然向風。師知來日之不長，急欲傳學於後世，時不我與，孤軍夜戰，任重道遠，只憾欲達之甚速，徒嘆遙夜之漫漫！天恐《易》學從此絕，故留周師在人間。吾師穆穆焉，實學府之徽典，邑邑焉，厥禮教之克崇。而今哲師離我遠去，撫今思古，珍惜其所教，得無承先啟後，莫負其志哉？從周師四年餘，過從無數，欽其學而儀其人，於今念及，每覺泫然。猶憶離臺赴美日，詣師珍重告別時，不勝依依，恍惚如昨。正是：言別恩師摯誼深，惘然黯銷魂。斯情無奈空記省，往事成夢痕。

三　倡《易》推展，以廣流傳

　　余憶童稚時，初觸《易本義》。覘卦洛圖，幾疑為卜筮，且聞《易》道至難解，常人豈能學。及長遇周師，遂知原道可理會，陰陽闔闢，一消一息，一暑一寒，至道靈運，萬物始生，庶類終成。聖道彌粹，人倫成序。故知天道無跡，唯人是尋。周師之作〈原易〉也，為正俗見之弊端，挽狂瀾於既倒。其辭簡而要，其旨深而遠。動靜周旋，奉天承意進退有度，慎始思終，逍遙於冥靜，遨遊乎太虛，隨處而安，怡然自得。比觀後世《易》作之闡釋爻文，未足比擬其精微，逐卦說辭，不能展現其顯晦。

　　或云：「周某之〈原易〉，安知其為伏羲之原意？矧周曾師從道家之學，受陰陽家之傳承，實鄒衍、陳摶之流派，襲張載一物兩體氣也之說，而本兩體虛實動靜聚散之論，拾先哲之異見，蹈宋人之臆說，非古聖之原意。」余答曰：「君言差矣！只知其一而不知其二，但知末而不知本。夫世有亙古而不易，歷久而常新者。譬如四季有序，物以類聚，月不知來，日無藏往，此皆不待文王而後興，不俟伏羲陳張而後作。先人類而現，經萬代猶存。此理盡人皆曉，所以放之四海而皆準，推之百世而不悖。周師倡〈原易〉，乃示我等此理之源頭，公認之事實，故何須祖述先人之說，而待他人之詮釋乎？且〈原易〉之說多與物理現象不謀而合者，此蓋知者所見皆同，所以著天地以效徵，象物性以揣摩者也。尤有進者，後世治《易》，多知《易》理之當然，鮮知其所以然。周師倡〈原易〉，乃示我人《易》理之所以然，其可貴者此也。」

　　夫爻畫肇於伏羲，文字始自倉頡。樞問來於炎黃，疇學顯自虞殷，聖人所以宏教宣育，以匡來者。象物以應性，原化以極變。殊俗歸義，軌物治民，作範垂訓，永世貽則。惜自秦漢以降，流派驟增，各恃一家之言，祖述其說，自是其傳，不容異己，大道遂驟紊亂。夫賢聖繼物，不忝先功，互容異說，護航至理，互學彼長，以補己短。恥一物之不知，故孔子問學於老聃。學以增識，奕世明德，何似後世末學流派，自是其說，排除異己，罷斥百家，獨崇一門之說，以謀一家私利，大道因以陵夷，遂啟後世黨爭派系之

礜。故虞夏相因，而損益不同，非孔周伏羲之道異，實救弊之路殊。是故伏羲作《易》而物理著，周孔述《易》而大道崇。夫大道至明，古今無異。雖以萬象為體，但以簡易為用，人人得以實踐，故先哲以致知格物為基址，以身體力行為堂奧，所以先聖闡道，皆述而不作，言簡而意賅，雖販夫走卒，皆能受用而無礙。是以孔子言道唯恕，釋佛說道唯悟，伏羲作《易》唯觀，老聃述道唯無，基督講道唯愛。未如其繼者，節外生枝，繁飾其言而纖縟其辭，旨義遂闇，大道不明。

夫邃古之人，穴巢而居，漁獵為生，居陋思簡，乏慮少營。聖人元始道一，示教惟簡，使易知從。冥冥上蒼，原道至明，可法可象，可則可鑒。是以天生烝民，有物有則，斯物斯則，尋《易》可得。故伏羲氏之《易》，乃易簡也，不易也，變易也。惟其易簡，遂能知其不易，知其不易，故知其變易。夫危微之幾，存乎一心，惟精惟一，允執厥中，持己待物，唯道是從。所以至道自在人間，不由人為加填。欲知宇宙奧妙處，只在尋常事理中，如欲體會亦不難，方寸天地觀自然。無奈三代後，大道愈趨晦，去聖既滋遠，穿鑿自難免，離古彌久則附會叢生，旁徵博引而不勝其弊。系出同門或鬩牆，枝出同幹各爭春，花逸葉散自飄渺，歧路馳騖各揚鑣。百慮不一致，殊途不同歸，遂致後人雖窮理盡微，亦未知盡符古意。加以古今異時，因地制宜，或同字而異義，或同義而異字，或同字而異音，或同義而音異，而掘墓出書，或同書而異版，或異版而辭異。抄匠偶失手，失手而字誤。後人幾奉為聖書，鮮疑句漏或辭誤，年代久遠稽無處，託名偽書又充肆，以訛傳訛不自知。依辭據句逐字解，雖有考據訓詁學，各恃己見難證別，古經大義遂日毀。此周師之所以著〈原易〉，以彰古義。

嗟乎！後世治《易》者，不知易簡，愈演愈晦，彌言彌雜，迷不知返，終不得其所，使後生不知所從，茫然無處可依。《易經》既為群經之首，後哲依《易》制俗，所以導群生之性，始立天倫而理人之情。無奈去古遙遠，聖義不彰，俗人不知古聖制《易》原意，遂使姦人得以乘隙取利，是以「法令滋彰，盜賊多有」、「絕聖棄智……，盜賊無有」又「聖人不死，大盜不止。」老莊所謂聖人者，實指後聖，非先聖也。後聖遭先聖之徽旨，失伏羲

之原意，實《易》道之所不容，為古聖之所共棄，亦庸人之自擾，於後人亦何益？此固非吾人所薦之《易》也。周師固知其弊，故欲撥亂反正，遂栖栖遑遑，坐不暖席，食不畢餐，廣傳《易》道，以矯流病，嗚呼！去聖滋遠，至道難忖，雲遮天光，實可嘆也。

於今之計，如欲撥雲霧以見日，扶大義之將傾，則無過於宏揚周師之〈原易〉，闡至道之精一，展易簡之原義，還原其本來面目，使學生了然其原而知所由來，則解道之徑既易，則懷聖之理必深，虔敬之心如崇，則服膺之思必重。是以治《易》必自原《易》始，而後涉入流派餘緒，則事半而功倍。然末世治《易》者，不知原《易》而逕入流派，不悉卦象而直玩翼辭，此雖王弼之流弊，實亦為師者之責也。豈有己之昏昏而使人昭昭者乎宜其終生研《易》而渾然不知其義。世豈有不知源而知流，不知本而知末也哉？矧伏羲？作《易》，在倉頡前，既無文字，故結繩記事，以狀其象，以誌所慮，慮而後得，以示來者。故《易》先有卦象而後有文辭，學者宜先得象而後解辭，則近《易》道也。故曰：「物有本末，事有終始，知所先後，則近道矣。」豈此之謂乎？乃作頌曰：「伏羲創《易》一字無，仰觀天文俯觀物，後人不知《易》道簡，妄註經文枉著述。」又：「周師倡原《易》，闡道又釋疑，棲棲諄教誨，為免學者迷。」

周師仙逝近四十年於茲，其在世講辭，藉數人之音錄筆記，庶幾得保全貌，而其遺著，亦藉周師箕裘弟子陳師素素教授，孜孜無怠，經累年之搜聚，綴緝遺文，而得付梓問世，終使周師立言，歿而不朽，永貽世範，成一家言。儻師有靈，不亦慰乎？素素之力，功不可沒，復又捐資以師名成會，且得其妹陳韓女士大力贊助，經中文系侯主任淑娟之襄舉，林師伯謙之協助，終成其事，乃索文於余。歲在辛丑，時在暮秋，博碩畢集，寰宇咸至。吾居遠邦，躬逢盛會，遂署文以誌其事。贊曰：「大道無形，似隱似顯，至人應物，知命知天，周師立言，可法可鑒，吉凶悔吝，履霜知冰，動蹈規矩，循理順情，懿德秉彝，力踐無間，君子通變，處世以寧。」

附文

　　在美國授《易》有年，教授對象多為醫界人士，包括住院醫師、醫學院學生和在外行醫者，他們多半因對針灸的好奇進而研習《易經》，以便瞭解陰陽五行對針灸經絡理論的探討，所以就有醫師們進一步要求授課，以便瞭解中國古代的哲理思想和宇宙觀及醫學論據。這也就是我開始跟歐美人士介紹《易經》的由來。在我從事將近五十年的醫學教育，雖然大部分多在美國講授，但因常應邀參與世界各地醫學論壇而發表專文研討中西結合醫學和身心醫學時，也會提到中國醫學溯源到《易經》，所以常常在會中會後和追問《易》理的醫生討論《易經》。對於這些文化背景不同的歐美人士，介紹《易經》是一件相當不容易的事，而一些洋文的《易經》翻譯本，只會使人讀得更加迷惑，這些翻譯本多半是依據程頤本，而其書重文辭不重象數，得意忘象。而翻譯書對卦變爻變諸法極少提及，因此無法以窺《易經》全貌。好在這些醫生們，一般來說智商水準都相當高，領悟聯想及體會致用能力都很強，所以教起來也不太吃力。但歐美人士思維方式和東方人出入很大。對於這些務實又抱著打破砂鍋問到底的醫生們，我也就不得不依我個人有限的經驗來發展一套歐美人士能夠接受的《易經》傳授方式。雖然只是我個人意見，多待改進，但是希望能夠拋磚引玉，求遂所欲，希能夠和與會的人士討論一些教學《易經》的經驗，以便有所改進，是為盼。

　　我授《易》的步驟進階是：

　　初學者宜先得象，諳卦變、爻變之則，舉凡錯綜互變，應比乘承等皆瞭如指掌，而後能觀象演數證理。繼之以〈說卦〉、〈序卦〉、〈雜卦〉與〈繫辭〉之研討，這樣讀爻辭時，才能知其辭是依本爻取義，或從變爻取意，或以中爻交互取義，不一而足。此端視文王、周公演《易》時之身處其境所感觸，而取決於正爻或變爻中之較具教誨啟發者以取義，然學者固須正反交互兼顧，而非只顧及爻辭單方所反映之爻意之象也。如依此次序漸進而知所先後再研經文，則可得象以推人事，方克有成。

我教學生觀察卦象的方法是：首先跟學生說明《易》辭多借物比喻以明理，絕不可執物而忘象，而被經文之文字所迷惑，文字語言只是用來溝通大意的工具而已。因為《易經》講的是現象和觀念，每一個卦就代表著一個現象一個觀念。所以讀《易經》，我常提醒這些洋學生必須記得老子《道德經》的開頭就是：「道可道，非常道。名可名，非常名。」也就是說，用語言文字可以說明的道理就不是我們要講的那個不變的真理，因為我們語言文字沒有辦法把那個真理說得完全。而《易經》裡的說法很多是借物說理，但每個物都有世俗的定名在先。但又不得不用物名來說《易》理大道，但一旦用世俗已經奠立定義的物名，用來解釋《易》理就很容易使人有了以俗名而先入為主的觀念，左右了對《易》理的瞭解，以致歪曲了真意。而我們如依所接觸之物給予一個名字時，這名字卻不能代表因該物命名之所有該類之物。也就是所謂的「名可名，非常名」，如果有一物尚未給它訂定名字，但如定了這個名字之後就不能夠用這個名字去定義它。比如說對於一個沒有見過黑人白人的黃種人說，所謂人的定義就是平常看到的黃種人，因不知有其他人種的存在。但有了這種所謂人的定義卻不能用來定義全人類，因人的定義是還包括了黑人白人棕色人等的。這也反映了孔子對於「正名」的重要。「名不正則言不順」，就無法把事情道理講清楚。《易經》卦象代表的觀念和現象，是很難用語言文字去表達。我必須強調這大前提給學生，否則他們在讀〈說卦〉而去解爻辭時就會發生很多問題，因依名執物而忘象而被龍虎牛羊之名迷而忘返。沒通過這一關的人都無法進步。其次，我就教學生先讀〈十翼〉特別是〈序卦〉、〈說卦〉、〈繫辭〉、〈雜卦〉，這樣就有個對《易》的通盤印象。而不要按照《周易讀本》的次序，因為這些都是被放在經文之後。

教學生讀《易》時，我教他們先看整個卦的卦德及所含的錯綜互變，由知卦變原則。其次看上下卦的各卦取象。最後才看各爻和爻辭。此時要看正爻時其意為何，反爻互爻變爻又如何，這些除了八卦之卦德外，是否含有〈說卦〉的物相（如八卦取象動物、人身、人倫、萬物等）以及該爻在整個卦中所扮的角色，以及和取象之是否聯想成意，比如說，括囊無咎：說卦「坤為布」，又荀九家「坤為囊」，而中爻互艮，艮為手，而三多凶、四多

懼。然後我就叫洋學生以「手的動作」,「囊」、「布」,「因心懼故謹慎」的環境下處世,去聯想造句但須注意所謂手囊並非指實物而是指現象,結果學生所造的句都與坤卦六四的大意相差無幾。並且要看爻位中正相應承乘等等以及譽懼凶功去定爻辭,依此最初雖然可取之象多,但經過這些步驟料理之後,大都最終可將所取之喻義縮小還原於爻辭。

所以我就叫這些學生在這種令人不安的環境裡,他們如置身其境帶著一個布囊或行李箱,他們會怎樣去處理?有的醫生就說,就要把布囊(布袋)行李用手緊緊抓在身旁,有的就說要加鎖或多打一個結在囊口等等,我就問為什麼要這樣做,他們都說,因為在那種不安的環境,為了避免一些覬覦之徒有偷竊的歹意,他們當然不會在這情形下展示囊中物,且謹慎的這樣作就比較安全無事。我就叫他們從〈繫辭〉及〈象辭〉來看此六四爻在整卦所扮演的角色及定位,而這些醫生們幾乎都可以認出在這六四爻是處在上下卦的青黃不接及三凶四懼的位置上來參照〈彖辭〉「先迷失道」,及〈繫辭〉「先迷,後得主」而說因心內無主,身邊無親友故迷而不知所措。我就叫他們依他們所忖之意去聯想造句。造完句後才去看經文所寫的六四爻辭來作對照比較。結果與「括囊無咎」原意相差無幾。然後我就叫他們推比諸人事,他們都能夠體會到六四爻為謹慎以策安全,以免無妄之災(無咎)。有的醫生就引意為閉口(括囊)不要隨便亂發言,以免禍從口出,以求無過。

在討論坤卦六四爻辭的時候,除了上述的一些關係外,我也提醒學生還得注意該爻和全卦以及鄰近上下爻(也就是六三、六五)的關係。不少《易》註書多忽略這方面,而只是在講解該爻的爻意時在該爻大作文章,而給人的印象就感覺似乎就與全卦,和上下爻脫節而被割離支碎不全的感覺。似不顧及關注該爻與整體以及和其就近的上下爻關係的連整性,而使學生感到支離破碎被分解而不連貫。由於我教的洋醫生們都極好問,所以我的教法就不得不因類施教,有所變通。所以在講到六四的時候和它息息相關的爻和全個卦的關係都得提出討論。講到六四爻時,學生就問括囊的話,理應存好的,拋出壞的來減輕囊袋的重量而去減輕攜帶的負擔。我的回答是,有這樣的想法雖然是無可厚非,對初學者是情有可原,但是觸犯了讀《易經》的大

忌，也就是又被鎖在〈說卦〉以物作隱喻及爻辭的文字裡打滾，而在文字陷阱而不能自拔，忘掉了《易經》的卦和爻是在講觀念和現象的，文字只不過是傳達意念的工具而已。我講解六四爻時，和它鄰近上下爻的關係都必須同時談論。因六三爻講「含章可貞，或從王事」，乃是說自我充實來等合適的時機，發揮才能出來服務，有所作為。也就是孔子所謂的「盡心焉，盡力焉，以邀天命」。既然準備的似乎充實（含章可貞），依常理就會迫不及待的躍躍欲試，想去施展才能。但此卦在三凶四懼之下，在六四卻勸人要「括囊無咎」，要收斂，這樣六四就和六三又建立了相干關係，而不會使學生感到二者脫節。至於和上爻六五「黃裳元吉」的關係則因為在六四階段的準備之下，到六五就因發揮而有成果，又變坎為比則有親比之象，居高位而親民。這樣六四就與六五也搭上了息息相關的關係。至於六四和全卦的關係就是全〈坤卦〉的卦德「厚德載物」，也就是君子要寬厚點才能相容並包。坤又象徵地球，而地球能夠容納萬物，好壞相容，而不會因為地球旋轉的離心力，使地球上所包含的萬物因快速旋轉而拋出於太空，這也比類括囊，也就是把袋口括束以使袋囊內包羅諸物紮閉，不使裡面的東西，因為被帶著走而溢出掉出。六四爻也就是教人紮好袋口，卻沒有說要把袋裡面的東西依喜好而選擇去留，而是要相容並蓄，也就是叫人作人不要太過於斤斤計較，特別是準備去居高位作領導的人（六五爻，五爻為君位）。不要太嫉惡如仇，不要太依個人的喜憎去取捨，而致於「人至察無徒，水至清無魚」。「泰山不讓土壤故能成其大，河海不擇細流故能就其深」宰相肚裡能撐船。把賢能通達的人招攬網羅在一起為己用，而無漏網之人才（括囊），這樣「括囊」也就與全卦的卦德「載物」的相容並蓄大義掛勾而遙遙呼應了。在六四爻作好的人，升到六五爻時，就因為在六四爻已作好了準備的工夫而自然會達到六五爻的「黃裳元吉」的吉祥階段，這樣與六五爻也掛勾了，對於研《易》多年的人，這些似乎是不言而喻，但對初學者如不指出則感茫然。

很多學生都會問，為什麼古人不把事理說詳細一點，反而講那麼簡略，害後來的人要去猜測他們的心意。我的回答是數千年前的古人沒有現在的筆和紙，凡事要記載都必須雕刻在龜甲、骨頭，或牛皮（因為豬皮遇水容易膨

脹而變形），而這些龜甲牛皮在古時是很貴的，因得來不易，且古字可用者少，加以刻字耗時，且限於皮甲之篇幅故不能暢所欲言，詳釋其說，只好扼要提綱簡述其學，所以也不能因為雕刻了錯字就把整塊牛皮或龜甲扔掉，所以也只能靠師承去講解，給學生指出錯字，但年代久遠了，哪些字是錯的就失傳了。

在教《易經》的過程中，有的學生就會依字解釋辭文（literal interpretation），這是我叫他們要儘量避免的，因為這樣做的話就很容易重蹈前人的覆轍，因一些前人註《易》時，為了成全爻辭而不惜咬文嚼字，非得把每一個字的來源不擇手段地去成全其字意，即使隨意變爻變卦來曲意求全爻辭亦在所不惜。我常把馬王堆的《易經》版本和《周易》現在流行版的卦爻辭，對照給這些學生看，就會發現有很多同卦不同字，同爻不同辭。如果逐字解意就會失去卦的原義。好比說〈坤卦〉在馬王堆寫的是「川」卦。而六五「黃裳元吉」在馬王堆版是「黃常元吉」。《周易》的〈否卦〉在馬王堆版是婦卦的例子比比皆是。同是《周易》，馬王堆版和今版《周易》不但多處用字不同，竟連排卦次序也不同，更何況是失傳的《連山》、《歸藏》版。

我認為讀《易經》，對於卦象需要精細入微去研究，但是對於爻辭文字則只要像諸葛亮「獨觀大略」，及陶淵明讀書「不求甚解」就可以。陶淵明在〈五柳先生傳〉說：「好讀書，不求甚解，每有會意，便欣然忘食。」元李冶在《靜齋古今黈》有特別說明：「不求甚解者，謂『得意忘言』，不如老生腐儒為章句細碎耳。」我之這樣說，是言有所據，而非信口雌黃。在〈十翼〉的〈繫辭上傳〉有曰：「書不盡言，言不盡意」；又曰：「聖人立象以盡意，設卦以盡情偽」；〈繫辭下傳〉：「是故《易》者，象也。」〈十翼〉也是《易經》重要的一部分，既然《易經‧繫辭》已經說這麼明白「《易》者，象也」，又說：「聖人設卦觀象」，則研《易》應以卦象為主，因文字語言是講不清楚《易經》的原義。自王弼掃象以致《易》象不明之後，似乎大多數的《易》學家都在卦爻辭上大肆渲染，咬文嚼字作文章，成了近兩千年來的風氣無法扭轉，而似乎不太多人著力去追蹤失落的象義。晉朝以後即使知名的演《易》大家仍在《易經》的辭句文字上打轉，而逃不出文字圈套，以致

《易》象從此更加不明。甚至程頤、朱熹之類大儒也是在《易》辭文句上大作文章，這種漠視〈繫辭〉的訓誡和指示，本末倒置，捨本求末的研《易》法，著實是耐人尋味的千古疑案。

我並不是反對念《易》的人不要去看爻辭文字，辭文固然對卦爻的瞭解有提示重要，但我擔心的是一旦太過耽溺於辭文，而且太過於在辭文上用功夫，就不免忽略了卦象，而念《易經》重要的讀書心態，就是要善於變通，而不可拘泥於任何形式。不但對文字不可太過於拘泥，即使在玩象時也不可以太拘束於一個卦象而忘掉了卦變。這在〈繫辭下〉已經說得很清楚了：「《易》之為書也不可遠，為道也屢遷。變動不居，周流六虛，上下無常，剛柔相易。不可為典要，唯變所適。」這是讀《易》的基本心態。後世學《易》者包括程頤等人之所以會執字忘象，可能就沒將這段明訓掛在心上。在〈下傳〉：「其稱名也小，其取類也大」，我恐怕學生如在「稱名」下打轉，則鮮少會在「取類」上用工夫，則不能得《易》學真諦。

我之所以認為只需求爻辭大意，對文字不須求甚解，只要把卦義爻義弄明白就可以了，不逐字求解的原因，也是因為不但不同的版本用字不同，而且我們如果將來有幸在掘墓出書而能看到重見天日的《連山》、《歸藏》版本，我相信其辭文與同卦同爻的用字，也必與今本《周易》有所不同。何況經文的一些文字或許是古人手誤抄錯？既然如此，我們何必字字求解其來歷？對於一些經文字句，如有來源不明或語氣模糊的文字，只要輕描淡寫簡單給學生說明卦義爻義就夠了，不需處處求證辭字來處。何況清朝胡渭等人對《易經》的考據，也指出多處可疑之處。我最主要的重點是教學生，不要太專注以字義來解《易》，因會導致不知不覺太過專注文字而忘掉了《易經》是藉文字而借物說理。因為《易經》講的是有點抽象的觀念和印象。以義理為主，文字只是宣揚義理的工具。可惜的是為世所重的虞翻註《易》本，亦有多處以文字為主而以義理卦象為副之嫌。來知德雖然不滿宋人專在卦爻辭上用功夫，因而專注於《易》象的探索，但身處鄉村小鎮，自己藏書不多，手頭上的資料有限，多憑其聰明才智去領會，雖具成果，也不盡如人意；但已經很了不起了。可惜後繼者雖想續其遺業，成果皆遠不如，何況清

朝考據之風為盛。至於虞翻的《易》註也頗殘缺不全，如果不是李鼎祚的引用，虞註早就失傳。

我常跟這些洋學生說明，如果按字去解釋經文的話，就會類似《聖經》新約耶穌所講「富人上天堂難於入針孔」。如果把「針孔」解釋是縫衣服用的針綫的針孔那就大錯特錯。因為耶穌所講的針孔是指古以色列有一個城門進口非常狹窄，進出須擠身辛苦過門，當時的猶太人就叫此門為「針孔」，所以耶穌就比喻富人想進天堂，就像要比經過這扇狹窄城門還難，因為這些古代的有錢人多半是養尊處優而肥胖，且為富不仁，積不義之財。而以肥胖之身，擠進針孔窄門何其辛苦。耶穌所謂的針孔及《易經》之藉文字而借物說理，用的都是隱喻。故如以字譯來譯經文，則會悟錯真正大義之所在。由於歐美人士多是基督徒，自幼對《聖經》常有所觸，所以用《聖經》來作相比引喻《易》理，對歐美人士較易知曉而收效較大。有的學生對《易經》不同版本有質疑，我就跟他們說，西洋《聖經》在十五世紀前也是很多不同的版本，且異版異字，因為流傳的《聖經》本來原本都是從希伯來文翻譯成希臘文，又從希臘文翻譯成拉丁文，再又翻譯成德文、法文，又翻譯成英文，所以版本很多，用字也不同。英文統一版的《聖經》一直到英國的詹姆士國王在一六○五年召集了全國專家費時五年才有統一英文流傳版本。所以《易經》版本自古以來也因時因地因人而有所不同，但內容卻大同小異。而現今的《周易》也是經歷代不少學者考證修正而成，至於卦辭爻辭是否是周公、文王的原《易》本，就因年代久遠而無從得知了。

我這樣教學生去做，就是要他們把卦象所包含及隱藏的各種卦意揣摩清楚，才去鑽研卦辭、爻辭，讓他們知道這些《易經》難解的爻辭，其實他們如處在同樣處境，他們也能作出類似的爻辭，這樣這些醫學生就不會把《易經》看作神祕不可測，或是他們西洋人士認為無稽之談的算命卜卦，及履虎尾、十朋之龜、臀無膚等荒唐書本看待。因為在讀辭時，需要知道爻象的包容是多元的，經文雖因篇幅而只寫出了一種爻辭，但讀時需要心理上有同時兼顧未寫出的其他可能性的爻意。這樣可以知爻辭之所由來。很多學生對於〈說卦〉的取象頗不以為然，而且感到近乎可笑，我跟他們說數千年前中國

的古文字數量極少，倉頡造字還不滿八十字，後來因社會的需要，文字有增加，但還是很有限，用非常有限的文字來描述無限的《易》理，也就不得已去遷就現實，為了權宜之計也就只好不得已用當時可用之文字勉強充數而為之。而當時可用的文字以及大眾瞭解的，也就是文字表達下的父母子女手足胸腹牛羊等通俗字。好在我教過的這些醫生，智慧還算蠻高的，所以他們也都能夠領會到所教卦中的核心思想，我的目的是要啟蒙建立他們研究《易經》的基本原則，他們學了一些卦後，如有興趣，就可以以此類推，舉一反三的自己去研究別的卦。

我在這個階段，常給學生一些《易經》的作業習題，也就是叫他們對於特定的某卦，用上述方法逐步勾勒出此卦輪廓的大約概念。先叫他們不要看爻辭，以免受了爻辭先入為主的成見，然後從他們對這卦的概念輪廓，以正爻、變爻和互爻取象而寫下自己感受的幾種爻辭，再與經文的爻辭對比，去看相差多少。由於經文爻辭內的吉辭遠少於凶悔吝之辭，又爻辭既傳言筆出文王、周公，所以我就叫他們設身處地想成自己就是周文王被囚禁而不知死日何時；也可想成手掌大權但恐懼流言的周公。我這樣做，就是要他們知道，每一個卦都可以從正負兩面去看，其實卦是多面一體的。但爻辭多半是悔吝之辭，而這些醫生就感到《易經》怎似多半為沮喪之辭，而感到古代中國人，怎麼悲觀多於樂觀，缺了積極地面對人生。我給這樣的作業能使他們知道爻辭的來歷，然後他們在自作正面及反面等的兩三種爻辭練習時，再與經文的爻辭相比，也就不會忘了經文的一些爻辭是因作者當時之負面處境而寫，即使是從負面寫的，卻也有正面的一面隱藏於卦內。而他們用英文寫出來的爻辭，卻與經文上的爻義有百分之七十相類似處，使我歎為觀止。

爻辭在《易經》所占頁數及字數最多，也可能是最重要的部分，而且也是最晦澀難懂，最容易被誤解的。不像〈十翼〉的大部分是一目了然的。我感覺我這樣給他們這類的習題作業，使他們對《易經》的瞭解是有幫助，但這些也只不過是我個人的小經驗。現在大會推廣《易經》在國際上的教學之際，如能和多位有經驗的人，集思廣益，討論一套比較統一可行的教學方法，必然在中西文化交流有極大的意義。特別是在爻辭方面，因為本來是先

有象而後有文辭，辭乃因觀象得其象意而後依其意而記錄成辭，但王弼掃象之後，爻辭之由來早已不明，而東漢時，已有為了顧全辭義而恣意變卦變爻以解釋爻辭字源的趨勢，竟乃至以半象以解爻辭等等。類似此類傾力委屈求全地只是為了辭文而不惜變象變卦而本末倒置，先後顛倒，絕不是先聖創《易》的原意，何況卦象歷久如一，但文辭可因手抄謬誤、字漏、異版而字異。所以，卦象的完整是首務，而文字只不過是說明卦象的工具而已，可多可少。不需為了成全文字而蓄意將卦顛三倒四的去符合爻辭而歪曲犧牲卦象。可惜自晉朝以來到現在都無法挽回這種陋習。如能集合一些專家以便集中每人即使只是片段，但卻符合古聖原意的心得，作有系統的整理，或可以研究出一套可行的方案，即可使學生容易跟從的實際學習方法的基礎教科書，則學生幸甚，我等幸甚。這些還得請教各位先進賢達以各位教學經驗來補充我教學的不足。

《易經》在國際上由於歐美醫學界對針灸的好奇，進而開始對於經絡和氣的探討。在過去二、三十年間，哥倫比亞大學每年召開的國際針灸大會中，瑞典諾貝爾醫學獎審核委員會主席 Nordenstrom 博士幾乎每年都來參加，直到逝世。大會中他和我常辯論關於「氣」的問題。他認為在他研究中國人所說的「氣」其實就是電磁場，而我認為電磁場根本只是氣的流行而產生的副產品。最後大家認為我是華裔又學了針灸和《易經》，所以就要我寫了關於「氣」和「《易經》對中外醫理和科技的影響」兩個專文發表國際學刊，當然這些也帶來了一些好奇人士對古文明不同看法的爭議，但也反映出來《易經》在現世紀的被關注和引起更多的好奇。這些對中西文化的交流都是有意義的。我希望在有生之年和大家有志一同來發揚這些不可忽視的古代文明思想產物，這對於世界文化遺產是一個貢獻。

答客問及教歐美人士《易經》時常被問到的問題是：

問：學《易經》最大的絆腳石和遭到的困難是什麼？

答：讀《易經》最困難的地方是《易經》很多義理是只能意會，很難言傳，也就是用文字語言沒有辦法把《易》理講得很清楚。但是又不得不借用

世俗所瞭解的事、動物、人體部位等物來反映宇宙萬物運行的規律及事物發展變化的吉凶悔吝的現象和觀念。但讀者閱讀這些用以傳道的文字時，卻特別會把〈說卦〉以隱喻（metaphor）用來說明卦辭和爻辭時借用的動物品類、人體的結構部位等等的借用詞，當作實物來解辭而忘了指的只是該物的屬性。就如以十二生肖去推論年齡及屬性時，並非屬虎的人是實質的老虎，屬鼠也不是指真正老鼠，而把一個屬鼠的人當作老鼠看待。但初學《易經》卻常常會犯了這種毛病，用〈說卦〉隱喻所指的物體解釋經文而完全會錯意。就正如《指月錄》尋道問禪的人問佛或得道的禪師在夜曀遮雲中觀月而不見月。禪師以手指指著月，對尋月的人說我手指所指的就是月，迷惑的人卻會錯了意而以為禪師的手指頭就是月亮。念《易經》的人絕大部分在研究卦象都犯此錯誤。而很多教《易經》的老師也不免犯這些錯誤，以致這些老師就乾脆連卦象都不講解了，而乾脆只講解卦辭和爻辭。但《易經》不講卦象就沒有《易經》存在的價值。所以無象則無《易》。如果能夠通過這個難關，《易經》的困難度就解決了一半。

問：如依所言，則任何一個卦照錯綜互變等，任何一爻也可依「承、乘、比、應、懼、凶」等等引出不少爻辭、卦辭，安知哪個辭語是適當的？

答：這個就要看個人所處的環境和需要而決定所得出的好幾種卦辭、爻辭中，哪個辭是適合當前卦象及個人的需要和處境，及天時地利人和諸客觀環境來決定。所以這需要依主觀的需求及客觀環境的配合來採納辭文。就如一個人需要去買一件衣服，到百貨公司裡面看到的固然有各種不同男女老少的衣服，但並非所有的衣服都是適合個人的需求。經過一番依個人尺寸高低顏色場合來做選擇時，就可以縮小選擇的範圍，依照這些需求條件而採購到適合個人的服飾。面對當前卦象的爻辭、卦辭也可以用同樣的情形來作選擇。文王、周公他們也是依據他們當時的處境去選擇適合他們主觀和客觀的條件而寫下來這些爻辭、卦文。在《易經》教學中，絕大部分的學生對於變卦，特別是由一卦因爻變而引出他卦的原則觀念感到相當的迷惑及困擾。而且感到似乎注《易》者是為了

成全爻辭的解釋而去變卦而成了無的放矢的文字遊戲。這是因為每卦有六爻，每一爻變則全卦皆變，因為六爻皆有所變，所以就引出六個其他不同的卦。而因爻變而引出的卦也可因其所引出了的卦之爻變而又引出他卦。如此引來引去到後來卻失去了方向而不知何卦為主、何卦為副，因而不知所從，也不知所終。我對由一卦引出其他許多卦的解釋是：最原來的卦必須仍是主卦，而因主卦的爻變而引演出其他的卦皆為副卦，在解卦時，則必須遵守「萬變不離其宗」的原則，必須以主卦為主去解釋卦義和爻辭，否則就會亂了方寸，而失去方向，並引出一些不相干的釋義，坊間一些解易書有不少牛頭不對馬嘴、風馬牛不相及而不干主卦本義的解釋都因此而起。

　　由於我的學生大部分都是四十歲到七十歲的美國醫生，他們童年時，幾乎都玩過魯比克的魔方，所以我就用魯比克的魔方來說明卦變現象較易懂。魯比克的魔術方塊，在中國大陸簡稱為魔方，在香港稱為扭計骰，為由匈牙利建築學教授魯比克於一九七四年發明的機械益智玩具。最初的名稱叫 Magic Cube，一九八〇年將名稱改為 Rubik's Cube（魯比克方塊）。當它們組合在一起的時候每個零件會互相牽制不會散開，並且任何一面都可水準轉動而不影響到其他小方塊。魔方有左右上下前後六面（《易經》每卦六爻）。魔方任何一面每有一轉動，則左右上下前後六面也都會因之會改觀（易經的卦，每一爻變則全卦皆因之而變）。也就是每當一方面有轉動，則魔方六面都會跟著轉動而為之改觀其形相，但不管如何去轉動，全體卻不會散開，魔方有個向心力的磁性主軸（因各爻之變而引起的卦變不致引起中心思想為主的主要原卦），所以魔方不會使每一單位從全體遺失或脫落而離開主體（萬變不離其宗，《易經》由原來主卦引出的其他副卦皆不離主卦而迷失）。正如魯比克魔方不管如何變動都能夠恢復原狀，同樣《易經》不論變卦多少也都可恢復到主卦。特別是在解釋卦義的時候。

問：《易經》討論的是現象和觀念，能不能比喻說明所謂「試圖瞭解《易經》觀念現象」的困難？

答：觀念和現象是很不容易用文字語言來說清楚，因為這些觀念現象是有點抽象的。古代聖人書遭遇最大的窘境，就是知道用語言文字是無法來表達說明清楚觀念和現象，但是又不得不向大眾用語言文字來轉達他們的學說。這就像白居易評論老子的詩說：既然老子知道可藉文字語言說明的道就不是老子所謂永恆的那個大道理，但「緣何自著五千文」的《道德經》，仍藉文字來表達他的思想，這豈不是自相矛盾？我們把《易經》用數學的觀念來作說明抽象觀念的話，就是數學本身就是抽象的觀念；但也不得不用數目字及文字來表達這觀念。好比對於尚無數學觀念的幼稚園小學生說明「1+1=2」時，就不　得不用實際的物體來說明，譬如跟他們說，一枝筆加上另一枝筆，就等於兩枝筆。但在應用時，有的學生沒有筆在眼前就無法想像如何去作加法，也就是這類學生把這個加法的觀念完全執著在實體的筆，沒有理解到進入數學的觀念，而老是停留在一枝筆和另一枝筆的關係上。

　　同樣的情形，讀《易經》時，很多人在象數卦變爻變上，依據〈說卦〉的說明來理解卦象爻象時，常常執著停留在〈說卦〉所列舉象徵擬諸動物或人體的部位取象上，如龍虎手腹之類的文字來解辭義而無法自拔，忘了這些只是權宜之計，用來作比喻，說明現象觀念而已，而無法進一步去想像從這些比喻瞭解裡面含義的觀念，就如幼稚園學生沒看到實物的筆就無法作加法，也無法瞭解加法的觀念去應用在日常生活中，更遑論去作習題，而只在一枝筆和另一枝筆的想法上的空間打轉。很多人讀《易經》，如書上沒有一個實體的東西表達一種現象和觀念就無法研讀《易經》，這就完全被文字及比擬的實物綁架而無法自拔。學生必須超越文字上的束縛才能進步，這些抽象的觀念和現象不是容易去瞭解的。即使孔子也說五十可以學《易》，《易經》雖是探究宇宙至理，但如推之人事，則愈是歷經滄桑而富有人生經驗者，愈能瞭解《易》義。

問：這些《易經》的卦辭、爻辭都是幾千年前古人生活遭遇求解的寫照，古今中外東西文化及思維又不同，念這些過時的經文，如何能適用於當今？

答：《易經》所講的是宇宙的至理，可以用到人事世態。譬如牛頓的三大定律和萬有引力，及伽利略的自由落體，都不會因為幾百年前在歐洲發現的，就不能用於今天或為地域所限。因為這些是定律，所以是沒有時間性和地域性的，行到哪裡，無論什麼時候都可以行得通。《易經》的道理也是一樣。雖然周公、文王他們是以他們身處環境而記下爻辭、卦辭，但他們的經驗和智慧，我們還是可以用來做借鏡而得到啟發。就如我們在讀偉人的傳記，或者是名人的座右銘和格言，雖然是別人切身體驗的記錄，我們卻可以用來作為生活處世應事重要的參考。譬如我們當學生或者剛到一個公司去做事，或到一個人地不熟的環境，我們就可以用〈蒙卦〉噬文王、周公的體驗心得而寫下的卦辭、爻辭來準備我們持己應世的心態舉止。又如果我們去一個組織團體或公司作領導，或充當經理時，我們就可以用〈師卦〉來做我們的參考。其實我們所受的教育，哪樣不是學習前人經驗所得的結晶？我們學一些《易經》的大道理，和文王、周公的人生經驗，和孔子對各卦的評論讚語，可以使我們在這個世界上少吃很多苦頭，也少走一點冤枉路，在我們人生低潮而感絕望，在山窮水盡疑無路時，忽然發現柳暗花明又一村；而且在適逸的環境時，能居安思危，處世以寧，不會讓世情亂了我們的方寸。

問：《易經》之所以不容易推廣，是因為很多人對《易經》感到神祕而不可解，又加上大多數的人都把《易經》當作卜筮算命之類江湖術士藉以營生圖利的勾當，在科學昌明的今天，研究這種古老迷信是不合時宜，而且是浪費時間又落伍的。

答：很多人感覺到《易經》之所以神祕又不可解，我們可以分成兩部分來解說。如果這種神祕感被解密的話，則人人都可以學《易經》。《易經》在孔子著的〈十翼〉都是很容易懂的，而且也沒有什麼神祕的成分。被人們認為神祕又難解的就是卦爻辭和卦象。特別是爻辭因為文字非常的晦澀難懂。爻辭之所以難懂是因為古人用於表達意境，現象和觀念的文字系統和現在用的文字系統不同。所以便形成一個難於溝通的隔閡，就像現代的人無法瞭解古人的想法，是因為所表現的型態方式及文字用法有

所不同，但並不表示今人比古人笨。就像現代人用慣了白話文，而對文言文之類的古文，沒有受過特殊訓練的人就不容易念懂。教《易經》的老師就像講解翻譯文言文給現代只懂白話文的學生一樣，雖然難度更多，古文之所以難懂，就因為古代文字的字數不夠，所以常常一個字可以代用作很多不同的字來用。而且越古，則任何一個字幾乎越可以當作主詞，也可以用作動詞、形容詞、副詞等等。不像文明越進步，文字的字數也越來越多，而且表達觀念的字數也因字的更多而能表達更清晰，以免引起混淆不清，所以《易經》老師的工作之一，就是把古代的文字翻譯成現代人可懂的表達方式，教懂學生；也像英文老師要把英文翻譯給上課的學生聽一樣。有時老師雖然自己懂得這些古文的奧義，但是卻講不出來，無法有效地表達出來，這是因為老師對於現代文字的表達能力不夠。除了這些問題之外，後來一些註解《易經》的學者在解釋爻辭時，把自己的私見節外生枝地加上去，又沒有表明加上去的只是個人的意見，以致使後來的人弄不清楚哪些是原作者的文字，哪些是註解者私加上的附加物，終致魚目混珠，結果使人閱讀越不明白其原來面目。

　　至於卦象則因為綜錯互變等等之外，又加上為了要遷就卦爻辭的文字而取象範疇多達數十種，其變化莫測，使人捉摸不定，我相信伏羲、文王當初演《易》時不會蓄意弄得那麼複雜不堪，加上後來的註《易》者為了要對爻辭的文字來源去處追根求柢，而把其實不需要搞那麼複雜的卦象弄得顛來覆去，又因穿鑿附會更使一般人不知所從。虞翻的集註雖以觀象為本，但因殘缺不全，大半失傳，很難使人窺得其中樞思想，且多處為了對辭文的委曲求全，不惜變象而不免使人感覺有喧賓奪主的嫌疑，因為《易經》本來理應以象為主，以辭為客。關於爻辭的問題我以前已經討論過了，現在就討論關於卦象使人有神祕感的問題。

　　人們對於不解的事情都有一種神祕感。其實卦象也只不過是一種符號而已。它就和文字一樣，其實文字也是一種符號用於表達述者的意思。很多人都把卦象當作圖騰一樣看待。所以就感到有神祕的感覺，其實卦象最早也只不過是在沒有文字前伏羲以陰陽的符號重疊而成卦象，

而文王又再卦卦組合成六十四卦。文王只不過是把很多他觀察到的現象歸類組合成六十四個有系統的觀念而已，其實也就是一種歸納法。我在教一些醫生的時候也常常教他們用數學排列組合的演算法（mathmatic permutation and combination)，把陽爻及陰爻經過六個階段再重重組合，算出有幾樣可能的陰陽組合排列。很多醫生在念醫預科的時候都有念過大學數學和微積分，所以他們用數學的觀念去換算卦象的排列組合，就可以瞭解卦象的來源和去處。這樣他們就不會對卦象存有神祕感，因為他們自己也可以用數學方式去組合排列卦象。我之所以這樣做是要使他們消除對《易經》的神祕感，因為如果心理上存有對《易經》有神祕難解的心裡就會形成對研究《易經》的心理障礙。我教《易經》都是用研討會的方法這樣使學生主動的參與一個卦就是一個工作項目（project），而不是用填鴨式的方法。我這樣的教法會使他們感覺到他們也就像是一起參與共著《易經》的合著者的身入其境，再也不會對《易經》有陌生感或有神祕而不可測的感覺。這樣他們就會對《易經》有一種親切感而且也像是和伏羲、文王共同創《易》。我製造這種參與感，會使學者不會對《易經》感到陌生而願意更深一步的去探討《易經》的原理。

在玩象的時候也必須要注意到這象也只是以陰爻及陽爻作符號而引申出來的各種變化，每個卦象就代表一個歸納成一組的觀念系統。但很多人在玩象的時候卻執迷於象的變化而忽略了這些象所代表的現象的觀念系統而被劫持於象的變化，這又何異稍前所述的迷執於卦爻辭的文句上而不知返？爻辭的文字和卦象也都只是符號而已，迷失執著於符號而不能自拔，是讀《易經》的最大障礙。這樣參與式的教法，我感覺在西洋似乎收效較大，也可以使《易經》更加推廣擴大，人人皆能受益，這也是古聖先哲及周鼎珩老師當初孜孜不倦教學的願望吧。我這樣的教法，雖不是傳統，但學生們就會對《易經》有一種親切感，而且也好像是本身參與了和伏羲文王共同創《易》。我製造這種參與感，使學者不會對《易經》感到陌生而願意更深一步去探討《易經》的原理，而且在

學習過程對《易》理原義印象會更加深。我認為人人都可以去學得《易經》，只要不被《易經》裡面的文字和在玩卦象時不要被實線的陽爻，和實線中斷的虛線的陰爻所執迷（因為這些只不過是符號而已），這些文字符號都是在表達講述有系統的觀念和現象而已，不需太執著而迷失作者的原意。

至於說《易經》是卜筮之書由來已久。很多學者認為由於孔子的〈十翼〉，才使原來就是卜筮的《易經》成了哲學性的古典。即使是朱熹也持此說，而最早有關《易經》的甲骨文雕刻在獸骨上面就有此傾向。尤其是殷商武丁中興時的紀錄，更有因用兵征伐而《易經》被引用為卜筮的例子。但武丁離今約三千二百年，而伏羲則在六千年前新石器時代，在這三千年間隔，《易經》何時被引用為卜筮流派已不可考，但我不信伏羲一開始作《易》就只為了卜筮，因與陰陽消長闔闢的原意不合；何況古人對周圍環境最注意的當然就是天地日月水火和自身及身邊諸物，所以伏羲仰則觀象於天（以乾取象），俯則觀法於地（以坤象之），以坎取象於水、月，以離象火取日，日出而作，日入而息，古時世界各地有不少部落拜太陽神，也有拜火教信仰，此皆與卜筮不相干。卜筮的形成，與部落聚合為國家雛形，因資源領土之爭而互相攻伐，遂有出戰前卜筮成敗的行為；但這不是創《易》原意，只不過是後世加以引用而已。

《易經》是一部實用的書本，學生能夠突破及超越這些用以表達工具的文字和符號圈子，就較會容易理解《易經》。而且學生要學會舉一反三，把《易經》的道理應用在日常生活中去體會才有用。《易經》是教人體驗人生（文王獄中演《易》），及觀察體會宇宙現象真理（伏羲近取諸身，仰觀天物）的書，我希望人人都能夠學《易經》。最後我們引用釋迦牟尼佛的話：「一切眾生皆有如來智慧德相，但因妄想執著而不能證得。」我們也可以申伸說：「一切眾生都可以去學得《易經》，但因妄想執著於文字及卦象的符號，而不能擺脫用以借物解釋事理〔名相〕的圈套來與現實環境掛勾，所以不能窺見《易》學的真相。」

緬懷與感恩

林鴻基*

提要

民國六十二年夏某日，偶逛台北市重慶南路書店街，適逢周鼎珩教授易經講座公告開班，乃填表報名，幸從五百多報名者中獲錄學員，並承指派為講座服務人員。

周師學識淵博，講授條理井然，並善以後天有形事物，巧喻先天無形氣化，因而引人入勝，學員始終有增無減。

除講授易經外，民國六十八及六十九年間，周師並曾應少數學員之請，在家授子平命理及秦末黃石公傳張良之「長短晷」，我都參與。民國七十一年，周師因身體不適停課，我遂報名參加堪輿大師毛暢然先生在中國孔學會開班之堪輿講座。深幸因追隨周師多年，並不斷思索探究，終能貫通唐代楊筠松仙師一脈相傳之真訣，感恩無既。

民國六十七年，我考取會計師高等考試，但因經濟部錯誤解釋：考取會計師後尚應再經兩年實務經驗方准開業，考前之經驗一律不算，致已登錄開業，又遭撤銷。嗣幸承周師託其立委好友主持公道，終得經濟部變更解釋，而准開業；於今已執業四十餘年，每一思及，輒深銘感。

周師仙逝後，我曾數度拜謁其長眠之處，並於民國九十七年十月十四至十六日邀友同往安徽九華山，禮敬地藏王菩薩及周師少時追隨前清翰林三元道長習易之處；但已了無痕跡，惟能悵對皓月空山，表達深摯緬懷感恩之忱。

關鍵詞：周鼎珩、毛暢然、堪輿

---

* 企管博士，會計師。

Remance and gratitude

Frank Hong-Chi Lin

Abstract

One day in the summer of 1973, when I was visiting the Bookstore Street on Chongqing South Road in Taipei, I happened to meet Professor Zhou Ding-Heng's lecture on *Yi Jing* (*The Book of Changes*). Therefore, I filled out the form to register and was fortunate to be selected from more than 500 applicants. Meanwhile, I was also assigned as the service staff.

Professor Zhou is knowledgeable and methodical in his lectures and teaching. He is good at using metaphors of physical and tangible things to describe the invisible Qihua, thus his lectures and teaching are fascinating, which attracted more and more students.

In addition to teaching *Yi Jing*, during 1979 to 1980, at the request of a few students, Professor also taught Zi Ping numerology and Chang Duan-Lüe, the strategy Zhang Liang learned from Huang Shi-Gong in the late Qing Dynasty. I also participated in these lectures and teaching. In 1981, Professor Zhou suspended classes due to his physical discomfort, so I signed up for the lecture of Kan Yu givenby the master of Kan Yu, Mao Chang-Ran, at the Chinese Confucius Institute. I was deeply fortunate and appreciated that after following Professor Zhou for many years with incessant exploring and thinking, I have finally been able to realize the true meaning from the master Yang Yun-Song in the Tang Dynasty.

In 1978, I passed the examination of Certified Public Accountant, but with the misinterpretation from the Ministry of Economic—after taking the accountant's examination, two years of practical experience should be required before starting a business, my previous experiences of accounting was not admitted. Thus, even I already started my business, it was revoked. Fortunately, with Professor's help and his legislator friend to uphold justice, the Ministry of Economic finally changed the interpretation and allowed to start my business. Every time when I think of this after starting my business for forty years, I always feel appreciated.

After Professor Zhou passed away, I paid homage at his grave several times. From October 14th to 16th, 2008, I also invited friends to go to Mount Jiuhua, Anhui Province, to pay homage to Kṣitigarbh Bodhisattva and the place where Professor Zhou followed the former Qing Hanlin Sanyuan Daoist to learn *Yi Jing* when he was young. Sadly, there was no trace of it. I can only express my deep remembrance and gratitude towards the bright moon and empty valley.

Keywords: Zhou Ding-Heng, Mao Chang-Ran, Kan Yu (Geomancy)

　　進入周鼎珩教授師門是很偶然的機緣。

　　民國六十二年中，一個週日午後，我習慣性地到重慶南路書店街閑逛，在黎明書局發現很多人聚集在櫃檯前，一問之下，才知道他們是在報名周鼎珩教授的易經講座。櫃檯旁一位眉毛濃黑有彩，容貌嚴肅中透露些許和氣的中年男士（後來才知道他是書局的韋經理），跟大家解說：「周教授從小在九華山跟隨前清翰林讀書、學易，是當世精研易經最傑出的學者；這次開班機會難得，預計只收五十名學生，但目前報名已將近五百位了」。我從未接觸過易經，但對這古老而神祕的學問，有一種莫名的憬慕，於是便填簡歷表報名了，至於能否被錄取，實在不敢存太大希望。

　　幾個禮拜後，突然接到封套下端印著「乾初易舍」幾個紅字的信，約期前往一晤。我記得約見時間是個炎炎夏日午後，由於不知初次見面該帶什麼伴手禮，於是我跑到西門町的西瓜大王，選了個五、六斤重的大西瓜，用草繩套著，一路搭公車前往。在雙溪公園站下車後，沿著山腳下的至善路一段一百三十八巷，大約走了二百多公尺，就看到右側傍著彎環清淺的小山澗，有背倚山坡的茅屋兩間，雖然簡樸，但襯著青山翠谷，潺潺溪水，還頗有水木清華之感，略似國畫中高人逸士的山居；原來這裡就是乾初易舍，而「易舍」兩字，除了表明為研易者住處外，還有簡易房舍之意，一語雙關，命名得可真好！由於當時另有訪客，老師在簡單問明我的背景資訊後，就告訴我，易經講座即將開班，限於黎明書局二樓教室座位，而報名者多，為儘量滿足大家的願望，擬開週六、日各一班，每班學員五十名；將由周老師政工幹校已退役的學生周正倫兄與我，共同負責學員簽到、連絡，分發講義……等服務工作，問我可願意幫忙？由於這是得以多親近賢者，且為同學服務的事，當然我毫不猶豫的答應了，這便是我與周老師的第一次見面。但我始終不知為什麼周老師會從五百多位報名者中，選我當服務人員，我猜測可能是因為我當時年未三十，是學員中少數的年少者，較適合跑腿打雜，而且我在學經歷欄中填了某專科學校兼任講師，讓老師覺得與文教工作較有關聯吧！

　　大約民國六十二年秋天，易經講座終於開課了。從周老師的講課中，我發覺他不愧是講授理則學多年的教授，而且教學經驗豐富；其教學計畫極

好，先以幾個講次闡明易例，讓大家明瞭學易應具備的基本認識，以及易學的原理原則，然後再從首卦「乾」逐一講解至第六十四卦「未濟」；而每卦的講解方式也非常科學，先有總說，說明卦序、卦體、卦義，然後依序介紹卦辭、爻辭、象傳、大小象，循序而進，條理井然。老師學識淵博，講課中旁徵博引，以後天有形的事物說明先天無形的氣化，善巧譬喻，趣味盎然，令人不知不覺隨其前導，步步深入，探索中華文化終古的奧秘；同學們不論是研究亙古宇宙氣化、治軍理民、商貿經營，乃至修持健身，均可從中汲取智慧，受益無窮。任舉一個例子，老師講課紀錄——復卦來說：

> 復卦原來是坤卦，坤卦經乾陽一鑽，鑽到坤體裡面去了；……乾陽最初一點鑽入坤體，這本來是氣化現象，可是先天的現象沒有辦法說明，我們就拿後天的現象形容它。如看公雞母雞交配，公雞那一點白的精，我們常吃雞蛋可以看出來，受過公雞交配的雞蛋，雞蛋打開了，雞蛋黃高頭一點白，那一點白，就是公雞精。雞蛋要孵出小雞來，一定雞蛋黃上面要有那一點白的公雞精，才能孵成小雞；……在氣化來講，浮在蛋黃之上那一點公雞精，就是乾元入於坤體，用雞來講，公雞精剛到了蛋黃裡面，那就是雞的生命剛剛開始，乾元資始，「大哉乾元，萬物資始」。坤呢？坤卦在初爻的位置就把乾陽那個乾元初陽凝聚住了，就像雞蛋裡的蛋黃把公雞精凝住了；那個雞蛋在雞的裡頭是坤之始也，坤的開始。由雞蛋黃慢慢地生出小雞，小雞慢慢成為大雞，大雞又生蛋……。在雞的生命裡，雞蛋黃就是開始，等於坤卦裡最初爻那個位置，那個蛋黃把乾陽——公雞精凝住了；坤體初爻的位置，等於坤元的位置，所以「至哉坤元，萬物資生」，它凝住了乾元，才能生出小雞來。「大哉乾元，萬物資始」，有那個乾陽公雞精，於是雞蛋才能孵出小雞呀！才能開化了。但是光有公雞精生不出小雞，一定要蛋黃把那一點乾元凝住了，因此，「至哉坤元，萬物資生」，萬物才能生出來，這樣就清楚。這就是拿那個雞蛋跟公雞精做譬喻。事實上，大哉乾元，萬物資始，至哉坤元，萬物資生，是形容

氣化，陰陽兩個媾併現象，但是先天的媾併現象，氣化流行於宇宙之間，很難形容出來，只可拿復這表的現象來形容它，希望大家能瞭解那個境界。再說到復卦的體象：「內卦是震，震為動，外卦是坤，坤為靜。動在靜裡面，那麼在這個體象裡面，靜中涵養動，動在靜中，換句話說，就是以靜馭動也。……裡面是動，外面是靜，所以裡面的動的力量才能夠大，由復的裡面的一陽變成二陽，二陽變成三陽。一陽變成二陽所以這個微陽初動那個契機要培養它。拿什麼培養呢？靜態的培養……；因此，我們做功夫的人，常要培養氣沉丹田啊，……像張唯中先生打太極拳，氣沉丹田；氣沉丹田什麼境界？就是這個現象：這個丹田底下，坤為腹，為伏，伏在肚子底下微陽初動，一點契機在肚子底下動，這就是氣沉丹田了；道家修煉結丹就是這個，就是扶持微動初陽的這點契機，肚子裡面這點微陽契機要扶養它，扶養住了，才可以結丹。

老師所說的張唯中先生正是講座中的同學，最高法院書記官退休的。這是老師就近取譬，一個活生生的例子。你說，怎不令人聽得津津有味，欲罷不能，因而學員人數始終有增無減呢？因為我是講座的服務人員，所以從民國六十二年周老師在黎明書局二樓的第一次開講，以及分別於民國六十五年二月、七十年五月，在重慶南路二段文復會大樓的第二、三次講座，我都始終追隨聽講，另外老師在家開的小班，我也都是學員。

在第二次講座結束後，即民國六十八年初，老師應幾位同學要求，每週三晚上在家裡講命理。以淵海子平為課本，再輔以老師自編的心得綱要，同學們都覺得受益匪淺。當時老師已遷居北投中和街，政工幹校後的山坡上，居處仍稱乾初易舍。

民國六十九年十二月開始，每週日講「長短略」，是老師所著「易經講話」中所附的三十二個略之外的，但大約只講了十幾個。老師說「略」是當年在九華山三元道長所傳，其最初起源則為圮上老人傳給張良的；易經六十四卦每爻配一個略，共有三百六十四個略；因為其中很多略，是以萬物為芻

狗,極為殘酷的,因此非人不傳。國防研究院曾邀周老師開專班上課,學員均是國軍優秀將領,但也只能講一部分;我們不知道在大陸的一位老師周姓同門,是否有傳人?如果沒有,這項中華文化絕學也就失傳了,真是太可惜了!

周老師精研皇極絕世,易經講座中偶然也會透露一二。有幾次上課曾叮囑年紀較長的同學,要好好保養身體,因為依據皇極經世推演,民國七十三年兩岸可通;另外老師還說,民國一百三十三年中國將為世界的獨強。當年老師講這些話時,尚在兩岸敵對,壁壘分明期間,且當時大陸經濟疲弱,尚未開始發展,因此大家都不敢深信。哪知後來兩岸可通果如其言,而民國一百三十三年中國將為世界獨強,現在似亦已趨勢顯然,堪可確定。

「易與天地準」,不論自然科學、人文科學,一切的一切,都以此為法則,因此,我深信聽講的同學,不論從事什麼工作,研究什麼領域,只要肯用心,必然各得深契妙悟,各有體會,獲益甚多,我個人亦然,尤其周老師所說的陰陽氣化,八卦摩盪之理,更是我突破唐朝楊筠松仙師三元理氣至訣的契機,令我感恩莫名。

緣民國七十一年,易經講座停課期間,我在中國孔學會跟隨毛暢然老師研習堪輿學。毛暢然老師是一代堪輿大師,其尊人毛公覺民,乃長沙宿儒,辛亥革命時,曾襄助黨國元老譚延闓共籌大計,後辭官獲聘為漢口國學專修館館長,開敷教弘道之先河,作育英才蔚為國用。以功勳德行,獲湘西異僧俗名王小魯傳授「堪輿三元大法」。毛暢然老師克紹箕裘,精研不輟,妙絕巒頭理氣,斷驗如神,故人咸稱「毛神仙」而不名。其平生為人作福之陰、陽宅甚多,尤著名者則為承先總統蔣公之託,勘定「日月潭慈恩塔及王太夫人紀念館」向址。毛老師認為堪輿乃可驗證而極為質樸之學問,故倡言「儒學堪輿」,強調「有一分證據,只能講一分話」之原則,迥異於世俗玄虛誇誕之說。嘗謂:「惟堪輿與兵學乃儒家之至精」,又謂:「堪輿家言並可作經讀與史讀」,蓋深中肯綮,肺腑之言也。

堪輿學分為巒頭、理氣兩大部分,巒頭講形勢,各家所學精粗不一,眼力有別,但原則相同;而理氣則千差百殊,唐代即有百二十家之歎,今世更

是眾說紛紜，然而真理應經得起考驗，毛師說巒頭以能葬中太極暈土為驗，理氣以能斷驗無誤為準，旨哉斯言。

我深幸能先追隨周老師習易多年，加以不斷思索，深究不懈，所謂：「思之思之，鬼神通之」，居然能貫通唐代楊筠松仙師所著青囊奧語、天玉經內傳、都天寶照中之真訣，而與毛師大作「堪輿紀實」，及毛太師入地眼眉註互相印證，習得絲絲入扣，若合符節之妙，並獲毛師印可，快何如哉！

我曾向周老師面報跟隨毛暢然老師學堪輿之事，也曾陪同毛老師拜訪周老師。周老師說：「葬地之穴，以暈土紅色而潤，山水環抱為佳；以龍虎朝案均自本身龍發出，方為大地」。又說：「周家曾經代代均出翰林，可惜到這一代沒落了。」言談間，突然緩緩起立一鞠躬，以身後事鄭重拜託。

民國七十三年七月八日周老師仙逝，毛老師受託付之重，幾經跋山涉水，數處勘察，終在苗栗銅鑼鄉朝陽山柑橘園中，覓得巨門星體，土角流金出脈，秀麗有情之真龍真穴，其形勢、土色果如周老師所預期，極為難得；天道之報施子身海隅，紹續羲文周孔一脈相承之絕學於不墮，大有功於聖教者，可謂不薄！此事毛暢然老師曾撰有專文：「周教授鼎珩得葬太極暈穴」，載於其大作：「堪輿紀實」一書中，有興趣者，不妨自行參閱。

還有一件事，也是數十年來，讓我始終感念無已的，大約是民國六十五年間吧！周老師曾一時興起，幫我看八字，他告訴我，這幾年流年極佳，大運也不錯，考試、創業、結婚都可以成功，要我好好把握。果然，我在民國六十五年底結婚；而在六十七年八月，會計師高等考試前，為全力以赴，毅然請假一個月，不分晝夜，拚命攻讀。記得當時曾把一張新絨布椅，坐到椅墊上的絨毛大部分脫落，即可想見一斑。當年十一月底放榜，由於歷年錄取率極低，僅大約百分之一、二左右，有些年甚至連一個也不錄取，因此，雖然自覺考得不錯，但也無絕對把握！

放榜了！我當時在蘆洲一家工廠接到去看榜的朋友電話，告知錄取，一時心情歡欣欲狂，特地不惜成本，從蘆洲包計程車遙奔木柵考試院去看榜，只為了體驗金榜題名的那一份榮譽與喜悅！

取得考試院考試及格證書後，依法尚應分別再向經濟部及財政部請領會

計師證書及稅務代理人證書，然後再向臺灣省政府建設廳或院轄市建設局申辦登錄，方可開業。當我完成登錄，正準備開業的時候，突然接到省政府建設廳撤銷登錄的公函，略謂：依會計師法第十二條規定：「會計師應在公私機構擔任會計工作，或會計師事務擔任助理人員兩年以上，方得登錄。」而依會計師法第五條規定：「中華民國人民，經會計師考試及格，領有會計師證書，取得會計師資格者，得充任會計師。」因會計師法第十二條條文主詞為會計師，而取得會計師資格者，方得稱會計師，因此，經濟部認為應於取得會計師資格以後之工作經驗方可採計，原登錄核准案之申請人雖在考前已有兩年以上工作經驗，尚不合規定，應予撤銷。這撤銷登錄函無異一記晴天霹靂。但是我認為這顯然是曲解法令，極為不公。理由是當年會計師資格取得之途徑，是正門密閉，旁門大開。凡會計審計學教授、政府單位簡任會計主管，軍中上校以上財務官，或在外國取得會計師資格者，均可循相對容易之檢覈取得會計師資格，且完全不必具工作經驗即可開業，而千辛萬苦經專門職業高等考試取得會計師資格者，反而須兩年工作經驗，且僅採計取得會計師資格後之經驗，顯然失衡且極不公平。再者，依專門職業及技術人員考試法第4條規定：「中華民國國民，具有本法所定應考資格者，得應專門職業及技術人員考試。」再依國籍法規定，中華民國國籍之取得，有生而取得，有因歸化而取得者。假如，有人因歸化而取得國籍，成為中華民國國民者，依經濟部之見解及邏輯，上述考試法第七條之主詞，即係中華國民國民，豈非此人在歸化前，因尚非國民，其考試應具備之大學會計相關科系畢業學歷即不准採計？

　　當時，我的處境有如困卦的卦辭：「有言不信」，投訴無門。除依行政救濟程序提起訴願外，並到處請願。由於我大學時的系主任范光陵教授之尊翁范苑聲先生，當時是立法院經濟委員會委員，我曾具函懇求協助，但他回復要我循法定程序辦理，他不便干預行政。於是我去找周老師想辦法，他二話不說，馬上寫了一封信給范委員，不久就獲得回函，告知已囑經濟部府會連絡人，請慎重研究，妥善處理。原來，范委員與周老師不僅是安徽同鄉，且曾共事，居處毗鄰，所以周老師出面，他義不容辭，出手相助。另外，當

年同時考取，與我境況相同之呂正樂會計師，也得到監察院林亮雲委員之熱心關切，因此，經濟部乃經數月之反覆研商，認為我們的請願為有理由，作出撤銷原不准登錄之決定，並廢止其原主張取得會計師資格後之工作經驗方可採計之解釋。一舉為此後之考生掃除無端之障礙，開了一條光明平坦的道路。如今我雖然已開業四十多年了，但對老師當年的出手相助，永遠衷心銘感！

周老師仙逝後，我曾數度拜謁老師長眠之處，表達緬懷與感恩之忱，並在民國九十七年十月十四日至十六日，約集因受我感染，對周老師有相當認識與崇敬的前立委林鈺祥兄，及上市的基勝控股公司董事長劉宗信兄，作了一趟禮敬地藏菩薩及尋訪周老師少年時期讀書習易場域之行。

依據周老師口述，他九歲時被他祖母送往九華山師從前清翰林三元道長讀書，住在九華老街化城寺旁的寮房；而三元道長修道六十餘年，九十七歲始化，遺蛻存於九華山九子寮方特造的木塔內。我們一行搭著劉董事長上海子公司的朋馳休旅車上九華山，宿在九華山唯一的四星級旅館——東崖賓館，並聘有一位年輕但史地知識豐富的當地人為導遊。我們與導遊一見面，即詢問化城寺旁的寮房，以及九子寮方的木塔，她回說不知道，但她會請教長輩；第二天回說，清代中葉，九華山香火鼎盛，化城寺東西二序曾有七十二寮房，其後經太平天國之亂，九華老街建築遭嚴重破壞；清末民初，經修復，仍有十二寮房，今則蕩然無存了，至於九子寮方的木塔，則她從未聽聞。

九華老街是坐落在海拔一千公尺左右的狹形盆地，九華山山巒聳翠，有如蓮瓣，號稱九十九峯，唯獨在山頂得此平地，四山環繞如城，盆地內有溪有田，街屋村舍井然，故有蓮花佛國之稱。東崖賓館約在九華老街中心的化城寺東方兩百公尺左右處，步道全由石板鋪砌，寬約二、三公尺，兩旁蒼松翠柏，景色極佳。那幾晚適值農曆九月十五日月圓後的一、二天，步行在天氣微涼，月光灑滿盆地的空山老街中，想到寮房欲覓無蹤，也無法前往太老師的遺蛻所在處禮拜，未免悵惘，然而凡所有相皆是虛妄，本不需執著，但能漫步九華老街，體驗老師少年生活的仙境，也應相當滿足了，且憑空默禱老師在天之靈，庇佑兩岸和平，盛世重現，周氏易學繼續發揚光大！

附　周鼎珩教授書信一封

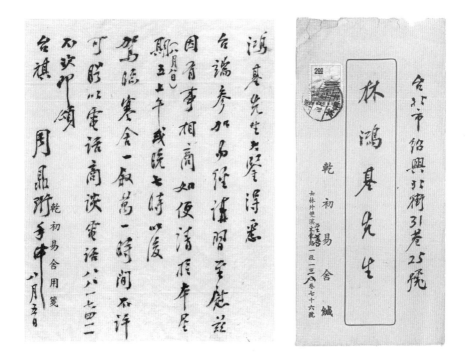

周教授邀約本文作者到士林至善路一段乾初易舍面談

對比《易傳》與《老子》的幸福觀

曾春海*

提要

　　《易傳》係指在戰國中、晚期所建構的〈十翼〉，或稱以傳附經資以詮釋、補充、發展《周易》原經的相關著作。據經學家屈萬里考證：《老子》書當成於孟子後、荀子前。《易傳》與《老子》可說同源於《易》的原經而分流，兩書的論題及思想內涵有橫向交流情況，殊途中有同調部分，但是兩書經辨微析理後，也有可區分的各別特色。然而趨吉避凶、享福避苦，是《易》對當代人最具啟發性的人生智慧。此思想可與「幸福」的哲學性概念涵義相連結，「幸福」不但在希臘哲學中被視為人生的終極目的，係在不完美的現實狀態超越凡俗，而活出人性生命的至善和真切的意義。返觀《易傳》與《老子》也隱含這一向度，等待我們去深究和闡釋，是故本文對比《易》、《老》兩書文本「幸福觀」的深層蘊意，在內容上略分四面向：人與大自然和諧共生的幸福觀、個人安身立命的幸福觀、家庭的幸福觀，以及公領域的公共幸福觀等方面論述之。

關鍵詞：《易傳》、《老子》、幸福觀

---

*　國立政治大學哲學系退休教授。

A Comparison of the Views of Happiness in *Yi Zhuan* and *Lao Tzu*

Zeng Chun-hai

Abstract

Yi Zhuan refers to the Ten Wings (Shi Yi) constructed in the middle and late Warring States Period, which is also regarded as the related works of the original scriptures of *Zhou Yi* as supplementary scriptures to interpret, supplement, and develop. According to the textual research of Qu Wan-li, a scholar of *Jing* study, the book *Lao Zi* was regarded as the post of Mencius and the front of Xun Zi. *Yi Zhuan* and *Lao Zi* can be said to have the same origin of the original scriptures of *Yi* and are divided. The themes and ideological connotations of the two books are exchanged horizontally, and there are coherent parts in different ways. However, after the differentiating and analysis, they also have different characteristics. Nevertheless, seeking good fortune, avoiding evil, and enjoying happiness and avoiding suffering are the most inspiring life wisdom of *Yi* to contemporary people. This thought can be connected with the philosophical concept of "happiness". "Happiness" is not only regarded as the ultimate goal of life in Greek philosophy but is also tied to the imperfect state of reality to transcend the mundane and to live out the perfection and true meaning of human life. Looking back at *Yi Zhuan* and *Lao Zi* they also imply this dimension, waiting for us to study and interpret. Therefore, this article compares the deep meaning of the "Happiness View" in these two books. Thus, this study is divided into four aspects:

the view of happiness of harmonious coexistence between man and nature, the view of happiness for individuals to live in peace, the view of family happiness, and the view of public happiness in the public domain.

Keywords: *Yi Zhuan*, *Lao Zi*, views of happiness

一　前言

　　《周易》一書係由周文王時期所完成的六十四卦之卦爻符號系統、卦名與卦辭所形成的原經，以及在戰國中、晚期所建構的〈十翼〉，或稱以傳附經貲以詮釋、補充、發展原經的《易傳》所合成的古書。班固《漢書・藝文志》尊《周易》為五經之源、群經之首，將《老子》一書歸屬道家。據經學家屈萬里考證：《老子》書當成於孟子後、荀子前，《易傳》與《老子》可說同源於《易》的原經而分流。然而，兩書的論題及思想內涵有橫向交流情況，殊途中有同調部分，但是兩書經辨微析理後，也有可區分的個別特色。例如：《易傳》內具豐富的哲學多方面資源，它汲取了戰國中、後期的陰陽律動思想，本天道以明人事的天人關係論，以及天人合德且和諧的價值形上學，和由變識常，由常貞變的趨吉避凶之處世、人生智慧。

　　趨吉避凶、享福避苦，是《易》對當代人最具啟發性的人生智慧。例如《易・謙・彖》曰：「謙亨。……天道虧盈而益謙……鬼神害盈而福謙，人道惡盈而好謙。……君子之終也。」謙卦六項爻辭皆吉詞，涉及人生美滿的幸福價值論。《老子・第五十八章》說：「禍兮福兮之所倚，福兮禍兮之所伏。」〈第四十六章〉曰：「禍莫大於不知足，咎莫大於欲得。」這兩部經典都語重心長，滿懷憂患意識，指導和懇切期待天下人皆能對人生的禍害有所警惕，營造和實現幸福人生的價值理想。《尚書》還指出五福臨門是人生幸福的指標。在〈洪範〉篇謂：「五福：一曰壽，二曰富，三曰康寧，四曰攸好德，五曰考終命。」張載亦說：「富貴福澤，將厚吾之生也。」[1]幸福是人類共同的生命願景，「幸福」的哲學性概念涵義，則可遠溯希臘哲學的界說，根據德人布魯格所編著的《西洋哲學辭典》一書對何謂幸福（happiness），有段精闢的論述：

　　　　幸福（希臘文 eudaemonia）在希臘哲學中是人最後的目的和至善，

1　《張載全書》卷一〈西銘〉。

它賦予人類生命以真正的意義。當然，希臘哲學所著眼之至善的實
現，主要是指此世的不完整的實現。對於幸福的內容，意見也相當分
歧：有的認為幸福即寓於快樂，有的說在有外界事物，另有人說幸福
寓於德性或知識中；另外又有一個問題，即幸福是諸神的賜予，抑或
個人努力的結果。亞里斯多德在這方面的見解，陳述於尼可馬赫倫理
學（Nicomachean Ethics）中；他認為：幸福在於心靈按其本性活動
而認識真理，快樂和愉快只是所獲得的完美之反響而已；再者，倫理
的德性係造成現世幸福的重要成份。[2]

「幸福」不但在希臘哲學中被視為人生的終極目的，係在不完美的現實狀態
超越凡俗，而活出人性生命的至善和真切的意義。返觀《易傳》與《老子》
也隱含這一向度，等待我們去深究和闡釋。至於幸福的實質內容有：人當下
的快樂，對外在標的物如權力、地位、財富、榮輝……之佔有，也有德福一
致論，也涉及對宇宙人生真理的深刻認識和實踐等。若我們細讀、綜攝
《易》、《老》兩書文本的深層蘊意，不難可發現兩書分別述及諸幸福的不同
內涵，其間有心同理同處，也有不同立場、視角和願景呈現的不同處。本論
文的問題意識，乃針對這些問題做一扼要的論述和對比，在內容上略分四面
向：人與大自然和諧共生的幸福觀、個人安身立命的幸福觀、家庭的幸福
觀，以及公領域的公共幸福觀。

二 人與大自然和諧共生的幸福觀

《易·說卦傳·第二章》說：「昔者聖人之作《易》也，將以順性命之
理。是以立天之道，曰陰與陽；立地之道，曰柔與剛；立人之道，曰仁與
義。兼三才而兩之，故《易》六畫而成卦；分陰分陽，迭用柔剛，故《易》

---

2 〔德〕布魯格（W Brugger）編著，項退結編譯：《西洋哲學辭典》（臺北：國立編譯
館，先知出版社，1976年），頁184-185。

六位而成章。」《易》之成書，係以統攝天、地、人三層存有系列，來建構「兼三才而兩之」的整全性視域的宇宙與人生觀。以一陰一陽的迭運不息代表天道，以一柔一剛的疊用表示地道，人居天地之中，配合天時與地利，參贊天地好生之德的化育，與天地萬物和諧共生，共享生生不息的美好大生命體所蘊藏無盡價值和幸福。同時，《易‧說卦傳‧第三章》接著說：「天地定位，山澤通氣，雷風相薄，水火不相射，八卦相錯。」表徵出一陰一陽交錯下的世界，是兩兩相對待的對立元，不是不相干的平行線，也不是相互否定排斥的，而是相互往來，相輔相成，「窮則變，變則通，通則久」的永續長存之機體和諧世界。例如「山澤通氣」，高山與深淵是氣脈相通的，和諧互通，共構一生機不斷的氣韻生動之美好生態世界。

生命科學謂人若要延續生命，每天需飲水二公升，吸入清新的空氣十三公升。此外，天上的陽光和地上承載及蓄養生息的食物及土壤，是不可或缺的必需元素。我們的生存環境若被汙染，生態系統被破壞，物種不斷地被滅絕，不但是天地萬物的不幸，也是人類幸福的最大危害。從工業革命和商品經濟交互作用以來，西方社會所形塑的思想信念、價值觀和行為規範，衍生一主流社會典範（Dominant Social Paradigm），可簡稱為「DSP」。其中有三個信念對後世影響深遠：（一）人類有別於他所宰制的生物；（二）廣大的世界提供人類無限的發展機會；（三）人類歷史是進步的，在發展中所產生的問題，皆可獲致解決。「DSP」係以人類學為中心，隨著現代化之科技至上，商品經濟，個人消費享樂至上的歷史大潮流，終於遭受大自然的反撲。人無限制的發展工商業，造成對大自然的肆虐和掠奪，對當前世界性的能源枯竭，各種環境汙染，原生物種的逐漸滅絕，氣候變遷的異常，糧食生產的供需失衡……等等，造成人與大自然的衝突，和衍生種種不幸福生活的惡果。生態危機的意識已逐漸普及化，有識之士對 DSP 要求「典範轉移」，「人類中心價值論」轉化成對大自然的敬畏、珍惜與和諧共生，才是人類趨吉避凶的幸福之路。

《易》、《老》的幸福觀從大視域大前提而言，顯然是立基在天人和諧共生的生態中心倫理觀上。《易‧繫辭傳》由天地運行不已，生存在天地這一

廣大生命場域的萬物，生生不息的事實，深刻反思，貼出以生命價值至上的形上原理：「生生之謂易」、「天地之大德曰生」。《易》首出六十四卦的乾坤兩卦，表徵出天地交感萬物得以大生、廣生的核心命題。〈乾卦〉彖曰：「大哉乾元，萬物資始，乃統天。……乾道變化，各正性命，保合大和，乃利貞。首出庶物，萬國咸寧。」〈坤卦〉彖曰：「至哉坤元，萬物資生，乃順承天。坤厚載物，德合无疆。含弘光大，品物咸亨。……安貞之吉，應地无疆。」六十四卦中，只有乾坤稱「元」，且贊以至大、至上，可見乾坤並建為一元的二端，相依互賴，融合無間。乾道生成化育萬物，令萬物各得性命之正，和諧並育，「保合大和」。坤道厚德載物，滋養育成萬物，以成就「含弘光大，品物咸亨」。乾坤並建合作，構成一具多樣性物種，不但並育而不相害，且相輔相成一渾全圓融的生命世界。人參與融入這一「繼之者善，成之者性」的生命世界，天泰、地泰、人亦泰，天地人交泰，人得以在貞定物物內在生命價值中「利貞」，享「安貞之吉」的天福，亦是人福。

至於《老子》一書所表述的「道」，係化生天地萬物的本根和共理共律。《老子・第二十五章》說：「有物混成，先天地生，寂兮寥兮，獨立不改，周行而不殆，可以為天下母。吾不知其名，字之曰道，強為之名曰大，大曰逝，逝曰遠，遠曰反。故道大、天大、地大、王亦大。域中有四大，而王居其一焉。人法地，地法天，天法道，道法自然。」「道」不僅對人與萬物享有先在性、本根性、內在性，且具有運行萬物的客觀的、自然的常理常律。《老子・第四十章》謂：「反（返）者道之動」與〈第十六章〉所謂：「夫物芸芸，各復歸其根。歸根曰靜，是謂復命；復命曰常。」道在運行歷程中有大、逝、遠、反的常規常律，終回歸寂然至靜的原始狀態。

若對比《易》《老》幸福論的宇宙觀向度，兩者皆注重天地萬物生成變化的根源性原理，亦即形上真理，從而定位人在宇宙中的存在意義和價值取向。兩書皆具有機體的宇宙觀、生態的世界觀，都分別指出「生生不息」與「周行不殆」和「窮則變，變則通，通則久」（《易》）和「反者道之動」、「谷神不死，……綿綿若存，用之不勤」（《老子》）的生命恆在且恆動的共同特徵，但是兩者亦有不同的屬性。《易》以人文生命的靈覺，以生命的存

有價值為最高的價值意識，擇取尊生彰有的生命為本的價值形上學，亦即天地有好生之德，係一應然的價值願景。《老子》的宇宙觀，係立基於客觀、獨立自在的大自然，以自然既已存在的常規常律為取向的自然理序形上學，顯然於人之幸福所安頓的人文生命之精神價值取向形上學有所不同。換言之，《易》的宇宙觀不但表述太極易道的運行規律，且以形上的價值心靈，對這一實然性的運行法則，當下點化成意味深長之無限生命價值境遇。再者，老子的「道」之形上特性，是歸根復命、寂然常靜的本體，以清靜無為是尚。《易》不但言變，且深刻指出萬物生生不息的動態對比結構為「一陰一陽之謂道」，謂陰陽相依互賴且富有對偶性的互感互動，來詮釋乾坤交感及相互迭運，導致萬物所以生成變化，永續不息的形上動律。《老子》雖言「萬物負陰抱陽，沖氣以為和」，且未如《易》書究明一陰一陽的律動功能和範式。儘管如此，《易》、《老》皆以形上學的高度，強調人類的整體幸福與和諧的機體宇宙，休戚與共，利害相關。

三　個人安身立命的幸福觀

　　趨吉避凶、轉禍趨福，是《易》引導人走向安身立命的幸福之路。《易‧繫辭下傳‧首章》有言：「吉凶悔吝者，生乎動者也。剛柔者，立本者也；變通者，趣時者也。吉凶者，貞勝者也。」在變化無窮的宇宙運行及社會變遷裡，人生的境遇在不同的時空環境中，有動態的吉凶禍福，不可不慎。《易》啟示人應有變通趨時順勢的智慧，以及貞定大中至正的價值原理，言行不可不適時變之宜而有所不及或太過，亦即人應自覺性的培養中正平和的美德，來回應一切際遇。總而言之，知德兼備才是人趨吉避凶、轉危為安，走向幸福人生的必要條件。對《易》書而言，「吉利」是幸福的積極要素，凡事若判斷其前景可能是吉利的，則勇敢去做。若是不吉利，則停止不做，且改弦易轍。吉凶、利或不利是價值判斷語。《易》卦爻辭是預判吉凶的占斷語，其中「吉」字凡145見，「利」字119見，「凶」字59見，占得吉利的卦爻辭固屬樂觀，但也得把握良機，謹言慎行，不能大意，甚至幼稚。

若占到凶的卦爻辭，則以憂患意識，謀定而後動，步步為營，戒慎恐懼，縱使悲觀，但不絕望。《易》教人智德兼備，相輔相成，天佑自助之人，得道者多助，相信終能突破難關，遠離禍害而趨向福樂之途。

《易‧繫辭下傳‧第十二章》：「夫乾，天下之至健也，德行恆易以知險；夫坤，天下之至順也，德行恆簡以知阻。」意指人應效法剛健不息的乾道，廣大悉備，學習恆久平易的大智慧，周全地瞭解艱難之事。同時，也應學習坤道的順應事物所以然之理，恆久簡約的處理複雜事務，知曉困阻所在，統合乾坤的智能，識時務的關鍵問題之原由，理勢交互為用，將危機迎刃而解。《易‧繫辭下傳‧第二章》說：「《易》，窮則變，變則通，通則久。是以『自天祐之，吉無不利』。」人遇到窮困之際，要能識時務者為俊傑，自主創新，要有變中求穩定，穩定中求變求新的原創性智慧。《易》啟發人培養變通以除害興利的眼界和高人一等的智慧，才能化危機為轉機，逢凶化吉，轉禍為福。《易‧繫辭上傳‧第十二章》說：「《易》曰：『自天祐之，吉無不利。』子曰：『祐者，助也，天之所助者順也，人之所助者信也，履信思乎順，又以尚賢也。是以「自天祐之，吉無不利」也。』」是以「自天祐之，吉無不利」，教人以德行獲得他人的信賴和幫助，以順乎客觀的義理，效法賢人的智慧和經驗，才能因自助而天助。危機管理必得以知識智能「明於憂患與故」（《易‧繫辭下傳‧第八章》），進而與時偕行，與時俱進地革故鼎新，以創新獲得脫困的生機。《易‧繫辭上傳‧第四章》：「知周乎萬物而道濟天下，故不過。」《易‧繫辭下傳‧第五章》說：「知幾其神乎？……幾者，動之微，吉之先見者也。君子見幾而作，不俟終日。」《易》所標榜的智慧就在於未卜先知，彰往察來，見微知著，防微杜漸，以及配合天時、地利與人和，來造就自身和群體的幸福。

對《易》而言，追求人生的幸福，固然須智德兼備，但是全書中反覆論述善德處比智德多得很。坤卦〈文言傳〉說：「積善之家，必有餘慶；積不善之家，必有餘殃。」《易‧繫辭下傳‧第五章》更細緻的說：「善不積不足以成名，惡不積不足以滅身。小人以小善為無益而弗為也，以小惡為無傷而弗去也。故惡積而不可揜，罪大而不可解。」積善累德，修心養善德，是

《易》德福一致論的核心命題。《易・繫辭下傳・第七章》說：「《易》之興也，其於中古乎？作《易》者，其有憂患乎？」憂患意識是道德意識，也是責任意識，該章精挑九個卦，反覆三次論述其要義（引原典第一重及第三重詮釋）：

> 是故〈履〉，德之基也；〈謙〉，德之柄也；〈復〉，德之本也；〈恆〉，
> 德之固也；〈損〉，德之修也；〈益〉，德之裕也；〈困〉，德之辨也；
> 〈井〉，德之地也；〈巽〉，德之制也。……〈履〉以和行，〈謙〉以制
> 禮，〈復〉以自知，〈恆〉以一德，〈損〉以遠害，〈益〉以興利，〈困〉
> 以寡怨，〈井〉以辨義，〈巽〉以行權。

綜觀這九卦乃智德兼備，修心養德之細目，且應相輔相成，融會貫通，實現飽滿的美德，體現人生精神性的幸福。其中值得一提的是：用智德以利仁德。例如「〈井〉以辨義」，指人應以聰明之智辨明道義所在。「〈巽〉以行權」，即指人應在不同的情境脈絡中，因時、地、人、事制宜，守經常達權變。「〈困〉，德之辨也」、「〈困〉以寡怨」，指人縱使身陷危困之境，也應貞定大中至正的道義，心安理得，不怨天尤人。乾卦〈文言傳〉最末句說：「知進退存亡而不失其正者，其唯聖人乎！」這九卦中最值得終身奉行的美德，莫過於六爻爻辭皆吉的謙卦。乾卦上九爻辭曰：「亢龍有悔。」乾〈文言傳〉解釋其義諦是「亢之為言也，知進而不知退，知存而不知亡，知得而不知喪。」人生處在高成就點時，常會驕矜自滿，甚至對他人傲慢失禮。不知時間的流變，世事無常，進與退，存與亡，得與喪，不是一成不變的。持盈保泰，取決於謙虛有禮的自重和尊敬他人人格的尊嚴，以及自我期許應自強不息的創新不已，才是正道。

　　《老子》在個人的幸福觀上，首先要有自知之明，自我瞭解每個人秉自於道的天性、個性，亦即個體性。〈第五十四章〉說：「修之於身，其德乃真。」對人自身的天賦稟性深修厚養。〈第五十五章〉謂：「含德之厚，比於赤子。……知和曰常，知常曰明，益生曰祥。」意指將人天然的精氣神涵養

至和氣純厚的地步，能知「和」的道理，稱為「常」理；能通曉常道常理，稱為「明」；這才能獲致精氣神的持久性一體和諧。人在生活上若不識常道常理，不順應自然，自作主張的縱欲貪生，反而會產生痛苦和災禍，失去清靜無為、順應自然的幸福[3]。生理和心理的欲望，皆有待於外的獲得才會滿足，這也是世俗上的人之常情。但是老子反對縱欲，反對貪求身外的社會榮顯之名。〈第六十四章〉說：「聖人欲不欲（貪婪的欲望），不貴難得之貨」。《老子》主張素樸的足以溫飽安身的基本物質生活，〈第十九章〉說：「少私寡欲。」蓋聲色犬馬之享受，飲食男女的大欲，若盲目縱欲不知節度，反而造成過猶不及的感性鈍化之快感。〈第十二章〉意味深長的指出「五色令人目盲，五音令人耳聾，五味令人口爽，馳畋獵令人心發狂，難得之貨令人行妨」。他以當時執政的當權者為範例，〈第五十三章〉謂：「朝甚除，田甚蕪，倉甚虛。服文綵，帶利劍，厭（同饜，飽足口腹之欲）飲食，財貨有餘，是謂盜夸，非道也哉。」大道樸實無華，涵容一切，當權的權貴卻反其道而行，荒廢政事，以苛稅搜刮民財，所貪得的榮華富貴，真能安心享樂嗎？〈第五十八章〉說：「禍兮福兮之所倚，福兮禍兮之所伏。」人間世事多變，禍福相依且相互反轉。〈第九章〉指出：「金玉滿堂，莫之能守；富貴而驕，自遺其咎。」榮華富貴易遭人忌害，反而自招其禍，人所以貪奪無厭，就在於人有生理和心理的嗜欲。〈第十三章〉說：「寵辱若驚，貴大患若身。何謂寵辱若驚？寵為下，得之若驚，失之若驚，是謂寵辱若驚。……吾所以有大患者，為吾有身。」因此，老子勸人禍害自招，若要遠離禍害自求多福，則應如〈第二十九章〉所言：「聖人去甚、去奢、去泰。」轉向虛靜無為、清心寡慾的恬淡生活，不招惹是非怨隙，過知足常樂的簡樸生活。

對比《易》與《老》個人安身立命的幸福觀，都有豐富的人生禍福流變

---

3 「益生曰祥」的祥，《說文》謂：「祥，福也。」段玉裁注曰：「凡統言則災亦謂之祥，析言則善者謂之祥。」《左傳‧僖公十六年》載曰：「是何祥也？」杜預注曰：「祥，吉凶之先見者。」因此，凡善惡禍福皆可統稱「祥」。王弼注《老子》說：「生不可益，益之則夭。」可見此處人為添加之「益生」是不祥的意思。

的閱歷，咸瞭解世事多變，人心險惡，人生路途多曲折和歧出。因此，在明哲保身，逢凶化吉，轉危為安的追求幸福路程上，都強調識時務、明察事變之幾微的重要性。《易》教人見微知著，預見吉凶，見幾而作，謹小慎微，戒慎恐懼不得有任何差錯的失誤，亦即「無咎」以立於不敗之地，進而趨吉避凶，崇德廣業，享受幸福的人生。《老子‧第六十四章》更是警醒人說：「其安易持，其未兆易謀，其脆易泮，其微易散。為之於未有，治之於未亂。合抱之木，生於毫末；九層之臺，起於累土；千里之行，始於足下。」同時，世事雖多變難料，但是仍有其生成變化的階段性歷程，如《易》以六爻示律動的六階段，《老子‧第四十章》說：「反者道之動，弱者道之用。」「反」有二涵義：一為「周行不殆」的返回原點，即《老子‧第十六章》所謂「歸根」、「復命」；另一指一事的兩端，亦即對立元的兩面有互動往來，相反而相成的常律。〈第二章〉說：「有無相生，難易相成，長短相較，高下相傾（帛書本作「盈」較通順），音聲相和，前後相隨。」指現象界事物的變化，是兩端而一致的互動相轉化，對「道」體認得周全的人，不但能從正面認識道的作用，且能從反面作用中，深微地察識「道」有「若昧」、「若退」的動相，亦即「道」的正反迭運中有「弱」的徵狀，「道」運所以「周行不殆」，是能伸能屈的屈，以及以柔弱不爭的作用方式，所遇到的阻力較小。《老子》書以「水」名此狀和奧妙之理。《老子‧第七十八章》：「天下莫柔弱於水。」〈第八章〉：「上善若水。水善利萬物而不爭，處眾人之所惡，故幾於道。」水盈科（地洞）而後進，有容乃大，身段柔軟且低調，但是水「利」萬物而不爭「功」自誇，例如工業上切割用的水刀，洪水氾濫，海嘯等現象，又呈現柔中的強勁道。因此，在明哲保身的玄理玄智上，《老子‧第三十六章》「柔弱勝剛強」、〈第五十二章〉「守柔曰強」、〈第七十六章〉「堅強者（阻力更大）死之徒，柔弱者生之徒」的保生智慧，與《易》乾為本坤為從，強調「天行健，君子以自強不息」（〈乾卦‧大象傳〉）的以剛健至動為尚有所異趣，但是兩者是可互補的。

　　在論及人生幸福的要件上，《易》與《老》亦有些差異。最根本的不同是：

　　《易》立基在倫理學上，論述德福一致論。《易‧大象傳》有五十多卦都勉勵「君子以」的接頭辭，強調君子處在任何時地、順逆，皆應砥礪德性修養。例如〈乾卦‧文言傳〉載：「九三曰『君子終日乾乾，夕惕若，厲無咎』何謂也？子曰：『君子進德修業。忠信，所以進德也；修辭立其誠，所以居業也。……故乾乾因其時而惕，雖危無咎矣。』」末段總結地指出：「亢之為言也，知進而不知退，知存而不知亡，知得而不知喪。其唯聖人乎？知進退存亡而不失其正者，其唯聖人乎！」《繫辭上傳‧第三章》云：「無咎者，善補過也。」〈第七章〉也說：「夫《易》，聖人所以崇德而廣業也。……成性存存，道義之門。」《繫辭下傳‧第一章》說：「吉凶者，貞勝者也。」所貞者指不論任何時地，人在追求福澤，趨吉避凶時，應貞定大中至正的美德而無所流失。《老子‧第三十九章》云：「昔之得一者，天得一以清，地得一以寧，神得一以靈，谷得一以盈，萬物得一以生。侯王得一以為天下貞。」老子以存有論為立基點，論述人應法天道之正運，才能臻於天清、地寧。〈第四十五章〉扼要舉出：「躁勝寒，靜勝熱。清靜為天下正。」人生的幸福應取法「道」的清靜無為，以「道」為師，以虛靜心來為人處世，清靜無為，恬淡寡欲，才是人生寧靜的至福。

　　相較之下，《易》激發人積極奮發大有為的人生觀，《繫辭上傳‧第十一》云：「夫《易》開物成務，冒（包容）天下之道，如斯而已者也。」〈第五章〉有言：「富有之謂大業，日新之謂盛德。」〈第十一章〉謂：「崇高莫大乎富貴。備物致用，立成器以為天下利。」可見富貴人生也是幸福的人生。《老子‧第十三章》卻說：「寵辱若驚。」〈第九章〉指出：「金玉滿堂，莫之能守；富貴而驕，自遺其咎。功遂身退，天之道。」老子追求的是淡泊名利，把榮華富貴視為身外之物。〈第四十四章〉說：「知足不辱，知止不殆，可以長久。」〈第四十六章〉謂：「知足之足常足矣」，有自知之明，歸真返樸，知足常樂的形上精神意境，是老子超俗脫塵的精神幸福觀。老子既然把榮華富貴視為身外之物，視「知足之足」的自足之意為高，當然不尚賢人之德、賢人之業了。〈第三章〉明言：「不尚賢，……不貴難得之貨，……不見可欲，使民心不亂。」反觀《繫辭上傳‧第十二章》卻說：「履信思乎

順（中正之道），又以尚賢也。」《繫辭上傳・第一章》開宗明義的點出：
「乾以易知，坤以簡能。易則易知，簡則易從。易知則有親，易從則有功。
有親則可久，有功則可大。可久則賢人之德，可大則賢人之業。」足見
《易》鼓勵人在人生的道路上，效法賢人之德，取法賢人建立可久、可大的
功業，與老子也有大異其趣之處。

四　家庭的幸福觀

　　周代社會係由氏族社會演進至由宗法血緣關係所建構的倫理社會，家庭
倫理是社會倫理和政治倫理的基礎。《周易・序卦傳下》說：

> 有天地，然後有萬物；有萬物，然後有男女；有男女，然後有夫婦；
> 有夫婦，然後有父子；有父子，然後有君臣；有君臣，然後有上下；
> 有上下，然後禮義有所錯。夫婦之道不可以不久也，故受之以恆；恆
> 者久也。

在中國以人倫道德為核心的社會禮俗中，很重視婚禮，觀結婚典禮場合所掛
上的喜幛中，常以「天作之合」、「琴瑟好和」、「白頭偕老」、「百年好合」為
祝福的賀辭。恆卦六五爻的小象辭曰：「婦人貞吉，從一而終；夫子制義，
從婦凶也。」在古代男主外，女主內的家庭結構中，若婦人能恆守貞操的節
度，不紅杏出牆，丈夫當家作主，應以合理性、正當性來裁定家中重大事
宜，則家道正。《易》雖乾坤並建，卻以乾統率坤，對應在家庭夫婦關係
上，則夫唱婦隨。當然，在兩性平權，教育普及，男女各憑實力而就業平等
的今天，夫妻倫理已漸漸調整為共同當家，家務事宜互為主體，相互尊重和
協商，分工合作，互敬互愛，才是家庭幸福之道。關鍵點在於夫妻雙方皆應
有修心累德的美好品操，愛與義相輔相成，缺一不可。《孟子・離婁上》載
曰：「人有恆言，皆曰『天下國家』，天下之本在國，國之本在家，家之本在
身。」《孟子・滕文公上》曰：「父子有親，君臣有義，夫婦有別，長幼有

序，朋友有信。」的五倫說，影響後世的中國社會深遠。例如：朱熹的〈白鹿洞書院學規〉就以孟子的五倫為人倫綱紀。清代時在臺灣臺南所建的孔廟「全臺首學」中，就立有以孟子五倫為教化重心的「明倫堂」。孟子所重視的五倫教育中，其中有「父子有親」、「夫婦有別（各有家庭角色）」、「長幼有序」這三倫屬家庭倫理，就德福一致論而言，家庭人倫是營造家庭幸福的基礎。

由《易》論述乾坤交感，「一陰一陽謂之道」的生生之德而言，經由婚禮而成家的主角，應為一男一女之性別所締造的一夫一妻制，並不肯定一夫多妻制或二陰二陽的同志婚姻。在《易》生生不息，永續家族生命綿延不斷的哲學立場下，夫妻生養子女的目的，不但闡揚幸福美滿的家庭生活，為人生重要的核心價值，也是善盡對家庭、家族生命世代永續的人文使命。換言之，「上事宗廟，下繼後世」，是以達成宗族生命及其文化香火生生不息為崇高目的。《易》書中涉及家庭的卦爻甚多，其中以「家人」卦最為重要。家人卦的彖傳分別論述家庭倫理規範及其家教的內涵和意義。彖曰：

> 家人，女正位乎內，男正位乎外，男女正，天地之大義也。家人有嚴君焉，父母之謂也。父父，子子，兄兄，弟弟，夫夫，婦婦，而家道正；正家而天下定矣。

這是立基於農業社會的家庭職能角色的分工，男人在外為事業打拚，承擔家庭經濟的支柱，妻子在家則堅守婦道，善盡相夫教子，做好家務事的責任。父嚴母慈，恩威並濟，有情有義，父子、兄弟、夫婦各自按名分，善盡家庭角色分際應盡的道德義務和責任。這樣運行不悖的家道，才能端正家風，家庭幸福才有圓滿和諧、樂融融的可能。

《老子》一書以尊道貴德為主，〈第二十一章〉謂：「孔德之容，惟道是從。」物物所秉受於「道」的大「德」，亦即內在天性是依「道」而行的。書中有少數論及家庭倫理和幸福者。例如〈第十八章〉說：「六親不和，有孝慈。」他所指的「孝慈」，是可觀察、可操作、可據以判斷和賞罰的外在

他律的公共規範,是言行標準化、規格化的制度性孝慈,具有形塑和約束作用。孟子謂「由仁義行,非行仁義」的行仁義。「六親」有不和諧的矛盾、衝突現象,且事態嚴重時,才會逼使實證性、經驗性的外在孝慈制度及規範的產生。這是道德源自於外,非源自於內在道德心靈的外在規範性道德,不自然,欠缺源源不絕的存有根源性力量。〈第三十八章〉指出:「上禮為之,而莫之應;則攘臂而扔之。故失道而後德,失德而後仁,失仁而後義,失義而後禮。夫禮者,忠信之薄而亂之首。」在缺乏存有學(或形上學之本體論)的內在根源性存在及其自發性的動力下,制度化的外鑠性的仁義規範,只能治標而未能治本,很難長長久久。〈第二十七章〉說:「善行無轍跡。」制度化的仁義孝慈規範,亦即道德禮法之治的名教,依名設教、定規,是經驗性的「轍跡」,形式有餘而內涵及自發性的動力不足。〈第十九章〉說:「絕仁棄義,民復孝慈。」蓋〈第十八章〉指出:「大道廢,有仁義;智慧出,有大偽。」若不能從道德形上根源處尊道貴德,從人內在自然的孝、慈出發,父慈子孝是由外而內的勉強為之,不像出自人性內在真性情的孝、慈那麼有張力。〈第六十七章〉老子正面的提出:「我有三寶,持而保之:一曰慈,二曰儉,三曰不敢為天下先。」寓意家庭幸福若要和祥安樂且持久,應效法天道所啟示的人文真理,應保有出於內心自然的慈祥,節儉家庭經濟用度,家人應以辭讓之心相對待,勿爭先恐後,才是家庭幸福之道。因此,兩書有可互詮處。

對比《易》、《老》所論及的家庭幸福,基本上在同處在周代家本位的宗法血緣倫理之生活世界中。二書皆肯定仁義孝慈等家庭倫理,是營造維持幸福家庭的要件。不同的是:《易》對家庭倫理的論述,在質量上過於《老子》。《易》特別重視正家道,是獲致家庭幸福的不二法門。蓋《論語・微子》載孔子回應道家的隱者人物對他譏評,指出:「鳥獸不可與同群,吾非斯人之徒與而誰與?天下有道,丘不與易也。」道家教人歸真返樸,明哲保身,清淨無為。因此,在不可為的濁世,道家人物常成為「避世」之隱者,與自然和諧共存,享受個人飄逸的田園山水之樂,而與鳥獸同群。儒家重視人倫之樂,儒家的安身立命之道,落實在歷史文化之承先啟後的縱坐標、及

家國天下連屬於一身的橫坐標上。儒家重視人文化成的豐富之文化生活，及與群倫共處的共樂樂。例如：孟子說人生有三樂中，父母俱在、兄弟俱存，就是其中一樂。道家的莊子「獨與天地精神相往來」的孤高，獨樂樂之意境，顯然與儒家，特別是《易》書「崇日新之盛德，開富有之大業」迥然有異趣。

五　公領域的公共幸福觀

　　《易》乃憂患之書，綜觀全書六十四卦三八四爻，充滿憂患意識。不但憂己之安身立命，且進而憂家人之安危與幸福，更憂國憂民，憂整個社會是否能實現正、理、平、治，安和樂利，和諧幸福，最後是憂心天下是否和平，人類世界是否能協和萬邦，共享互助互愛，共存共榮的人間福祉。《易・繫辭下傳・第十一章》云：「《易》之興也，其當殷之末世，周之盛德邪？當文王與紂之事邪？是故其辭危。危者使平，易者使傾，其道甚大。百物不廢，懼以終始，其要無咎。此之謂《易》之道也。」殷紂之際危機四伏，政治黑暗，社會動盪不安，人民普遍遭受無妄之災。因此觀六十四卦卦爻辭，多危懼疑慮的警戒之義。憂患意識是在危機意識中仍具道德意識、責任意識和理性自覺的理性意識，為政者應有道德勇氣與人民共赴時艱。《易・繫辭上傳・第十一章》所謂：「吉凶與民同患。」除了發仁心大願救時代之難、解人民之苦的道德感外，還必備《易・繫辭上傳・第四章》所說「知周乎萬物而道濟天下」的淑世能力。換言之，《易・繫辭下傳・第八章》所云「明於憂患與故」，明察所以形成憂患的來龍去脈、各種原因，還須具備如《易・繫辭下傳・第九章》所說「辯（分辨）是與非」的能力，在這些條件下，進行危機管理、損害管理，濟弱扶傾，務求「危者使平，易者（輕忽潛在危機，仍陷溺在驕奢淫逸者）使傾」（〈第十一章〉）。《易》教人在世變流轉中，物窮則變，變則通，重點在革故鼎新，革卦象曰：「天地革而四時成，湯武革命，順乎天而應乎人，革之時大矣哉！」扼要言之，《易》的憂患意識一方面在撥亂返治，從實踐因革損益中，來開富有的大

業，以人文化成天下；另方面也應深識居安思危、持盈保泰之道。《易·繫辭下傳·五章》所謂：「君子安而不忘危，存而不忘亡，治而不忘亂。是以身安而國家可保也。」安社稷保國家，以興天下之大利、除天下之大弊的改革力量和可長可久可大的優質公共政策，來謀天下人的公共幸福以及永續太平盛世。《易·繫辭下傳·第二章》密集地論述古者包犧氏、神農氏、黃帝、堯、舜如何效法《易》道，法象制器，法國理政而天下大治。《繫辭上傳·第十一章》總結地說：「子曰：『夫《易》何為者也？夫《易》開物成務，冒天下之道，如斯而已者也。』是故聖人以通天下之志，以定天下之業，以斷天下之疑。」為政者以圓而神的睿智和德行，領導人民度過難關趨吉避凶，共同創造和共享全民福祉。

老子做過周代守藏史，相當於國家圖書館館長，不但閱歷豐富，且由歷史文獻中，通曉政治治亂與國力榮枯、興衰的通則，有孤明獨發的政治智慧。他不但在形上智慧上指出聖人法道法自然，〈第二十二章〉謂：「是以聖人抱一（道）為天下式」，且將其政論散見於多章言論，基本上《老》與《易》有相通的政治觀，皆以天下百姓共同的福祉為關注焦點。《老子·第四十九章》明確地指出：「聖人無常心，以百姓心為心。善者吾善之，不善者吾亦善之，德善。信者吾信之，不信者吾亦信之，德信。聖人在天下，歙歙為天下渾其心。百姓皆注其耳目，聖人皆孩之。」蓋大道無為而無不為，且無所不涵容，這是「以百姓心為心」的為政者所當本天道立政道。在立己之道上，〈第七十二章〉云：「聖人自知不自見，自愛不自貴。」在政治對象上，〈第二十七章〉說：「是以聖人常善救人，故無棄人；常善救物，故無棄物；是謂襲明。」〈第十六章〉和〈第十七章〉皆有「知常曰明」，「襲」指承襲保存，「襲明」指充分領悟大道，且秉道精微玄奧之理。因此，老子的無為之治與《易》之坤卦厚德載物，謙卦大象所言「君子以裒多益寡，稱物平施」互通其理。〈第七十七章〉謂：「天之道，損有餘而補不足。……是以聖人為而不恃，功成而不處，其不欲見賢。」在道化的政治操作方式上，〈第十章〉說：「生而不有，為而不恃，長而不宰，是謂玄德。」《繫辭下傳·第二章》亦有與老子會通互鑒之理，所謂：「黃帝、堯、舜垂衣裳而天

下治，蓋取諸〈乾〉、〈坤〉。」可見《易》書也有效法《易》道，無為而治天下之論點。

儘管如此，《易》的營造人民公共福祉上，仍鼓勵為政者應積極的創制公共政策、制度、器物，積極作為的有為之君。老子不同於《易》的地方：是以不擾民的無為之治為主軸。簡言之，《易》在全民謀福祉上，是採取大政府主張，應有所大作為；老子則採小政府主張，因時順勢於百姓需求民意，順水操舟，事少而功多。

六 結論

「幸福」的概念涵義多樣而豐富，卻是人生、社群與人類共同嚮往的終極價值。《易》與《老子》雖仁智互見，卻是殊途同歸，可以相資互補，使人類的幸福觀更為圓融和完美。二書皆本天道而立人極，且皆持萬物有機存在，有機互動互補，形成機體和諧的宇宙觀與人類幸福觀，由本文的論述亦分別出二書同中之異處。《易》是立基於道德的形上學「天地之大德曰生」，天地人三才交泰的生命至上價值觀。在天人貫通的大中至正的核心價值觀上，採德福一致論，是倫理學特色的幸福觀。至於《老子》一書，誠如《漢書·藝文志》所言：「道家者流，蓋出於史官，歷記成敗存亡禍福古今之道，然後知秉要執本，清虛以自守，卑弱以自持，此君人南面之術也。」老子立基於存有學（形上學之本體論和宇宙生成論），法天道「生而不有，為而不恃，長而不宰」的玄德，較注重個人攝生和天下人適性、適才、適所的幸福觀。相較之下，《易》較關注家庭生活的倫理和幸福。

參考文獻

一 古籍文獻

〔先秦〕佚名，〔曹魏〕王弼注，〔唐〕孔穎達疏，〔清〕阮元校：《周易正義》，北京：北京大學出版社，2000年。

〔先秦〕老子著，〔曹魏〕王弼，樓宇烈校釋：《老子道德經注校釋》，北京：中華書局，2008年。

〔宋〕張載撰，〔宋〕朱熹注：《張子全書》，臺北：臺灣商務印書館，1968年

〔宋〕朱熹：《四書章句集注》，臺北：大安出版社，1996年。

二 當代論著

〔德〕布魯格（W Brugger）編著，項退結編譯《西洋哲學辭典》，臺北：國立編譯館，先知出版社，1976年。

河田孝成《周易新疏》初探

陳威瑨*

提要

　　本文以日本江戶時代中後期儒者河田孝成的作品《周易新疏》為研究對象，探討其解《易》作法與《易》學史定位。其人其書雖然未被學界留意，但仍有其獨特的特色值得探討。孝成注重《左傳》占例，以及《易》歷四聖之說，認為伏羲畫卦以蘊涵一切事物之象，日用文物、禮樂制度皆由此出，《易》道隱藏於其間。文明毀壞之際，乃有文王周公〈繫辭〉、孔子傳《易傳》以揭示《易》道，故禮樂壞而《易》興。依孝成所言，《易》道之教在於貞悔，使人知懼以終始，其要无咎，恆其德，善補過，卦爻辭與《左傳》占例皆與此密切相關，故孝成解《易》，重視本卦（貞）之卦（悔）並論，又為了鞏固此論點而強調《說卦傳》之象，甚至「不言之象」，以此為貫串全書的特色，形成與中國和日本前說皆不同的詮釋方法，是為其特出之處。孝成的《易》說，代表了一種來自武士階級的《周易》詮釋，也不能被歸類在過往的任何學派之中。而更重要的是，其所揭示的貞悔義理，可以說具有相當的教化作用，值得所有讀《易》者參考。

關鍵詞：河田孝成、《周易新疏》、日本、江戶時代、《周易》

＊　臺灣大學中國文學系專任副教授。

A Preliminary Study on Kawada Takanari *Zhou Yi Xinshu*

Chen Wei-jin

Abstract

This article takes *Zhou Yi Xinshu,* written by the Confucianist Kawada Takanari in the middle and late Edo period of Japan, as the research object, which discusses his interpretation of *Yi* and the historical positioning of *Yi*. Although his books have not been paid attention by the academic circles, they still have their unique characteristics worthy of discussion. Shinso focused on the examples in *Zuozhuan* and the four sages of the *Yi* calendar. He believed that Fuxi *hua gua* contained the images of all things, from daily cultural relics to ritual and music systems. With this, he believed that *Yi* Tao was hidden in it. When civilization was destroyed, there were King Wen's copulatives of Zhou Gong and Confucius's *Yi Chuan* to reveal the way of *Yi*. Therefore, ritual music was broken, and *Yi* was flourishing. According to Shinso, the teaching of Taoism in *Yi* lies in chastity and regret, which makes people know that fear is the beginning and the end. It must be blameless, persevere in virtue, and be good at making up for mistakes. Gua yao ci and Zhou Gong are closely related to this, so Shinso explained Yi, paying attention to the gua (hui) of the original gua (zhen). To consolidate this argument, he emphasized the image of the *Shuo Gua Zhuan*, even the "unspoken image" is a feature that runs through the whole book, forming an interpretation method that is different from the previous teachings in China and Japan, which is its unique feature. Shinso's *Yi* study represents a kind of interpretation of *Zhou Yi* from the warrior class, and it cannot be classified into any school of the past. More importantly, the principles of virtuous regret and righteousness revealed by it can be said to have a considerable edifying effect and are worthy of reference by all readers of *Yi*.

Keywords: Kawada Takanari, *Zhou Yi Xinshu*, Japan, Edo period of Japan, *Zhou Yi*

一　前言

　　河田孝成（1714-1792），字子行，號東岡，為因藩鳥取藩（今鳥取縣）
士。曾從學於日本江戶時代著名儒者伊藤東涯（1670-1736）之子伊藤東所
（1730-1804），研究重心在於《易》學。孝成在鳥取藩曾擔任吟味役（日本
江戶時代處理訴訟之官員），寶曆八年（1758）轉任藩校尚德館的學館奉行
（相當於校長）兼侍講（對上位者進講經書之職）。其後又擔任目付役（監
察官）、物頭（武士編制中的部隊組長）等職。著有《周易雋註》、《易道小
成稿》、《周易新疏》、《吳子解》、《司馬法解》、《論語新疏》、《仁說》、《山陰
雪話》等。[1]

　　就筆者管見所及，孝成此人未被學界關注，其儒學與《易》學皆未曾被
探討。最重要的原因當在於鳥取藩地處偏僻，而非江戶、京都、大坂等人文
薈萃、商業繁盛之地，大幅限制了孝成的能見度。再加上孝成身為武士，長
期任職於鳥取藩內，未活躍於儒林文壇中，亦非能廣泛授徒，開枝散葉，發
揮影響力的學派宗匠，這些因素都使其未能被現代學界留意。如今只能從零
星的史料中得見孝成因關心《易》學，而曾嘗試與京都著名儒者皆川淇園
（1735-1807）交流，[2]也能看到他的《周易新疏》曾被福岡地區重要儒者龜

1　以上內容據《日本人名大辭典》所記，以及筆者搜尋日本各地古籍保存狀況加以補充
　而成。另，鳥取大學附屬圖書館網站上，對孝成有不同的生平介紹，記載其年輕時向
　三宅尚齋（1662-1741）學習朱子學《易》學，其後私淑東涯，並崇敬荻生徂徠（1666-
　1728）。見鳥取大学附属図書館鄉土資料データベース，網址：http://www.lib.tottori-
　u.ac.jp/kyodo_database/kaisetsu.htm。筆者認為此說恐有誤，蓋此經歷出於孝成門人伊藤
　祐胤為《周易新疏》所作之序文中，係祐胤自述。見伊藤祐胤：〈周易新疏序〉，河田
　孝成：《周易新疏》（京都、江戶、大坂：西村平八郎等人，1797年），卷一，頁4-6。
　孝成於《周易新疏》中也未表現出與尚齋相關之處。
2　「足下（按：指孝成）所著《周易雋註》，……既聞其托寺尾氏謀之刊刻，而心竊樂觀
　其成。……僕亦夙志於《易》學，而鑽研沉潛幾二十年。……得知足下之臭味，則心
　切嚮往。又恨山川之曼阻，而不可相就晤談也。」見皆川淇園：〈答河田孝成書〉，《淇
　園文集後編》（出版不詳），卷一，頁30-31。本文所據之《淇園文集後編》，為國立國會
　圖書館デジタルコレクション所收之影像電子檔。網址：https://dl.ndl.go.jp/info:ndljp/
　pid/2559340?tocOpened=1

井昭陽（1773-1836）的解《易》著作《周易僭考》引用。[3]至於更多的足跡，
則有待未來發掘。

　　孝成固然談不上對日本儒學史有何影響，但若是將目標放在探索日本
《易》學史，包括日本儒者面對中國《易》說的態度的話，那麼其人仍然不
失為值得探討的對象，原因在於其《周易新疏》是完整保留至今，易於得見
的日本江戶時代《易》學著作之一，便於研究，且孝成處於江戶時代中晚
期，面對的中日兩國《易》說皆已累積至一定程度，故其回應前人說法的表
現，有助於增進對《易》學史面貌的認識。

　　目前最易於得見的《周易新疏》版本，為早稻田大學圖書館所藏之寬政
九年（1797）刊本，經由該校古典籍資料庫，可見書頁影像電子檔。[4]該刊
本為《周易新疏》與長崎學者關谷潛（1765-？）《易象解》的合刊本，在京
都、江戶、大坂三地發行，另註明《周易新疏》的完成時間為天明四年
（1784），此寬政合刊本所收者為再校本。該書共分十卷，第一卷為全書義
例說明與上經的乾卦至大有卦，卷首另附有孝成之子河田希傑、門人伊藤祐
胤兩人的序文，以及孝成之姪大雅（名錫，姓不詳）為《周易雋註》所作之
疏文。第二卷為上經的謙卦至離卦，第三卷為下經的咸卦至升卦，第四卷為
下經的困卦至未濟卦，第五卷為《彖》，第六卷為《象》，第七卷為《繫
辭》，第八卷為《文言》、《序卦》、《說卦》、《雜卦》。第九卷與第十卷為《別
錄》，乃孝成於《易》注以外的《易》學觀表述。另收有鳥取藩天臺宗僧人
智雲龍潭讚賞此書的〈讀周易新疏〉一文。

　　筆者目前未能得見孝成另一著作《周易雋註》，不過就《周易新疏》所
收序文，可知二書密切相關。首先要注意孝成弟子伊藤祐胤〈周易新疏序〉
以下內容：

　　　　東岡先生《周易註》成，授之大雅，大雅跋其書之所以成，而以與二

3　龜井昭陽：《周易僭考》，龜井南冥昭陽全集刊行會編：《龜井南冥昭陽全集》第二卷
　　（福岡：葦書房，1978年），頁6-113。

4　網址：https://www.wul.waseda.ac.jp/kotenseki/html/ro12/ro12_00923/index.html

三子偕，余從其後。蓋大雅有公世志焉，病其言簡，先生為分疏之，用力十數年，名曰《新疏》，而為脫稿，大雅祗役東都，居三年，不幸而歿於都邸。先生悲大雅之志，无如其稿何，屬之於余。……先生武人也，淑穰苴、吳、孫書，皆有成說，又自幼好經義，其所談笑，微辭奧旨，出人意外。至於請益，則遜讓不敢發其所見，曰：「諸經傳註雖有異同，竝存擇善，大體自明。唯《易》一經紊亂殊甚。」吾竊慨焉，嘗適平安（按：即京都），問朱《易》於三宅氏，後治東涯、徂徠學，此諸賢者，皆命世之士也，而今觀先生於《易》，卓越諸賢遠矣，猶且不敢抗衡先儒。初稿成，名之以《雋註》，錄諸說雋永者也，尋修其條理者曰《新疏》，比業於穎達輩也。[5]

由此可知，孝成對《易》向來深有會心，自認當前諸說皆無法令他滿意，而有志疏理。孝成較早完成者為《周易雋註》，其姪大雅有意刊行，但因《周易雋註》言辭過簡，故孝成再對內容重新詳細說明，所成者即為《周易新疏》，有比肩於孔穎達之心。然而大雅因公而居於江戶期間，不幸早逝，未能親見《周易新疏》完成，故孝成只能將稿本交付祐胤。另外，大雅在《周易雋註》書成後的疏文，及孝成的相關說法可一併留意：

聞之人之言，季父子行，幼而學，壯而不厭，……蓋有感乎學《易》可以無大過之言邪！著《雋註》八卷及《別錄》二卷。方脩其業，錫也常在側，……書成而受之錫，恭以吾輩，豈私於家之書哉？[6]
《周易》鄙註成，授之錫，後因錫求旋次脩改，歷年十數，錫也自側輔助之，義精微者出於錫之思過半。錫今歲四十一，不幸而死。噫！余憊矣，无復脩補之益，乃不家藏，與同人俱講以成錫志。[7]

5　伊藤祐胤：〈周易新疏序〉，河田孝成：《周易新疏》卷一，頁4-6。
6　大雅：〈書周易雋註後〉，河田孝成：《周易新疏》卷一，頁7-8。
7　同前註，頁8。按：孝成此語無題，直接附於大雅文後。文末記曰「安永八年巳（按：當作己）亥之冬十二月望日方翁識」。可知此語成於1779年。

由此可知，大雅在孝成撰《周易雋註》，以及反覆修改成《周易新疏》的過程中，均共同參與。孝成之所以投入《周易新疏》相關工作長達十數年，也全因大雅有意將孝成《易》學論述廣為流傳，而非僅使之成為家藏之書。然而最後因大雅去世，故孝成已無意再持續修改，就此形成《周易新疏》定稿。

綜上所述，《周易新疏》實為內容簡略的《周易雋註》擴充修改而成，既為孝成長年用心所在，亦為其晚年定論，因此該書足以代表孝成《易》學觀的全體面貌。本文目標為透過對《周易新疏》的研究，探討其解《易》作法及其《易》學史定位，藉此增進對江戶時代中後期《易》學表現的認識。

二　河田孝成的《易》學觀基本架構

孝成曾綜述其所見之《易》學授受源流與評論如下：

> 後漢四家竝立而傳者眾。……後漢陳元、鄭眾皆傳費氏之學，馬融、鄭玄、王肅、王弼竝為之註。……唐孔穎達奉詔撰《正義》，一依王弼。至宋濂溪周氏作《太極圖說》、《易通》，河南二程師之，叔子乃著《易傳》，專主義理。朱考亭述《本義》而復之卜筮，雖各有失得，《易》學於斯大行。明帝敕作《大全》，合刻《傳》《義》，意趣所異，紛致難曉。我邦山崎先生（按：指山崎闇齋）分刻《傳》《義》，……伊荻二先生（按：指伊藤仁齋、荻生徂徠），其學識實卓出乎漢唐宋明之表，然於《易》，其所見无異于前儒。伊藤氏學《論》《孟》之外，用力於《易》。東涯紹父業，著《讀易私說》、《周易經翼通解》，大意從《程傳》，雜以歐陽妄見，遂至曰經翼皆非聖作，可謂无忌憚甚矣哉。荻生則信商瞿之傳，綿綿乎漢，左袒朱《義》，其所異者，不取理氣體用等說耳。其門人太宰純（按：即太宰春臺），務駁朱《易》，要皆腐論，无足論焉者。[8]

8　河田孝成：《周易新疏》，別錄上，頁21-22。

王弼、孔穎達、程頤、朱熹的《易》學（以及屬於朱子學的胡廣《周易傳義大全》），都隨著其在中國的巨大影響力，而成為江戶時代儒者在鑽研《易》學時的閱讀對象。伊藤仁齋（1627-1705）和荻生徂徠作為日本反朱子學而興起的古學派與古文辭學派開宗者，也在《易》學上建立了新的詮釋系統，而分別由伊藤東涯與太宰春臺（1680-1747）發揮。這是孝成所面對的《易》學論述積累情形。而重點在於，孝成以「各有失得」形容程朱，固然表現對朱子學不盡信的態度，但對於處於朱子學對立面的古學派與古文辭學派《易》學也不甚滿意，評為「无異于前儒」、「左祖朱《義》」、「不取理氣體用等說耳」，不免令人感到意外。另外也可看到，他極力攻擊東涯依循歐陽脩《易童子問》，而認為十翼不出於孔子的說法。由此可以得知，孝成對朱子學、古學、古文辭學皆有涉獵，但在《易》學上有其自身想法，不能被歸類為特定學派之屬。綜觀《周易新疏》全書，從其中引用的前人之說可知，對話對象包括《周易傳義大全》代表的中國諸儒，以及日本的東涯和徂徠，但皆各有同意或不同意之處，亦可見其獨立面對中日兩國前說，形塑自身一家之言的意識。至於此不主特定學派的原因，則在於其《易》學觀基本架構中。

在孝成《易》學觀中，首先可以看到他贊同傳統的《易》歷四聖說，除了引用孔穎達《周易正義》相關處外，並強調：「《大傳》言聖人繫辭者不一而已。夫在殷周之際，以聖人稱焉者，非文武周公而誰也？」[9]肯定卦爻辭即文王周公所作。至於《易傳》，則說：「謂《繫辭》以下非孔子手筆則得之，謂非聖人書則失之矣。《論語》、《禮記》等書非孔子所作，謂之非聖人書而可哉？」[10]「曰《易》有卜筮義理二家可，曰十翼非必出于一人之手可，然均之皆歷孔子，施於後世，故十翼屬孔子更无異論。」[11]也就是說，《易傳》中的義理仍為儒門之教，不脫孔子思想，故不應和孔子切斷關係並貶低其地位，以義理價值的角度迴護傳統說法。

9　河田孝成：《周易新疏》，別錄上，頁11。

10　河田孝成：《周易新疏》，別錄上，頁17。

11　河田孝成：《周易新疏》，別錄上，頁19。

　　朱熹雖然也主《易》歷四聖說，但在這一點上，孝成又與朱子學有距離。朱熹認為四聖所作之《易》各不同，各有其本義，不能相混，[12]孝成則認為：「孔子之志在貽後世，致遠愈久，或失其義，故言而明之，亦唯一隅三反教之術也，故曰『予欲無言』，豈曰孔子釋經，非文周之《易》而可哉？」[13]因此可以說，他不只主張傳統的《易》歷四聖說，更因內在義理而重視卦畫、卦爻辭、《易傳》之間的一體性。

　　此一體性源自卦畫之功能。孝成認為：

> 伏羲……始作八卦以帥天下，三極之道立焉。後聖因以有所作，棺椁宮室耒耜臼杵之屬，書契曆數軍旅之事，婚姻嘉會祭祀之義，皆自八卦出。……則伏羲畫卦，豈惟為占哉？一卦變為六十四卦，六十四卦之變有四千九十六萬象以生，猶且觸類而長，而後天下能事畢矣，此豈言語文字之所能盡哉？辭雖出自聖手，豈能盡象變占哉？……故左氏載筮事，皆象占而已，或取諸之卦，或取諸互體，固无典要。偶引辭者，亦或稱《周易》以別之矣。……故文王象焉不為不足，周公爻焉不為有餘，孔子翼焉，彖、象、繫、說、序、雜卦，譬如峯峯嶺嶺，各殊其看，而後《易》道可以窺耳。……懼以終始，其要无咎，此之謂《易》之道也。由是觀之，《易》辭興於周，與《詩》《書》竝為世教，不啻以卜筮也，彰彰乎明哉。夫《易》為萬教原固也，而其大者遠者，皆藏於禮樂，獨筮占為民用，屬之卜官，亦卑卑焉耳。雖然，聖人以此洗心，退藏於密，吉凶與民同患，神德行之道莫大焉。[14]

也就是說，伏羲所畫之卦，蘊涵一切事物之象，民生器具與禮樂文明制度，

---

12 「有天地自然之《易》，有伏羲之《易》，有文王、周公之《易》，有孔子之《易》。……讀者亦宜各就本文消息，不可便以孔子之說為文王之說也。」見朱熹：《周易本義》，據大安出版社編輯部編：《周易二種》（臺北：大安出版社，1999年），頁26。

13 河田孝成：《周易新疏》，別錄上，頁29。

14 河田孝成：《周易新疏》，別錄上，頁30-32。

均由此出。其後卦爻辭與《易傳》,則是進一步以語言文字,使人更能了解《易》道,其中所含道德教化之要旨,即為「懼以終始,其要无咎」。正由於卦原本即含象,故《左傳》所載筮例才有諸多取象而非取辭的占法。在卦爻辭與《易傳》出現之前,《易》道即存在於禮樂制度中,卜筮僅為能顯現其內容的文明之一,非《易》道之全幅。因此,文王周公所繫之辭、孔子所傳之翼,乃自伏羲畫卦以來所揭示之道。

那麼,若一切禮樂文明之教均已含於卦中,為何需要有辭有《傳》,讓人更了解《易》道?對孝成而言,此乃世衰道微所致:

> 若夫晚而好《易》,蓋亦衰世之意焉爾乎。然則禮樂行而《易》隱,禮樂衰而《易》興,亦猶《詩》亡然後《春秋》作邪?故曰「顯諸仁,藏諸用」,是故在禮樂壞之世,《易》教最切於人矣。[15]

> 文王而前,《易》道隱于典禮而行。文王遇於沈酗亂敗之世,悲卿士師師非度,小民相為敵讐,將淪喪,設卦繫辭焉,以明吉凶存亡之幾,《易》教乃興,是謂顯之於仁也。[16]

正是因為世衰道微,制度崩壞,人們不明《易》道之教,才使得文王周公需要作辭,孔子需要傳《易傳》。卦爻辭與《易傳》藉由文字說明,讓人更了解卦畫涵義,使《易》學內涵更加豐富,但這是為了救時弊而使然,因此「禮樂行而《易》隱,禮樂衰而《易》興」。此乃孝成的獨特之說,這也是因為對他而言,《周易》的終極作用在於使人確實實踐「懼以終始,其要无咎」之教,並遵循禮樂制度,創造文明世界。而禮樂已衰,《周易》已興的時代,人們應能從卜筮中求其義理。孝成指出「語《易》以卜筮為本義者,與遺卜筮者皆非矣」,[17] 這正是他對《周易》最根本的看法。

---

15 河田孝成:《周易新疏》,別錄上,頁32。

16 河田孝成:《周易新疏》,卷七,頁9。

17 河田孝成:《周易新疏》,別錄上,頁33。

　　如此一來，孝成對《周易》的理解，著重在卜筮反映的義理思想。在此，影響他最大的文獻依據是《尚書・洪範》與《左傳》《國語》所記占例。〈洪範〉提到：「擇建立卜筮人，乃命卜筮，……曰貞，曰悔」，孔安國〈傳〉曰「內卦曰貞，外卦曰悔」，[18] 此稱呼在《左傳》中亦如此。[19] 因此孝成說：「〈洪範〉及《左傳》內卦為貞，外卦為悔，所謂因而重之者，一貞八悔，八貞而六十四卦成」，[20] 也就是八經卦各自為一貞卦，搭配八種悔卦而成六十四。也正因為他對六十四卦原理的理解是貞悔相重，故表明「朱熹作加倍圖，別為卦序，豈本義哉？」[21] 認為朱熹《周易本義》以加一倍法而成的《周易次序圖》[22] 非本義，這又是他與朱子學不同之處。

　　孝成認為，貞悔之名的意義甚為重大。他說：

　　　貞悔也者，《易》之所以為教之要也。凡天下之事，吉凶為倚伏，利害相生，如循環之无端。吉而變其德，則不能以永保其利，唯貞以不變其德，而後其利可以全矣。雖然，物久必過，過則害生，吝且凶，於是乎悔而善補過，亦可以復夫吉矣。故《易》之為道，雖不可為典要，而所以自天祐之，吉无不利者，貞悔以蔽之。重卦之方，各因一卦以八卦重之，內不變而外變，譬如天地之貞觀也，四時變化而其道成，……乃名以貞悔，以示不變德於內，而改行於外之義。本卦為貞，之卦為悔，亦此意也。……《論語》有之曰：「加我數年，五十以學《易》，可以無大過矣。」語「震无咎者存乎悔」，可見《易》教雖大，而自悔始，亦以弗畔焉耳。行遠必自邇，登高必自卑，唯悔可

18　據孔安國注，孔穎達疏，阮元校勘：《附釋音尚書注疏》，《重刊宋本十三經注疏附校勘記》（臺北：藝文印書館，2000年），第1冊，頁174。
19　《左傳・僖公十五年》：「蠱之貞風也，其悔山也。」據杜預注，孔穎達疏，阮元校勘：《附釋音春秋左傳注疏》，《重刊宋本十三經注疏附校勘記》，第6冊，頁230。
20　河田孝成：《周易新疏》，別錄上，頁2。
21　河田孝成：《周易新疏》，別錄上，頁2。
22　見朱熹：《周易本義》，頁19。

> 以喻愚夫愚婦，唯悔可以通神明之德。先儒不晰无咎乎悔之義，是以
> 不嘗失解於《易》而已，於《論語》語《易》者，亦皆茫乎不得其意
> 太至。……懼以終始，其要无咎，此之謂《易》之道也。《易》之不
> 可以不學如此，而貞悔其至矣哉。[23]

也就是說，所謂的「懼以終始，其要无咎」，具體表現為恆其德、善補過，
既要有德行上的不變，亦需行為上的有變，方能趨吉避凶，此為貞悔二字在
教化上的意義，亦為內外卦畫結構所蘊涵之義理，而實可謂儒門《易》學之
要。先秦《易》占筮例中取本卦與爻變而成的之卦，即與此義理有關，也就
是指示需保持現狀以恆其德，或需改變以補過。就此點而言，《周易》的卜
筮離不開道德教化的積極意義，伏羲所畫之卦即蘊涵此理，並透過筮法操作
而顯現。因此在孝成看來，《易》教之要盡在貞悔之概念，此為貫串其
《易》學觀的一大根基所在，決定了《周易新疏》的解《易》方向。

　　另外，在孝成的《易》學觀中，甚為重視占與象之關係。前面提到，孝
成認為卦畫蘊涵一切之象，因而在占筮運用上，「觸類而長之，天下之能事
畢矣」。先秦《易》占筮例中除了取本卦之卦外，又多取象以解，原理即在
於此。他主張：

> 古筮法不必一，占法亦或異，而其詳今皆不可知矣。故在今之世，欲
> 筮以決疑，宜合考左氏所載諸占，取心所安。苟信而奉之，雖不中而
> 不遠矣。[24]

而正因為他以《左傳》（亦含《國語》）所載諸占法，又對簡中取象作法甚為
肯定，故他也強調解《易》時需探求其象：

---

23 河田孝成：《周易新疏》，別錄上，頁34-36。
24 河田孝成：《周易新疏》，別錄下，頁5。

> 不得於象，則辭不可得而玩焉；不得於變，則占不可得而玩焉。……
> 且《易》者象也，其變也者亦象之變耳。……屯馬因震坎，《說卦》
> 有之。離牛《說卦》雖不言，然外剛內柔，其象甚明。且《說卦》有
> 不言之象，乾為君不言坤之為臣之類可見。坎離相反，坎有馬象，乃
> 離之為牛亦曷疑矣。[25]

卦畫之象，為卦爻辭之所由，故欲探求其義，則需立足於象，這也是取法先秦占例時必須依循的途徑。也因此，《說卦傳》對孝成來說就是不可或缺的存在，他表明「有此篇所載諸雜象，而後其義可得而言」，[26]也認為解《易》時需舉一反三，認識到《說卦傳》未言之象。這也是決定《周易新疏》內容的重要部分。

　　總而言之，孝成《易》學觀的最大重點，在於探求卦爻辭所由之象，以明卦爻辭之義，以及把握本卦與之卦的關係，理解箇中反映的恆其德、善補過之教。接下來便要來看孝成基於此《易》學觀，所展現的具體解《易》作法。

三　《周易新疏》的解《易》法

　　孝成認為，《周易》「不可為典要」，但箇中規律在於貞悔之教，探求其義時也需求其象，這種想法形成《周易新疏》解《易》時的一個統一作法，就是談論卦中各爻時，必定連同之卦卦象一併闡述，以發揮辭之義蘊，而非僅就該爻辭與該卦之象作解。以下以乾卦為例來說明。

　　乾卦初九爻被孝成指為「乾之姤」，亦即依循《左傳》中占例對某爻的稱呼方式，理解為本卦為乾，之卦為姤時，所據以為占筮結果的現狀指示。孝成說：

---

25 河田孝成：《周易新疏》，別錄上，頁24-25。

26 河田孝成：《周易新疏》，卷八，頁12-13。

下為巽，巽為入，為不見，為稱而隱。龍四靈之一，剛在最下，而之隱入不見，故其象為潛龍，於人為賢而隱微於下者，於事為初而難知，則是未可用於世之時也，故戒之曰勿用。[27]

可以看到此處解爻辭「潛龍，勿用」時，不僅僅是根據此爻在乾卦的位置為最下，故為「潛」，而是一定要關聯到之卦姤卦。乾卦初九爻於之卦姤卦中，位於內卦巽卦。《說卦傳》載「巽，入也」，孝成將「入」引申為「不見」，於是認為乾卦初九爻辭之所以繫「潛」字，是因為之卦姤卦中的巽卦象徵而來。

在九二爻處，孝成解為：

乾之同人，下為離，離為相見，而既出潛，是見龍也。田，所田獵之處，變正與五應，為五所獲，故曰在田，言登用也。又離為文明，二則陰位，而下之中，為純臣居，文明之人中於臣位，而同於人，故曰利見大人，大人指五。[28]

本卦為乾，之卦為同人時，為「見龍在田，利見大人」。孝成指出之卦同人卦內卦為離，《說卦傳》載「離也者，明也，萬物皆相見」，故有顯現之象，乃以「見龍」二字表示。「變正」指本卦乾卦變為之卦同人卦，二爻由剛變柔，則與九五相應，有臣為君所用之象，故為「利見大人」。

在九三爻處，孝成解為：

乾之履。下為兌，陽位過中，是為過陽，而與初二重剛，乾之又乾者也。且變有履虎尾之危，君子觀乎此者，終日健健自強，向夕猶且惕若，則雖危无咎矣。兌為西方，交於二四，亦為離象。離日見西，且三下之終，故曰終日日夕。此爻辭主勉強，故不言龍，直言君子。君

---

27 河田孝成：《周易新疏》，卷一，頁3。
28 河田孝成：《周易新疏》，卷一，頁3。

子剛象，蓋戒變柔也。²⁹

之卦為履卦，履卦六三爻辭有「履虎尾，咥人，凶」之危急之象，表示乾卦
九三爻有勸人小心謹慎，提防危險之意，再加上乾卦九三爻重剛，因此需
「乾乾」以自強不息。「終日」與「夕」字則來自之卦履卦，六三爻屬內卦
兌卦，為西方，履卦二至四爻互離，有日象，日落向西，故乾卦九三爻繫
「終日」與「夕」字。在孝成的詮釋中，乾卦九三爻為戒人需恆其德之一
例。若不能保持內在德行，則會轉變為「履虎尾」之危，之卦的意義即在
於此。

至於九四、九五、上九與用九，孝成分別作如下解：

（九四）乾之小畜，上為巽，巽為疑，為不果，故曰或，又為進退，
而四去下而上，故曰躍。淵亦謂四，陰位不及中，是為至陰。至陰為
柔，互離含明，淵之象也。龍，鱗蟲魚類耳。巽有魚象，故不言龍
也。四亦重剛，近君多懼，非如初之无用，但能稱時，雖躍而入在
淵，則疑於進而安於退，所以无咎也。巽象魚，說在剝卦。

（九五）乾之大有，上為離，剛健中正，位乎天德，而動也文明，象
日中天，為聖人興而照臨萬邦之義。離有飛象，如「明夷于飛」可
見，故曰飛龍，與之卦「交如威如」相發。但彼以繼統之主言之，此
則興王制作之事。

（上九）乾之夬，上為兌，兌，說也，窮高自說，所以有悔也。卦辭
利貞因五中正，過則有悔，是謂貞悔之教，《易》之要也。

（用九）六剛皆九，則《左傳》所謂乾之坤。……乾為庶物首，有創
業象；坤順承之，有守文象。……用九創業變為守文，見群雄皆雌伏
无為首。觀乎比上「无首，凶」，則疑不吉，故言吉。凡稱吉凶者，
皆義疑者也，故曰「定之以吉凶」，所以斷也。³⁰

---

29 河田孝成：《周易新疏》，卷一，頁3-4。
30 河田孝成：《周易新疏》，卷一，頁4-5。

可以看到孝成始終立足於引之卦為解的作法，或根據之卦該爻爻辭，或根據之卦內外卦卦畫之象，要言之，均強調之卦與本卦的連結，以為本卦該爻繫辭之所由，以指示貞悔之教。值得注意的是其中九四爻處，之卦小畜卦外卦為巽，孝成說「巽有魚象，故不言龍」，此非根據《說卦傳》，而是他在剝卦六五爻「貫魚，以宮人寵，无不利」處的解釋：「巽有魚象，身實尾拆，隱入旋迴，故乾四變言躍淵。」[31]此實為孝成個人聯想，但也是基於他認為一切事物之象皆含於卦中，故認為可如此詮釋。

以上以乾卦為例，說明孝成的解《易》作法，各卦各爻莫不如此。他對此法甚有信心，曾說：「六十四卦三百八十四畫，其爻皆是類也。余持此說而求諸古，與左氏記事占者合，遂定其說。」[32]至此則會產生一個問題：中國亦有爻變解《易》的作法，如大畜卦卦辭「利涉大川」，京房解為「二變五體坎，故利涉大川」；初九爻小象傳「有屬利已，不犯災也」，虞翻解為「二變正，四體坎，故稱災也」，[33]這些都是相關例子。若孝成這種解《易》方式，說穿了就只是爻變的應用，那麼又有何特殊意義可言？

若要說明雙方差別，那麼最大的不同在於，爻變在中國《易》學中，只是推象通辭的方法之一，並非全部。可用則用，不需用則不用，其目的性較著重於解釋當下的單一辭句。但是對孝成而言，面對六十四卦各爻，必定需以此法作解，方能探求真義，其目的性著重於面對《周易》全書。這就使得雙方背後的理論根基大相逕庭。孝成認為自身作法有《左傳》占例為依據，並非自身憑空想像。因此他也抨擊漢代象數《易》，說：「如五行、納甲、飛伏，固於《易》无所見焉。互體、變卦，《易》之所以為《易》也，左氏可證矣。」[34]這便說明了他是基於古代占例與《易》道義理，才採取互體與變卦的方式解《易》，非同漢儒自設條例。

另外，也正因為此法對他來說是必定需用之法，故他也以此為基準評論

---

31 河田孝成：《周易新疏》，卷二，頁21。

32 河田孝成：《周易新疏》，別錄下，頁21。

33 見李鼎祚：《周易集解》（臺北：臺灣商務印書館，2004年），頁138。

34 河田孝成：《周易新疏》，別錄上，頁26。

中國《易》說。在豫卦上六爻「冥豫，成有渝，无咎」處，孝成說：

> 胡炳文曰：「或云豫上變則為晉，明出地上，非冥矣。」孝成謂：雲
> 峯多卓見，其取變象，亦諸儒所不言。然未能正九六之名，不知三百
> 八十四爻，皆言乎變，故其說似隔靴搔癢。夫剛柔之動，往來无窮，
> 《易》之所以為《易》也。聖人繫辭焉，豈外於斯哉？[35]

胡炳文此說載於《周易傳義大全》，[36]孝成雖加以肯定，但反而批評胡炳文
仍未能認識到此「變」為《周易》全書通例，故其說不徹底。由此我們更能
了解孝成視此解《易》法為其獨到之處。

這種解《易》法使孝成不乏大膽之說。例如比卦六二爻「比之自內，貞
吉」，有「貞吉」二字，傳統上大致以此爻上應於五而又當位，故為「貞
吉」之狀態。但孝成因此爻為比之坎，解為「變象失位而險，故戒以貞
吉」，[37]反而視「貞吉」為警告人需恆其德，以免變為凶險之意。如此一
來，「貞吉」不是斷占結果，而是對未來傾向的戒辭，這是顧及之卦才會形
成的特殊詮釋，類似情況在《周易新疏》中不一而足，甚至鼎卦上九爻「鼎
玉鉉，大吉，无不利」這樣的字句，也因之卦為恆，恆卦上六爻為「振恆，
凶」，故孝成將「大吉」視為不可改變的戒辭，[38]不可不謂特殊。相對的，
在孝成此解法下，《周易》也有戒人需變之處，如噬嗑卦九四爻有「利艱
貞，吉」字句，他對此說：

> 二三五皆以柔聽无咎，四則剛而明，迫尊不正，且主於互坎，有獨舞
> 其法之象，故戒以艱貞，言能知其險，變止於正，不見其剛明，則雖

---

35 河田孝成：《周易新疏》，卷二，頁5。

36 見胡廣編：《周易傳義大全》，據紀昀編：《景印文淵閣四庫全書》（臺北：臺灣商務印
書館，1983-1986年），第28冊，頁222。

37 河田孝成：《周易新疏》，卷一，頁23。

38 河田孝成：《周易新疏》，卷四，頁13。

　　陰柔未光，亦可以得吉利也。舊說四獨吉者，治獄貴剛也，非矣。[39]

朱熹說此爻「以剛居柔，得用刑之道」，[40]但孝成解為噬嗑卦三四五互坎，故代表剛而有險。之卦為頤，頤卦外卦為艮，象徵止，表示應變剛為柔，變止於正，才是真正的治獄之道，「艱貞」二字為戒辭，指示不可不變。在孝成這樣的詮釋之下，「吉」、「利」也未必能直接解讀為好的結果，從而顯示其著重貞悔之教的義理。

　　如此一來，便可了解為何在孝成看來，屬於日本本土儒學的古學派在《易》學上無異於前儒，反對朱熹的徂徠也左祖朱《易》，正是因為他們也在解《易》時採取舊說型態，而未採取本卦之卦並論，以凸顯貞悔之教的作法。不過，若要對孝成此解法進行評價，那麼恐怕此法之正當性，也只能是見仁見智之說。畢竟只要因求其象而推象通辭，就免不了有個人聯想、發明新說的情形。《左傳》未載之卦、未載之象甚多，若要依其中占例一一推衍至《周易》全書，則個人聯想之處更是無從避免。因此孝成固然能以一人之力構築一套自圓其說的系統，但恐怕也難以讓人相信此為卦爻辭本義。然而或許更重要的是，推動孝成此解《易》法背後的貞悔之教概念，強調恆其德、善補過，懼以終始，其要无咎的想法，才是值得讀《易》者深思的精彩之處。以下再從孝成的其他表現，衡量其《易》學史定位。

四　河田孝成的《易》學史定位

　　筆者認為，關於孝成的《易》學史定位，有以下兩點可說，分別是代表武士階級之觀點，以及有別於其他學派的一家之言。

　　日本江戶時代的社會結構中，既無科舉，又嚴分士農工商四民，真正能肩負幕府與各藩之政治重任者多為武士，其他階級甚少有流動的機會。儒者

39　河田孝成：《周易新疏》，卷二，頁17。

40　朱熹：《周易本義》，頁103。

多半處於民間，難以發揮政治影響力。固然亦有儒者能被拔擢為藩內儒員，主要也負責文書、教學等工作，與真正大規模的經世濟民，外王事功之舉不同。孝成身為對儒學鑽研甚深的武士，雖然亦非真正位高權重者，但相較於一般儒者，也可說具有與眾不同的實務經歷，這一點也浸潤在其《周易》詮釋中。

例如前面提到的噬嗑卦九四爻處，孝成之所以作出有別於前人的詮釋，認為治獄應主柔而非主剛，除了基於互體卦象與之卦的固有解《易》途徑之外，他還說：

> 說者或謂四以剛能斷，故吉之言獨歸之四，法家論耳。吉凶者斷疑辭，且主於折獄者二也，而聽之宜在柔。……孝成與聞獄訟殆二十年，雖不能聽猶人，而竊感乎未光之訓有焉。[41]

孝成早年擔任藩內吟味役，掌訴訟之事，此語充分表現他在這段經歷中所得之感，此乃一般江戶時代儒者無從體驗之處。若無此經歷，恐怕也難以形成他對噬嗑卦九四爻的特殊詮釋。從中我們可以看到來自日本武士階級的難得解經觀點。

另外，武士本質為武人，宜具兵學素養，而非單純會讀書識經即可，這也是此身份與中國文人和一般日本儒者的不同之處。在注《易》之前，孝成已有《司馬法解》、《吳子解》等著作，即說明了這一點。也正因如此，孝成在注解師卦時，便有值得參考的見解。對於師卦卦辭「貞，丈人吉，无咎」，孝成說：「貞雖訓正，亦有守意，所謂先為不可勝，以待敵之可勝，及无形无聲之極，貞字含之。至於制權出奇，則丈人有焉。」[42]如此一來，相對其所見的前人舊說，往往認為丈人指老成持重，宜於統兵，[43]孝成則理解

---

41 河田孝成：《周易新疏》，卷六，頁21。
42 河田孝成：《周易新疏》，卷一，頁19。
43 見胡廣編：《周易傳義大全》，頁147。

為因丈人老謀深算，經驗豐富，能活用詭道，故足以用兵，便清楚地呈現了儒者與兵學者在思維上的不同。另外，關於師卦九二爻辭「在師中，吉，无咎，王三錫命」，相對於前人舊說集中在二爻剛中故吉，[44]孝成則因二爻處於內卦，卦體為坎，有水象，故特別提到：「執略守微，進退左右，變應无窮，猶水之因地制流，如毫有所倚，敵必因之，孫武之所以戒五危也。」[45]其強調為將者應變化無窮，而不只強調剛中，這恐怕即是非武士階級、不具兵學素養者無法作出的爻辭義蘊發揮。

目前對於日本江戶時代儒家《易》學的研究，大半集中在民間儒者身上，這也是因為武士階級雖需讀儒家經書，但具有深厚儒學造詣者難得一見之故。然而不同的階級所見，自會形塑不同的詮釋觀點。孝成在《周易新疏》中因大部分篇幅仍在發揮儒門成德之教，偶爾流露的武士階級特殊觀點並不多見，若要說有「武士《易》學」類型的存在，未免言之過早，但已足以顯現其不同於一般儒者之處。這也提示我們或可多留意其他類似之例，以探索《易》學史上的更多內涵。

接著，孝成所處的時代，已有朱子學派、古學派、古文辭學派等各家大規模的系統，這些學派也都是孝成在《周易新疏》中面對的對象，甚至也有所謂折衷學者的存在。曾有先行研究將孝成歸類為古學派，[46]然而筆者認為，孝成在《易》學史上的定位，不能被歸屬於任何特定學派。

從古學派和古文辭學派的觀點，朱子學沾染佛老，許多對《周易》的詮釋均非先秦古義。《周易新疏》中與朱子學之間的重大歧異，也往往在此。除了前面提到的，孝成認為朱熹贊同的加一倍法，非卦畫真正原理之外，也反對其他與朱子學《易》學密切相關之處，例如在《繫辭傳・上・第七章》「成性存存，道義之門」處，他說：

---

44 胡廣編：《周易傳義大全》，頁149-150。

45 河田孝成：《周易新疏》，卷一，頁20。

46 見吳偉明：《易學對德川日本的影響》（香港：香港中文大學，2009年），頁175。另外，河田孝成之名在其中誤作為「河田東興」。

成性，謂各正其性命也。……存存，……謂存其位，保其存也。朱熹曰「成性，本性之性也。存存，謂存又存，不已之意」。性理家言，非古也。且《易》以天祐吉利立教，仁之術也。故以成其德性，不喪其福履為解似穩。東涯曰「孟子所謂存心養性意」。然不曰存存成性，而曰成性存存，則非存心養性之義也。[47]

孝成直指「性理家言，非古也」，不欲全盤接受朱子學的立場宛然可見。對他而言，性是個人的內在狀態，各自不同，而可後天接受教化以順利長養，培養德性，非有朱子學意義下的性體。故他也一併反對東涯引孟子養性概念為說。除此之外，孝成引東涯之說，反對朱子學將「寂然不動，感而遂通天下之故引申至心體義，[48]也認為圖書之學「鑿空軋理，《易》道與世用遠矣」，[49]更重要的是他將太極理解為人極，而非宇宙學意義上的創生兩儀之本源，[50]又肯定徂徠將太極理解為準據，[51]這些都足以讓人得見孝成與朱子學之間不可逾越的鴻溝，而在古學已興的江戶時代中後期，有這樣的傾向亦不足為奇。

然而另一方面，就像孝成因堅持《易》歷四聖說而不能認同東涯一樣，他並未因反對朱子學就傾向古學。此外，孝成也並未展現出堅決站在朱子學對立面的態度，只是並不認同朱子學某些說法而已。但同時他也在解釋《說卦傳》時，說：「人具天地之德，仁義之心，人皆有之。仁者人也，於文人二為仁，人相親比之道也。」[52]相對於徂徠學將「仁」釋為「安民之德」這

---

47 河田孝成：《周易新疏》，卷七，頁11-12。引文中提到的朱熹之言，見朱熹：《周易本義》，頁240。東涯之言見伊藤東涯：《周易經翼通解》，服部宇之吉編：《漢文大系》第16冊（臺北：新文豐出版公司，1978年），卷17，頁13。

48 河田孝成：《周易新疏》，卷七，頁21。東涯之說見伊藤東涯：《周易經義通解》，卷17，頁23。

49 河田孝成：《周易新疏》，卷七，頁45。

50 田孝成：《周易新疏》，卷七，頁23-24。

51 河田孝成：《周易新疏》，卷七，頁5。徂徠之言見荻生徂徠：《辨名》，今中寬司、奈良本辰也編：《荻生徂徠全集》第1卷（東京：河出書房新社，1973年），頁454。

52 河田孝成：《周易新疏》，卷七，頁4。

種只有在上位者才能實踐的外在道德，[53]兩者可謂絕不能相容。畢竟貞悔之教的實踐若要徹底落實，就必須從理論根本上肯定每個人內在的道德能動性，而不能讓人們只是被動地接受規範。這就顯示孝成面對徂徠，只是酌取其認同的概念，而非在整體的思想結構上屬於古文辭學派。

儒者釋經時，皆在追尋心目中的經書古義，即便得出的詮釋屬於新說，就當下的解經者意識而言，也會自認上契經書之古。因此不能因為孝成強調自身說法合於《左傳》占例之古，批駁朱子學某些說法於古無據，便認為其屬於古學，畢竟雙方在思想根本上還是有不同之處。著重貞悔之教，因而在解《易》法上強調本卦之卦的變化義理，這一點才是孝成《易》學之大本，而朱子學、東涯、徂徠各派皆未強調這一點，這也才是孝成最大的不滿之處所在。故孝成撰《周易新疏》，意在提出專屬於自身的見解，於前說則有贊同、有批駁，原非為了附和某學派而作，更無折衷諸說之企圖。於是乎孝成在《易》學史上，乃樹立了一種新的解《易》型態，就這一點而言，值得讚賞其苦心孤詣，但也因種種客觀因素，而使其未能發揮大規模影響力，乃至幾乎已被遺忘。

五　結論

本文以日本江戶時代中後期儒者《周易新疏》為研究對象，探討其解《易》作法與《易》學史定位。其人其書雖然未被學界留意，但仍有其獨特的特色值得探討。孝成注重《左傳》占例，以及《易》歷四聖之說，認為伏羲畫卦已蘊涵一切事物之象，日用文物、禮樂制度皆由此出，《易》道隱藏於其間。文明毀壞之際，乃有文王周公繫辭、孔子傳《易傳》以揭示《易》道，故禮樂壞而《易》興。《易》道之教在於貞悔，使人知懼以終始，其要无咎，恆其德，善補過，卦爻辭與左傳占例皆與此密切相關，故孝成解

---

53 「禮樂者先王之道也。先王之道，安民之道也。仁安民之德也。故苟非仁人，則禮樂不為之用。……此以在上之人言之也。」見荻生徂徠：《論語徵》，《荻生徂徠全集》第2卷，頁505。

《易》，重視本卦之卦並論，以此為貫串全書的特色，是為其特出之處。孝成的《易》說，代表了一種來自武士階級的《周易》詮釋，也不能被歸類在過往的任何學派之中。而更重要的是，其所揭示的貞悔義理，可以說具有相當的教化作用，值得所有讀《易》者參考。

參考文獻

一　古籍

〔漢〕孔安國注，〔唐〕孔穎達疏，〔清〕阮元校勘：《附釋音尚書注疏》，
　　　《重刊宋本十三經注疏附校勘記》（臺北：藝文印書館，2000年），
　　　第1冊。

〔晉〕杜預注，〔唐〕孔穎達疏，〔清〕阮元校勘：《附釋音春秋左傳注疏》，
　　　《重刊宋本十三經注疏附校勘記》，第6冊。

〔唐〕李鼎祚：《周易集解》，臺北：臺灣商務印書館，2004年。

〔宋〕朱熹：《周易本義》，據大安出版社編輯部編：《周易二種》，臺北：大
　　　安出版社，1999年。

〔明〕胡廣：《周易傳義大全》，收入〔清〕紀昀編：《景印文淵閣四庫全書》
　　　（臺北：臺灣商務印書館，1983-1986年），第28冊。

〔日〕伊藤東涯：《周易經翼通解》，收入服部宇之吉編：《漢文大系》第16
　　　冊，臺北：新文豐出版公司，1978年。

〔日〕河田孝成：《周易新疏》，京都、江戶、大坂：西村平八郎等人，1797
　　　年。

〔日〕皆川淇園：《淇園文集後編》（出版不詳）。國立國會圖書館デジタル
　　　コレクション。網址：https://dl.ndl.go.jp/info:ndljp/pid/2559340?toc
　　　Opened=1

〔日〕荻生徂徠：《辨名》，今中寬司、奈良本辰也編：《荻生徂徠全集》第1
　　　卷，東京：河出書房新社，1973年。

〔日〕荻生徂徠：《論語徵》，今中寬司、奈良本辰也編：《荻生徂徠全集》
　　　第2卷，東京：河出書房新社，1973年。

〔日〕龜井昭陽：《周易僭考》，龜井南冥昭陽全集刊行會編：《龜井南冥昭
　　　陽全集》，福岡：葦書房，1978年。

二 近人論著

吳偉明：《易學對德川日本的影響》，香港：香港中文大學，2009年。

二十世紀日本和英美的周易研究綜述

劉正*

提要

　　本論文由上下兩篇組成，上篇是現代日本易學研究概觀。下篇是美英等英語國家現代易學研究概觀。上下兩篇分別介紹了學院派易學研究在二十世紀的日本和英美等國的簡要發展歷程。作者由於長期留學日本，又移民美國多年，所寫內容多是根據親身經歷和感受而來，和很多易學家有良好的私人交往和學術互動。故此，這篇論文具有學術史和學術掌故（回憶錄）的雙重特點，言簡意賅，清晰地描繪出易學研究在二十世紀東西方的主要發展脈絡。

關鍵詞：日本易學、英美易學、學術史、二十世紀

＊ 教授、日本國文學博士、國際考古學暨歷史語言學學會會長。如有任何指教，電子信函請致：kyotosizumoto@hotmail.com 紙本通信：6322 Windermere Park Ln., Sugar Land, TX 77479-3610,USA 來信必履。

A Summary of the *Zhouyi* studies in Japan, Britain and America in the 20th Century

Liu Zheng[*]

Abstract

This dissertation is composed of the upper and lower parts. The first part is an overview of modern Japanese *I Ching studies*. The second part is an overview of modern *I Ching studies* in English-speaking countries such as the United States and Britain. The upper and lower chapters respectively introduce the brief development process of the study of *Yi* in the 20th century in Japan, the United Kingdom and the United States and other countries.

As the author has studied in Japan for a long time and immigrated to the United States for many years, most of the content he writes is based on personal experience and feelings, and he has good personal and academic interactions with many *Yi* scholars. Therefore, this thesis has the dual characteristics of academic history and memoirs. It is concise and concise, and clearly depicts the main development of the study of *Yi* in the 20th century in the East and the West.

Keywords: Japanese *Yixue*, British and American *Yixue*, Academic History, 20th Century

[*] Professor and Ph. D in Japan President of the International Society of Archaeology and Historical Linguistics, USA.

很感謝大會主辦方和賴貴三教授的盛情約請。很遺憾因為美國疫情嚴重，我無法到會。特委託老友賴貴三教授代表我宣讀此文，作為大會發言。

我曾經有一位忘年交的師長，他曾經拜師周鼎珩先生門下，學《易》多年。他就是已故美國加州美西易經學會會長、美國東方文化事業基金會會長的汪仲長先生。從一九八五年我們相識以來，他一直是我長期通信聯繫的筆友。他甚至在一九八九年以美國東方文化事業基金會的名義，約請我來洛杉磯講學。那時我剛到日本開始我的留學生活。現在，周老、汪老師徒二人都已跨鶴西去，蒙大會主辦方和賴貴三教授盛情約請，撰寫此文，算是對周老、汪老師徒二人的一點紀念，也給大會提供一篇我的研《易》心得。是為序。

上篇 現代日本易學研究概觀

日本學術界在昭和時代後期，隨著現代高等學府和科研機構在國家科研中的作用越來越強大，學院派的易學研究得到了空前大發展。而僧侶派易學和占《易》派易學基本退居易學研究的幕後了。

我們談到現當代日本的易學研究，我想從舊東京帝國大學教授、著名易學家根本通明博士的弟子開始談起。在根本通明的弟子們中，公田連太郎和九鬼盛隆二人是他眾多的占《易》派弟子們中的佼佼者。而阪本理一郎和伊藤直純二人也很擅長占《易》，卻成了當時日本國會的議員、政治家。但是根本通明的這四大弟子中，公田連太郎在《易經》經傳的解釋上，著述成果突出。而九鬼盛隆的著作更多是探討筮法問題。在高島和加藤兩大占《易》派大家相繼出世佔據明治、昭和兩個時代的日本易學界，他顯然不是這一時期的泰斗級人物。

公田連太郎，生於一八七四年十月三日，卒於一九六三年七月二十七日。島根縣人。著名易學家、漢學家。他撰有《易經講話》五卷本，由著名的易學著作出版社明德出版社在一九五八年正式刊行。上市之後，極受歡迎。

五卷本《易經講話》一書的起源是在一九五四至一九五八年「公田會」

內部印刷的二十八次《易經講話》的講義基礎上，整編出版的。「公田會」
就是他自己註冊成立的一個研究《易經》、特別是普及占《易》知識和技術
的組織。如今，五卷本《易經講話》已經屬於日本的古書，而且價格昂貴，
除非是專業易學研究學者之外，無論作為入門還是提高，都已經沒有必要再
閱讀和普及了。但是，在上個世紀五、六十年代，此書曾經熱銷一時。我上
個世紀九十年代初期剛到日本留學的時候，曾想購買此書。因為價格太貴，
只好連續幾天到古書店裡免費閱讀此書。後來因為在書店裡讀到了森肋晧州
撰寫的厚厚的兩卷本鉅著《周易解詁》一書，感覺這才是理想中的日本漢學
和易學的著作體現，於是就中止了對《易經講話》的閱讀。

　　鈴木由次郎，生於一九〇一年，卒於一九七六年七月十二日。著名易學
家、中國哲學史家。他是日本著名的私立大學—中央大學的教授，是上個世
紀六十年代日本學院派研究漢代易學的泰斗。他的岳父就是昭和前期時代的
著名易學家藤村興六。藤村興六撰寫的易學著作《易的新研究》一書，至今
也在日本古書市場上的銷售著。

　　鈴木由次郎本人則畢業於舊東京帝國大學，而後長期在中央大學任教。
他撰有《漢易的研究》，明德出版社，一九六三年。這部經典名著也是他的
博士學位論文。除此之外，一九六四年，他還撰寫了《太玄易的研究》及日
譯本《易經》二書，都是由明德出版社刊行。因為他撰寫的《太玄易的研
究》一書引起了易學界的閱讀興趣，於是，在讀者要求下，一九七二年，他
撰寫的日譯本《太玄經》正式出版了。因為對揚雄及其《太玄經》研究的成
功，他關注了和揚雄一樣出名而學術怪異的日本易學大家新井白蛾的易學。
於是，他給新井白蛾撰寫了一部研究傳記《易和人生：新井白蛾的生涯及其
詩作》，在一九七三年也是由明德出版社刊行。這一年，大獲成功的鈴木由
次郎，又開始了對舊作日譯本《易經》的修改和增補工作。第二年，增訂版
日譯本《易經》由專業學術著作出版社集英社正式出版。到了逝世前，他翻
譯注解本《周易參同契》手稿，尚未出版。明德出版社為了紀念這位易學家
的學術貢獻，將他的翻譯注解本《周易參同契》手稿，作為遺著在一九七七
年正式刊行。

戶田豐三郎，是日本著名的國立大學廣島大學教授，也是著名易學家和漢學家。他生於一九〇五年，卒於一九七三年。他在《易經》研究上的經典名作就是《易經注釋史綱》一書。這部煌煌幾十萬字的鉅著，也是他的博士論文，一九六四年由日本老牌學術出版機構風間書房正式出版。這是日本學院派易學家撰寫的第一部《易經》研究通史。除此之外，他還發表了不少研究論文，比如〈周易文言序卦雜卦考〉、〈周易注疏諸本考〉、〈漢志六藝略易家的考察〉、〈有關陰陽說的考察〉、〈左、國中的易筮記事管見〉、〈關於易傳的成立〉、〈易經‧象系兩傳的成立〉、〈伊川易傳考〉、〈清朝易學管見〉等。

《易經注釋史綱》一書分前後兩編，前編考察的是從先秦到魏晉時代的易學史。後編考察的是從宋代到清末的易學史。但是核心篇幅在前編。而後編幾乎就是匆匆而成，真正的掛一漏萬。前編中心則有兩個：一個是對《易經》的誕生到西漢為止的易學史，他用了整整兩百多頁的篇幅，簡直就是一部《先秦—西漢易學史》；另一個是關於王弼《易注》的研究，他就撰寫了一百多頁篇幅的分析和論述，幾乎可以命名《王弼易學研究》而單獨成書。而對東漢易學、唐宋易學、明清易學，則撰寫的內容越來越少。最近，我很高興得知道了山東大學李尚信教授的弟子李聖熙同學撰寫了研究此書的碩士學位論文《戶田豐三郎〈易經注釋史綱〉研究》。誠如該論文作者所言「由於各方面的原因，關於此書的研究寥寥無幾。伴隨著時代的發展，《易經》的國際化已經成為趨勢，對本書的研究也提上了日程。」

可惜至今廣島大學再沒有學者熱衷易學研究，在經學上，《論語》和三《禮》的研究逐漸成了那裡的學術重點。

今井宇三郎，生於一九一一年，卒於二〇〇五年。日本著名的國立大學筑波大學教授。《宋代易學的研究》一書是他的經典代表作，也是他的博士論文。他的研究論文有《左傳、國語筮占考》等。《宋代易學的研究》一書在一九五八年由明治圖書出版社刊行。而他注釋翻譯的《易經》上‧中兩卷，分別在一九八七、一九九三年出版，而該書下卷則在二〇〇八年才出版。出版單位是日本老資格的學術品牌明治書院。其中，他注釋翻譯的《易經》下卷，基本上委託他的弟子堀池信夫、間嶋潤一在其手稿的基礎上增訂完成。

二〇一九年，堀池信夫的弟子辛賢博士，再次對此今井宇三郎注釋翻譯的三卷本《易經》一書，精簡編訂成一卷本出版。當然，這個編訂本只是選編了全部上下經。

赤塚忠，生於一九一三年四月九日，卒於一九八三年十一月二十八日。茨城縣人。著名易學家、中國哲學史家、古文字學家。東京大學教授。一九六二年，他以論文《周代文化的研究》獲得東京大學文學博士。他的弟子中成就最大的是池田知久。赤塚忠撰有《易經（抄）》和日譯本《易經》二書，分別在一九七二、一九七四年由平凡社和明德出版社刊行。他在甲骨學和金文學有很深的造詣和研究，對商周歷史、宗教、文化和神話有很精湛的研究專著出版。他奠定了整個東京大學對中國商周歷史、文化和思想的研究基礎，影響波及到文學、歷史、宗教、哲學、語言等諸多方面。他是根本通明之後的東京大學和日本易學界的學術泰斗。

金谷治，生於一九二〇年二月二十日，卒於二〇〇六年五月五日。三重縣伊賀人。著名易學家、中國哲學史家。東北大學教授。他撰有《易話》（1972）。再版時增補後更名為《易經和中國人的思維》（2003）。他是舊東北帝國大學老一代著名中國哲學史家武內義雄教授的弟子和接班人。一九六一年九月十九日，他的論文《秦漢思想史研究》獲得京都大學文學博士。這是他以對漢代經學、易學為核心撰寫的斷代思想史專著。我在日本期間，金谷治教授給我很多指教和關照。我舉行學術報告會時，他事前答應我一定爭取到場。因為臨時生病無法到場，則立刻給我寫信說明，並祝賀我學術論文報告會成功。可惜，他退休後，東北大學易學研究轉向了道教、佛教和魏晉思想史研究。他的弟子中嶋隆藏教授是研究這個領域的著名學者。

本田濟，一位對我有過很多指導和教誨的著名易學家、中國哲學史家。他生於一九二〇年一月七日，卒於二〇〇九年九月二十一日。京都宇治人。大阪市立大學教授。他的父親就是日本著名經學家、易學家本田成之教授。

一九六四年，本田濟以論文《易經的思想史的研究》獲得京都大學文學博士。他撰有《易學——成立和展開》一書，一九六〇年由平樂寺書店出版。退休後，他在日本各地主持《周易》講座，於是他的講義以《易經講

座》兩卷本的形式，由著名的斯文會在二〇〇六年正式出版。

　　他的弟子中最有名的是三浦國雄教授。本田濟教授給予了我很多的指教和關愛，他幾次出席我的學術發表會。而且，經常給我致電或者書信，讓我參加他主持的一些學術活動，甚至包括過問我是否想在日本工作等等。

　　其實，本田濟教授的《易經的思想史的研究》，從某種意義上說，是一部古代《易經》經學研究史。它由兩篇組成。第一篇共八章，集中考察《易經》的起源及其相關問題。在此篇中，作者假定《易經》經文材料直接來自古代的占筮群體，一些占筮結果和當時的警世格言被編入了《易經》卦爻辭中。但是隨著大象和小象的出現，陰陽思想的剛柔二元論和儒家的色彩越來越豐富了，於是一些看似素樸和簡單、無內容的語言被賦予了哲學的含義和人事說教效果。加上儒家運命論和宇宙論的加盟，《易經》作為儒家經典的地位由此穩定。他尤其指出了〈繫辭〉、〈文言〉和〈說卦〉三者在此過程中的作用。第二篇共六章，集中考察歷代對《易經》解釋的歷史。對於漢代，他則集中考察了孟喜、京房、鄭玄、荀爽、虞翻易學的學術史意義。對於，魏晉時期，他則考察了王弼易學，並指出這是當時貴族階級不安意識的反映。對於唐代，它則考察了《周易正義》的時代價值和易學貢獻。對於宋代，它集中論述了張載、二程、朱熹及司馬光的易學思想及其歷史地位。點明了他們對人事倫理的追求，批判了他們的道學的教訓意味。對於清朝的易學，他則重點關注了王夫之、胡渭、乾嘉學派的易學、惠棟、焦循等人，他肯定了王夫之易學對張載哲學的繼承，以及他的攘夷思想。闡述了胡渭對宋人河圖洛書學說的否定是具有不可知論因素在內的對現實世界的肯定等等。總之，本田濟教授的此書就是一部《易經》解釋學思想史。

　　古賀登，第二位對我有過很多指導和教誨的著名易學家、中國哲學史家。他生於一九二六年五月六日，卒於二〇一四年七月十七日，橫濱人。早稻田大學教授。

　　他是研究先秦思想和神話的著名學者。他撰有《周易的研究——從音占到陰陽占》，由雄山閣在二〇一四年出版。此書實際上已是他的遺著了。就在他交付手稿、得知要出版的第二天就撒手人寰了。生前，我和他保持著電

話聯繫，但是卻一直沒有機會見面。因為他遠在東京，而我則在大阪。一九九四年，我曾致電給他，希望報考他門下的博士研究生，那時他問我：「你能來，我很高興。但是如果你來報考早稻田大學的博士研究生，你是否願意研究《山海經》的神話問題？」這一幕猶如昨日，幾十年來一直縈繞在我腦海裡，揮之不去。他在這方面寫有《神話和古代文化》一書，在學術界曾產生了很大的影響。其實，他還是日本著名的隋唐史家，留下了經典名著《唐代兩稅法的地域性》和《兩稅法成立史的研究》兩部專著。他晚年則從中日民族學角度專心研究《易經》。

中村璋八，第三位對我有過很多指導和教誨的著名易學家、中國哲學史家。他生於一九二六年一月七日，卒於二〇一五年六月二日。神奈川縣人。

一九七八年，他以《五行大義的基礎的研究》論文獲得駒澤大學文學博士。他撰有日譯本《五行大義》一書，在一九七三年由明德出版社出版。而後，他的研究專著《五行大義的基礎的研究》，一九七六年再次由明德出版社刊行。這部專著引起了日本易學界的好評，也使他獲得了文學博士。到了一九八四年，他歷經數年著述的《五行大義校注》一書，由日本著名學術著作出版機構汲古書院正式刊行。第二年，他又將科研範圍轉向了日本傳統的宗教和《周易》關係的比較研究，於是《日本陰陽道書的研究》一書，也由汲古書院正式出版。他早年是以對兩漢緯書的整理和研究為入手的。從一九五九年到一九六四年，他和著名漢學家安居香山聯合整理的全六卷研究緯書的資料彙編《緯書集成》一書，以每年一冊的進度，由專業出版機構漢魏文化研究室全部刊行。兩年後的一九六六年，漢魏文化研究會出版了他和安居香山聯合撰寫的鉅著《緯書的基礎的研究》一書，宣告了日本易學界對這個領域的階段性成果。到了他的晚年時期，他又開始了對朱子易學的研究。日譯本《周易本義》，就是他與古藤友子教授合作的研究成果，一九九二年由明德出版社出版。

他是我的留日時期的第一個指導教授、筑波大學歷史系著名歷史學家田中正美教授的好友，也是我在愛知學院大學時代的兼職指導教授之一。因此之故，我和他非常熟悉、來往很多。他也經常來名古屋找我見面，指導我的

研究。和田中正美老師一樣，他也喜歡請我到他們總習慣去的一家日式餐館一起用餐，邊吃邊談，每次指導和見面就這樣長達幾個小時。至今寫起來，還如同昨日之事。他的著作和論文，只要一刊印，就立刻送我一套。然後，我們下一次見面時，這些論文和著作就成了我們談論的話題。因此之故，我知道了很多圍繞著論文背後涉及到的人和事，還有學術掌故，等等。

高橋進，生於一九二八年，至今健在。他是筑波大學哲學系教授，著名中國哲學史家、韓國思想史家。一九八七年，他和助手佐藤貢悅來華參加山東大學主辦的第一屆國際周易學術討論會，我和他那時就認識了，至今我還保存著我們的相互合影、他給我的通信地址。但是他的研究興趣在《老子》和韓國退溪學等倫理思想史的研究，雖然發表過研究《易經》的論文，但是至今未聞有易學研究專著出版。而他的弟子佐藤貢悅則是我們下面要介紹的著名易學家。

池田知久，第四位對我有過很多指導和教誨的著名易學家、中國哲學史家。他生於一九四二年一月四日，至今健在。東京人。著名易學家、中國哲學史家，東京大學教授。

他因為當時父母在韓國漢城工作，因此他出生在那裡，直到日本戰敗才隨父母回國。因此，他對中國和韓國古典學術自幼開始就有著濃厚的興趣。一九六五年，他畢業於東京大學文學部中國哲學專業，而後考入研究生院繼續學習。一九六九年，他就任高知大學講師、副教授。一九七四年轉任岐阜教育大學副教授。一九八〇年開始，他出任東京大學副教授、教授，並在那裡一直到二〇〇二年屆滿六十歲退休。而後，他轉任大東文化大學教授。二〇一二年，他再次從大東文化大學退休。現在又被聘請為山東大學一級教授。[1]

1　在如今的中國大陸高校中，同時出現了三位易學研究的「一級教授」（所謂院士級的教授），即山東大學劉大鈞、池田知久，中國人民大學的張立文。如果再把所謂的「資深教授」也算在內的話，更加可觀了。在中國的「一級教授」或「資深教授」，大約等同於美國的 University Professor（大學教授），是美國大學中一個比 Chair Professor（講座教授）還要高的最高級別的教授。順便說一下，華東師範大學的所謂「終身教授」其

　　他是日本乃至於國際學術界研究帛書《易經》的著名學者。他撰有《馬王堆漢墓帛書五行篇研究》，該書入選為東京大學文學部佈施基金學術叢書，一九九三年由汲古書院出版。這是當時他在東京大學領導著博士研究生們對帛書文獻給予研究的一個總結。後來，參加了這個帛書研究班的人，如近藤浩之、井ノ口哲也等人一直繼續著這一科研課題，並且已經成為現在日本易學界的著名學者。我那時正在大阪市立大學讀博，也很關注這個研究班的情況，並且和近藤浩之、井ノ口哲也等人開始了學術交流和通信。二〇〇三年，他同時出版了兩部專著：《郭店楚簡儒教研究》，由汲古書院出版；《占筮的創造力─現代中國周易論文集》，由勉誠出版社出版。前者見證了他從帛書文獻到楚簡文獻的研究歷程和最新成果。

　　池田知久教授和我留日時期的第一個導師田中正美教授是老友，田中老師是我和池田教授相識的介紹人。那時，田中老師準備將我的四十萬字的《周易發生學》論文，通過愛知學院大學教授、東京大學名譽鎌田茂雄教授和前田惠學教授（日本學士院獎和日本文化功勞勳章獲得者）等人（這兩位是日本學術界和國際學術界頂級的宗教史研究的大家了）的特別審核和推薦，申請東京大學的論文博士學位。預定的審查人就是當時的東京大學中國哲學研究室主任池田知久教授。他很認真地通讀了全部論文，並撰寫了很多個人意見，退回讓我修改。而那時心高氣傲的我根本不接受，田中正美老師擔心這樣下去會影響他、鎌田茂雄教授、前田惠學教授等人和東京大學之間的學術互動，以及我自己在日本的學術前途，就建議我先停止這個研究《易經》申請東京大學論文博士的計畫。以後，我在大阪市立大學、在著名易學家三浦國雄教授們下讀博期間，再沒有拿出這個在一九九五年就已經正式出版的博士學位論文去申請博士學位，而是開始了對東西方漢學史和易學史的研究。沒有當時的這個轉變，也就不會出現我的兩卷本《國際易經學史》一

　　實就相當於其他大學中的「二級教授」或「三級教授」而已。不過，在美國，有的Chair Professor（講座教授）職位是無薪的，屬於一種榮譽稱號而已。我知道，有在美國獲得了Chair Professor（講座教授）稱號的人，因為無薪，但為了生活，不得不掛著這個頭銜去其他大學、甚至到其他國家去長期任教。

書了。因為當時池田知久教授特別讓我要注意國際學術界對《易經》和中國出土文獻的研究。但是我和池田知久教授的第一次見面卻是他從東京親自趕到大阪出席我的學術科研成果發表會。在那以後，我們在日本的各種學術活動中又多次見面，非常感謝他給予我的真誠指教和支持。

就在國內外學術界都在苦等帛書《易經》原始出土文獻的公開發佈時，池田教授居然就已經具有了帛書《易經》原始出土文獻的全部照片資料，並且已經在他的東京大學研究室內，帶領著近藤浩之、井ノ口哲也等人開始了注釋和翻譯等基礎研究工作。[2]記得當時曾引起了中國國內學術界的憤怒和呼籲調查的呼聲。甚至有些人直接在一些著名報刊上發表文章，指責帛書《易經》等原始出土文獻釋文負責人、著名古文字學家和歷史學家張政烺教授的自私和無能……以至於陳鼓應教授也應運而生主動在《道家文化研究》上專門發佈了一期他們組織的學者釋文和部分帛書出土文獻資料的公開。今天，帛書《易經》和竹簡《易經》等原始出土文獻資料的公開已經非常及時，不會再有壓在手裡十幾年不公開的現象存在了。

加地伸行，生於一九三六年四月十日，至今健在。大阪市人。著名易學家、中國哲學史家。大阪大學教授。

他撰有《易的世界》一書，在一九八六年由新人物往來社出版。今天，在大阪大學繼承了他的《易經》研究學脈的是在日韓國學者辛賢，一個來自筑波大學的博士。

加地伸行教授的著作很多，《儒教——沉默的宗教》最為有名。甚至在中國和世界上大名鼎鼎的中國思想史家李澤厚教授也公開給予了肯定。但是，他的研究興趣並不在《易經》，他曾對中日政治有很多過激的言論，或許和他的臺灣籍妻子的影響有關吧。

三浦國雄，是我在日留學博士研究生時期的正式導師和我的博士論文審查委員會的主任審查。

---

2 據一個日本學界的友人私下裡告訴我：這是中國社會科學院某研究所的一位科研人員Ｗ先生，因為工作原因，得到了帛書《易經》全部照片，並且送給了池田知久。此事已經過去多年了，不值得再關注了。

他生於一九四一年，至今健在。大阪市人。著名易學家、中國思想史家。

他於一九六四年畢業於大阪市立大學。而後考入京都大學研究生院。一九七二年開始，就任京都大學人文科學研究所講師，並且給吉川幸次郎教授當助手。而後轉任東北大學副教授、大阪市立大學教授。二〇〇四年開始就任大東文化大學教授。二〇一二年從大東文化大學退休後，被聘為四川大學特聘教授。

他本人長期師從日本易學大家本田濟教授。因此，繼承本田濟教授的《易經》研究學脈是他責無旁貸的工作。他撰有日譯本《易經》，一九八八年由角川書店出版。這個《易經》譯本，在二〇〇八年經修訂增補後由東洋書院正式刊行。他的譯本更多的力求和朱子《周易本義》的觀點保持一致，

而後，他的研究興趣轉到了道教和風水的易學文化研究上。一九九四年，創元社出版了他的《氣的中國文化：氣功、養生、風水和周易》一書。這是他研究這個課題的開端。與此同時，他撰寫的《中國近世中氣的展開》論文獲得了大阪市立大學文學博士。第二年，平凡社出版了《風水——中國人的場所》一書，由平凡社出版。書名日語原文是「風水——中國人のトポス」，這裡的「トポス」一詞，日本著名漢學家、吉川幸次郎之子吉川忠夫教授給此書的解說是「身體と宇宙のアナロジカルな對比、そして大地を一つの巨大な生命體とみなす風水の思想—トポス（場所）という視點から、中國人の精緻な世界觀の深奧に迫る。」簡單來說是「場所」，類似於能量場、龍脈、眼等古今風水學術語吧。十幾年後，隨著風水熱在日本越來越興旺發達，他又連續出版了《風水‧曆‧陰陽師》（榕樹書林，2005）和《風水講義》（文藝春秋，2006）二書。他在晚年時期，以很大精力投入了對道教的研究並擔任日本道教學會會長。他先研究的是韓國的道教，然後再進行中國道教的研究。並且出版了多部研究專著。

堀池信夫，他生於一九四七年四月九日，至今健在。靜岡富士宮人。著名中國哲學史家。

他的導師就是我們前面談到的高橋進教授。一九八九年，他撰寫的《漢魏思想史研究》一書，獲得了筑波大學文學博士。這篇博士論文有很大部分

探討這一時期的王弼易學。除此之外,他的研究論文有《王弼考》、《大衍小記:王弼的易解釋一斑》等。他的弟子就是如今的大阪大學副教授辛賢博士。

現在,已經是筑波大學教授的佐藤貢悅,他生於一九五六年一月八日,至今健在。北海道人。

一九九六年,他出版了《古代中國天命思想的展開──先秦儒家思想和易經》這一專著。這是他在一九九二年提交並獲得通過的博士論文。一九九七年他還出版了《古代中國天命思想的研究》一書,由學文社刊行。這是他在易學研究上的兩部專著。除此之外,他的研究論文有〈《易經·繫辭傳》中的道的根本思想〉、〈《易經》中太極思想的意義〉、〈關於《易經》中的「道」:以經文為中心的考察〉等。但是,他現在的具體工作單位卻是筑波大學國際日本研究中心,不是中國哲學教研室。《易經》研究屬於他所謂的對日本展開東亞思想的比較範圍內的一個科研課題。除了一九八七年在山東大學我們一起合影留念之外,我和佐藤教授從未有過任何交往。

他在他的博士論文第五章集中討論《易經》和中國天命思想的若干問題。在他看來,《易傳》是將存在和實踐的理法給予了統一,將天道和人道通過這一以貫之的邏輯連接起來,然後賦予了天命思想以新的含義。在這裡,傳統的占筮和呪術的特點被徹底掩飾,成為了道德論的重要範疇,並因此而得到了儒家聖人的高揚。因此,《易經》中陰陽的循環·消長的理論和邏輯被淡化,而天人相關說則使得《易傳》成為連接古代儒家思想和漢代以降天命思想的橋樑。本質上,他是以此書試圖研究《易傳》倫理思想在古代天命觀演變中的作用及其價值這個核心問題。

如今在北海道大學執教的近藤浩之教授,是全日本著名易學家,也是日本專業從事《易經》研究的學院派易學的著名學者。

過去在北海道大學執教的伊東倫厚、佐藤鏈太郎等人,也是著名的經學家,只是他們研究範圍不是《易經》,而是三《禮》、三《傳》和《孟子》。

近藤浩之畢業於東京大學,師從池田知久。那時他以帛書《易經》的研究為博士科研課題,曾和我有過學術交流和相互通信。他也曾來北京大學留學,師從朱伯崑教授(我認識朱教授很久了,因為他的兒子朱清就是我的大

學同學）。後來，他將朱伯崑全四卷本《易學哲學史》一書領銜翻譯成日文，在二○○九年由日本的朋友書店出版。而在《兩漢時期的易經和三禮》（汲古書院，2006年）一書中，收錄了他的論文：《關於從日書所見的周易卦爻辭用語和語法的考察》，其他研究論文有〈日本易學研究之成果及述評──日本近五十年易學研究狀況及成果〉、〈上海博物館藏戰國楚竹書《易經》的「首符」「尾符」〉、〈《易傳》中「變通」、「趣時」的思想〉、〈王家臺秦墓竹簡《歸藏》的研究〉、〈無小和無大、善和不善──有關《帛書易經·二三子篇》的考察二則〉、〈包山楚簡卜筮祭禱記錄與郭店楚簡中的《易經》〉、〈馬王堆漢墓帛書《易經》研究概說〉等。近藤浩之是日本二十一世紀易學研究學院派的真正的領軍人物。

因為日本的文學博士學位制度至今一直有「課程博士」（如中美等國的博士研究生修滿學分、撰寫十萬字左右的博士論文審查合格後授予的學位，日本稱之為「文學博士」或者「課程文學博士」）和「論文博士」（必須撰寫四十萬字以上的博士論文、並且具有大學教授的資格，日本稱之為「博士文學」）的劃分，而且日本學者習慣於以「論文博士」作為衡量和肯定一個學者的學術水準和學術地位的象徵。我很奇怪近藤浩之教授為什麼不提交他的博士學位論文，說實話，他才是這個領域的二十一世紀日本學術界最頂尖的學者。順便說一下，我在日本的第一個指導教授田中正美老師，就是個一生不申請「論文博士」的著名歷史學家，他自己門下畢業的很多博士研究生弟子們有很多已經是著名大學的教授和著名學者了，比如曾任日本道教學會會長、筑波大學的野口鐵郎教授和日本研究洋務運動的著名學者、岐阜教育大學鈴木智夫教授等人，都是他門下的弟子並在他審查下先後取得了「論文博士」學位。他自己也有專著多種出版在學術界產生了廣泛地影響，可是他就是不申請「論文博士」學位。

東京學藝大學井ノ口哲也教授，也是如今日本學院派的著名易學家。他畢業於東京大學，師從池田知久。他曾來北京師範大學留學，師從周桂鈿、鄭萬耕。他撰有《後漢經學研究序說》一書，二○一五年由勉誠出版社出版，這是他的博士論文。除此之外，他的研究論文〈易經的革命思想〉等。

我和井ノ口哲也教授也曾過幾次學術交流和相互通信聯繫。

水口拓壽，也畢業於東京大學、師從池田知久教授。他現在是武藏大學教授。

他在二〇〇九年以論文《從儒學看風水：從宋到清為止的風水思想史》獲得東京大學文學博士。其實，他在帛書《周易》的研究上，也很有成就。他撰有《馬王堆漢墓出土帛書周易二三子問篇訳注2》，東京大學馬王堆帛書研究會，一九九七年出版。《馬王堆漢墓出土帛書周易二三子問篇訳注3》，東京大學馬王堆帛書研究會，一九九八年出版。進入武藏大學執教至今，他一直在專業研究《易經》和風水學的問題。二〇〇七年，他還出版了《風水思想的儒學化》一書。除此之外，他的研究論文有〈《山相秘錄》中探礦法所見的風水術與望氣術之影響〉、〈朱震亨《風水問答》的理論構造〉、〈陰宅風水的「發現」和對死者的認識：司馬光・程頤・朱熹為中心的考察〉、〈中國風水思想史研究的回顧和展望〉、〈儒教知識人對風水思想的「創見」：從朱熹以前到朱熹以後〉等。

以上所陳述的大致代表了最近幾十年來日本易學研究學院派易學家們的基本情況。

最後，讓我例舉一下最近幾十年來日本的《易經》研究提交論文並獲得博士學位的二十六名作者及其論文題目、獲得博士學位時間、所在大學，以此作為現當代日本學院派易學發展的一個歷史見證：

最後，讓我介紹一下一九五〇年以來日本著名大學《易經》研究博士論文，如下：

1. 重澤俊郎，博士論文：《經學研究》，1950年。京都大學。

2. 戶田豐三郎，博士論文：《易經注釋史綱》，約1965年前後，廣島大學。

3. 鈴木由次郎，博士論文：《漢易的研究》，1963年，東京大學。

4. 今井宇三郎，博士論文：《宋代易學的研究》，1958年，筑波大學。

5. 金谷治，博士論文：《秦漢思想史研究》，1961年，京都大學。

6.加賀榮治，博士論文：《魏晉經書解釋的研究》，1962年。京都大學。

7.本田濟，博士論文：《易經的思想史的研究》，1964年，京都大學。

8.堀池信夫，博士論文：《漢魏思想史研究》，1989年，筑波大學。

9.佐藤貢悅，博士論文：《古代中國天命思想的展開──先秦儒家思想和周易》，1991年，筑波大學。

10.小島岱山，博士論文：《李通玄基礎研究》，1997年，東京大學。

11.井ノ口哲也，博士論文：《後漢經學研究序說》。2006年，東京大學。

12.趙立男，博士論文：《緯書研究》，2006年，名古屋大學。

13.元勇准，博士論文：《易經的儒教經典化研究──出土資料為中心》。2008年，東京大學。

14.加藤真司，博士論文：《蘇軾〈東坡易傳〉中的政治思想》。2009年，北海道大學。

15.水口拓壽，博士論文：《風水思想和儒教知識人》，2009年，東京大學。

16.大野裕司，博士論文：《出土術數文獻的研究──日書和易經為中心》。2010年，北海道大學。

17.和田敬典，博士論文：《通過金文對中國歷史‧思想‧經書給予解釋的嘗試》。2012年，北海道大學。

18.豬野毅，博士論文：《奇門遁甲書和類似曆的研究》。2012年，北海道大學。

19.王鑫，博士論文：《日本近世易學研究》，2012年9月20日，關西大學。

20.平澤步，博士論文：《漢代經學中五行說的演變》。2014年。東京大學。

21.山中延之，博士論文：《根據〈易經〉的抄物對日本語言史的研究》。2015年，京都大學。

22.金東鎮，博士論文：《來知德易學研究》，2017年，京都大學。

23.廖海華，博士論文：《有關江戶時代易學的研究》。2019年，東京大學。

24.廖娟，博士論文：《中國和日本的易經學在近代的變遷》。2019年，東京大學。

25.趙愛妮，博士論文：《中國魏晉玄學思想史研究》，2019年。京都大學。

26.藤田衛，博士論文：《易緯的綜合研究》，2019年。廣島大學。

上述博士論文中，有一篇是我想介紹一下的，就是廖娟博士的《中國和日本的易經學在近代的變遷》一文，她的此篇論文其實就是一部現當代中日易學研究史。

廖娟的博士論文主要研究的是中國晚清和民國期間中日兩國在易學研究上產生的變革。該書分上下兩部分。在上一部分，她選擇了中國易學家曹元弼、杭辛齋、尚秉和、顧頡剛等人的易學研究轉化。而對於同一時期的日本，她則選擇了遠藤隆吉、內藤湖南、本田成之、津田左右吉等人，通過對比的研究，她試圖找出兩者動態的學術聯繫和共同特點。而在第二部分，她則從日本知識界對「經學」的認識開始分析，闡述了從對《易經》的實用主義為主要特徵的江戶時代易學向對《周易》學問和政治價值相結合探求的明治時期易學的轉變。在對曹元弼易學研究給予介紹的同時，她也考慮到了對曹氏周邊人物如張錫恭、馬貞榆、唐文治等人的易學觀點的考察，努力襯托出曹氏易學研究的貢獻所在。顯然，本文作者也注意到了曹氏易學在恢復漢代易學和乾嘉學術傳統上的努力。而廖娟博士更揭示出曹氏易學是受了以惠棟易學為主的吳派學術影響的問題。她將杭辛齋和遠藤隆吉作了對比研究，他們都接受了新的科學觀和西方哲學的理念，主張走出傳統的訓詁解經的模式，倡導以平易性及應時性來理解《易經》。而在對民國時期顧頡剛易學和內藤湖南中國學研究方法的革新，中日易學界都出現了對《易經》文本、作者、《易傳》、筮法等學術問題的質疑和探討。特別是內藤湖南〈易疑〉、本田成之〈作易年代考〉、武內義雄和津田左右吉的〈易考〉等，極大地推動

從傳統研究模式向近現代的轉變。特別在日本易學界，恢復「古《易》」、經傳分離的運動成了主流。她通過對伊藤仁齋、太宰春臺、新井白蛾、中井履軒等儒者著作的分析，在批判朱子易學的之時，充分意識到了經傳分離的意義和易學研究模式。最後，她肯定了根本通明易學的長子相續制和革命否認說等觀點，對根本易學肯定天皇制度的價值觀給予了揭示。

下篇　美英等英語國家現代易學研究概觀

毫無疑問，美國漢學和美國易學都是現當代英語國家易學研究的核心。從一九五〇年以來，美國在《易經》哲學研究、簡帛易學研究、風水派易學研究、命理派易學研究、占筮派易學研究、氣功和太極拳的易學理論研究、道家修煉和內丹派易學研究等等方面出版的論著，已經超過了千部。而且這個趨勢每年還在繼續增長著，以至於沒有一所大學圖書館收藏的各類易學著作可以盡善盡美、囊括全部。而且，中國和美國在現代易學上還有個特別類似的情況就是數不清的易學組織和易學科研機構、易學雜誌、易學網站……多得五花八門，目不暇給。從老資格的國際易經學會、美國周易研究會、國際易經學院、美國易經學校、英文月刊〈風水（*Fengshui*）〉到美西易經學會、美東易經學會、美南易經學會、美國易經聯合會、乃至於美國五十個州每個州都有不止一個易經學會。總之，在「周易／易經／易學學會」、「周易／易經／易學研究會」的名稱前面可以加文王、伏羲、孔子等歷史人名，也可以加各州州名、市名、地區名。當然在這些名稱後還可以大做文章，比如「聯合會」、「總會」、「研究院」、「研究中心」、「研究所」等等。每一個都信誓旦旦向你表明他們的組織和機構代表了宇宙、世界和國家的最高級別、掌握了易學最大奧秘和精髓的最高專家。於是，西方各國和日本也出現了各類易學家資格考評證書和認證機構，很快中國也出現了這樣的等級劃分和認證組織。

在中國和美國任何一次打著國際《易經》學術研討會旗號舉辦的易學活動，到場的嘉賓動輒數百乃至上千人，保證個個都是易學大師、易學泰斗、

學會會長、研究院院長之類的，教授的頭銜名片上多得都寫不下，博士的稱號也變成了低級的敲門磚而已。當然還有「祖傳三代」之類的民族特色稱號在內。我們這些繼承了清代祖上易學研究傳統、易學著作和家傳易學心得的人，反而被他們這陣勢也嚇得一聲不吭了，懶得與之為伍……我甚至不再參與這樣的以文化旅遊創收為主、以占筮派和風水派易學家們聚會為主的「國際學術會議」。

——在易學熱的大環境下，學院派易學的學術空間和生存市場反而倍受擠壓。

本篇內容以美國和英國的易學研究為主，涉及加拿大、澳大利亞等英語國家。[3]

先談我是怎麼接觸到美國易學的。

我最早接觸英文易學著作是沈仲濤的《華英易經》、貝恩斯譯本衛德明《易經八個講座》和安東尼《易經的哲學》三本專著。上個世紀八十年代初期，我在大英萬國學術出版社從事英文編輯工作的一個老友張繼先，參加法蘭克福國際圖書博覽會，他見到會場上西文《易經》研究著作非常多，就順便買了幾本書送給我。這三本英文易學著作是我當時瞭解西方易學、學習易學專用英語單詞的入門著作。我那時幾乎逐頁逐句的將三部專著全部翻譯了一遍，還整理成「英文易學常用術語和短語」一本厚厚的學習筆記。

——我那時根本沒有想到三十幾年後，英語居然成了我的母語、而漢語和日語則變成了我的科研工具語言。

直到我二〇一五年移民美國前，我幾十年來收藏的古今中外各種文字的易學、金文和漢學學術著作五千多冊（既有宋元舊版，也有日法古籍。）一股腦打包被我的表弟李明開了幾輛車來家裝箱運到了河北省石家莊市—他自己任董事長的一家文化藝術品公司的辦公室內。因為海關也不批准這批藏書出關，而且我也支付不起高達幾十萬元的國際運費。從此以後，我不再收藏和購買紙質出版物，改為大量購買和收存各類學術著作的 PDF 版。

---

3 感謝美國著名易學家夏含夷教授和田笠教授、司馬富教授對於本文內容的審讀和訂正。

　　我最早認識的美國易學家是康斯同博士、康靈童博士和蘇德凱博士三人；這是三個著名的正宗美國易學家。另外就是成中英教授、趙自強教授、唐力權教授；這是三個著名的美籍華裔易學家。

　　至今快八十歲、早已經取得了中國綠卡的康靈童博士早在上個世紀八十年代初期來華任教時，就和我認識了。那時他四處托人尋找真正具有家學傳統的、研究易學的中國學者。我們有過多年的來往和學術交流。直到我前往日本留學為止。而那時的康思同博士則是任職於一家在京美國企業，住在友誼賓館。我經常去他的駐地拜訪，暢談中美易學研究各類消息。而真正在美國易學界產生影響的則是著名易學家 Kidder Smiths Jr.教授，他的中文名字是蘇德凱。他幾次來華訪問時我們全見過面，然後他定期給我郵寄他主編的英文易學研究刊物《周易網絡報》。而成中英教授、趙自強教授、唐力權教授三位美籍華裔學者，經常來國內開會和講學，每次來京必定留出時間，和我見面，指導我的易學研究和英語學習。我甚至差一點就要成為他們三位所在大學的博士研究生了……現在，趙自強教授、唐力權教授已經跨鶴西去，而至今健在的成中英教授幾十年來依然和我保持著聯繫。

　　上述六位易學家引導我走進了美國易學。

　　在撰寫本文之時，美國芝加哥大學著名易學家、古文字學家、歷史學家夏含夷教授，美國哈佛大學著名易學家、中國哲學史家包弼德教授，美國瑞斯大學著名易學家司馬富教授贈送給我他們各自出版的全部易學研究專著和論文。並且通過面談、電話和書信中對我多次指導。感激之情，難以忘懷！筆者已經年近花甲而且取得博士學位和正教授職稱也將近二十幾年了。若再年輕，我一定考入各位門下，認真學習和研究美國易學和漢學。

　　一九五〇年，美國著名翻譯家、女易學家和精神分析學家貝恩斯（Cary F. Baynes）將衛禮賢德文譯本《易經》翻譯成英語《易經，或稱變易之書（The I Ching, or Book of changes）》出版。至今，該書一直被再版。

　　譯者貝恩斯生於一八八三年九月二十六日，卒於一九七七年。她是一九二九年開始接觸衛禮賢和《易經》並準備翻譯工作的。一九三〇年開始，她協助卡普特恩女士創立「Eranos I Ching Project」國際研究和出版專案。最

終，她的英譯本《易經》得以入選該科研和出版專案刊行於世。一九六〇年，她又將衛德明的《易經八個講座》（*Change: Eight Lectures on the I Ching*）一書翻譯成英文出版。這兩部英文易學著作對於英語世界易學的普及和提高產生了巨大的影響和作用。除了易學貢獻之外，我個人覺得貝恩斯英文譯本徹底更改了衛禮賢德文譯本中使用德語的古老和典雅，變成了英文譯本的通俗和流暢，並且扭轉了衛禮賢德文譯本中瀰漫的儒家理性主義說教色彩。

一九六五年，英國易學家蒲樂道（John Blofeld）出版了《〈易經〉新譯本（*The Book of change, a new translation of the ancient Chinese I ching*）》一書。〈哈佛亞洲研究〉一刊中曾有書評給予了高度肯定。[4]

他生於一九一三年四月二日，卒於一九八七年六月七日。英國倫敦人。他在一九三二年來到香港、一九三五年來到內地，拜師著名佛學大師虛雲和尚，一九四九年以後在香港和泰國教授英語。除此書外，他還撰寫了不少遊記和道教、佛教研究專著出版。

一九八〇年，俄羅斯著名易學家、漢學家舒斯基博士的《易經研究（*Researches on the I Ching*）》一書被翻譯成英文出版。翻譯：William L. MacDonald 等人。而後，此書幾乎年年再版，已經成了英語世界的必讀易學專著。

一九八二年，舒爾茨（Larry James Schulz）取得了普林斯頓大學哲學博士學位。他的博士論文題目是《來知德與易經象數學（*Lai Chihte and the Phenomenology of the Classic change*）》。同一年，費蘭（Timothy S. Phelan）取得了華盛頓大學哲學博士學位。他的博士論文題目是《朱熹易學啟蒙中的新儒學宇宙觀（*The Neo-Confucion Cosmology in Chu Hsi's I Hsueh Chi Meng*）》。

一九八四年，阿德勒（Joseph Alan Adler）取得了加州大學聖巴巴拉分

4　參見 Nathan Sivin, "The Book of Change by John Blofeld", *Harvard Journal of Asiatic Studies*, 1966, Vol. 26, pp.290-298.

校的哲學博士學位。他的博士論文題目是《占筮與哲學：朱熹理解的易經（*Divination and Philosophy: Chu Hsi's Understanding of the I Ching*）》。現在已經是美國著名易學家的阿德勒教授，除了一九九〇年和蘇德凱等斯人合作撰寫了《宋代對易經的應用（*Sung dynasty uses of the I Ching*）》一書之外，在二〇〇二年，他還出版了《易經研究概論（*Introduction to the Study of the Classic of Change*）》一書。

　　一九八八年，芬多斯（Paul George Fendos）取得了威斯康星大學哲學博士學位。他的博士論文題目是《費直在易學發展史研究上的地位（*Fei Chih's Place in the Development of I Ching Studies*）》。

　　一九九〇年，美國著名易學家蘇德凱（Kidder Smith, Jr.）教授、包弼德（Peter Kees. Bol）教授、阿德勒（Joseph Alan Adler）、懷亞特（Don J. Wyatt）四人合著了《宋代對易經的應用（*Sung dynasty uses of the I Ching*）》一書。該書集中探討了宋代著名易學家蘇軾、邵雍、程頤、朱熹四個人各自的易學思想及其在宋代易學史上的地位和價值。

　　該書在簡介之後由以下七章組成：1. The *I Ching* Prior to Sung；2. The Sung Context: From Ou-yang Hsiu to Chu Hsi；3. Su Shih and Culture；4. Shao Yung and Number；5. *Ch'eng I* and the Pattern of Heaven-and-Earth；6. Chu Hsi and Divination；7. Sung Literati Thought and the *I Ching*。第一章和第七章是對宋朝及其以前易學歷史的闡述、宋朝文人和《易經》關係的客觀考察。而第二章則闡述了從歐陽修到朱熹的宋代易學發展變化的思想軌跡。第三章對蘇軾易學的探討則側重於文化層面，第四章對邵雍易學的探討則中心在於考察數在邵雍易學中的地位，第五章對程頤易學的考察則側重於程氏易學中的宇宙觀，第六章對朱熹易學的研究則圍繞著他對《易學啟蒙》一書對占筮的理解。上述四個歷史人物正好對應了上述四個作者的研究重點不所在。根據該書序言的介紹，即：「我們每個人都與其他人的章節緊密合作」。按照該書序言最後一段文字的交代，簡介是蘇德凱和包弼德撰寫的。第一章由蘇德凱撰寫。第二章、第三章由包弼德撰寫。第四章由蘇德凱和懷亞特撰寫。第五章由蘇德凱撰寫。第六章由阿德勒撰寫。第七章由蘇德凱撰寫。

該書第一作者蘇德凱教授[5]，他生於一九四四年，也算是筆者的交往多年的老朋友了。一九七九年，他獲得加州大學伯克利分校哲學博士。他曾主編了多年的英文易學刊物《周易網絡報》。而該書第二作者是如今美國和國際學術界大名鼎鼎的宋代思想史和易學史家、哈佛大學包弼德教授。他生於一九四八年。一九八〇年，他獲得普林斯頓大學哲學博士學位。博士論文題目是《程頤易學研究（*Cheng Yi's Commentary on the Yijing*）》。

——我在第一次閱讀此書的時候，根本沒有想到二〇一九年十月十八日，我能在哈佛大學舉行「內藤湖南及其史學對中國歷史學界的影響」專題學術演講。而約請我來哈佛大學的人，正是美國漢學泰斗、哈佛大學副教務長兼東亞系主任的包弼德教授！當著名易學家、歷史學家、古文字學家夏含夷教授得知這一消息時，立刻給我寫來了信表示祝賀！他很清楚這個約請的學術價值。因為最近幾十年來，不少中國訪美學者特別喜歡利用哈佛大學某個本科生學生社團的邀請，自費來哈佛大學主辦一次面對幾個中國留學生聽眾的所謂「學術報告」、「學術講座」，然後回國後一定寫入個人簡歷，大加宣揚，給國人造成一種在世界著名學府舉辦學術講座、發表學術報告的假象。這樣的自欺欺人的簡介真不知道還有多少含金量可言？！

一九九一年，著名作家和學者克萊里（Thomas Cleary）博士出版了《易經與曼特羅：變化之書學習計畫（*Yi king et mandalas: un programme d'étude pour le Livre des transformations*）》一書。他畢業於哈佛大學東亞系，長期研究《易經》、道教、佛教和亞洲文明。他早在一九八六年就出版了《道家易（*The Taoist I Ching*）》一書；一九八七年又出版了《佛家易（*The Buddhist I Ching*）》一書；一九八八年再次出版了《易經：致治之書（*I Ching: The Tao*）

---

5 我至今非常感謝他每期都按時給我郵寄，郵費和購買刊物費全部由他個人支付，這深情厚意讓一直縈繞在我的心頭！我永遠也不會忘記在我貧困和求學的青年時代他給與我的無私的厚愛和幫助。從2015年移民美國後至今，我一直在找尋他的蹤跡，但是遍尋不獲，後來一位美國易學界的友人告訴我「蘇德凱已經出家為僧了」，我聽罷目瞪口呆，久久才淚如泉湧。那天我很難過。古人云「士不如意常八九」，想不到在美國也是如此。我腦海中一直記得他意氣風發的青年時代和我的一言一語。

of Organization)》，也即他的「儒家易」。二〇〇六年，他翻譯了《易經》全文出版《袖珍本英譯易經（*The Pocket I Ching: The Book of Change*）》。

一九九三年，著名藝術家、易學家科林斯（Roy Collions）博士出版了《風水易經：早期天堂序列（*The Fu Hsi I Ching: the early heaven sequence*）》一書。他所謂的「早期天堂序列」，也就是指風水學的安排，他使用的原文是「Fu Hsi Order」。也就是所謂上天對人的命理學的安排。二〇〇一年，他又出版了《天火：關於陰的起源及其解釋和演變（*Fire Over Heaven: On the Origin, Interpretations and Evolution of the Yin*）》一書。該書由以下六章組成：1. Primary origins；2. Parting of the way；3. Attempts at rectication；4. The changes in theatomic era；5. The oracle；6. The Fuxi hexagrams。他試圖考察出陰陽哲學的真正起源。該書由詳細的注釋，閱讀這些注釋豐富了我對作者易學背景和造詣的認識。因為著名甲骨學家陳夢家在美國學術界影響很大，他曾主張「火之崇拜始於商……卜辭有四火、五火、六火……謂崇拜於五火也。又五火在齊，而五行及鄒衍改火皆興於齊，其關係非偶然也。」[6] 可見科林斯之論是有甲骨學基礎的。他正是沿著陳夢家之說提出自己的考證和立論了。

一九九四年，加拿大著名易學家林理彰（Richard John Lynn）教授出版了《變易的經典：王弼易注翻譯（*The classic of changes: a new translation of the I Ching as interpreted by Wang Bi*）》一書。我曾懷疑他和司馬富教授，都姓 Richard，或許是衛禮賢家族的後裔，司馬富教授給我的回信中否定了我的這個詢問，並且將他保存的林理彰教授的論著 PDF 版送給我。此書撰寫時，我也曾多次和林理彰書信聯繫，他盛情地介紹我可以就近去拜訪司馬富教授，當時他並不知道我早就和司馬富教授展開學術交流了。

林理彰教授，一九七一年獲得斯坦福大學博士學位，最早是研究元曲和唐詩，先後出版了多種研究專著。從一九九九年至今，他任加拿大多倫多大學東亞系教授。該書由以下七章組成：1. General Remarks on the Changes of

---

6　參見陳夢家：〈五行之起源〉，《燕京學報》，1938年第24期，頁48。

the Zhou, by Wang Bi；2. Commentary on the Appended Phrases, Part One；3. Commentary on the Appended Phrases, Part Two；4. Providing the Sequences of the Hexagrams；5. The Hexagrams in Irregular Order；6. Explaining the Trigrams；7. The Sixty-Four Hexagrams, with Texts and Commentaries。此書精準的英文翻譯和明白透徹的文字敘述，使他贏得了翻譯界的一致好評。針對魏晉時代玄學的特點，他將「元」字翻譯成「Consists of fundamentality」，這已經暗含著對本源、本體的指代。這個翻譯顯然考慮到了「大哉乾元」的用法和解釋。也是說明玄學派易學的一個切入點。順便說一下，林理彰教授的夫人就是研究日本漢學和漢詩歌的著名學者、加拿大多倫多大學東亞系教授。

也是在一九九四年，著名易學家孔士特（Richard Alan Kunst）教授出版了他的博士論文。他是在一九八五年取得的加州大學伯克利分校哲學博士學位。博士論文題目是《原始易經：文字和語音抄寫（*The Original YIJING: A Text, Phonetic Transcription*）》。該論文篇幅六八六頁。作者現任北卡羅來納州達勒姆市人文計算實驗室公司的執行董事，也是杜克大學亞洲語言與文學系的中文兼職教授。

他的博士論文內容大致如下：第一，他考察後得出結論原始《易經》文本被多次修改。其次，他將整個《易經》文本轉錄為標準拼音羅馬字母，因而可以發現《易經》文本在句法或語音分析方面的特點。例如，押韻和擬聲詞等等。第三，對原始《易經》文本逐字逐句的解釋性和翻譯。第四，對《易經》與原始系統思想、口頭文學和早期漢語的關係進行了考察。第五，作者製作了許多《易經》文本研究的輔助工具。例如，《易經》辭彙表、類型列表和頻率計數等等。最後，作者利用一九七三年最新出土的馬王堆《易經》手稿抄本的照片複製，用於重建原始《易經》文本及其準確含義。

畏友、湖南大學教授李偉榮總結了孔士特的易學貢獻是「對於《易經》語言的詳盡分析無疑也是孔士特（原文用「孔理靄」，引者訂正）易學研究的一大特點，也是他對西方易學研究的一大貢獻。主要體現在三個層面：（1）『在現代閱讀《易經》：字形和音韻問題』（Reading the Text Today:

Graphic and Phonological Problems；（2）『語法描述』（The Language of the Text）；（3）『一些重要詞條』（Some Important Lexical Items）。孔士特指出，通常認為現在的《易經》通行本不是西周人們所熟知的完整而結構嚴密的原始《易經》；但事實上所有的證據都證明，《易經》在許多個世紀的流傳中，至少與其他類似的古代文本一樣精確，甚至可能更精確一些。一九七三年馬王堆漢墓中出土發掘的易類文本就證明這一觀點的可靠性。」[7]

順便說一下，我和孔士特教授有過一次相互學術交流和通信，我保存至今。那是因為我們的共同友人、著名經濟學家和哲學家蘇紹智教授在訪美期間為我們牽線搭橋建立聯繫的。

一九九五年，美國著名易學家卡爾徹（Stephen Karcher）出版了《易經之道（*Way of The I Ching*）》一書，此書多次再版。卡爾徹本人還在二〇〇九年利用最新出土文獻和易學界研究成果，從東西方比較宗教的角度撰寫了反映現代成果的英文專著《全本易經（*Total I Ching*）》一書。他的很多著作被翻譯成了西班牙語、德語、法語譯本出版。比如，一九九九年被翻譯成西班牙語出版的 *Como Usar El I Ching: El Metodo Mas Facil Para Consultar El Oraculo Chino* 一書；二〇〇二年被翻譯成西班牙語出版的 *Señales de amor: nuevatraducción del clásico I ching* 一書；二〇〇四年被翻譯成德語出版的 *Das I Ging* 一書；一九九八年被翻譯成法語出版的 *Le Yi King*。

他的著作還很多，我在此羅列如下：《易經：古典中國變易的經典（*I Ching: the classic Chinese oracle of change*）》，一九九四年；《易經原理（*The Elements of the I Ching*）》，一九九六年；《易經（*Le Yi king*）》，一九九八年；《易經大傳今譯（*Ta Chuan: The Great Treatise*）》，二〇〇〇年；《占卜百科全書（*Illustrated Encyclopedia of Divination*）》，二〇〇二年；《愛的象徵：易經解答你的人際關係（*Symbols of Love: I Ching for Lovers, Friends and Relationships*）》，二〇〇五年；《易經：象徵性的生活（*I Ching: The Symbolic*

7　李偉榮：〈20世紀中期以來《易經》在英語世界的譯介與傳播〉，《燕山大學學報（哲學社會科學版）》，2016年第3期，頁90。

Life）》，二○○九年；《易經的易簡：變易的神聖指南（*The I Ching Plain and Simple: A Guide to Working with the Oracle of Change*）》，二○○九年。而且他還領導了一個《易經》研究專案，這就是下面要介紹的《易經注釋書目（*I Ching: An Annotated Bibliography*）》一書。

一九九七年，著名美籍華裔易學家、哲學家唐力權教授出版了他的中文著作《易經與懷德海之間：場有哲學的時代意義》一書。該書後來經我們共同的友人、著名中國哲學史家金春峰教授推薦到國內學術界出版刊行。他曾將大陸和臺灣出版的此書題簽贈送給我，並且介紹我進入他的國際場有哲學學會。

他生於一九三五年十月二十六日，卒於二○一二年七月底。他在一九六九年獲得哲學博士學位。一九六七年開始在美國康州美田大學哲學系任教。一九八九年，他的成名作《易經與懷德海之間：場有哲學的時代意義》一書，在臺北出版。該書是他從一九七四年開始陸續發表的《易經》和懷德海比較哲學研究的論文集整理而成。其中文論文在一九八六年九月（第3至9冊）至一九八九年十一月（第11-16冊）首次在《哲學與文化》（臺北）分十四期連續刊登。而英文論文《懷德海與易經的時間概念（*The Concept of Time in Whitehead and the I Ching*）》則在一九七四年發表在夏威夷大學主辦的《中國哲學（*Chinese Philosophy*）》第一卷上。他長期和我保持通信和學術交流，每次回國講學都安排時間和我面談，指導我的學習並審讀我的論著。

該書由以下八章組成：第一章、易經與懷德海之間：場有哲學的心法；第二章、異隔·同獨與同融：意識心與曼陀羅智；第三章、問題心與理性：仁材交涉與公道原理；第四章、仁性關懷與匠心匠識；第五章、根身與道身：行溝理論與超切現象學；第六章、貞三前後：座標身與核心語言；第七章、始德·元德與姿態形上學；第八章、理性道術·契印型態與文明格局。這部大作實屬空前絕後之作，他以比較哲學為切入點，通過對懷德海哲學的空間和存在體系的分析研究，找尋《易經》哲學的理性空間和存在──他稱之為「場」和「有」這兩個概念。是近代中國易學史上自熊十力《乾坤衍》之後的又一個以《易經》哲學來建立自己的哲學體系的易學哲學家。

　　也是在一九九七年，美國著名易學家、研究中國上古歷史、文化、文字和思想的學術大師夏含夷（Edward Louis Shaughnessy）教授出版了他最新翻譯和注解的英文易學專著《易經：中國古代經典（ *I Ching：Classics of Ancient China* ）》一書。該書使用的《易經》版本是馬王堆出土的帛書《易經》。這是他研究《易經》簡帛學術的一個總結。因此，這本書的真實名稱或許是《馬王堆帛書易經譯著及疑難文字考釋》。

　　他生於一九五二年。一九七四年來臺灣留學。歸國後考入斯坦福大學，一九八三年獲得哲學博士學位。博士論文是《易經的編纂（ *The Composition of the Zhouyi* ）》。該論文內容是：自《易經》在漢代被封為中國經典以來，它一直被視為聖人創造的智慧文本，具有普遍意義。但是，在這項研究中，作者證明它只是特定的歷史語境下的產物而已，因此它具有特定的功能和特定的含義。作者在論文的第一部分主要是對這一《易經》語境的考察，進而討論了《易經》的產生大致時間段。然後分析了《易經》文本的構成及其原始功能。接下來，作者通過四個部分的論證，即：基於對《易經》文本的先秦古籍中引文的考察、對《易經》卦爻辭中詩歌風格的考察、對《易經》卦爻辭中詞彙的語言學研究、對《易經》卦爻辭中政治和歷史事實的分析，他得出結論，《易經》文本一定是在早期筮法傳播過程中完善的，時間大約在宣王元年（西元前827年至782年）左右。然後，作者證明，雖然將《易經》與三《易》相關聯是一個傳統認知，但是《易經》和漢代標準化的占卜程式在細節上肯定不相符合的。然後，他通過對《左傳》中記載的占筮史實分析，提出了對原始占筮過程的重構。該論文的第二部分對全部經文進行結構分析，然後得出結論。在該論文最後一章中，作者對其中二十個卦給予了詳細的介紹和研究，通過在其原始構成的背景下描述《易經》卦爻辭的原始內涵。一九八五年開始至今，他任芝加哥大學講座教授。二〇一四年，他出版了《出土文獻：最近發現的易經抄稿及其相關文本（ *Unearthing the changes: recently discovered manuscripts of the Yi Jing and related texts* ）》一書。在該書中，作者介紹了最近幾十年來新發現的三種出土文獻《易經》抄本：上海博物館藏楚簡《易經》、王家臺秦簡《歸藏》和阜陽漢簡《易經》。作者以精湛

的考古學功力和古文字學、訓詁學的專業造詣，給上述三種版本的《易經》文字含義和占筮方法給予解讀。在該書序言中，他特別肯定了考古學和出土文獻研究對《易經》研究的推動作用。因為他在甲骨文、西周金文、考古學和商周史研究上用功多年，並非只是國際易學界的著名學者，在甲骨文、西周金文、考古學和商周史研究領域他也是屈指可數的國際著名學者，都有研究專著出版。

比如，他在《古史異觀》一書中，還持有陰陽爻的生殖崇拜說：「乾為純陽，於身上即陽物之象；坤為純陰，於身上即陰戶之象。……乾坤相交，廣大生焉，亦即陽物陰戶相接，萬物生焉。」[8]

對於夏含夷的馬王堆帛書《易經》翻譯，畏友李偉榮教授在〈夏含夷與易學研究〉一文中給予了很多高評，認為是「夏含夷的翻譯基於學術研究，既準確又貼近中國典籍的注疏傳統，出土文獻還幫助他在翻譯時糾正通行本中可能存在的一些訛誤」[9]。但是，也指出了存在的錯誤。比如，針對馬王堆帛書《易經》中的「鍵（乾）以易（知）」一句，夏含夷翻譯成「The Key' through change（knows）」，李偉榮認為這是重大錯誤。他說：「他把『易』翻譯為 change，與傳統注疏不完全一致，與現當代的易學解釋也不完全吻合。高亨的解釋是：此易字乃平易之易，平易猶平常也。此知字當讀為智，智猶巧也。天創始萬物，可謂巧矣；然其應時而變化，皆有規律，不是神祕，而是平常（高亨1979：506）。黃壽祺、張善文則解釋為『乾的作為以平易為人所知，坤的作為以簡約見其功能』（黃壽祺、張善文2001：528）。」[10]案，李、夏二氏之說皆錯。因為這裡出現的「易」，不是單獨使用的，而是和「簡」為一群組概念並出使用的，在《易傳》中「易」和「簡」並出使用時，其準確含義不是單個漢字的意義，而是組合漢字的意義。即絕對不可以理解為「此易字乃平易之易，平易猶平常也」。高亨之說，實際上最不靠譜的。由此可見李偉榮的研究依然還是翻譯學的。這裡的「易」字肯

8　參見夏含夷《古史異觀》，上海古籍出版社，2005年，頁287-288。

9　參見《周易研究》，2020年第4期，頁95。

10　參見《周易研究》，2020年第4期，頁95。

定不該翻譯成「change」，更絕對不是「平易」「平常」，當「易」和「簡」並出使用時，其含義就是「陽」和「陰」而已。

一九九八年，著名女易學家安東尼（Carol K. Anthony）出版了《易經的哲學（The philosophy of the I Ching）》一書。她生於一九九三年，卒於二〇二〇年八月。她從一九七一年開始接觸《易經》和冥想修煉，並且開設了《易經》學校，講授《易經》哲學、占筮和修煉。是美國非學院派易學家中最有名和最接近學院派的易學家。因為具有重大的國際影響和知名度，她的全部易學著作都被翻譯成了德文、法文、西班牙文、葡萄牙文、克羅地亞文等國文字出版。她出版的著作大致有：一九八八年，《易經指南（A Guide to the I Ching）》。二〇〇一年，《易經：宇宙之道的神諭（I Ching: The Oracle of the Cosmic Way）》。二〇〇二年，《愛，內在的聯繫：基於易經的原則（Love, an Inner Connection: Based on Principles Drawn from the I Ching》。二〇〇六年，《以宇宙的方式自我修復：基於易經（Healing Yourself the Cosmic Way: Based on the I Ching）》。二〇〇九年，《易經揭示了心靈（The Psyche Revealed Through the I Ching）》。等等。西語譯本不再羅列。縱觀安東尼易學，可以發現她的一個特色，即以愛為核心的心理安慰原則，她以此來解釋《易經》，也以此來解釋占筮結果。這使得她的易學著作在社會底層民眾中間找到了大量知音。用我們現在的話說，其效果有點接近「心靈雞湯」。在某種意義上，和于丹解釋《論語》有異曲同工之妙。這在她的《愛，內在的聯繫：基於易經的原則（Love, an Inner Connec-tion: Based on Principles Drawn from the I Ching》一書中表現尤其突出。

二〇〇一年，馬歇爾（S. J. Marshall）出版了《天命：易經中的隱藏歷史（The mandate of heaven: hidden history in the Book of changes）》一書。該書特別強調了武王克商之年發生的日食現象，他提出這個天象記載可以在卦爻辭中體現。他通過古今學者對卦爻辭中天象問題的解釋，提出自己的新見解。同一年，斯納德（Robert Charles Snyder）取得了加州整合研究所哲學博士學位。他的博士論文題目是《易大傳反映的哲學思想（The Spirit of Confucian Philosophy in the Dazhuan）》。

　　二〇〇二年，一部美國易學研究著作的文獻提要著作《易經注釋書目（*I Ching An Annotated Bibliography*）》正式出版。該書作者哈克（Edward A. Hacker）、Steve Moore 和 Lorraine Patsco 是三位美國學院派的知名易學家。卡爾徹，作為這一科研項目（Co-Director of the Eranos I Ching Project）的主任，給此書撰寫了序言。這裡的「Eranos I Ching Project」，是旨在翻譯和出版多語種易學研究著作的國際科研和出版專案。比如《易經全譯（*The Complete I Ching*）》一書也是這一專案資助出版的易學專著。這個科研項目及其基金會是荷蘭卡普特恩（Olga Froebe-Kapteyn）女士在一九三三年設立的。使用的經費全部來自其父親的捐贈。因為最初精神分析學派的幾位易學家參與了其中的運營，因此留下了翻譯和出版多語種易學著作的傳統。此書第一個作者哈克，他是美國東北大學宗教和哲學系教授，哲學博士。一九三三年他出版了《易經手冊：古代中國易經在人生和邏輯上的實踐指南（*The I Ching Handbook: A Practical Guide to Personal and Logical Perspectives from the Ancient Chinese Book of Changes*）》一書。這是他的第一部易學研究專著。一九九六年夏威夷大學主編並出版的《中國研究書評（*China Review International*）》第三卷中對此發表了書評。該書分三部分：易學專著介紹、易學論文介紹、易學多媒體出版物介紹。專著中收錄五〇二部，論文中收錄了四八六篇。這兩部分包括了對中文刊行的易學論著的介紹。並非只是英語出版物。這是我對此書感到遺憾的。我希望的是一部《英語國家易學著作提要》那樣的著作，而此書卻是整個世界上易學論著的精選提要。

　　也是在二〇〇二年，美國耶魯大學著名法學家、易學家巴爾金（Jack M. Balkin）教授出版了《易道：易經與人生哲學（*The Laws of Change: I Ching and the Philosophy of Life*）》一書。

　　他生於一九五六年八月十三日，密蘇里州人。一九八一年，他取得哈佛大學法學博士學位。而後就任耶魯大學至今，是聲名赫赫的「Knight Professor of Constitutional Law and the First Amendment」講座教授。這個頭銜和職位在全美國也是獨一無二的，說明了他在美國和國際憲法學界的地位。想不到這樣一個美國和國際憲法學界一號人物居然也對《易經》研究感

興趣而且還撰寫了專著出版——只因為他本科時代是哈佛大學文學院東亞系的學生，那個時候就已經深深迷戀上了《易經》。在這部厚達六五五頁的鉅著中，他在全新翻譯和講述六十四卦經文的含義時，從道德、法哲學和占筮文化等角度給予了《易經》和中國文化以全新的解釋，全然不同於國內外任何一個易學家的解釋。他並未翻譯和討論《易傳》，但是卻撰寫一百多頁的《易經》概論及其發展史。我們至今尚未看到有其他中外學者撰寫這樣題目的博士論文或者專著。此書以後多次再版。關於此書英文書名中 The Laws of Change 的漢譯，我個人傾向於是「易道」。

　　二○○三年，美國易學家尼爾森（Bent Nielsen）出版了《易經命理學和宇宙：從漢到宋的象和數的中國研究（A companion to Yi Jing numerology and cosmology: Chinese Studies of Images and Numbers from Han to Song）》一書。這本書其實是一部易學辭典。全部內容按照英文字母從 A 到 Z 排序，將漢代到宋代的易學人物、著作和重要概念給予了簡單的解釋。

　　二○○六年，美國易學家、數學家庫克（Richard S. Cook）博士出版了他研究卦序問題的專著《中國古典組合：易經卦序的產生（Classical Chinese Combinatorics: Derivation of the Book of Changes Hexagram Sequence）》一書。該書作為加州政府資助出版的學術叢書第五卷，由伯克利加州大學出版社發行，篇幅達六四二頁。在此書中，作者主張他已經徹底解決了卦序排列的數學問題：「這項研究解決了《易經》卦圖序列的千古之謎。」[11]他從對六爻卦象的「equivalence classes」研究入手，將六十四卦劃分成七類：

---

11 原文是：「This study resolves the ancient enigma of the classical Chinese Book of Changes hexagram sequence.」前言，頁9。

level-0	䷁								
level-1	䷖	䷇	䷓						
level-2	䷲	䷏	䷎	䷚	䷳	䷦	䷒	䷣	
level-3	䷆	䷃	䷜	䷽	䷟	䷶	䷾	䷞	䷠
level-4	䷬	䷝	䷱	䷕	䷥	䷵	䷤	䷻	
level-5	䷪	䷍	䷘						
level-6	䷀								

然後，再從 M（陽）、N（中性）或 F（陰）角度，將六十四卦劃分如下：

Col	1	2	3	4	5	6	7	8	9	10	11	12	13	14	15	16	17	18
M	䷀	䷪	䷍		䷫	䷠	䷡	䷢	䷣		䷤	䷥	䷦		䷧			䷨
N				䷹	䷺	䷻				䷼		䷽	X	䷾	䷿	䷀	䷁	䷂
F	䷁	䷖	䷓	䷇			䷏	䷲	䷳	䷦		䷎	䷚		䷒		䷣	
HEC No	1 / 2	3 / 4	5 / 6	7 / 8	9 / 10	11 / 12	13 / 14	15 / 16	17 / 18	19 / 20	21 / 22	23 / 24	26* / 25*	27 / 28	29 / 30	31 / 32	33 / 34	35 / 36

最後推導出線性遞歸序列，即所謂的「斐波那契序列」，高等數學中的一個著名矩陣圖形和序列。雖然該書作者對周文王時代的卦序排列給出了很高的評價[12]，但是很遺憾，限於我的知識結構的欠缺，我無法完整地領會這

---

12 原文是：「The structures emerging from the classifications and derivations presented in this study are surprising, and indicate a high degree of mathematical sophistication not previously

本書的邏輯推導過程。

二○○八年，美國著名易學家司馬富（Richard Joseph Smith）教授出版了《探索宇宙和秩序世界：易經及其在中國的演變（*Fathoming the cosmos and ordering the world: the Yiging and its evolution in China*）》一書。二○一八年，此書又出版了增補修訂本。

他生於一九四四年，一九七二年取得加州大學戴維斯分校哲學博士學位。他的博士論文是晚清太平天國史研究：《中華帝國的野蠻官員：華爾、戈登與太平天國起義（*Barbarian Officers of Imperial China: Ward, Gordon and the Taiping Rebellion*）》。指導教授是著名華裔歷史學家劉廣京教授。現任瑞斯大學歷史系講座教授。一九一二年，他還出版了一部近似乎於研究《易經》在東西方傳播史的專著《易經：一個傳記（*The I Ching: A Biography*）》。該書由以下組成：1. Introduction；2. The Domestic Evolution of the Yijing；3. The Transn-ational Travels of the Yijing；4. Concluding Remarks。核心內容在第二、第三章。第二章談《易經》在各個歷史時期被注釋和研究的歷史，第三章則集中考察《易經》在各個國家和語種中被翻譯、注釋和研究的歷史。書後的注釋和書目占了全書的四分之一篇幅，顯示了作者的文獻功夫所在。在本書中，他追溯了《易經》在中國乃至世界各地傳播的歷史，並且解釋了其複雜的結構，特別闡述了這本神祕而又晦澀難懂的書如何成為世界文學中最廣泛最受歡迎的經典文本之一。他展示了日本、韓國、越南和西藏等地的原始信仰和習俗接受《易經》文本，並思考了《易經》是否可以與《聖經》或《古蘭經》等宗教書籍相提並論。

——因為他和我同住在美國的休士頓市，至今為止，因此我們一直保持著長期的聯繫和交往。

也是在二○○八年，美國著名易學家田笠（Stephen Lee Field）教授出版了《中國古代占卜（*Ancient Chinese Divination*）》一書。本書從風俗史和

---

recognized in a Chinese work of this antiquity, indeed, perhaps in any work of this antiquity, anywhere in the world.」見頁414。

文化史的角度，描述了從新石器時代龜卜到現代風水的漫長的古代中國占卜文化變化的歷史。

田笠教授是美國三一大學教授、哲學博士。二〇一五年，他還出版了《周公變易：易經的注釋與翻譯（*The Duke of Zhou Changes: a study and annotated translation of the Zhouyi*》一書。這是他對《易經》經文的全文英譯。該書由三部分組成：在該書第一部門中，田笠教授努力消除了古史辨學派對《易經》產生時間問題的質疑和不良影響，恢復了西周初年創始說這一傳統觀點。特別對於《易經》兆辭由來問題及其和甲骨卜辭的關係給出了自己的可信回答。並且圍繞著《易經》誕生的諸多神話和歷史，他也給出了介紹和考證，詳細地刻畫了《易經》誕生的歷史背景和文本演繹過程。特別說明一下：田笠教授目前在美國三一大學東亞系一直開設風水學專業課。該課程代碼是 EAST-2316。課程名稱是：「風水學的民間生態（The Folk Ecology of Fengshui）」。授課宗旨是：「本課程將概述中國對環境注重的歷史，然後深入研究風水學和應用指南針的理論和實踐，最後將分析風水學作為是一種「民間」生態學的科研課題。本課程隔年開設一次。（This course will survey the environmental history of China, then will delve into the theory and practice of both Form School and Compass School fengshui, and finally will analyze the proposition that fengshui is a type of 'folk' ecology. Offered every other year.)」。這門課同時在中國研究專業、亞洲研究專業同時開設。

並且，田笠教授本人也在，專門設立了風水學專業網站：https://fengshuigate.com/，美國老一代著名數學家、中國科技史家斯威茲（Frank Swetz）教授出版了《洛書的傳承：三千年魔方意義的四千年搜尋（*Legacy of the Luoshu: The 4,000 Year Search for the Meaning of the Magic Square of Order Three*）》一書。斯威茲只是談洛書的數學結構及其意義。他出版了幾本研究中國古代數學史的專著。此書顯然屬於科學易或者易學文化史方面的著作。

二〇一二年，美國易學家戴維斯（Scott Davis）出版了《文化語境下變易經典：易經文本考古（*The classic of changes in cultural context: a textual archae-ology of the Yi jing*》一書。作者從文化人類學角度出發，對《易經》

卦爻辭給予解讀和考證。

二〇一三年，英國易學家魯特（Richard Rutt）在出版的《易經：一個全新的譯本（ *Zhouyi: A New Translation with Commentary of the Book of Changes* ）》一書中，對王弼易學專著給予了肯定。

他生於一九二五年八月二十七日，卒於二〇一一年七月二十七日。英國人。長期在韓國傳教。正好是在韓國，他開始接觸到了《易經》。一九九六年，他曾出版了他本人的第一部易學研究專著《易經：青銅時代的文獻（ *The Book of Changes: A Bronze Age Document* ）》一書。

二〇一四年，美國著名易學家雷德蒙德（Geoffrey Redmond）、韓子奇（Tze-Ki Hon）兩教授合著出版了《教易經（ *Teaching the I Ching* ）》一書。這部專著在前言和緒論之後，由以下十二章組成：1. Divination: Fortune telling and Philosophy；2. Bronze Age Origins；3. Women in the *Yijing*；4. Recently Excavated Manuscripts；5. Ancient Meanings Reconstructed；6. The Ten Wings；7. Cosmology；8. Moral Cultivation；9. The *Yijing* as China Enters the Modern Age；10. The *Yijing's* Journey to the West；11. Readers Guide；12. Predicting the Future for the *Yijing*。雖然是兩個人合作，但是第一、第三章明顯出自雷德蒙德教授之手，而第四、第五章必定出自韓子奇教授之作……那是因為他們各自以往的研究興趣就是如此。按照作者在前言中的敘述，這本書的寫作起源於美國讀者和宗教信徒對儒家經典的求知欲。[13]其實它只是面對美國讀者的一部易學概論而已。

---

13 原文是：The idea for the present work actually arose as a suggestion from a member of the audience at a session of the American Academy of Religion entitled, "Questioning the Spirits: The Yijing as a Way of Personal Spirituality in the Confucian Tradition" held in Chicago in 2008. Our experience presenting papers in this session, which attracted a large and interested group from diverse fields, demonstrated to us that many scholars were eager to engage with this important but enigmatic Chinese classic, but did not know where to start. Because of the obscurity of the text, portions of which are 3,000 years old, together with its enigmatic diagrams and peculiar organization, beginning the study of the Changes can seem overwhelming. Confidence in one's understanding is not easily acquired. 見前言，頁7。

也是在二○一四年，英籍澳大利亞著名易學家、漢學家閔福德（John Min-ford）教授出版了他翻譯的《易經：古代中國經典和智術的翻譯（*I Ching: The Essential Translation of the Ancient Chinese Oracle and Book of Wisdom*）》全文。

他生於一九四六年，英國伯明翰人。一九六三年，他畢業於英國溫徹斯特大學。一九八○年，他畢業於澳大利亞大學，並獲得哲學博士學位。他先後就任奧克蘭大學、澳大利亞大學、香港理工大學教授。二○一六年，他因翻譯《易經》獲得澳大利亞人文學院卓越翻譯獎。

二○一七年，雷德蒙德教授還出版了《易經：古代文本翻譯述評（*The I Ching, Book of changes:a critical translation of the ancient text*）》一書。而韓子奇教授則畢業於芝加哥大學，師從美國著名易學家、研究中國上古歷史、文化、文字和思想的學術大師夏含夷教授。他的博士論文就是《易經》研究的題材：《北宋易經的表現和新儒學的形成（*Northern Song YIJING Exegesis and the Formation of Neo-Confucianism*）》，一九九二年，他取得芝加哥大學哲學博士學位。二○一二年，他還出版了《易經和中國政治：古代注釋和文人活動（*The Yijing and Chinese Politics: Classical Commentary and Literati Activism*）》一書。韓子奇教授多次回到中國，在幾所大學舉辦過有關美國易學的學術報告。

但是，韓子奇教授在〈*Constancy in Change: A Comparison of James Legge's and Richard Wilhelm's Interpretations of the Yijing*〉一文中，在對理雅各譯本和衛禮賢譯文的對比研究時，提出了理雅各譯本顯示了西方武力的強大下中國宗教信仰，而衛禮賢則是展示了歐洲一戰失敗後的窮則思變的心態之說，恐需商榷。因為迄今為止，《易經》從未在海外指導過任何一個國家的任何一次思潮運動，也從未對大英帝國侵華行為、歐洲戰後產生過心理安慰。[14]最初，當一個美國易學友人告訴我：聽說韓子奇教授撰寫了《易經在

---

14 畏友李雪濤學兄弟子在其學位論文《英語世界易經詮釋的範式轉變》頁19中也引用其說並加以盛讚。原文如下：「韓子奇認為，造成這些差異的原因，在於他們所處的時代

西方（*The Yijing's Journey to the West*）》一書或者一篇長篇論文，我真的被驚呆了！我以為我精心撰寫了幾十年的這部《國際易經學史》一書等於廢稿了！一直到了二〇一五年夏，我移民美國後才在我家附近的某大學圖書館裡看到了此書。我立刻打開此書一看，原來《易經在西方》只是該書第十章，我稍稍放心了。直到閱讀完這一章內容，我終於又找回了自信和欣慰感。當然，在此我必須說明的是，韓子奇教授是美籍華裔學院派易學家中的佼佼者，我所不及也。不過，他現在已經在香港任教了。

二〇一九年，香港大學魏伶珈（Sophie Ling-chia Wei）博士出版了英文著作《耶穌會傳教士易經的跨語言對話（*Trans-textual Dialogue in the Jesuit Missionary Intra-lingual Translation of the Yijing*）》[15]一書。這是作者在二〇一五年在美國賓西法尼亞大學取得哲學博士學位的論文。她的導師是賓西法尼亞大學教授、美國著名敦煌學家梅維恆博士。這篇博士論文或許是美國最新的《易經》研究博士論文。

二〇二〇年，著名易學家、國際易經學會會長成中英教授出版了《原初之道：易經哲學（*The Primary Way: Philosophy of Yijing*）》一書。這部厚達五三〇頁的英文鉅著代表了他一生從事易學研究的精華所在。

成中英教授，他生於一九三五年十一月八日。一九五二年考入臺灣大學，開始接觸《易經》。一九五六年，他後師從方東美，攻讀碩士學位。一九五九年，他考入美國哈佛大學。一九六四年，他取得哈佛大學哲學博士學位。博士論文是《皮爾斯和劉易斯的歸納理論（*On Peirce's and Lewis's Theories of Induction*）》，這篇博士論文一九六九年正式出版。而後任教於夏威夷大學至今。中間，在一九七〇至一九七三年曾出任臺灣大學哲學系主任。一九七

不同。理雅各他生於大英帝國蓬勃興旺之際，所以他經常用西方宗教和哲學的觀點來評論《易經》，以顯示西方的威武強大，而衛禮賢目睹第一次世界大戰後歐洲滿目瘡痍的現狀，所以借詮釋《易經》『窮則變，變則通』的道理，來勉勵歐洲人奮發圖強，重整家園。」我希望是我誤解了他們二人各自的中英文論文的文義。

15 我記得這篇博士論文曾經題目是：Chinese theology and translation: the Christianity of the Jesuit figurists and their Christianized Yijing，顯然應該作了修改，顯得簡潔很多。

三年，他創辦了英文《中國哲學季刊（*Journal of Chinese Philosophy*）》。一九七八年開始，他在夏威夷大學開設《易經》哲學課程。一九八五年在夏威夷註冊成立國際易經學會。在趙自強教授和成中英教授介紹下，我正式成為該學會的創始會員之一。成中英教授在易學上的主要著作有：一九九五年，出版了《C 理論：易經管理哲學》一書。二〇一一年，他出版了《早期文本中的中國哲學（*Chinese Philosophy in Excavated Early Texts*）》一書。二〇一三年，他出版了《歐洲和中國的哲學傳統（*European and Chinese Traditions of Philosophy*）》一書。

在他的這部新著中，他主要探索《易經》哲學的本體詮釋學、道德論和宇宙觀等重大課題。該書由以下十二章組成：1. Introducing the *Yijing*: Six Stages of Development Six Topics of the *Yijing*；2. Yijing as creative inception of Chinese Philosophy；3. Interpreting a Paradigm of Change in Chinese Philosophy；4. Inquiring into the Primary Model: *Yijing* and Chinese onto logical Hermeneutics；5. Philosophical Significance of Guan: From Guan to Onto-Hermeneutical Unicy of Methodology and Ontology；6. Yin-Yang Way of Onto-Cosmic Thinking and Philosophy of the *Yi*；7. On Harmony as Transformation: Paradigms from the *Yijing*；8. Zhouyi and the Philosophy of Wei；9. Li and Qi in the *Yijing*: A Reconsideration of Being and Nonbeing in Chinese Philos-ophy；10. On the *Yijing* as a symbolic system of Integrated Communication；11. On Zhu xi's Intergration of Yijing and Xianshu in the study of the *Yijing*；12. On Timelines in the Analects and the *Yijing*: An Inquiry into the Philos-ophical Relationship.

在該書中，他主張：《易經》是表述變的現象學與宇宙論，更直接用於人事，彰顯人生舉止取捨之間吉凶禍福的動向，也顯示人生進德修業與時皆行的重要，更透露天地萬物進程發展的資訊。然則「易」之一詞果何謂哉？我們不能忽視它的多義，更不能不掌握它的多義中的統一性以及它所以統一多義的含義。因之，「易」不能逕就經驗的事實來說，而不得不就體驗與思考的對象來說。我們經驗的是「易」的現象，但我們體驗與思考的卻是

「易」的本體。《易經》一書表達的不只是「易」的經驗，更是「易」的本體。所謂本體並非孑然一物，而是不離現象的現象之源，也是不捨現象的現象之基。

在這裡，成中英特別區分了「易」這個概念和《易經》一書。

他接著主張：「易」的不易，顯明了氣與理的統一性，但又並非理的恆常強加於氣的變化之上，而是從氣的變化中自然的實現了理的恆常性。理氣的內在統一性讓我們認知到易的不易性，也就是不易的變化性，可名之為「不易之易」。不易之易的意思是說在理的恆常性中我們體驗到的是氣的變化性，也可以看成理的必然生氣，而不僅不離於氣而已。這一點殊為重要，因為這點表明了本體與宇宙的發生有必然的內在關係。因此，我稱之為本體宇宙論。而「易」之本體論則在彰顯「易」之生物之自然性。〈繫辭〉因而說：「一陰一陽之謂道，繼之者善也，成之者性也」。本體之「易」即是此創造不容已的自然流行，發而為生物不測之宇宙萬象萬物，具有內在的價值以為其流行的充足理由者。我們對「易」的本體的透視必須兼具不易與易的兩向面，兩者不可分，或可用「不易而易，易而不易」表述之。周敦頤太極圖說曰「無極而太極」，究其深義也可謂「不易而易」，至於「易而不易」，則是「太極而無極」。太極為天地萬物之元與源，同樣我們也可視不易之「易」為太極，正是《繫辭》說的「易有太極」的含義。但此一恆動的創生的太極卻仍是「易」的不易的恆常，是為無極。「易」同時具有太極性與無極性正說明「易」的不易是無窮盡的，不可執著的，無跡可尋的，也是不可言盡的。「易」之不易性也涉及本體的超越性問題。由於「易」之不易是落實在不易之易的活動中，故「易」之本體的超越性亦即是其內在性。在此一含義下，「易」也可名之為道。

於是，成中英給出了他眼中「易」的定義，即「道」。

然後，他考察了鄭玄易學的哲學含義。

他說：鄭玄只就變動不居表明變易，也重視時間在變動不居過程中同時形成的品物與物類格局，但他卻未能認識到變易中所包含的變異因數。他的《易緯注》對《乾鑿度》的理解發揮了「乾坤其易之蘊」的觀點，以此推出

太極陰陽天地四時八卦萬物的宇宙發展序列，又接受繫文中以數釋象的觀點，強調天地之數與大衍之數的變化，配以五行，形成宇宙圖像與爻辰爻位之說以說明十二消息卦與六十四卦的變化軌跡與性質，似乎認為天地定位萬物流行是有先天的根據的。但他卻未能總結出變化內涵的變異原理。而在本體宇宙論的層次，對「易」所包含的和諧發展的價值的描述莫過於乾之《彖傳》。《彖傳》有曰：「乾道變化，各正性命，保合太和」。乾道是創造萬物之道，在其創造中各類生物都秉承了其本身的特質與其所以成就的條件，自然形成原始的和諧，也可說是「易」之內在的和諧化的力量所致。所謂「保合太和」是指品物所成之性仍具有原初的本真，這也說明了物之為物雖具有性的特殊性，卻仍保有物的根源性，是不離本真的。用海德格的語言來表述，物即個別存有（being），有其個別的性能與限制，但卻源自包含一切存有的和諧大有（Great Being）。品物之能各正性命，也正是大有的創生不已，所謂乾道變化即是指此。太和因之即是兼含不易之「易」與易之不易的終極存在者。因其具有能動性，故是和能生物的和，而非靜止的無執無限。以之，太和之世界是有之生成不斷的根源，而非一個理想性的價值而已。太和也因之具太極與無極義，也涵蓋太虛與太有或大有之義，俱為「易」的本體性能。

最後，他總結說：我們顯然可以彰顯《易經》哲學中以變化的創造性為中心的宇宙本體論或本體宇宙論體系，可名之為「易」的本體宇宙論。「易」的本體宇宙論是以純粹的創造性為本體，即是以之為創發之本與創發之體，創發出多姿多彩的品物流行的生命宇宙。人生於其中，故必須以此宇宙的本體為人的生命的本體，方能創造出真善美的人文價值，其中應包含發展知識的知識理性與成就價值的價值理性，以及總其成的本體理性與實踐理性。就原始的道與德的意義言之，本體理性就是道的整體意識與和諧性能，而實踐理性就是德的實現行為與成就過程，從個人到社會國家，天地宇宙，無所不在德的關聯之中。如此形成的道德觀，也可說是體現完成自我的宇宙創化精神，方是「易」之人文化成的道德觀。此一道德觀也可名之為本體倫理學，是本體宇宙論的自然延伸，也是傳統所說的天人合一的創化過程。「易」的宇宙中符號世界的重要也顯示了象數系統的重要。傳統易學有十分

重視象數的一支，但如過於繁瑣，並脫離經驗與體驗，往往失卻簡易的宗旨
與本體的所指，故而失卻了易學的活力與有效性，當然也未能做到由本體的
體察而詮釋，由詮釋而促進本體的體察的「易」的思維。人的生活世界是符
號系統的關係系統，並非一個符號系統的運作，而是多元多種符號系統的交
互與同時運作，方能透露本體之真與全。義理往往是用語言文辭表達，也是
一個複雜的符號系統，且融合了非個人的人類社群的共同經驗。象數與義理
的互動與互參方能使能用符號詮釋的能動主體的人獲得生命的啟發與本體的
啟示。《易經》系統作為一個本體宇宙與人類言行意義與價值系統就是如此
形成的，也當如此理解與詮釋。

　　他在該書的第五章〈Philosophical Significance of Guan: From Guan to
Onto-Hermeneutical Unicy of Methodology and Ontology〉中，還特別提出了
對「觀」的八個特徵的分析研究，以此來解釋聖人以象徵方法的創造天地萬
物世界於《易經》體系中的活動過程。即：1.傾向於從事物的整體來觀察整
體的事物。2.從事物的運動變化發展來觀察事物。3.將事物置於相對位置中
來觀察事物。4.從事物與時間的特殊關係來理解該事物所處的位置。5.從事
物自身的衝突與和諧中來觀察事物的生死。6.從人類的價值活動文明活動的
互動來觀察事物。7.從事物與人活動的本源及會通中觀察事物。8.將事物置
於不同層次、向度的網狀系統中在融匯貫通主客兩方面的創造活動中來觀
察。為此，他又提出了《易經》的五個方法論原則，即：1.以《易經》為
法，開展經驗和導向理念。2.知的本體自然融合天人之道。3.人能知行互
用，自然就能掌握對宇宙事物的認識。4.天能啟發知行，故本體之知導向人
的修持之行。5.《易經》的觀見感通於察知都能看本體的活動，而且基於本
體陰陽二分而一合的原理來瞭解。

　　林義正《〈周易〉〈春秋〉的詮釋原理與應用》一書第九章〈成中英易說
研究〉中如是總結了成中英的易學成就，乃在於以下兩點，即第一是對《易
經》本體詮釋學的闡述。第二是《易經》管理學的建立。[16]此文也是目前為

---

16 參見林義正：《〈周易〉〈春秋〉的詮釋原理與應用》（臺北：臺灣大學出版中心，2010

止研究成中英易學的最有深度和學術價值的研究論文。

　　該書體大思精，反映了美國易學界研究《易經》哲學、特別是本體詮釋學的最高成果。美國圖書評論界給出了很高的定評：「This book will be an extremely valuable contribution to the Anglophone world's understanding of Chinese thought. Its riches are both philosophical and expository, and I believe it will find a lot of use in both undergraduate and graduate classrooms, since in addition to its philosophical synthesis it provides a fine introduction to the often baffling symbolic system and methodology of the text, as well as its history and its ambiguities. It is sinologically solid as well as accessible to educated readers from other disciplines who may wish to find out what the *Yi* is all about. I think this will be the go-to book on the topic for many years.」[17]美國波士頓大學著名中國哲學史家、國際中國哲學會執行委員會主席南樂山（Robert Cummings Neville）教授給此書寫了很長的序文，闡述了成中英教授此書的學術價值和易學貢獻。

　　年），頁305-306。

17 參見 https://www.barnesandnoble.com/w/primary-way-the-chung-ying-cheng/1137093159

參考文獻

一　中文

唐力權教授：《易經與懷德海之間：場有哲學的時代意義》，臺北：黎明文化
　　　事業公司，1989年。瀋陽：遼寧大學出版社，1997年。
夏含夷：《古史異觀》，上海：上海古籍出版社，2005年。
林義正：《〈周易〉〈春秋〉的詮釋原理與應用》，臺北：臺灣大學出版中心，
　　　2010年。

二　日文

公田連太郎：《易經講話》五卷本，東京：明德出版社，1958年。
今井宇三郎：《宋代易學の研究》，東京：明治圖書出版社，1958年。
本田濟：《易學——成立和展開》，京都：平樂寺書店，1960年。
鈴木由次郎本：《漢易の研究》，東京：明德出版社，1963年。
戶田豐三郎：《易經注釋史綱》，東京：風間書房，1964年。
佐藤貢悅：《古代中國天命思想の展開——先秦儒家思想と易的倫理》，東
　　　京：學文社，1996年。

三　英文

Cary F. Baynes, *The I Ching, or Book of changes*, Pantheon Books, 1950.

Kidder Smith, Jr., Peter Kees. Bol, Joseph Alan Adler, Don J. Wyatt, *Sung dynasty uses of the I Ching*, Princeton University Press, 1990.

Richard John Lynn, *The classic of changes: a new translation of the I Ching as interpreted by Wang Bi*, Columbia University Press, 1994.

Roy Collions, *Fire Over Heaven: On the Origin, Interpretations and Evolution of the Yin*, Xlibris Corporation, 2001.

Edward A. Hacker, Steve Moore, Lorraine Patsco, *I Ching An Annotated Bibliography*, Psychology Press, 2002.

Richard Joseph Smith, The I Ching: A Biography, Princeton University Press, 2012.

Chung-Ying Cheng, *European and Chinese Traditions of Philosophy*, Wiley-Blackwell, 2013。

Edward Louis Shaughnessy, *Unearthing the changes: recently discovered manuscripts of the Yi Jing and related texts*, Columbia University Press, 2014.

Geoffrey Redmond, Tze-Ki Hon, *Teaching the I Ching*, Oxford University Press, 2014.

西方易學研究發展的四個階段

——以《易經》的性質為中心[*]

張麗麗^{**}

提要

耶穌會士來華揭開「西學東漸」的序幕，掀起西方研《易》釋《易》的高潮，促使西方易學的研究漸成一家之言。但是，以往研究多以翻譯和介紹為主，專題性地系統分析稍顯薄弱。若以《易經》的性質為中心，西方易學的發展可以分為四個階段：「索隱期」將《易經》視為東方的《聖經》；「過渡期」產生歷史典籍和智慧之書的分野；「成熟期」回歸元典「卜筮之書」與「哲理之書」並重；「多元發展期」追本溯源強調「不可為典要」。藉此，西方易學發展之梗概得以勾勒出來，以史為鑑觀其一隅，進而省思當代易學國際化之路徑。

關鍵詞：西方易學、四個階段、《易經》性質

* 本文系「貴州省2020年度哲學社會科學規劃國學單列課題研究成果」（項目編號：20GZGX27），謹此致謝。

** 中國社會科學院哲學研究所編輯，北京，100732。

Four Stages of the Research and Development on

Yijing Studies in the West

Zhang Li-li

Abstract

With Jesuits revealing the process of "the eastward transmission of western sciences," increasingly scholars have began to do research on *Yijing*. Gradually, *Yijing* studies in the West become one main school. However, previous research focuses on translation and introduction, the systematical analysis seems to weaken. If researchers put their attention to the essence of *Yijing*, there are four stages of the development of the *Yijing* studies in the Western World. The futurist period treats *Yijing* as *Bible* in the East. The transitional period has two opposite views on it, namely, historical books versus books of wisdom. The mature period goes back to the originand weigh Oracle as important as philosophical. The last period puts *Yijing*in the fluid process. Based on these, the outline of *Yijing* in the Western World can be formed. It will, furthermore, help people to rethink the meaning and role of *Yijing* in modern society.

Keywords: *Yijing* studies in the West, Four Stages, Essence of *Yijing*

　　明末耶穌會士來華，揭開了「西學東漸」和「東學西漸」的序幕。為了方便傳教，他們學習中國文字和傳統文化，《易經》作為群經之首，亦引起傳教士的關注。他們試圖用《易經》來附議「聖經」，宣揚「上帝」及天主教義。與此同時，他們研「易」釋「易」的路徑也漸成一家之言，構成西方易學的重要組成部分。以歷史的角度考察西方易學的發展，有助於了解「以西釋中」解釋學方法的運用，並且以新的視角來審視《易經》在中西學術交流中的重要價值。

一　《易經》首位傳播者的爭議及啓示

　　學界基本達成《易經》由傳教士帶回西方的共識，但是在首位傳播者的身份上尚有分歧。林金水認為，雖然康熙年間義大利傳教士利瑪竇（Matteo Ricci, 1552-1610）率先學習《易經》，但真正將該書介紹到西方的人應該是柏應理（Philippe Couplet, 1623-1693）。柏氏將《易經》的六十四卦和卦圖的含義翻譯成拉丁文，編入《中國哲學家孔子》（*Confucius Sinarum Philosophus*）並於一六八七年於巴黎出版。[1]在書中柏氏將中國描繪成完美的理想國家，引發歐洲的「中國熱」，包括萊布尼茨等人均受其影響。[2]王佳娣持有不同的看法，她認為衛匡國（Martin Martini, 1614-1661）是「第一位在易學西傳中作出重要貢獻」的人。[3]衛氏於一六五八年出版《中國上古史》（*Sincicae historiae decas prima*），向西方介紹《易經》的作者、陰陽、八卦和六十四卦等基本思想。相較之，張西平不同意上述觀點，他認為曾德昭（Alvaro de Semedo, 1586-1658）是「最早向西方介紹《易經》」的人。[4]原因有三：一是

1　林金水：〈『易經』傳入西方考略〉，《文史》第29輯，北京：中華書局，1988年11月。

2　賴貴三：〈東西博雅道殊同——國際漢學與易學專題研究〉（臺北：里仁書局，2015年），頁135。

3　王佳娣：〈明末清初來華傳教士對《易經》的譯介及索引派的漢學研究〉，《湖南第一師範學院學報雜誌》2010年第1期。

4　張西平：《傳教士漢學研究》（河南：大象出版社，2005年），頁127。

將《易經》的性質定義為自然哲學；二是發現該書反映人們道德認知；三是指出新儒家通過《易經》來恢復道統。曾氏於一六四一年出版葡萄牙文《中華大帝國史》（*Relatione della grande Monarchia della chine*），由於出版時間早於衛匡國和柏應理，張西平將之視為西方傳播易學的第一人。

顯然，學者們根據各自佔有的材料，對「首位傳播者」的身份各持己見。但值得注意的是，三本書的出版先後順序是固定的，為何學者們就此問題還存在爭議呢？一則，語言差異及其障礙。《易經》在翻譯的過程中分別使用了拉丁文和葡萄牙文於不同的地區出版。中國研究者很難同時掌握幾種語言，因此對海外易學發展中首位傳播者的判定，往往是根據自己佔有和理解的材料來判斷。二是，評價標準的主觀性，即研究的側重點不同。如林金水支持柏應理推動了法國《易經》的傳播和發展，並且影響後來以白晉為代表的「索隱派」（figurist），他可謂是推動《易經》在法國傳播的第一人。但是，若將西方的範圍限定在歐美整體，衛匡國顯然比柏應理更早。三是，論證的嚴謹考量。如張西平提出曾德昭是比衛匡國和柏應理更早的傳播者，但出於學術的嚴謹性考慮，尤其是語言差異可能造成資料搜集不夠全面的情況，他將此結論懸置，指出「這個結論很可能會被推翻。」[5]四是，迄今為止，中國大陸缺少系統的傳教士一手文獻的彙編，能夠致力於傳教士易學研究的學者十分有限。

當然，對於《易經》傳入西方的歷程在其他方面也存在爭議。上文以「首位傳播者」為例，反思當代西方易學研究中存在的問題：一是，語言障礙。由於鮮有學者能夠完全掌握歐洲語系中所有的語種，同時又對《易經》充滿興趣，因此學者們往往在研究中需要借助大量的二手文獻，結論難免有時不可盡信。二是，材料梳理缺乏主線。以往的研究多以時間或人物為中心，以此來判斷並分割易學西傳的各歷史時期，這樣的研究明顯缺乏問題意識。[6]三是，忽視易學在當代面臨的挑戰。以往的研究對二十世紀的易學西

5　張西平：《傳教士漢學研究》（河南：大象出版社，2005年），頁127。

6　楊平將之分三個時期：十七至十八世紀為早期；十九世紀為中期；二十世紀至今為後期。（楊平：〈《易經》在西方的翻譯與傳播〉，《外語教學與研究》2015年第6期；楊宏

行介紹有餘，然而，對當代西方易學的主題梳理不足。有鑒於此，對西方易
學研究發展的整理需要揚長避短，以英文為主，中文翻譯為輔助。避開線性
時間機械式的分割，以「《易經》的性質」為中心，深入分析西方易學研究
中的三次重大轉折。繼而，將當代西方易學的發展納入其中，展現西方易學
發展中主題的轉換，凸顯「生生之謂易」的時代精神。

二　《易經》西傳的「索隱期」

十六世紀傳教士來到中國，他們學習中國的語言、文字和習俗，以期了
解中國的思想和文化，使用中國典籍解釋西方「聖經」，進而以「本土化」
的方式傳播「聖經」及天主教相關理論。《易經》作為群經之首大道之源，
引起傳教士們的研究興趣。後來白晉（Joachim Bouvet, 1656-1730）等人使
用「索隱」[7]的方法，意圖證明《易經》是「東方的『聖經』」並且將《易
經》視為神學的典籍。美國萊斯大學著名學者司馬富（Richard J. Smith）也
指出，當時《易經》「成為傳教士比附『聖經』的重要工具。」[8]後來，隨著
中西禮儀之爭的愈演愈烈，教皇停止白晉等人的研究活動，這標誌著以《易
經》附議「聖經」的宗教研究時期結束。這種用《易經》附議「聖經」的研
究路徑由利瑪竇（Matteo Ricci, 1552-1610）開創。他根據「《易》曰：『帝
出乎〈震〉。』」推論說「天帝也者，非天之謂；蒼天者，抱八方，何能出於

聲將之分為：二十世紀初，三十年代，中期到現代。（楊宏聲：〈二十世紀西方《易
經》研究的進展〉，《學術月刊》1994年第11期）又如李偉榮〈20世紀中期以來《易
經》在英語世界的譯介與傳播〉，《燕山大學學報》2016年第3期等。

7　「索隱」一詞出自白晉等人創立的「索隱派」（figurist），也稱之為尊經派或者「易
經」派。他們利用「考據和索引的方式企圖從中國古代典籍、尤其是「易經」中找到
「聖經」的神諭、預言、教義以證明「易經」和基督教教義一致。」早期的傳播「易
經」的耶穌會士主要以此為目的。（參考賴貴三：《東西博雅道殊同——國際漢學與易
學專題研究》〔臺北：里仁書局，2015年〕，頁138。）

8　Smith Richard J., How the Book of Changes Arrived in the West, *New England Review*, vol
33, 2012, p25.

一乎？……歷觀古書而知上帝與天主，特異以名也。」[9]顯然，他並不清楚「帝出乎震」在中國歷史中蘊含著深厚的「乾坤生六子」的宇宙生成思想。而只是根據八卦的方位，將震看作其中的一方。繼而否定中國的宇宙起源，片面地將《易經》中的「帝」等同於西方的「天主」（God），並規定二者是「質同而名異」的關係，就好像某種水果在中國的名字是「蘋果」在西方的名字是「apple」一樣。

但是，該結論面臨中國「太極」思想的挑戰。在宇宙起源方面，西方強調的是「上帝」（God）創世，如《舊約·創世紀》中開篇講「起初神創造天地。」相較之，《易經·繫辭》卻說「太極生兩儀。」後來，宋代的理學家特別是周敦頤，將「太極」是宇宙原動力說法推至頂峰。如果「太極」是中國宇宙甚至整個人類的起源的原動力，那麼神將失去對世界的絕對掌控。面臨這樣的危機，利瑪竇指出，「余雖末年入中華，然竊視古經書不怠，但聞古先君子敬慕于天地之上帝，未聞有尊奉太極者，如太極為上帝萬物之祖，古聖何隱其說？」[10]也就是說，他不同意「太極」是萬物的本源和終極的根據，因為《易經》古經中並未出現「太極，」即使在《十翼》中也僅出現一次。即便如此，一些傳教士，如柏應理，也不願承認中國文化自身的特色，而是將「太極」改造為中國的最高的神。也有一些傳教士意識到中西文化的差異，如龍華民（Nicolaus Longobardi, 1559-1654）指出，中國人所講的理或者太極實際就是氣，中國的氣論主張與西方宗教意義上的神相距甚遠。後來的傳教士亦反駁宋儒「太極」或理氣生萬物的主張。[11]雙方對「太極」思想的理解分歧，反映出他們對中西文化關係的認識不同。其核心議題是「天主教在中國」還是「中國的天主教」問題。前者是全盤西化的道路，即以天主教為核心和標準，改造中國文化並將之納入神學體系；後者是當地

9　朱維錚：《利瑪竇中文著譯集》（上海：復旦大學出版社，2002年），頁21。

10　朱維錚：《利瑪竇中文著譯集》（上海：復旦大學出版社，2002年），頁21。

11　艾儒略（Julius Aleni, 1582-1649）認為「理不能造物」；利類思（Ludovicus Buglio, 1606-1682）「理不能生物」；湯若望（Jeannes Adam Schall von Bell, 1591-1666）反對太極陰陽思想；衛孫璋（Alexander de la Charme, 1695-1767）反對理是萬物的本源。

化或者本土化的路徑,「損益」天主教原本的內容以適應中國的文化。

在二者互相攻訐之際,白晉(Joachim Bouvet, 1656-1730)開拓了第三條道路。他希望藉此規避西方「上帝」和中國「太極」之間的矛盾,能夠既不違背天主教義也保留中國固有的文化傳統。經過考察,白晉發現「聖經」的表達方式與「舊約」有很多相似之處,它很有可能是諾亞的兒子 Shem 的後代創立的。中國的《易經》實則是西方「聖經」的派生物,中國的文化與西方天主教文化一脈相承。這樣,中西文化關於「宇宙創造者」的矛盾就迎刃而解。同時,由於「索隱」的方法──對古籍的注釋和考證──在西方早已存在,白晉利用此方法得出《易經》是「聖經」的旁支的結論,既保證了該研究結論在宗教內部的合法地位,也開創了西方《易經》解釋學的「索隱」派別。從本質上來講,以白晉為代表的「索隱派」實際是羅馬教廷內部「禮儀之爭」的產物。教廷內部耶穌會(Jesuits)支持利瑪竇的「適應策略」,允許中國人在信仰天主時保持祖先崇拜的傳統。然而,方濟會(Franciscans)反對「天主教當地化」,維護宗教傳統的正統性和純潔性,要求中國信徒只能信奉唯一的「天主」。[12]縱使宗教內部有諸多分歧,包括拉丁文「Deus」即 God 如何翻譯、是否禁止中國人祭天祭祖的活動,以及儒家是否是宗教等問題,歸根結柢他們爭論的焦點是如何處理中國文化與天主神學傳統的關係。從他們的方法、論述和宗旨來看,他們始終以中國典籍來解釋神學概念,是傳統解釋學中的「格義」過程。因此,三種路徑最終指向一個結論,即《易經》的本質是神學作品,是「東方的「聖經」」。

為何在浩如煙海的歷史典籍中,傳教士會將關注的焦點放在《易經》上面?誠然我們可以從中國文化自身的角度分析,《易經》「廣大悉備,無所不包」。它能夠溝通古今「與天地準」,西方文化內契於大易之中合情合理。但是,這樣的分析顯然遮蔽了西方文化的特色,將中西文化置於對抗之中,無益於西方易學的研究。相較之,從西方易學研究者入手,以他們的視角出

---

12 張西平:〈萊布尼茨與禮儀之爭〉,收錄朱伯崑主編:《國際易學研究》第四輯(北京:華夏出版社,1998年),頁238。

發，可以更好的站在「他者」的角度來審視《易經》，觀察它在中西交流中的變化。至於《易經》為何吸引了傳教士的興趣，白晉在法國的一次演講中闡釋得十分清晰。他說：

> 雖然（我）這個主張不能被認為是我們耶穌會傳教士的觀點，這是因為大部分耶穌會士至今認為《易經》這本書充斥著迷信的東西，其學說沒有絲毫牢靠的基礎……我相信我有幸發現了一條讓眾人了解中國哲學正確原理的可靠道路。中國哲學是合理的，至少同柏拉圖或亞里斯多德的哲學同樣完美。我想通過分析《易經》這本書中種種令人迷惑的表象論證的真實性。《易經》這本書中蘊涵了中國君主政體的第一個創造者和中國第一位哲學家伏羲的原理。再說，除了中國了解我們的宗教同他們那古代的合理的哲學獨創多麼一致外，我不相信在這個世界還有什麼方法更能促使中國人的思想及心靈去理解我們神聖的宗教。[13]

顯然，耶穌會士之間對《易經》持有截然相反的觀點：一是卜筮和迷信，二是哲理與神聖。白晉從心神關係的角度出發，摒棄《易經》是封建迷信的錯誤觀點，重視中西哲學的一致性。雖然他仍然將《易經》視為啟迪中國人了解「西方」的工具，本質上仍然將中國「合理的哲學」等同於西方的宗教神學。但是，以白晉為代表的傳教士們，開啟了西方研「易」釋「易」之路，將《易經》置於較高的位置，引領後來的學者探索《易經》。如馬若瑟（Joseph Heri-Marie de Premare, 1666-1736）也提到《易經》的作者對天主的認識最為清楚，因此要從《易經》入手來幫助中國信徒了解天主教。紀理安（Bernard-Kilian Stumpf, 1655-1720）、郭中傳（Alexi de Gollet, 1664-1741）、樊西元（Joseph-Simon Bayard, 1661-1725）、聶若望（Jean-François Noelas, 1669-1744）和魏方濟（François Nöel, 1651-1729）等人都支持或同

---

[13] 楊宏聲：〈明清之際在華耶穌會士之《易》說〉，《周易研究》2003年第6期，頁46。

情地理解「索隱派」。[14]也有劉應（Claude Visdelou, 1656-1737）和宋君榮
（Antonious Goubil, 1689-1759）等人強烈地批判「索隱派」，認為他們努力
鑽研中國文字，未免本末倒置。最後，羅馬教廷對「索隱派」唯《易經》是
從的做法不滿，迫使其研究終止。

　　「索隱派」按圖索驥的方法雖然被教廷終止，但是它卻給傳教士向漢學
家的轉變予以啟發。他們將西方「索隱」方法與中國固有的訓詁學和考據學
結合，不完全受制於宗教傳播的目的，《易經》的研究呈現出神學視域下的
「以中釋中」的解釋取向。以雷孝思（Jean Baptiste Regis, 1663-1738）為
例，他以「周易折中」[15]及湯尚賢（Pierre-Vincent De Tartre, 1669-1724）的
書為參考，先後於一八三四和一八三九年在斯圖加特出版兩卷本的《易經》
拉丁文譯本，書名為「易經——中國最古之書」（*Y-King antiguissimus Sinarum
Liber quemex Latina inter Pretatirn*）。它是西方第一個《易經》的全譯本，與
柏應理的翻譯版本比較，該書更為簡潔。後來，錢德明（Jean-Joseph-Marie
Amiot, 1718-1793）等人也相繼從各自的角度出發，對《易經》提出自己的
觀點和看法。其中，霍道生的法文《易經》，將程頤（1033-1107）和朱熹
（1130-1200）的全部注疏也翻譯附錄在書中。這暗示出他們與早期傳教士
已經出現不同。但由於他們仍然處在宗教視域下的易學研究傳統中，《易
經》內容雖然隨著時間的發展有所損益，但是性質並未改變。他們仍然將
《易經》視為「東方的「聖經」」，只是這種牽強附會的方法在十八世紀末走
向衰落。

三　《易經》西傳的「過渡期」

　　經過天主教內部的「禮儀之爭」，傳教士們基本意識到中西文化的差異

---

14 張西平：《傳教士漢學研究》（河南：大象出版社，2005年），頁130。
15 《周易折中》是康熙年間李光地（1642-1718）等人編纂。該書搜集整理歷代學者對
　　「周易」的看法和詮釋，考訂古今學說，從中選取作者認為對「周易」合理的解釋。
　　尤其對朱熹（1130-1200）的易學思想進行闡釋，最終於一七一五年完成。

性，並且質疑「索隱期」《易經》是「東方的『聖經』」的結論。他們試圖著眼於中國思想和文化本身來研究《易經》，展露出西方漢學[16]研究的特色。該時期以理雅各（James Legge, 1815-1897）一八九九年翻譯出版的《易經》（*The Yi King*）為起點。理雅各在該書的序言中回憶說，他早在一八五五年就完成了翻譯工作。但是，當時他並沒有將翻譯手稿出版，因為他自己無法理解《易經》中某些深奧的思想，尤其是那些前後不連貫的卦爻辭。後來在一八七〇年他回歐洲的途中這部手稿不慎落入水中，被海水浸濕的手稿有些可以看清楚，有些則不能。這使理雅各下定決心重新翻譯《易經》。此時，回到歐洲的理雅各不再是傳教士，而是擔任了牛津大學的華文教授。身份的轉變使其翻譯《易經》的目的亦發生變化，其早期的翻譯工作與傳教活動相關，注重宗教的性質和規定。相較之，後來他的翻譯內容則更具有學術價值，盡量使用中國的方法呈現《易經》的原貌以饗西方讀者。[17]因此，以理雅各開始的階段被稱為「過渡期」。即傳教士神學視域下的易學研究逐漸向漢學家的「語文學」（philological）方式轉變。在此期間，西方易學的發展逐漸形成兩個趨勢：一種重視《易經》的經學地位，以古經六十四卦作為研究重點；一種偏好《易經》的天人之學，以《十翼》作為研究要義。

理雅各以重經著稱，他在中國學者王韜（1828-1897）的協助下完成了對經典文本的翻譯，包括《論語》、《大學》、《中庸》、《孟子》和《易經》等。理雅各的英譯本《易經》最早被收錄在一八七九年出版的《中國聖書》（*The Scared Books of Cina*）第二冊中，後來於一九六三年於紐約再版，中

---

16 漢學（Sinology），也稱中國學（China Studies），指中國以外的學者對中國的研究。包括歷史、政治、社會、文學、哲學等各個方面。（張西平，朗宓榭編：《德國漢學的回顧與前瞻》，北京：外語教學與研究出版社，2013年；程爾奇：《晚清漢學研究》，北京：人民出版社，2013年；梁盛志：《漢學東漸叢考》，山西：山西人民出版社，2014年；熊文華：《美國漢學史》，北京：學苑出版社，2015年。）

17 James Legge, *The Yi King*, volume sixteen of The Sacred Books of the East, London, 1899, reprint 1963, pp.xiii-xiv. See also Helen Edith Legge, *James Legge: Missionary and Scholar*, London, 1905; Hon Tze-ki, A Comparison of James Legge's and Richard Wilhelm's interpretation of the Yijing, *Monumenta Serica*, vol 53, 2005.

文版於一九九三年在中國湖南發行。他的《易經》翻譯有三大特點：一是，經傳分離的研究方法，他根據李光地（1642-1718）的「周易折中」，將經傳分開解讀。二是，以史解經（六十四卦及其卦爻辭）的解釋學方法。他認為《易經》古經是中國古代的珍貴典籍，是繼「書經」和「詩經」後中國第三古老的歷史資料，它記錄了商周時期的文王和周公的歷史事件。並且將前十卦以歷史敘事的方式解釋。以「屯」卦為例，他認為「屯」是面對「乾」、「坤」交錯時的選擇問題。「屯」體現周公要改變混亂局面，帶領人們重新建立政治秩序的願望，它的本質是商周更迭時，統治者如何抉擇的問題。三是貶低《十翼》的價值。他評價說《十翼》「充滿迷信思想，與歐洲理性思維背道而馳。」[18]若細緻分析理雅各對經傳的不同態度，不難分析出他將《易經》視為西周時期歷史事件彙編的中國典籍。[19]但同時，他貶低《十翼》的做法很可能與他之前的傳教經歷相關。《十翼》中包含豐富的宇宙論思想，如前文所述，「太極」和「上帝」之間的衝突，使得理雅各不得不將其視為東方落後的證明。就理雅各的情況分析，他試圖突破《易經》附會「聖經」的藩籬，在漢學的視域下研究《易經》，體現出一定的過渡的特色。

後來韋利（Arthur Waley, 1889-1966）結合顧頡剛的〈周易卦爻辭中的故事〉，提出了多層累的歷史觀。他解決了理雅各只以西周歷史詮釋《易經》面臨的困境，即理雅各的歷史解釋方法只適用於前十卦，他的西周歷史觀無法應用到其他五十四卦上。韋利將《易經》視為一本含有多層次不同時代的文字組合。他在研究中開始注重文本之間的對比，尤其會對《易經》與《詩經》和《左傳》等典籍進行比較，以觀察其話語方式、寫作體系和文字用法的異同。進而，在史學的「互證」中還原當時的歷史。以「遯」卦為例，他認為「遯」可寫作遯，雖然「遯」有隱藏（hiding）的含義，但是韋

18 參考韓子奇：〈近年出土文物對歐美《易》學的影響〉，收錄鄭吉雄主編：《周易經傳文獻新詮》（臺北：國立臺灣大學出版中心，2010年），頁81；賴貴三：《東西博雅道殊同——國際漢學與易學專題研究》（臺北：里仁書局，2015年），頁148。

19 James Legge, *The Yi King, volume sisteen of The Sacred Books of the East,* London, 1899, reprint 1963, pp.32, 63-72.

利根據「繫遯」（tie up the pig）、「好遯」（good pig）、「嘉遯」（lucky pig）和「肥遯」（fat pig）均與豬（pig）相關的用法，將「遯」解釋為豚，即小豬（young pig），他認為這種解法也符合《說文解字》中遯「从辵从豚」。[20] 韋利的詮釋方法與中國古代的訓詁學十分相似，即從中國文字本身入手來解釋中國的經典文獻。這樣，韋利的解釋方法，就可以將六十四卦歸入不同的歷史時期。《易經》中前後矛盾甚至毫無關聯的卦爻辭，也能夠被視為王朝更迭時鬥爭的結果。後來，麥格基（Rev. Canon McClatchie, 1814-1885）和拉古貝里（Albert Etienne Jen Terrien de Lacouperie, 1845-1894）等人也將《易經》視為歷史典籍。

衛禮賢（Richard Wihelm, 1873-1930）以重視《十翼》著稱。他重視《易經》的實用價值，將其與現實生活聯繫起來並希望用《易經》解決人類所面臨的時代課題。在衛禮賢看來，理性和技術的發展引發了第一次世界大戰，戰敗的德國人民內心惶恐不安，如何利用中國古老的智慧來拯救西方的文明危機，是時代留給他的難題。由於他本人依靠《易經》的智慧，克服了戰爭帶來的危害，並且重建了自己的精神家園。因此，他也希望將《易經》翻譯成德文帶回家鄉。於是，在當時知名學者勞耐宣（1844-1927）和胡適（1891-1962）等人的幫助下，衛禮賢歷時十年完成了《易經》的翻譯工作。期間他記錄勞耐宣講解的重點並將之譯為德文，然後在不參考原文的情況下，將德文重新譯回漢語。這樣的過程反覆三四次，以求能夠精準的表達《易經》原文的思想。衛禮賢的《易經》（*I Ging, das Buch der Wandlungenaus dem Chinesichen Verdeutscht und Erlaulet*）德譯本於一九二四年在耶拿（Jena）出版。由貝恩斯（Cary F. Baynes, 1883-1997）和衛德明（Hellmut Wilhelm, 1905-1990）合作翻譯的英譯本於一九五〇年在紐約出版。該版本影響深遠，不僅被多個國家視為通用的「標準」，而且還被轉譯成法文、荷蘭文、義大利文、和葡萄牙文等傳播到世界各地。衛禮賢的《易經》翻譯最

---

[20] Arthur Waley, "The Book of Changes," *The Bulletin of the Museum of Far Eastern Antiquities*, vol 5,1933, pp.121-142.

重要的貢獻就是將《易經》看作是智慧之書。他將《易經》視為「戰後」（post-war）能夠救贖歐洲的良藥。[21]雖然理雅各和衛禮賢的《易經》分別被視為西方《易》學史上的《舊約全書》和《新約全書》[22]，但二者有本質的差別。前者處在維多利亞的鼎盛時期，仍然是受宗教神學的影響，屬於神學視域下的易學研究，堅持西方的理性和上帝創世傳統。後者經歷了第一次世界大戰和德國內部的民族戰爭，衛禮賢懷疑西方的理性精神，他將希望寄託於中國的仁義之道，以期東方的智慧能夠給戰後的德國人以信仰，幫助他們重建精神家園。在翻譯中，他推崇中國文化，將其置於西方的理性和神學之上。

另外，西方還有其他學者也重視對《十翼》的闡發。如荷蘭學者麥格基（Thomas Russell Hillier McClatchie）一八七六年在杭州出版的《孔子的易經的翻譯》。[23]他在書中將「彖曰」譯為「文王說」；將「文言」譯為「孔子說」；將「繫辭」譯為「孔子評論」。他的這種翻譯方式有明顯的錯誤，例如他仍然根據「人更三世，事歷三古」（《漢書・藝文志》）的說法來判定《易經》的作者。但實際上，隨著西方易學的研究不斷深入，學者們已經逐漸意識到《易經》是經過多人之手，於漢代早期逐步形成的典籍。[24]但作為第一部英譯的《易經》，其在西方易學史上的價值仍然不可忽視。他們重視孔子改造後的《易經》，也將「觀其德義」（帛書《周易・要》）視為中國獨特的思想加以研究。不再將《易經》片面的放在卜筮的層面，視其為封建迷信思想而置之不理；也不再盲目將《易經》置於神學體系之下，將其看作西方大洪水故事的中國翻版；更不再將《易經》作為學習中國文化的字典。在他們

---

21 Hon Tze-ki, Constancy in Change: A comparison of James Legge's and Richard Wilhelm's Interpretations of the *Yijing*, *Moumenta Serica*, vol 53, 2005, p, 327.

22 賴貴三：《東西博雅道殊同——國際漢學與易學專題研究》（臺北：里仁書局，2015年），頁148、154。

23 Thomas Russell Hillier McClatchie: *A Translation of the Confucian [I Ching]; or, the Classic of Change*, American Prebyterian Mission Press, 1876.

24 Richard J. Smith, Edward L. Shaughnessy, Lisa Raphals, Karyn Lai, Kwong-lai Shun, Tze-ki Hon, etc.

眼中,《易經》是「智慧之書」,他能夠幫助人們解決現實生活中遇到的問題。此處兩種派別劃分的主要目的是彰顯西方易學在傳播中,如何從最初的神學為宗旨的研究模式,轉變為漢學的考證和哲理闡發的解釋理路。然而,二十世紀中後期,西方易學的研究又出現了新的方向。

四 《易經》西傳的「成熟期」

一九五〇年貝恩斯／衛德明英譯本《易經》問世,並且於一九六一、一九六七、一九七八、一九八九年連續再版。它在歐美地區的影響力極大,甚至被視為西方《易經》的標準譯本。該書能夠有如此大的影響,除翻譯語言簡潔易懂和《易經》自身的魅力外,衛德明不遺餘力地推廣也功不可沒。衛德明撰寫的「變化──易經八講」(*Changes, Eight Lectures on the I Ching*)於一九六〇年被貝恩斯夫人(Cary F. Baynes, 1883-1977)翻譯為英文出版,成為西方學習《易經》的入門手冊。他在該書中,彌合了西方易學研究中經傳對立的情況,將《易經》的性質定義為:既是「卜筮之書」也是「哲理之書」。雖然韓子奇認為衛德明是衛禮賢的繼承者,並將之歸入「實用派」。尤其指出二者都鼓勵德國人民,「無論多麼的痛苦,我們都必須為新時代的到來做好準備。」[25] 但是,衛禮賢是根據自身經驗,希望戰後失去家園、質疑傳統和迷茫焦慮的人們能夠從《易經》中獲得啟發,進而能夠重新拾起信心。衛德明則更具有普世精神和價值,他強調《易經》教會人們的真理是掌握自己的命運,不再做神的「婢女」,永遠活在神的庇佑之中。而中國的「卜筮」之法就是先哲對人類自身價值的探索和嘗試。

從本質上講,衛氏父子的研究目的不同,父親從個人經驗出發實現民族情懷;兒子從人類整體出發凸顯普世價值。二者的差別集中反映在對卜筮的態度上,父親利用卜筮的方法來預測未來,側重預測學的意義。但是在德國

---

25 Wilhelm Richard, *Lectures on the I Ching: Constancy and Change*, Princeton N.J.: Princeton University Press, 1979, p.112.

人們如何得到救贖的問題上，他仍然堅持東方的倫理思想。相較之，衛德明對「卜筮」的認識具有更宏大的意義。他認為「卜筮」能夠溝通天人，使人們認識自己的命運進而掌握變化在人生中的作用。其實，衛氏父子的易學不能完全割裂，畢竟衛德明的易學思想受其父親影響極大。但是，衛德明對「卜筮」的態度已經不同於衛禮賢，他將《易經》中的卜筮方法提升至宇宙本體層面，將《易經》的卜筮和哲學的雙重價值揭示出來。在「易經中的天、地、人」（*Heaven, Earth and Man in the Book of Changes*）中，衛德明既採用旁通（P'ang-t'ung）、綜卦（Ch'ien-kua）和錯卦（Chiao-kua）的象數方法來解讀《易經》，同時也將邵雍、王夫之、揚雄等人的思想納入其中。他既尊重西方神學釋「易」傳統，如「上帝之城」、「上帝創世」等神學觀點，也不忽視萊布尼茨「二進位」、榮格（Carl Gustav Jung, 1875-1961）的共時性（synchronicity）等主張。同時，該書中還有對周代歷史故事的考證，和某些文字的解釋。與韓子奇等人的歸類——衛德明是「實用派」的代表——相反，衛德明實際開拓了新的研究方向。他將《易經》卜筮與哲學充分的融合起來，還原了《易經》本質的屬性。因此，他應該被視為西方易學研究中「成熟期」的奠基人。

自衛德明之後，西方的學者充分意識到《易經》的獨特性。他們不再是「索隱期」將《易經》依附於神學，也並未處在「過渡期」將東方文化置於最高地位。他們逐漸從「格義」的過程開始向「反格義」轉變，即用西方的思想來解釋中國的文化。如夏含夷（Edward Shaughnessy）利用漢學的語言學方法，考證《易經》是西元前九世紀的作品；但是，肯特（Richard Alan Kunst）以文字學入手，認為《易經》是西周作品。二者既受到理雅各的歷史分析的影響，同時也利用了中國一九七三年出土的帛書《易經》作為論證材料。他們跳出中國的語境，以第三人稱的視角來分析《易經》的成書年代，這為中國《易經》的研究提供了「他者」的視角。又如，榮格對卜筮的認識，使他發明了「共時性」的原則。他藉此反對西方因果律，以保證卜筮者能夠與卦爻辭的創作者對話，進而從心理分析的角度確保了占卜活動的有效性。一些其他的學者也從不同的角度理解中國的卜筮活動，如馬夏

（Stephen J. Marshall）比較邵雍（1011-1077）的先天圖和「0／1」二進位的關係，並將京房（西元前77-37年）的八宮卦與天文學的月亮盈虛做對比。孟德衛（David. E. Mungello）關注萊布尼茨和《易經》的關係，闡釋為何萊氏「自然神學」的解釋無法建立西方的普世基督教主義。西方易學的發展逐漸進入了理性的時期，學者們以學術的嚴謹態度來分析和研究《易經》。他們不再將中西文化視為截然對立的矛盾雙方，而是將之視為和諧共生的有機整體。如司馬富（Richard Smith）從跨文化的角度解釋《易經》的中西差異問題。

相較「索隱期」和「過渡期」的神學影響，「成熟期」的易學研究則更加深入。衛德明以雙重性質理論還原了《易經》的本來面貌，後來的學者在該結論的基礎上又向前一步。他們開始翻譯和研究各個朝代對《易經》的注釋。如韓子奇（Hon Tze-ki）研究王弼（西園226-249）的「周易注」和程頤（1033-1107）的「伊川易傳」，奧德勒（Joseph Adler）注重朱熹（1130-1200）的「周易啟蒙」。林理彰（Richard John Lynn）也於一九八四年將王弼的注翻譯出版。還有學者根據出土文獻，將《易經》中的基本問題重新討論。如孔理靄（Richard Alan Kunst）受朱熹啟發，試圖闡釋「原始《易經》」。[26]高廈克（Richard Gotshalk）於一九九九年出版《占卜、卦序與周易》（*Divination, Order and Zhouyi*）的書中，指出通行本的卦序更符合「窮則變，變則通，通則久」（《周易・繫辭》）的道理。二十世紀下半頁，海外易學的研究回歸元典，盡顯《易經》卜筮與哲理的雙重屬性。

五　《易經》西傳的「多元發展期」

進入二十一世紀後，學者們憂心西方易學的發展前景。有的人擔心隨著知名的易學家榮休，不再活躍在歐美的學術領域，《易經》的研究可能會進

---

26 孔理靄於一九八五年在加州大學伯克利分校（University of California at Berkeley）完成博士論文，雖然該論文尚未出版，但慶幸的是作者在加州大學訪學，有幸讀到他的畢業論文。

入「衰落期」。學界的這種擔憂不只是對易學在當代發展的擔心，它同樣折射出當今海內外學者對整個中國哲學在海外的傳播和發展的困境的省思。尤其是面對當代「非本質主義」、「解構主義」、「女性主義」等西方哲學的挑戰時，如何研究《易經》成為問題進入學界的視野。其實，唐君毅先生早就在《說中華民族之花果飄零》[27]中闡述過類似的擔憂，他在書中對海外華人的構想是「靈根自植」。然而隨著海外華人逐漸融入西方學界，並擁有教職和學術刊物後，中西文化和價值的衝突逐漸顯現出來。成中英（Cheng Chung-ying）和柯雄文（Antonio S. Cua, 1932-2007）分別提出「衝突的均衡」和「和諧的辯證法」來解決中西文化差異問題。沈清松（Shen Vincent）認為，當代的環境已經發生變化，在多元文化的現代社會，海外華人的「生命意義」應該走「相互豐富」的發展路線。[28]那麼，面對新世紀的挑戰，西方易學的發展做出了怎麼樣的調整和回應呢？下面將就二十一世紀新出現的《易經》研究趨勢舉例介紹。

　　《易經》與「命」的關係。西方通常將「命」翻譯為 fate, destiny, inertia, contentment, 或者 resignation。但是西方「命」的用法與中國相距甚遠，作為「fate」的命主要指的是一種外力的作用，導致發生一些人們意志無法改變的事情，如人們的死亡。而「destiny」則是一種有主觀選擇的「命」，是某些時候所做選擇導致的最終的結果，如我讀了哲學，可能多年以後我會說「讀哲學就是我的命」。這是西方因果律的必然產物。但是中國的「命」（ming）其實與二者有很大不同。它通常與「天」組合構成「天命」出現（「論語」），也有「受命」、「立命」、和「知命」（「孟子」）等情況。[29]然

---

27 唐君毅：《說中華民族之花果飄零》，臺北：三民書局，1974年。

28 Shen Vincent: Chinese Philosophy in Diaspora and the Meaningfulness of Life for Chinese Overseas, *Chinese Studies*, 2013.

29 參考：Shun Kwong-loi, Ming and Acceptance（尚未發表，預計2017或2018年出版。作者有幸在加州伯克利訪學，跟信老師討論到「命」的問題）；Sophie Botros, Acceptance and Morality, *Philosophy*, vol 58, 1983; Roy W. Perrett, Tolstoy, Death and the Meaning of Life, *Philosophy*, vol 60, 1985.

而，現代的西方主要採用「命運」（fatalism）的用法，將《易經》與預測學或神祕主義聯繫起來。其中較為著名的是愛爾蘭根-紐倫堡大學（Friedrich-Alexander-Universität Erlangen-Nürnberg）國際人文科學研究院（IKGF），他們以研究《易經》的預測學著稱。院長朗宓榭（Michael Lackner）提出中西方對「命運觀」的理解不同，經過解構主義和現代的反本質主義，西方人不再信仰個人或集體的命運是可預測的，或是既定的。相較之，中國的命理文化卻源遠流長，中國尤其重視占卜和預測。中國的「命理學」不僅是對個人命運的掌握，更是對家國運勢的把握。因此，了解中國的「命理學」就等於了解了中國歷代王朝制度的在各個時代的變遷。顯然，德國對《易經》「命」的研究仍然停留在了解中國文化和人力無法改變的階段。然而，若從《易經》本身出發，「命」應該還包含著人的參與，以及人在「生生」的活動中所做的努力。信廣來（Shun Kwong-loi）根據孟子「俟命」概念，將「命」視為「接受」（acceptance），即如何在確定性的基礎上，實現人的不確定性和自我超越。因此，如何正確的看待《易經》中「命」的概念，以及其與卜筮之間的關係，是本世紀有待研究和探索的內容。

　　《易經》與女性主義的關係。 受當代語言哲學和後現代解構主義的影響，「女性」一詞的使用關係著性別研究（gender studies）中本質主義（essentialism）和性別平等（gender equality）兩個議題。波伏娃提出「我們不是生來就是女人，而是學會成為女人」後，[30]「性別平等的前提是什麼」成為問題進入女性主義哲學視野。從「生物性別」（sex，生來如此的固定性別）來看，男女存在生理上的差別。但他們在「社會性別」（gender，學而成之的可變性別）上又可以轉化（transgender）。女性主義一直試圖解決性別平等的前提，即「男女有別」還是「男女無別」的問題。王蓉蓉（Wang Robin R.）認為，中國的陰陽思想及《易經》的卦爻辭可以為「女性主義」提供「反本質主義」式的理解。即陰陽所代表的男女存六種關

---

30 Simone de Beauvoir, *The Second Sex*, New York: Vintage Books, 1973, p.301.

係：矛盾、相依、包含、交感、互補和轉化。[31]因此，在《易經》中的陰陽並不存在「本質」屬性，這可以延伸至兩性問題的理解上。如此，對女性的理解應該拋開本質屬性的束縛，以關愛倫理學中的關係入手進行研究。[32]韓子奇在《易經教學》（Teaching the I Ching）一書中也專門論述了《易經》中的婦女觀。寧問天（Eric S. Nelson）也於書中提及「易經、性別和自然倫理」（The Yijing, Gender, and the Ethics of Nature），關注女性與「反本質主義」的關係，利用《易經》回答「女性是什麼」的問題。

《易經》與交叉學科的應用。其中以夏威夷大學成中英教授的「C 理論」最為著名，他將《易經》應用到管理學上，並創造了一套「新的管理科學。」他的 C 主要指的是中國（China），《易經》（Change），創造性（Creativity），即以中國文化和哲學為背景，對現代管理學的問題進行回答和思考。其中對儒、道、法、兵、墨、和禪等多家的融合和討論，試圖用東方的人性管理解決西方理性管理的危機。[33]另外，普林斯頓大學的蒲安（Andy Plaks）教授運用陰陽五行的文化來研究《紅樓夢》也取得巨大突破。紐約州立大學布法羅分校的荷夫教授，運用八卦分析英語中的單詞，將所有的英語單詞歸於八種結合，對當代的語言學很有啟發。[34]當然，還有人將《易經》運用到語言學、教育學、心理學、藝術設計和城市建築學之中，總之，以上三者都是管中窺豹，以期觀得西方易學研究在當代的走向和趨勢。顯然，易學的發展如果固守成規，其必然出現衰落的結果。但是，《易經》本身就包含著「變化」和「生生」的思想，強調「與時俱進」。在《易經》性質這一基本問題的判定上，如果將之視為「不可為典要」的書籍，在變化之中理解《易

---

31 Wang Robin R., *Yinyang: The Way of Heaven and Earth in Chinese Thought and Culture*, Combridge University Press, 2012. Wang Robin R., Kundao: A Lived Body in the Female Daoist Text, *Journal of Chinese Philosophy*, vol.36, No.2, June 2009.

32 作者有幸在斯坦福大學見到王蓉蓉教授，此觀點得益於每個月的相互討論之中。作者已經完成「女性、八卦與反本質主義」（暫時命名）一文初稿，該觀點尚未發表。

33 成中英：《C 理論——易經管理哲學》，北京：學林出版社，1992年。

34 賴貴三：《東西博雅道殊同——國際漢學與易學專題研究》（臺北：里仁書局，2015年），頁148、165-166。

經》,那麼,當代女性主義、環境主義、非本質主義、解構主義等等對中國哲學提出的挑戰,似乎均可以利用《易經》與其對話。因為,《易經》本身所具有的符號體系和文字體系,蘊藏了多種哲學和思想的敘事體系和言說方式。當代的《易經》的性質若在「不可為典要」中理解,則西方易學應該進入「多元發展期」,即藉由時代的課題與挑戰,賦予《易經》以中西文明對話的新使命。

參考文獻

王佳娣：〈明末清初來華傳教士對《易經》的譯介及索引派的漢學研究〉，
　　　《湖南第一師範學院學報雜誌》2010年第1期。

成中英：〈C 理論——易經管理哲學〉，北京：學林出版社，1992年。

朱伯崑主編：《國際易學研究》第四輯，北京：華夏出版社，1998年。

朱維錚：《利瑪竇中文著譯集》，上海：復旦大學出版社，2002年。

李偉榮：〈20世紀中期以來《易經》在英語世界的譯介與傳播〉，《燕山大學
　　　學報》2016年第3期。

林金水：〈《易經》傳入西方考略〉，《文史》第29輯，北京：中華書局，1988
　　　年。

唐君毅：《說中華民族之花果飄零》，臺北：三民書局，1974年。

張西平，朗宓榭編：《德國漢學的回顧與前瞻》，北京：外語教學與研究出版
　　　社，2013年。

張西平：《傳教士漢學研究》，河南：大象出版社，2005年。

梁盛志：《漢學東漸叢考》，山西：山西人民出版社，2014年。

程爾奇：《晚清漢學研究》，北京：人民出版社，2013年。

楊　平：〈《易經》在西方的翻譯與傳播〉，《外語教學與研究》2015年第6期。

楊宏聲：〈二十世紀西方《易經》研究的進展〉，《學術月刊》1994年第11期。

楊宏聲：〈明清之際在華耶穌會士之《易》說〉，《周易研究》2003年第6期。

熊文華：《美國漢學史》，北京：學苑出版社，2015年。

鄭吉雄主編：《周易經傳文獻新詮》，臺北：國立臺灣大學出版中心，2010年。

賴貴三：《東西博雅道殊同——國際漢學與易學專題研究》，臺北：里仁書
　　　局，2015年。

Arthur Waley, "The Book of Changes," *The Bulletin of the Museum of Far
　　　Eastern Antiquities*, vol 5,1933.

Helen Edith Legge, James Legge, *Missionary and Scholar*, London, 1905.

Hon Tze-ki, A Comparison of James Legge's and Richard Wilhelm's interpretation of the *Yijing*, *Monumenta Serica*, vol 53, 2005.

James Legge, *The Yi King, volume sisteen of The Sacred Books of the East*, London, 1899, reprint 1963.

Roy W. Perrett, Tolstoy, Death and the Meaning of Life, *Philosophy*, vol 60, 1985.

Shen Vincent: Chinese Philosophy in Diaspora and the Meaningfulness of Life for Chinese Overseas, *Chinese Studies*, 2013.

Simone de Beauvoir, *The Second Sex*, New York: Vintage Books, 1973.

Smith Richard J., How the Book of Changes Arrived in the West, New England Review, vol 33, 2012.

Sophie Botros, Acceptance and Morality, *Philosophy*, vol 58, 1983.

Thomas Russell Hillier McClatchie: *A Translation of the Confucian [I Ching]; or, the Classic of Change*, American Prebyterian Mission Press, 1876.

Wang Robin R., Kundao: A Lived Body in the Female Daoist Text, *Journal of Chinese Philosophy*, vol.36, No.2, June 2009.

Wang Robin R., Yinyang: *The Way of Heaven and Earth in Chinese Thought and Culture*, Combridge University Press, 2012.

Wilhelm Richard, *Lectures on the I Ching: Constancy and Change*, Princeton N.J.: Princeton University Press, 1979.

鮑雲龍《天原發微》的易學思想

──以《河圖》《洛書》為主之討論

王詩評*

提要

　　鮑雲龍是南宋進士，入元後不仕，著有《天原發微》傳世。此書藉《易》理言天文象數，論述太極體用、歲運、萬物終始、動靜陰陽、日月星辰、七十二侯、置閏法、《河圖》《洛書》、先後天、左右旋、數原、鬼神、變化等，共輯二十五篇。並有凡例、各類圖說，明人鮑寧復依據內文增撰百餘條問答，使其益加完備。學界目前對於《天原發微》之研究甚少，本文茲以其為主要研究文本，並將討論重心置於鮑氏對《河圖》、《洛書》之論述，分就「《圖》、《書》之數，無往不包」、「《圖》中有《書》，《書》中有《圖》」、「藉《圖》、《書》論生成變化」、「人物變化，敬而已矣」四面向，對二圖之內涵、關係和義理進行梳理，以呈現鮑氏《易》說之一隅，期能拋磚引玉，發掘是書的《易》學價值，補充宋元《易》學史之缺頁。

關鍵詞：鮑雲龍、天原發微、河圖、洛書、象數易學

---

* 　國立臺灣藝術大學通識教育中心助理教授。

The Yi Xue Thought of Bao Yunlong's *Tianyuan Fawei*

——A Discussion on *He Tu* and *Luo Shu*

Wang Shi-ping

Abstract

Bao Yun-long was a scholar in the Southern Song Dynasty. After entering the Yuan Dynasty, he did not serve as an official. He was also known for his work *Tianyuan Fawei*. This book uses the theory of *Yi* to explain astronomical phenolmena and numbers, which discusses the use of Taiji, the fortune of the year, the beginning and end of all things, the movement and stillness of yin and yang, the sun, the moon, the stars, the seventy-two princes, the method of setting intercalation, *He Tu*, *Luo Shu*, the first and last days, left and right rotation, number original, ghosts and gods, changes, etc., a total of twenty-five articles. There are also common examples and various illustrations. Bao Ning-fu, a Ming person, also added more than 100 questions and answers based on the text to make it more complete. At present, there is very little study on *Tianyuan Fawei* in the academic circles. This paper aims to use it as the main study and focus on Bao's discussion of the *Hetu* and *Luoshu*, which will be divided into four parts: "The number of *Tu* and *Shu* is all-inclusive," "there are *Shu* in *Tu*, and *Tu* in *Shu*," "through the theory of *Tu* and *Shu* to generate the change," and "Being respectful to the change of characters c." With the four aspects, the connotation, relationship, and meaning of the two pictures are sorted out to present one of the essential part of Bao's *Yi*. Thus, this study hopes to be able to shed light on thevalue of *Yi* to make up the missing page of the study of *Yi* in the Song and Yuan Dynasty.

Keywords: Bao Yun-long, *Tianyuan Fawei*, *Hetu*, *Luoshu*, Xiangshu and Yi Xue

一 前言

《天原發微》乃宋人鮑雲龍（1226-1296）之著作。鮑雲龍，字景翔，號魯齋，歙縣（今屬安徽省歙縣）人。南宋理宗寶佑六年（1258）舉人，景定（1260-1264）年間鄉貢進士，入元後不仕。今傳《天原發微》有《四庫全書》本五卷，以及《正統道藏》本十八卷，收入太清部；鮑氏另有《大月令》、《箋章研幾》，惜未傳於世。

據《四庫提要》所述：「秦漢以來言天者，或拘於數術，或淪於空虛，致天人之故鬱而不明，因取《易》中諸大節目，博考詳究，先列諸儒之說於前，而以己見辯論其下，擬《易大傳》天數二十有五，立目二十五篇。」[1]鮑氏有感前說未逮，故撰是書援《易》闡發天人之道，此二十五篇即：〈太極〉、〈動靜〉、〈靜動〉、〈辨方〉、〈玄渾〉、〈分二〉、〈衍五〉、〈觀象〉、〈太陽〉、〈太陰〉、〈少陽〉、〈少陰〉、〈天樞〉、〈歲會〉、〈司氣〉、〈卦氣〉、〈盈縮〉、〈象數〉、〈先後〉、〈左右〉、〈二中〉、〈陽復〉、〈數原〉、〈鬼神〉、〈變化〉，大抵就陰陽、五行、卦爻之變化，說解宇宙的自然運行規律。《四庫》館臣對其評論：「其中或泛濫象數，多取揚雄舊說，不免稍近於襍。而要其貫串通達，條縷分明，精粗內外，無不該貫實說《易》家綱領，固未以小疵掩其大醇也。」[2]書中所引之前賢觀點，除了《易大傳》，尚有：《堯典》、《詩經》、《周禮》、《禮記》、《春秋傳》、《太玄經》、《漢書》、《星經》、《周書》、《新五代史》、邵雍、張行成、周敦頤、張載、朱熹、程顥、程頤、蔡元定、蔡淵、蔡沉、朱震等，且又以宋儒為重。

元代元貞二年（1296），歙西鄭昭祖（1259-1310）資助刊印《天原發微》，鮑氏友人方回、戴元表分別作〈序〉，曹涇為之〈跋〉。[3]至於明初，族

1　〔清〕紀昀等：《景印文淵閣四庫全書》（臺北：臺灣商務印書館，1983年），第806冊，頁806-2。

2　〔清〕紀昀等：《景印文淵閣四庫全書》，第806冊，頁806-2。

3　南宋後期的徽州文人熱衷科舉，進士人數眾多，顯宦並出；入元後科舉雖中止，然長於吏事且願意效忠新政府者，亦有晉升之機會。鄭昭祖即為元初崛起之豪強，其「詔

人鮑寧據趙汸之說復作〈辨正凡例〉、〈篇目名義〉，並收二十幅各類圖式（〈河圖之圖〉、〈洛書之圖〉、〈伏羲則圖作易〉、〈周子太極圖〉、〈周子太極圖與易繫辭表裏相合〉、〈伏羲八卦次序〉、〈伏羲六十四卦次序〉、〈伏羲八卦方位〉、〈伏羲六十四卦圓圖〉、〈伏羲六十四卦方圖〉、〈十二月卦氣圖〉、〈文王八卦次序〉、〈文王六十四卦次序〉、〈洪範九疇圖〉、〈明魄朔望圖〉、〈日月會辰圖〉、〈五聲八音圖〉等），另採鮑雲龍和方回之問答為〈節要〉，置於內文之前，方為吾人今所見之《四庫》通行本。

鮑雲龍在〈序〉中自言其撰述旨要：

> 伏羲發造化之秘，而寓之卦畫，憂天下後世之荒於無也。孔子就陰陽卦畫上推出太極來，又懼天下後世之錮於有也。荒於無則舍人，言天入於讖緯，而人事廢。錮於有則舍天，言人出於智巧，而天道泯。二者皆非體用一源之學也。是以聖人既以形而上者載之《易》矣。……上天下地曰宇，孰有大於天地者？往古來今曰宙，孰有遠於古今者？

置江淮等處財賦都總管府，遂加奉訓大夫，攝副總管」，為五品高職。據方回〈序〉曰：「敬齋（鄭昭祖）梓其書行世，回宿諾魯齋以序文，序文至以今年十一月十七日，日南至而魯齋前十日以疾不起，家僅有一孫，嗚呼痛哉！牘下尚有一卷未刻，敬齋為竟其事，回聞之，輒增書魯齋生謝本末，併就書敬齋樂善尚義之美，能盡師友之義，而回所書亦庶乎不負兄弟之義。」方回是元初知名的士大夫，徽州郡城人，與鮑氏友好，其對《天原發微》有甚高評價：「往聖先賢，前作後述，搜玄獵冥，參以己見，天原之微備矣！」另一位寫〈序〉之戴元表，與鮑氏同鄉且年少一歲，亦肯定此作：「景翔猶未輕繕，寫其大綱，莫要於《易》，莫備於關洛以來諸老所言矣！幸辛成之，以惠後學。」而為其寫〈跋〉之曹涇，是咸淳四年（1268）進士，對鮑氏學問實為推崇：「歲甲午十二月始盡得讀之，如靈犀照水，百怪洞見，無遁形也。如導江自岷，一瀉萬里，注之海也。……魯齋真人豪哉！予與魯齋為同年貢士，亦學性理，而魯齋之博極，予實不如，不謂之人豪而何？」綜上所述，四庫館臣雖言《天原發微》有雜之弊，亦未抹減該書價值；而就鄭昭祖、方回、戴元表及曹涇之舉措與評論，可以見得鮑雲龍於宋末元初之徽州學界有一定之影響力，《天原發微》亦受士大夫之關注。〔清〕紀昀等：《景印文淵閣四庫全書》，第806冊，頁806-5、806-7、806-312。章毅：〈理學社會化與元代徽州宗族觀念的興起〉，《中國社會歷史評論》，第九卷，2008年，頁103-123。

愚謂大者天地，一者太極，一則久，久則大，宇宙之間孰有加於此
哉？是故一而大謂之天，天包地外，〈乾〉以一畫而包〈坤〉地之
二，是為三數，言天則三才在其中矣。……纘輯先儒要語成二十五
篇，上合天數，以理為經，以氣為緯，自太極而下判為天地，燦為日
月星辰，分為四時五行，隱於《河》《洛》之精微，散於大《易》之
象數。[4]

再參看方回之〈序〉：

天果有原乎？曰：有，即所謂形而上之道也。漢儒曰：道之大原出於
天。如此則是先有天而後有道，原本也。宜當曰：道者，天之原。而
天之形象、氣數、萬物，道之末也，器也。[5]

鮑氏承繼中國古代時空觀，以「宇」為無邊無際的空間、「宙」為無始無終
的時間，並指出大而久者乃「天」，其統括萬有、含囊三才，又為「太極」。
下文，方回解釋「天原」一辭，以形而上之道為「天之原」，形而下之器為
「道之末」，因此「天原發微」應是發揮天道之造化精妙。然鮑氏深感後人
恐荒於無而人事廢、錮於有而天道泯，在在強調體用一源、切莫偏廢有無，
故聖人將形而上之道蘊含於《河圖》、《洛書》及《易》之象數，以此體現日
月星辰的更迭轉換、四時五行的流行變化。

　　歷來研究《易》學者素有象數、義理兩派之別，黃慶萱教授就此曾表
示：「象數是義理的根柢，捨象數而專說義理，義理易流為無根的空談；義
理是象數的花果，止於象數而不講義理，研究《周易》就不能開花結果，一
無所獲。」[6]《天原發微》一書藉大量的象數論述推測宇宙所蘊含的律則與
數據，藉此說明三才之理，「天原發微」之題名呼應《周易》推天道以明人

4　〔清〕紀昀等：《景印文淵閣四庫全書》，第806冊，頁806-3、806-4。

5　〔清〕紀昀等：《景印文淵閣四庫全書》，第806冊，頁806-4、806-5。

6　黃慶萱：〈周易數象與義理〉，《周易縱橫談》（臺北：東大圖書公司，2008年），頁33。

事，其更強調天地之奧義可藉象與數掘發之。故本文茲以《天原發微》的
《易》學思想為題，乃欲探討鮑氏如何藉圖書發揮其天人之義，該書中即有
一篇〈象數〉，內容概以《河圖》、《洛書》為主。《天原發微·數原》言：

> 《易》者陰陽，變易代換。理與數不相離，皆自然之《易》。混沌初
> 開，人淳最有知識。天以日月星辰示此數於上，地以《河圖》、《洛
> 書》呈此數於下。首生伏義，揭此數以示人。自堯舜禹湯文武周公孔
> 子，遞遞相傳，以至于今。[7]

> 《河圖》、《洛書》者，數之宗，聖人畫卦之源也。一曰：太極為理之
> 原，《圖》、《書》為數之祖。[8]

鮑氏以《河圖》、《洛書》為象數之宗祖，雖與日月星辰以不同形式呈現天地
之數，所載亦皆為自然之《易》、陰陽變易之理。承上所述，先聖據《圖》、
《書》始畫卦爻以模擬天地萬物，其既為象數之原，則《圖》、《書》理應賅
盡《易》數；又，《河圖》、《洛書》到底為二張圖式，二者之數有何關係，
能否互含互有、相輔相成；再者，鮑氏以太極為理之原，並將其與數之祖的
《圖》、《書》並列，理、數既然皆為闡釋陰陽變易的自然之《易》，鮑雲龍
如何詮解太極與《圖》、《書》之關聯？最末，鮑氏於書中多援用程朱之說，
其所掘發的《圖》、《書》之理是否能結合理學家之修為工夫，適切地闡述天
人之道？皆為筆者欲於本文探討之重點。

　　除了《河圖》、《洛書》，《天原發微》所述之象數學另有〈歲會〉、〈卦
氣〉等篇，然礙於篇幅所限，本文將專論其對《圖》、《書》之論述。下文內
容，將就「《圖》、《書》之數，無往不包」、「《圖》中有《書》，《書》中有
《圖》」、「藉《圖》、《書》論生成變化」三小節進行討論。

7　〔清〕紀昀等：《景印文淵閣四庫全書》，第806冊，頁806-254。
8　〔清〕紀昀等：《景印文淵閣四庫全書》，第806冊，頁806-257。

二 《圖》、《書》之數，無往不包

　　鮑雲龍在《天原發微》中多次強調，《河圖》、《洛書》乃是象數之原、畫卦之始，如其言：「河出《圖》而八卦畫，陰陽始有象。洛出《書》而九疇敘，五行始有數。……伏羲仰觀俯察，見天地間無非《易》。而《河圖》之出，適契其心，故因之以畫卦。」[9]此說乃是上承《易大傳》[10]，大抵以《河圖》、《洛書》揭示天地之《易》，故先聖據其畫卦作《範》。然天地一理，《河圖》、《洛書》既以象數表徵自然之《易》，則應與經傳中述及之《易》數不相違和，對此，鮑氏言：「《圖》、《書》之數，無往而不包也。」[11]「前天地之終，後天地之始。皆不出《圖》與《書》之數也。」[12]茲舉〈數原〉中的一段文字，說明鮑氏對於《圖》、《書》之數含括《易》數之論：

> 天一至地十，伏羲則《河圖》以畫卦之數。五十有五者，夫子發明天地之數。大衍五十者，撰著之數。〈乾〉〈坤〉三百六十者，周朞之數。萬有一千五百二十者，萬物之數。皆先天數也。《圖》、《書》之數，無往而不包也。文王序《易》，以〈乾〉〈坤〉為首。益陽奇陰偶之畫，即〈乾〉〈坤〉二卦之分也。所以伏羲畫先天之卦，首〈乾〉尾〈坤〉。包六十二卦於其中者，益以天下萬有之數，皆圍於〈乾〉〈坤〉中也。〈乾〉，天也，數起於一。以一函三，三三而九。凡天下一三五七九之為陽數者，皆繫乎此。所以〈乾〉道成男，而為〈震〉〈坎〉〈艮〉之卦，散在四時。若人若物，皆稟〈乾〉之氣也。〈坤〉，地也，數起於二。三二而六，中含十二畫。凡天下

9　〔清〕紀昀等：《景印文淵閣四庫全書》，第806冊，頁806-208。

10　《易大傳》曰：「河出圖，洛出書，聖人則之。」孔安國云：「《河圖》者，伏羲王天下，龍馬出河，遂則其文，以畫八卦。《洛書》者，禹治水時，神龜負文而列於背，有數至九，禹遂因而第之，以成九類。」

11　〔清〕紀昀等：《景印文淵閣四庫全書》，第806冊，頁806-258。

12　〔清〕紀昀等：《景印文淵閣四庫全書》，第806冊，頁806-257。

之二四六八十而為陰數者，皆繫乎此。所以〈坤〉道成女，而為
〈巽〉〈離〉〈兌〉之卦，散在四時。若人若物，皆稟〈坤〉之氣也。
一奇一偶，為陰為陽，牝牡相銜，皆四九、四六、四七、四八之數。
生生化化，而充暢流動於中。順數逆數，無往而不與此數會。天道左
行為順，五行所以相生。天道右行為逆，五行所以相克。相克所以相
成也。故曰：《易》之數由逆而成也。《說卦》曰：《易》逆數也。又
曰：數往者順，知來者逆，此之謂也。[13]

此段原文，筆者擬分作三部分討論。

首先，鮑氏開宗明義的表示天地之數、揲蓍之數、周朞之數、萬物之
數，皆不出於《圖》、《書》之數。天地之數五十五，是天數（1+3+5+7+9）
與地數（2+4+6+8+10）之總和，符合《河圖》黑白點五十五之數；揲蓍之
數即「大衍之數五十」[14]，亦合《河圖》虛其中五之數；周朞之數三百六十
是〈乾〉之策（4季×9陽數×6爻=216）與〈坤〉之策的總和（4季×6陰數
×6爻=144），亦合於一年三百六十日（12月×30日=360）；萬物之數是萬有
一千五百二十（11520），則是32陽卦×〈乾〉之策216加上32陰卦×〈坤〉
之策216（6912+4608=11520）。鮑氏主張，以上之先天數，蓋不離《河
圖》、《洛書》之數。

其次，伏羲畫卦、文王繼而演《周易》，文中以天〈乾〉地〈坤〉的陽
九、陰六之數，總包陽數一三五七九及陽卦〈震〉〈坎〉〈艮〉、陰數二四六
八十及陰卦〈巽〉〈離〉〈兌〉。又，〈乾〉〈坤〉並以首尾二卦統攝其餘的六
十二卦，包孕天下萬有之數，故上文提及之天地之數、揲蓍之數、周朞之

---

13 〔清〕紀昀等：《景印文淵閣四庫全書》，第806冊，頁806-257、806-258。

14 《繫辭傳》：「大衍之數五十，其用四十有九。分而為二以象兩，掛一以象三，揲之以
四以象四時，歸奇於扐以象閏；五歲再閏，故再扐而後掛。天數五，地數五，五位相
得，而各有合。天數二十有五，地數三十，凡天地之數五十有五，此所以成變化而行
鬼神也。」〔魏〕王弼等注，〔唐〕孔穎達疏：《周易正義》，收入《十三經注疏》（臺
北：藝文印書館，1993年），頁152。

數、萬物之數,皆稟〈乾〉〈坤〉之氣而數成。

再次,四九、四六、四七、四八為揲蓍法之餘數,也就是36(4季×老陽9)、24(4季×老陰6)、28(4季×少陽7)、32(4季×少陽8),表現萬物生成的陰陽流動變化。下文述及的順逆之數,以天道左行、五行相生,天道右行、五行相克,呈現五行相互作用。〈左右〉篇中鮑氏以《洛書》為例進行更詳盡的解說:

> 今以《洛書》變數推之,一圖之上,左旋右旋之數,皆備陽以三左行。天圓徑一圍三,三天數也。一在北。一而三之,三在東。三其三為九而居南。九而三之,三九二十七而居西。三其二十七為八十一,而一復,居于北。北而東,東而南,南而西,西而復北。循環不窮,有以符天道左旋之義。地方徑一圍四,兩其二也。蓋以地上之數起於二,而陰資以為始。位在西南而右行。二而二之為四而居東南,二而四之為八而為東北,二其八為十六而居西北,二其十六為三十二而二復居西南。本位西南而東南,東南而東北,東北而西北,西北而復西南。亦循環不窮,有以協地道右行之說。一三七九,陽居四正。二四六八,陰居四隅。左右旋轉,相為經緯。造化之妙如此,天地間無物無左右者,自吾身之手足耳目,以至男左女右,主左賓右,莫不皆然。亦根於造化之分定也。若以《河圖》推之亦然。但陰陽對布內外,交錯有不同爾。[15]

---

15 〔清〕紀昀等:《景印文淵閣四庫全書》,第806冊,頁806-240、806-241。

圖一　洛書左旋圖　　　　　　圖二　洛書右旋圖

圖一的陽數是以相乘奇數三排列而成，由一為始，一乘三得三，三乘三得
九，九乘三得二十七（僅取尾數七），二十七乘三得八十一（僅取尾數一），
天道左旋的順序為一三九七一；又，北方一為水，水生東方三之木，木生南
方九之火，火生中五土，土生西方七之金，金生北方一之水，此序列即五行
相生。陰數則是以相乘偶數二排列而成，起始於二，二乘二得四，四乘二得
八，八乘二得十六（僅取尾數六），十六乘二得三十二，地道右旋之數為二
四八六二；又，西南二為火，火克東南四之金，金克東北八之木，木克中五
土，土克西北六之水，水克西南二之火，此序列乃五行相克。另外，《洛
書》以一三七九陽數居四正位，二四六八陰數居四隅位，亦即陰陽交錯的靜
態圖式，然其左旋右旋、相生相克的動態流轉，呈現陰陽的作用循環不已。
〈左右〉篇又言：「《河圖》、《洛書》亦以天左旋日月右行而見。」[16] 鮑氏以
為，左右旋轉、相為經緯，《河圖》推之亦然，其雖未詳解《河圖》順逆之
數，今復參見圖式如下：

16　〔清〕紀昀等：《景印文淵閣四庫全書》，第806冊，頁806-238。

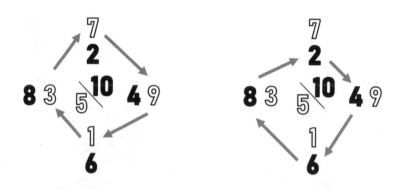

圖三　河圖奇數右旋圖　　　　圖四　河圖偶數右旋圖

《河圖》五十五數，是以五生數（一二三四五）統五成數（六七八九十），生成數之間奇偶交錯。陽數為奇，始一，復經三、七、九，復歸於一；陰數為偶，始二，復經四、六、八，復歸於二。陰陽數皆為順時鐘運行，也就是水生木、木生火、火生土、土生金、金生水的五行相生之序。鮑氏僅取《洛書》說解，應在於該圖能統合順逆生克之數。

　　總結上引之文，筆者以為，鮑雲龍以《圖》、《書》之數包含天地之數、揲蓍之數、周萛之數、萬物之數、陰陽之數、順逆之數，並進一步推論先聖據《圖》、《書》而畫卦作《範》，〈乾〉陽〈坤〉陰、五行生剋亦不出於《圖》、《書》。可見鮑氏欲藉《河圖》、《洛書》模擬其宇宙圖式，前述之《易》數亦同時含容時間、空間、動態、靜態之概念，然就其以《河圖》、《洛書》推闡宇宙之生成，於此處則未見更深入的討論。下文再舉一例，說明鮑氏主張九疇之數亦不出於《圖》、《書》之數：

　　　　一者九之祖，九者八十一之宗。一九首尾為一者，一歲首尾於冬至
　　　　也。九數分為九圖，轉而數之，則八節周矣。二二立春，三三春分，
　　　　四四立夏，五五夏至，六六立秋，七七秋分，八八立冬，九九冬至。
　　　　九數終而復生一，生生不窮也。陰終而陽始，晝終而夜始，歲終而春
　　　　始。前天地之終，後天地之始。皆不出於《圖》與《書》之數也。一

九而九，九九八十一，八十一而七百二十九，七百二十九而六千五百
六十一而數備。奇數之行，偶象之所以立也。故曰：八卦九章，相為
表裏。[17]

此段乃是注解蔡沉的文字，是對「奇者，數之所以行；偶者，象之所以
立……」[18]的詮解，蔡文並述及，奇數（九疇）與偶數（八卦）相為表裏，
且以六千五百六十一（9×9×9×9=6561）為數備，四千九十六（8×8×8
×8=4096）為象備，二者不可相無。又，一而三，三而九，九者即九疇之
數，亦合《洛書》之九數。鮑氏以一為數首、九為數尾，數雖分首尾，然於
上文所強調的是生生不窮、終而復始的時間概念與生成狀態。以八節為例，
冬至為歲始，復經立春、春分、立夏、夏至、立秋、秋分、立冬又歸於冬
至，再進入下一輪轉之始終。同理，陰陽、晝夜、年歲、天地之始終，亦是
終而復生。參看上文順逆之數的討論，《洛書》天道左旋的順序為一三九七
一，地道右旋之數為二四八六二；《河圖》奇數右旋的順序為一三七九一，
偶數右旋之序為二四六八二，其所呈現的也是終而又始、循環不已的現象。
鮑氏對於一九之數和六千五百六十一之數的關係並未再進一步說明，筆者私
以為，一為始、九為終，然九又為另一循環之始（9×9=81），以此推算八
十一（81×9=729）、七百二十九（729×9=6561）復為另個終始，或可如此
解釋，萬物生生不息的循環流轉，雖以終為始，然此開始並非回到原循環之
始，而是開創下一個新的循環。所以，此圓道運行非固定圓圈，而是呈螺旋
狀的加倍開展，方有六千五百六十一之數備。儘管加乘之數益加大，然其收
攝於宗，即是一九之數，仍不離《圖》、《書》範疇。

---

17 〔清〕紀昀等：《景印文淵閣四庫全書》，第806冊，頁806-257。

18 〔清〕紀昀等：《景印文淵閣四庫全書》，第806冊，頁806-257。

三 《圖》中有《書》，《書》中有《圖》

有宋一代，《河圖》、《洛書》的名稱所指有兩派不同的主張：第一派以黑白點四十五數的圖為《河圖》，黑白點五十五數的圖為《洛書》，即「《河》九《洛》十」，持此論之代表有范諤昌、劉牧和朱震；另一派則以五十五數的圖為《河圖》，四十五數的圖為《洛書》，即「《河》十《洛》九」，持此說者為朱熹、蔡元定。[19]鮑雲龍關於《河圖》、《洛書》的論述承自朱門，以下茲錄《天原發微》中所收之兩幀圖及解說如下：

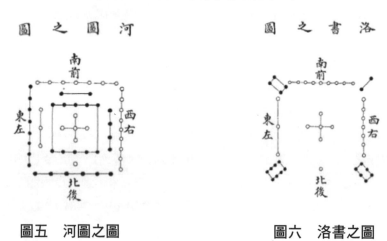

圖五　河圖之圖　　　　　　　　　圖六　洛書之圖

---

[19] 《天原發微・象數》：「古今傳記：自孔安國、劉向父子、班固皆謂《河圖》授羲，《洛書》授禹。關子明、邵康節皆以十為《河圖》，九為《洛書》。而九宮之數，戴九履一，左三右七，二四為肩，六八為足，正龜背之象也。朱子曰：讀《大戴禮》書只得一證甚明。其《明堂》篇有二九四七五三六八一之語。鄭注謂：法龜文也。然則漢人固以九為《洛書》矣。胡為劉牧意見，以九為《河圖》，十為《洛書》。悉反先儒之說，託言其《圖》出於悉夷，不立文字。謂許堅傳於諤昌，諤昌傳於劉牧。世多祖其說，流傳天下。今觀漢上著為《易傳》，蜀人張行成著為《七易》。他如蒲陽鄭氏之類，皆用其說，悉未經刊正以前者。至朱夫子出，始與西山蔡隱君共訂證之。以十為《河圖》，九為《洛書》。一還其舊，天下信之。」〔清〕紀昀等：《景印文淵閣四庫全書》，第806冊，頁806-221。亦可參見朱伯崑：《易學哲學史（修訂本）》（臺北：藍燈文化事業公司，1991年），第二卷，頁434-452。

伏羲氏王天下，龍馬負圖出河。其數一六居下，二七居上，三八居左，四九居右，五十居中，伏羲則之以畫八卦。(〈河圖〉)[20]

大禹治水，神龜出洛。負文列於背，有數至九。其數以五居中，戴九履一，左三右七，二四為肩，六八為足，禹因第之以成九疇。(〈洛書〉)[21]

在〈象數〉篇中，鮑雲龍按蔡淵（1156-1236）之說，持「先天八卦，合《洛書》；後天八卦，合《河圖》數」之觀點，以卦配《圖》、《書》，筆者茲就鮑氏注文內容[22]，繪圖示意：

圖七　後天八卦河圖配示意圖　　　　圖八　先天八卦配洛書示意圖

20　〔清〕紀昀等：《景印文淵閣四庫全書》，第806冊，頁806-9。

21　〔清〕紀昀等：《景印文淵閣四庫全書》，第806冊，頁806-10。

22　〈象數〉：「以老陽九為〈乾〉在正南，四為〈兌〉在東南。少陰三為〈離〉在正東，八為〈震〉在東北。少陽二為〈巽〉在西南，七為〈坎〉在正西。老陰一為〈坤〉在正北，六為〈艮〉在西北。……以一六水〈坎〉居北，二七火〈離〉居南，三八木〈震〉三居正東、〈巽〉八居東南，四九金〈兌〉四居正西、〈乾〉九居西北。五與十者，〈艮〉五居東北，〈坤〉十居西南，貫乎中宮而為土。」〔清〕紀昀等：《景印文淵閣四庫全書》，第806冊，頁806-219。

以此二圖參看鮑氏注朱子「《河圖》以五生數，統五成數；《洛書》以五奇數，統四偶數」之文：

> 《河圖》以生成分陰陽。一二三四五生數，屬陽居內。六七八九十成數，屬陰居外。以生統成，以內合外。中為主，而外為客。所謂體之有常，而同居其方也。《洛書》以奇偶分陰陽。一三七九居四正位，配四陽卦。二四六八位四隅，偏配四陰卦。以奇統偶，以尊臨卑。正為君而側為臣，是謂以數之變而各居其所也。然二圖常變不可拘一，在《圖》則少陰老陽不動，而少陽居南當〈乾〉位，老陽居西當〈坎〉位，不協夫生卦之序。在《書》則老陽居南當〈乾〉，少陽居西當〈坎〉，反協夫生卦之序。所謂常中有變，變中有常，其妙處不可窺也。[23]

《河圖》與《洛書》雖為黑白點數、位置皆不同的兩幅圖，但在上文鮑氏以二圖皆是「以陽統陰」說明其聯繫。《河圖》是以居內之生數為陽，居外圍之成數為陰；《洛書》以居四正位者為陽並配陽卦，位四隅者為陰並配陰卦。鮑氏解釋二圖以生數統成數、以奇數統偶數，且陽為主為尊、陰為客為卑，突顯陰陽數之重要性。然而，陽卦多陰爻，陰卦多陽爻。〈震〉〈坎〉〈艮〉為陽卦，皆一陽二陰；〈巽〉〈離〉〈兌〉為陰卦，皆一陰二陽。《洛書》居四正位乃是〈乾〉〈坤〉〈坎〉〈離〉，不全是陽卦；位四隅者為〈巽〉〈兌〉〈艮〉〈震〉，也非皆是陰卦。此處僅能說明，鮑氏為了加強說解《河圖》與《洛書》都是「以陽統陰」的圖式結構，故以配陽數之卦為陽，配陰數之卦為陰。下文言及，「在《圖》則少陰老陽不動，而少陽居南當〈乾〉位，老陽居西當〈坎〉位」，然《河圖》之少陽數七居南當〈離〉位，老陽數九居西北當〈乾〉位；而「在《書》則老陽居南當〈乾〉，少陽居西當〈坎〉」，《洛書》之老陽數九居南當〈乾〉位，少陽數七居西當〈坎〉位，

---

23 〔清〕紀昀等：《景印文淵閣四庫全書》，第806冊，頁806-210。

則符合先天八卦配合《洛書》之卦序。又，鮑氏注「《河圖》、《洛書》，相為經緯。八卦九章，相為表裏」之文：

> 《河圖》有九疇之象，《洛書》有五行之象。《河圖》是常數，《洛書》是變數。生數統成數，為常數之主。奇數統偶數，為變數之用。《河圖》以生數為主，《洛書》以奇數為主。《河圖》表可以畫卦，裏可以敘疇。《洛書》表可以敘疇，裏可以畫卦。《河圖》以生成合陰陽。合者未嘗不分，故內外之文，有主賓之辨。《洛書》以奇偶分陰陽。分者未嘗不合，故對待之中，有流行之妙。其曰經緯者，非是以上下為經，左右為緯也。蓋經言其正，緯言其變也。其曰表裏者，非是指此為裏，彼為表也。蓋言《圖》中有《書》，《書》中有《圖》也。《圖》、《書》互為正，變在所主何如耳。主《圖》而言，《圖》為正，《書》為變。主《書》而言，《書》為正，《圖》為變。表裏亦然。[24]

此處則再推論，《河圖》為常數之主、《洛書》為變數之用，常中有變、變中有常，二圖相互含攝。因此，畫卦與敘疇之用可互為補充，非獨《河圖》可據其畫卦，非唯《洛書》可藉其敘疇。同理，生成之數或奇偶之數的陰陽分合，未嘗絕對，合者亦分、分者亦合。所以，《河圖》與《洛書》的關係是互為依存、相為正變。

依於二圖可互為表裏的關係來看下段注文，可更清楚鮑氏所主張的「《圖》中有《書》，《書》中有《圖》」，是言其蘊含之《易》理可相互補充，文曰：

> 《圖》以一二三四，含七八九六而為十。《書》以一二三四，對七八九六而為十。十即二五也。二者之數，皆以乘五而生，得五而成也。

24　〔清〕紀昀等：《景印文淵閣四庫全書》，第806冊，頁806-217。

老陽之位一而在北，一而含九，而成數卻在西。少陰之位二而在南，二而含八，而成數卻在東。少陽之位三而在東，三而含七，而成數卻在南。老陰之位四而在西，四而含六，而成數卻在北。所以互為生成也。若《書》數則直相對而已。一與九對北而南也，三與七對東而西也。位之四正也，四隅又各自為對。東北角對西南角，二與八也。東南角對西北角，四與六也。亦互相經緯也。[25]

《河圖》以生數含成數為十，《洛書》以生數對成數為十，《河圖》體現互為生成，《洛書》則是互相經緯；因二圖常中有變、變中有常，《河圖》亦有二數相對，《洛書》亦見相為生成。以《河圖》論之，老陽九之位為一居北，因為一含九為十，故位一當北、數九卻在西；少陰八之位為二居南，因為二含八為十，故位二當南、數八卻在東；少陽七之位為三居東，因為三含七為十，故位三當東、數七卻在南；老陰六之位為四居西，因為四含六為十，故位四當西、數六卻在北；以上相含之生成數，亦皆相對為十。再以《洛書》論之，四正與四隅之數相對並生成，北一對南九相含為十，東三對西七相含為十，東北二對西南八相含為十，東南四對西北六相含為十。

朱熹透過對《河圖》、《洛書》的比較，認為二圖可以互通，故其言：「《洛書》固可以為《易》，而《河圖》亦可以為《範》矣！且又安知，《圖》之不為《書》，《書》之不為《圖》也耶？」[26]從《河圖》的象數結構視之，中間的五與十，太極也；奇數二十與偶數二十，兩儀也；四方的生數一二三四統成數六七八九，四象也；析四方之合，補四隅之空則為八卦。再言《洛書》的象數結構，中五為太極，奇偶各二十為兩儀，四正、四隅相對之數縱橫十五為四象，虛其五則餘八數對應八卦。兩圖都符合《繫辭》「《易》有太極，是生兩儀，兩儀生四象，四象生八卦」[27]的義理，即其所

---

25 〔清〕紀昀等：《景印文淵閣四庫全書》，第806冊，頁806-220。

26 〔宋〕胡方平：《易學啟蒙通釋（臺北：世界書局，1986年），卷三，頁13-14。

27 〔魏〕王弼等注，〔唐〕孔穎達疏：《周易正義》，頁155。

揭示乃同一天地之理。《天原發微》所收圖式中即有一幅〈伏羲則圖作易〉，即是據《繫辭》此文所繪，圖式如下：

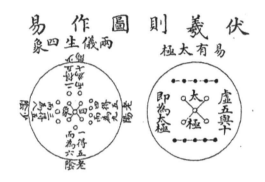

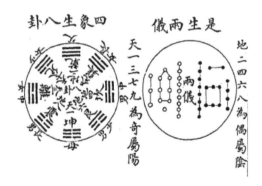

圖九　伏羲則圖作易

「《易》有太極」，即虛五與十，隱於《河圖》，為生生不窮的天地之始；「是生兩儀」，乃天數一三七九為奇屬陽儀、地數二四六八為偶屬陰儀；「兩儀生四象」，老陰居北一合五為六，少陽居南二合五為七，少陰居西三合五為八，老陽居東四合五為九；「四象生八卦」，如圖所示乃是天一〈坤〉、地二〈乾〉、天三〈離〉、地四〈坎〉、天五虛於中、地六〈艮〉、天七〈兌〉、地八〈震〉、天九〈巽〉之序，亦即《洛書》配先天八卦的排列。伏羲則《河圖》作《易》，所畫製的先天八卦與《洛書》數同，此處並非謂《河圖》在

先、《洛書》後出，而是《河圖》蘊涵《洛書》奧義，《洛書》亦涵《河圖》之旨。再者，天數一三七九配〈坤〉、〈離〉、〈兌〉、〈震〉，地數二四六八配〈乾〉、〈坎〉、〈艮〉、〈震〉，以陽數配陰卦、陰數配陽卦之圖式，更能直揭太極生陰陽，互容互需生發萬物之象。

四 藉《圖》、《書》論生成變化

在《天原發微》中，述及《河圖》、《洛書》之中五、中十之處，有言：「虛其中，則太極生兩儀、四象、八卦也。」「虛其中，亦太極也。」[28]居中之數為太極，自朱熹及有此論，然鮑雲龍在發揮其義理時，並不僅限於創生之義，而有更豐富的闡發。茲舉以下〈數原〉之文說明：

> 天五居辰極中而貫四時，地五居《河》、《洛》中而統四方。圖中五點，土居中央。外四點，北水南火東木西金是也。戊巳律中，黃鐘之宮。宮在中間，春角夏徵秋商冬羽，音皆別，惟此曰宮。京房律準十二弦，中一弦為黃鐘不動，十二弦便挂起應。十二月五居中央，重十而五不離中矣。天地之數，五十有五。大衍五十，中五為天地沖氣。虛中無為，全體未分，即太極也。及其判，則兆於一，一為形變之始，是為天之元氣。始變而出於北方以生水，故水數一。此一之為數，以其初變而得名。再變而出於南方以生火，故火數二。此二之為數，以一之再變而得名。三變而出於東方以生木，故木數三。此三之為數，以一之三變而得名。四變生西方之金，其數四，亦以一之四變而得名也。二三四雖皆以一得名，故總謂之生數。然是一也，始由五出以生。是數於外終由五入，以成是數於內。內外生成均一，五行而已。故曰：土為沖氣是為貞，君以為五行之主。五者，自生自成，初無所待。其成於五者，亦重五而為十。《洛書》縱橫曲折，皆不離於

三五者，亦猶是也。此天之五數，所以乘數而不墮，入數而不沒，成
變化行鬼神也。[29]

數五居中，在天象、《圖》《書》、方位、音律、季節、天地之數、大衍之
數……等處，都有統貫、樞紐的特別意義。在此段引文中，鮑雲龍不僅承繼
朱門視「五」為虛中之數，其亦是宇宙創生的本原（太極），更就其生發萬
物的數字序列作了發揮。筆者依據上文內容，試繪示意圖說明：

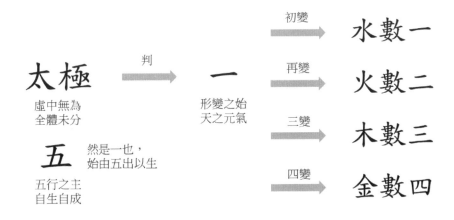

圖十　鮑雲龍五行之數生成示意圖

首先，鮑氏將「五」定位為虛中無為、全體未分，及至判分方有「一」，也
就是形變之始、天之元氣，故「一」由「五」出而生。接下來，由「一」之
始變生北方水數「一」、再變生南方火數「二」、三變生東方木數「三」、四
變生西方金數「四」，四方之數皆由「一」之變而得名，然「一」乃由
「五」出，因此「五」不僅能自生自成，甚有生他數、成他數之功能，復由
一二三四五，成六七八九十。又，「五」為天地沖氣、五行之主，鮑氏所
言，表現出「數由氣而生、氣化生五行」的生成論述；接續其言，生數與成
數之生成，可細分為四個層次：五→一→一二三四→六七八九十。其說對比

29　〔清〕紀昀等：《景印文淵閣四庫全書》，第806冊，頁806-254、806-255。

〈伏羲則圖作易〉「易有太極、是生兩儀、兩儀生四象、四象生八卦」[30]，倘若數五合於太極，一為兩儀，一二三四為四象〈坤〉、〈乾〉、〈離〉、〈坎〉，六七八九為餘四卦〈艮〉、〈兌〉、〈震〉、〈巽〉。那麼，一何以同於陰陽兩儀？再者，兩儀生四象是否也依照初變、再變、三變、四變的順序？鮑氏則未有更精細的詮釋。《河圖》與《洛書》皆由生數、成數組成，其數涵蓋天地之理、無往不包，鮑氏在前學的基礎上，進一步推闡數之生成序列，其說雖有未逮，然鮑氏企圖以《圖》《書》之數架構宇宙生成論述，亦可見其用心。

「五」不僅指太極，亦指五行。上段引文之末，「此天之五數，……成變化行鬼神」[31]，五數乃一二三四五，亦即五行。下文對數「五」之敘述，則從生成延伸至流行，文曰：

> 偶者靜，靜以動為用。故《河圖》之位合皆奇。一合六，二合七，三合八，四合九，五合十。奇者動，動以靜為用。故《洛書》之位合皆偶。一合九，二合八，三合七，四合六。是故《易》之吉凶主乎動，則《河圖》者動由乎我，所以知幾而先吉，故曰先天。《範》之吉凶見乎靜，靜者必以動而後成，則《洛書》者動順乎天，惟能明吉凶而已，故曰後天。氣有二而行有五，一三五七九者，陽之行也。故夫子總天之五數，得二十五。二四六八十，陰之行也。故總地之五數，得三十。二非五不能變化，五非二不能自行。言陰陽所以成變化，行鬼神者在乎五。五者，五行也，天地陰陽對待之定體。自一至十者，陰陽流行之次序。分為奇偶，則一三五七九為陽，二四六八十為陰。列為先後，則一二三四五生數為陽，六七八九十成數為陰。數行乎陰陽而形未定，象著乎陰陽而形已成。象，陰靜也；數，陽動也。太極非靜非動而主乎靜。太極之前，象數不可分先後，及其動而生陽數為

---

30 〔清〕紀昀等：《景印文淵閣四庫全書》，第806冊，頁806-12。

31 〔清〕紀昀等：《景印文淵閣四庫全書》，第806冊，頁806-255。

始，而象亦自此始。靜而生陰象方成，而數亦至此成。陰陽分合，動
靜不同。主立而言，靜則二對待之時，動則一流行之時。主行而言，
靜則一陰陽合德，動則二先陽後陰。[32]

上文乃是對蔡淵原文之解釋，蔡文曰：「《易》主象，《範》主數。《河圖》數
偶，偶者對待，故《易》本二氣。《洛書》數奇，奇者流行，故《範》本五
行。」[33]鮑氏以為，奇數動，《河圖》之位相合皆奇數（一合六為七，二合
七為九，三合八為十一，四合九為十三，五合十為十五），因「《易》之吉凶
主乎動」，《河圖》動由乎我以知幾，故為先天；偶數靜，《洛書》之位相合
皆偶數（一合九為十，二合八為十，三合七為十，四合六為十），因「《範》
之吉凶見乎靜」，《洛書》動順乎天僅能明吉凶，故為後天。鮑注以合數之奇
數動、偶數靜，將《河圖》歸為先天、《洛書》歸為後天，這是進一步延伸
蔡氏見解。

其次，「氣有二而行有五」，指陰陽以成變化、五行以行鬼神，然陰陽無
五行不能變化、五行無陰陽不能自行。此處，五為五行、而非太極，五是天
地陰陽對待之定體；數一至十，則為陰陽流行之次序。可以見知，鮑氏對數
五的解釋從生成之序列，推進至陰陽五行的交互作用。再次，鮑注以太極非
靜非動而主乎靜，太極未分以前未有象數，及至動而生陽數、靜而生陰象，
數始象亦始、數成象亦成，象數的關係且是二而一、一而二。

承上所言，鮑雲龍欲藉《圖》、《書》之數闡發其宇宙觀，《河圖》為數
一至十、《洛書》為數一至九，其以奇偶、生成結合陰陽、五行之思想，試
以「數」解釋《繫辭傳》的成卦順序，雖或有呼應之處，但細究《傳》文與
《圖》、《書》之數的義理分析，仍有未能完整說明的缺失。此外，鮑氏意圖
將象、數納入其宇宙生成論述中，故以太極非靜非動、動始生陽數、靜方成
陰象之說法，強調象、數與天地同理，故《圖》、《書》蘊含《易》理，象、
數掘發天地之道。

---

32 〔清〕紀昀等：《景印文淵閣四庫全書》，第806冊，頁806-218、806-219。

33 〔清〕紀昀等：《景印文淵閣四庫全書》，第806冊，頁806-218。

五　人物變化，敬而已矣

　　鮑雲龍主張《圖》、《書》之數，變化不出於天地之理，此是就象數
《易》學而論；身為一名學說多宗程朱的理學家，鮑氏不僅關注於《易經》
與宇宙大自然的互動關係，其於《天原發微》最末一章〈變化〉篇，乃立基
於天道論人事，提出人物變化以生聖賢之主張。其言：

> 天地變化而陰陽生，陰陽變化而人物生，人物變化而聖賢生。古之為
> 士者，三年有成，十年一化。始乎為士，終乎為聖。人皆變化其氣質
> 之性，以復於天命之性。亦曰：敬而已矣。……人為天地萬物之靈，
> 而不能自變其氣質以復於善，是有負於天地之化也。然則欲善於變化
> 者當何如？亦惟純於敬以造誠之閾域，則無愧於為人，而可與天地參
> 矣。士希賢，賢希聖，聖希天。[34]

《易》者，變易也，天道變易以成於人事。此變化非惟陰陽之消長，又如日
月升降、寒暑流轉、星辰運行、萬物盛衰，皆體現變易之道。由天地自然落
實於人事，人之變化著重於成聖成賢，亦即變化氣質之性復歸於天命之性。
此處，鮑氏提出三項重點：其一，宇宙變革、天地變化乃恆常至道，既然人
貴於天地、靈於萬物，豈能違於此理而常在。其二，人之變化應以「士」化
成「聖」為目標，然而進德並非半晌即一蹴可幾，而是從志學、而立、不
惑、知命、耳順、從心，持循漸進、按部就班。其三，鮑氏稟承理學家以
「敬」為持守工夫，且強調「敬」是天理、「肆」是人欲，學者修此乃上達
天道、契於太極之理，是其天人之學的結論。
　　關於敬以直內、義以方外的涵養工夫，鮑氏言：

> 如今看聖賢，千言萬語，大事小事，莫不本於敬。收拾得自家精神在

---

34 〔清〕紀昀等：《景印文淵閣四庫全書》，第806冊，頁806-296、806-297。

此，方看得道理盡，然後修身齊家，舉而措之天下爾。敬有甚形影，
只是收斂身心。不容一物，便是主一。……聖人太極之全體，不假修
為而尚存乎敬，況學者乎。夫知此而修之，君子之所以吉也，不知此
而悖之，小人之所以凶也。修之悖之，亦在乎敬肆之間而已矣。敬則
欲寡而理明，寡之又寡以至於無，則聖學可希矣。[35]

又，《天原發微》首篇〈太極〉，言太極乃造化之樞紐、品彙之根柢，是無聲
無臭中的至極之理，天地中有太極、萬物中有太極，道即太極，並無二理。
鮑氏解釋邵子「心為太極」曰：

心者虛靈之物，即性之郭郭也。極者至善之理，即性之形體也。心統
乎理，即渾然太極出。應萬事，則一物各具一極矣。故游氏曰：寂然
無思，萬善未發，是無極也。此心昭然，靈源不昧，是太極也。若於
寂然之中，有一念之動，則是動靜為陰陽也。[36]

鮑氏以「敬」乃諸家修持之根本，亦即收斂身心、安靜定默，專注於一。下
文復言，太極為「此心昭然，靈源不昧」，或可謂，鮑氏以為守敬專一的狀
態就是太極，其意義不限於本體或是境界描述，因為太極乃是立乎萬物之
先、行乎萬物之內，所以，主敬者通貫動靜、與天無間，體契《易》之本、
道之本。

〈數原〉篇有一段文字，可作本文之總結：

《易》畫生於太極，故其理為天下之至精。《易》畫原於《圖》、
《書》，故其數為天下之至變。理必有所依而後立，雖不雜乎《圖》、
《書》之數，亦不離乎《圖》、《書》之數也。[37]

35　〔清〕紀昀等：《景印文淵閣四庫全書》，第806冊，頁806-310、806-311。

36　〔清〕紀昀等：《景印文淵閣四庫全書》，第806冊，頁806-46。

37　〔清〕紀昀等：《景印文淵閣四庫全書》，第806冊，頁806-258。

《天原發微》的撰作主旨乃是「以《易》發揮天道之造化精妙」，回顧前文爬梳，是書中的《圖》、《書》之數企圖囊括天下之《易》數，並由二圖之互含互攝，藉由數字闡發萬物生成之道。可惜的是，鮑氏的《河圖》、《洛書》論述終究未能建構一個完整的宇宙論體系，其說多承繼宋人，雖有深入研析，博學厚積的鮑氏似仍未能走出宋人框架的限制。承上引之文所述，《圖》、《書》之數、太極之理乃《易》之原，二者雖未能完全相應地詮釋彼此涵義，然數不離乎理、理不離乎數，但觀《天原發微》一書之架構安排，從〈太極〉、〈動靜〉迄於〈鬼神〉、〈變化〉二章，即是由天地造化之源述及士之修為，契應於〈序〉文掘發三才奧義之旨歸。因此，從獨立創發之功審視鮑雲龍的《易》學成就，述多於作；賡續前賢推天道以明人事之用心，鮑氏用功實深。

六　結語

　　經由本文的爬梳，筆者茲作以下結論：鮑雲龍的《河圖》、《洛書》論述在其《天原發微》的象數《易》說佔有不小的篇幅，然鮑氏之立論大抵上承朱熹一脈之說法，且作更加深入之闡述。鮑氏以為，《圖》、《書》之數囊括天地之間的所有《易》數，並以其乃無所不包；又，《河圖》、《洛書》雖為兩幅圖，然鮑氏從其數之關聯，加強說明《圖》、《書》乃互含互攝，相互補充；再者，鮑氏重視《圖》、《書》之中五數，並試圖就數字五與太極之義理內涵，論述宇宙生成系統。然究其實，鮑說雖未能成一完整之宇宙生成論，但是其將天之道收攝於人之道，並以朱子主敬之持守工夫解釋三才變化之道，呼應其發揮天人之義的撰作宗旨。

參考文獻

一　古籍

〔魏〕王弼等注，〔唐〕孔穎達疏：《周易正義》，收入《十三經注疏》，臺
　　北：藝文印書館，1993年。

〔宋〕胡方平：《易學啟蒙通釋》，臺北：世界書局，1986年。

〔宋〕鮑雲龍：《天原發微》，收入〔清〕紀昀等：《景印文淵閣四庫全書》，
　　第806冊，臺北：臺灣商務印書館，1983年。

二　近人

朱伯崑：《易學哲學史（修訂本）》，第二卷，臺北：藍燈文化事業公司，
　　1991年。

陳睿宏：〈論朱元昇《三易備遺》中〈河圖〉與〈洛書〉繫卦之說〉，《成大
　　中文學報》第61期（2018年6月）。

陳睿宏：〈章潢《圖書編》易學圖式思想的「河洛」觀〉，《國文學報》第64
　　期（2018年12月）。

章　毅：〈理學社會化與元代徽州宗族觀念的興起〉，《中國社會歷史評論》，
　　第九卷，2008年。

黃慶萱：〈周易數象與義理〉，《周易縱橫談》，臺北：東大圖書公司，2008
　　年。

鄭吉雄：《易圖象與易詮釋》，臺北：國立臺灣大學出版中心，2004年。

蕭登福：〈《易經》中《河圖》《洛書》之陰陽五行生剋思想〉，收入龔鵬程主
　　編：《八卦城談易——首屆中國特克斯世界周易論壇論文集》，北
　　京：世界圖書出版公司，2013年。

臺灣先儒黃敬《易經初學義類》史事解《易》析論

賴貴三[*]

提要

　　黃敬（字景寅，號必先，1806-1888），淡水關渡人，精研《易》學。安溪舉人盧春選（生平不詳），來北設教，敬事之，授《周易》，學業大進。咸豐四年（1854）歲貢生，授福清縣學教諭，以母老辭官歸鄉，假關渡天后宮授徒，從學者百人，與士林曹敬（字興欽，號愨民，1818-1859），人稱「淡北二敬」。據陳培桂（字香根，生卒年不詳）主編《淡水廳志》卷十六「附錄三」〈志餘・紀人〉所載，著有《易經理解》；而楊雲萍（1906-2000）《臺灣的文化與文獻》，則著錄《易經義類存稿》二卷、《易經總類》一卷、《古今占法》一卷與《觀潮齋詩》一卷；《重修臺灣省通志》卷十〈藝文志・著述篇〉所列有《周易總論》四卷、《周易義類存編》三卷與《古今占法》一卷。各家記載分歧，而其書多不存，今唯《易經初學義類》上下二卷與《觀潮齋詩集》一卷傳世。《易經初學義類》解《易》，多本於朱熹（字元晦，號晦庵、遯翁，1130-1200）《周易本義》，偏重於卦爻辭義理與人事的闡發，並透過徵引歷代《易》學文獻，以自注、眉批、加按等方式，詮釋經傳義理，自成一家之言。而其最重要的解《易》特色，則是徵引歷代文獻相關史事，以詮證《易》理，其「探賾索隱，鉤深致遠」的潛德幽光，不僅為臺灣先賢《易》學教育薪傳的佼佼者，也是史事《易》學的第一人。

關鍵詞：黃敬、《易經初學義類》、《觀潮齋詩集》、史事易學、臺灣易學

* 國立臺灣師範大學國文學系教授兼主任。

An Analysis of the Historical Interpretation of *Yi* (*The Book of Changes*) with the *Yi Jing Chuxue Yilei* by Huang Jing, a Taiwanese Confucian

Lai Kuei-san

Abstract

Huang Jing (alias Jingyin and Bixian, 1806-1888), a native of Guandu, Danshui, studied *Yi* (*The Book of Changes*). The promoted scholar Lu Chun-xuan from Anxi (whose life is unknown) came to Taipei to teach and taught Huang *Zhou Yi*, which made great progress in his studies. In 1854, Huang was a tribute student and was awarded the Fuqing County School of Education. He then resigned and returned to his hometown and taught hundreds of people in Tianhou Palace, Guandu. Thus, he and Cao Jing (alias Xingqin and Quemin, 1818-1859), who is from Shilin, are known as "Danbei Erjing" (Two Jing in Danshui and Taipei). According to the "Appendix 3," volume 16 from *Danshui Tingzhi*, which is edited by Chen Peigui (alias Xianggen, date of birth and death are unknown), Huang is the author of *Yi Jing Lijie*. Yang Yun-ping's (1906-2000) *Taiwan de Wenhua yu Wenxian* included two volumes of *Yi Jing Yilei Cungao*, one volume of *Yi Jing Zonglei*, one volume of *Gujin Zhanfa*, and one volume of *Guanchao Zhaishi*. Chongxiu Taiwan Sheng Tongzhi, volume 10, lists four volumes of *Zhou*

Yi Zongun, three volumes of *Zhou Yi Yilei Cunbian*, and one volume of *Gujin Zhanfa*. The records of various schools are different, and many of them do not exist. Today, only the first and second volumes of *Yi Jing Chuxue Yilei* and the first volume of *Guanchaozhai Shiji* have been handed down. Huang Jing's *Yi Jing Chuxue Yilei* interprets *Yi*, mostly in Zhu Xi's (alias Yuanhui, Huian, and Dunweng, 1130-1200) *Zhou Yi Benyi*, focusing on the interpretation of the meaning of the *guayao zi*, and the elucidation of human affairs. By citing the literature of *Yi* of the past dynasties and using self-annotation, eyebrow critiques, plus annotations, etc., it interprets the meaning of the classics and form a word of its own. The most important feature of its interpretation of *Yi* is that it cites historical events related to documents of past dynasties to interpret and prove the theory of *Yi*. His hidden virtues and gleams of "exploring the depths, finding the hidden, hooking the deep and reaching the far" shows that he is not only the leader who puts great effort on the study and education of *Yi* among Taiwanese sages, but also the first person to study the historical *Yi*. Therefore, it presents his great importance, which is worthy to praise.

Keywords: Huang Jing, *Yi Jing Chuxue Yilei*, *Guanchaozhai Shiji*, historical *Yi*, Taiwan *Yi* study

一 前言

> 臺澎真奧區，夐絕重洋隔。民情好鬥閩，官務稱繁劇。
> 唯公邀帝簡，超擢逾常格。朝秉通守麾，暮樹外臺戟。
> 亮哉聖人聰，足使遠俗革。舊部聞公來，欣欣手加額。
> 威惠必兼施，次第抒善策。監車昔困驥，蕩節今乘驛。
> 鯫生慚濫竽，龍門幸著籍。壯遊不獲從，離緒無由釋。
> 歌謠訪閩疆，書函寄海舶。側耳聆政成，頌聲被金石。[1]

　　黃敬（字景寅，號必先，1806-1888），[2]淡水干豆（關渡）人，精研
《易》學。咸豐四年（1854）歲貢生，授福清縣學教諭，以母老辭官歸鄉，
假關渡天后宮授徒，從學者百人，與淡水八芝蘭（今臺北士林）曹敬（字興

1　此詩係2002年8月1日，偶閱〔清〕劉文淇（字孟瞻，揚州儀徵人，1789-1854）：《劉文淇集·詩集》，卷十〈送姚石甫先生瑩觀察臺灣〉，因此鈔錄存參。姚瑩（字石甫，安徽桐城人，1785-1853），道光十八年（1838），擢升臺灣兵備道，為當時臺灣最高軍政官員，治績頗佳；道光二十年（1840），中英鴉片戰爭爆發，奉命嚴守臺灣，為少數曾打敗英軍的清朝官員。著有《臺北道里記》、《東槎紀略》、《中復堂全集》、《上督撫言防海急務狀》、《節錄臺灣十七口設防狀》、《駁淡水守口兵費不可停給議》等，多與臺灣軍政事務相關。

2　黃敬生年不詳，卒於光緒十四年（1888）。據陳慶煌教授：〈黃敬生年試探·《觀潮齋詩集》略評〉考證，論定黃敬出生於嘉慶十一年（1806）丙寅，辭世於光緒十四年（1888）戊子，享壽八十有三歲。詳參陳慶煌：〈《全臺詩·觀潮齋詩》作者黃敬生年之推測及其他〉，《中華詩學》（臺北：中華詩學研究會），第三十八卷第三期（152）夏季出版，2021年6月，頁16-20。再者，黃敬號「必先」，考見於〔清〕陳維英（字實之，又字碩芝，號迂谷，臺北大龍峒仕紳，1811-1869）撰，田大熊、陳鐓厚合編，何茂松發行，昭和十二年（1937）十月三十日，無聊齋刊行的《太古巢聯集》，頁12，分別有（1）〈黃必先由廳案首前捷泮〉聯曰：「發關渡山之秀氣，吐霧峯前，早知隱豹；冠淡水廳之人文，觀潮齋上，初起潛龍。」（2）〈黃必先捷泮〉二聯，其一：「文字曲江場中稱帥，家聲晃仲殿上掄元」；其二：「名冠郡中風霜文字，人求嚴下霖雨襟期」。以及頁45，〈輓黃必先祖母（年八十五）〉：「近九旬而母幹後彫，女中松柏；開四葉則孫枝爭秀，門內菁莪」。

欽，號愨民，1818-1859），[3] 人稱「淡北二敬」。[4]

陳培桂（字香根，廣東高要縣附城人，生卒年不詳）於清同治八年（1869）由澎湖廳判改任淡水廳同知，並於任期中纂輯出版《淡水廳志》，據卷十六「附錄三」〈志餘・紀人〉所載，黃敬著有《易經理解》。復據楊雲萍（1906-2000）《臺灣的文化與文獻》，則著錄有《易經義類存稿》二卷、《易經總類》一卷、《古今占法》一卷與《觀潮齋詩》一卷。而《重修臺灣省通志》卷十〈藝文志・著述篇〉所列，其《易》學著作有《周易總論》四卷、《周易義類存編》三卷與《古今占法》一卷。各家記載分歧，而其書多不存，今可見者唯《易經初學義類》上下二卷與《觀潮齋詩》一卷傳世。[5]

黃敬《易經初學義類》與楊雲萍記載的《易經義類存稿》二卷，以及《重修臺灣省通志》著錄的《周易義類存編》三卷，卷數雖有不同，三者內容應該相去不遠。至於《易經理解》，則只有《淡水廳志》著錄，不明究竟。又根據《重修臺灣省通志》卷十〈藝文志・著述篇〉，《周易總論》分別述說《易・訟・大象傳》義、《易・屯二》爻辭義、《易・師・履・臨「大君」》義、《易・蠱「先甲後甲」・巽「先庚後庚」》義、《易・既濟「東鄰西鄰」》等六篇。由此，可見黃敬《易》學著作的梗概。

黃敬《易經初學義類》解《易》，多本於朱熹（字元晦，號晦庵、遯翁，徽州婺源人，1130-1200）《周易本義》，偏重於卦爻辭義理與人事的闡發，並透過徵引歷代《易》學文獻，以自注、眉批、加按等方式，詮釋經傳義理，自成一家之言。而其最重要的解《易》特色，則是徵引歷代文獻相關

3　曹敬，淡水八芝蘭（今臺北士林）人，少時聰穎過人，為陳維英門人。好詩文，又精於書法、繪畫、雕刻，平日在大龍峒港仔墘設帳講學，講學特重品德，與黃敬合稱「淡北二敬」。有《曹敬詩文略集》傳世，作品中有不少是試帖詩，其餘與詩友唱和、詠懷、寫景等詩，雖不太見作者性情，也展現出文人書生罕見的詩作面向。

4　詳參楊雲萍：《臺灣史上的人物》（臺北：成文出版社，1981年），頁217。

5　詳參高慧芬：「關渡先生黃敬《觀潮齋詩集》研究」（賴貴三教授指導，國立臺灣師範大學國文學系碩士學位論文，2019年7月24日）。林芷羽：「臺灣先儒黃敬《易經初學義類》研究」（賴貴三教授指導，國立臺灣師範大學國文學系碩士學位論文，2021年6月29日）。

史事，以詮證《易》理，其「探賾索隱，鉤深致遠」的潛德幽光，不僅為臺灣先賢《易》學教育薪傳的佼佼者，也是史事《易》學的第一人，典型宿昔，值得重視、彰顯與表揚。[6]

二　臺灣早期《易》學人物與著作考略

本節先整理臺灣早期《易》學人物與著作考略，提供歷史文獻的背景瞭解參考。

（一）臺灣府學教授葉亨及其門生：王璋、陳夢球

據高拱乾（字洪喜，號九臨，陝西榆林人，生卒年不詳）《臺灣府志》載，府學教授葉亨（字叔通，福州閩縣人，生卒年不詳）諸生，深造有得，精通經學，研習《易經》而中第者有：康熙三十二年（1693），臺灣府王忠孝（字長儒，號愧兩，福建惠安人，1593-1667）姪王璋、臺灣縣陳夢球（字二受，號游龍，祖籍福建龍溪石美，1664-1700）中舉，皆習《易經》。康熙三十三年（1694），臺灣府陳永華（字復甫，諡文正，1634-1680）子陳夢球中進士，習《易經》。[7]據此，可知葉亨是臺灣《易》學教育史上的第一人，他的門生王璋、陳夢球成為臺灣《易》學教育史上的第一批學者，只可惜未能考見葉氏師生有關《易》學的傳世論述。

（二）南臺府縣學諸生：蘇峨、楊阿捷、王錫祺、許宗岱

據史載臺灣各地府縣學生，研習《易經》而中舉者，尚有：康熙二十六

6　案：賴貴三：《黃敬《易經初學義類》校釋（附：《觀潮齋詩集》）》，臺北：萬卷樓圖書股份有限公司，2021年11初版。

7　詳參〔清〕高拱乾：《臺灣府志》（臺北：臺銀經濟研究室，1960年），《臺灣文獻叢刊》第65號，卷八〈人物志〉「進士年表」、「舉人年表」，頁207-208。

年（1687），鳳山縣蘇峨（生卒年不詳）習《易經》。康熙五十年（1711），
臺灣府楊阿捷（字慶衡，生卒年不詳）、諸羅縣王錫祺[8]與臺灣縣許宗岱（生
卒年不詳）皆習《易經》。[9]以上先賢生平惜均未詳，而可知清初領治臺灣
時，承明鄭遺緒，政學重心仍在南臺：鳳山縣城原在今高雄左營半屏山下、
蓮池潭畔，舊城遺蹟尚存，猶可憑弔，後遷治今高雄市鳳山區。臺灣府及臺
灣縣，大抵在今臺南市各區境內，惟有「全臺首學──孔廟」巋然獨存。

（三）北臺府縣學諸生：郭菁英、王士俊、黃敬

　　陳培桂編《淡水廳志》卷十六「附錄三」〈志餘・紀人〉，[10]也記錄三位
臺灣先賢在經學與《易》學上的學養造詣，其中「郭菁英」（名列第一）、
「王士俊」（名列第三）、「黃敬」（名列第十五），三位先賢均為清前中期北
臺灣淡水廳（新竹以北）的著名學者，史志傳略迻錄如下：

> 郭菁英，字顯相，成金兄，廩生。胸次高潔，絕營求，背誦六經如
> 流。與人交，和藹可親。[11]
> 王士俊，號熙軒，竹塹開墾首，世傑之五世孫，嘉慶間庠生。篤學，
> 尤邃於《易》；授徒日廣，言論風生，每講奧義，必引史以證之，鄭

8　諸羅縣即今嘉義市，縣學所在，也不易覓得遺蹤了。案：《淡水廳志》卷三〈建置志〉
　　載：「淇里岸石橋，廳北芝蘭堡淇里岸街東，乾隆四十六年（1781）舉人王錫祺、莊者
　　潘元振等捐造。」「淇里岸柴橋，廳北淇里岸街西，舉人王錫祺捐造。」臺灣先賢王錫
　　祺，率眾抵淇里岸（今作「唭哩岸」），開墾荒野，留下發展足跡。其後人至今仍於此
　　地定居，薪火相傳、綿延不絕。

9　詳參〔清〕周元文（字洛書，生卒年不詳）：《重修臺灣府志》（第66號，1960年），卷
　　八〈人物志・選舉〉「進士年表」、「舉人年表」、「副榜年表」，頁259-261。

10　詳參〔清〕陳培桂：《淡水廳志》（第172種，1964年），卷十六〈附錄三・志餘・紀
　　人〉，頁449-451。

11　案：郭菁英（字顯相，竹塹西門人），生年不詳，而卒於道光十四年（1834），嘉慶十
　　五年（1810）生員。曾與王士俊倡設儒學於竹塹，學人郭成金之兄，商號「郭怡齋」。

用錫輩皆出其門。[12]

黃敬，字景寅，歲貢生，芝蘭堡關渡莊人。少失父，事母極孝，母病，奉湯藥惟謹，身不貼席者十餘夕，家人曰：「子病矣。」曰：「吾惟求母之不病，遑知己病乎？」課徒不計財帛，但來從學者，諄誨不倦。著有《易經理解》（據紳士采訪）。[13]

連橫（字雅堂，1876-1936）《臺灣通史》卷三十四〈文苑列傳〉曰：

王士俊，字熙軒，淡水竹塹樹林頭莊人。始祖世傑以開墾致富，至是中落。士俊勤苦讀書，嘉慶間入泮。設塾於家，鄭用錫輩皆出其門。著《易解》若干卷，今亡；或云其友竊之。

郭菁英，字顯相，亦竹塹人，廩膳生也。與弟成金俱有名。成金字貢南，嘉慶二十四年舉於鄉。家富，藏書多，主講明志書院，以振興文教為念。後授連江教諭，未任而卒。[14]

新竹市文化局將所編輯《人物誌》，[15]數位化為可上網檢索的「新竹市地方寶

---

12 案：王士俊（生卒年不詳），字子才，號熙軒（或作「字熙軒，號子才」，恐未確），竹塹樹林頭庄人，王世傑五世孫，嘉慶十年（1805）生員。嘉慶五年（1800），王士俊與郭菁英等聯名呈請設儒學於竹塹，設塾家中，推展文教有功，鄭用錫（字在中，號祉亭，1788-1858）為其高弟。

13 王松（字友竹，1866-1930）：《臺陽詩話》（第34種，1959年），下卷，頁50，又有傳略曰：「黃敬，字景寅，淡水關渡人。性孝友，喜讀書，歲貢生，著有《易經理解》。」

14 案：郭成金，生於乾隆四十五年（1780），卒於道光十六年（1836），字甄相，號貢南，嘉慶二十四年（1819）舉人。嘉慶末年，捐題建造文廟，主講明志書院，為「竹塹七子」之一。

15 新竹市文化局《人物誌》內容，多數源自新竹市政府於民國79年（1990）彙集各界學者撰寫編修的《新竹市志》叢書，以及民國94年（2005）增修之《續修新竹市志》中，包含新竹市從清代至民國85年（1996）間，新竹市地區的先賢與耆老生平事蹟，不但是民眾了解新竹市人物的入門資料，也是協助後進學者研究新竹地方知識的基礎文獻。

藏資料庫」，於「我是新竹人」選項下，錄有「王士俊」條目，其內容如下：

> 王士俊，字熙軒，號子才，竹塹樹林頭人。王世傑第五代裔孫。嘉慶
> 十年（1805），取進彰化縣學，嘉慶十五年（1810），總督方維甸巡臺
> 時，王士俊與生員張薰，郭菁英等聯名呈請於竹塹設立儒學。十八年
> （1813）題准，二十二年（1817）開工建造，淡水廳儒學成立後，北
> 臺地區文教發展快速，王氏之功，實不可沒。王氏嗜讀《周易》，由
> 壯及老，手不釋卷，著有《易經註解》一部，是書傳有十二卷，多沿
> 朱子《本義》，惜已散佚，另有《易理摘要》四卷為治《易》心得，
> 佚失未刊。

據上文可知，王士俊《易解》全名為《易經註解》，傳有十二卷，多沿朱子
《周易本義》，惜已散佚；另有《易理摘要》四卷，為其治《易》心得，亦
佚失未刊。總之，非常遺憾郭菁英與王士俊二家學說與著作，失傳於後，無
法考知究竟。

又據前文，可知王士俊先賢學邃於《易》，「著《易解》若干卷，今亡」、
「每講奧義，必引史以證之」，他或許是臺灣《易》學史中，「史事《易》」
（引史證《易》）的第一人，可與淡水關渡的黃敬比肩頡頏，同為清代臺灣
史事《易》學的兩大先聲名儒。

而先賢黃敬所著《易經理解》與前輩王士俊《易經註解》十二卷與《易
理摘要》四卷，應該也是臺灣《易》學史中，著錄的三部《易》學存目專
著，可惜都未流傳於世。又連橫《臺灣詩乘》記載：

> 黃敬字景寅，淡水人，敦內行，設教關渡，及門多秀士，後貢明經。
> 曩余撰《通史》，至北訪求。其孫金印造門請見，攜示所著《易經義
> 類存編》。余讀其書，為作列傳。[16]

---

16 詳參連橫：《臺灣詩乘》（第34種，1960年），卷三，頁152。

據此可知，黃敬除上述《易經理解》外，尚有《易經義類存編》（當為《易
經初學義類》前身）；而下文連橫名著《臺灣通史》所載，尤為詳盡，謂：
「著《易經義類存編》二卷，《易義總論》、《古今占法》各一卷。」黃敬可
謂臺灣文教史先賢楷模，也是最有資格尊為臺灣《易》學專家的名儒，有關
他的生平學行與《易》著、《易》說，《臺灣通史‧文苑列傳》所載最詳：

> 黃敬，字景寅，淡水干豆莊人。干豆或作關渡，故學者稱「關渡先
> 生」。少孤，母潘氏守節。性純孝，勤苦讀書。安溪舉人盧春選來北
> 設教，敬事之，授《周易》。咸豐四年（1854）歲貢生，嗣授福清縣
> 學教諭，以母老辭。假莊中天后宮為社塾，先後肄業者數百人。當是
> 時，港仔墘曹敬[17]亦聚徒講學，皆以敦行為本，游其門者多達材。人
> 稱為「二敬」。北臺文學因之日興。
>
> 敬為人謹飭，一言一動，載之日記，至老不倦。束修所入，悉以購
> 書，或勸其置田，曰：「吾以此遺子孫，勝於良疇十甲也。」著《易
> 經義類存編》二卷、《易義總論》、《古今占法》各一卷、《觀潮齋詩》
> 一卷，未刊。[18]

在臺灣《易》學史中，前述十位前輩碩學鴻儒，可說是臺灣經學史上的先鋒
人物，雖然著述多不傳，影響有限，但在文化傳統薪傳的歷史論述上，他們
所奉獻的引領力量與先導地位，卻永恆存在著不容後生輕忽為時間泯滅的文
獻實證與文教薪傳意義。

---

17 案：《臺灣通史》謂曹敬是港仔墘人，蓋誤，港仔墘為曹敬設教之處，並非里籍。詳參
　　楊雲萍：《臺灣史上的人物》，頁217。
18 錄自連橫：《臺灣通史》（第128種，1962年），卷三十四〈列傳六‧文苑列傳‧黃敬〉，
　　頁984-985。

三 黃敬及其傳世《易經初學義類》

　　據中央研究院中國文哲研究所林慶彰教授指導東吳大學中國文學系郭明芳博士訪搜購獲的黃敬《易經初學義類》[19]影印楷書刊本，卷前有錄自《臺北縣志》卷二十七〈人物志〉第四章〈學行列傳〉之〈黃敬略傳〉，基本上節錄自前引連橫《臺灣通史》，[20]謹鈔於後提供比較參考：

> 黃敬，字景寅，淡水廳芝蘭堡干豆莊人。干豆或作關渡，故學者稱關渡先生。少孤，母潘氏守節。性純孝，勤苦讀書。安溪舉人盧春選來此[21]設教，敬事之，授《周易》。咸豐四年（1854）歲貢生，嗣授福清縣學教諭，以母老辭。假莊中天后宮為社塾，先後肄業者數百人，北臺文學因之日興。敬為人謹飭，一言一動，載之日記，至老不倦。束修所入，悉以購書，或勸其置田，曰：「吾以此遺子孫，勝於良田[22]十甲也。」著《經義類存編》[23]二卷、《易義總論》、《古今占法》各一卷、《觀潮齋詩》一卷，卒後散佚。民國四十年（1951）鄉人陳鐵厚為之輯佚，有詩數十首，未刊。

　　據此，以及前文所引相關歷史文獻資料，可知黃敬生平傳略。而其《易經初學義類》傳世版本，目前考知有二：

---

19 筆者獲贈黃敬《易經初學義類》複印楷書刊本，於卷前〈黃敬略傳〉、上卷《周易》卷之一與下卷《周易》卷之二〈未濟〉書末下，皆鈐有「明芳」（郭明芳）陽文篆印。

20 詳參連橫：《臺灣通史》，卷三十四〈列傳六·文苑列傳·黃敬〉，頁984-985。

21 案：「此」字，依連橫《臺灣通史》原文，當作「北」字為是。

22 案：「田」字，依連橫《臺灣通史》原文，作「疇」字。

23 案：《經義類存編》，依連橫《臺灣通史》原文，當作《易經義類存編》，遺漏「易」字。

（一）民國五十四年（1965）初印版本

此本為范教璿（約1930-）道長於民國四十五年（1956）購得於舊書肆，而後聽聞吳槐（字琪樹，？-？）說此書為臺北大龍峒仕紳陳維英（字實之，號迂谷，1811-1869）高弟——清咸豐年間淡水廳貢生黃敬所撰，因此集資付印。美國西來大學（The West University）圖書館、國立臺灣大學國際華語研習所圖書室，皆有典藏本可以參閱。

（二）民國六十二年（1973）再印版本

此本係民國四十年（1951）鄉人毓癡陳鐵厚（自號壁角生，1904-1997）輯佚付梓，後由周超（？-？）擔任發行人的臺北「萬有善書出版社」，[24]於民國六十二年（1973）十月影印發行。

《易經初學義類》原稿已不知下落，惟賴此二版傳抄本，始得窺見瞭解黃敬《易》學豹斑。而檢讀王國璠（字璞安，一字粹甫，1917-2009）《臺灣先賢著作提要》，於《周易義類存編》條稱：

> 計分上中下三冊，毛邊紙行楷手抄。上卷百五十七頁、中卷百四十二頁、下卷七十一頁。白棉紙封面，右下鑴「萬物靜觀皆自得」陽文長方小印，左上隸書「周易義類存編」六字，卷首有自序一篇。[25]

---

24 案：周超所擔任發行人的「萬有善書出版社」，位於臺北市延平北路5段社子五街26巷5號。據參考網路資料：https://reurl.cc/D1Anxm（檢索日期：2019年10月17日），周超又名周金標，「在玉珍書局之外，臺灣一貫道最重要的善書店是萬有善書經銷處，又叫萬有善書流通處、萬有善書出版社。這個店位於舊臺北市政府（長安西路）對面，其創辦者叫周超，又叫周金標。據林萬傳多年前告知，此人原先似乎不務正業，信一貫道後改作善書出版。我在1989年左右曾光顧該店，是其女兒顧店，後再去已關門並將庫存書轉給尚德圖書公司」。

25 案：詳參王國璠：《臺灣先賢著作提要》（新竹：臺灣省立新竹社會教育館，1974年），頁5-6。並可參閱王國璠、邱勝安：《三百年來臺灣作家與作品》（高雄：臺灣時報社，

此外，並言「惜書不傳」，則今所見《易經初學義類》，或即此書的遺傳。又在黃敬所著《易義總論》一篇，〈提要〉云：

> 民國十六年（1927），連橫先生創辦「雅堂書局」，謀刊未成。惟就上存諸書而論，似為殘稿，奈是書失傳已久，無以證之。或謂黃氏諸作，曾由其子孫售於上海某書商，商患傷死，遂不悉下落云。[26]

以上說法可供參考，而王國璠於〈關渡先生黃敬〉一文中，又有說云：

> 《易義總論》，據說有四卷，分別述說《易·訟大象傳義》，《易·屯》二爻辭義，《易·師履臨》大君義，《易·蠱》「先甲後甲」、〈巽〉「先庚後庚」義，《易·既濟》「東鄰西鄰」義等六篇。民國十六年，連雅堂先生創辦雅堂書局，想要把它出版，但未實現。這書從尚存的諸目看來，似是殘稿，可惜失傳已久，無法確證。有人說黃敬各類作品，曾由他的子孫售給上海某書商，這位書商死後就下落不明了。至於《古今占法》，僅為一卷，凡卅六節，分別舉出古今測候，占驗，星象之學，來論人事得失榮枯之理。同時附錄了象數考原，年神方位，月事吉凶占辨的方法十二章，八十八解。末後有諸儒的姓氏，《易》學源流，邵子、程子、朱子綱領及筮儀五贊，經傳音釋，《本義》異同，《程傳》異同，《啟蒙》大旨等篇，都能疏通其義，成

《臺灣時報叢書》，1977年8月），〈關渡先生黃敬〉，頁89-91；頁90下，所述與此大體相同，迻錄供對照參考：「《周易義類存編》，分上、中、下三卷，用毛邊紙行楷手抄。上卷一百五十七頁，中卷一百四十二頁，下卷七十一頁，以白棉紙作封面，右下方鑴『萬物靜觀皆自得』的陽文長方小印，左上方用隸書寫著『周易義類存編』六字，開卷的第一頁是自序。以後是正文，發凡舉例，闡微摘隱，博求諸儒的異同。在這書裏，他參用鄭元（玄），王弼及程朱的學說，解釋義理，同時以人事來證明，容易使人了解。他認為『六爻之義本一理，曰（當作「四」）聖之旨本一貫』。進士丁壽泉說他『所見甚有是處』。可惜這部書沒有流傳下來，無法進一步瞭解它的內容。」
26 詳參王國璠：《臺灣先賢著作提要》，頁7。

一家言。另外有逐爻漸生，陽退陰進逆數論，來貫穿邵、朱二子的論點。可惜這書也沒有付梓，後人難窺堂奧。[27]

民國三十七年（1948），「臺灣省博覽會」曾借展黃敬遺著，楊雲萍有文記其盛。目前除《易經初學義類》外，其餘諸作應該已經亡佚了。今存所見《易經初學義類》，為陳鐵厚謄錄本，應非黃氏原稿。是書謄錄時間，或許在1960年《臺北縣志》出版以後，因書前有據《臺北縣志》所謄錄傳記一篇，又據前引連橫《臺灣通史》鈔錄序《易》文，黃敬其序《易》曰：

> 吾因卜筮而設。聖人欲人於事，審可否，定從違，察吉凶，以謹趨避，特為假借之辭，聊示會通之意。故體則兼該靡盡，用則泛應不窮。無論人為何人，尊卑貴賤皆可就此以占；事為何事，大小輕重皆可依此以斷。豈一、二義類所得泥而拘乎？唯其為書廣大精微，擴而充之，義多浩渺，研而究之，義又奧幽。前聖之言，非必故為詭祕，以待後人深求。
>
> 《易》本懸空著象，懸象著占，道皆虛而莫據，辭易混而難明。欲為初學者講，不就其義以整其類，則說愈繁而旨益晦。譬如登山，仰止徒嘆其高，莫得尋其徑路。譬如入海，望洋徒驚其闊，莫得覓其津涯。執經習焉不察，開卷茫乎若迷。將《易》所以教人卜筮，欲啟之以明，反貽之以昧，欲命之以決，反滋之以疑，日言《易》而《易》不可言矣。
>
> 夫《易》之數本於天也。天非以人為驗，無以知天。《易》之辭憑乎理也。理非以事為徵，無以見理。茲編之所解者，悉遵《本義》，主乎象占，以卜筮還之。而於各卦之義，各爻之義，復采古來人事相類者與為證明。或係前人，或由己見，皆敬小窗閒坐所讀，苦無端倪，欲以課虛責實，庶幾得所持守，誌而不忘耳。

---

27 參閱王國璠、邱勝安：《三百年來臺灣作家與作品》，〈關渡先生黃敬〉，頁90-91。

卷帙既成，不忍恝然廢棄，爰顏之曰《義類存編》，以示子弟姪輩，
俾之便習此經，因以兼通諸史，不無稍有裨益。雖所引著，其事未必
與其義適符，而望影藉響，以為比類參觀，亦足知類通達。況由是觸
類以引而伸，充類以至於盡，推類以概其餘。覺義雖舉一、二人之
類，可作千萬人想。義雖舉一、二事之類，可作千萬事觀。化而裁
之，推而行之，神而明之，何致拘泥鮮通，不能兼該泛應，有負於
《易》為卜筮之書也哉！[28]

可知，黃敬《易》學本於朱熹《周易本義》，而於各卦、各爻之義，多採
「古來人事相類者與為證明」，於《易》學「義理派」二宗的「儒理宗」與
「史事宗」，都有所發揮己見心得，自成一家之言。

今存《易經初學義類》，共分上、下二卷，〈黃敬略傳〉一頁，目錄共八
頁；上卷《周易》卷之一前，有〈四聖作易源流〉、〈八卦取象歌〉、〈分宮卦
象次序〉、〈上、下經卦名次序歌〉、〈上、下經卦變歌〉、〈觀易十例〉六種，
以上除〈四聖作易源流〉與〈觀易十例〉二種外，餘皆照錄自朱熹《周易本
義》。其後，又有附論二種〈六十四卦名釋畧〉、〈月令所屬卦名〉，頁一至二
十；《周易》卷之一，上經〈乾〉至〈離〉三十卦，頁二十一至一五四。下卷
為《周易》卷之二，下經〈咸〉至〈未濟〉三十四卦，頁一五五至二九八。

黃敬《易經初學義類》所論〈四聖作易源流〉，以為：「卦畫者，伏羲所
畫也。」「卦象者，文王所繫之辭也。」「卦象者，卦之上、下兩象，及兩象
之六爻，周公所繫之辭也。」「卦傳者，孔子所作也。」其實，此說也是本
於朱熹《周易本義》圖說之後的闡釋增補文字：

右《易》之圖九。有天、地自然之《易》，有伏羲之《易》，有文王、
周公之《易》，有孔子之《易》。自伏羲以上，皆无文字，只有圖畫，

---

28 錄自連橫：《臺灣通史》（第128種，1962年），卷三十四〈列傳六・文苑列傳・黃敬〉，
　 頁984-985。

最宜深玩，可見作《易》本原精微之意。文王以下，方有文字，即今之《周易》。然讀者亦宜各就本文消息，不可便以孔子之說，為文王之說也。[29]

黃敬在〈分宮卦象次序〉之後，又加一「按」語，以西漢京房（李君明，77-37B.C.E.）所創「八宮世應卦法」為說「八純卦」一至五世，以及游魂、歸魂卦變模式。至於〈觀易十例〉，則可見其《易》學體例進路與宗旨要義：

（一）凡觀卦須知卦德。（二）凡觀卦須知卦體。
（三）凡觀卦須知卦位。（四）凡觀卦須知卦象。
（五）凡觀卦須知卦主。（六）凡觀卦須知卦應。
（七）凡觀卦須知卦變。（八）凡觀卦須知卦互。
（九）凡觀卦須知爻乘。（十）凡觀卦須知爻承。[30]

而附論二種，其一引錄明儒陸振奇（字庸成，生平未詳）〈六十四卦釋略〉，[31] 循名責實，為另一卦序的新解。至於〈月令所屬卦名〉，則以西漢孟喜（字長卿，生卒年不詳）「卦氣說」中「十二消息辟卦」為示例。

準此以觀，黃敬《易》學可謂兼綜義理與象數兩大系統。今已獲聘為中央研究院中國文哲研究所經學組助研究員的劉柏宏博士（國立政治大學中國文學系），曾於2014年8月18日「罕傳本經典研讀（五）：第一、二次讀書會」中，發表〈黃敬《易經初學義類》的詮釋策略〉論文初稿，提出黃氏解《易》的五大策略，分別為：

---

29 詳參〔南宋〕朱熹：《易本義》（臺北：世界書局，1988年11月10版），頁10。又可互參《周易本義・乾》「元亨利貞」以下朱熹註解文字。

30 案：〈觀易十例〉之後「附論」序文，引錄元儒胡炳文（字仲虎，號雲峰，婺源考川人，1250-1333）《周易本義通釋》卷三。

31 詳參〔明〕陸振奇：《易芥》（臺南：莊嚴出版社，1997年，據北京圖書分館藏清乾隆十六年〔1751〕刻本影印），〈通卦名釋略〉。案：乾隆十六年，西元1751年。

（一）人事政事解《易》。（二）聖人教化天下。

（三）象義緊密相繫。（四）解《易》特重實效。

（五）解《易》重視應時。[32]

劉博士以此五大進路與策略，詮解黃敬《易經初學義類》，可謂具體中肯。綜合而言，黃敬《易經初學義類》解《易》，雖偏重於卦爻辭義理的闡發，且多本於朱熹《周易本義》，承先啟後，繼往開來，誠為臺灣先賢中的佼佼者，也是臺灣經學史上的先鋒人物。

黃敬弟子楊克彰（字信夫，1836-1896），淡水佳臘（今臺北萬華）人。於光緒十四年（1888），曆任臺南府儒學訓導，著有《周易管窺》四卷、《讀易要語》、《易中辨義》諸書。[33] 連橫《臺灣通史》卷三十四〈列傳六・文苑列傳〉殿末曰：

> 楊克彰，字信夫，淡水佳臘莊人。讀書精大義。從貢生黃敬學，受
> 《周易》，覃思鉤玄，得其微蘊。顧尤工制藝，掃盡陳言。每一篇
> 出，同輩傳誦。光緒十三年，以覃恩貢成均。數赴鄉闈，不售。
> 侯官楊浚見其文，歎曰：「子文如太羹玄酒，味極醰醇，其不足以薦

---

32 詳參劉柏宏：〈黃敬《易經初學義類》的詮釋策略〉，臺北：中央研究院中國文哲研究所，「罕傳本經典研讀（五）：第一、二次讀書會」，2014年8月18日，頁2-14。

33 傳詳〔清〕沈茂蔭：《苗栗縣志》（第159種，1962年），卷十二〈職官表・文職・苗栗縣訓導〉，頁190-191。劉寧顏編：《重修臺灣省通志》（臺北：臺灣省文獻委員會，1994年）。林淑慧：《禮俗、記憶與啟蒙——臺灣文獻的文化論述及數位典藏》（臺北：臺灣學生書局，2009年），頁123，記曰：「楊克彰，佳臘莊（今臺北市東園街附近）人。少年即跟黃敬學習，1875年（光緒1年）中貢生，於料管口燕山宗祠執教數年，基隆舉人江呈輝、苗栗舉人謝維岳、艋舺黃喜彩，皆為其門下弟子。後掌學海、登瀛兩書院，歷任臺南府學訓導、苗栗縣學教諭。1890年（光緒16年）12月，赴任為苗栗知縣。著《周易管窺》，惜亦未刊行。其弟子黃喜彩，幼年即跟隨楊克彰學習諸經。當清治末年，海外列強覬覦臺灣，而清廷卻不知警戒，文武百官耽溺聲樂；卻仰天長嘆言：『天下有事，當以此身濟天下，豈老一儒哉！』於是著力鑽研經世之學。這些在地文人的著述與教學，構成了十九世紀後半葉的臺北文教發展的記憶。」

群祀也宜哉。故終不遇。」設教於鄉，及門數十人，四方師事者亦數
十人。每社課，執筆修削，日數十篇，無倦容。艋舺黃化來具禮致千
金，請設函丈於燕山宗祠。不赴。或問之，曰：「吾上有老母，足以
承歡。下有妻子，足以言笑。讀書課徒，足以為樂。使吾昧千金，而
遠庭闈，吾不為也。」而化來請之益堅，歲晉聘書。克彰觀其誠，乃
許之。宗祠距家六、七里，每夕必歸，進甘旨，視母已寢始行。風雨
無間。途中背誦所讀書，手一燈，蹁蹁行。里人見之，知楊先生歸
也。克彰設教三十年，及門多達才；而江呈輝、黃希堯、謝維嶽、楊
銘鼎尤著。嗣為學海、登瀛兩書院監督。知府陳星聚聞其文行，欲舉
為孝廉方正，辭。十六年，大府議修《臺灣通志》，飭各縣開局採
訪，與舉人余亦皋纂《淡水縣志》。嗣任臺南府學訓導。翌年，陞苗
栗縣學教諭。苗栗初建，士學未興，竭力獎之。越數年，調臺灣縣學
教諭。乙未之役，避亂梧棲，倉皇內渡。而老母在家，每東向而望。
軍事稍救，趣歸故土，奉以行。母年已八十，居同安，未幾卒。克彰
哭之慟。越數月亦卒，年六十有一。著《周易管窺》八卷，未刊。子
五人。次仲佐、維垣、潤波均讀書，能世其業。

復據楊雲萍〈博覽會文獻館舉要〉，知其《周易管窺》稿本「現為楊氏家
藏」。[34]又從《臺灣歷史辭典》，黃美娥教授所撰「《周易管窺》」條，稱：

> ……原著有《周易管窺》6本，及《易中辨義》2冊，但遭二次洪水，
> 次子楊嘯霞保存《管窺》1部，餘皆飄失無存。……[35]

上文中，所稱楊嘯霞即楊克彰哲嗣楊仲佐（號嘯霞，1876-1968），為「網溪

---

34 收入楊雲萍：《臺灣的文化與文獻》（臺北：臺灣風物雜誌社，1990年），〈博覽會文獻
館舉要〉，頁100-102。
35 詳參許雪姬總策劃：《臺灣歷史辭典》（臺北：遠流遠流出版事業公司，2004年），頁
433。

別墅」創建者，戰後曾任「永和鎮長」、「臺北縣文獻委員會」委員，子楊三郎（1907-1995）為著名畫家。在嘯霞《網溪詩文集》卷上，即收其父著述數篇，並於〈網溪詩文集序〉言：

> 先大人著《周易管窺》六本、及《易中辨義》二冊以外，所作經解策論制藝時文，不下千篇，遭兩次洪水，僅存《管窺》一部，餘皆漂失無存。五年前偶於故紙中搜得同治年間，蒙臺灣學政夏公獻綸以冠軍入庠之制藝一篇，手澤猶新，面命如昨。……

在《網溪詩文集》書中，嘗論及楊克彰著述序跋兩種弁言，序中又云：

> 先父所著《周易管窺》被洪水沖壞數頁一事，已載別文。最近經「臺灣省文獻委員會」將原本攝存，待補闕後印行。茲先將其原序，有關《易》理雜文，擇其一二，以供參考。

可知，楊克彰著述僅《周易管窺》存於家，而此本又有「臺灣省文獻會」（今「國史館臺灣文獻館」）攝影底稿，或可循此線索訪得原書（或影本）；不過，經委請指導學生林芷羽女棣聯繫詢問「國史館臺灣文獻館」，並檢索館藏，惜一無所獲，並無相關典藏，恐怕早已遺佚無傳了。[36]

從以上檢索整理的吉光片羽文獻中，可知臺灣早期《易》家梗概，而臺閩地區學子習《易》，大凡均以初唐孔穎達（字仲達、沖遠，574-648）《周易正義》、南宋朱熹《周易本義》，以及清初李光地（字晉卿，號厚庵、榕村，福建泉州安溪湖頭人，1642-1718）《周易折中》以為準式綜之。

再者，以上各家《易》學著作，除黃敬《易經初學義類》之外，十分可

---

36 感謝林慶彰教授指導東吳大學中國文學系郭明芳博士提供論文〈《清領時期臺灣儒學參考文獻》述評——兼談清領時期臺灣儒學資料的搜集與整理〉，並參郭明芳：〈黃敬《易經初學義類》流傳與刊行顛末——兼談黃敬高弟楊克彰著述存佚〉，《東海大學圖書館館刊》第50期（2020年3月15日），頁14-26。

惜都僅存目於臺灣方志文獻中，未能藏之名山，傳諸後世；而日本統治臺灣以來，因推行皇民化運動，漢學教育與傳承僅賴書院、私塾加以維繫，[37]並未能厚植基礎深耕發展，故有待於臺灣光復（1945）以來，至今四代的薪火相傳，才能上繼傳統，下開新葉。

四　黃敬《易經初學義類》史事解《易》探析

黃敬《易》學淵源上承明清官學的程朱理學道脈，近則取資於福建《易》學的傳統，[38]尤其是安溪舉人盧春選（生平不詳），於道光二十八年（1848）來北設教，黃敬時年四十三歲，禮敬事之，傳授《周易》，因此學業大進。可知，《易經初學義類》博採程朱與其後學，以及歷代《易》學名家之說，內容大致以義理為主，並以「六爻之義本一理，四聖之旨本一貫」[39]

---

37 詳參李園會編著：《日據時期臺灣教育史》（臺北：國立編譯館出版，臺南：復文書局發行，2005年）。林玉体：《臺灣教育史》（臺北：文景書局，2003年）。

38 案：從黃敬所引《易》學家及其《易》學著作來看，多數引用福建《易》學家的說法，包含有：蔡清（1453-1508）、林希元（1481-1565）、蘇濬（1542-1599）、李光縉（1549-1623）、黃道周（1585-1646）、何楷（1594-1645）、李光地（1642-1718）等人，由此能佐證黃敬深受福建《易》學的影響。詳參簡逸光：〈福建與臺灣經學探析——以易學為例〉，《第三屆兩岸文化發展論壇論文集》下冊。

39 案：詳參王國璠：《臺灣先賢著作提要》（新竹：臺灣省立新竹社會教育館，1974年），頁5-6，提要曰：「（黃敬序文）……以次文正文，發凡舉例，闡微摘隱，博求諸儒異同。而參用鄭元（玄）、王弼及程朱之說。大旨主於義理，多引人事以明之。且謂『六爻之義本一理，四聖之旨本一貫』。進士丁壽泉稱『所見甚有是處』。惜書不傳，未窺其詳也。」並可參閱王國璠、邱勝安：《三百年來臺灣作家與作品》（高雄：臺灣時報社，《臺灣時報叢書》，1977年），〈關渡先生黃敬〉，頁89-91；頁90下，所述與此大體相同，迻錄供對照參考：「《周易義類存編》，分上、中、下三卷，用毛邊紙行楷手抄。上卷一百五十七頁，中卷一百四十二頁，下卷七十一頁，以白棉紙作封面，右下方鑲『萬物靜觀皆自得』的陽文長方小印，左上方用隸書寫著『周易義類存編』六字，開卷的第一頁是自序。以後是正文，發凡舉例，闡微摘隱，博求諸儒的異同。在這書裏，他參用鄭元（玄），王弼及程朱的學說，解釋義理，同時以人事來證明，容易使人了解。他認為『六爻之義本一理，日（當作「四」）聖之旨本一貫』。進士丁壽泉說他『所見甚有是處』。可惜這部書沒有流傳下來，無法進一步瞭解它的內容。」

為核心觀念，此書可說是臺灣《易》學史上，現存最早的史事《易》學專著。

　　史事《易》學乃援史入《易》，以參證《易》理之學，自古已然，依照《四庫全書總目提要》此派以南宋李光（字泰發、泰定，號轉物老人，越州上虞人，1078-1159）、楊萬里（字廷秀，號誠齋，江西吉水人，1127-1206）為代表人物。[40]而依據黃忠天教授〈史事宗易學研究方法析論〉指出，援史證《易》為《易》學家釋《易》常見方法，經歷宋、元、明三朝之後，至清初推至極盛；[41]又指出史事《易》學家普遍具有「用世」的精神，因此朝代更替時，較容易激發史事《易》學產生，如宋代靖康南渡、明清鼎革之際，史事《易》學皆盛興，主要原因有以下四端：

> 其一為經史互證之傳統。其二為李、楊《易》學之流裔。其三為徵實學風之反應。其四為時代環境之反應。……然史事《易》家多存用世精神，並每每踐履力行，如黎遂球為大明殉節、金士升以道服隱於卜筮、葉矯然掛冠求去，其高風亮節，可堪法式。足見世變與史事《易》學之發展，誠有其特殊之關聯。[42]

　　《易》為憂患之書，重視時、位與變、通的特色，提供學者面對人事變化遷易的思考，而明清鼎革世變之際，治經風格轉向實學的特色與史事《易》學引史證《易》的用世精神相互連結，導致清代史事《易》學著作大量出現，此一現象似乎也暗示著「世變」與「史事《易》學」有牽引互動的關係。[43]

---

40 詳參〔清〕紀昀總纂：《四庫全書總目提要》（臺北：臺灣商務印書館，1968年），《經部一·易類一》，頁2，文曰：「再變而李光、楊萬里，又參證史事，《易》遂日啟其端。」

41 詳參黃忠天：〈史事宗易學研究方法析論〉，《周易研究》2007年第5期（總第85五期，2007年8月），頁39-52。

42 詳參黃忠天：〈世變與易學——清初史事易學述要〉，《經學研究集刊》第5期（2008年11月），頁125-144。

43 詳參黃忠天：〈世變與易學——清初史事易學述要〉，頁132。

　　黃敬《易經初學義類》並未見徵引李光《讀易詳說》，僅數處徵引楊萬里《誠齋易傳》，二家史事《易》學當然對其說有一定的影響，但從現有徵引資料看來，影響程度似乎並不深廣。再者，黃敬《易經初學義類》為清代晚期著作，約為中英鴉片戰爭（1840-1842）之後，適逢「經世」思想蓬勃發展的時期，[44]將此書視為「史事《易》學」受到「世變」影響的例子，也是十分洽切。以下就筆者整理的統計資料，條列分析如下：

（一）黃敬徵引歷代文獻釋《易》統計

　　黃敬《易經初學義類》所引用歷代學者計有66家（朱子兩見計1位）與67種書籍（朱子兩種書）出處，總計556條，統計如下：

　　先秦至唐9家14條；二、北宋8家27條，南宋14家（朱子兩見計1位）330條；三、元6家40條；四、明17家123條；五、明清之際3家4條；六、清8家17條；七、1家1條不知年代。

　　引用數次最多前五位，依序排列為：一、南宋朱熹293條，《周易本義》286條、《朱子語類》7條；二、明代蔡清《易經蒙引》49條；三、明代林希元《易經存疑》36條；四、元代胡炳文《周易本義通釋》27條；五、北宋程頤《周易程氏傳》19條。筆者已整理詳表，表列各朝代作者、書名出處與總數，作為專書附錄，提供學者參考。因顧及本文篇幅限制，統計一覽表恕不附載。

（二）黃敬徵引歷代文獻史事證《易》統計

　　黃敬《易經初學義類》「眉批」詮釋《易》義，總計383條，包含黃敬依照《周易》卦爻辭、〈彖傳〉、乾坤〈文言傳〉與大小〈象傳〉，書寫於天頭

---

44 詳參張曉芬：《世變下的經道合一──清初遺民易學中的「內聖外王」》（臺北：秀威資訊科技公司，2018年），頁35。

的文字，多數加「按」字，亦有未加「按」字且非徵引各家《易》說者，皆
計入不另外區別，特此說明。而383條眉批所徵引歷代文獻中，以史事證
《易》者，總計105條：從遠古到秦共64條，從楚漢到五代共25條，唐代共
10條，從五代到南宋共6條，元、明、清三代則未見，據此可知黃敬徵引歷
代文獻史事證《易》的情況。（詳參附錄一）

（三）黃敬眉批「按」語徵引歷代史事證《易》統計

黃敬《易經初學義類》眉批「按」語中，徵引歷代史事以證《易》者，
不包括前述所徵引歷代《易》學文獻中，所述及歷代史事以證《易》者，
特此說明。總計430則，除1則時代不能確定外，其餘429則，分別朝代統計
如下：

一、遠古至商代96則；二、周代110則；三、秦至漢代99則；四、三國
至隋代27則；五、唐代38則；六、宋代48則；元至清代11則。本文後附統計
一覽表，依朝代、人名、史事與索引排序，提供觀照參考。（詳參附錄二）

（四）《易經初學義類》援史事證《易》理分析

黃敬《易經初學義類》治《易》模式與方法，主要是「下」——經傳原
典與注釋解說，以及「上」——眉批徵引文獻證說與加按詮釋，前引自序
中，曾說「而於各卦之義，各爻之義，復采古來人事相類者與為證明」，或
引他書所載，或引他人《易》說，《易經初學義類》幾乎每卦每爻皆可見史
事事例。黃忠天教授認為典型的史事《易》學家，應以開宗者的著述內容作
為參照標準，因此透過分析李光《讀易詳說》與楊萬里《誠齋易傳》中，援
史證《易》的情形，歸納出一套史事《易》學著作的判定規則：

所謂史事《易》學家，宜具備下列三項條件，其一該書應以援史證
《易》為其主要釋《易》特色。其二該書引史證《易》情形，就64卦

或扣除闕殘諸卦言之，應達五分之四以上；其三該書引史證《易》情
形，就386爻或扣除闕殘諸爻言之，應達193爻或過半以上者。以上所
論史事《易》學家至少應具備三項條件之一，其中尤以第一項最為緊
要，其它兩項有關量化部分，猶可斟酌。[45]

　　上述對於史事《易》學規則的建立，不僅提供研究者簡便的判斷方法，
也使判定更為客觀、明確。以下將分析《易經初學義類》援史事證《易》理
的真實體現。

1　援史類型

　　黃敬《易經初學義類》所徵引歷代文獻總計383條，而以史事證《易》
者，總計105條。而眉批「按」語中，徵引歷代史事以證《易》者總計430
則，合之有535則，可說十分豐富。其中援史類型，可細分為以下三類：

　　第一類，單純引史，並未對所引史事多做說明。如〈坤·六三〉「含章
可貞，或從王事，无成有終」：

> 此就為臣之分上說。「含章」是不預露圭角，以取人疑忌，惟「含
> 章」然後可以「時發」。「從王事」而「无成有終」者，當是始无敢矯
> 詔專成，後因君命而有以終其功焉，若郭子儀者，其得之乎？[46]

　　此爻主意是「就為臣之分上說」。「含章」是內蘊才能，而不外露，以避
免招致他人猜忌，靜待合適的展現時機，舉唐代郭子儀（令公，華州鄭縣
人，697-781）史事為例證明此爻真義。

---

45 詳參黃忠天：〈史事宗易學研究方法析論〉，頁41。
46 〔清〕黃敬：《易經初學義類》，頁42。

　　第二類，簡述所引史事，以發揮映證義理。如〈屯・六四〉：「乘馬班如，求婚媾，往吉，无不利。」：

　　　　知己陰柔之才，不足濟〈屯〉，而求初九之賢以輔，如先主之下聘孔明是。[47]

　　此言〈屯・六四〉為陰爻，不足以應對「班如」的處境，故轉向賢才的初九爻，求他輔佐自己，恰如劉備（玄德，幽州涿郡涿縣人，161-223）三顧茅廬、誠摯邀請富有賢名的孔明（諸葛亮，徐州琅邪陽都人，181-234）。黃敬此處將求婚媾比喻為求賢才，實是承襲《易程傳》之說。[48]

　　第三類，引史評析，並發表看法或隱含見解。如〈泰・九三〉「无平不陂，无往不復，艱貞无咎，勿恤其孚，于食有福」：

　　　　往復平陂，理之必然；而有信者，所謂孚也。如夏至太康，商至雍己，周至夷昭，皆治極生亂，見天運之必然。然人事亦所當盡，若艱貞則无咎，而理數之常者不足恤，福可致矣。三於時未過中，不待過中而戒，聖人之於泰如此。[49]

　　在傾斜與平衡的狀態之間不斷來回，這是事物必然之理。而有誠信之人，即所謂「孚」也。如夏朝「太康失國」，商朝雍己時「殷道衰」，周朝

---

47 〔清〕黃敬：《易經初學義類》，頁51。

48 〔北宋〕程頤撰，王雲五主編：《易程傳》（上海：商務印書館，1936年），卷一，頁35，文曰：「六四以柔順居近君之位，得於上者也。而其才不能以濟屯，故欲進而復止，乘馬班如也。己既不足以濟時之屯，若能求賢以自輔，則可濟矣。初陽剛之賢，乃是正應，己之婚媾也。若求此陽剛之婚媾，往與共輔陽剛中正之君，濟時之屯，則吉而无所不利也。居公卿之位，己之才雖不足以濟時之屯，若能求在下之賢，親而用之，何所不濟哉？」

49 〔清〕黃敬：《易經初學義類》，頁82-83。

夷、昭之戰爭失利等，皆是「治極生亂」的例證，由此可見上天賜予的運
道，會不斷轉變的必然真理。雖然如此，在面對世事時，還是要盡己所能；
在面對艱難時，仍須保持中正正固，則不會遇到災難，而世事變化的常道，
便不值得懼怕了，最終「福可致矣」。此爻在九三，剛好處在泰卦的一半，
還沒越過中間。然而，不必等到越過中間，就應該開始有所戒懼，這是聖人
在泰卦想教導人們的道理。

　　黃敬於〈泰・九三〉所引的夏、商、周三朝中，三則史事都是處於「由
盛轉衰」時期的君王，他提出此三例事例代表「治極生亂」，正是天道運行
下必然的發展。

2　援史切當性

　　援史切當性關注的重點，在於引史是否與欲闡釋的經義相合。黃敬《易
經初學義類》所引事例，大都能與所欲闡釋的卦、爻義理相合；然因其所引
數量多，難免出現事與義不夠貼近的情況。此外，分析援史切當性，還可以
加上一條評斷原則——所引材料是否確為「史事」。前引援史事例，足以證
明黃敬引史切當性，故於此改而關注其援史「不切當」之處，分別從「稍有
爭議」與「所引非正史」兩面向，各舉一例證加以說明。

（1）稍有爭議者

　　《易經初學義類》大量援引史事，不僅可見重複的事例，有時也會發現
稍有爭議的條目，例如〈坤・文言傳〉「陰雖有美含之，以從王事，弗敢成
也。地道也，妻道也，臣道也。地道无成，而代有終也」，黃敬引李光縉
（字宗謙，號衷一，泉州塗門街人，1549-1623）之說：

> 當始事而有自專、自必之心，皆「成」也。爻言「無成」，〈文言〉曰
> 「弗敢成」，「弗敢」二字妙！操、懿、莽、溫之惡，皆以「敢」心成
> 之耳。[50]

50　〔清〕黃敬：《易經初學義類》，頁46-47。

此釋〈坤・六三〉爻「无成」，李光縉認為〈文言傳〉「弗敢成」更為精妙，並列舉曹操（字孟德，沛國譙縣人，155-220）、司馬懿（字仲達，河內郡溫縣人，179-251）、王莽（字巨君，魏郡元城委鄉人，45 B.C.E.-23C.E.）、朱溫（朱全忠，宋州碭山午溝里人，852-912）等人，認為他們能行「惡」，因其有與此爻相反的「敢心成之」。

黃敬引說可能想透過反面例證，藉以補充「无成」之義。引文中所說的「惡」，應指篡位；然曹操與司馬懿都屬於「挾天子以令諸侯」類型，並未稱帝，待死後才由後代追封，與王莽、朱溫之篡奪應稍有區別。此外，黃敬於〈泰〉卦卦辭「小往大來，吉，亨」，[51]認為「小往大來」其象為陰氣消退、陽氣上升，於人事上表現為小人失勢、君子得勢，並舉宋哲宗時「熙豐小人」（指為推行熙寧變法的王安石與其黨羽）在官場上失勢，而被壓抑已久的「元祐諸子」（反對熙寧變法，並於宋哲宗即位後推行「元祐更化」的司馬光等人），得以重整態勢為例證。此以新舊黨爭史事，說明此卦「小人」與「君子」的消長變化，其爭議性較大，因其牽涉到政治立場的問題。諸如此類，可舉一反三。

（2）所引非正史者

黃敬所引用史事例證，大多選用各朝代史籍記載，但有時也會引用到逸聞性質的條目。例如〈坤・初六〉「履霜，堅冰至」：

> 此戒人之謹微也。趙飛燕初入宮，有披香博士唾曰：「此禍水也，滅火必矣。」[52]

此爻之義是告誡人應「見微知著」，在人事物尚未產生不好的影響前，

---

51 〔清〕黃敬：《易經初學義類》，頁81-82。

52 詳見〔漢〕伶玄：《飛燕外傳》，收入〔明〕程榮輯：《漢魏叢書三十八種》（上海涵芬樓影印本，1925年），第33冊，文曰：「使樊嬺進合德，……宣帝時，披香博士淖方成，白髮教授宮中，號『淖夫人』。在帝後唾曰：『此禍水也，滅火必矣！』」

就要有所警覺，因此舉後世所謂「紅顏禍水」為例。然而，此例有兩個問題：其一，以行文來看，此「禍水」為趙飛燕（32 B.C.E.-1 C.E.），然而此處之「禍水」應指趙飛燕之妹——趙合德（趙昭儀，39-7 B.C.E.）。其二，此例出於《飛燕外傳》，應屬野史，雖然《資治通鑑》也有收錄，而在更早之前的史書皆無記載，故將其當作正史事例使用稍有不妥。又如〈謙・初六〉「謙謙君子，用涉大川，吉」：

> 自二至四互卦為坎，險難在初之前，故取涉川之象。如沛公對項羽曰：「臣如陛下之馬，鞭之則行，勒之則止。」此以謙涉難，即〈象傳〉「卑以自牧」之道也。[53]

〈謙〉卦二、三、四爻互卦為坎，坎為險為水，故表示初爻將遭遇險阻，因此此爻有「涉川」之象。此爻舉劉邦（字季，沛豐邑中陽里人，256或247-195 B.C.E.）對項羽（名籍，楚下相人，232-202 B.C.E.）自喻為馬之說，佐證此爻以謙涉險而吉，並認為此也符合〈象傳〉「卑以自牧」的義理。此處所舉例證並無問題，但並非出自正史，而是明朝小說家甄偉（鐘山居士，？-？）所著長篇小說《西漢演義》[54]，故以此為例，似不太恰當。

3 援史動機

黃敬《易經初學義類》大量援史證《易》，應有以下兩點原因：其一，認為《易》本就從萬千人事物而來。其二，以事例證說能反求隱微之理，並明聖人之教化。首先，黃敬大量援史證《易》，其核心原因是認為《易》本就涵括天地萬物，如〈中孚〉卦卦辭「豚魚，吉；利涉大川，利貞」解釋：

> 凡《易》所言皆是實象，非虛擬也。「信及豚魚」，本有是理。如伏義

---

53 〔清〕黃敬：《易經初學義類》，頁97-98。

54 詳參〔明〕甄偉、謝詔編著，朱恆夫校注，劉本棟校閱：《東西漢演義》（臺北：三民書局，2018年）。

時，龍馬負圖，舜時鳳凰來儀、百獸率舞，禹時黃龍負舟、洛龜出書，文王時麟趾呈祥、騶虞獻瑞，武王時白魚躍舟、赤烏流屋。後世如劉昆為弘農守，虎負子渡河；魯恭為中牟令，馴雉依桑；馬稜守武陵，飛蝗赴海；韓愈為潮州刺史，鱷魚遠避，蓋誠能格頑，而況有知者乎？[55]

引文開頭便言凡是《易經》中所提到的皆實而非虛，就像此卦卦辭「豚魚，吉」，古代也有許多與動物有關的記載，接著列舉多例佐證這個觀點。此外，黃敬在書中自序，寫道：

夫《易》之數，本於天也，天非以人為驗，無以知天。《易》之辭，憑乎理也。理非以事為徵，無以見理，茲編之所解者悉遵《本義》。主乎象占，以卜筮還之，而以各卦之義，各爻之義，復采古來人事相類者與為證明。[56]

黃敬認為《易》之象數源自於上天，而天若不以人事為驗，人便沒有辦法得知天理；《易》之卦辭、爻辭全都是義理，義理如果不表現在人事的徵象上，人便無法得以看見理。可知，黃敬所重為《易》理，並強調理必實證於人事中。

其次，人應追求忠貞與誠信等人格特質，而後才能正君臣、父子、夫婦、朋友之道。而人學習以上特質的管道，誠如〈頤〉卦卦辭下之詮說：

人之所養有二：一是養德，一是養身，皆必以正。養德如學聖賢之道，則為正學；黃、老、申、韓，則非正是也。養身如張思叔之飲食，必

---

55 〔清〕黃敬：《易經初學義類》，頁283-284。
56 詳參王國璠：《臺灣先賢著作提要》，頁5-6。黃敬《易經初學義類·自序》應是抄錄自連橫：《臺灣通史》，下冊，〈文苑列傳〉，頁984。

慎節則為正，若何曾一席費萬錢，猶云無下箸處，則非正是。[57]

　　黃敬認為人應該注重涵養之事有二：一為德性，二為身體，且應皆依循正道以求之。養德的管道，即為學聖賢之道，此是唯一之正學，其他如道家、法家等都非正學。此處所指之「正學」，應為孔、孟儒家，此亦表現於其重視《周易》義理，多選用儒家學行之相關事例加以說明。

4　援史史觀

　　黃敬《易經初學義類》援史史觀，就其所引史事綜合分析，可能存有以下四點價值取向：第一，認為造成歷史不斷變化的主因，古云天道，然實為人事。第二，評價一個政權的好壞，主要根據是否符合道義。第三，有德之人，才能得天下。第四，特別不欣賞王安石。黃敬援史證《易》，以說理為本，因為重視聖人設教、儒教傳統，並推崇上古聖賢之德，因此對不斷挑戰這些傳統的王安石（字介甫，號半山，江西臨川人，1021-1086），懷抱著強烈的批評與敵意。

五　結論

（一）黃敬《易》學的時代意義

　　清領時期臺灣的文教風氣可以概分為兩期：第一期，康熙、雍正、乾隆、嘉慶年間，此期是臺灣文教風氣的啟蒙與發展期，臺灣社會較為動盪，不利於文治與教化推行，故此時期並未培養出文才；雖然整體來說尚不利於文教發展的階段，但也為後期發展奠定基礎。第二期，道光、咸豐、同治、光緒年間，臺灣直到道光年間，才有被喻為「開臺進士」的鄭用錫（字在中，號祉亭，淡水廳竹塹人，1788-1858）脫穎而出。此時期因為清朝治臺

57　〔清〕黃敬：《易經初學義類》，頁139-140。

政策有所鬆綁，臺灣整體經濟水平也有所提升，加之來臺官員多有建樹，故相比前期，此期社會較為穩定，利於文教推展。而地方文教也因開設官學而穩定發展，此期文教風氣的盛行，表現於兩點：

其一，中舉、中進士的臺灣人數量慢慢變多；其二，臺灣文人的文學作品開始大量出現。不僅如此，臺灣社會上開始出現民間與官方合力興辦，以及全權由地方仕紳辦理的書院。這些書院的教師或由內地延攬，或由地方文人擔任，臺灣文教邁入蓬勃發展的狀態。此時期民間書院的出現，不僅意味著臺灣人民開始重視文教，也代表臺灣已培育出能投入教育的學者群。而黃敬即是在此時代被培育出來的學者，他少年時在地方官學與書院學習，中年被舉為歲貢生後，積極投入教育後學的工作，黃敬《易經初學義類》成就的時代背景，便代表了臺灣文教風氣的轉變。黃忠天教授嘗綜合清初史事《易》學，揭舉四項價值：

> ……至於其《易》學評價，如闡揚經世致用之精神、豐富史事《易》學之內涵、發揮顯微闡幽之作用、保存前人《易》說之佚文等等，均有其《易》學史上之地位。……除上述優點外，清初史事《易》家自亦不免有歷代《易》家所易滋衍之流弊。其一為侷限《易》理詮釋之範疇。……其二為流於牽合挂漏之疏誤。援史證《易》最為人所詬病者，即在其引史每多牽強，比擬亦多失當。此乃因史事《易》家必欲卦卦爻爻比事合象，其史證繁複，重以學者於經義詮解，每有不同，自不免有牽強疏誤者。……惟善讀書者，苟能於清初史事《易》家之著述中，取其金玉，棄其沙泥，則不致以小疵而廢其大醇也。[58]

上述引文點出四項價值：一為闡揚經世致用之精神；二為豐富史事《易》學之內涵；三為發揮顯微闡幽之作用；四為保存前人《易》說之佚文。而從弊端來看，則有兩點：其一，較侷限於義理詮釋之範疇；其二，恐流於牽合挂

---

58 詳參黃忠天：〈世變與易學——清初史事易學述要〉，頁142-143。

漏之疏誤。黃敬《易》學的時代意義，藉此四項價值與兩點弊端而得以貞定。

（二）黃敬《易》學的貢獻

黃敬成長於淡水廳干豆莊（今關渡），其《易》學得益於私學、官學與書院，他有感於當地文教未深，故於辭官返鄉奉親後，積極投入地方教育，培英育秀，貢獻卓著。黃敬選擇在關渡天妃宮設教的原因，推測有三：其一，為了就近照顧年邁的母親；其二，為了回饋鄉里，提升鄉里的文教風氣；其三，承襲業師盧春選的衣鉢。

黃敬精於《易》學，著有《易經初學義類》、《易義總論》、《古今占法》等書，僅《易經初學義類》傳世，其餘皆已亡佚。黃敬《易經初學義類》為教學而編撰，主要目的在於教導晚輩後生如何學習《周易》經傳，透過大量援引歷史事證，反求隱微的《易》學義理。其自言所引事證，雖未必都能與《易》義完美搭配，但至少對學習能發揮一定的指導作用。再者，黃敬認為初學《易》者將會遇到困難的原因與狀況如下：

> 《易》本懸空著象，懸象著占，道皆虛而莫據；辭易混而難明，欲為初學者講，不就其義以整其類，則說愈繁而旨益晦。譬如登山，仰止徒嘆其高，莫得尋其徑路。譬如入海，望洋徒驚其闊，莫得覓其津涯。執經習焉不察，開卷茫乎若迷。將《易》所以教人卜筮，欲啟之以明，反貽之以昧；欲命之以決，反滋之以疑，日言《易》，而《易》不可言矣。[59]

《易》本為參考萬事萬物而畫成《易》象，再由此象相合而成為占用之辭，其中的道理卻是虛而難明；只由《易》卦爻辭觀看，很容易看不懂，因

---

[59] 詳參王國璠：《臺灣先賢著作提要》，頁5-6，此序文當抄錄自連橫：《臺灣通史》，下冊，〈文苑列傳〉，頁984。

此黃敬想為初學者講述其中的道理。而欲達成此目的，若不根據《易》義加以整理歸類，那麼講得再多也可能使《易》之主旨愈加難懂。因此，黃敬形容這個情況就好比爬一座高山，因找不到適合攀爬的路徑，故只能在山下抬頭仰望，為山的高聳不可攀而嘆息。又比如潛入海中，因為無法找到能上岸的渡口，故只能望著茫茫大海，對海的廣闊感到吃驚不已。黃敬認為找不到學習方法的初學者，大概就像上面所舉的兩個例子那樣，只能捧著《易經》不停的閱讀，卻像迷失山海之中，不論過了多久還是找不到學習的問題核心。

《易經》本是教人卜筮之學，讓學習其道者能有所啟發，並轉化運用在人生問題上，能作出最好、最佳的決定；卻時常因為學習方法錯誤，反而使人愈加昏昧，進而導致在面對人生中重要的問題時，產生許多疑惑，而愈習《易》愈不懂《易》。因此，黃敬認為透過引史證《易》，能夠有效解決上述初學者容易遇到的問題，這可說是《易經初學義類》對於學者的一大啟示與貢獻。

另外，黃敬致力教學，作育英才無數，使當時北臺灣的文學愈來愈興盛，當地人們對他的貢獻感佩不已，故尊稱為「關渡先生」。不僅如此，他的學生楊克彰（詳見本文第三節末段內容），與他的再傳弟子黃喜彩（？-？），先後繼承了黃敬的《易》學思想，並於後續春風化雨，桃李滿門，又分別撰述著作，可惜都未能遺傳至今。綜之，黃敬的《易》學貢獻主要在於治《易》有成，並致力教育培養後進，為臺灣文教發展與史事《易》學奠定歷史德業的日新輝光。

（三）黃敬《易》學的地位

經學研究向來離不開考據，而欲考據得先有可參考的文獻書籍。清領時期臺灣分配到的教育資源較內地來得少，有關《易經》的著作更是少之又少。根據王必昌（字喬岳，號後山，福建德化人，1704-1788）所編《重修臺灣縣志》卷五〈學校志·書籍·附府學袁宏仁藏書記〉中，記錄了臺灣教育單位公藏圖書的重要書目，其中與《易》學相關者，僅有一部《十三經註

疏・周易註疏》。而後陸續記載到的新增藏書，僅多了《易圖解》與《周易折中》二部書。如此短少的藏量，實不利清領時期臺灣《易》學研究的發展。

在如此艱困的研究條件下，清領時期臺灣出現的本土經學研究者約有19人，實際載錄著作者僅有5人，共9部著作，其中以研究《易經》為大宗。雖然，當時能參用的公有《易》著僅有3部，而富含詮釋性的《易》學相較其他經典來說，更容易被當時的學者作為研讀的首選經典。臺灣本土經學研究者9部著作中，黃敬不僅以撰有3部為最多產的《易》學研究者，剩下6部著作中，有2部為其門生楊克彰所著，而今卻僅有黃敬《易經初學義類》歸然獨存於世。因此，黃敬《易》學的成就，在臺灣《易》學發展史上，應該佔有極為重要的關鍵地位。

筆者編輯出版《臺灣易學史》與《臺灣易學人物志》[60]兩本專書，限於文獻材料的充實與否，對於臺灣光復以來的《易》學家有較為深入的討論，而在此之前的各家《易》學著作因多僅存目而未流傳，因此並未能多加討論。今幸得黃敬《易經初學義類》，可以一窺清代臺灣文人治《易》碩果僅存的著作，並據此書觀照而了解清代中晚期士人的治經態度，以及治《易》的理解進路，相信大有助益於臺灣《易》學史的「批判繼承」與「創造發展」。

---

60 詳參賴貴三：《臺灣易學史》，臺北：里仁書局，2005年；以及賴貴三：《臺灣易學人物志》（臺北：里仁書局，2013年1月）。

參考文獻

一 專書

〔漢〕伶玄:《飛燕外傳》,收入〔明〕程榮輯:《漢魏叢書三十八種》,上海
　　　涵芬樓影印本,1925年,第33冊。

〔宋〕程頤撰,王雲五主編:《易程傳》,上海:商務印書館,1936年。

〔宋〕朱熹:《易本義》,臺北:世界書局,1988年11月10版。

〔明〕何喬遠:《閩書》,福州:福建人民出版社,1994-1995年。

〔明〕陸振奇:《易芥》,臺南:莊嚴出版社,1997年,據北京圖書館分館藏
　　　〔清〕乾隆十六年（1751）刻本影印。

〔明〕甄偉、謝詔編著,朱恆夫校注,劉本棟校閱:《東西漢演義》,臺北:
　　　三民書局,2018年。

〔清〕紀昀總纂:《四庫全書總目提要》,臺北:臺灣商務印書館,1968年。

〔清〕劉文淇撰,曾聖益點校,蔣秋華審訂:《劉文淇集》,臺北:中央研究
　　　院中國文哲研究所,2007年12月。

〔清〕李清馥:《閩中理學淵源考》,臺北:臺灣商務印書館,1983年。

〔清〕鄭鵬雲、曾逢辰:《新竹縣志初稿》,《臺灣文獻叢刊》（臺北:臺銀經
　　　濟研究室）,第61號,1959年。

〔清〕高拱乾:《臺灣府志》,《臺灣文獻叢刊》（臺北:臺銀經濟研究室）,
　　　第65號,1960年。

〔清〕周元文:《重修臺灣府志》,《臺灣文獻叢刊》（臺北:臺銀經濟研究
　　　室）,第66號,1960年。

〔清〕盧德嘉:《鳳山縣采訪冊》,《臺灣文獻叢刊》（臺北:臺銀經濟研究
　　　室）,第73號,1960年。

〔清〕劉良璧:《重修福建臺灣府志》,《臺灣文獻叢刊》（臺北:臺銀經濟研
　　　究室）,第74號,1961年。

〔清〕林焜熿:《金門志》,《臺灣文獻叢刊》(臺北:臺銀經濟研究室),第
　　　80號,1960年。

〔清〕陳文騄修,蔣師轍編纂:《臺灣通志》,《臺灣文獻叢刊》(臺北:臺銀
　　　經濟研究室),第130號,1962年。

〔清〕徐鼐:《小腆紀傳》,《臺灣文獻叢刊》(臺北:臺銀經濟研究室),第
　　　139號,1963年。

〔清〕沈茂蔭:《苗栗縣志》,《臺灣文獻叢刊》(臺北:臺銀經濟研究室),
　　　第159號,1962年。

〔清〕陳培桂:《淡水廳志》,《臺灣文獻叢刊》(臺北:臺銀經濟研究室),
　　　第172號,1963年。

〔清〕黃任纂,章倬標補:《泉州府志選錄》,《臺灣文獻叢刊》(臺北:臺銀
　　　經濟研究室),第233號,1967年。

〔清〕陳維英撰,田大熊、陳鐵厚合編,何茂松發行:《太古巢聯集》,臺
　　　北:無聊齋刊行,昭和十二年(1937)十月三十日。

〔清〕黃敬:《易經初學義類》,民國五十四年(1965)初印版本,范教璿道
　　　長集資付印,毓癡陳鐵厚輯佚付梓,臺北:萬有善書出版社」,民
　　　國六十二年(1973)十月影印發行。

王　　松:《臺陽詩話》,《臺灣文獻叢刊》(臺北:臺銀經濟研究室),第34
　　　號,1959年。

王國璠:《臺灣先賢著作提要》,新竹:臺灣省立新竹社會教育館,1974年。

王國璠、邱勝安:《三百年來臺灣作家與作品》,高雄:臺灣時報社,《臺灣
　　　時報叢書》,1977年8月。

李園會編著:《日據時期臺灣教育史》,臺北:國立編譯館出版,臺南:復文
　　　書局發行,2005年5月初版。

林玉体:《臺灣教育史》,臺北:文景書局,2003年9月。

林淑慧:《禮俗·記憶與啟蒙——臺灣文獻的文化論述及數位典藏》,臺北:
　　　臺灣學生書局,2009年。

施懿琳等編撰:《全臺詩》,行政院文化建設委員會發行、國家臺灣文學館出
　　　版、遠流出版事業股份有限公司印行,2004年2月1日,第4冊。

連橫：《臺灣詩乘》，《臺灣文獻叢刊》（臺北：臺銀經濟研究室），第34號，
　　　1960年。

許雪姬總策劃：《臺灣歷史辭典》，臺北：遠流遠流出版事業股份有限公司，
　　　2004年5月。

張曉芬：《世變下的經道合一──清初遺民易學中的「內聖外王」》，臺北：
　　　秀威資訊科技公司，2018年。

楊雲萍：《臺灣史上的人物》，臺北：成文出版社有限公司，1981年5月。

楊雲萍：《臺灣的文化與文獻》，臺北：臺灣風物雜誌社，1990年1月。

劉寧顏編：《重修臺灣省通志》，臺北：臺灣省文獻委員會，1994年。

賴貴三：《臺灣易學史》，臺北：里仁書局，2005年。

賴貴三：《臺灣易學人物志》，臺北：里仁書局，2013年1月。

二　論文

黃忠天：〈史事宗易學研究方法析論〉，《周易研究》2007年第5期（總第85五
　　　期，2007年8月），頁39-52。

黃忠天：〈世變與易學──清初史事易學述要〉，《經學研究集刊》第5期
　　　（2008年 11月），頁125-144。

郭明芳：〈黃敬《易經初學義類》流傳與刊行顛末──兼談黃敬高弟楊克彰
　　　著述存佚〉，《東海大學圖書館館刊》第50期（2020年3月15日），頁
　　　14-26。

陳慶煌：〈《全臺詩・觀潮齋詩》作者黃敬生年之推測及其他〉，《中華詩學》
　　　（臺北：中華詩學研究會），第三十八卷第三期（152）夏季出版，
　　　2021年6月，頁16-20。

劉柏宏：〈黃敬《易經初學義類》的詮釋策略〉，臺北：中央研究院中國文哲
　　　研究所，「罕傳本經典研讀（五）：第一、二次讀書會」，2014年8月
　　　18日，頁2-14。

附錄一　黃敬徵引歷代文獻史事證《易》一覽表

　　案：本表僅錄黃敬眉批所徵引歷代文獻中，以史事證《易》者，總計105條：從遠古到秦共64條，從楚漢到五代共25條，唐代共10條，從五代到南宋共6條，可知歷代文獻引史證《易》的情況。

序號	朝代	人名	史事	索引	出處
1	遠古唐虞夏商周	伏羲氏、黃帝、禹、武王（姬發）、南宮适、史佚	伏羲氏興神鼎，一象一統；黃帝作寶鼎，三象三才；禹鑄九鼎，象九州。武王命南宮适、史佚展九鼎於洛邑，故人君撫大寶位。	鼎卦辭	〔明〕胡經，未詳所出？
2	唐虞商周	堯、舜、湯、武（周武王）	堯禪舜授，湯武放伐，制禮作樂，網罟、舟車，一切開先創造者，總是天、地間未有之事。	乾九五文言	〔明〕潘士藻《讀易述》引〔明〕吳因之（默）
3	唐虞商周	堯、舜、湯、武	堯、舜之揖讓天下，維德之化；湯、武之征伐，則有威存焉。	革九五	〔清〕李光地《御纂周易折中》引〔南宋〕蘭廷瑞
4	唐虞東周	堯、舜、孔子	觀堯之無名，虛也；舜之無為，虛也；孔子之無意、必、固、我，虛也，茲其感通之至妙。	咸卦辭	〔明〕蘇濬《易經兒說》
5	唐虞周	堯、舜、仲尼（孔子）	帝釐下土，設居方，堯、舜之事業；老安、少懷，萬物各得其所，仲尼之志。	未濟大象	〔清〕任啟運《周易洗心》

序號	朝代	人名	史事	索引	出處
6	虞 西周 東周	舜、共（共工）、驩（驩兜）、旦（姬旦，周公）、管（管叔，姬鮮）、蔡（蔡叔，姬度）、孔子、陽貨、孟子（軻）、王驩（子敖）	舜與共、驩同朝，且與管、蔡共國，孔子之見陽貨，孟子之見王驩，小人曰在前，而我自避。	遯六二	〔明〕陸振奇《易芥》
7	虞	舜	聽訟以中正為主，訟獄之歸舜，九五有之。	訟九五	〔明〕胡廣《周易傳義大全》引〔元〕張中溪
8	虞	舜	舜德溫恭，而不免三苗之伐；聖人豈輕用兵哉？不得已也。	謙六五	〔明〕張振淵《周易說統》引〔明〕張雨若
9	虞	舜	雖舜之聖，且畏巧言、令色，安得不戒？	兌九五	〔北宋〕程頤《周易程氏傳》
10	夏 商 周	禹、稷、顏回、夷（伯夷）、惠（柳下惠）、孔子、孟子	禹、稷、顏回，同道而異趣；夷、惠，同性而異行，未足為同之異。一孔子，而齊、魯異遲速；一孟子，而今、昔之餽異辭受，此同而異。	睽象	〔南宋〕楊萬里《誠齋易傳》
11	夏	禹、伯益	謙之一字，自禹征有苗，伯益發之。	謙六五	〔元〕胡炳文《周易本義通釋》

序號	朝代	人名	史事	索引	出處
12	夏	公劉	公劉創京於豳之初，相其陰陽，觀其流泉，先卜其井泉之便，而后居之。	井卦辭	〔清〕李光地《御纂周易折中》引〔南宋〕李隆山
13	夏秦	禹、嬴政（秦始皇）	擬之王業，其車書一統，玉帛萬國之會。	大有卦辭	〔明〕陳際泰，未詳所出？
14	商	伊尹	伊尹任天下之重，此爻足以當之。	大有九二	〔明〕張中溪《讀易紀聞》
15	商	盤庚、太王（古公亶父）	盤庚遷殷避水患，太王遷岐避狄人。	益六四	〔明〕林希元《易經存疑》
16	商周	成湯、文王（姬昌）	成湯起於夏臺，文王興於羑里。	明夷九三	〔南宋〕朱熹《周易本義》
17	商周	湯、武（武王）	斯義也，其湯、武之事。	明夷九三	〔北宋〕程頤《周易程氏傳》
18	商周	成湯、武（武王）	成湯未革夏命，而室家已相慶於來蘇之先。不然，湯、武之事，未易舉。	革九五	〔元〕胡炳文《周易本義通釋》
19	商周	文王、箕子	羑里演《易》，處之甚從容，文王之德；佯狂受辱，處之極艱難，箕子之志。然文因之演羲《易》，箕因之演禹《疇》，聖賢患難，關係斯文。	明夷卦辭	〔元〕胡炳文《周易本義通釋》
20	商周	伊尹、周公	臣罔以寵利居成功，伊尹之匪彭；公孫碩膚，赤舄几几，周公之匪彭。	大有九四	〔明〕林希元《易經存疑》

序號	朝代	人名	史事	索引	出處
21	商周	成王（姬誦）、太甲（子至）	成王、太甲皆以臣，而用譽者。	蠱六五	〔北宋〕程頤《易程傳》
22	商	高宗（武丁）	高宗伐鬼方，既濟乘富強之餘，故憂其敗；未濟憤凌夷之積，故慶其賞。	未濟九四	〔明〕陳際泰，未詳所出？
23	商周	微子（啟）	獲明夷之心者，微子之自靖；出門庭者，微子之行遯。	明夷六四	〔元〕胡炳文《周易本義通釋》
24	商周	微子、比干、箕子	微子去卻易，比干諫死，又卻素性；箕子在半上落下，最是難處，被他監係在那裏，不免佯狂。	明夷六五	〔南宋〕朱熹《朱子語類》
25	商周	比干	比干之死，自獻於先王，而萬世不以為非。	困卦辭	〔明〕蔡清《易經蒙引》
26	西周	文王	至誠無息，天行健也，「文王之德之純」。	乾九五	〔北宋〕游廣平（酢）《游廌山集》
27	西周	文（文王）	聽訟以中正為主，虞、芮之質文，九五有之。	訟九五	〔明〕張中溪（獻翼）《讀易紀聞》
28	西周	文（文王）	文德懿恭，而不免密人之征。聖人豈輕用兵哉？不得已也。	謙六五	〔明〕張振淵《周易說統》引〔明〕張雨若
29	西周	伯夷	初為伯夷海濱之事，以待天下之清。	明夷初九	〔明〕胡廣《周易傳義大全》

序號	朝代	人名	史事	索引	出處
30	商周	伯夷、武王	伯夷可避北海，而武王不能已牧野之師，古之身任天下之重者，大抵如斯。	蹇卦辭	〔明〕黃道周，未詳所出？
31	西周	二餓夫（伯夷、叔齊）	鷹揚之烈，不偉于二餓夫。	漸上九	〔明〕何楷《古周易訂詁》
32	西周	文王、周公	文王羑里之囚，不殄厥慍，亦不隕厥問。周公流言之變，公孫碩膚，德音不瑕。文、周之疾，不藥而自愈矣。	无妄九五	〔元〕胡炳文《周易本義通釋》
33	西周	武王	武王伐商，發鉅橋之粟，散鹿臺之財，以周窮民及善人，是散其王居。	渙九五	〔明〕林希元《易經存疑》
34	周秦漢		古者遷國，必有所依，如周、秦、漢依山河之險，遷都關中。亦有依大國者，周依晉、鄭依齊、許依楚。	益六四	〔明〕林希元《易經存疑》
35	西周	康（康王，姬釗）、畢公（姬高）	康命畢公「彰善癉惡，樹之風聲」。王國大夫「大車毳衣，畏子不敢」，皆治內之事。	晉上九	〔明清之際〕顧炎武《日知錄
36	東周	〈小星〉之夫人、仲氏	〈小星〉之夫人，謹禂衾於進御之所；仲氏之淑慎，顯溫惠於先君之思。	歸妹初九	〔清〕葛戀哉，未詳所出？
37	東周	重耳（晉文公）、齊姜	重耳出奔之時，安于齊姜，而忘四方之志。	賁九三	〔明〕林希元《易經存疑》

序號	朝代	人名	史事	索引	出處
38	東周	管仲、孟明（視）	因敗為功，管仲舉於巾車，孟明勝敵於囚虜之餘。	鼎初六	〔明〕林希元《易經存疑》
39	東周		《春秋》王師敗績于茅戎、天王狩于河陽，與此同一書法。	坤上六	〔元〕胡炳文《周易本義通釋》
40	東周	楚公子圍	楚公子圍之美矣君哉也，然終以野死，則亦何利哉？	坤上六文言	〔南宋〕項安世《周易玩辭》
41	東周		女子爭桑，而吳、楚速兵；羊斟爭羊，而宋師敗績。	訟大象	〔明〕何楷《古周易訂詁》
42	東周	晏平仲（嬰）	晏平仲善與人交，久而敬之。	臨上六	〔明〕林希元《易經存疑》
43	東周	莫敖、正考父、宰我、高柴、管仲、晏子（晏嬰）	有舉趾之莫敖，而正考父循墻；有短喪之宰我，而高柴泣血；有三歸反坫之管仲，而晏子敝裘，雖非中行，足以矯時勵俗。	小過大象	〔清〕李光地《御纂周易折中》引〔北宋〕晁說之
44	東周	老氏（老聃）、莊（周）、列（禦寇）	老氏隱居志道，其言曰柔勝剛、牝勝牡，而所謂三寶，則曰慈、曰儉、曰不敢為天下先。莊、列之徒，暢其風宗，皆引其支而揚其波。	坤卦辭	〔清〕葉佩蓀《易守》
45	東周	夫子（孔子，丘）	為治者，治道規矩皆已備舉，治道之成，惟當待之，夫子「必世而後仁」。	需大象	〔明〕林希元《易經存疑》

序號	朝代	人名	史事	索引	出處
46	東周	孔子	孔子在陳，絃歌不絕。	困卦辭	〔明〕蔡清《易經蒙引》
47	東周	孔子、陽貨	見惡人，如孔子之於陽貨是已。	睽初九	〔南宋〕朱熹《周易本義》
48	東周	孔（孔子）、孟（孟子）	孔抑干祿之師，孟嗤趙孟之貴，而於為己務實之學，欲其日升不已。	升卦辭	〔明〕黃道周，未詳所出？
49	東周	顏子（淵）	未能无息而不息者，君子之自強，若顏子「三月不違仁」。	乾九五	〔北宋〕游廣平（酢）《游廌山集》
50	東周	顏子	顏子不遷怒，是從懲忿工夫造來。不貳過，是從窒欲工夫造來。	損大象	〔？〕孫吳江，未詳所出？
51	東周	漆雕開	六三察己以從人，九五察人以脩己，六三似漆雕開。	觀六三	〔南宋〕楊萬里《誠齋易傳》
52	東周	冉（求，子有）、閔（損，子騫）	二休復下仁，以友輔仁，冉、閔之徒也。	復六二	〔明〕金賁亨《學易記》
53	東周	尾生	无妄之極，則至誠矣，中孚上九，為信之極，此尾生孝己之行。	无妄上九	〔明〕蔡清《易經蒙引》
54	東周	楊（朱）、墨（翟）	世固有執拗終身者，如楊、墨之徒，所守非不堅，正則未也，故終不可行。	恆卦辭	〔明〕蔡清《易經蒙引》
55	東周	孟子	為學者，致知力行工夫已做，學業之成，唯當待	需大象	〔明〕林希元《易經存疑》

序號	朝代	人名	史事	索引	出處
			之，孟子「勿助」、「勿忘」。		
56	東周	趙太后（威后）、長安君、左師觸龍	趙太后愛其少子長安君，不肯使質於齊，此其蔽於私愛。左師觸龍，因其明，而導之以長久之計。	坎六四	〔北宋〕程頤《易程傳》
57	東周	公孫衍、張儀	公孫衍、張儀阿諛苟容，竊取權勢，乃妾婦順從之道，非丈夫之所宜。	恆六五	〔明〕來知德《周易集註》
58	東周	二臣（觀射父、左史倚相）、齊威王（田因齊）、四子（檀子、田盼、黔夫申縛、種首）	楚書以二臣之善，珍乎白珩；齊威以四子之功，美於照乘。	損六五	〔清〕葛懋哉，未詳所出？
59	東周	梁惠王（魏罃）	梁惠王移民間之粟，惠而不費，未見其貞。	損上九	〔明〕林希元《易經存疑》
60	東周	陳恆、季氏（季孫氏）	非理枉道而得民者，齊之陳恆，魯之季氏。	萃九四	〔北宋〕程頤《易程傳》
61	東周		春秋、戰國諸侯，各有朋黨，以相侵伐。	渙六四	〔明〕林希元《易經存疑》
62	秦		有吉而有咎者，嬴秦之滅六國。	師卦辭	〔明〕林希元《易經存疑》
63	秦楚	秦政（秦始皇，嬴政）、項籍（羽）	秦政、項籍，豈能久也？	履六三	〔南宋〕朱熹《周易本義》
64	秦漢	秦皇（嬴	上以震動為恆，秦皇、漢	恆上六	〔南宋〕朱震

序號	朝代	人名	史事	索引	出處
		政）、漢 武（劉徹）	武之類是。		《漢上易傳》
65	楚漢	沛 公（劉邦）、羽	沛公見羽鴻門，彷彿此交之義。	需六四	〔明〕蔡清《易經蒙引》
66	楚漢	沛公、羽	柔能制剛，弱能制強，沛公見羽鴻門近之。	履卦辭	〔明〕林希元《易經存疑》
67	楚漢	漢高祖（劉邦）	漢高祖入關與民約法三章，是能渙其大號者。	渙九五	〔明〕林希元《易經存疑》
68	西漢	漢祖、戚姬、四老（商山四皓）	漢祖愛戚姬，將易太子，是其所蔽。四老者，高祖素知其賢而重之，此其不蔽之明心。	坎六四	〔北宋〕程頤《易程傳》
69	西漢	張良、四老人（商山四皓）	狙擊之功，不加于四老人。	漸上九	〔明〕何楷《古周易訂詁》
70	西漢	韓信、陳平	因賤致貴，韓信舉於行陣、陳平拔於亡命。	鼎初六	〔明〕林希元《易經存疑》
71	西漢	漢文（劉恆）	有元永而不貞者，漢文恭儉二十年如一日，而不免溺于黃老清淨。	比卦辭	〔明〕林希元《易經存疑》
72	西漢	賈生（誼）、漢文	賈生之於漢文，彼雖交淺言深，何嘗不正乎？	恆初六	〔明〕林希元《易經存疑》
73	西漢	賈誼、絳（絳侯周勃）、灌（灌嬰）、帝（漢文帝）	賈誼新進，絳、灌之徒譖之於帝，謂洛陽少年，專事紛更。	漸初六	〔明〕林希元《易經存疑》
74	西漢	文帝（劉恆）	漢文帝承高、惠豐積之厚，而屢下賜民租之詔。	損上九	〔明〕蔡清《易經蒙引》

序號	朝代	人名	史事	索引	出處
75	西漢	霍光	出入朝堂，小心敬慎，郎僕射嘗識視之，不失尺寸，霍光之匪彭。	大有九四	〔明〕林希元《易經存疑》
76	東漢	南陽（光武帝，劉秀）	南陽中興，雲臺合策，有濟難之責者，可以鑒矣。	蹇卦辭	〔明〕黃道周，未詳所出？
77	東漢	嚴光、劉秀（光武帝）	桐江一絲，扶漢九鼎，節義之有益于人、國。	損九二	〔明〕蔡清《易經蒙引》
78	東漢	客星（嚴光）	麟閣之勳，不宏于一客星。	漸上九	〔明〕何楷《古周易訂詁》
79	東漢	桓帝（劉志）	漢桓帝令民鑄錢以賑饑，惠而不費，未見其貞。	損上九	〔明〕林希元《易經存疑》
80	東漢	曹（操）、劉（備）	曹、劉共飯，地分於匕箸之間。	訟大象	〔明〕何楷《古周易訂詁》
81	東漢	劉先主（備）	劉先主當猖獗之時，信義愈著于四海，是中節也，故士從之如雲。	蹇九五	〔明〕蔡清《易經蒙引》
82	新東漢東晉	操（曹操）、懿（司馬懿）、莽（王莽）、溫（桓溫）	〈文言〉曰「弗敢成」，「弗敢」二字妙！操、懿、莽、溫之惡，皆以「敢」心成之。	坤六三文言	〔清〕薛嘉穎《易經精華》引〔明〕李光縉
83	東漢曹魏	漢獻（劉協）、曹操、魏高貴鄉公（曹髦）、司馬（昭）	漢獻之遷於曹操，魏高貴鄉公之受制於司馬。	困九五	〔明〕林希元《易經存疑》

序號	朝代	人名	史事	索引	出處
84	東漢		漢群雄割據,而為黨者,此一黨也。	渙六四	〔明〕林希元《易經存疑》
85	東晉	溫嶠、王敦	溫嶠之於王敦,其事類此。	夬九三	〔南宋〕朱熹《周易本義》
86	蜀漢	孔明(諸葛亮)	有无咎而不吉者,孔明之伐魏。	師卦辭	〔明〕林希元《易經存疑》
87	蜀漢	德公(龐德)臥龍(諸葛亮)	德公可隱鹿門,而臥龍不能辭渡瀘之險,古之身任天下之重者,大抵如斯。	蹇卦辭	〔明〕黃道周,未詳所出?
88	三國	曹(操)、劉(備)、孫(權)	三國鼎分,海內人心渙散,以曹、劉、孫之雄畧,而不能一天下,以成帝業,乃遭時之不幸,非才力之不足。	睽彖	〔明〕林希元《易經存疑》
89	北朝齊	齊文宣(高洋)、楊愔	齊文宣荒淫狂悖,甚于桀、紂,然而知楊愔之賢,悉以政事委之,時人以為主昏於上,政清於下。	豐六五	〔北宋〕司馬光《資治通鑑》
90	唐	唐高祖(李淵)	唐高祖伐隋與民約法十二條,是能渙其大號者。	渙九五	〔明〕林希元《易經存疑》
91	唐	魏徵、太宗(李世民)	魏徵之受金甕、受絹帛於太宗之類。	益初九	〔明〕林希元《易經存疑》
92	唐	太宗、唐明皇(李隆基)	有元而不永者,唐太宗貞觀之治,而不克終;唐明皇天寶之亂,不及開元。	比卦辭	〔明〕林希元《易經存疑》
93	唐	盧陵(中宗,李顯)	盧陵反祚,桃李在門,有濟難之責者,可以鑒矣。	蹇卦辭	〔明〕黃道周,未詳所出?

序號	朝代	人名	史事	索引	出處
94	唐	五王（張柬之、敬暉、崔玄暐、桓彥範、袁恕己）、武三思	唐五王惟失此義，中武三思之害。	小過九三	〔明〕蔡清《易經蒙引》
95	唐	唐明皇（玄宗，李隆基）、李林甫	唐明皇知李林甫之奸而又用之，一則恃自己聰明，一則恃海內平安，不知恃聰明便是昏了、恃平安便危了。	兌九五	〔明〕林希元《易經存疑》
96	唐	牛（僧孺）、李（德裕）	朋黨，唐牛、李，此一黨也。	渙六四	〔明〕林希元《易經存疑》
97	唐	子儀（郭子儀）	功蓋天下，而主不疑，位極人臣，而眾不忌，子儀之匪彭。	大有九四	〔明〕林希元《易經存疑》
98	唐	劉貴、唐文（文宗，李昂）	劉貴之於唐文，彼雖交淺言深，何嘗不正乎？	恆初六	〔明〕林希元《易經存疑》
99	唐		唐群雄割據，而為黨者，此一黨也。	渙六四	〔明〕林希元《易經存疑》
100	五代	蘇（逢吉）、史（弘文）	蘇、史滅宗，忿起於笑談之頃。	訟大象	〔明〕何楷《古周易訂詁》
101	北宋	宋神宗（趙頊）、王安石	宋神宗銳志更政，終身為王安石所感而不悟。	比卦辭	〔明〕林希元《易經存疑》
102	北宋	邵子（雍）、程子（頤）	《易》一本雙幹，邵子終日言不離乎是，程子思終夜思，手舞足蹈。	損六三	〔明〕鄧汝極，未詳所出？

序號	朝代	人名	史事	索引	出處
103	北宋	程頤、蘇軾	朋黨，宋洛、蜀，此一黨也。	渙六四	〔明〕林希元《易經存疑》
104	北宋	王安石	棟橈，陽失之太過，王安石似之。	大過九三	〔清〕張次仲《周易玩辭困學記》（《困指》）
105	北宋	宋神宗、王安石	宋神宗以人言而罷安石，是「中未光也」，故不久復用。	夬九五	〔明〕林希元《易經存疑》

附錄二　黃敬徵引歷代史事證《易》一覽表

　　案：本表僅錄黃敬眉批「按」語中，徵引歷代史事以證《易》者，僅摘要史事文字內容，並非全文照錄；且不包括「附錄一」所徵引歷代《易》學文獻中，所述及歷代史事以證《易》者，特此說明。總計430則，除1則時代不能確定外，其餘429則，分別朝代統計如下：一、遠古至商代96則；二、周代110則；三、秦至漢代99則；四、三國至隋代27則；五、唐代38則；六、宋代48則；元至清代11則。以下依朝代、人名、史事與索引排序，提供參考。

序號	朝代	人名	史事	索引
1	遠古	三皇、五帝、三王	聖天子繼天出治，三皇、五帝、三王皆足以當之。	乾九五
2	遠古三代	伏羲、舜、禹、文王（姬昌）、武王（姬發）	伏羲時，龍馬負圖；舜時，鳳凰來儀，百獸率舞；禹時，黃龍負舟，洛龜出書；文王時，麟趾呈祥，騶虞獻瑞；武王時，白魚躍舟、赤烏流屋。	中孚卦辭
3	唐虞夏	堯、舜、禹	堯老而舜攝，舜亦以命禹。	乾上九
4	唐虞夏	堯、舜、禹	「允執厥中」，堯所以授舜，舜所以命禹。	泰九二
5	唐虞夏商周	堯、舜、禹、湯、文、武、周	自古聖人法天明道，而堯、舜、禹以危微交儆，湯、文、武、周莫不憂勤惕厲，惟恐失墜。	震卦辭
6	唐虞周		唐、虞有三事，厚生並重；成周有八政，食貨為先，蓋王者德修於身，而澤被於天下焉。	井九五

序號	朝代	人名	史事	索引
7	唐虞周		唐、虞之五典、五惇，成周之三物、六行。	節九五
8	唐虞	堯、舜	聖人无為而治，堯、舜之「垂裳拱手」。	坤六二
9	唐虞	堯、舜	堯、舜之授禪，要非聖人不能也。	大過卦辭
10	唐虞		以賢臣而輔聖君，唐、虞之明良喜起。	比六四
11	唐虞		唐、虞三代之盛，一道同風。	同人卦辭
12	唐虞		唐、虞之儆戒无虞。	否九五
13	唐虞		上、下一心，君、臣同德，唐、虞之交贊、交儆。	中孚九五
14	唐虞	堯、舜、巢（巢父）、由（許由）	遇堯、舜之君，而托巢、由之行。	觀六二
15	唐虞	舜、北人無擇、堯、許由	舜欲用其友北人無擇，而無擇自投清冷之淵；堯欲以許由為九州長，而許由洗耳於潁水之濱，皆知節而不知通。	節九二
16	唐虞	后稷	以臣代君養民，如后稷教稼，下皆由之以得所養。	頤上九
17	唐夏	堯、皋陶、禹	史臣贊堯「以親九族」，必本之「克明峻德」；皋陶贊禹「惇敘九族」，必本之於「慎修思永」。	家人上九
18	唐	堯	堯之「允恭克讓」。	坤六五
19	唐	堯	帝堯之時，康衢叟歌「忘帝力于何有」，康衢童謠「順帝則于不知」。	觀初六
20	唐	堯	堯克明峻德，而黎民于變。	觀卦辭

序號	朝代	人名	史事	索引
21	唐	堯	「敦復」，堯之「欽明，文思安安」。	復六五
22	虞	舜、契	舜命契，曰：「敷教在寬。」	蒙上九
23	虞	舜	舜命一德之五臣，以征逆命之三苗。	小畜九五
24	虞	舜	舜舍己從人，任賢勿貳。	豫九四
25	虞	舜	舜之處囂母，可謂得中道矣。	蠱九二
26	虞	舜	舜恭己南面，而四方風動。	觀卦辭
27	虞	舜	舜有「怙終賊刑」之條文，有「刑茲無赦」之法。	噬嗑上九
28	虞	舜	大舜以至誠，感動瞽瞍。	无妄初九
29	虞	舜、禹、皋（皋陶）	舜之大知，而用禹、皋。	臨六五
30	虞	舜	不尚刑威，而脩德教，蠻夷鷗義，大舜制於當發。	大畜六五
31	虞	舜	舜之「用中」，得中道也。	離六二
32	虞	舜、共（工）、驩（兜）	舜流共放驩，乃見其有害。	解六五
33	虞	兜（驩）、工（共工）	兜、工比周，應頑殄行，而侯明撻記，引以並生。	姤九五
34	虞		三苗率叛眾而格於虞廷。	剝六五
35	虞		畜止必以正法，有虞刑期無刑，干羽以格頑苗。	大畜卦辭
36	虞夏商	舜、禹、湯、尹（伊尹）	舜舉禹為司空，湯舉尹為阿衡，故所養及於天下也。	頤六五

序號	朝代	人名	史事	索引
37	虞夏商周	舜、禹、湯、武	舜、禹以揖讓授禪而得帝位，湯、武以伐暴救民而得王位，亦皆以正，故內可以正百官，外可以正萬民。	漸卦辭
38	虞周	舜、英（女英）、皇（娥皇）、文王	男正位乎外，女正位乎內。王者之家，舜之於英、皇，文王之於后、妃。	家人九五
39	虞周	舜、文（文王）	苗弗率，而舜惟敷德以動之；崇不降，而文惟修德以服之。	萃九五
40	夏商周	禹、皋（陶）、伊（尹）、旦（周公）	上足致君，下足澤民，禹、皋、伊、旦之儔。	乾九二
41	夏商周	益、伊尹、周公	益、伊尹、周公之不有天下。	乾九二文言
42	夏商周	太康、雍己、夷王、昭王	夏至太康，商至雍己，周至夷、昭，皆治極生亂，見天運之必然。	泰九三
43	夏商周	桀、湯、武、紂	湯未伐夏，而民有「徯后」之呼；武未伐商，而民有「籲天」之嘆。及湯伐夏，而室家相慶；武伐紂，而萬姓悅服。	同人九五
44	夏商周	禹、湯、文、武	禹、湯、文、武，莫不皆然，是所過者化，所存者神。	觀卦辭
45	夏商周	夏禹、商湯、周文、武	以生道殺民，雖死不怨殺者，此是為悅之正，夏禹、商湯、周文、武皆如是。	兌卦辭
46	夏商周	夏太康、商小辛、周幽王、	夏太康當豐大，而逸遊無度；商小辛當豐大，而淫酗肆虐；周幽王當	豐卦辭

序號	朝代	人名	史事	索引
		晉、楚	豐大，而烽烟召釁。至若列國，晉當豐大，而築虒祁；楚當豐大，而成章臺，皆不能保持天運，所以可憂。	
47	夏商周		夏后氏五十而貢，殷人七十而助，周人百畝而徹，稽一年所入之數，以為一年所出之數，此度數之節得中也。	節卦辭
48	夏商	禹、湯	禹有下車之泣，湯有解網之仁。	噬嗑六五
49	夏商	桀、紂	桀之「弗克庸德」，紂之「罔有悛心」。	復上六
50	夏商	紂、桀	紂之自絕于天，結怨于民；桀之弗敬上天，降災下民，惟其弗合天理、人情，是以有天災、人眚。	小過上六
51	夏	禹、鯀	大禹能補鯀父之過。	蠱初六
52	夏	禹、防風氏	禹合諸侯于塗山，執玉帛者萬國，防風氏後至，禹因而戮之。	比卦辭
53	夏	大禹	大禹之能「安汝止」。	艮上九
54	夏	太康、仲康	太康壞天下，而仲康復振，易亂為治。	蠱卦辭
55	夏至唐	夏桀、妹喜、紂、妲己、周幽、褒姒、晉孋姬、吳西施、漢呂后、晉賈后、唐韋后	夏桀之有妹喜、紂有妲己、周幽有褒姒、晉有孋姬、吳有西施、漢有呂后、晉有賈后、唐有韋后，皆女之不貞者，所以致禍也。	家人卦辭

序號	朝代	人名	史事	索引
56	商周	湯、武（武王）	湯之革夏命，武之反商政，故能撥亂反正。	否上九
57	商周	湯、文（文王）	湯、文之以德服人，而人心說誠服。	隨卦辭
58	商周	湯、文（文王）	北狄之民曰「徯我后」，江漢之民曰「父母孔邇」，是遇於湯、文而不及己，皆由其失道，自遠民耳。	姤九四
59	商周	湯、武	觀民即所以觀己，湯曰：「萬方有罪，罪在朕躬。」武曰：「百姓有過，在余一人。」	觀九五
60	商周	湯、武	湯、武之放伐，要非聖人不能也。	大過卦辭
61	商周	湯、武	湯有漸德，武未盡善。大明在上，而下皆順從，湯之「九圍是式」，武之「八百會同」。	晉六五
62	商周	成湯、武	能懼之早，成湯之慄慄危懼，武王之夙夜祗懼。	震初九
63	商周	成湯、武王	成湯之於元聖，咸有一德；武王之于十人，同心同德。	中孚九二
64	商周	王（商湯）、周公（姬旦）、仲（蔡仲）	〈仲虺誥〉，王曰：「慎厥終，惟其始。」周公命仲曰：「慎厥初，惟厥終。」皆於既濟之初，而能戒謹也。	既濟初九
65	商周	尹（伊尹）、傅（說）、周（公旦）、召（公奭）	尹、傅、周、召之儔，皆棟隆吉也。蓋剛柔適宜，不假他人之助。	大過九四
66		湯、伊尹、文王、太公（呂	君臣一德也，如湯與伊尹、文王與太公，君臣所麗得正，故行無窒礙	離卦辭

序號	朝代	人名	史事	索引
	尚）		而亨。故事必柔順而后吉者，是君臣順；五皆柔順，是君臣順德也，如湯與伊尹、文與太公，君臣所麗能順，故可保其終而吉。	
67	商周	伊尹、湯、太公、文	伊尹耕莘而遇湯，太公釣渭而遇文。	晉六二
68	商周	太公、傅說、閎夭	太公以奢釣而升，傅說以胥靡而升，閎夭以買兔而升。	升九三
69	商周	伊尹、桀、太公、紂、成湯、文王	伊尹耕于莘，桀不能用；太公釣於渭，紂不能用。成湯用伊尹而興商，文王用太公而興周。	井九三
70	商周	伊尹、太公	伊尹耕莘之時，雖夏當革而不革；太公釣渭之日，雖商當革而不革，蓋无勢、无應，不可以有為。	革初九
71	商周	伊尹、太公	初雖不遇，終得相遇，莘野、渭濱之流。	鼎九三
72	商周	湯、伊尹、文王、太公	湯之任伊尹、文王之任太公。	鼎六五
73	商周	伊尹、太公	伊尹待三聘而進，太公待後車而進，皆得其正，故上可以正君，下可以正俗。	漸卦辭
74	商周	伊尹、湯、桀、太公、武王	伊尹相湯，必五就桀而后革夏；太公相武王，必十三年而後革商。	革六二
75	商周	伊尹、太公	以德行之節論之，伊尹、太公之流，隱居以求其志，而可止則止，行義以達其道，而可行則行，此德行之節得中也。	節卦辭

序號	朝代	人名	史事	索引
76	商周	紂（帝辛，子受）	此爻為紂之暗也，六爻皆以商、周之事言之。	明夷上六
77	商周	紂、文王	東鄰指紂，西鄰指文王。	既濟九五
78	商周	西伯（姬昌）、祖伊、文公（滕文公，姬繡）	西伯既戡黎，祖伊恐；齊人將築，文公恐，蓋不待及於其身，而後戒也。	震上六
79	商	湯、桀、伊尹	湯之伐桀，而聿求元聖與之戮力，元聖謂伊尹。	師九二
80	商	湯、伊尹	湯信任伊尹，咸有一德，克享天心，受天明命。	大有上九
81	商	成湯、伊尹高宗（武丁）、傅說	成湯舉伊尹而任以阿衡，高宗舉傅說而置諸左右。	隨九五
82	商	湯、伊、萊（朱）	湯之勇知，而用伊、萊。	臨六五
83	商	湯	湯之「建中」，得中道也。	離六二
84	商	太甲	太甲顛覆典刑，然能悔過，自怨自艾。	豫上六
85	商	太甲	太甲不順，乃後能處仁遷義，克終厥德	巽九五
86	商	盤庚	盤庚遷殷，至於三誥而后民從。	革九三
87	商	高宗	荊楚率叛眾而歸於高宗。	剝六五
88	商	高宗、傅說	此爻言君臣易合，高宗以夢得傅說。	睽六五
89	商	高宗	高宗三十二年，伐鬼方，次于荊；三十四年，克鬼方。	既濟九三

序號	朝代	人名	史事	索引
90	商	傅說、膠鬲	傅說舉于板築之間，膠鬲舉于魚鹽之中。	比六二
91	商	帝乙	帝乙歸妹，以君下賢。	泰六五
92	商	伯夷、紂	伯夷當紂之時，居北海之濱，以待天下之清。	需初九
93	商	文王、紂、散宜生	文王當紂之時，明夷也，囚于羑里，「夷于左股」。散宜生之徒，以寶玉、文馬贖之，「用拯馬壯吉」。	明夷六二
94	商	夷（伯夷）、齊（叔齊）、商山四皓	遯處林泉，不干世事。如夷、齊之采薇，隱于首陽；四皓之采芝，入于商山。	遯上九
95	商	伯夷	伯夷海濱之事，民到于今稱之。	蹇初六
96	商	微子（啟）	全身全節，微子之去商。	遯九五
97	西周	文（文王）	文之「徽柔懿恭」。	坤六五
98	西周	太公、文王	太公八十輔文王。	歸妹九四
99	西周	文王	不尚刑威，而脩德教，南國鼠牙，文王制於既發。	大畜六五
100	西周	文王	文王之敬止，為人君止於仁，為人臣止於敬，為人子止於孝，為人父止於慈，與國人交止於信。	艮卦辭
101	西周	文王、崇侯虎、紂	文王為崇侯虎所譖，而紂囚之羑里。	小畜卦辭
102	西周東周	文王、唐叔虞、文侯（姬仇）、僖公（姬申）、晉	文王繫晉卦時，未有唐叔虞也。厥後文侯捍王于艱難，王錫之馬四匹，策命為伯。至僖公二十八年，晉文公朝王，出入三覲，王錫之車	晉卦辭

序號	朝代	人名	史事	索引
		文公（姬重耳）	輅弓矢。于是姬姓獨晉伯者數世，周室賴之。	
103	西周	文、武、成王（姬誦）	周自文、武至于成王，而後禮樂興。	需九五
104	西周	文、武、成、康（康王，姬釗）、穆王（姬滿）	周自文、武、成、康而後，至穆王騎駿馬巡天下，而漸即於衰，雖曰「天運」，實「人事」也。	既濟卦辭
105	西周	武、紂、太公	武之伐紂，獲仁人以遏亂畧，仁人，太公之徒。	師九二
106	西周	武（武王）	武會同心之八百，以伐無道之獨夫。	小畜九五
107	西周	武王	武王大賚于四海，有孚惠心；而萬姓悅服，有孚我德。	益九五
108	西周	周公	周公夜以繼日，坐以待旦。	乾九三
109	西周	周公	以臣代君養民，周公明農，天下皆由之以得所養。	頤上九
110	西周	三監（管叔、霍叔、蔡叔）、殷士（武庚）	三監不靖，殷士怙寵而教告，要囚慂於式訓，未嘗引繩而批根之也。	姤九五
111	西周		以賢臣而輔聖君，成周之後先奔走。	比六四
112	西周		成周之制治未亂。	否九五
113	西周		畜止必以正法，成周辟以止辟，制禮以化頑民。	大畜卦辭
114	西周	蔡仲	蔡仲能蓋前人之愆。	蠱初六

序號	朝代	人名	史事	索引
115	西周	厲王（姬胡）、宣王（姬靜）	周厲壞天下，而宣王中興，易亂為治。	蠱卦辭
116	西周	宣王、厲王	宣王承厲王之烈，因有撥亂之志，遇災而懼，側身修行，欲消去之，而王化復行。	震六五
117	西周	厲王、宣王	當人心渙散之時，未免有傷害、憂懼，周厲為周人所逐是。若至渙極，則時將濟，又以陽剛處之，其才足以濟，故能渙其傷害、憂懼，宣王承厲王之烈，而能撥亂是。	渙上九
118		穆王、君牙	穆王命君牙曰：「心之憂危，若蹈虎尾。」	履九四
119	西周	穆王、呂侯	〈呂刑〉之維良折獄，得聽訟之宜。	噬嗑九四
120	西周	申侯、袁濤塗（陳轅濤塗）、虞公、虞叔	申侯之專利不厭，而袁濤塗譖之；虞公之求劍無厭，而虞叔攻之。	益上九
121	東周	齊桓公（姜小白）、晉文公	桓、文之霸列國，終是假仁。	隨卦辭
122	東周	齊桓、晉文	霸者違道干譽，雖致民歡虞，終是悅之不正，大民勸也，齊桓、晉文是。	兌卦辭
123	東周	寧戚、齊桓、百里（奚）、秦穆	遇主于巷，委曲求合，如寧戚叩角而歌，以動齊桓；百里飯反而肥，以感秦穆，本非正道，然當睽之時期，於行道救世，非此終不得遇。	睽九二

序號	朝代	人名	史事	索引
124	東周	齊桓公	齊桓公天威，不違顏咫尺是。	小過六二
125	東周	重耳（晉文公）、太叔段	重耳之奔狄，在小邑，所以「无眚」。若太叔段之都城過百雉，安能免於患乎？	訟九二
126	東周	宋襄（子茲甫）、荀息、申生	窮而不知變，宋襄之仁、荀息之信、申生之孝是。	中孚上九
127	東周	鬻權（鬻拳）、先軫（原軫）	鬻權懼君以兵，先軫不顧唾君，其事皆出於忠固貞。然鬻權以懼君自縊，先軫以唾君死狄，是皆厲也。	大壯九三
128	東周	趙穿、胥甲、荀偃、士匄	趙穿、胥甲之追秦軍而呼軍門，荀偃、士匄之圍偪陽而請班師，蓋其好勇輕事，而才弱力微，不能濟事。	大壯上六
129	東周	（晉）魏戊、士榮	不中正，不能斷獄，如魏戊與士榮之類。	噬嗑六三
130	東周	董安于、西門豹	董安于性緩，常佩絃以自急；西門豹性急，常佩韋以自緩。	小過九四
131	東周	京城太叔（段）、桓叔	京城之太叔，蔓難難除；曲沃之桓叔，椒聊實甚。	噬嗑初九
132	東周	衛懿公、衛文公、晉靈公、晉悼公	衛懿壞，而文公再造；晉靈壞，而悼公復起，易亂為治。	蠱卦辭
133	東周	柳下惠	柳下惠不卑小官，進不隱賢，必以其道。	履初九
134	東周	柳下惠	以和而悅，內不失己，外不失人，故吉，柳下惠是。	兌初九

序號	朝代	人名	史事	索引
135	東周	管仲、敬仲（陳完）、郱子、子貢	管仲辭鄉為有禮，而知其世祀；敬仲辭火為不淫，而卜其必昌。若郱子執玉高，公受玉卑，子貢以為必死亡。	履上九
136	東周	鮑叔、管仲	鮑叔之薦管仲，相臨之切，誠意懇焉。	臨六四
137	東周	管仲、易牙、豎刁、開方	管仲之不制易牙、豎刁、開方，卒至率五公子之徒作亂。	姤九二
138	東周	齊景（杵臼）、陳氏（无宇）	齊景迫於陳氏，而猶與大夫謀樂，多內嬖而不立太子。	離六五
139	東周	田駢	齊人之譏田駢不仕。	歸妹上六
140	東周	黔敖、晏子（晏嬰，平仲）	饑者不食，黔敖是。過於儉嗇，而流於固，晏子豚肩不掩豆、一裘三十年是。	節上六
141	東周	黃（帝）、老（聃）、申（不害）、韓（非）	養德如學聖賢之道，則為正學；黃、老、申、韓，則非正。	頤卦辭
142	東周	老子	无私感之悔，而志抑末，老子之以「知希為貴」。	咸九五
143	東周	子產、裨諶、蘧瑗（伯玉）、史鰌、仲叔圉（孔圉）、王孫賈	鄭微弱而為命，有子產、裨諶諸人，故鄭不見侵；衛無道而用才，有蘧、史、圉、賈諸人，故衛不至喪。	需上六
144	東周	子皮、子產	子皮委子產以政，而賴其養民也惠。	頤六四

序號	朝代	人名	史事	索引
145	東周	子產	鄭處晉、楚之間,而子產猶能因時制宜,振衰救弊,不至困阨之甚,是賴剛中之才,而可求小得。	習坎九二
146	東周	子產、孔子	子產革鄭之弊,未免有褚衣之謗,必已日而後有「誰嗣之歌」;孔子革魯之弊,未免有黷裘之謗,必已日而後有「惠我之誦」。	革卦辭
147	東周		鄭弱孤立,而處晉、楚之間,未免有侵陵之患;由其用柔能下,善於為命,故不惟晉、楚不侵陵,且反得晉、楚之助,而所求必得。	巽六四
148	東周	孔子	孔子之「從心所欲」。	坤六二
149	東周	孔子	此「樂」字是「樂以忘憂,不知老之將至」耳。	離九三
150	東周	孔子、冉求	孔子之於冉求,既以「非吾徒」絕之,固見其嚴;而又使門人正之,又見其愛人之无已,蓋寬猛並用。	蒙初六
151	東周	林放、夫子(孔子)	林放獨能問禮之本,故夫子大其問,而告以寧儉、寧戚。	賁上九
152	東周	孔子、少正卯	孔子為司寇時,不誅少正卯,至攝相七日,而即誅之,時位之有異。	臨九二
153	東周	蘧伯玉(瑗)	蘧伯玉行年五十,而知四十九年之非;行年六十,而六十化。	恆九二
154	東周	子路(仲由)	子路人告之以有過則喜,而勇於自治。	損六四
155	東周	夫子、由(仲由)、求(冉求)	夫子所以於由之兼人,故退之;求之退,故進之也。	小過九四

序號	朝代	人名	史事	索引
156	東周	曾子（曾參，子輿）、子路	善悅人者，弗計其分之所宜，此曾子所謂「脅肩諂笑」、子路所謂「未同而言」也。	兌六三
157	東周	閔子（損，子騫）、夫子、司馬牛	閔子之言必有中，又夫子以司馬牛多言而躁，故告以仁者其言也訒。	艮六五
158	東周	有子（若）	有子曰：「恭近於禮，遠恥辱也。」上九恭不近禮，所以取辱而凶。	巽上九
159	東周	仲梁懷、桓氏、陳寅、樂祁	仲梁懷為桓氏宰、陳寅為宋樂祁。	歸妹初九
160	東周	孔子、孟子	教之位雖有異，而教之道則無異，故孔、孟尤為百世師。	蒙卦辭
161	東周	孔子、孟子	孔子所謂「有教無類」，孟子所謂「歸斯受」。	蒙九二
162	東周	孔子、孟子	畜止必以正法，如孔子、孟子之道，不偏不倚，無過不及。	大畜卦辭
163	東周	孔、孟	孔、孟雖抱有為之具，而無有能用之者，是不得行其道於天下，僅傳諸其徒而已。	井九二
164	東周	孔子、夷之（夷子）、孟子	互鄉難言，而童子獨能潔己以見孔子；墨者異端，而夷之獨能從命以聽孟子。	復六四
165	東周	孔子、陽虎（貨）、孟子、王驩	孔子之待陽虎，孟子之處王驩，身否而道亨。	否六二

序號	朝代	人名	史事	索引
166	東周	七十二賢、孔子	有事於學術，以見大人正其學，七十二賢之於孔子。	萃卦辭
167	東周	季氏、冉有	季氏陷於僭竊之罪，冉有不能救之。	艮六二
168	東周	宰我	宰我信道不篤，以從井救人，而憂為仁之陷害。	艮九三
169	東周	封人（儀封人）、晨門	初知時之不可而不為，封人、晨門之徒是。	節初九
170	東周	魯哀公（姬將）、季（孫）、孟（孫）	魯哀公柔弱，陷於季、孟之間，而不能自振、有為，致溺於憂懼。	震九四
171	東周	披裘公、延陵季子（季札）	披裘公，吳人也。延陵季子出遊，見道中遺金，顧謂公曰：「取被金。」公怒曰：「君子何居己之高，而待人之卑？吾五月披裘而負薪，豈拾金者？」	井六四
172	東周	孟子	此孟子所謂：「聖人百世之師，伯夷、柳下惠是也。」	觀上九
173	東周	孟子、墨者夷之	必利貞者，如聞見不正，雖見大人，而取正之具已非，墨者夷之之見孟子。	萃卦辭
174	東周	孟子	孟子周流列國，傳食諸侯。於宋饋七十鎰，後車數十乘，從者數百人。	旅六二
175	東周	梁惠（梁惠王，魏罃）	梁惠之糜爛其民，而戰大敗，將復是傷而不安；又驅其所愛子弟以狗，是沉溺不返。	困初六

序號	朝代	人名	史事	索引
176	東周		陳處晉、楚之間，欲與楚則晉伐，欲與晉則楚伐，是往來前後，皆有險。	習坎六三
177	東周	燭之武	秦欲伐鄭，燭之武曰：「越國以鄙遠，君知其難也。」	同人九四
178	東周	百里奚、穆公（秦繆公，嬴任好）、蹇叔	百里奚自虞之秦，上有穆公同德，下有蹇叔同德，故其心大快。	旅九四
179	東周	隨少師、秦三師（百里孟明視、西乞術、白乙丙）	當未濟之初，則又值難濟之時，而欲冒險輕躁，隨少師之敗績，秦三師之被擒是。	未濟初六
180	東周	荷蕢、荷蓧、長沮、桀溺	避世離群，无所與同，荷蕢、荷蓧、長沮、桀溺之流。	同人上九
181	東周	穆叔（叔孫豹）、豎牛（叔孫豹庶長子）、季桓子（季孫斯）、陽虎、公子地（宋元公之子、景公之弟）、蓬富（獵）	穆叔之狗於豎牛，季桓子之狗於陽虎。又公子地之寵蓬富，獵亦為變，執其隨人之象。	咸九三
182	東周	臧武仲（紇）	過以召災，而妄欲免災，臧武仲之據地要君。	无妄卦辭
183	東周	臧文仲（辰）、臧武	德不稱位，若盜得而陰居之，一心戀戀，常恐為人所奪，臧文仲之竊	晉九四

序號	朝代	人名	史事	索引
		仲、齊莊（姜光）	位。又〈魏風〉以碩鼠棘貪殘，臧紇以似鼠譏齊莊，亦似此。	
184	東周	陳相、陳良、許行	陳相棄陳良之學，而學許行。	蒙六三
185	東周	楊子（朱）、墨氏（翟）、子莫	畜止必以正法，若楊子之為我，墨氏之兼愛，子莫之執中無權，皆非正道。	大畜卦辭
186	東周	魯昭公（姬稠）、季氏	好大喜功，如魯昭之於季氏，則反害而凶。	屯九五
187	東周	鄭厲公（姬突）、蔡仲、魯昭公、季氏	鄭厲公之困于蔡仲，魯昭公之困于季氏，皆欲動不得，欲靜不得。由其不能咎前之非，而發憤有為，所以厲欲殺蔡仲，而致出奔；昭欲去季氏，而致遜齊，是不能有悔，故往而不吉。	困上六
188	東周	子賤（宓子齊）	子賤親賢取友，故能成其德。	蒙六四
189	東周	晉伯宗	晉伯宗每朝好直言，其妻戒之，果遭三郤之害。	需九三
190	東周	穿封戌、王子圍（羋圍）	穿封戌與王子圍爭囚，而不得勝。	訟初六
191	東周	屈瑕	若屈瑕之師亂次，以濟囊瓦之師，蔑有鬥心，則失律矣，故至于喪敗而凶。	師初六
192	東周	子玉、子反	楚子玉之敗于城濮，子反之敗于鄢陵。	師六三
193	東周	荀罃、伍員、文種、季札	荀罃之彼出我入，伍員之多方誤楚，文種之約辭行成，吳公子札之安眾、安民。	師六四

序號	朝代	人名	史事	索引
194	東周	范蠡、種（文種）	范蠡泛舟五湖，而大夫種不去，後果罹于患害。	遯初六
195	東周	楚靈王（熊圍）	無道以致福，而妄欲邀福，楚靈王之投龜詬天。	无妄卦辭
196	東周	楚昭王（熊珍、熊軫）	不獲其助，而至于顛倒，楚昭王之於白公是。	中孚六三
197	東周		江黃蓼六處，楚重險之地，又不能有為，所以終于滅亡。	習坎初六
198	東周	趙括、廉頗	趙以趙括代廉頗，即棄長子而用弟子。	師六五
199	東周	公叔文子、史鰌、戌（穿封戌）	公叔文子請享靈公，史鰌曰：「子必禍矣！子富而君貪。」文子曰：「其若之何？」史鰌曰：「無害，子臣可以免。富而能臣，必免於難；戌也驕，其亡乎！」	大有初九
200	東周	士爕（韓厥）、伍子胥	晉入楚軍，晉人皆喜，惟士爕憂；越貢吳師，吳人皆喜，惟子胥懼。	豫六二
201	東周	顏蠋	戰國時齊顏蠋隱居不仕，嘗曰：「晚食以當肉，安步以當車。」	頤六二
202	東周	白起、王翦	白起、王翦之儔，只可用之以禦寇，他无所利。	漸九三
203	東周	范睢	范睢本輕險之徒，原非正大之士，乃知知止而退。	未濟九二
204	東周	赧王（姬延、姬誕）	居首而不能比下，此末代之君，周之赧王。	比上六
205	東周	周赧王	周赧王既已衰弱，而所得諸臣，又皆莫振，安能以有為哉？	小過六五
206	東周		周之衰而未滅，久疾而不死。	豫六五

序號	朝代	人名	史事	索引
207	秦		秦號令能及于天下，以力不以德，而卒不能保其終。	乾卦辭
208	秦	秦嬴（嬴政）	秦嬴之得天下，終非合義。	隨卦辭
209	秦	始皇（嬴政）	始皇於天下初定之日，而尚律法，焚書坑儒，則行險而不居易，安得為利？無事而造橋，觀，則不能安靜，安得為吉？有事而黷武害民，久為煩擾，亦安得為吉？	解卦辭
210	秦	韓非	不度事幾，不審時宜，而徒上于進，必遭摧折之虞，自取疑忌之禍，如秦之韓非。	大壯初九
211	秦	蔡澤	蔡澤歸相印于秦。	乾上九
212	秦		秦失其鹿，天下共逐之。	屯六三
213	秦	二世（胡亥）、趙高	秦二世之用趙高，君臣所麗不正，安能得亨乎？	離卦辭
214	西楚	項羽、范增	無賢人相輔，如項羽之不用范增。	屯六三
215	楚漢	沛公（劉邦）、項羽	沛公對項羽曰：「臣如陛下之馬，鞭之則行，勒之則止。」	謙初六
216	楚漢	漢高（劉邦）、韓信、項羽、范增	漢高與韓信、項羽與范增，君臣相忌，所麗雖正而不順，安能保其終而吉乎？	離卦辭
217	楚漢	項羽、沛公、虞妃、范增	項羽之敗于烏江，進則沛公在前，退則無面見江東父老。八千子弟，今無一人，與虞妃為垓下之別，孤立寡助，伏劍而死，凶何如哉？	困六三
218	楚漢	沛公、項王（羽）	沛公遇項王鴻門之事。	漸六四
219	西漢	漢高	嬴秦之亂，而漢高起於亭長。	屯卦辭

序號	朝代	人名	史事	索引
220	西漢	漢高	漢高百戰百敗，盤桓不得進也，而能忍耐退入西蜀，利居貞以待時也。	屯初九
221	西漢	沛公	沛公之入蜀，在小邑。	訟九二
222	西漢	沛公	沛公渡陳倉以後，有才、有勢，又有機，故雖未出險，亦將出險。	習坎九五
223	西漢	英布、彭越	漢之英、彭所由亡。	師上六
224	西漢	灌嬰、英布、蕭何	灌、英等，謂蕭何無汗馬之勞，而位居諸臣之上。	謙六四
225	西漢	蕭何、曹參	蕭何與曹參有隙，雖相睽而卻相信焉。	睽九四
226	西漢	韓信、彭越、呂后（雉）	韓信、彭越，皆有所係，而不能遯，後為呂后誣以欲反，而及于難，是有疾而厲也。	遯九三
227	西漢	韓信、蕭何	當來反，韓信在楚，不用如去。六四是有位无才，若不連于九三，終不得濟，惟來連庶可共濟，蕭何月下之追韓信。	蹇六四
228	西漢	韓信、漂母	韓信寄食於漂母，「旅瑣瑣」也；有二少年令其出胯下，是取輕侮之災也。	旅初六
229	西漢	子房（張良）	全身全節，子房之去漢。	遯九五
230	西漢	陳餘、張耳	若有他焉，則始終有異，陳餘、張耳則不得安矣。	中孚初九
231	西漢	太史公（司馬遷）、張良、始皇、沛公	太史公疑張良為鐵石心腸，而其狀貌乃如婦人、女子，蓋其有剛毅之資，故能錐擊始皇，興漢滅楚；而	鼎上九

序號	朝代	人名	史事	索引
			當日圯上進履、附耳躡足、教沛公入蜀諸事，又多出以退遜之心。	
232	西漢	周勃	周勃入北軍，令軍中曰「為劉者左袒，為呂者右袒」，卒能平呂氏之亂。	夬九二
233	西漢	高祖、諸呂（呂雉等）、惠帝（劉盈）、周勃	高祖沒，諸呂擅權，是渙之始。惠帝幼弱，是陰柔不能濟渙，賴周勃以安之，順而得吉。	渙初六
234	西漢	高（劉邦）、惠帝（劉盈）、文（劉恆）、景（劉啟）、武帝（劉徹）	漢自高、惠、文、景而後，至武帝脩封禪、好神仙，而亦即於侈；皆治極生亂，雖曰「天運」，實「人事」也。	既濟卦辭
235	西漢	張釋之	張釋之為廷尉，天下无冤民。	噬嗑九四
236	西漢	武帝	漢武席文、景之富庶，而開西南夷，卒致輪臺之悔。	泰上六
237	西漢	汲黯、漢武	汲黯以誠實動漢武。	升九二
238	西漢	李陵、蘇武	李陵之降單于，後見蘇武守節，嘆曰：「嗟乎！義士，陵與衛律之罪，上通于天矣。」	節六三
239	西漢	霍光、張安世	霍光之輔漢宣，有求必得，嘗與上驂乘，而上背如芒刺。後使張安世驂乘，上甚肆體安焉，亦由安世之忠愛循理，有明哲保身之道。	隨九四
240	西漢	嚴延年	漢嚴延年為河南太守，陰鷙酷烈，其母自東海來，大驚曰：「吾不意	漸九三

序號	朝代	人名	史事	索引
			臨老見壯子被刑也。」遂去。未幾，嚴果坐法棄市，不復東歸。	
241	西漢	于定國	于定國為廷尉，民自以不冤。	噬嗑九四
242	西漢	疏廣、疏受	疏廣謂疏受曰：「吾聞知足不辱，知止不殆，即日俱乞骸骨歸，亦是嘉遯也。」	遯九五
243	西漢	龔遂	渤海之民，賴龔遂以治，而各安農業。	解初六
244	西漢	趙飛燕、淖方成	趙飛燕初入宮，有披香博士唾曰：「此禍水也，滅火必矣。」	坤初六
245	西漢	梅福	天地閉，賢人隱，當棄官歸去，梅福變姓名為吳門市卒。	坤六四
246	西漢	貢禹	貢禹彈冠待薦。	比初六
247	西漢	石顯、牢梁、五鹿充宗	石顯與牢梁、五鹿充宗結為黨友。	比六三
248	西漢	賈捐之、石顯	賈捐之素短石顯，又欲援顯以圖進，卒為顯所制。	小畜九三
249	西漢	石顯、宏恭、蕭望之、劉更生、周堪	石顯、宏恭進，而蕭望之、劉更生、周堪之輩退。	否卦辭
250	西漢	蓋寬饒、韓歆（延壽）、楊惲	得中，則心無過當而失正，則事或有恃壯之失，漢蓋寬饒、韓歆、楊惲之類。	大壯九二
251	西漢		漢元、成諸臣，優游靡斷，終見羞吝，皆非得中。	蠱六四
252	西漢	王章、王鳳	王章雖王鳳所引，而不黨王氏。	剝六三
253	西漢	京房（李君	不度事幾，不審時宜，而徒上于	大壯初九

序號	朝代	人名	史事	索引
		明）	進，必遭摧折之虞，自取疑忌之禍，漢之京房。	
254	西漢	元帝（劉奭）	六五資稟柔懦，處位不當，僅可免悔，漢元帝之優柔靡斷。	大壯六五
255	西漢	哀帝（劉欣）、董賢	漢哀帝之寵董賢，君臣所麗不正，安能得亨乎？	離卦辭
256	西漢	龔勝、邴漢、劉歆、甄豐	君子重名節，能絕所好以遯，龔勝、邴漢之上疏乞歸。若陰柔小人，溺于所安，劉歆、甄豐等之不能去。	遯九四
257	西漢	劉昆	劉昆為弘農守，虎負子渡河，誠能格頑。	中孚卦辭
258		孔光、王舜、王莽	孔光、王舜等，本漢臣而從莽。	隨六二
259	新	王莽、薛方	王莽徵薛方。薛方曰：「明主方隆，唐、虞之德，小臣願守箕山之節。」莽悅其言，不強致。	剝卦辭
260	新	楊雄（揚雄）、王莽	楊雄本文學之徒，而媚於王莽，卒致敗名喪節。	咸六二
261	新	王莽	王莽於軍師外敗，大臣內叛，憂懣不能食，唯飲酒啖鰒魚，讀軍師倦，因憑几臥，不復就枕。	夬上六
262	東漢	光武（劉秀）	新莽之亂，而光武起自南陽。	屯卦辭
263	東漢	新莽、光武	新莽篡漢稱帝，被光武所滅，復興漢室。	解上六
264	東漢	王郎、任光、劉秀	王郎之困信都，非欲以害任光，特欲其助己。而任光不肯，後聞劉秀至，大喜，乃歸之。	屯六二

序號	朝代	人名	史事	索引
265	東漢	光武	漢光武欲保全功臣爵土，不令以吏治為過，故功臣并不用。	師上六
266	東漢	劉秀、祭遵、湖陽公主、董宣、竇篤、周紆	劉秀舍中兒犯法，祭遵治之，而觸帝之怒；湖陽公主之奴殺人，董宣治之，而致主之訴；竇篤夜到止姦亭，周紆治之，而詔收紆下獄。	噬嗑六二
267	東漢	光武	光武渡滹沱河以來，有才、有勢、又有機，故雖未出險，亦將出險。	習坎九五
268	東漢	光武	光武之偷涉滹沱。	未濟六三
269	東漢	馮異、光武	主簿馮異之從漢光武，卒成濟蹇之功。	蹇上六
270	東漢	鄧禹、劉秀	南陽鄧禹杖策追劉秀，秀留幕下，凡有謀議，必禹參贊，是已合志。	損初九
271	東漢	二十八將、光武	有事於功名，以見大人展其志，二十八將之於光武。	萃卦辭
272	東漢	耿弇、光武、子輿（劉子輿，王郎）	耿弇之本附光武，厥後過子輿處，從者皆欲歸子輿，而弇獨往從光武。	萃初六
273	東漢	明帝（劉莊）	漢明帝崇尚儒學，斷獄得情，承平之治，稱東都第一，亦見所行无礙。然性褊察，朝廷莫不悚慄，爭為嚴切以避誅。	履九五
274	東漢	明帝	漢明帝尊師重傅，臨雍拜老，羽林之士，亦通《孝經》。	觀卦辭
275	東漢	章帝（劉炟）、竇憲、和帝（劉肇）	漢章帝之責竇憲曰：「國家棄憲，如孤雛、腐鼠耳。」和帝時，憤其專權賜死。	解六五

序號	朝代	人名	史事	索引
276	東漢	班固、竇憲	班固之從竇憲後，坐憲黨，死于獄中。	姤九三
277	東漢	張陵、梁不疑	張陵雖梁不疑所薦，而不黨梁氏。	剝六三
278	東漢	魯恭、馬稜（棱）	魯恭為中牟令，馴雉依桑；馬稜守武陵，飛蝗赴海，誠能格頑。	中孚卦辭
279	東漢	獻帝（劉協）	此爻如漢獻帝。	屯上六
280	東漢	獻帝、袁紹、何進	漢獻帝之時，黃巾四起，權奸竊柄，人心渙散。袁紹位居三公，何進誼忝帝戚，有可為之地，而鹵莽無謀，又不能訪友共濟，是无才、无人，不能使渙而復合。	渙卦辭
281	東漢	鍾瑾	鍾瑾之無皁白，惟以退讓為貴。	訟六三
282	東漢	左雄、周舉	左雄為周舉所劾而謝曰：「是吾過也。」	訟九四
283	東漢	范巨卿（范式）	范巨卿雞黍相約。	比初六
284	東漢	鍾離意	鍾離意數封還詔書，而上從其諫。	小畜六四
285	東漢	梁冀、曾騰、陳蕃、李固、張綱	梁冀、曾騰進，而陳蕃、李固、張綱之徒退。	否卦辭
286	東漢	李固、梁冀、杜喬	漢自李固為梁冀所廢，而後內外喪氣，唯杜喬正色無所撓，由是朝野咸倚賴焉。	剝上九
287	東漢	皇父規（皇甫規）、梁冀	皇父規獻策，而為梁冀下第，乃規遂以疾求免。	晉初六
288	東漢	李膺、荀淑、陳實（寔）	漢李膺以荀淑為師、陳實為友，所交盡天下賢士。	隨初九

序號	朝代	人名	史事	索引
289	東漢	雷義、陳重	雷義與陳重交，語曰「膠漆雖謂堅，不如雷與陳」。	隨上六
290	東漢	成瑨、岑晊、宗資、范滂	成瑨守南陽，任功曹岑晊；宗資安汝南，任功曹范滂，語曰：「南陽太守岑公孝、弘農成瑨，但坐嘯；汝南太守范孟搏、南陽宗資，主畫諾。」	賁六二
291	東漢	郭林宗（泰）、徐孺子（穉）	知幾不進而自止，東漢郭林宗、徐孺子之徒	大畜九二
292	東漢	楊伯起（震）、樊豐	楊伯起不避樊豐，則不亨矣。「小利貞」是儆小人，以不可害君子也。若樊豐之害楊伯起，則不貞矣。	遯卦辭
293	東漢		漢之末而未亡，久疾而不死。	豫六五
294	東漢	樊豐、耿寶、瓊、李固、宋娥、梁氏	漢殺樊豐、耿寶，而黃瓊、李固之徒相繼登用，豈不元亨乎？乃未幾而宋娥弄權，中官襲爵，梁氏用事，而賢人君子不能救。漢祚之衰，噫！伊誰之咎哉？	臨卦辭
295	東漢	袁紹、董卓、玄德、公孫瓚	袁紹之不能去董卓是，使當時能任玄德，而紹安出其後，則卓可去，而紹可進矣。奈何聞公孫瓚之言，而不信乎？	夬九四
296	東漢	孟德（曹操）、元直（徐庶）、先主（劉備）	孟德之召元直，使不得事先主，而元直心常切於先主。然孟德非欲害元直，第欲其助己。	賁六四

序號	朝代	人名	史事	索引
297	東漢	曹操、趙雲、劉備	曹操將兵臨漢中，趙雲出營視之，操兵大出，雲且戰且卻，入營使人開門，操疑有埋伏，引去，雲以勁弩追殺之，操兵大敗。明日，劉備至營，視曰：「子龍一身都是膽也。」	習坎卦辭
298	東漢	先主、曹操、趙雲	四如先主，二如曹操，初如趙雲；趙雲之困于曹操，先主不能救之。然邪不勝正，趙雲終得遇先主。	困九四
299	東漢	荀彧、曹操	荀彧清修之士，而附於曹操，卒致敗名喪節。	咸六二
300	東漢	曹操	曹操少機警，時人未之奇，後至於攬權。	姤初六
301	東漢	張松、曹操、劉備	張松先欲獻地圖於操，而操不禮。後乃獻於劉備。然松必先獻操，而後獻備。	萃六三
302	東漢	昭烈（劉備）、曹操	昭烈遇曹操煮酒之時。	漸六四
303	東漢	劉備、劉表	劉備棄新野走樊城，而得依於劉表。	渙九二
304	東漢	禰衡	恃剛躁進，其進必折，若禰衡之極，則亦安得進乎？	大壯九四
305	東漢	禰衡	禰衡以驕亢之性，所往輒不相投。	旅上九
306	三國	龐統、于禁	龐統之敗於落鳳坡，于禁之敗於魚腹口，皆躁進以取災。	小過初六
307	蜀漢	諸葛武侯（諸葛亮）	諸葛武侯躬耕南陽，時號「臥龍先生」。	乾初九

序號	朝代	人名	史事	索引
308	蜀漢	先主、孔明（諸葛亮）	知己陰柔之才，不足濟屯，而求初九之賢以輔，如先主之下聘孔明。	屯六四
309	蜀漢	孔明、劉先主（備）	孔明受劉先主之恩，由是感格，遂許以馳驅，而復受托孤之責，是困于厚待。	困九二
310	蜀漢	劉備、孔明	劉備與孔明為魚水之得，此相悅以正。	兌卦辭
311	蜀漢	昭烈	才可有為，而无人共濟，固當順時而止，如劉備托菜種園時。	无妄九四
312	蜀漢	玄德（劉備）	玄德之馬躍檀溪，不敢由於陸，而由於水。	未濟六三
313	蜀漢	劉備、關（羽）、張（飛）	劉備以英雄之資，又有關、張輔之，有才、有人，當是時，未得其地，故卒僅鼎足三分，而不能使合而為一。	渙卦辭
314	蜀漢	孔明、龐統	孔明之薦龐統，相臨之切，誠意懇焉。	臨六四
315	蜀漢	諸葛（亮）	諸葛一生惟謹慎。	大過初六
316	蜀漢	諸葛武侯（亮）	事君能致其身，諸葛武侯當之。	蹇六二
317	蜀漢	孫乾、簡雍、臥龍（諸葛亮）、鳳雛（龐統）、五虎將（關羽、張飛、馬超、黃忠、趙雲）、劉使君（劉備）	孫乾、簡雍之輩，賴臥龍、鳳雛、五虎將之助，發強剛毅之資，尤協大中正之德，而居君位，其志得行。劉使君仁義著於天下，而居君位，尤為臥龍、鳳雛、五虎將中之大人，孫乾、簡雍從之，得其正矣。	巽卦辭

序號	朝代	人名	史事	索引
318	蜀漢	郤正、黃皓	郤正為黃皓所進，而不黨黃皓。	剝六三
319	蜀漢	姜伯約（維）	殺身成仁之事，姜伯約之不能復漢，不可以成敗、利鈍論。	大過上六
320	南 朝 陳、蜀漢	陳後主（陳叔寶）、蜀後主（劉禪）	上陰柔不能戒，故有屬，陳後主、蜀後主是。	既濟上六
321	曹魏	司馬氏	魏之司馬所由篡也。	師上六
322	西晉	何曾	養身若何曾一席費萬錢，猶云無下箸處，則非正。	頤卦辭
323	西晉	惠（司馬衷）、愍（司馬鄴）	以陰柔之才，居陰極之時，將必亡而已矣，晉之惠、愍。	習坎上六
324	西晉	李密、武帝（司馬炎）	李密〈陳情表〉曰：「臣不勝犬馬怖懼之情，謹拜表以聞。」武帝覽表，賜婢二人，奉事祖母。	巽九二
325	西晉東晉	殷浩、王衍	殷浩、王衍之徒，則以才弱當未可行之時，而欲有行，未免有咎。	艮初六
326	前秦東晉	苻堅、謝玄	苻堅為謝玄所破，聞風聲鶴唳，皆疑為晉軍，是中无定主，而方寸亂。	習坎卦辭
327	東晉	陶淵明（潛，元亮）	陶淵明之不為五斗米折腰。	姤上九
328	晉隋		晉及隋，號令能及于天下，皆以力，不以德，而卒不能保其終。	乾卦辭
329	南朝齊	周顒、孔稚圭	周顒本隱北山，後為鹽海令，孔稚圭作〈北山移文〉以刺之。	頤初九

序號	朝代	人名	史事	索引
330	北朝齊	北齊後主（高緯）	北齊後主好奢華，製無愁之曲，民間謂之「无愁天子」，則不能憂儆，安得无咎乎？	萃上六
331	北朝魏	魏明帝（元詡）、蕭寶寅（螽）、蘇湛	魏明帝時，蕭寶寅將逆謀，遣蘇湛表弟諷湛曰：「吾今不復為臣，肝膽與君共之。」湛曰：「朝廷假我以羽翼，因得榮寵，可乘閒而有問鼎之心乎？」遂再三乞歸。後魏主嘉湛，加世職焉。	鼎九二
332	隋	文中子（王通）	隋文中子潔身不出，講學于河汾，程子稱其為隱德君子。	蠱上九
333	唐	高祖（李淵）	前五代之亂，而唐高祖以興。	屯卦辭
334	唐	高祖、太宗（李世民）、中宗（李顯）、韋后（韋香兒、蓮兒）	唐自高祖、太宗而後，至中宗而縱嬖韋后，卒至被弒，皆治極生亂，雖曰「天運」，實「人事」也。	既濟卦辭
335	唐	太宗	唐太宗大召名儒，增廣生員，宗戚子弟，莫不受學。	觀卦辭
336	唐	太宗、魏徵、長孫皇后	唐太宗嘗因怒欲殺魏徵，每得長孫皇后之諫而輒止。	大過九二
337	唐	太宗、魏徵、王珪、尉遲恭（敬德）、秦叔寶（瓊）、武后（則天）	唐太宗內有魏徵、王珪之相，外有尉遲恭、秦叔寶之將，又大召名儒、增廣生員，貞觀之治，稱為隆盛。而不知武后已潛在宮中，此正不期而遇也。武后以才人充陳，本非六禮所聘，又極淫亂，是遇已非	姤卦辭

序號	朝代	人名	史事	索引
			正，而德又不貞，故聖人為之戒，謹於始也。	
338	唐	太宗、蘇威	太宗數蘇威曰：「公南朝碩輔，政亂不匡，遂令生民塗炭。今既老且病，吾此間無勞相見也。」	井初六
339	唐	褚遂良	唐自褚遂良沒諫者，咸以言為諱，是君過剛，而臣過柔，莫能相濟有為。	大過九五
340	唐	武后	武后臨朝，武攸緒去，隱嵩山，視不義之富貴，如浮雲。	賁初九
341	唐	武后、狄梁公（仁傑）	武后臨朝，忠臣多為所殺，而狄梁公獨為信用。	无妄初九
342	唐	盧藏用、武則天、司馬承禎	盧藏用隱終南山，武則天時徵為左拾遺，是「不恆其德」矣。司馬承禎譏之，是「或承之羞」矣。	恆九三
343	唐	武后、閻朝隱	武后有疾，方禁屠宰，閻朝隱以身代犧牲，雖曰所以敬君，亦為人所恥辱而凶。	巽上九
344	唐	狄仁傑、狄光嗣、張柬之、姚崇、桓彥範、敬暉	唐狄仁傑舉其子光嗣，亦薦張柬之、姚崇、桓彥範、敬暉等，皆為名臣。	同人初九
345	唐	阮行沖、狄仁傑	阮行沖賴狄仁傑之薦舉。	升初六
346	唐	蘇味道	蘇味道處事依違無決斷，模稜持兩端，人謂之「蘇模稜」。	巽初六
347	唐	周興	畜止必以正法，若周興之以甕炙囚，則非正法。	大畜卦辭

序號	朝代	人名	史事	索引
348	唐	魏元同（玄同）、裴炎	魏元同與裴炎交，能保終始，時號「耐久朋」。	隨上六
349	唐	張易之、張昌宗	〔唐〕張易之以鐵籠炙鵝、鴨，其弟昌宗亦依法以炙驢、羊，後伏誅。	頤六三
350	唐	郭宏霸、魏元忠、宋之問、張易之	郭宏霸為魏元忠嘗穢糞，宋之問為張易之捧溺器。	歸妹六三
351	唐	張炭、薛師、趙履溫、安樂公主（李裹兒）	張炭諂事薛師，掌擊黃幪；趙履溫趨赴安樂公主，背挽金車，是妄悅而不正。	兌卦辭
352	唐	李義甫	李義甫謂人臣不當犯顏諫諍，使君悅、臣安，此小人之道。	兌上六
353	唐	唐中宗（李顯）、岑羲、蕭至忠、袁喜祥	唐中宗時，岑羲、蕭至忠護己之短，而全在政府，後為袁喜祥獻其逆謀之獄。	解六三
354	唐	唐明皇（玄宗，李隆基）、安祿山	唐明皇恃天下太平而不之戒，卒召安祿山禍亂。	既濟六四
355	唐	李林甫、張九齡	李林甫用，而張九齡罷相。	小畜上九
356	唐	楊貴妃、安祿山	治家太嚴，則人情不堪。然過寬，則家範不立，楊貴妃與安祿山，笑話相謔，終必羞吝。	家人九三
357	唐	盧懷慎	素飽，盧懷慎，人謂「伴食宰相」。	漸六二

序號	朝代	人名	史事	索引
358	唐	郭子儀	始无敢矯詔專成，後因君命而有以終其功，若郭子儀。	坤六三
359	唐	郭汾陽（子儀）、唐肅宗（李亨）	以順而升，郭汾陽以順德，事唐肅宗。	升六四
360	唐	郭子儀、魚朝恩	郭子儀值相州軍潰，為魚朝恩所譖，遂罷兵柄，而居之京師。然所遭雖不幸，而所存自不亂，後得再復。	震六二
361	唐	盧杞、郭子儀	盧杞未為相，郭子儀已防其得志。	剝初六
362	唐	黃嵩、盧杞	黃嵩之攀援盧杞，卒致取敗，皆凶也。	豫初六
363	唐	盧杞	盧杞貌甚陋，時人莫之忌，後至於秉政。	姤初六
364	唐	李絳	唐李絳每指陳得失，而上謂其忠。	小畜六四
365	唐	陸贄、德宗（李适）	陸贄以至誠，感動德宗。	无妄初九
366	唐	陸贄、德宗	陸贄以誠實感德宗。	升九二
367	唐	陸贄、張鎰	陸贄與張鎰為忘年之交，此相悅以正。	兌卦辭
368	唐	李德裕、柳公權	李德裕欲薦柳公權，卒以薦不由己，而左遷之，則有徇私，皆公之失。	萃六二
369	唐	韓愈	韓愈為潮州刺史，鱷魚遠避，誠能格頑。	中孚卦辭
370	唐	唐文宗（李昂）	唐文宗出御袖，以示諸臣曰：「此衣已三浣矣。」正是以樸素為賁，不賁之賁也。	賁六五

序號	朝代	人名	史事	索引
371	北宋	華山希夷（陳摶）	幽人，如華山希夷之類。	歸妹九二
372	北宋	太祖（趙匡胤）	後五代之亂，而宋太祖以出。	屯卦辭
373	北宋	太祖、石守信	宋太祖謂石守信等曰：「人生如白駒過隙，卿等何不市好田宅、買歌兒舞女、飲酒相歡，終其天年？」是縱樂，非安樂也。	離九三
374	北宋	太祖、太宗（趙光義）	存心行事，或有不正，然賦性聰明，虛心求助，宋之太祖、太宗是。	未濟九五
375	北宋	趙普、盧多遜、彌德超、曹彬	趙普秉政，竄盧多遜於朱崖、竄彌德超於瓊州，而曹彬召用。	解九二
376	北宋	宋太宗、趙普、曹彬、盧多遜、彌德超	九五如宋太宗，六二如趙普、曹彬，三、四如盧多遜、彌德超。趙普為盧、彌所隔，而不得事太宗。然邪不勝正，後事得白，復入秉正。	漸九五
377	北宋	趙普、太宗	二似趙普，五似太宗，太宗不用趙普，而趙普罷政，後復召用。	既濟六二
378	北宋	竇儀	竇儀曰：「吾不作宰相，亦不詣朱崖，吾門可保矣。」	姤九三
379	北宋	宋太宗、曹彬	宋太宗之疑曹彬，先罷彬，而後復召彬。既知其忠，益厚待之。	睽上九
380	北宋	李昉、宋太宗	李昉為宋太宗臣，太宗命鸞輿迎之御榻側，帝手酌鑵，選果之珍者賜之。	益六二

序號	朝代	人名	史事	索引
381	北宋	李穆公（昉）、宋太宗	以順而升，李穆公以順德，事宋太宗。	升六四
382	北宋	呂蒙正、蘇易簡	宋太宗朝，呂蒙正與蘇易簡同拜學士，俱為名相，時人以「鳳齊飛」喻之。	大畜九三
383	北宋	呂蒙正、王曾、寇準、師德（張師德）	蒙正書人，以進王曾，絕口不言；寇準被薦，而不知師德，及門而將。	萃六二
384	北宋	王曾	不素飽，如王曾之志不在溫飽。	漸六二
385	北宋	王曾	王曾為相，擢用人材，絕口不與人言，曰：「用賢，人主之事。」	中孚六四
386	北宋	宋真宗（趙恆）、神宗（趙頊）	宋真宗之借天書，以粉飾太平；神宗之用青苗法，以圖求至治是。	未濟上九
387	北宋	丁謂、萊公（寇準）	丁謂為萊公拂鬚，萊公責之曰：「豈有官長而為人拂鬚乎？」由是得罪。	臨六三
388	北宋	寇準、王旦	寇準之求王旦薦己為相，則失其道矣。	隨六三
389	北宋	杜衍、韓琦、范仲淹、富弼	宋杜、韓、范、富諸公，一時並用，仁宗之朝，而公言廷諍，不相苟合。	同人六二
390	北宋	范仲淹（子純仁）、章惇	陰禍已加於身，小則貶逐，如范仲淹為章惇所譖。	剝六四
391	北宋	邵康節（邵雍）、程子（程頤）	邵康節坦夷溫厚，程子稱為「內聖外王之學」，其道純一不雜，汪洋浩大。	履九二

序號	朝代	人名	史事	索引
392	北宋	明道（程顥）	明道先生，人人皆稱其盛德。狡詐者獻其誠，暴慢者致其恭。	謙六二
393	北宋	張思叔（繹）	養身如張思叔之飲食，必慎節則為正。	頤卦辭
394	北宋	張思叔	張思叔座右銘所謂「步履必安詳，居處必正靜」。	離初九
395	北宋	張載	關中張載，以議新政不合，移疾家居。	需九二
396	北宋	元祐諸臣	宋元祐諸臣，矯枉過正，未免有悔，然于理則无大咎。	蠱九三
397	北宋	呂大防、范祖禹、司馬光	呂大防戇直无黨，范祖禹法司馬光不立黨。	解九四
398	北宋	司馬光、蔡京、王安石	三處二陽之間，而為所曳掣，如司馬光之困於蔡京、王安石。然邪不勝正，終必復合，如司馬光之復為相。	睽六三
399	北宋	司馬溫公（光）	司馬溫公平生未嘗一語輕人、慢人，此止能巽者，故无可羞吝。	巽九三
400	北宋	王安石、蘇洵	荊公未為相，蘇老泉已知其奸邪。	剝初六
401	北宋	王安石	畜止必以正法，若荊公之請復肉刑，則非正法。	大畜卦辭
402	北宋	王安石	王安石之謂「天變不足畏，人言不足恤，祖宗之法不足守」，則未能戒懼，而安能以无懼乎？	震初九
403	北宋	王安石、呂惠卿、章惇、曾布、蔡京、蔡攸	王、呂、章、曾、蔡氏父子黨同伐異，相與依阿。	同人六二

序號	朝代	人名	史事	索引
404	北宋	王安石、宋神宗	學術不正,雖見大人,而致用之術已疏,王安石之見宋神宗。	萃卦辭
405	北宋	王安石、宋神宗、呂惠卿	王安石之惑宋神宗,呂惠卿之惑王安石。	鼎九四
406	北宋	哲宗(趙煦)	宋哲宗時,熙、豐小人退居閒野,元祐諸君子久抑得伸。	泰卦辭
407	北宋	唐坰、王安石、曾布、王珪、元絳、薛向、陳繹、張璪、李定、張商英	唐坰初附王安石,後乃奏疏陳時事,直斥王安石專作威福,曾布等表裏擅權,王珪曲事安石,無異廝僕。元絳、薛向、陳繹,安石頤指氣使,張璪、李定為安石爪牙,張商英乃安石鷹犬,是坰能變為君子。	否初六
408	北宋	徽(趙佶)、欽(趙桓)	以陰柔之才,居陰極之時,將必亡而已矣,宋之徽、欽。	習坎上六
409	南宋	秦檜、胡瑗、李綱	秦檜未為相時,胡瑗、李綱等皆不知其奸。	否六三
410	南宋	曹詠、秦檜	曹詠附秦檜為戶部侍郎,後罪貶。	豫六三
411	南宋	秦檜、韓世忠	秦檜初參政府,而韓世忠辭歸。	剝六二
412	南宋	韓世忠、秦檜	韓世忠為秦檜所阻,而請罷。	大畜初九
413	南宋	岳武穆(飛)、秦檜	岳武穆不避秦檜,則不亨矣。「小利貞」是做小人,以不可害君子也。若秦檜之害岳武穆,則不貞矣。	遯卦辭
414	南宋	韓侂冑、趙汝愚	韓侂冑進,而趙汝愚遭貶。	小畜上九
415	南宋	趙師𥟖、韓侂冑	趙師𥟖附韓侂冑納珠冠為犬吠。	歸妹六三

序號	朝代	人名	史事	索引
416	南宋	梁成大、史彌遠	梁成大附史彌遠，攘臂以排斥忠良。	泰六四
417	南宋	翁應龍、賈似道、葉李	翁應龍劾賈似道，流于并州，而葉李諸賢於歸。	解九二
418	南宋	文天祥	殺身成仁之事，如文天祥之不能存宋，不可以成敗、利鈍論。	大過上六
419	元	趙孟頫、留孟炎	趙孟頫、留孟炎之降元，而為元世祖恥笑，是不節之咎。	節六三
420	明	石亨、薛文清（瑄）	石亨竊弄威權，而薛文清罷仕。	剝六二
421	明	薛瑄、曹吉祥	薛瑄為曹吉祥所阻，而移歸。	大畜初九
422	明	徐爵、馮保	徐爵附馮保，仗勢以進退人材。	泰六四
423	明	楊順、嚴嵩	楊順之攀援嚴嵩，卒致取敗，皆凶也。	豫初六
424	明	沈鍊、嚴嵩、順昌（周順昌）、魏瑭（魏忠賢）	沈鍊詆嚴嵩而被讁，順昌詬魏瑭而下獄，由其居下任壯，未審其籌策，以至此耳。	夬初九
425	明	崔呈秀、魏忠賢	崔呈秀附魏忠賢刻義子於溺器。	歸妹六三
426	明	楊椒山（繼盛）、嚴嵩	陰禍已加於身，大則刑誅，如楊椒山為嚴嵩所害。	剝六四
427	明	嚴世蕃	明嚴世蕃唾婢口，謂之「香唾盆」；點美女，謂之「肉雙陸」，伏誅。	頤六三
428	明	張綵、劉瑾	張綵附劉瑾為吏部尚書，後伏誅。	豫六三

序號	朝代	人名	史事	索引
429	明	崇禎（思宗，朱由檢）	明崇禎承天啟之餘燼，而一時更張過於苛察，人情不堪，卒致滅亡。	離九四
430	？	天臺道士、烟波釣徒	天臺道士、烟波釣徒，凡事未可做皆不做，凡日用安靜，而韜晦處皆是。	艮六四

從憂患的敘事看周易之聖人史觀
與可持續性的文明境界
——著重歷史精神的世界

金演宰*

提要

本文注重如何理解《周易》中所反映的聖人史觀，關鍵是卦爻辭中的聖人活動和治績，卦爻辭反映著一些關於周代內外的政治、戰爭、生活等的歷史，特別是不少有一些與文王的業績關聯的內容，代表著聖人精神，本文深入探討《易傳》中涉及聖人史觀的論述，按照敘事主義的方法論，試圖如何才能夠摸索歷史精神的人文主義的綱領。全文由問題意識和構思、歷史的敘事和歷史精神的價值、憂患的敘事和聖人精神的典範、聖人史觀和可繼續的文明、問題歸結和結束五個面向開展。最後總結出卦爻辭就是關於周代的特殊情況或政事的一個特殊敘事形態。敘事就是通過對卦爻辭的義理解釋，作出一些關於歷史的事件或情況的斷面。從憂患敘事的脈絡上，聖人史觀中有歷史精神的境界，即由聖人精神而找出人文主義的可持續性價值。

關鍵詞：聖人史觀、憂患敘事、敘事主義、歷史精神、聖人精神

---

* 韓國公州國立大學教授。

An Analysis of the Sage's Historical View of Zhouyi and Sustainable Civilized World from a Worrisome/Distressed Narrative

——A Realm Which Emphasizes on Historical Spirit

Jin Yan-zai

Abstract

This article focuses on how to understand the sage's historical view reflected in the *Zhou Yi*. The key is the sage's activities and achievements in *guayao ci* (the hexagrams and lines), which reflected some of the history of politics, war, life, etc. inside and outside the Zhou Dynasty. Among them, there are also the contents related to the performance of King Wen, which represents the spirit of the sage. This study deeply discusses the discussion of the sage's view of history in *Zhou Yi*. According to the methodology of narrativism, this study tries to explore the humanism of the historical spirit. The full text is developed from five aspects: problem consciousness and conception, historical narrative and value of historical spirit, distressed/worrisome narrative and model of sage's spirit, sage's historical view and sustainable civilization, and problem resolution and conclusion. Finally, it is concluded that *guayao ci* is a special narrative form about the special circumstances or political affairs of the Zhou Dynasty. Narrative is to make some sections about historical events or situations by interpreting the meaning of *guayao ci*. From the context of the worrisome/distressed narrative, there is a realm of historical spirit in the sage's historical view, that is, to find the sustainable value of humanism from the sage's spirit.

Keywords: sage's historical view, worrisome/distressed narrative, narrativism, historical spirit, sage's spirit

一　問題意識和構思

《周易》的文明史的意義在於開創了世界觀的新的地平。人們從對人生現實的總體視角上得到一個瞭解命運的絞紗、把握它的線索的主體智慧。人們發揮由天文與人文結合而成的知識和智慧的力量，能夠開拓文明的境界，從而高揚文化的水平。

本文注重如何理解《周易》中所反映的聖人史觀。關鍵是卦爻辭中的聖人活動和治績。《周易》是一個占筮書，其中的占筮語作為卦爻辭，含有一些對特定事情預測和判斷的內容。其內容主要是關於人類的生活及方式，特別是聖人從憂患意識上進行文明活動的。這裡值得注意的是，卦爻辭反映著一些關於周代內外的政治、戰爭、生活等的歷史，特別是不少有一些與西周文王的業績關聯的內容。文王的業績是代表著中國的傳統文明和文化，所以卦爻辭的內容是從聖人史觀上瞭解的，即保持聖人精神的指向，反映歷史精神的綱領，從而提高了可持續的文明境界。

本文所要作的，是深入探討《易傳》中涉及聖人史觀的論述，按照敘事主義的方法論，試圖如何能夠摸索歷史精神的人文主義的綱領。為了達到此目的，本文必須回答三個關鍵的問題：一、卦爻辭與憂患意識，二、故事、史事和敘事。三、聖人史觀。本文按照這三個問題，可以結論如下：一、聖人精神的綱領，二、歷史精神的指向，三、可持續的文明境界。

二　歷史的敘事和歷史精神的價值

考證史事是歷史研究的起點而非終點。歷史不是自然物，一種綜合的信息系統。可以說一切歷史都是敘述的歷史，同時一切敘述也都是歷史的敘述。另一方面，歷史是記憶的歷史。記憶有族類記憶和國家記憶，是不容易區分兩者的，兩者的混合形態。上古時代的記憶作為一種初始形態的口述歷史，主要是族類記憶。這記憶的顯著特徵之一是神話與史話、原始神話與古史傳話的界限混沌不清，如神與人、神格與人格、神話人物與歷史人物等

等。例如始祖誕生神話與圖騰神話既是各自的歷史，又是與各部族的歷史活動並不相離的，所以兩者之間沒有區分。[1]

從東亞的漢字文化圈來看，人們社會本身具有共同體的特化正體性，通過知識和智慧的總體結合發揮文化的原型和固有精神的氣質。人們從生活的空間基盤上通過過去的累積，維持現在的方向，設計未來的發展。作為歷史事實的過去常常是現在中反映的，在這個意義上過去的歷史就是歷史的現在。歷史的現在時間的流行上是與已往的過去和將來的未來都關聯的現在。過去是現在累積的產物，而未來則是現在連續的結果。所以過去的痕跡能保存，但歷史的精神不能保持。歷史的精神好像是堆積物的斷層中顯現的堆積方向。據此，歷史不如文獻的記錄的非現實性，具有現在性的生命力。歷史的生命力不斷浸透於現在進而擴充於未來的。那麼，歷史都是生生在現代或當代的歷史中。可以說歷史具有這樣的生命力，才能走向成熟的高度方向。

為了接近歷史的精神，歷史學的觀點具有重大的意義。歷史是按歷史的事實而敘述並解釋其內容的。特別值得注意的是，歷史的解釋是體系地整理並綜合歷史的客觀資料，不斷投射自己的觀點而生生地敘述自己的時代精神的。其基底中應當蘊含著一大歷史精神的世界，在這個意義上，可以說歷史都是敘述的歷史，而敘述的歷史都是解釋的歷史。《漢書》〈藝文志〉記錄如下：

> 古之王者，世有史官，君舉必書，所以慎言行，昭法式也。左史記言，右史記事，事為春秋，言為尚書，帝王靡不同之。（《漢書》〈藝文志〉）

這裡表現出歷史的事實、敘述、價值的關係。史官對於記錄君子的言行敘述並解釋事實，通過解釋啟導歷史的價值。例如，司馬遷尊重孔子的趣指，強周歷史的解釋的意義。他說：「究天人之際，通古今之變，成一家之言。」

---

1 張富祥：《歷史的敘述與編纂》，王學典主編：《史學引論》（北京：北京大學，2008年），頁201-202。

（司馬遷，《史記》〈太史公自序〉）而且，《春秋左傳》中的「君子曰」，《史記》中的「太史公曰」，《資治通鑑》中的「臣光曰」等等的語詞是表現對歷史的事實加以解釋的。歷史學歷史的主體和對象都是與人類精神有關的，而我們要力圖把握歷史事件中精神之所在。那麼，歷史理解僅靠理智是不夠的，還有賴於創造性的想像力。歷史學的敘事在於歷史學家的精神世界和思想水平。

歷史的敘述和解釋有內在的關係。其關係必須需要某種特定形式。為了歷史的敘述上解釋的模式，敘述的形式很重要。其形式之一是敘事主義。敘事主義是著重解釋歷史的敘述形式的。它是從特定歷史事件的情況或要件中演繹地把握某種因果關係。史料不就是史學。歷史學就是據史料而加以解釋的。一系列相關的史料構成一個可理解、有意義的歷史圖景，才成其真正意義上的歷史學。歷史的整體大於部分之總和。歷史的研究基於對於事實資料的陳述，而歷史的寫作基於事實解釋。後者就是關於敘事性的解釋。一系列一些史料間的內在關聯的陳述構成為一個敘事性解釋。所謂敘事主義是歷史家選擇一些特定事實資料，據此解釋事實的內在關聯性地歷史意識。歷史學家的歷史意識在建構歷史文本時是能夠發揮自由創造性的產物。

既然歷史的事實與歷史的敘事有密切關係，那麼需要區分實在的事實和歷史的事實。前者具有按歸納方式而觀察的不可逆的時間性，而後者則是按演繹方式而洞察的可逆的時間性。特別是關於與後者關聯起來的敘事就能夠超脫語言的手段而發揮思考的靈活性和伸縮性，從而進行不斷新的解釋。因此，在敘事主義的方法論上，歷史的敘述雖然是過去的事件但卻是一種「不意味過去的過去」的逆說。這裡有一種變用的時間，即是從不可逆的時間上摸索可逆的時間的。歷史的敘述是圍繞歷史的事件而進行的，所以很多具有紀事本末體的性格。但是關於過去的事件，實在常常有一些事實的證明和史料的解釋之間的差距，如事實和價值、歷史和虛構等等。所以歷史的解釋帶著按時代的通時性和共時性而敘述的過程。這樣填補這差距的敘事主義上敘述和解釋的隱微變奏配合於不斷變化的歷史實在，從而走向歷史哲學的問題意識。

關於歷史哲學的問題意識，從歷史的觀點看研究《周易》的方法可以說有三個方式，即以史解易，以史證易，以史為易。[2]特別是以史為易具有一個「六經皆史」的觀點。這就是章學誠、胡樸安等主張的。章學誠說：

> 六經皆史也，古人不著書，古人未嘗事而言理，六經皆先王之政典也。(《文史通義》〈易教上〉)[3]

而且，胡樸安從古代史的立場上解釋六十四卦，說：

> 乾坤兩卦是緒論，既濟未濟兩卦是餘論。自屯卦至離卦，為草昧時代至殷末之史。自咸卦至小過卦，為周初文武成時代之史。(《周易古史觀》〈自序一〉)[4]

他認為六十四卦是表現從原始時代到周初的歷史發展。

總之，歷史哲學是在歷史知識的基礎上通過解釋的方式來追求歷史的價值。歷史的價值在於把握歷史本質的意義，即歷史精神。這裡有把事實的理解和敘述的解釋結合起來的頂點。歷史價值是通過歷史的敘事再認識個人和社會的關係，進而再鼎立和更高揚人存在的價值。據此，可以說歷史的敘事具有不斷創造地進化的生命力，發揮創造的想像力，從而為歷史精神的高揚導出某種價值指向性。

三　憂患的易學的敘事和聖人精神的典範

《周易》中的生活之自覺意識是通過獨特方式得到的。其方式就是由預

2　這就是林忠軍的分類方式，研究學者按這種方式而順序地分爲三類，即本義派、闡發派、古史辨派。林忠軍：〈以史治易〉，《國際易學研究》第五集（1999年），頁129-143。

3　參見《文史通義校注》全三冊（北京：中華書局，2014年），23。

4　胡樸安：《周易古史觀》（上海：上海古籍出版社，2006年），頁6。

測和判斷的占術構成的。人們通過體驗生活的歷程來體悟到一種現實的自覺
意識。特別是聖人是憂患意識的一種化身。它作為統治者,通過憂患意識高
揚生活的存在論的意義,從而提高了人類生活的水平。〈繫辭下傳〉從周代
歷史的記憶上接近到憂患的問題意識,把它作為認識世界的方式。

> 易之興也,其當殷之末世,周之盛德邪?當文王與紂之事邪?是故其
> 辭危。危者使平,易者使傾。其道甚大,百物不廢,懼以終始,其要
> 無咎,此之謂易之道也。[5]

這裡,參考西周文王和商代紂王之間的歷史的教訓,強調國家的興亡盛衰在
於一種憂患的警覺心。這種憂患的警覺心提高到憂患意識的易道,具有一種
省察人心的內面世界的機會,即存在論的性格,內容及意義。〈繫辭下傳〉
說:

> 其出入以度,外內使知懼,又明於憂患與故。無有師保如臨父母。初
> 率其辭,而揆其方,既有典常,苟非其人,道不虛行。[6]

所謂道就是憂患意識中所得到的一種生活的境界。這種境界就是發揮人固有
的主體性而高揚倫理意識和實踐的結果。這就可以說是憂患的易道中所反映
的人文精神的價值。在這個意義上,〈繫辭下傳〉:

> 子曰:危者安其位者也,亡者保其存者也,亂者有其治者也。是故君
> 子安而不忘危,存而不忘亡,治而不忘亂,是以身安國家可保也。
> 《易》曰:其亡其亡,繫於苞桑。[7]

---

5 〔魏〕王弼注,〔唐〕孔穎達疏,〔清〕阮元校:《周易正義》(臺北:藝文印書館,
 1993年),頁175。
6 〔魏〕王弼注,〔唐〕孔穎達疏,〔清〕阮元校:《周易正義》,頁174。
7 〔魏〕王弼注,〔唐〕孔穎達疏,〔清〕阮元校:《周易正義》(臺北:藝文印書館,
 1993年),頁170。

這裡，當解釋否卦的九五爻[8]中揭示憂患的易道歸結到人的內面世界。就這關於危、亡、亂的三不忘說來看，君子自覺體悟到不斷變化著的現實，把體悟的統合到人格的本領，才能夠統治國家和百姓。據此，憂患意識作動在王朝的正統性、統治的合理性以及甚至改革的名分性中。所以《詩經》〈玄鳥〉說：「天命玄鳥，降而生商，宅殷土芒芒，古帝命武湯，正域彼四方。」這種意識提高到天人之道，即按照天道的正當性來實現人道的合理性。甚至變革的問題是從天人之道上理解的。在這個意義上，〈彖傳〉解釋革卦，說：「天地革而四時成，湯武革命順乎天而應乎人。」據此，天人之道提高到歷史精神的人文綱領。就歷史精神而言，如何理解歷史精神的綱領？歷史精神的綱領就具有某種自覺意識的次元，即按照過去事例的教訓，認識現在的時代流行，把握時代問題的核心，從而準備並應付未來的情況。

另一方面，《周易》中所解決的難題之一是如何能夠理解卦象的符號、卦爻辭的占術語及其兩者關係。特別是卦爻辭的占術語是一個理解人生的意識世界的線索。六十四卦的卦爻辭對占卦的兆朕是解說預測和判斷的內容。它具有某種獨特敘述的方式，把社會的事件或情況事例化六十四卦的卦名，把其個別事例表現為卦爻辭。其事例主要是反映周代文王、武王等的歷史故事，其中反映政略的婚姻、君子德性、民心的安定、國家的安危等等。這種卦爻辭作為《易經》中的歷史性的敘述，在通過敘事的想像力解釋歷史故事的意義上稱之為「易學的敘事」。

關於歷史精神，我們接近西周時代的文化和歷史具有一個獨特和興趣的解釋方式。這就是闡明《周易》中的卦爻辭的占術語，也是研究易學的新鮮方法。對於一些周代的特定情況或事件反映著一些預測和判斷的內容。卦爻辭既然包括一些周代的歷史斷面，就相當於歷史的敘事。那麼，解釋卦爻辭的內容，可以說是按歷史學的敘事主義方法論而成的。

中國的敘事是從《春秋》等的歷史紀錄或敘述開始的，它是按時間的程序而敘述的方法，是史官從自己的意志或目的上合理選擇和客觀編輯一些事

8　「周易」，否卦，九五爻辭：休否，大人吉，其亡其亡，繫於苞桑。

件的原因、過程、結果等的核心內容。在這個意義上，敘事是保持史事的真實性的歷史故事。

　　卦爻辭的故事不只敘述歷史的事件，更重要地保持某種發揮敘事的想像力來啟蒙或教訓的趣指。這樣解釋卦爻辭的境界有占卦中含有的事實判斷、價值判斷及兩者的關係，所以卦爻辭的敘事比周代的歷史事實具有更歷史性的內容。《論語》〈為政〉說：

> 殷因於夏禮，所損益，可知也。周因於殷禮，所損益，可知也。其或繼周者，雖百世，可知也。[9]

這裡，夏代、殷代（或商代）、周代的不可逆的現實歷史具有心理意識上的時間性。從文明的價值觀來看，人們通過敘事的解釋，理解自己生活的意義，從而確立自我的正體性。從這種可逆的時間性上能夠摸索一個歷史精神的端緒。這裡值得注意的是一個關於過去故事的逆說。即敘事雖主要是過去事件的故事，但是非意味著過去的過去。敘事不具有假象的故事，而具有歷史正體性的故事。這種逆說就具有解釋歷史的方法論性格。在這個意義上，這種敘事，就易學來說，稱之為易學的敘事。

　　易學的敘事是把占卦的內容理解中原的歷史的結果。其代表的事例是一些文王的歷史事件。卦爻辭中反映著一些西周文王的故事，這就是把文王的歷史人物典範化，作為一個聖人的人間像，提高其中投影出他的智慧。據此，我們通過敘事的想像力，把文王的故事作為中原的歷史劇本，能夠時空間地解釋一個小的周國滅亡大的商國的歷史過程。關於文王地故事，最注意到的卦就是履卦。其卦爻辭中有一個比喻的寓言，暗暗地揭示文王面對的國際情況及處理的方法。履卦的卦辭說：

9　〔魏〕何晏集解，〔宋〕邢昺疏，〔清〕阮元校：《論語注疏》（臺北：藝文印書館，1993年），頁19。

　　履虎尾，不咥人，亨。[10]

小的周國攻擊大的商國，但失敗了。但是文王墜落於戰亂中，即沒陷入一個威脅國家的安慰或打擾民心的極端境地。人們對事情要做判斷的問題是重要的。判斷大體有四個，即事實斷斷、價值判斷、功利判斷、道德判斷。從事實斷斷通過價值判斷、功利判斷到道德判斷就是自我實現的過程中需要的認識能力。履卦的卦辭基於事實判斷，即是客觀地理解和把握一些事情的能力。其六三爻說：

　　眇能視，跛能履，履虎尾，咥人，凶，武人為於大君。[11]

文王的眼光狹小或國力不充分強，所以周國對敵帝乙統治的商國不能占優勢。但是，文王盲目地不執著於父親的復仇，卻通過如國力的伸長和民心的安定的正道，作為一個轉禍為福的契機，進而蛻變為一位真正的君子，從而為後代武王的天下統一提供了國力的基礎。這就是從事實判斷走向到價值判斷的結果。其九四爻說：

　　履虎尾，愬愬，終吉。[12]

這裡，從憂患意識的脈絡上反映著文王的內面心情和決斷力，即他為了克服一個難局，不斷修養自己的德性，結果是能夠保持周國。這種內容是對危險的情況做事實判斷加以價值判斷中的道德判斷。

　　總之，事實的理解和敍述的解釋之結合是通過歷史的敍事再認識個人和社會的關係，進而再鼎立和更高揚人存在的價值。因此，可以說，卦爻辭的

10　〔魏〕王弼注，〔唐〕孔穎達疏，〔清〕阮元校：《周易正義》，頁40。
11　〔魏〕王弼注，〔唐〕孔穎達疏，〔清〕阮元校：《周易正義》，頁41。
12　〔魏〕王弼注，〔唐〕孔穎達疏，〔清〕阮元校：《周易正義》，頁41。

敘事具有不斷創造地進化的生命力，發揮創造的想像力，從而為歷史精神的高揚導出某種價值指向性。

四 聖人史觀和可持續的文明境界

在古代社會上，文明的秩序意識與統治理念有密切的關係。聖人確立歷史的正統性而教化或啟導，從而創達文明的程度和文化的原型。聖人史觀是從這脈絡上理解的。東亞的聖人史觀以道統的歷史意識為一大骨幹。道統意識基於一個如堯、舜、湯、文王、孔子等等的儒家系譜。按照聖人史觀，文明社會是依據他們的聖人精神開拓的，人類歷史也是對聖人精神的認識的結果。因此，在東亞的古代社會聖人史觀可以說是人們智慧的一種代名詞。

首先，我們從儒家傳統的視角上需要概括地考察道的意識世界。《論語》〈衛靈公〉說：

> 人能弘道，非道弘人。[13]

這裡強調人的主體意識和德性的發現。所謂道以文明的歷程為基礎，蘊含著規定人存在和價值的客觀綱領。在這個綱領的脈絡上，什麼是文明社會中的聖人的任務？

在《周易》中，聖人被表現為一個能夠創達文明社會和文化制度的人物。聖人就是像從歷史的發展視角，即歷史觀上理解的。〈繫辭下傳〉說：

> 古者包羲氏之王天下也。仰則觀象於天，俯則觀法於地，觀鳥獸之文與地之宜。近取諸身，遠取諸物。於是始作八卦，以通神明之德，以類萬物之情。[14]

---

13 〔魏〕何晏集解，〔宋〕邢昺疏，〔清〕阮元校：《論語注疏》，頁140。
14 〔魏〕王弼注，〔唐〕孔穎達疏，〔清〕阮元校：《周易正義》，頁166。

認為伏羲[15]代表著這真正的人間。他從主體與客體的關係上是克服自我又包容他者的典範人物。《周易》〈彖傳〉解釋賁卦，說：

> 文明以止，人文也。觀乎天文，以察時變，觀乎人文，以化成天下。[16]

聖人按照天道的規律摸索人文的原則，據此創出天下的統一秩序。他的統治能力在於涵養德性。〈彖傳〉解釋同人卦，說：

> 文明以健，中正而應，君子正也。唯君子為能通天下之志。[17]

君子或聖人從對世界實在的認識和由此確立的信念上尊重一大中正的文明准測，才能夠得到天下的統治方法。關於對世界的認識，〈彖傳〉解釋咸卦，說：

> 天地感而萬物化生，聖人感人心而天下和平。觀其所感，而天地萬物之情可見矣。[18]

在感應的方式上，把天地與聖人放在連續線上。即把天道和人道合起來的。據此，〈繫辭上傳〉說：

> 聖人以此洗心，退藏於密，吉凶與民同患。神以知來，知以藏往。其孰能與此哉？[19]

---

15 伏羲的名稱又有庖犧、廬犧、炮犧等。陳偉濤：《中原農村伏羲信仰》（上海：上海人民出版社，2013年），頁71-73。

16 〔魏〕王弼注，〔唐〕孔穎達疏，〔清〕阮元校：《周易正義》，頁62。

17 〔魏〕王弼注，〔唐〕孔穎達疏，〔清〕阮元校：《周易正義》，頁44。

18 〔魏〕王弼注，〔唐〕孔穎達疏，〔清〕阮元校：《周易正義》，頁82。

19 〔魏〕王弼注，〔唐〕孔穎達疏，〔清〕阮元校：《周易正義》，頁156。

聖人通過憂患意識的發現，涵養德性，在現在上，把過去和未來聯繫起來，才能夠準備和實現文明社會。人們體悟到一種現實的自覺意識。特別是聖人是憂患意識的一種化身。它通過憂患意識高揚生活的存在論的意義，從而提高了人類生活的水平。關於實現文明社會的方法論，〈象傳〉解釋觀卦，說：

> 觀天之神道，而四時不忒，聖人以神道設教，而天下服矣。[20]

「神道設教」是聖人的啟導和教化的要體。過去歷史事實是在現在中反映的，過去的歷史就是歷史的現在。歷史的現在時間的流行上是過去和未來關聯的現在。過去的文化是現在累積的產物，而未來文化則是現在連續的結果。文明社會的人道從保持文化精神的次元上窮究地提高到道德倫理的綱領。〈文言傳〉解釋坤卦，說：

> 君子敬以直內，義以方外，敬義立而德不孤。[21]

聖人按照如陰陽互相作用的天道方式，把內的敬和外的義結合起來，才準備完整人格體所有的道德性，啟導和教化百姓，從而為文明社會奠定了國家的基礎的礎石。在這個意義上，〈繫辭上傳〉結論說：

> 夫易，聖人所以崇德而廣業也。知崇禮卑，崇效天，卑法地。天地設位，而易行乎其中矣。成性存存，道義之門。[22]

道義之門是按生命的原理而達到道德的自我實現的，即通過進德修業的修養，達到崇德廣業的境界，才成就盛德大業的最終目標。從敘事主義的方法

20　〔魏〕王弼注，〔唐〕孔穎達疏，〔清〕阮元校：《周易正義》，頁60。

21　〔魏〕王弼注，〔唐〕孔穎達疏，〔清〕阮元校：《周易正義》，頁20。

22　〔魏〕王弼注，〔唐〕孔穎達疏，〔清〕阮元校：《周易正義》，頁150。

論來看，這裡蘊含著一種「不意味過去的過去」的逆說。

　　總之，文王的故事標榜真正的聖人像。聖人是一位當繼續要求社會的合意或國家的結集時出現的人物。他是比一位英雄更安定的趨向的人物。英雄是需要突破難世的人物，聖人則是需要長期安定社會的人物。因此，周代以後，通過聖人精神，強化了如善的道德價值的社會共同體意識。

五　問題歸結和結束

　　從聖人史觀來看，對卦爻辭的解釋從義理層面上有故事、史事和敘事的三重結構，故事是六十四卦中的占筮事例，史事是故事的歷史內容，敘事是史事的記述方式。占筮事例中的故事是通過敘事的形式解釋卦爻辭的，史事則是按照故事闡明歷史的真實性或事實性。從歷史的角度來看，卦爻辭就是關於周代的特殊情況或政事的一個特殊敘事形態。敘事就是通過對卦爻辭的義理解釋，作出一些關於歷史的事件或情況的斷面。這就是按照易學與史學的特殊關係，通過敘事的方式闡明故事和史事的內在關聯性。可以說這關於歷史故事的敘事就是「易學的敘事」。

　　「易學的敘事」是從憂患意識的脈絡上通過占卦的內容而理解周代中原的歷史的產物。作為西周文王的故事的卦爻辭是把文王的歷史人物典範化的，即是讚揚一個聖人的人間像，特別是提高其中投影的他的智慧。據此，可以說文王的故事是周代中原的歷史劇本，是撰述一個小的周國滅亡、一個大的商國的一串歷史過程。在這個意義上，敘事主義的方法論有一種歷史敘述的逆說。歷史敘述是關於過去事件的解釋，這裡過去只不是物理的時間的，更重要的是一種「不意味過去的過去」的變用時間，即是從不可逆的時間上摸索可逆的時間的。

　　從這史觀的脈絡上，本文闡釋了聖人何如能夠啟導可持續的文明境界。這就是通過時空間的歷史事件中的聖人業績導出超時空間的歷史教訓和精神。即從不可逆性的歷史事件中作出事實判斷、價值判斷、功利判斷、道德判斷等，從中得出一些可逆性的歷史精神的綱領，找出教化、啟導、啟蒙等

的歷史教訓，作為歷史的龜鑑。可以說聖人史觀中有歷史精神的境界，即由聖人精神而找出人文主義的可持續性價值。

參考文獻

〔魏〕王弼注，〔唐〕孔穎達疏，〔清〕阮元校：《周易正義》，臺北：藝文印
　　　書館，1993年。

〔魏〕何晏集解，〔宋〕邢昺疏，〔清〕阮元校：《論語注疏》，臺北：藝文印
　　　書館，1993年。

林忠軍：《以史治易》，《國際易學研究》第五集，1999年。

張富祥：《歷史的敘述與編纂》，收入王學典主編：《史學引論》，北京：北京
　　　大學，2008年。

陳偉濤：《中原農村伏羲信仰》，上海：上海人民出版社，2013年。

章學誠：《文史通義》，《文史通義校注》全三冊，北京：中華書局，2014年。

胡樸安：《周易古史觀》，上海：上海古籍出版社，2006年。

易哲学の医学哲学的解析
——体用一源の哲学体系

舘野正美

はじめに

　易哲学は本質的に形而上学の体系である。それは中国哲学において典型的な meta+physica の体系であり、従って、それは一定の哲学的な身体の鍛錬を通じて体得された、日常的な経験の領域を超えた叡知に基づく未来への "判断" であると言えると思うのである。この点で、従ってまた、それは医学的領域―つまり、我々の身体的営為/身体的鍛錬―を背景とする、ある意味で、正に "体用一源" の哲学的思惟の体系でもあったと考えられるのである。

　このような易哲学の形而上学的本質を取り上げて、以って中国における伝統的な形而上学の現代的意義について考えてゆこうとすることが、他ならぬ本論攷の眼目である。そこで、以下においては易哲学の形而上学性を概観し、その医学的営為との接点を指摘し、返す刀で医学の領域における "形而上学性" を指摘して、以ってその現代的意義にまで論及してゆきたいと考えるところである。

　ただ、それに先立って、ここに言う "医学哲学" について、いささか触れておきたい。そこで、ここに言う "医学哲学" とは、"医学" と "哲学" という二つの観点から同時に一つの事象を解析するという研究方法である。いま極めて簡素な一例を挙げて、これを説明してみたい。

『呂氏春秋』の「至忠篇」に、次のような一文がある。

斉王疾痏、使人之宋迎文摯、文摯至、視王之疾、謂太子曰、王之疾
必可已也、雖然王疾已則必殺摯也、太子曰、何故、文摯対曰、非怒
王疾不可治、怒王則摯必死、太子頓首彊請曰、苟已王之疾、臣與臣
之母、以死争之於王、王必幸臣與臣之母、願先生之勿患也、文摯
曰、諾、請以死為王、與太子期、而将往不当者三、斉王固已怒矣、
文摯至、不解屨登牀、履王衣、問王之病、王怒而不與言、文摯因出
辞、以重怒王、王叱而起、疾乃遂已、王大怒、不説、将生烹文摯、
太子與王后急争之、而不能得、果以鼎生烹文摯、焚之三日三夜、顔
色不変、文摯曰、誠欲殺我、則胡不覆之以絶陰陽之気、王使覆之、
文摯乃死、夫忠於治世易、忠於濁世難、文摯非不知活王之疾而身獲
死也、為太子行難以成其義也、（斉王痏を疾む。人をして宋に之き、
文摯を迎えしむ。文摯至る。王の疾を視、太子に謂って曰く、王の
疾は、必ず已ゆべきなり。然りと雖も、王の疾已ゆれば、則ち必ず
摯を殺さん、と。太子曰く、何の故ぞ、と。文摯対えて曰く、王を
怒らすに非ずんば、則ち疾は治すべからず。王を怒らせば、則ち摯
必ず死せん、と。太子頓首して彊いて請いて曰く、苟も王の疾を已
やさば、臣は臣の母と、死を以て之を王に争わん。王は必ず臣と臣
の母を幸まん。願わくは、先生の患うる勿らん、と。文摯曰く、諾、
請う死を以て王を為やさん、と。太子と期して将に往かんとする
も、当らざる者三なり。斉王固より已に怒れり。文摯至る。辮を解
かずして牀に登り、王衣を履みて、王の疾を問う。王怒りて与に言
わず。文摯因りて出でて辞す。重ねて王を怒らすを以て、王叱して
起ち、疾乃ち遂に已えたり。王大に怒りて説ばず。将に生きながら
文摯を烹んとす。太子と王后と、急に之を争うも得る能わず。果し
て鼎を以て生きながら文摯を烹、之を焚ぐこと三日三夜なれども、
顔色変せず。文摯曰く、誠に我を殺さんと欲せば、則ち胡ぞ之を覆

いて、以て陰陽の気を絶たざるか、と。王之を覆わしむ。文摯乃ち
死せり。夫れ治世に忠なるは易く、濁世に忠なるは難し。文摯は、
王の疾を活かして身の死を獲るを知らざるに非ざるなり。太子の為
に難を行ないて以て其の義を成せるなり。『呂氏春秋』「至忠篇」）

　この一文は、要するに、斉王の〈痏〉という病を〈文摯〉が、その斉
王を怒らせることによって治した、というものである。そこで、この
〈痏〉とは何か、どのような病気か、という問題について、従来さまざま
な説が提唱されて来た。いわく "腫れ物" である、またいわく "傷" であ
る、更にまた "頭痛" である等々、それぞれに文献学的根拠を挙げて説明
されて来たが、未だにそのいずれが正しいのか決定するには至っていな
い。学術的な根拠がないからである。

　そこでこの場合のポイントは、要するに、"怒り" を引き起こすこと
によって治った、というところである。斉王の病は怒りによって治ったの
である。人は、怒りを始めとする様々な情動によって脳内物質が分泌され
る。この場合は、エンドルフィンである。エンドルフィン（endorphin）
とは、endogenous（脳内で分泌される）　morphine（モルヒネ）、つまり脳
内で分泌される鎮痛剤である。

　ここで文摯は、故意に様々な失礼を繰り返して斉王を激怒させ、この
脳内物質である鎮痛剤を分泌させ、斉王の "頭痛" を治したのである。文
摯はこのような臨床例を経験的に分かっており、それを用いて斉王の頭痛
を治したのである。従って、ここの〈痏〉は頭痛である、ということが学
術的根拠を持って断定できるのである。

　かくして、ここに言う、"医学" と "哲学" という二つの観点から同
時に一つの事象を解析するという研究方法、即わち "医学哲学" という、
私の観点が明らかになった上で、以下に先ず、易哲学の形而上学性を概観
してゆきたい。

第1章　易哲学の形而上学性

第1節　易哲学の概観

　　易哲学の基本は（１）、要するに、陰・陽二爻の織りなす六十四卦の象徴体系を存在論的な意味での本質的な契機とする、人間存在の真相と日常的な経験世界の実相との直覚であると考えられる。つまり、もともと、易の六十四卦には，例えば、〈乾〉とか〈坤〉等といった、一定の名称もなければ、それらについての固定された卦爻辞などもなかったはずである。ましていわんや、「彖伝」や「象伝」などといった、卦爻辞についての解説などは，言うまでもなく、易哲学の本質とは別の次元に属する思索であると思われるのである。

　　たとえば、自分の母親の病気について占いを立てて、嫁入りの卦〈帰妹〉を得たとして、その卦爻辞や「彖伝」・「象伝」等を見ても、素人には、一体何が分かろうか。他方、専門家とて、一定の象徴体系—たとえば、「彖伝」や「象伝」、更には「説卦伝」（の後半）や「雑卦伝」、果ては"五行説"など—の概念的脈絡の中で、その心象を論理的に解釈するに過ぎない。これでは、単なる"理窟"に過ぎす、決して、真の占いではない。"真の占い"、と言うのであれば、天性の鋭敏さに恵まれた個人が、更に自己を深めるための様々な哲学的実践—後述—を積み、一種非日常の"知"—これを、『易経』では、〈神〉的（＝神祕的）な〈知〉（『易経』、「繫辞上伝」）と表現しており、また後に指摘する通り、ここにこそ、易哲学の形而上学性、延いては、医学との接点が見出されるのである—を得て、直接的に、一種の"布置"（constellations）として示される卦によって象徴されるところの、全世界の実相と、そこにおける個人の真相とを直覚し、それに従って、その場・その時における、ある特定の個人の生き方について、何らかの指針を下す、というものでなければならないはずである。

　そうであればこそ、この『易経』は、一冊の書物として、

　　不可為典要。（典要と為すべからず。『易経』、「繋辞下伝」）

と言われるのであった。すなわち、この『易経』一書を、謂わば一種の"マニュアル本"として、実際に自分では判断出来ない、物事の真相や推移の実相を、全くの真似事としての一連の手続きによって得た掛に寄せて、占いを演ずることは、既に遥か昔から戒められていたことなのであった。

　以上の如く、ひとつの"占い"としての易哲学の原初形態は、能動的に意識の次元を深める一連の手続き—身体的運動—としての、著にせよ貨幣（コイン）にせよ、何らかの器具を用いて得たあるひとつの卦を、謂わば存在論的な契機として、〈神〉的な〈知〉を体現する占者が人間存在の真相と日常的な経験世界の実相とを直覚するものであった、と考えられるのである。かかる占者は、彼が得た卦そのものにおいて、その場・その時の、"個"としての人間存在をも含めた、全世界の布置を解き明かす。あるひとつの卦が、あらかじめ何らかの記号としての意味を与えられて用意されているのではなく、あるひとつの卦を得てそれが契機となって、"占い"が実現されるのである。これこそ、〈典要と為すべから〉ざる易占の、本来あるべき姿なのであったと考えられるのである。

第２節　易哲学の基本的な理論構造

　既に諸家も指摘する通り、『易経』の「繋辞伝」・「文言伝」・「説卦伝」（の前半）は、もともと同一の資料に由来するものであろう（２）。少なくとも、その内容は、全く同一の脈絡を有するものであると考えられる。

　そこで先ず、そこにおける日常的な経験世界についての理論的な解釈と、それに導かれるところの、決定論的な未来予測の理論について、これ

を概観してゆきたいと思う。

　　同声相応、同気相求、水流湿、火就燥、雲従龍、風従虎、聖人作而
　　万物覩、本乎天者親上、本乎地者親下、則各従其類也、（同声は相
　　応じ、同気は相求む。水は湿りたるに流れ、火は燥きたるに就く。
　　雲は龍に従い、風は虎に従う。聖人は作りて万物は覩る。天に本
　　づく者は、上に親しみ、地に本づく者は、下に親しむ。則ち各々其
　　の類に従うなり。『易経』、「文言伝」）

　　日往則月来、月往則日来、日月相推而明生焉、寒往則暑来、暑往則
　　寒来、寒暑相推而歳成焉、……（日往けば、則ち月来たり、月往
　　けば、則ち日来たる。日月相推して、明生ず。寒往けば、則ち暑来
　　たり、暑往けば、則ち寒来たる。寒暑相推して、歳成る。……、
　　同、「繋辞下篇」）

　これらは、この日常的な経験世界の全ての事象についての、〈同声相
応、……〉（『易経』、「文言伝」）という、所謂"同類感応"の理論的分析
と、その根本原理—すなわち，〈日往則月来、……〉（『易経』、「繋辞下
伝」）という、所謂"循環"の原理—の抽象の記述である。ここでは、要
するに、日常的な経験世界における、認識論的次元での可能的な様相が、
ただ64通りしかない、という、所謂"類型的認識"の理論が展開されてい
るのである。それゆえに、そこから導き出されるのは，取りも直さず，

　　積善之家、必有余慶、積不善之家、必有余殃、（積善の家には、必
　　ず余慶あり。積不善の家には、必ず余殃あり。『易経』、「文言伝」）

　という、決定論的な未来予測の主張であろう。このような考え方は、
更にまた、

天地之道、恒久而不已也、……終則有始也、……観其所恒、而天地
万物之情可見矣、（天地の道は、恒久にして已まざるなり。……終
れば則ち始めあり。……其の恒なる所を観れば、天地万物の情も見
るべきなり。『易経』、「恒、象伝」）

日中則昃、月盈則食、天地盈虚、与時消息、（日は中すれば則ち昃
き、月も盈つれば則ち食く。天地の盈虚は、時と消息す。同、「豊、
象伝」）

仰以観於天文、俯以察於地理、是故知幽明之故、原始反終、故知死
生之説、精気為物、遊魂為変、是故知鬼神之情状、（仰ぎて以て天
文を観、俯して以て地理を察す。是の故に幽明の故を知る。始め
を原ね終りに反る。故に死生の説を知る。精気は物を為し、遊魂
は変を為す。是の故に鬼神の情状を知るなり。同、「繋辞上伝」）

　等と、『易経』中に看取される。これこそ、『易経』において見出され
る、易の決定論的未来予測の典型的な理論形態であったと考えられるので
ある。
　そこで、畢竟するところ、このような考え方は、必然的に、

時止則止、時行則行、動静不失其時、其道光明、（時の止まるべけ
れば則ち止まり、時の行くべければ則ち行く。動静其の時を失わざ
れば、其の道も光明なり。『易経』、「艮、象伝」）

知至至之、可与幾也、知終終之、可与存義也、……因其時而惕、雖
危无咎矣、（至るを知りて、之に至る。与に幾を言うべきなり。終
るを知りて、之を終わる。与に義を存すべきなり。……其の時に因
りて惕る。危うしといえども咎なきなり。同、「文言伝」）

　　君子蔵器於身、待時而動、何不利之有、（君子は器を身に蔵め、時
　　を待ちて動く。何の不利か、之あらん。同、「繫辞下伝」）

　という決定論的な運命論を形成するに至るのである。

第3節　決定論的未来予測

　　かくして、以上のように、日常的な経験世界の可能的な様相を64通り
の類型に分類し―その各々は、確かに一回限りの、謂わば"歴史的な"経
験として、我々人間それぞれに与えられるものではあるが、その類型とし
ての変様の可能性は、つまるところ64通りしかなく、その結果―それぞれ
の様相が循環流転しつつ、この現象世界が顕現している、と考える世界観
は、果たして、極めて理論的ではある。そして又、その様相を的確に分析
して、たとえ、その場・その時における"世界"のあり方・あらわれ方
が、自分にとって不利なものであったとしても、いずれは必ず有利な
〈時〉（前引、『易経』、「豊、象伝」・「繫辞下伝」など）―時間的に分節さ
れた可能的世界の存在論的意味内容が―巡り来るのであるから、冷静にそ
の〈時〉を待てばよい、と言うのも、これまた、確かに論理的に分析され
た処世観ではあろう。とはいえ、このような考え方は、いかに、

　　易与天地準、故能弥綸天地之道、（易は天地に準ず。故に能く天地
　　の道を彌綸するなり。『易経』、「繫辞上伝」）

　　易之為書也、広大悉備、（易の書たるや、広大にして悉々く備われ
　　り。同、「繫辞下伝」）

　等と、その論理的な整合性を強調しようとも、所詮は、日常的な経験

世界についての、単なる論理的な解釈にしかすぎず、実際の日常的な人間
生活においては、せいぜい、

> 君子安而不忘危、存而不忘亡、（君子は、安んじて危うきを忘れ
> ず、存して亡ぶを忘れず。『易経』、「繋辞下伝」）

という程度の助言しか与え得ないのである。その倫理学的・儒教道徳
的な意義はさておき、これは決して真の"占い"ではない。そればかり
か、既に再三にわたって指摘してきた通り、それは、"易占"本来の生命
さえも奪うものであった。
　そこで、荀子の、

> 善為易者不占、（善く易を為むる者は、占わず。『荀子』、「大略
> 篇」）（3）

という発言も、ひとりこの線に添ってのみ、的確に理解されうるもの
であると考えられる。すなわち、決定論的未来予測の書としての『易経』
の理論を──それは、まごうかたなく荀子自身の運命論ではあったが、決し
て、易占の本質をなすものではない。『易経』の、ごく限られた一面であ
った──よく理解しておけば、亀卜や易占などは必要ない、というのであ
る。真の"占い"の哲学的な本質とはいささか次元を異にする、決定論的
未来予測に基づく発言であると言えるであろう。
　とはいえ、かくして、ようやく売卜者たちのための"手引書"として
の『易経』も、その決定論的未来予測の理論に整合的な論理的裏付けを得
て完成されたのであった。これこそが、

> 乾以易知、坤以簡能、易則易知、簡則易従、……易簡而天下之理得

矣、天下之理得而成位乎其中矣、（乾は易を以て知り、坤は簡を以
て能くす。易なれば則ち知り易く、簡なれば則ち従い易し。……
易簡にして天下の理得たり。天下の理得て、位を其の中に成す。
『易経』、「繋辞上伝」）

と言われる、実に整合的な易の定命論的理論の体系であったと考えら
れるのである。とはいえしかし、それと同時に、前引の

子曰、書不尽言、言不尽意、然則聖人之意、其不可見乎、子曰、聖
人立象以尽意、設卦以尽情偽、繋辞焉以尽其言、変而通之以尽利、
鼓之舞之、以尽神、（『易経』、「繋辞上伝」）

という記述は、本来〈典要と為すべから〉（『易経』、「繋辞下伝」）ざ
るものであった易占を、それに反して〈典要〉にしてしまったことにつ
いての、一種の弁解とも見受けられるのである。
　以上、「繋辞伝」・「文言伝」等における、易占を装う決定論的未来予
測の理論を概観した。続いて、断片的に、ではあるが、これとは反対に、
これらの『易伝』における、本来の"占い"としての易占についての記述
—すなわち、これこそが中国哲学における典型的な形而上学である—を、
更に概観してみたい。

第4節　易占—中国古代における形而上学—

　"占い"としての"易"の本質、すなわち、その形而上学性は、既に
再三に亘って指摘してきた通り、占者としての卓越した"個人"が、50本
の著の操作によって得られた、あるひとつの卦を存在論的契機として、そ
の場・その時の世界の実相を直覚することにあったと考えられる。そこ
で、

……是故蓍之德、円而神、卦之徳、方以知、六爻之義、易以貢、聖
人以此洗心、退蔵於密、吉凶与民同患、神以知来、知以蔵往、其孰
能与此哉、古之聡明叡知、神武而不殺者夫、是以明於天之道、而察
於民之故、是興神物以前民用、聖人以此斎戒、以神明其德夫、（…
…是の故に蓍の徳は、円にして神、卦の徳は、方にして以て知、六
爻の義は、易りて以て貢ぐ。聖人は、此れを以て心を洗い、密に
退蔵す。吉凶、民と患いを同じくす。神にして以て来を知り、知に
して以て往を蔵す。其れ孰か能く此れに 与 らんや。古の聡明叡
智、神武にして殺さざる者か。是を以て、天の道を明らかにして、
民の故を察し、是に神物を興して以て民用に前んず。聖人は、此
れを以て斎戒し、以て其の德を神明にするかな。『易経』、「繋辞上
伝」）

　という一文は、やはり断片的にではあるが、易占の、このような本質
を記述するものであると考えられる。すなわち、〈蓍の徳〉―蓍の存在論
的な意味内容、"はたらき" ―は、〈円にして神〉、つまり、無限の神的
次元に対応する。それに対して、〈卦〉のそれは、〈方にして以て知〉であ
るという。つまり、既にひとつの卦として限定された、ひとつの〈方〉―
かたち―としての〈知〉をもたらす。かかる易占は、従って日常的な経験
世界の単なる論理的解釈ではなく、占者としての〈聖人〉―卓越した"個
人"―の〈心を洗い、密に退蔵す〉―すなわち、日常的な意識の心象を払
拭してその深層領域に参入する―という一種の哲学的な実践を要請する。
　これこそ、みずから哲学的実践を通じて、この日常的な意識の次元を
超克して（＝meta+physica）、そこに人間存在の真実を直接的に体現しよ
うとする、中国古代の形而上学の典型であると考えられる。かくして、
〈聖人〉は、みずから直覚した、人間存在の真相と経験世界の実相とを、
日常的な経験の次元での〈民〉の眼前に呈示し、その一般的な意義，すな

わち〈吉凶〉を明らかにする。

　そこで〈聖人〉は、〈神にして以て来を知り、知にして以て往を蔵す〉―すなわち、〈神〉的次元において、〈往〉―過去―と〈来〉―未来―を、みずからこの一身に集約し、それを〈知〉的次元に還元する。そして、〈神物を興して以て民用に前んず〉と、神的次元（＝形而上学的次元）と日常的次元とを橋渡しするが、それは、あくまでも〈聖人は、此れを以て斎戒し、以て其の徳を神明にするかな〉と言われる通り、みずからの“生”の深層を切り開くという哲学的な身体的鍛錬・一種非日常の形而上学的体験を通じて得た“神知”を背景にして展開されるところの、真の“占い”の実践的体現なのであり、これこそ正に易哲学、延いては、中国哲学における形而上学的思惟の典型であったと考えられるのである。要するに、ここには―恐らく、一種の呼吸法を基礎とする（４）―ある種の身体的鍛錬を通じて、おのが意識の深層領域を開拓して日常的経験の世界の領域―physica―を超克し―meta―、そこに自ら自身の真相、更には人間存在の実相を直に体現するという、正に中国哲学的“形而上学”＝metaphysics の典型が見出せるのである。〈聖人〉は正に無限―〈円〉―にして〈密〉なる形而上学的世界を、みずから体現するのであった。

第5節　哲学的実践―老子の所謂〈無為〉の実際―

　ここにおいて、しかしまた、この中国古代の優れて典型的な形而上学は、その身体的な一面を有し、従って、医学との関わりが指摘されうるのである。つまり、不真実なる日常的経験の世界を超えて、真実なる非日常の世界へ形而上学的飛躍を遂げるには、ただ単に机上の空論を展開するのではなく、みずから哲学的実践を積んで、その形而上学的世界を体現しなければならない。

　その典型的な一例を、現在我々は老子の哲学的思惟の記述において垣間見ることができる。すなわち、老子みずから、

　　天下皆知美之為美、斯悪已、皆知善之為善、斯不善已、故有無相
　　生、難易相成、長短相形、高下相傾、音声相和、前後相随、是以聖
　　人処無為之事、行不言之教、（天下皆美の美たるを知る。斯れ悪な
　　るのみ。皆善の善たるを知る。斯れ不善なるのみ。故に有無相生じ、
　　難易相成り、長短相 形 れ、高下相傾き、音声相和し、前後相随う。
　　　　　　　　あらわ
　　是を以て聖人は、無為の事に処りて、不言の教えを行なう。『老
　　　　　　　　　　　　　　お
　　子』、第2章）

　と指摘する通り、我々人間にとっては、〈美〉も〈悪〉も、あるいは
〈善〉も〈不善〉も、いずれも相互に他を俟って初めて、それぞれ〈美〉
　　　　　　　　　　　　　　　ま
であり、〈悪〉であり、又、〈善〉であり、〈不善〉でありうる。つまり、
それらは、飽くまでも相対的に、〈美〉〈悪〉・〈善〉〈不善〉等と認識され
ているにすぎず、決して絶対普遍の〈美〉〈悪〉・〈善〉〈不善〉等があるわ
けではない。我々人間の認識のいとなみが、常に〈有無〉〈難易〉〈長短〉
等の相対のウクの中で為されるものであり、従って、我々人間の〈知〉が、
決して、絶対普遍の真理を認識できないからである、と言うのである。
　そこで老子は、〈無為〉を説く。このような相対観を超克して、人間
の真実を体得するために〈無為〉を行なえ、と言うのである。この〈無
為〉とは、具体的には、さかしらなる〈知〉をはたらかせないこと（『老
子』、第3章、その他）、〈時〉の宜しきを得ること（同、第8章）、ゆきす
ぎ・やりすぎをしないこと（同、第9章、その他）、目的に固執しないこ
と（同、第24章、その他）等々と言われるが、要するに、

　　江海所以能為百谷王者、以其善下之、故能為百谷王、是以欲上民、
　　必以言下之、欲先民、必以身後之、是以聖人、処上而民不重、処前
　　而民不害、是以天下楽推而不厭、以其不争、故天下莫能与之争、
　　（江海の能く百谷に王たる所以の者は、其の善く之に下るを以てな

り。故に能く百谷に王たるなり。是を以て、民に上たらんと欲すれ
ば、必ず言を以て之に下る。民に先んぜんと欲すれば、必ず身を以
て之に後る。是を以て聖人は、上に処りて而も民は重しとせず、前
に処りて而も民は害とせず。是を以て天下は推すことを楽しんで、
而も厭わず。其の争わざるを以ての故に、天下に能く之と争うもの
なし。（『老子』、第６６章）

　と言われる通り、大いなる天地自然――この場合は、揚子江や大海――
になつて（それらを模範として、ただ単にマネをするのではない）、
〈言〉（ことば）でへり下り、〈身〉を引いて、かえつて人の上に立ち人に先んず
る、という大いなる行為であり、その基本は、下記に引く通り、一種の身
体的鍛錬を通じて、能動的におのが意識の深層領域に参入し、そこに自己
の真相を体現する、謂わば、哲学的実践の過程であつた。
　すなわち、老子は、みずからの意識の深層領域に参入してゆく、一種
の身体的鍛錬、すなわち所謂"修行"を通じて、この日常的相対の世界を
超克し、そこに、真実の〈道〉の世界を体現しようとする。

五色令人目盲、五音令人耳聾、五味令人口爽、馳騁田猟、令人心発
狂、……是以聖人為腹不為目、（五色は人の目をして盲ならしむ。
五音は人の耳をして聾ならしむ。五味は人の口をして爽ならしむ。
馳騁田猟は人の心をして発狂せしむ。……是を以て聖人は、腹を為
して目を為さず。『老子』、第１２章）

　あざやかな色彩〈五色〉や、妙なる音楽〈五音〉、そして美味なるご
馳走〈五味〉や、楽しい遊行〈馳騁田猟〉は、我々人間の目や耳、延いて
は、その心を奪う。しかし、それらはあくまでも相対的なものであり、し
かも、度を過ごせば即、〈盲〉〈聾〉、更には〈発狂〉等の憂き目に合う。

　　そこで〈聖人〉は、それらに〈目〉を向けず、むしろ、〈腹を為〉
せ、と言われる。この〈腹を為す〉というのは、まさに腹式呼吸を基本と
する“修行”そのものの表現であると考えられる。およそ、いかなる形式
のものであれ、“修行”の基本は腹式呼吸である。そして、その呼吸法を
訓練し、老子の所謂〈専気〉（『老子』、第10章）の〈気〉を、所謂“臍下
丹田”を中心にして練り上げる。これは、禅にせよヨーガにせよ、或いは
又、あらゆる芸道・武術等における“修行”に共通の、謂わば、修行の基
本的な方法なのである。

　　その哲学的実践が、すなわち身体的鍛錬であり、その身体的鍛錬こそ
哲学と医学を橋渡しする、謂わばミッシングリンクだったのである
（5）。

　　そこで以下、今しばらく、『易経』に見える、この形而上学的世界に
ついての記述を確認し、しかる後、医学との接点に論及してゆきたい。

第6節　易学の展開

　　かくして、易占の哲学的本質が、このようなものであればこそ、そ
れは、

　　　　夫大人者、与天地合其徳、与日月合其明、与四時合其序、与鬼神合
　　　　其吉凶、先天而天弗違、後天而奉天時、天且弗違、而況於人乎、況
　　　　於鬼神乎、（夫れ大人は、天地と其の徳を合わせ、日月と其の明を
　　　　合わせ、四時と其の序を合わせ、鬼神とその吉凶を合わす。天に先
　　　　だちて天に違わず、天に後れて天の時を奉ず。天すら且つ違わず。
　　　　しかるを況や人に於いてをや、況や鬼神に於いてをや。『易経』、
　　　　「文言伝」）

と言われる通り、自己の深層を極め尽くすという、実践的な修行の体

験・一種非日常の哲学的実践の積み重ねによって裏付けられる象徴体系の
体現であり、決して、理性的な思惟の次元における、日常的な経験世界に
ついての、単なる理論的な解釈の展開ではない。そうであればこそ、その
ような形而上学の究極として、

　　　楽天知命、故不憂、（天を楽しみ命を知る。故に憂えず。『易経』、
　　　「繫辞上伝」）

　と、おのが〈天命〉を〈知〉って，これを〈楽〉しむ境地に至ること
ができるとされるまでに至るのであるが、同時に、それは日常的言語の意
味喚起あるいは意味指示の機能の網目に掛からない境地である。その結
果、勢い、

　　　書不尽言、言不尽意、（書は言を尽くさず、言は意を尽くさず。『易
　　　経』、「繫辞上伝」）

と言われるに至るのであったと思われるのである。
　ところで、このような言葉の網目に掛からない形而上学的境地は、そ
っくりそのまま医学的技量の極意として、医学の領域においても展開され
る。そもそも、このような形而上学的境地が身体的鍛錬という医学的領域
にも連なる哲学的思惟であったればこそ、このような易哲学の体系が、何
らの不整合もなく医学の領域に連なるのである。既に指摘した通り、形而
上学は、医学と易哲学を繫ぐ、謂わばミッシングリンクだったのである。
以下、このことについて、今度は医学の方面から概観してみたい。

第2章　中国医学の形而上学性

第1節　〈医者意也〉について

　所謂〈医者意也〉という、極めて含蓄もあり、それゆえに又、この上なく興味深い一句については、既に先達も論究するところではあるが（6）、今あらためてこれを見直すならば、わずかに先達の言に外れた文献もあり、かつ又これを形而上学としての医学という観点から見た場合、極めて重大な論述を補う可能性もあるように見受けられるのである。

　そこで以下、先達の論究を基礎に、更にその他の文献をも併せ見て、この〈医者意也〉という一句それ自体の周辺を探り、その上で、その医学思想的な意義について、まずこれを中国古代の医学思想において垣間見、以ってその形而上学としての意義を指摘して、中国医学の形而上学性、延いては、その現代的意義を概観してみたいと考えるのである。

　既に周知の通り、この〈医者意也〉という一句の、文献的に最も古い用例は、六朝宋苑曄著す所の『後漢書』、巻82下、「方術伝」中の「郭玉伝」であろう。論述の便宜上、まずその全文を挙げる。

　　　郭玉者、広漢雒人也、初有老父不知何出、常漁釣於涪水、因号涪翁、乞食人間、見有疾者、時下針石、輒応時而効、乃著針経診脈法伝於世、弟子程高、尋求積年、翁乃授之、高亦隠跡不仕、玉少師事高、学方診六微之技、陰陽隠側之術、和帝時、為太医丞、多有効応、帝奇之、仍試令嬖臣美手腕者与女子雑処惟中、使玉各診一手、問所疾苦、玉曰、左陽右陰、脈有男女、状若異人、臣疑其故、帝嘆息称善、玉仁愛不矜、雖貧賤廝養、必尽其心力、而医療貴人、時或不愈、帝乃令貴人羸服変処、一針即差、召玉詰問其状、対曰、医之為言意也、腠理至微、随気用巧、針石之間、毫芒即乖、神存於心手之際、可得解而不可得言也、夫貴者処尊高以臨臣、臣懐怖懾以承

之、其為療也、有四難焉、自用意而不任臣、一難也、将身不謹、二
難也、骨節不強、不能使薬、三難也、好逸悪労、四難也、針有分
寸、時有破漏、重以恐懼之心、加以裁慎之志、臣意且猶不尽、何有
於病哉、此其所為不愈也、帝善其対、年老卒官、（郭玉は、広漢雒
の人なり。初め老父有り、何こに出ずるかを知らず。常に涪水に漁
釣す。因りて涪翁と号す。人間に乞食し、疾有る者を見れば、時に
針石を下し、輒ち時に応じて効す。乃ち針経診脈法を著して世に伝
わる。弟子程高、尋求すること積年にして、翁乃ち之に授く。高も
亦跡を隱して仕えず。玉少くして高に師事し、方診六微の技、陰陽
隱側の術を学べり。和帝の時、太医の丞と為る。多く効応有り。帝
之を奇とし、仍ち試みに嬖臣の美なる手腕の者をして、女子と帷中
に雜り処らしめて、玉をして各々一手を診て、疾苦する所を問わし
む。玉曰く、左は陽右は陰にして、脈に男女あり。状、異人なるが
若し。臣其の故を疑う、と。帝嘆息して善を称せり。玉は仁愛にし
て矜らず。貧賎厮養と雖も、必ず其の心力を尽くす。而るに貴人を
医療して、時に愈えざるものあり。帝乃ち貴人をして羸服して変処
せしむるに、一針にして即ち差ゆ。玉を召して其の状を詰問す。対
えて曰く、医の言為るや意なり。腠理は至微にして、気に随いて巧
を用う。針石の間は、毫芒なりとも即ち乖く。神は心手の際に存
す。解すことを得るべくも、言うことを得るべからざるなり。夫れ
貴き者は尊高に処りて以て臣に臨む。臣、怖慴を懷して以て之を承
く。其の療を為すや、四難あり。自ら意を用いて臣に任ぜざるは、
一難なり。身を将て謹まざるは、二難なり。骨節強からずして薬を
使うに能えざるは、三難なり。逸を好みて労を悪むは、四難なり。
針に分寸あり、時に破漏あり。重ぬるに恐懼の心を以てし、加うる
に裁慎の志を以てすれば、臣意すら且つ猶お尽くさず。何ぞ病を於
やすことかこれあらん。此れ其の愈えずと為す所なり、と。帝其の
対えを善しとす。年老いて官に卒す。『後漢書』、「方術伝」）

　以上、華陀と並んで『後漢書』の「方術伝」に記述される名医郭玉の伝記である。この記述の中に、所謂〈医者意也〉という一句の原型とおぼしき、医之為言意也、（医の言為るや意なり）という一句が現れている。それでは、この一句の意味するところは、一体如何なるものであろうか。そこで、文中のこの一句に続いて、「腠理至微、随気用巧、針石之間、毫芒即乖、神存於心手之際、可得解而不可得言也、」（腠理は至微にして、気に随いて巧を用う。針石の間は、毫芒なりとも即ち乖く。神は心手の際に存す。解すことを得るべくも、言うことを得るべからざるなり。）とあるのを見れば、この一句が名医たる郭玉の名人芸とも言うべき卓越した医術の〈針石の間は、毫芒なりとも即ち乖く〉という、極めて微妙な要訣を、〈神は心手の際に存す〉という、一種さとりにも似た境地として記述する脈絡中に存するものであることが窺われる。

　そこで注目すべきは、この一文中の

　　可得解而不可得言也、（解すことを得るべくも、言うことを得るべからざるなり。）という一句であると考えられる。即ち、郭玉が、その父でやはり名医であった〈涪翁〉のもとで医術の修行を積んで、その奥義を体得した、一種神技の如き治術は、やはり相等の鍛練を積んで、みずからこれを体得する以外にその真髄を〈解〉する方法はないのであり、日常的な言語の表象作用によって伝達可能な対象となりえない、つまり〈言うことを得るべからざるなり〉だと言うのである。

　郭玉が、実際にいかなる修行を積んだのか、という点については、非常に興味の持たれるところではあろうが、その点は今ひとまず論外に措くとして、まさにこの〈言うことを得るべからざるなり〉という点にこそ、郭玉の医術、延いてはこの〈医者意也〉という一句の医学思想的な意味における真骨頂があったものであると考えられるのである。

つまりこの〈言うことを得るべからざる〉ところの〈意〉とは、要するに、前述の『易経』の

> 子曰、書不尽言、言不尽意、然則聖人之意、其不可見乎、子曰、聖人立象以尽意、設卦以尽情偽、繋辞焉以尽其言、変而通之以尽利、鼓之舞之、以尽神、（子曰く、書は言を尽くさず、言は意を尽くさず、と。然らば則ち、聖人の意は、其れ見るべからざるか。子曰く、聖人は、象を立てて以て意を尽くし、卦を設けて以て情偽を尽くし、辞を繋けて以て其の言を尽くし、変じて之を通じて以て利を尽くし、之を鼓し之を舞して以て神を尽くす、と。『易経』、「繋辞上伝」）

という、中国古代思想に淵源する、一種の伝統的な言語観を背景にして記述される、典型的な形而上学的思惟における〈意〉という語彙の概念を踏襲するものであったと考えられるのである。

畢竟するところ、易—易の占い—とは、既に些か触れた通り、様々な身体的鍛錬を通じて、己が意識の深層領域—所謂、一種の"非日常の世界"—において体現される〈 言(ことば) 〉にならない人間存在の真実を、所謂64卦の象徴体系において表象し敷衍してゆこうとする"占い"の一形態であり、その本来の形態における易の占断の〈意〉—真意—は、やはり〈聖人〉と言われるほどの卓越した人物でなければ的確に理解できず、いきおい、書不尽言、言不尽意、（書は言を尽くさず、言は意を尽くさず。）

と言われるに至る。それ故にこそ、易においては、いま言及した通り、64卦の様々な形象によってこれを象徴的に表象し、その本来〈 言(ことば) 〉にならない微妙な〈意〉—真意—を、しかし敢えて〈 言(ことば) 〉の次元で敷衍し説明してゆこうとするのであった。

　そこで翻って、『後漢書』の「郭玉伝」に所謂〈医の言為るや意な
り〉の〈意〉とは、『易経』の「繋辞上伝」における一文に見えたそれの
意味内容を踏襲して、長年に亘る鍛錬を通じて体得された医術の真髄とし
ての"真意"—あるいは、所謂"極意"—の〈意〉の謂いであったと考え
られるのである。その現象的な脈絡における根元が、人間の〈意〉—ここ
ろ・意識—の深い次元に存し、かつその現実的な発現—即ち、その名人芸
的医術の行使—に当たっては、常に平常心が要求されるものであるがゆえ
に、同時に又それは今述べた通り、こころ・意識といった意味あいを持ち
えようが、しかし、それは決して恣意的な、全くその場かぎりの"意見"
—つまり、郭玉自身のいわゆる〈自ら意を用いて臣に任ぜざる〉ところの
〈意〉—といった意味には決してなりえないものであったと思われるので
ある。中国の古典文献には、やはりそれなりの意味の体系としての、伝統
的な語彙と概念の脈絡があり、中国の古典的文章表現は、常にこの脈絡に
沿った形態において行なわれていたと考えられるからである。

　そこで要するに、郭玉のいわゆる〈医の言為るや意なり、……解する
ことを得るべくも、言うことを得るべからざるなり〉とは、郭玉の一種さ
とりにも似た神技として発現する医術の"極意"が、彼みずからの意識の
中では、微妙ではあるが確乎として体現されているにもかかわらず、それ
を〈　言　〉の次元で表現し説明しようとすると、却ってこれを失ってし
まう—不可能事であること—を痛感せざるをえないという考え方を、中国
の古典文献中において存在とことばの乖離を記述する『易経』の「繋辞上
伝」の〈言不尽意〉という一句を意識し、念頭に置きつつ述べているもの
であったと考えられるのである。

　そこで「郭玉伝」では、更に続いて、所謂〈四難〉が列挙され、この
ような〈四難〉のために平常心が失われ、〈針に分寸あり、時に破漏あ
り〉と言われる、極めて微妙なる医術の真意が〈臣意すら且つ猶お尽くさ
ず〉と損なわれて、全うな治療が行なわれなくなってしまう、と展開され

るに至るものであったと考えられるのである。先に指摘した『易経』、「繋辞上伝」と全く同一の脈絡における論述の展開であろうこと、既に明らかであると言えるであろう。

　以上、要するに、医術の真髄は、理窟やことばを越えた"極意"にあり、それを体得しなければ正しい医術は行使できないが、そのためには何らかの形での修行・鍛錬が必要である、という医学思想の表象としての〈医者意也〉という一句の、短い一句ではあるが、それでいて深く含蓄ある内容を垣間見たが、ここにこそ、本論文の趣意である"中国医学の形而上学性"があることは、既に言を俟たないところであろう。

　すなわち、そもそも臨床的な医学―医術―自体が、かの身―心の鍛錬を通じて得られた、謂わば"身体感覚"に裏打ちされて成立しているのものであり、なおかつ、その所謂"極意"が、これまた全き形而上学的な易哲学の思惟の体系と共通の脈絡を有するものであればこそ、中国医学が優れて形而上学的であることは、もはや自明のことであると言っても過言ではないと思われるのである。

　そこで以下に引き続き、他の文献における〈医者意也〉の用例を含む論述を概観し、上述の解析を敷衍してゆきたい。

第2節　〈医者意也〉の諸相

　そこで先ず、宋の唐慎微著す所の『證類本草』（巻1、「序例上」）に引く、梁の陶弘景の『神農本草経』の「序録」、すなわち、『本草集注序録』の一節を見てみたい。

　　　又有分剤秤量軽重多少、皆須甄別、若用得其宜、与病相会、入口必
　　　愈、身安寿延、若冷熱乖衷、真仮非類、分量違舛、湯丸失度、当差
　　　反劇、以至殞命、医者意也、古之所謂良医者、蓋善以意量得其節
　　　也、諺云、俗無良医、枉死者半、拙医療病、不如不療、喩如宰夫以

鱣鼈為蓴羹、食之更足成病、豈充飢之可望乎、故仲景云、如此死
者、愚医殺之也、（又分剤秤量の軽重多少あり。皆須く甄別すべ
し。若し用うるに其の宜しきを得て、病と相会すれば、口に入れば
必ず愈え、身安らかに寿延ぶ。若し冷熱の衷に乖き、真仮の類に非
ず、分量の違舛し、湯丸の度を失すれば、当に差ゆべきも、反って
劇して以て命を殞すに至る。医は意なり。古の所謂良医とは、蓋し
善く意を以て量りて其の節を得るものなり。諺に云う、俗に良医な
くんば、枉死する者半ばす。拙医の病を療するは、療せざるに如か
ざるなり、と。喩うれば宰夫の鱣鼈を以て蓴羹と為すが如し。之を
食らいて更に病を成すに足れば、豈に飢えを充たすことの望むべけ
んや。故に仲景云わく、此くの如くして死する者は、愚医の之を殺
せしなり、と。『證類本草』、「序列上」所引、『本草集注』、「序
録」）

要するに、〈意〉―すなわち、永年の鍛練を積んで、おのが意識の奥底に
体得された、この場合は特に執匙の加減、という意味での"極意"―を以
て、使用する薬剤の〈冷熱〉〈真仮〉〈分量〉〈湯丸〉（の分別）等の〈節〉
―ちょうど良いところ、また所謂〈其の宜しき〉―を見極めて処方しなけ
れば、治るべき病気もかえって劇症となって死に至らしめることがある。
このようなことでは、とても〈良医〉とは言えず、〈鱣鼈〉―うつぼ・う
みへびやすっぽん・どろがめの類―と＜蓴羹＞―美味なる蓴菜の吸い物―
との区別もつかない料理人と同じだ、と言うのである。
　本草学者たる陶弘景らしく、薬剤の処方の妙所という意味で〈意〉と
いう語彙を用いているが、その意味内容は、先に見た『後漢書』、「郭玉
伝」のそれと、全く同一の脈絡内にある、つまり、それを敷衍するもので
あったと言うことができるであろう。
　では次に、五代後晋の劉昫らの編になる『旧唐書』（巻142）、「方伎
伝」中の「許胤宗伝」に見える、許胤宗の言葉を概観してみたい。尚、許

胤宗の伝記は『新唐書』（巻204）の「方伎伝」中にも見えているが、内容的にはほぼ同一であり、なお『旧唐書』の記述の方が、『新唐書』のそれに比べていささか詳しい。今『旧唐書』の記述を採り上げるゆえんである。但、それに対して、『新唐書』の記載は、むしろ要を得て正確な点もある。後に必要に応じてこちらにも言及する（7）。

　　さて、許胤宗の伝記は、次の通りに綴られている。

　　　許胤宗、常州義興人也、初事陳為新蔡王外兵参軍、時柳太后病風不
　　言、名医治皆不愈、脈益沈而噤、胤宗曰、口不可下薬、宜以湯気薫
　　之、令薬入腠理、周理即差、乃造黄耆防風湯数十斛、置於牀下、気
　　如煙霧、其夜便得語、由是超拝義興太守、陳亡入隋、歴尚薬奉御、
　　武徳初、累授散騎侍郎、時関中多骨蒸病、得之必死、逓相連染、諸
　　医無能療者、胤宗毎療、無不愈、或謂曰、公医術若神、何不著書以
　　貽将来、胤宗曰、医者意也、在人思慮、又脈候幽微、苦其難別、意
　　之所解、口莫能宣、且古之名手、唯是別脈、脈既精別、然後識病、
　　夫病之於薬、有正相当者、唯須単用一味、直攻彼病、薬力既純、病
　　即立愈、今人不能別脈、莫識病源、以情臆度、多安薬味、譬之於
　　猟、未知兎所、多発人馬、空地遮囲、或冀一人偶然逢也、如此療
　　疾、不亦疏乎、仮令一薬偶然当病、復共他味相和、君臣相制、気勢
　　不行、所以難差、諒由於此、脈之深趣、既不可言、虚設経方、豈加
　　於旧、吾思之旧矣、故不能著述耳、年九十余卒、（許胤宗は、常州
　　義興の人なり、初め陳に事えて新蔡王の外兵参軍と為る。時に柳太
　　后の風を病みて言えず。名医治せんとするも皆愈やせず。脈益々沈
　　みて噤す。胤宗曰く、口より薬を下すべからざれば、宜しく湯気を
　　以て之を薫じ、薬をして腠理より入れしむべし。理を周れば即ち差
　　えん、と。乃ち黄耆防風湯数十斛を造りて、牀下に置く。気煙霧の
　　如し。其の夜便ち語るを得たり。是れに由りて義興の太守に超拝せ
　　らる。陳亡びて隋に入りて、　　　尚薬奉御を歴す。武徳の初め累ね

て散騎侍郎を授かる。時に関中骨蒸病多し。之を得れば必ず死し、
逓いで相連染す。諸医の能く療する者なし。胤宗毎に療して愈えざ
るなし。或るひと謂いて曰く、公の医術は神の若し。何ぞ書を著し
て以て将来に貽えんや、と。胤宗曰く、医は意なり。人の思慮に在
り。又脈候は幽微にして、其の別かち難きに苦しむ。意の解する所
にして、口は能く宣することなし。且つ古の名手は、唯だ是れ脈を
別かつ。脈既に精別せられて、然る後に病を識る。夫れ病の薬に於
けるや、正に相当する者あり。唯だ須らく一味を単用して、直ちに
彼の病を攻むべし。薬力既に純なれば、病即ち立ちどころに愈ゆ。
今人の脈を別かつこと能わざれば、病の源を識ることなく、情を以
て臆度し、薬味を安ずること多し。之を猟に譬うれば、未だ兎の所
を知らざるに、人馬を多く発し、空地を遮囲して、或は一人の偶然
に逢わんことを冀うなり。此くの如くに疾を療するは、亦疏ならず
や。仮令一薬の偶然に病に当たるも、復た他味を共にして相和すれ
ば、君臣相制して、気勢行かず。差やし難き所以は、諒に此れに由
るなり。脈の深趣は、既に言うべからず、虚しく経方を設けて、豈
に旧に加えんや。吾れ之を思うこと久し。故に著述すること能わざ
るのみ、と。年九十余にして卒す。『旧唐書』、「許胤宗伝」）

　以上、許胤宗の〈医者意也〉の考え方を敷衍する一文を挙げてみた。
先の郭玉や陶弘景らの言に比べると、更にいささか理論的なものになって
いるように思われる。すなわち、〈柳太后〉の〈風〉や当時の流行病〈骨
蒸病〉などを見事に治癒せしめた許胤宗の、一種神技とも言える脈方の真
髄―極意―は、〈人〉の〈思慮〉すなわち人間の意識の深層領域に体得さ
れているものであって、〈口〉で、すなわち理性的な思惟の次元におい
て、その表象たることばによって〈宣〉せられるものではなく、只ひたす
ら鍛錬を積んで〈脈〉を〈精別〉できるようになって始めてこれを体現で

きる。まさにそのような意味において〈医者意也〉と言うのであって、恣意的な〈情〉によって〈臆度〉を重ね、身勝手に〈薬味〉を〈安（＝案）〉ずることは、全く医術のあるべき姿に戻る〈疏〉なるものであるとして、〈之を猟に譬うれば、……〉と、下手な鉄砲も数打てば当たる体の薬物の使用を、厳に戒めるのである。

　そこで、「夫病之於薬、有正相当者、唯須単用一味、直攻彼病、」（夫れ病の薬に於けるや、正に相当する者あり。唯だ須らく一味を単用して、直ちに彼の病を攻むべし。）と言われるのは、既に先達も指摘する通り（8）、唐代初頭において、既に相当な処方の複雑化が見られ、その弊害も無視できない状況にあったことを物語るものであると同時に、この〈之を猟に譬うれば、……〉と言う下手な鉄砲も数打てば当たる体の薬物の乱用を戒める一句に続いて、「仮令一薬偶然当病、復共他味相和、君臣相制、気勢不行、所以難差、諒由於此、」（仮令一薬の偶然に病に当たるも、復た他味を共にして相和すれば、君臣相制して、気勢行かず。差やし難き所以は、諒に此れに由るなり。）とあり、又『新唐書』、「許胤宗伝」における該当個所が、極めて簡潔に、

　　　　病与薬値、唯用一物攻之、気純而愈速、（病の薬と値りて、唯だ一物を用いて之を攻むれば、気純にして愈ゆこと速やかなり。『新唐書』、「許胤宗伝」）

とあり、更に『旧唐書』〈仮令一薬偶然当病、……〉に対する『新唐書』には、これまた極めて明快に、

　　　　一薬偶得、它味相制、弗能専力、此難愈之験也、（一薬偶々得るも、它味の相制すれば、力を専らにすること能わず。此れ愈し難きの験なり。『新唐書』、「許胤宗伝」）

　とあり、更に許胤宗自身が〈黄耆防風湯〉（『新唐書』では〈黄耆防風煮湯〉）という、少なくとも二味以上の処方を用いていることから見れば、寧ろ、ここは厳密な意味での〈一味〉というよりは、ある一つの疾病に対して〈相当〉する唯一種類の薬物・処方—つまり『新唐書』にいわゆる〈一物〉・〈一薬〉—の言いでもあろうかと推されるのである。

　要するに、正確に脈を取って明確な"証"を得られないがゆえに、あれこれと、正に下手な鉄砲も数打てば当たる体で薬物を使用することは、全く効果のないことである、と言うのである。

　いずれにせよ、ここにおける許胤宗の〈医者意也〉の言説は、先に指摘した『易経』、「繋辞上伝」の〈意〉（と〈言〉との関連）についての一句の意味内容を、極めて忠実に受け継ぐ典型的な一例であったと思われるのである。長年に亘る鍛錬を通じて体得された脈方—延いては、医術そのもの—の真髄・極意は、ただそれを体現できる人物の意識の奥底・深層領域に、しかし脈々と息づいているのである。〈幽微〉なる〈脈候〉を診て感得される正確な"証"は、ひとり許胤宗—や、それに匹敵する人物—の〈意〉の中に存するのであった。

　さて又、〈医者意也〉の医学思想のこのような典型的な理論の展開は、唐の孫思邈著す所の『備急千金要方』（９）にも、次のように、極めて明確な表現形態において論述されている。すなわち、現存する『備急千金要方』（巻１）「序例、診候第四」には、次のように記述されている。

　　　張仲景曰、欲療諸病、当先以湯蕩滌五臓六腑、開通諸脈、治道陰陽、破散邪気潤沢枯朽、悦人皮膚、益人気血、水能浄万物、故用湯也、若四肢病久、風冷発動、次当用散、散能逐邪、風気湿痺、表裏移走、居無常処者、散当平之、次当用丸、丸薬者能逐風冷、破積集、消諸堅癖、進飲食、調和栄衛、能参合而行之者、可謂上工、故曰、医者意也、（張仲景曰く、諸病を療せんと欲すれば、当に先ず湯を以うべし。五臓六腑を蕩滌して、諸脈を開通し、陰陽を治道し

て、邪気を破散し、枯朽を潤沢して、人の皮膚を悦ばして、人の気
血を益す。水は能く万物を浄む。故に湯を用うるなり。若し四肢病
むこと久しく、風冷発動すれば、次いで当に散を用うべし。散は能
く邪を逐う。風気湿痺、表裏移走して、居るに常処なき者、散は当
に之を平らくべし。次いで当に丸を用うべし。丸薬は能く風冷を逐
う。積集を破り、諸堅癖を消し、飲食を進め、栄衛を調和す。能く
参合して之を行なう者を、上工と謂うべし。故に曰く、医は意な
り、と。『備急千金要方』、「序例、診候第四」）

〈湯〉〈散〉〈丸〉三つの形態において現出するさまざまな薬物を、患
者の病状によく適応しつつ〈能く参合して之を行なう〉ことが大切で、そ
れができてこその〈上工〉（＝良医）であり、それゆえに〈医者意也〉と
言われるのである、と言うのであるが、ここにおける〈意〉もやはり、以
上に再三に亘って指摘してきた、伝統的な医学思想の形而上学的思惟の脈
絡にあろうこと、既に言を俟たないところであろう。

以上の如く、中国の医家たちのいわゆる〈医者意也〉とは、〈医〉――
医術――の極意は、みずからこれを体得して始めて真実に理解しえたと言え
るものであり、残念ながら〈言〉による意味指示または意味喚起の綱目
には掛からない、つまり、ひとりその達人たちの体得・体現によるのみ
で、これを〈言〉によって日常的な意味の脈絡に分節することはできな
い、という一貫した医学思想の思索の脈絡内にあり、それは、かつての
『易経』、「繋辞上伝」に見える中国思想におけるひとつの典型的な形而上
学に淵源する医学思想の伝統を継承するものであったと考えられるのであ
る。中国古代における医学と哲学は、その本質的な次元において共通の存
在論的脈絡を有し、従って、医学は、ひとりこの形而上学の線に沿っての
み、的確に理解されうるのであり、この点において、正にこの点において
こそ、医学はその正当な地位を確保出来るのであった。

おわりに

　以上に概観し来たった通り、易哲学の基本は、要するに、陰・陽二爻の織りなす六十四卦の象徴体系を存在論的な意味での本質的な契機とする、人間存在の実相と真相世界の本質との直覚であったと考えられる。ところが同時に、これこそ、みずから哲学的実践を通じて、この意識の日常性を超克して（＝meta＋physica）、そこに人間存在の真実を直接的に体現しようとする、中国古代の形而上学の典型であったと考えられるのである。

　すなわち、易哲学における〈聖人〉は、みずから実践的に体得し、直覚した、人間存在の真相と経験世界の実相とを、日常的な経験の次元での〈民〉の眼前に呈示し、その一般的な意義、すなわち〈吉凶〉を明らかにする。

　そこで〈聖人〉は、〈神にして以て来を知り、知にして以て往を蔵す〉─すなわち、〈神〉的次元において、〈往〉─過去─と〈来〉─未来─を、みずからこの一身に集約し、それを〈知〉的次元に還元する。そして、〈神物を興こして以て民用に前んず〉と、神的次元（＝形而上学的次元）と日常的次元とを橋渡しするが、それは、単なる、この日常的経験の世界の理論的解釈に基づく仮言的判断ではなく、飽くまでもみずからの“生”の深層を切り開くという哲学的な身体的鍛錬・一種非日常の形而上学的体験を通じて得た“神知”を背景にして展開されるところの、真の“占い”の実践的体現なのであり、これこそ正に易哲学の、延いては、中国哲学における形而上学的思惟の典型であったと考えられるのである。

　要するに、ここには──一種の呼吸法を基礎とする──ある種の身体的鍛錬を通じて、能動的におのが意識の深層領域を開拓して日常的世界の領域─physica─を超克し─meta─、そこに自ら自身の真相、更には人間存在の実相を直に体現するという、文字通り“形而上学”＝ metaphysics の典型が見出せるのである。〈聖人〉は、形而上学的世界を、みずから体現するのであった。

　　ここにおいて、しかしまた、更に重要なことは、この中国古代の優れて典型的な形而上学は、身体的な一面を有し、従って、医学との関わりが指摘されうることであった。つまり、不真実なる日常的世界を超えて、真実なる非日常の世界へ形而上学的飛躍をなすには、みずから哲学的実践を積んで、その形而上学的世界を体現しなければならない。

　　その典型的な一例は、老子の哲学的思惟の記述において垣間見ることができた。すなわち、老子みずから指摘する通り、我々人間にとって、この存在世界は、あくまでも相対的に認識されているにすぎない。我々人間の認識のいとなみが、常に相対のウク組みの中で完遂されるものであり、従って、我々人間の〈知〉が、決して、絶対普遍の真理を認識できないからである。

　　そこで老子は、〈無為〉を説く。このような相対観を超克して、人間の真実を体得するために〈無為〉を行なえ、と言うのである。この〈無為〉とは、要するに、一種の身体的鍛錬を通じて、能動的におのが意識の深層領域に参入し、そこに自己の真相を体現する、謂わば、哲学的実践の過程であった。

　　すなわち、老子は、みずからの意識の深層領域に参入してゆく、一種の身体的鍛錬、すなわち所謂“修行”を通じて、この日常的相対の世界を超克し、そこに、真実の〈道〉の世界を体現しようとするのであった。それは老子において、〈腹を為す〉（『老子』、第１２章）と言われる、腹式呼吸を基本とする哲学的実践であった。およそ、いかなる形式のものであれ、“修行”の基本は腹式呼吸である。その哲学的実践が、すなわち身体的鍛錬であり、その身体的鍛錬こそ哲学と医学を橋渡しする、謂わばミッシングリンクだったのである。

　　かくして、易哲学に所謂の〈聖人〉は、みずから哲学的実践を積んで、人間存在の実相を、この身に体現し、以って未来への判断を遂行する哲人であり、従って、その〈聖人〉は、みずから身―医学と心―形而上学とを橋渡しする、ミッシングリンクだったのでもある。

　ところで、所謂〈医者意也〉という、極めて含蓄もあり、それゆえに又、この上なく興味深い一句は、このこことを如実に伝える好個の契機となっている。

　すなわち、上述のようにことばの網目に掛からない形而上学的境地は、そっくりそのまま医学的技量の極意として、医学の領域においても展開されるのであった。そもそも、このような形而上学的境地が身体的鍛錬という医学的領域に連なる哲学的思惟であったればこそ、このような形而上学の体系は、何らの不整合もなく医学の領域に連なるのである。既に指摘した通り、形而上学は、医学と易哲学を繋ぐ、ミッシングリンクだったのである。

　つまりこの〈医者意也〉の〈言うことを得るべからざる〉ところの〈意〉とは、要するに、前述の『易経』の〈書は言を尽くさず、言は意を尽くさず〉（『易経』、「繋辞上伝」）という、中国古代思想に淵源する、一種の伝統的な言語観を背景にして記述される典型的な形而上学的思惟における〈意〉という語彙の概念を踏襲するものであったと考えられるのである。

　要するに、医術の真髄は、理窟やことばを越えた"極意"にあり、それを体得しなければ正しい医術は行使できないが、そのためには何らかの形での修行・鍛錬が必要である、という医学思想の表象としての〈医者意也〉という一句にこそ、本論文の趣意である"中国医学の形而上学性"があることは、既に言を俟たないところであろう。

　すなわち、そもそも臨床的な医学—医療技術—自体が、かの身—心の鍛錬を通じて得られた、謂わば"身体感覚"に裏打ちされて成立しているのものであり、なおかつ、その所謂"極意"が、これまた全き形而上学的な易哲学の思惟の体系と共通の脈絡を有するものであればこそ、中国医学が優れて形而上学的であることは、もはや自明のことであると言っても過言ではないと思われるのである。

　以上の如く、中国の医家たちの所謂〈医者意也〉とは、〈医〉—医術

―の極意は、みずからこれを体得して始めて真実に理解しえたと言えるものであり、残念ながら〈言〉による意味指示または意味喚起の網目にはかからない、つまり、ひとりその達人たちの体得によるのみで、これを〈言〉によって日常的な意味の脈絡に分節することはできない、という一貫した医学思想の思索の脈絡内にあり、それは、かつての『易経』、「繫辞上伝」に見える中国思想におけるひとつの典型的な形而上学に淵源する医学思想の伝統を継承する一句であったと考えられるのである。

　かくして、中国古代における医学と哲学は、その本質的な次元において共通の存在論的脈絡を有し、従って、医学は、ひとりこの形而上学の線に沿ってのみ、的確に理解されうるのであり、この点において、正にこの点においてこそ、医学はその正当な地位を確保出来るのであった。中国古代において、医学は、正に形而上学の体系であった。それはあたかも同一のコインの両面のごとく、実際のところ一個の"存在"なのであった。

　それ故に、正にそれ故にこそ、現在において、この中国古代の叡智である中国医学を的確に、そして有益に理解しようとするならば、先ずは中国古代の形而上学を明確に理解しなければならず、かくして初めて中国医学も正しく、かつ有効に理解され応用されるものであると思うのである。医学なき哲学は無力であるが、哲学なき医学は無謀だからである。

　中国古代の叡智は、医学のみならず、その形而上学も、易哲学の中に歴然として現代的意義を有して今に実在するのである。"一源"とは、実際にそれらの両者が同じ存在論的構造を持ち、実際のところ、それらが本質的に"同一"の実在であり、従って、それらが、謂わば同一のコインの両面の如き関係にあるというものなのである。

　"体用一源"と言えば、ほんらい様々な意味もあろうが、ここではその身体的/精神的脈絡の一致、また心と体の円融といった、言葉の本質的な意味として捉えたい。そこで中国古代において、医学は単なる身体技能の積み重ねに由来する医療技術のテクニカルな体系ではなく、優れて哲学的な人間存在の知的かつ身体的いとなみであり、身体的鍛錬を通じて体現

された〈神知〉に基づく、人間存在のあり方についての現実的判断である
易学と、実際に同一の存在論的脈絡にあるものであり、この点にこそ、正
にこの点においてこそ、我々は"体用一源"の実相を如実にに看取するの
である。

注と文献

（1）これより以下、『易経』の成立とその展開および老子の哲学的鍛錬、更には〈医は意なり〉の含有する哲学思想等については、概ね拙稿「『易経』の成立―"占いの書"としての『易経』についての、哲学的・宗教学的一卑見―」（『沼尻正隆博士退休記念　中国学論集』、1990年、汲古書院　所収）・「形而上学としての医学―易哲学と中国医学―」（2009年9月，『日本大学人文科学研究所　研究紀要』78号，pp.1-22）・「医易同源―医学哲学の観点から―（21年3月、協同組合易道事業連盟『易道研究』、創刊号，pp.2-28）等による。更に詳しくは、上記の拙稿を参看。

また"占い"の哲学的本質については、M. Loewe and C. Blacker eds., *Divinationand Oracles*, George Allen, and Unwin Ltd., 1981, London. を参看。又、特に"易"の"占い"という点に関しては、R. Wilhelm., *I Ging das Buch der Wandlungen,* Einleitung, 1956, Eugen Diederichs Verlag, Dusseldorf, Koln, C. G. Jung., Foreword to the *I Ching* in *The I Ching or Book of Changes*, 1950, Princeton U. P. 等を参看。

（2）例えば、武内義雄『易と中庸の研究』（『武内義雄全集』、第3巻、1979年、角川書店、第8章-3）・本田済『易学』（1960年、平楽寺書店、p.30）等々。

（3）『荀子』の「大略篇」は資料的にいささか問題もあろうかと思われるが、この一句が、荀子の定命論的思惟に照らして、その典型的な表現であろうことは、まず間違いないところであると思われ、従って、この一句が、少なくとも荀子の運命論に由来する思惟の記述であると見做すことは可能であると思われるのである。

なおこの荀子の運命論については、拙著『中国古代における人間と運命』（2013年7月、医聖社、pp.85-113）を参看。

（4）そこで、なぜ "呼吸" なのか、と言えば、これにはまだ多くの問題点もあろうが、要するに、この呼吸運動が、いわゆる呼吸中枢の自律的運動と体制神経の随意筋とをつなぐ、謂わば、ミッシング＝リンクであると考えられるからなのである。つまり、この呼吸こそ、身─心をつなぐ架け橋であり、これを完璧にコントロールできたならば真の "身心一如" も実現できる、というのである。そこで、一種の固有感覚（proprioception）のごとき内部知覚が発現する。そして、中国古代の修行者たちはこれを〈気〉と言うことばで表象し敷衍したのであると考えられるが、この〈気〉こそが、以下に述べる中国医学の基本概念でもあったのである。

このような身体的鍛錬─すなわち "修行" あるいは "行"─を背景とする哲学的実践の目指すところは、とりも直さず "行" という身体の鍛錬を通じて、能動的におのが意識の次元を深め心の深層領域に分け入り、そこに真の "わたし" を体現し、みずからの運命を開拓する、という点に集約されるものであると思われる。すなわち、人は身体的な鍛錬─坐禅・ヨーガ、その他さまざまな芸道や武道など、広い意味での "修行"─を通じて、みずからの心を深く掘り下げて真の自己を追究してこそ、真の意味での存在の深みに到達し、真の "生" を実現できる、ということこそが、この老子の、謂わば "実践哲学" の持つ本質的な要訣であったと考えられるのである。

要するに、身→心という深まりが、そっくりそのまま我々人間にとっての存在世界の深まりでもあると捉えられているのである。

このことは、時に東洋哲学に特徴的なものであるかの如くに語られることもあろうが、筆者の管見する限り、洋の東西・時代を越えて、多くの先哲が多種多様な形態においてこの哲学的実践を踏み行ない、それを様々な形式によって表現しているものと思われる。たとえばヘラクレイトスの "εδιζησαμην εμεωυτον"（私は私自身を探究した）ということばに集約される哲学的な

深まりは、その典型であると思われる。詳しくは、拙稿「"謎の
人"攷──ヘラクレイトスの"λογοs"の世界」（『アカデメイ
ア』、第3号、1987年、3月、pp.47-58）を参看。

また、これ以下、老子の哲学的思惟の体系における〈無為〉なる修
行の実践については、拙著『老荘の思想を読む』、2007年4月、
pp.28-55）を参看。

（5）このような医学思想の原初形態が『呂氏春秋』、「尽数篇」に見出さ
れる。ここでは論述の都合上割愛するが、拙著『中国医学と日本漢
方』（2014年、岩波書店、pp.21-36）を参看。

（6）その代表的なものが、大塚恭男「「医者意也」をめぐって」（『日本医
事新報』、第2279号、1967年1月、pp.42-47）であると思われる。参看。

また、以下の内容について、更に詳しくは、拙稿「〈医は意なり〉攷
─医学思想的な観点から─」（『中国研究集刊』、第23号、1998年12
月、pp.1-16）・中神琴渓の医術と医論─医学思想の観点から─（『中
国研究集刊』第37号、2008年12月、pp.1-16）等を参看。

（7）ちなみに、『新唐書』の記述全文は、以下の通りである。

胤宗仕陳為新蔡王外兵参軍、王太后病風不能言、脈沈難対、医家告
術窮、胤宗曰、餌液不可進、即以黄者防風煮湯数十斛、置牀下、気
如霧、熏薄之、是夕語、擢義興太守、武徳初、累進散騎侍郎、関中
多骨蒸疾、転相染、得者皆死、胤宗療視必愈、或勧其著書貽後世
者、答曰、医特意耳、思慮精則得之、脈之候幽而難明、吾意所解、
口莫能宣也、古之上医、要在視脈、病乃可識、病与薬値、唯用一物
攻之、気純而愈速、今之人不善為脈、以情度病、多其物以幸有功、
譬猟不知兎、広絡原野、冀一人獲之、術亦疏矣、一薬偶得、它味相
制、弗能専力、此難愈之験也、脈之妙処不可伝、虚著方剤、終無益
於世、此吾所以不著書也、卒年七十余、（胤宗陳に仕えて新蔡王の
外兵参軍と為る。王太后の風を病みて言うこと能わず。脈沈にして

対り難し、医家は術窮せるを告ぐ。胤宗曰く、餌液進むべからず、と。即ち黄耆防風煮湯数十斛を以て、牀下に置く。気霧の如し、之を熏薄すれば、是の夕に語る。義興の太守に擢せらる。武徳の初め、散騎侍郎に累進す。関中に骨蒸疾多し。転じて相染し、得る者皆死す。胤宗の療視すれば必ず愈ゆ。其の書を著して後世に貽えんことを勧むる者あり。答えて曰く、医は特意なるのみ。思慮精しければ則ち之を得るなり。脈の候は幽にして明らかにし難し。吾が意の解する所は、口能く宣することなし。古の上医、要は脈を視るに在り。病乃ち識るべし。病と薬と値れば、唯だ一物を用て之を攻む。気純なれば愈ゆること速やかなり。今の人は脈を為むることを善くせず。情を以て病を度る。其れ物多くして以て幸に功あるなり。譬うれば猟して兔かかるを知らず、広く原野を絡らせ、一人の之を獲することを冀うなり。術も亦疏なり。一薬偶々得るも、它味の相制すれば、力を専らにすること能わず。此れ愈し難きの験なり。脈の妙処は伝うべからず。虚しく方剤を著すも、終に世に益することなし。此れ吾の書を著わさざる所以なり、と。年七十余にして卒す。新唐書』、「許胤宗伝」）

『旧唐書』の記述に比して、極めて洗練された一文ではあるが、あるいは又、いささか簡略に過ぎる点もあることは否めないところであると思われる。

（8）この点については、注（6）前掲の大塚論文を参看。

（9）これとほぼ同一内容の記述が、（『千金方』から）我が国の『医心方』に引用されており、更に又これとは別に『金匱玉函経』にも見出すことができる。今、参考までに、それぞれ以下に挙げておく。

千金方云、……又云、仲景曰、欲治諸病、当先以湯、洗除五蔵六府間、開通諸脈、理道陰陽、蕩中破邪、潤沢枯朽、悦人皮膚、益人気

力、水能浄万物、故用湯也、若四支病人（久）、風冷発動、次当用
散、散能逐邪、風気湿痺、表裏移送、居無常処、散当平之、次用
丸、丸薬能逐風冷、破積聚、消諸堅癥、進飲食、調栄衛、能参合而
行之者、可謂上工、医者意也、（千金方に云う、……又云う、仲景
曰く、諸病を治せんと欲すれば、当に先ず湯を以うべし。五臓六府
の間を洗除して、諸脈を開通し、陰陽を理道して、中を蕩して邪を
破り、枯朽を潤沢して、人の皮膚を悦ばして、人の気力を益す。水
は能く万物を浄む。故に湯を用うるなり。若し四肢病むこと久し
く、風冷発動すれば、次いで当に散を用うべし。散は能く邪を逐
う。風気湿痺、表裏移走して、居るに常処なきもの、散は当に之を
平らくべし。次いで丸を用う。丸薬は能く風冷を逐う。積聚を破
り、諸堅癥を消し、飲食を進め、栄衛を調う。能く参合して之を行
なう者を、上工と謂うべし。医は意なり。『医心方』、「服薬節度」）

張仲景曰、若欲治疾、当先以湯、洗滌五蔵六府、開通経脈、理導陰
陽、破散邪気、潤沢枯槁、悦人皮膚、益人気血、水能浄万物、故用
湯也、若四肢病久、風冷発動、次当用散、散能逐邪、風湿痺、表裏
移送、居無常処者、散当平之、次当用丸、丸能逐風冷、破積聚、消
諸堅癥、進飲食、調営衛、能参合而行之者、可謂上工、医者意也、
（張仲景曰く、若し疾を治せんと欲すれば、当に先ず湯を以うべ
し。五臓六府を洗滌して、経脈を開通し、陰陽を理導して、邪気を
破散し、枯槁を潤沢して、人の皮膚を悦ばして、人の気血を益す。
水は能く万物を浄む。故に湯を用うるなり。若し四肢病むこと久し
く、風冷発動すれば、次いで当に散を用うべし。散は能く邪を逐
う。風湿痺、表裏移走して、居るに常処なき者、散は当に之を平ら
くべし。次いで当に丸を用うべし。丸は能く風冷を逐う。積聚を破
り、諸堅癥を消し、飲食を進め、栄衛を調う。能く参合して之を行
なう者を、上工と謂うべし。医は意なり。『金匱玉函経』）

易哲學的醫學哲學性的解析[*]

──體用一源的哲學體系

舘野正美[**]

提要

本論文概分兩部分論之，上半部研究易哲學的形上學性，下半部研究中國醫學的形上學性，企圖透過二者之間的論述，以解析易哲學中的醫學哲學性思想。本論文首先聚焦易哲學的形上學本質，論述其概觀、基本理論構造、決定論性的未來預測，圍繞在〈繫辭〉、〈象傳〉、〈乾〉〈坤〉卦的〈文言〉等材料，建構出易哲學的學說，而其形上學的實踐則在於易占，同時也和醫學領域相關聯，即《老子》的所謂〈無為〉的實質。這樣的形上學境界，是和身體鍛鍊這種醫學領域有所連結的哲學思維，在《後漢書‧方術傳》中的〈郭玉傳〉所謂「四難」其內容與《易經‧繫辭上傳》是完全相同脈絡的論述，可證中國醫學具有很高的形上學性，再概觀其他如〔宋〕唐慎微《證類本草》（卷一，〈序例上〉）所載〔梁〕陶弘景的《神農本草經‧序錄》，及《新唐書、舊唐書》〈方技傳〉中的〈許胤宗傳〉、《備急千金方》等文獻，可證中國古代的醫學及哲學在本質的次元上有著共通的存在論脈絡，而正是從這點，可以如實地理解「體用一源」的實際樣貌。

關鍵詞： 易哲學、醫學哲學、易哲學的形上學、中國醫學的形上學

---

[*] 本篇論文由東吳大學日本語文學系碩士班二年級王馨由翻譯。
[**] 日本大學人文科學研究所兼任講師。

An Analysis of the Medical Philosophy of *Yi* Philosophy

—— The Philosophical System of "Tiyong Yiyuan"

Tateno Masami

Abstract

This study is divided into two parts. The first part studies the metaphysics of *Yi* philosophy, and the second part studies the metaphysics of Chinese medicine. With the discussion of the two, this study aims to analyze the medical philosophical thoughts in *Yi* philosophy. Thus, this study first focuses on the metaphysical nature of the philosophy of *Yi* and discusses its overview, basic theoretical structure, and deterministic future prediction, which is based on the materials, such as *Xi Ci*, *Tuan Zhuan*, *Qian* and *Kungua*, to construct the theory of *Yi* philosophy. The practice of metaphysics lies in *Yi Zhan*, which is also related to the medical field, that is, the essence of the so-called "Wuwei" in *Laozi*. Such a metaphysical realm is a philosophical thinking linked to the medical field of physical exercise. The content of the so-called "Si Nan" in "Guoyu Chuan" of *Hou Hanshu Fangshu Chuan* has the similar discussion with *Yi Jing Xi Ci Shangchuan*, whichcan be proved that Chinese medicine has a high metaphysics. Similar cases like Tao Hong-jing's *Shennong Bencaojing Xulu* in Liang Dynasty recorded in Tang Shen-wei's *Zhenglei Bencao* (volume I, "Xulishang") in Song

Dynasty and "Xuyinzong Chuan" and *Beiji Qianjin Fang* in "Fangji Chuan" of *Xin Tangshu, Jiu Tangshu* all indicate that the essence of ancient Chinese medicine and philosophy has the similar and common ontological context. And it is from this point that we can truly understand the true meaning and appearance of "Tiyong Yiyuan".

Keywords: *Yi* philosophy, medical philosophy, the metaphysics of *Yi* philosophy, the metaphysics of Chinese medicine

序論

　　易哲學本質上是一形上學的體系。它在中國哲學中，屬於典型的 meta+ physica 體系，因此本論文認為可以說，它是通過一定的哲學性的身體鍛鍊為媒介體會而來，立基於（超越日常經驗領域的）睿知之上的對未來的「判斷」。從這一點來論，易哲學同時也是以醫學領域——即是以身體實踐／鍛鍊——為基礎的，某種意義上的「體用一源」的哲學性思維體系。

　　本論文的主旨，即是透過聚焦易哲學的這一形上學的本質，以探討中國傳統形上學的現代若要描述意義。下面首先將概觀易哲學的形上學性，指出其與醫學實踐的接點，同時指出醫學領域具有的「形上學性」，以此方法討論易哲學的現代意義。

　　然而，在進入正式討論之前，須先略論本論文所使用的「醫學哲學」一詞。「醫學哲學」，是從「醫學」與「哲學」兩觀點，同時解析某一現象的研究方法。茲引一個極為簡短的例子說明。

　　《呂氏春秋・至忠篇》中，有這樣的段落：

> 齊王疾痏，使人之宋迎文摯。文摯至，視王之疾。謂太子曰：「王之疾必可已也。雖然王疾已則必殺摯也。」太子曰：「何故？」文摯對曰：「非怒王疾不可治，怒王則摯必死。」太子頓首彊請曰：「苟已王之疾，臣與臣之母，以死爭之於王。王必幸臣與臣之母，願先生之勿患也。」文摯曰：「諾。請以死為王。」與太子期，而將往不當者三，齊王固已怒矣。文摯至，不解屨登牀，履王衣。問王之病，王怒而不與言。文摯因出辭，以重怒王。王叱而起，疾乃遂已。王大怒，不說，將生烹文摯。太子與王后急爭之，而不能得，果以鼎生烹文摯。焚之三日三夜，顏色不變。文摯曰：「誠欲殺我。則胡不覆之以絕陰陽之氣。」王使覆之。文摯乃死。夫忠於治世易。忠於濁世難。文摯非不知活王之疾而身獲死也。為太子行難以成其義也。[1]

1　許維遹：《呂氏春秋集釋》（北京：中華書局，2009年），冊上，頁245。

以上段落中，「文摯」透過激怒齊王，使齊王身患的「痏」病痊癒。至於「痏」是指何種疾病、有什麼的症狀等問題，雖然至今有許多推論引用文獻學性的資料，判斷為「腫塊」、「傷口」，又如「頭痛」等，卻都無法確定何者正確，因為這些推論都不具有學術性的根據。

這段敘述的關鍵，簡而言之，是「引發『怒氣』後病就痊癒了」。換句話說，齊王的病是透過怒氣來治療的。人會因為憤怒等種種情緒，分泌腦內物質。這裡出現的腦內物質是腦內啡。腦內啡（endorphin），是 endogenous（在腦中分泌的）morphine（嗎啡），即是腦中分泌的止痛藥。

敘述中，文摯故意透過種種失禮的行徑激怒齊王，促使齊王腦內分泌止痛藥，使齊王的「頭痛」痊癒。亦即，文摯經驗性地了解這類臨床病例，並用以治療齊王的頭痛。如此，我們得到了學術上的證據，以斷定這裡的「痏」是指頭痛。

以上略論本論文的「醫學哲學」，即「醫學」與「哲學」兩觀點同時解析某一現象之研究方法。以下將先概觀易哲學的形上學性。

一　易哲學的形上學性

（一）易哲學的概觀

易哲學的基礎（1），簡言之，（由陰、陽二爻交織構成的）六十四卦的象徵體系，認定此體系為存在論意義上的本質性契機的，對於人類存在真相、及日常經驗世界之實相的直觀察覺。換言之，最原初的易六十四卦，理應不具有固定名稱（如〈乾〉、〈坤〉等），亦不具有依附於其上的卦爻辭。更不必言，〈彖傳〉、〈象傳〉等，針對卦爻辭的進一步解釋，應是與易哲學本質處於相異次元的思考方式。

茲假設，占卜自己母親的疾病，並卜得婚嫁的〈歸妹〉卦。對易不熟悉的人，即使閱讀卦爻辭或「彖傳」、「象傳」等，他能解讀出什麼呢？但相反地，即使是專家，也只是在一定的象徵體系——如〈彖傳〉、〈象傳〉，或進

一步的〈說卦傳〉（的後半部分）、〈雜卦傳〉，甚至是「五行說」等——的概念性的脈絡中，將一己的心象理論性地解釋而已。以上這些，不過是「拼湊解釋」（原文：理窟），絕非真正的占卜。若要描述「真正的占卜」，應是擁有天生敏銳度的個人，為精進己身而積累種種哲學性的實踐（後述），得到某種非日常的「知」——「知」，《易經》中稱之為〈神〉性（＝神，神祕的）的〈知〉（《易經·繫辭上傳》），它如同後面所述，正是在這點上可見得易哲學的形上學性，或進一步來說，可見得其與醫學領域的接點——並直接地、直觀覺察透過某種「排列」（constellations）組合而成的卦，所象徵而來的，全世界的實相及與其中的個人真相。並依此，針對當下，某個特定個人的行動方式，給予一些提示。

倘若以上為真，那麼這就是這本《易經》，作為一冊的書籍被認為：

不可為典要。[2]

的原因。換句話說，將《易經》一書，視為某種「指南書」，將自己無法判斷的事物真相或推移實相，帶入單單只靠模仿占卜步驟而得的卦相，以進行占卜的這一行為，從久遠以前就被認為是需要小心的事情。

故，易哲學的原初形態，作為一種「占卜」，可認為是，藉由被視為可以主動地進入意識次元的系列步驟——身體上的運動——例如菁草、硬幣等道具的使用，而卜得一卦，並將其當作所謂存在論上的契機，讓體現〈神〉性〈知〉的占者，用以直觀覺察人類存在之真相、和日常的經驗世界之實相。參與占卜的占者，對於結果的卦本身，須解明在占卜的當下，內包著作為「個」的人類存在的，全世界之布置。在最初，各卦並未被賦予、或先備有任何記號性的意義，而是以卜得其中一卦為契機，「占卜」始得已實現。這才是「不可為典要」的易占原本應有的姿態。

---

2 〔魏〕王弼撰，〔晉〕韓康伯注，〔唐〕孔穎達疏：《周易正義》（臺北：藝文印書館，1989年，《十三經注疏》本），〈繫辭下傳〉，頁174。

（二）易哲學的基本理論構造

　　如同諸多學者已指出的，《易經》的〈繫辭傳〉、〈文言傳〉、〈說卦傳〉（的前半部分），應本於從同一資料（2）。或至少可以說，它們的內容完全在同一脈絡上。

　　因此，以下將先概觀其對日常經驗的理論性解釋，以及從中可推導出的，決定論性的未來預測理論。

> 　　同聲相應，同氣相求。水流濕，火就燥。雲從龍，風從虎，聖人做而萬物觀。本乎天者親上，本乎地者，則各從其類也。[3]

> 　　日往則月來，月往則日來，日月相推而明生焉；寒往則暑來，暑往則寒來，寒暑相推而歲成焉，……。[4]

　　這些材料，皆是對於這一日常經驗世界的所有現象的，「同聲相應，……」（《易經》〈文言傳〉），即所謂「同類感應」的理論性分析，及其根本原理──亦即，「日往則月來，……」（《易經》〈繫辭下篇〉）所言，所謂「循環」的原理──的抽象敘述。上述內容簡而言之是指，在日常經驗世界中，認識論次元中的可能樣相只存在六十四種，亦即所謂「類型的認識」的理論。從這可以再推導出：

> 　　積善之家、必有餘慶；積不善之家、必有餘殃。[5]

所言的，決定論性的未來預測的主張。這一思路，更可以從《易經》的以下文句中觀察到：

3　〔魏〕王弼撰，〔晉〕韓康伯注，〔唐〕孔穎達疏：《周易正義》，〈文言傳〉，頁15。
4　〔魏〕王弼撰，〔晉〕韓康伯注，〔唐〕孔穎達疏：《周易正義》，〈繫辭下篇〉，頁169。
5　〔魏〕王弼撰，〔晉〕韓康伯注，〔唐〕孔穎達疏：《周易正義》，〈文言傳〉，頁20。

天地之道，恆久而不已也。……終則有始也。……觀其所恆，而天地萬物之情可見矣。[6]

日中則昃，月盈則食，天地盈虛，與時消息。[7]

仰以觀於天文，俯以察於地理，是故知幽明之故。原始反終，故知死生之說。精氣為物，遊魂為變，是故知鬼神之情狀。[8]

本論文認為這些正是從《易經》中可觀察到的，易的決定論性的未來預測的典型理論形態。

因此，最終這一思路，會必然性地走向形成如同：

時止則止，時行則行，動靜不失其時，其道光明。[9]

知至至之，可與幾也，知終終之，可與存義也。……因其時而惕，雖危无咎矣。[10]

君子藏器於身，待時而動，何不利之有。[11]

的決定論性的命運論。

---

6 〔魏〕王弼撰，〔晉〕韓康伯注，〔唐〕孔穎達疏：《周易正義》，〈恆・象傳〉，頁84。
7 〔魏〕王弼撰，〔晉〕韓康伯注，〔唐〕孔穎達疏：《周易正義》，〈豐・象傳〉，頁126。
8 〔魏〕王弼撰，〔晉〕韓康伯注，〔唐〕孔穎達疏：《周易正義》，〈繫辭上傳〉，頁147。
9 〔魏〕王弼撰，〔晉〕韓康伯注，〔唐〕孔穎達疏：《周易正義》，〈艮・象傳〉，頁116。
10 〔魏〕王弼撰，〔晉〕韓康伯注，〔唐〕孔穎達疏：《周易正義》，〈文言傳〉，頁14。
11 〔魏〕王弼撰，〔晉〕韓康伯注，〔唐〕孔穎達疏：《周易正義》，〈繫辭下傳〉，頁170。

（三）決定論性的未來預測

　　總結上節內容，將日常經驗世界中可能的樣相分類成六十四種——這六十四種的每一種，確實都是一次性的，作為所謂的「歷史性的」經驗，發生在我們每一個人身上。但是它們在類型上的變換可能性，簡單來說只有六十四種，這造成的結果是——各種樣相在循環流轉的同時，也呈現了這個現象世界的世界觀，這種思維的世界觀，真的極具理論性。而且，將它的樣相精準地分析，例如：即使當下的「世界」所呈現的是對自己不利，但有利之〈時〉（前引，《易經》〈豐‧彖傳〉、〈繫辭下傳〉等）——時間上可以獨立存在的，可能世界存在論性質的概念——總會到來，只要冷靜待〈時〉即可。這一說法也確實可說是被理論性分析過的處世觀。但是，這一思維即使再怎麼強調它理論上的整合性，

　　　　易與天地準，故能彌綸天地之道。[12]

　　　　易之為書也，廣大悉備。[13]

還是無法超出對日常經驗世界的理論性解釋的範圍，對實際的日常社會生活，至多也只能給出：

　　　　君子安而不忘危，存而不忘亡。[14]

程度的建議。先不論其在倫理學、儒教道德上的意義，這絕不是真正的「占卜」。它如同前面再三論述過的，甚至會連「易占」原本的性質也一起消解掉。

12　〔魏〕王弼撰，〔晉〕韓康伯注，〔唐〕孔穎達疏：《周易正義》，〈繫辭上傳〉，頁147。
13　〔魏〕王弼撰，〔晉〕韓康伯注，〔唐〕孔穎達疏：《周易正義》，〈繫辭下傳〉，頁175。
14　〔魏〕王弼撰，〔晉〕韓康伯注，〔唐〕孔穎達疏：《周易正義》，〈繫辭下傳〉，頁170。

善為易者不占。（3）¹⁵

這一發言，也只有沿著這個思想脈絡，才能正確地解讀。亦即，將作為
決定論性的未來預測之書的《易經》之理論——那無庸置疑地是荀子自己的
命運論，但絕不能代表易占的本質，而僅只是《易經》的一個面向——善加
理解的話，應該不需要龜卜、易占。它應該和真正的「占卜」在哲學的本質
上屬於不同次元的，奠基在決定論性未來預測上的發言。

但是，《易經》作為給賣占餬口者的「指南」的性質，也是因為它本身
所具有的決定論性未來預測理論，於是得到整合性的理論依據，而得以完
成。這正是：

> 乾以易知，坤以簡能。易則易知，簡則易從，……易簡而天下之理得
> 矣，天下之理得而成位乎其中矣。¹⁶

所說的，是相當完整的易的定命理論的體系。雖然如此，在這同時：

> 子曰：「書不盡言，言不盡意。」然則聖人之意，其不可見乎？子
> 曰：「聖人立象以盡意，設卦以盡情偽，繫辭焉以盡其言，變而通之
> 以盡利，鼓之舞之，以盡神。」¹⁷

的記載，也可以解讀為，對於將原本「不可為典要」（《易經》〈繫辭下傳〉）
的易占，當作「典要」的一種辯解。

以上概觀了〈繫辭傳〉、〈文言傳〉中容易被解讀為易占的決定論性未來
預測理論。以下章節將會對於與此相反的，在《易傳》中，易占原本的「占

---

15 〔清〕謝墉、〔清〕盧文弨：《荀子集解》（臺北：新興書局，1963年），〈大略篇〉，頁
103。
16 〔魏〕王弼撰，〔晉〕韓康伯注，〔唐〕孔穎達疏：《周易正義》，〈繫辭上傳〉，頁144。
17 〔魏〕王弼撰，〔晉〕韓康伯注，〔唐〕孔穎達疏：《周易正義》，〈繫辭上傳〉，頁157。

卜」層面的相關記載——換言之，這些才正是中國哲學中的典型形上學學說——進行部分概觀。

（四）易占——中國古代的形上學

「易」的「占卜」的本質，也就是它的形上學性，如同再三指出的，是占卜能力卓越的「個人」，透過操作五十支蓍草卜得一卦，將它作為存在論上的契機，用以直觀察覺當下的世界實相這件事。因此，

> ……是故蓍之德，圓而神，卦之德，方以知，六爻之義，易以貢，聖人以此洗心，退藏於密，吉凶與民同患，神以知來，知以藏往，其孰能與此哉，古之聰明叡知、神武而不殺者夫。是以明於天之道，而察於民之故，是興神物以前民用，聖人以此齋戒，以神明其德夫。[18]

這個段落，雖然是斷片的，但本論文認為是易占的這種性質的相關記載。換言之，「蓍之德」——蓍的存在論上的概念，即「作用」——是「圓而神」，也就是，對應到無限的神性的次元。與此相對，「卦」則是「方以知」。也就是，帶來已經被限定為特定一卦的，作為一個「方」（形狀）的「知」。這裡使用的易占，因此不僅僅只是日常經驗世界的理論性解釋而已，更十分要求身兼占者的「聖人」（卓越的「個人」）的「洗心、退藏於密」（換言之，拂去日常意識的心象，參入其深層領域）的，這種哲學性的實踐。

本論文認為這才真正是，個人透過哲學性的實踐，超克（＝meta+physica）日常的意識次元，以直接地體現人類存在真實的中國古代的形上學典型。因此，「聖人」是把自己直觀察覺的，人類存在真相、及經驗世界

---

18 〔魏〕王弼撰，〔晉〕韓康伯注，〔唐〕孔穎達疏：《周易正義》，〈繫辭上傳〉，頁155-156。

實相，呈現給生活在日常經驗次元的「民」眼前，它的一般性的意義，即是明示「吉凶」。

因此，「聖人」是「神以知來，知以藏往」——換言之，在「神」性的次元中，將「往」（過去）與「來」（未來），集約於一己之身，將之還原到「知」性的次元。其後，「興神物以前民用」，連接神性的次元（＝形上學的次元）與日常的次元，但那也是如同「聖人，以此齋戒，以神明其德夫」所言，深入自己的「生」的深層，這樣的透過哲學上的身體鍛鍊及一種非日常的形上學體驗，所得到的「神知」為背景展開的，真正的「占卜」的實踐性體現，這才真正是易哲學，或進一步來說，是中國哲學中的形上學思維之典型。簡言之，正是從這裡可以觀察到，透過某種身體鍛鍊——應是以某種呼吸法為基礎（4）——自己探尋自身的意識深層，超克（meta）日常世界經驗的範圍（physica），以體現自己本身的真相、進而體現人類存在之實相，這樣的中國哲學性的「形上學」＝metaphysics 的典型。「聖人」，可說正是無限（即是「圓」）而「密」的形上學世界的體現。

（五）哲學性的實踐——老子的所謂〈無為〉的實質

與此同時，這個中國古代的典型的形上學，有著身體性的一面，因此常被指出和醫學領域的關聯。換言之，要超越不真實的日常經驗世界、往真實的非日常世界達成形上學的飛越，不能流於紙上空談，必須親自積累哲學性的實踐、以行為表現形上學世界不可。

典型的一例，這裡我們可以從老子的哲學性思維的描述中看到。亦即老子的言說：

> 天下皆知美之為美，斯惡已；皆知善之為善，斯不善已。故有無相生，難易相成，長短相形，高下相傾，音聲相和，前後相隨。是以聖人處無為之事，行不言之教。[19]

---

19 〔晉〕王弼：《老子註》（臺北：藝文印書館，2011年），第二章，頁7。

同樣地，對我們人類而言，「美」與「惡」、「善」與「不善」等，皆是因為互相襯托，得以成立它們之為「美」與「惡」、「善」與「不善」。換言之，它們都只是相對地被認知為「美」與「惡」、「善」與「不善」，並非絕對普遍的「美」、「醜」、「善」、「不善」。這是因為，我們人類的認識機制，總是在「有無」、「難易」、「長短」等相對的「框架」之中進行，因此我們的「知」，並不可能認識絕對的普遍真理。

因此，老子提倡「無為」。即是說，超克這樣的相對觀，為了領悟人類真實必須施行「無為」。這個「無為」，具體來說是不尚巧「知」(《老子》，〈第三章〉等)[20]、得「時」之宜(同，〈第八章〉)[21]、適可而已(同，〈第九章〉等)[22]、不執著目的(同，〈第二十四章〉等)[23]。簡言之，如同：

> 江海所以能為百谷王者，以其善下之，故能為百谷王。是以欲上民，必以言下之；欲先民，必以身後之。是以聖人，處上而民不重，處前而民不害。是以天下樂推而不厭。以其不爭，故天下莫能與之爭。[24]

所言，向偉大的天地自然──引述材料中是長江與大海──效法(以它們為模範，而不只是模仿它們的行為)，以「言」下之、以「身」後之，反能立於民之上、民之先，這樣偉大的行為。它思想的核心，如下引材料，是通過某種身體性的鍛鍊，主動進入自身的意識深層領域，在其中體現自身真相的哲學實踐過程。

換言之，老子透過進入自身意識深層領域的某種身體鍛鍊，即所謂「修行」，超克這個日常的相對世界，嘗試在那裡體現真實的「道」的世界。

---

20 〔晉〕王弼：《老子註》，頁9。
21 〔晉〕王弼：《老子註》，頁16。
22 〔晉〕王弼：《老子註》，頁17。
23 〔晉〕王弼：《老子註》，頁48。
24 〔晉〕王弼：《老子註》，第六十六章，頁137。

> 五色令人目盲；五音令人耳聾；五味人口爽；馳騁田獵，令人心發
> 狂；……是以聖人為腹不為目。[25]

鮮豔的色彩（五色）、美妙的音樂（五音）及可口的菜餚（五味）、愉快的出
遊（馳騁田獵），會將我們人類的耳、目，甚至心蒙蔽。但它們都只是相對的
事物，而且一旦過度，人將會落到「盲」、「聾」甚至「發狂」的下場。

　　因此，「聖人」「目」不視它們，而提倡「為腹」。「為腹」，指的正是以
腹式呼吸為基本的「修行」。「修行」，大概不論採用何種形式，其基本都是
腹式呼吸。練習這一呼吸法，將老子所謂「專氣」（《老子》第十章）的
「氣」，在所謂「臍下丹田」為中心練氣。這是在無論禪學或瑜伽，又或是
各式藝道、武術等的「修行」所共通的，所謂的修行基本功。

　　這個哲學實踐，同時也是一種身體的鍛鍊，其身體鍛鍊的部分，正是哲
學與醫學領域的連接點，即所謂的失落的環節（missing-link）（5）。

　　以下，將先確認《易經》中的這一形上學世界的記載，之後討論其和醫
學領域的接點。

（六）易學的展開

　　承上所論，正因為易占的哲學本質是這樣，它如同：

> 夫大人者，與天地合其德，與日月合其明，與四時合其序，與鬼神合
> 其吉凶，先天而天弗違，後天而奉天時，天且弗違，而況於人乎？況
> 於鬼神乎？[26]

所言，是窮極自己的內在深層領域，透過實踐性的修行體驗及一種非日常的
哲學體驗的累積，得到印證的象徵體系的體現，因此它絕不是位於理性思維

---

25 〔晉〕王弼：《老子註》，第十二章，頁22。
26 〔魏〕王弼撰，〔晉〕韓康伯注，〔唐〕孔穎達疏：《周易正義》，〈文言傳〉，頁17。

次元，對於日常經驗世界的，只流於理論性的種種解釋。正因為這樣，這樣
的形上學的最高境界才會被視為達到：

> 樂天知命，故不憂。[27]

所言，「知」自己的「天命」，亦即「知」自己的「天命」，進而能「樂」之
的境界。但在同時，它也是脫離日常性語言的意義指涉範圍的境界。與此同
時，它也不會落入日常性語言的意義指涉範圍的境界。可以說是因為如此，
其結果自然被評為：

> 書不盡言，言不盡意。[28]

另一方面，這樣不落入語言描述的形上學境界，也直接被當作醫術的精髓，
在醫學領域有著同樣的論述。本來，這樣的形上學境界，是和身體鍛鍊這種
醫學領域有所連結的哲學思維，因此這樣的易哲學體系，才能一點矛盾也沒
有地連結到醫學領域。如同前述，形上學，是連結醫學領域與易哲學的，所
謂失落的環節。以下將再對這一點，從醫學的方面進行概述。

二　中國醫學的形上學性

（一）「醫者意也」

「醫者意也」，這句極為含蓄並又因此饒富深意的話，雖然前人已對它
多有討論（6），不過如果現在在這裡重新討論它的話，也有少數前人未論及
的文獻資料，加上如果將它從作為形上學的醫學這一觀點探討的話，本論文

27　〔魏〕王弼撰，〔晉〕韓康伯注，〔唐〕孔穎達疏：《周易正義》，〈繫辭上傳〉，頁147。
28　〔魏〕王弼撰，〔晉〕韓康伯注，〔唐〕孔穎達疏：《周易正義》，〈繫辭上傳〉，頁157。

認為極有可能可以補足重要的論述。

以下，將以前人的研究為基礎，再加上其他文獻資料，探討與這句「醫者意也」本身相關的事項，其後，關於它的形上學意義，首先將它放在中國古代醫學思想的脈絡中以指出其形上學意義，目的是概觀中國醫學的形上學性，或進一步來說，其現代性的意義。

如同眾所周知的，「醫者意也」這句話在文獻上最早出現的，應屬〔六朝宋〕范曄所著《後漢書》卷八十二下，〈方術傳〉中的〈郭玉傳〉。為了方便討論，先引其全文如下：

> 郭玉者，廣漢雒人也。初有老父不知何出，常漁釣於涪水，因號涪翁。乞食人間，見有疾者，時下針石，輒應時而効，乃著針經診脈法傳於世。弟子程高，尋求積年，翁乃授之。高亦隱跡不仕，玉少師事高，學方診六微之技，陰陽隱側之術。和帝時，為太醫丞，多有効應。帝奇之，仍試令嬖臣美手腕者與女子雜處帷中，使玉各診一手，問所疾苦。玉曰：「左陽右陰，脈有男女，狀若異人。臣疑其故。」帝嘆息稱善。玉仁愛不矜，雖貧賤廝養，必盡其心力，而醫療貴人，時或不愈。帝乃令貴人羸服變處，一針即差。召玉詰問其狀。對曰：「醫之為言意也。腠理至微，隨氣用巧，針石之間，毫芒即乖。神存於心手之際，可得解而不可得言也。夫貴者處尊高以臨臣，臣懷怖慴以承之。其為療也，有四難焉：自用意而不任臣，一難也；將身不謹，二難也；骨節不強，不能使藥，三難也；好逸惡勞，四難也。針有分寸，時有破漏，重以恐懼之心，加以裁慎之志，臣意且猶不盡，何有於病哉！此其所為不愈也。」帝善其對。年老卒官。[29]

以上是和華陀並列於《後漢書》〈方術傳〉的名醫郭玉的傳記。這段敘述中，出現「醫之為言意也」的句子。這個句子可能是所謂「醫者意也」的原

---

29 〔劉宋〕范曄撰、〔唐〕李賢等注：《後漢書》（臺北：鼎文書局，1978年），頁2735。

型。那麼，這句話在說些什麼呢？如果看後續的「腠理至微，隨氣用巧，針石之間，毫芒即乖。神存於心手之際，可得解而不可得言也」可以讀出這句話，是將名醫郭玉應被稱為神技的卓越醫術的「針石之間，毫芒即乖」這樣極為巧妙幽玄的要訣，放進以「神存於心手之際」這樣近似於頓悟境地的方式描述記錄的脈絡中。

本論文認為，這邊應注意的是，這段敘述中的：

可得解而不可得言也。

這句話。即是說，郭玉在其父，同樣也是名醫的「涪翁」門下進行醫術的修行後，體會其奧義，習得近乎神術般的治療技術，這項技術唯有透過積累相等的鍛鍊，親身體會的方法，才可能「理解」其真髓，這項技術無法透過日常語言的表現作用成為可傳達的對象，換言之，即是「不可得言」。

郭玉實際經歷了怎麼樣的修行，這點雖然非常讓人好奇，但是這裡先放到一旁，本論文認為，正是「不可得言」這一點，才是郭玉的醫術，甚至是「醫者意也」這句話的，醫學思想意義上的精髓。

換句話說，「不可得言」的「意」是指，簡言之，前引的《易經》：

子曰：「書不盡言，言不盡意。」然則聖人之意，其不可見乎？子曰：「聖人立象以盡意，設卦以盡情偽，繫辭焉以盡其言，變而通之以盡利，鼓之舞之，以盡神。」[30]

所言的，淵源於中國古代思想，一種站在傳統語言觀基礎上的，承襲典型形上學思維中的「意」，這個語彙其概念的產物。

簡言之，易（易的占卜）如同前述是指，透過種種身體鍛鍊，嘗試將自我意識的深層領域（亦即，一種的「非日常世界」）中體現出的「言」（語

---

30 〔魏〕王弼撰，〔晉〕韓康伯注，〔唐〕孔穎達疏：《周易正義》，頁157。

言）所無法呈現的人類存在真實，透過所謂六十四卦的象徵體系表現，詳述出來的「占卜」的一種型態；它本來形態的易占卜推演的「意」（真意），唯有被譽為「聖人」一樣卓越的人物才能正確理解，故自然被評為：

書不盡言，言不盡意。[31]

正因為那樣，易，才會如同前述透過六十四卦的種種造形將其象徵性地表現出來，試圖特意將其本來無法以「言」（語言）呈現的微妙的「意」（真意），拿到「言」的次元詳細說明。

所以，從另一方面來說，《後漢書》〈郭玉傳〉中所謂「醫之為言意也」的「意」，本論文認為是指，承襲前面引用的《易經》〈繫辭上傳〉一文中的概念，是透過長年鍛鍊體悟而來的，醫術真髓層面的「真意」（或是，所謂「精髓」）的「意」的意思。它的現象性脈絡的根源存在於人類的「意」（心、意識）的深層次元，同時它在現實上的顯現（亦即，施行高超醫術）時，需要一直保持平常心，且它又如這裡所述，雖然帶有心、意識等涵義，但絕不會是恣意、限於一時一地的「意見（亦即郭玉自己的所謂「自用意而不任臣」中的「意」）」的意思。中國的古典文獻中，一直存在相應意涵體系的傳統用詞與概念脈絡，本論文認為這是因為中國古代的敘述表達方式，一直在符合這個脈絡的形態中進行。

因此簡言之，本論文認為，郭玉所謂「醫之為言意也（中略）可得解而不可得言也」的這句話，是因為郭玉深深體認到，近乎頓悟的神技而顯現出來的醫術「精髓」，在他自己的意識中雖然微妙但確實有體現出來，可是一旦嘗試將它在「言」（語言）的次元中表現它，反而會失去它（亦即，不可能成功），才會在心中意識到中國古典文獻中提及存在與語言間的乖離的《易經》〈繫辭上傳〉「言不盡意」的這句話的情況下，而說出來的想法。

本論文推斷基於上述原因〈郭玉傳〉才會在接下來的段落，列舉出所謂

---

31 〔魏〕王弼撰，〔晉〕韓康伯注，〔唐〕孔穎達疏：《周易正義》，頁157。

「四難」，說明由於「四難」而失去平常心，使得「針有分寸，時有破漏」的，極為微妙的醫術真意，如「臣意且猶不盡」那樣受到阻礙，結果無法進行全面的治療。其內容明確與前面討論過的《易經》〈繫辭上傳〉是完全相同脈絡的論述。

以上，簡言之，醫術的真髓，存在於凌駕過解釋或語言的「精髓」之中，必須體會它才可能行使正確的醫術，但為此必須進行某種形式的修行與鍛鍊，表象這樣醫學思想的「醫者意也」這句話，雖然很精簡，但可以同時看到它內涵深刻的內容，這正是本論文主旨的「中國醫學的形上學性」，這點相信自不待言。

換言之，本來臨床的醫學（醫術）本身，是透過那個身–心鍛鍊而得到，需要「身體感覺」的支持才得以成立，加上其「精髓」又具有與形上學的易哲學思維體系完全共通的脈絡，因此本論文認為，中國醫學具有很高的形上學性，這點可說不言自明。

以下，將繼續概觀其他文獻中與「醫者意也」相關的描述，繼續上述論點的分析。

（二）「醫者意也」的各個面向

那麼首先，茲引用〔宋〕唐慎微所著《證類本草》（卷一，〈序例上〉）所載，〔梁〕陶弘景的《神農本草經》〈序錄〉，即《本草集註序錄》的一節如下：

> 又有分劑秤量輕重多少，皆須甄別。若用得其宜，與病相會，入口必愈，身安壽延。若冷熱乖衷，真假非類，分量違舛，湯丸失度，當差反劇，以至殞命。醫者意也。古之所謂良醫者，蓋「善以意量得其節」也。諺云：「俗無良醫，枉死者半。拙醫療病，不如不療。」喻如宰夫以鱣鱉為膳羞，食之更足成病，豈充飢之可望乎？故仲景云：

「如此死者，愚醫殺之也。」³²

簡言之，如果不透過「意」（亦即，經過長年的鍛鍊，在自己的意識的深層體會到的，這裡特別指用藥的劑量，其義涵的「精髓」）以判斷用藥的「冷熱」、「真假」、「分量」、「湯丸的分別」等的「節」（亦即，適切分量，或所謂「其宜」），即使是可治的病，也可能轉為重症並致死。上述實在很難說是「良醫」，其認為此和無法區別「鱣鼉」（海鱔、海蛇、鱉等）與「蓴羹」（蓴菜作的美味湯品）的料理人相同。

　　陶弘景身為本草學者，以藥劑處方精髓的義涵使用「意」一詞，但其概念與前述介紹的《後漢書》〈郭玉傳〉屬於完全相同的脈絡，因此本論文認為，是對其更為詳述。

　　以下將概觀五代後〔晉〕劉昫等人編纂的《舊唐書》（卷一四二）〈方技傳〉〈許胤宗傳〉中記載的許胤宗的言說。另外，雖然許胤宗的傳記在《新唐書》（卷二○四）〈方技傳〉也有收錄，內容也大致相同，但《舊唐書》的記載較《新唐書》更為詳細。以上也是這裡引用《舊唐書》的版本的原因。不過，另一方面，《新唐書》的記載也有更得要點而正確的部分。因此本論文接下來的段落也會依需要提及（7）。

　　那麼，先引用許胤宗的傳記如下：

　　　許胤宗，常州義興人也。初事陳為新蔡王外兵參軍。時柳太后病風不言，名醫治皆不愈，脈益沈而噤。胤宗曰：「口不可下藥，宜以湯氣薰之。令藥入腠理，周理即差。」乃造黃耆防風湯數十斛，置於牀下，氣如煙霧，其夜便得語。由是超拜義興太守。陳亡入隋，歷尚藥奉御。武德初，累授散騎侍郎。時關中多骨蒸病，得之必死，遞相連染，諸醫無能療者。胤宗每療，無不愈。或謂曰：「公醫術若神，何不著書以貽將來？」胤宗曰：「醫者意也，在人思慮。又脈候幽微，

---

³² 〔宋〕唐慎微：《重修政和證類本草》（臺北：臺灣商務印書館，1965年，《四部叢刊初編》本），頁28。

苦其難別，意之所解，口莫能宣。且古之名手，唯是別脈，脈既精別，然後識病。夫病之於藥，有正相當者，唯須單用一味，直攻彼病，藥力既純，病即立愈。今人不能別脈，莫識病源，以情臆度，多安藥味，譬之於獵，未知兔所，多發人馬，空地遮圍，或冀一人偶然逢也。如此療疾，不亦疏乎！假令一藥偶然當病，復共他味相和，君臣相制，氣勢不行，所以難差，諒由於此。脈之深趣，既不可言，虛設經方，豈加於舊。吾思之舊矣，故不能著述耳。」年九十餘卒。[33]

以上是詳述許胤宗的「醫者意也」思考的原文。與先前郭玉、陶弘景等人的言說相對照，本論文認為其更趨於理論化。換言之，將「柳太后」的「風疾」或當時的流行病「骨蒸病」等巧妙地治好的許胤宗，他可說是神技一樣的脈方真髓（亦即精髓）是在「人」的「思慮」，亦即人類意識深層領域體會而得，無法透過「口」，亦即理性思維次元的表象語言「宣說」，只能持續積累鍛煉直到能夠「經別」「脈象」始得以體會。在那樣的意涵上說出「醫者意也」，嚴正地告誡透過恣意的「情」堆疊「臆度」，隨意地「安（＝案）」「藥味」，是「疏遠」醫術該有的姿態，如同「譬之於獵（下略）」的亂槍打鳥般的用藥。

因此，「夫病之於藥，有正相當者，唯須單用一味，直攻彼病」的一句意指，如同先述（8），代表在唐代初葉，處方已相當程度地複雜化，達到無法忽視其弊害的狀況，同時這個「譬之於獵（下略）」一句的告誡亂槍打鳥般的濫開藥方，接著說「假令一藥偶然當病，復共他味相和，君臣相制，氣勢不行，所以難差，諒由於此」，又《新唐書》〈許胤宗傳〉的相應段落簡潔地寫道：

病與藥值，唯用一物攻之，氣純而愈速。[34]

---

33 〔後晉〕劉昫：《舊唐書》（臺北：鼎文書局，1978年），頁5091。

34 〔宋〕歐陽修、〔宋〕宋祁：《新唐書》（臺北：鼎文書局，1978年），頁5800。

而《舊唐書》「假令一藥偶然當病」的部分，在《新唐書》則相當明快地寫道：

> 一藥偶得，它味相制，弗能專力，此難愈之驗也。[35]

再鑑於許胤宗自己的「黃耆防風湯」（《新唐書》作「黃耆防風煮湯」）使用至少兩味以上的處方，本論文推斷這裡不是嚴格意義的「一味」，應是與特定疾病「相當」的唯一種類的藥物及處方（亦即，《新唐書》「一物」及「一藥」）的涵義。

簡言之，由於無法正確地診脈以得到明確的「證據」，故使用各種方法，正所謂亂槍打鳥般的用藥，其認為並不會有效果。

總之，這裡的許胤宗的「醫者意也」的言說，本論文推論是將先前討論的《易經》〈繫辭上傳〉的關於「意」（與「言」的關聯）的一句的概念，極為忠實地承繼的典型例子。經歷長年的鍛鍊體會得到的脈方（甚至是整個醫術本身）的真髓‧精髓，唯一存在於可以體現其人物的意識底層，但綿綿不絕。診斷「幽微」的「脈候」後感知到的正確的「證據」，只存於許胤宗（或是能與其匹敵的人物）的「意」之中。

那麼，「醫者意也」的醫學思想的這樣的典型理論，在〔唐〕孫思邈所著《備急千金要方》（9）也有明確的表述。現存的《備急千金要方》（卷一）〈序例、診候第四〉中有這樣的敘述：

> 張仲景曰：「欲療諸病，當先以湯蕩滌五臟六腑，開通諸脈，治道陰陽，破散邪氣，潤澤枯朽，悅人皮膚，益人氣血。水能淨萬物，故用湯也。若四肢病久，風冷發動，次當用散，散能逐邪。風氣濕痺，表裏移走，居無常處者，散當平之。次當用丸，丸藥者能逐風冷。破積集，消諸堅癖，進飲食，調和榮衛。能參合而行之者，可謂上工。故

---

35 〔宋〕歐陽修、〔宋〕宋祁：《新唐書》，頁5800。

曰：『醫者意也。』」[36]

將以「湯」、「散」、「丸」的三種形態出現的各式藥物，適應患者病狀的同時「能參合而行之」是很重要的，正是可以達成此事，才是「上工」（＝良醫），因此說「醫者意也」，但這裡的「意」，如同本論文前面再三指出，其屬於傳統醫學思想的形上學思維脈絡，應不待言。

如同上述，中國的醫家們的所謂「醫者意也」是指，「醫」（即，醫術）的精髓需自身體會而始得真正理解，其不落入透過「言」（語言）的意義指示或意義喚起的境界，亦即其存在於只能透過專家們的體會‧體得，無法將其以「言」轉化為日常意義脈絡中的獨立存在的這樣這樣一貫的醫學思想的思索脈絡中，本論文認為，其乃是將淵源於《易經》〈繫辭上傳〉的過去中國思想中的一種典型形上學的醫學思想的傳統的承繼。

中國古代的醫學及哲學在本質的次元上有著共通的存在論脈絡，因此，醫學領域唯有沿著形上學的線索才能正確地理解，而正是因為這點，醫學領域確保了其正當的地位。

結論

綜上所論，易哲學的基礎，本論文認為簡言之，是認定由陰、陽二爻交織構成的六十四卦的象徵體系為存在論意義上的本質性契機的，對於人類存在真相、及日常經驗世界實相的直觀察覺。但在此同時，這也正是親自透過哲學實踐，超克（＝meta＋physica）這個意識的日常性，試圖在那裡直接體現人類存在真實的中國古代形上學的典型。

換言之，易哲學的「聖人」將自己直觀察覺的人類存在真相以及經驗世界實相，呈現給生活在日常經驗次元的「民」眼前，其一般性的意義，即是明示「吉凶」。

---

36 〔宋〕林億：《孫真人備急千金要方》（臺北：臺灣商務印書館，1975年，《四部叢刊三編》本），冊1，頁17上。

因此「聖人」「神以知來，知以藏往」──換言之，在「神」性的次元中，在「神」性的次元中，將「往」（過去）與「來」（未來），集約於一己之身，將之還原到「知」性的次元。然後，「興神物以前民用」，連接神性的次元（＝形上學的次元）與日常的次元，但其並非單純的，在這個日常經驗世界的理論性的解釋上立基的假設性判斷，而是深入自己的「生」的深層，這樣的透過哲學上的身體鍛鍊及一種非日常的形上學體驗，所得到的「神知」為背景展開的，真正的「占卜」的實踐性體現，而本論文認為這正是易哲學，甚至是中國哲學的形上學性的思維的典型。

簡言之，這裡可以觀察到（以某種呼吸法為基礎的）透過身體鍛鍊，自己探尋自身的意識深層，超克（meta）日常世界經驗的範圍（physica），以體現自己本身的真相，進而體現人類存在實相，這樣如同字面一樣的「形上學」＝metaphysics 的典型。「聖人」透過己身，體現出形上學的世界。

與此同時，更重要的是，這個中國古代的典型的形上學有著身體性的一面，因此常被指出其和醫學領域的關聯。換言之，要超越不真實的日常經驗世界、往真實的非日常世界達成形上學的飛越，就必須親自積累哲學實踐、以行為表現形上學世界。

其典型的例子，可以在老子哲學思維的記載中讀到。亦即，如同老子親自指出的，我們人類僅能相對地認識這個存在世界。這是因為我們人類的認識機制，總是在相對的「框架」之中進行，因此我們的「知」不可能認識絕對的普遍真理。

因此，老子提倡「無為」。即是說為了超克這樣的相對觀，體會人類真實，必須施行「無為」。這個「無為」，簡言之是通過某種身體性的鍛鍊，主動進入自身的意識深層領域，在其中體現自身真相的，哲學實踐過程。

換句話說，老子透過進入自身意識深層領域的身體鍛鍊，也就是「修行」，超克這個日常的相對世界，嘗試在那裡體現真實的「道」的世界。其於老子，是稱為「為腹」（《老子》第十二章）的，以腹式呼吸為基本的哲學實踐。大概不論採用何種形式，「修行」的基本都是腹式呼吸。其哲學實踐，同時也是一種身體的鍛鍊，其身體鍛鍊的部分，正是哲學與醫學領域的

連接點，即所謂失落的環節（missing-link）。

綜上，易哲學的「聖人」，是親自積累哲學實踐，在己身體現出人類存在實相，以完成對未來的判斷的哲人，因此這個「聖人」也是親自連接身──醫學與心──形上學的失落環節。

另一方面，「醫者意也」的這句極為含蓄並又因此饒富深意的話，正是將這件事如實傳達的適切的例子。

亦即，上述這樣不落入語言描述的形上學境界，也直接被當作醫術的精髓，在醫學領域也有同樣的論述。本來這樣的形上學境界，是和身體鍛鍊這種醫學領域有所連結的哲學思維，因此這樣的易哲學體系才能一點矛盾也沒有地和醫學領域連結。如同前述，形上學是連結醫學領域與易哲學的失落環節。

換句話說，這個「醫者意也」的「可得解而不可得言也」的「意」，簡言之，本論文認為是繼承了前述的「書不盡言，言不盡意」（《易經》〈繫辭上傳〉）的，一淵源於中國古代思想中以傳統語言觀為背景記述的典型形上學思維上的「意」，此一詞彙的內涵。

簡言之，醫術的精髓存在於凌駕過解釋或語言的「精髓」之中，必須體會它才可能行使正確的醫術，但為此必須進行某種形式的修行與鍛鍊。表象這樣的醫學思想的「醫者意也」這句話，正是本論文主旨的「中國醫學的形上學性」，這點相信自不待言。

換句話說，本來臨床的醫學（醫療技術）本身需透過身–心鍛鍊得，要有「身體感覺」的支持才得成立，加上其「精髓」又具有與形上學的易哲學思維體系完全共通的脈絡，因此本論文認為，中國醫學具有很高的形上學性，這點可說不言自明。

至此，中國的醫家們的所謂「醫者意也」是指，「醫」（即，醫術）的精髓需自身體會而始得真正理解，其不落入透過「言」（語言）的意義指示或意義喚起的境界，亦即其存在於只能透過專家們的體會‧體得，無法將其以「言」轉化為日常意義脈絡中的獨立存在的這樣這樣一貫的醫學思想的思索脈絡中，本論文認為，其乃是將淵源於《易經》〈繫辭上傳〉的過去中國思

想中的一種典型形上學醫學思想傳統的承繼。

　　因此，中國古代的醫學及哲學在本質的次元上有著共通的存在論脈絡，所以要正確理解醫學領域，只能沿著形上學的線索，而正是這點確保了醫學領域的正當地位。在中國古代，醫學領域同時也是形上學體系。其如同銅板的兩面，實際上是一體的「存在」。

　　正因為如此，在現代，如果試圖有益地理解這個中國古代睿智的中國醫學領域，本論文認為首先必須明確地理解中國古代形上學，始得將中國醫學作正確且有效地理解與應用。這是因為缺乏醫學的哲學是無力，沒有哲學的醫學只剩無謀。

　　中國古代的睿智，不僅是醫學領域，其形上學也是，在易哲學中有顯著的現代意義。「一源」意指兩者有著同樣的存在論的構造，在實際上有著本質性的「同一」的實在（reality），因此，其關係如同一個銅板的兩面。

　　至於「體用一源」，雖然本來有諸多意涵，但在這裡，本論文的探討是從其身體與精神上的脈絡一致，以及心與體的圓融等的語言本質性的意義的角度切入。在中國古代，醫學這一領域，並不只是積累身體技能而來的醫療技術體系，而是哲學性的人類存在的知性暨身體上的營為，其與以身體鍛鍊體現的「神知」為基礎的關於人類存在方式的現實性判斷的易學，兩者實際上屬於同一存在論的脈絡，而正是從這點，可以如實地理解「體用一源」的實際樣貌。

註與引用

（1）後續章節關於《易經》成書與其理論開展、及老子的哲學性的鍛鍊、
〈醫者意也〉的哲學思想等等的論述，詳細可參看：

──拙著，1990，〈『易経』の成立─"占いの書"としての『易経』に
ついての、哲学的・宗教学的一卑見─〉，收錄於《沼尻正隆博士退休
記念　中国学論集》，東京：汲古書院。

──拙著，2009，〈形而上学としての醫学─易哲學と中國醫學─〉，
收錄於《日本大学人文科学研究所　研究紀要》78號，9月，頁1-22。

──拙著，2021，《醫易同源─醫学哲学の観点から─》，收錄於協同
組合　易道事業連盟《易道研究》創刊號，3月，頁2-28。

詳細論述可參照上述拙著。

其次，論及「占卜」的哲學性的本質，可參看 M. Loewe and C.
Blacker eds., *Divinationand Oracles*, George Allen, and Unwin Ltd., 1981,
London.。另外，若是關於「易」的「占卜」這一點，可參看 R. Wilhelm.,
I Ging das Buch der Wandlungen, Einleitung, 1956, Eugen Diederichs
Verlag, Dusseldorf, Koln, C. G. Jung., Foreword to the *I Ching* in *TheI
Ching or Book of Changes*, 1950, Princeton U. P. 等的論述。

（2）例如

武內義雄，1979，〈易と中庸の研究〉（收錄於《武內義雄全集》，卷3，
東京：角川書店），第8章-3。

本田濟，1960，《易學》（京都：平樂寺書店），頁30。

（3）《荀子》的〈大略篇〉雖然在資料上有些問題，但是這一材料，對照荀
子的命定論性的思維，是其典型的表現這件事，應該沒有問題。因此
本論文認為，這一句，至少可以認為確實是關於荀子命運論的衍生思
維的相關記載。

另外，關於這個荀子的命運論，可以參看拙著，《中国古代におけ

る人間と運命》（東京：醫聖社，2013年7月），頁85-113。

（4）關於為什麼是「呼吸」，確實還留有許多問題有待解決，但簡言之，這個呼吸運動，是將所謂的自律神經（autonomic nervous system）的自律運動（e.g. involuntary muscle）和體性神經（somatic nervous system）的隨意運動（e.g. voluntary muscle）連結，也就是所謂的失落的環節（missing-link）。意思是，這個呼吸正是連結身與心的橋梁，唯有完美地控制它，才能實現真正的「身心一如」。因此，如同某種本體感覺（proprioception）一樣，可以察知到內部知覺。中國古代的修行者們將這以「氣」代表、描述，而這個「氣」，如同下述，也同時是中國醫學的基本概念。

以這樣的身體鍛鍊——即是「修行」或「行」——為背景的哲學實踐，它的目標其實都集中在：換言之，通過被稱為「行」的身體鍛鍊，主動地沉入自身的意識次元、挖掘內心的深層領域，在那體現真正的「自己（self）」、開拓自身命運，這件事上。亦即，人通過身體上的鍛鍊——坐禪、瑜伽、或其他種種藝道與武道等廣義的「修行」——深掘入自己內心，以到達真正意義（奧蘊）上的存在本源，實現真正的「生」。本論文認為這才是老子的所謂「實踐哲學」的本質上的要訣。

簡而言之，身→心的深化，完全同於對我們人類而言的存在世界之深化這樣的觀點。

這雖然時常被認為是東洋哲學的特徵，但事實上，至少超越東西洋、時代，許多的先哲皆以多種多樣的型態，進行了這樣的哲學性的實踐，將之以種種的形式表現出來。譬如，赫拉克利特的在其「εδιζησαμην εμεωυτον」（我尋找我自己）表現出來的哲學深度，就是一個典型。詳細可以參看拙著：〈"謎の人" 攷——ヘラクレイトスの "λογος" の世界〉（《アカデメイア》3：47-58，1987年3月）。

另外，接下來將要論及的，是老子哲學思維體系中的「無為」的修行實踐，可以參看拙著：《老莊の思想を読む》（東京：大修館書店，2007年4月），頁28-55。

（5）這樣的醫學思想，其原初形態可以從《呂氏春秋》〈盡數〉篇看到。更詳細的論述，可參看拙著：《中国醫学と日本漢方》（東京：岩波書店，2014年），頁21-36。

（6）其代表性的討論有，大塚恭男〈「醫者意也」をめぐって〉（《日本醫事新報》第2279號，1967年1月，頁42-47）。參看。

　　　　另外，關於以下的內容，更詳細可參看拙稿：〈《醫は意なり》攷─醫学思想的な観点から─〉（《中國研究集刊》第23號，1998年12月），頁1-16；〈中神琴溪の醫術と醫論─醫学思想の観点から─〉（《中國研究集刊》第37號，2008年12月），頁1-16等。

（7）茲引述《新唐書》〈許胤宗傳〉的敘述如下：

> 胤宗仕陳為新蔡王外兵參軍。王太后病風不能言，脈沈難對，醫家告術窮。胤宗曰：「餌液不可進。」即以黃耆防風煮湯數十斛，置牀下，氣如霧，熏薄之，是夕語。擢義興太守。武德初，累進散騎侍郎。關中多骨蒸疾，轉相染，得者皆死，胤宗療視必愈。或勸其著書貽後世者，答曰：「醫特意耳，思慮精則得之。脈之候幽而難明，吾意所解，口莫能宣也。古之上醫，要在視脈病乃可識，病與藥值，唯用一物攻之，氣純而愈速。今之人不善為脈，以情度病，多其物以幸有功，譬獵不知兔，廣絡原野，冀一人獲之，術亦疏矣。一藥偶得，它味相制，弗能專力，此難愈之驗也。脈之妙處不可傳，虛著方劑，終無益於世，此吾所以不著書也。」卒年七十餘。

本論文認為，相較《舊唐書》的記載雖然更為洗鍊，但不可否認有些部分略為簡略。

（8）關於這點，請參看註（6）提及的大塚恭男，1967年。

（9）（引自《千金方》的）日本的《醫心方》中有幾乎完全相同內容的引用，而在另一文獻《金匱玉函經》也有。作為參考茲引用如下：

千金方云，（中略）又云，仲景曰：「欲治諸病，當先以湯，洗除五藏六府間，開通諸脈，理道陰陽，蕩中破邪，潤澤枯朽，悅人皮膚，益人氣力。水能淨萬物，故用湯也。若四支病人（久），風冷發動，次當用散，散能逐邪。風氣濕痺，表裏移送，居無常處，散當平之。次用丸，丸藥能逐風冷，破積聚，消諸堅癖，進飲食，調榮衛。能參合而行之者，可謂上工。醫者意也。」

張仲景曰：「若欲治疾，當先以湯，洗滌五藏六府，開通經脈，理導陰陽，破散邪氣，潤澤枯槁，悅人皮膚，益人氣血。水能淨萬物，故用湯也。若四肢病久，風冷發動，次當用散。散能逐邪，風濕痺，表裏移送，居無常處者，散當平之。次當用丸，丸能逐風冷，破積聚，消諸堅癖，進飲食，調營衛。能參合而行之者，可謂上工。醫者意也。」

論劉沅《周易恆解》中之易學觀點
—— 以「附解」為例

陳明彪*

提要

　　清代四川儒者劉沅（1768-1855），著作頗豐，大部分收錄於後人整理的《槐軒全書》中，共計十種五十六卷。在這些著作中，他著重於聖人之學，故對諸經的經義用力頗深，作了不少闡述，完成了十三經《恆解》，這些著作也佔了《槐軒全書》的很大比重。在對於諸經的《恆解》中，《周易恆解》是其中重要的一部。《周易恆解》對於傳統的中正說、修德說等加以繼承外，並有所創發，提出不少獨到的見解，如反對卜筮、陰陽並重、先天後天說等，且書中展現出融合儒釋道三家的特色。李學勤說：「雙流劉止唐先生於清嘉道間授學川西，一本儒宗，兼通二氏，影響深遠。惜其遺著湮沒不彰，鮮為人知。」因此，本文將以《周易恆解》中的「附解」等去展現其易學觀點。

關鍵詞：劉沅、《周易恆解》、附解、孔子、反對卜筮、陰陽並重

---

* 馬來西亞拉曼大學中華研究院中文系專任助理教授。

A Discussion on Liu Yuan's Viewpoint of Yi Xue in *Zhou Yi Heng Jie*

——Take "Fu Jie" as an Example

Chen Ming-biao

Abstract

Liu Yuan (1768-1855), a Confucian scholar in Sichuan in the Qing Dynasty, had rich works, and his works are now included in *Huaixuan Quanshu* compiled by later generations. In these works, he focused a lot on the study of sages, so he made great efforts on the meaning of the classics, made a lot of expositions, and completed the shisan jing *Heng Jie*, which also accounted for *Huaixuan Quanshu* as the main parts of the book. Among various scriptures of *Heng Jie*, *Zhou Yi Heng Jie* is an important one. *Zhou Yi Heng Jie* inherits the traditional theory of zhong zheng shuo and xiu de shuo, and has created and developed many unique opinions, such as emphasizing refolding, yin and yang, etc. Also, the book shows characteristics of the integration of Confucianism, Buddhism, and Taoism. Li Xue-qin said: "Mr. Liu Zhi-tang of Shuang Liu taught Western Sichuan in the Qing Dynasty, a book of Confucianism, which is available for two clans and has great influence. However, it is a pity that his remains are not well-known." Since there are few Yi scholars study Liu Yuan and seldom pay attention on him, this paperaims to use "Fu Jie" from *Zhou Yi Heng Jie* to show his views on Yi Xue.

Keywords: Liu Yuan, *Zhou Yi Heng Jie*, "Fu Jie", Confucius, disagree bushi (divination), Yi and Yang balance

一 前言

　　劉沅（1768-1855），字止唐，一字訥如，清四川雙流縣人。劉沅著述頗豐，遍注群經，其經學著作，據清〈國史館劉沅本傳〉載除《周易恆解》六卷外，尚有《詩經恆解》六卷、《書經恆解》六卷等，共十種五十六卷。[1]其多種著作後來經整理而成《槐軒全書》，其中經學的著作數量最多。

　　劉沅家有研習《周易》的傳統，其父劉汝欽精於易學。劉沅在易學下了頗深的功夫，其依孔子之意注經解經，自是儒家易學的一脈。揆諸《槐軒全書》中《周易恆解》全書的架構，首先示之以〈國史館劉沅本傳〉，接著是卷首的《周易恆解‧序》、二十條義例、圖說（解說易有太極圖等十四個易圖）、八卦取象歌等。其中，《周易恆解‧序》和二十條義例精要的反映了劉沅的易學觀點。《周易恆解》的正式內容則分五卷，即卷一至卷五，劉沅分別對《周易》經文和傳文字句加以注解。卷一為對《周易》上經的注解，始於乾卦，終於否卦。卷二亦為對《周易》上經的注解，始於同人卦，終於離卦。卷三為對《周易》下經的注解，始於咸卦，終於困卦。卷四亦為對《周易》下經的注解，始於井卦，終於未濟卦。卷五分上下，卷五上為對〈繫辭上傳〉的注解，卷五下為對〈繫辭下傳〉、〈說卦傳〉、〈序卦傳〉和〈雜卦傳〉的注解。至於〈乾文言〉、〈坤文言〉，各卦的〈大象傳〉、〈小象傳〉則

1　劉沅經學著作豐富，著有：《周易恆解》六卷、《詩經恆解》六卷、《書經恆解》六卷、《周官恆解》四卷、《儀禮恆解》四卷、《禮記恆解》十卷、《春秋恆解》八卷、《四書恆解》十卷、《大學古本質言》一卷、《孝經直解》一卷，參《周易恆解》，頁1056。據段渝所考，《槐軒全書》主要有三種版本；一、光緒本。清光緒三十一年（1905年）首次刊行《槐軒全書》，此版共收書二十三種，一百七十八卷，一百零七冊。二、民國三年至三十三年（1914-1944年）刻本，此版共收書二十三種，一百零七冊。三、西充鮮于氏特園藏本，民國二十年（1931年）刊行，此版共收書二十二種，計一百七十七卷，一百零六冊。此版本為劉沅之孫，劉咸炘親校的大字本，乃最好的版本，內容則較光緒本少了《尋常語》一卷。關於《槐軒全書》各種版本的情況，可詳參段渝：〈一代大儒劉沅及其《槐軒全書》〉，《社會科學戰線》第2期（2007年3月），頁142-145。以下本文寫作所根據的版本則是2006年9月成都巴蜀書社出版的《槐軒全書（三）‧周易恆解》。

隨其在各卷出現的順序，依次注解之。從卷一開始至卷五終，劉沅於每卦及
每傳各章後有一總結性的解說，即為「附解」。「附解」不只是注釋，更有劉
沅對於易學獨到的見解，惜關注者少，故本文主要從《周易恆解》中的「附
解」入手，再結合其序和二十條義例等去扼要呈現出他的易學觀點。

二　解易以孔子為宗

　　六經之說，戰國即有之，據《莊子‧天運》所載，其順序是以《詩》為
首，《易》排第四。[2]《荀子‧勸學》則以《禮》為首，未列《易》。[3]《禮記‧
經解》暢論六經，亦以《詩》為首，《易》排第四。[4]到了《漢書‧藝文志》，
其「六藝略」，六藝即六經，所蒐羅的六經著作中則列《易經》為首。《四庫
全書》中經部的分類乃以易類為第一。由諸經的排列順序的發展，隱然可知
《易經》地位的上升。

2　《莊子‧天運》載孔子謂老聃曰：「丘治《詩》、《書》、《禮》、《樂》、《易》、《春秋》六
　　經，自以為久矣，孰知其故矣；……」參〔先秦〕莊周，〔清〕郭慶藩、王孝魚點校：
　　《莊子集釋》（北京：中華書局，2004年），卷五下，頁533。

3　《荀子‧勸學》載：「學惡乎始？惡乎終？曰：其數則始乎誦經，終乎讀禮；其義則始
　　乎為士，終乎為聖人。真積力久則入，學至乎沒而後止也。故學數有終，若其義則不
　　可須臾舍也。為之，人也；舍之，禽獸也。故《書》者，政事之紀也；《詩》者，中聲
　　之所止也；《禮》者，法之大分，類之綱紀也，故學至乎《禮》而止矣。夫是之謂道德
　　之極。《禮》之敬文也，《樂》之中和也，《詩》、《書》之博也，《春秋》之微也，在天
　　地之間者畢矣。」參〔先秦〕荀況，〔清〕王先謙，沈嘯寰、王星賢點校：《荀子集解》
　　（北京：中華書局，1988年），卷一，頁11-12。

4　《禮記‧經解》載孔子曰：「入其國，其教可知也。其為人也溫柔敦厚，《詩》教也。
　　疏通知遠，《書》教也。廣博易良，《樂》教也。絜靜精微，《易》教也。恭儉莊敬，
　　《禮》教也。屬辭比事，《春秋》教也。故《詩》之失愚，《書》之失誣，《樂》之失
　　奢，《易》之失賊，《禮》之失煩，《春秋》之失亂。其為人也溫柔敦厚而不愚，則深於
　　《詩》者也。疏通知遠而不誣，則深於《書》者也。廣博易良而不奢，則深於《樂》
　　者也。絜靜精微而不賊，則深於《易》者也。恭儉莊敬而不煩，則深於《禮》者也。
　　屬辭比事而不亂，則深於《春秋》者也。」參〔漢〕鄭玄注，〔唐〕孔穎達疏，盧光明
　　等整理：《禮記正義》（北京：北京大學出版社，2000年），卷五十，頁1597。

就劉沅而言，在六經當中，《易經》在劉沅心中亦有一特殊超然的地位，此主要自《易》與諸經的內容之不同立論。他說：

> 六經經孔子刪定，便將天地萬物之理，前聖許多經綸制作，都該括盡。[5]
> 《詩》道性情，《書》紀政事，《禮》經人倫，《樂》和天地，《春秋》存善惡是非之公，以經理王道，而要皆不出《易》之範圍。故《易》者，聖德王功之全，天人萬物之理，約其歸則時中二字而已。[6]

> 《易》之設卦觀象，固為後世發其蒙也。《詩》、《書》名象，悉由繼起。窮神知化，必有心源，易故為文字之祖，王功聖德之全。[7]
> 蓋易固天人合一之書也。[8]

六經經孔子刪定整理後流傳於世，經中記載了天地萬物諸理。然六經所載的內容本各相異，互不隸屬，而劉沅卻將易理擴大至他經，認為《易》的道理因是「聖德王功之全」，即聖德王功參酌了易理則保全且完整，且其具「天人萬物之理」，示人天人合一之道，故可涵蓋其他五經的內容。順此言之，原本是各歸六經的「天地萬物之理」，《易》亦可具備，此就將易理的普遍性大為延伸，令人有讀《易經》即是讀他經，窮究易理即窮究諸經之理之感。再者，就《易經》而言，他認為它是文化的起源，因卦畫不只是文字的來源，卦與象尚有啟蒙後世文化之功，而《詩》、《書》等由文字而起，亦即由《易經》而起，這也造成《易經》地位超然的原因。

劉沅學博六經，諸經皆有「恆解」之著作，如《詩經恆解》六卷等即是，故他並非不知六經內容的獨特性，而此特以為《易》道廣大，無所不包，故其內容可籠罩五經，他的用意乃要特別突顯《易經》，欲將《易經》置於諸經之首之意。

5　《周易恆解・義例》，頁1061。
6　《周易恆解・義例》，頁1058。
7　《周易恆解・序》，頁1057。
8　《周易恆解》，頁1202。

簡言之，《易經》展現了其易理範圍廣大涵蓋的獨特性，且因其內容唯四聖即伏羲、文王、周公、孔子方能領悟和撰作，故其地位遠超他經。

（一）聖人體天地以作《易》

劉沅將道和易之理等同，其曰：「道者，易之理。易之理，天地之理，亦即人之理也。」[9]道為易之理，也是易之道，易理涵天地人三者之理，內容廣大深奧，自不待言。劉沅曰：「聖人得天地之全，故能畫卦演爻，以窮其象，盡其變。」[10]此揭示了聖人因具備特殊的條件，故能畫卦、演爻、窮象、盡變，展現出易理。聖人之所以能如此，乃因唯有他們方能深刻且完全的體悟易之理，其後因易之理製之為《易經》，示人以天道人事一貫的深理。

> 天地之奧，惟聖人能體之。……聖人通天地萬物為一，身含太極真精於在我，故能作易，故能為天地之肖子。豈沾沾以象數教人哉？[11]惟此心此理，合天之撰，承天之化，以維世道于無窮，而此非可望之常人也。[12]

> 太極無象而萬物有象，即有象以知無象，惟聖人能然，常人則蔽於所見矣。[13]

聖人對於天地深奧之理即易理之體悟迥異常人乃因氣質不同之關係，常人之體悟因受氣質之限而有所偏，未若聖人般氣質純粹，心合乎天理，故能整全的領受易理，展現其於自身生命中的言行上。聖人氣質純粹乃因承具了「太極真精」，故能自身通過萬物之象去領悟無象之太極。聖人獨特的體悟不願

---

9 《周易恆解・序》，頁1241。

10 《周易恆解》，頁1215。

11 《周易恆解》，頁1227。

12 《周易恆解》，頁1210。

13 《周易恆解》，頁1249。

獨享，而欲分享出去，蓋因其生命和天地萬物相通無礙，故在完善自身時，亦時時關心周遭事物，這種民胞物與的精神，令其在通透諸事之理後，創作《易經》示人。

聖人憑其獨特優越的條件作《易》，關於聖人之作《易》，劉沅尚云：「聖人作《易》，原為憂民而設。」[14] 又云：「因道散於萬事萬物，紛然者易失其正，聖人故為卦爻象辭，以教人隨事察理。」[15] 聖人作《易》展現了天道，其目的為「憂民」而起，也是憂患精神的展現。而百姓之所以有憂，乃因他們判斷事理時無所依據，故在認識萬事萬物之理時紛然雜亂，無所適從，有所偏頗。為導引百姓以正確的認識，聖人就創作了卦爻象辭，欲令眾人有所遵循，由之以觀萬理。

以上所言之聖人，劉沅根據傳統的認知乃指四聖，即伏羲、文王、周公、孔子。《史記》和《漢書》的說法為三聖作《易》，即伏羲畫八卦，文王重為六十四卦，孔子作〈十翼〉。[16]《周易正義》提出四聖，其云伏羲初畫

---

14 《周易恆解》，頁1239。

15 《周易恆解》，頁1229。

16 《史記・日者列傳》：「自伏羲作八卦，周文王演三百八十四爻而天下治。」《史記・周本紀》：「西伯蓋即位五十年。其囚羑里，蓋益易之八卦為六十四卦。」《史記・孔子世家》：「孔子晚而喜易，序〈彖〉、〈繫〉、〈象〉、〈說卦〉、〈文言〉。」參〔漢〕司馬遷：《史記》（北京：中華書局，1959年），頁119、1937、3218。《漢書・藝文志》引《易》言宓戲氏始作八卦，續言：「至於殷、周之際，紂在上位，逆天暴物，文王以諸侯順命而行道，天人之占可得而效，於是重《易》六爻，作上下篇。孔氏為之〈彖〉、〈象〉、〈繫辭〉、〈文言〉、〈序卦〉之屬十篇。故曰易道深矣，人更三聖，世歷三古。」參〔漢〕班固：《漢書》（北京：中華書局，1962年），頁1704。《史》、《漢》言孔子作《易傳》，〔宋〕歐陽脩（1007-1072）在《易童子問》始疑《易傳》中的五種即〈繫辭傳〉、〈文言傳〉、〈說卦傳〉、〈序卦傳〉、〈雜卦傳〉非孔子所作。其後《易傳》非孔子作的問題，宋趙汝談、清崔述、姚際恆、李鏡池、錢穆等皆有討論。此問題的關鍵在於「作」的認知，廖名春指出「作」是指孔子親作或學說的來源。若是孔子親作，則古代文獻難徵以證之。若是後者，情況較複雜，廖名春說：「先秦諸子之書，往往是聚徒講學而成。先生講學之言，弟子各有所記錄，並加以加工整理，形成各種傳本，在學派內部傳習，有時還附以各種參考數據和心得體會。其中數傳之後，先生的東西和弟子的東西往往難以分辨清楚，所以就推本先師，轉相傳述曰：此某先生之書。」參廖名春：〈錢穆先生「孔子與《周易》關係說」考辨〉，《周易經傳與易學史續

八卦且重為六十四卦，文王作卦辭，周公作爻辭，孔子作〈十翼〉。前人言三聖不言周公，《周易正義》釋曰：「以父統子業故。」此言列出文王即已包括周公。[17]劉沅《周易恆解·義例》亦言及四聖，說法全同《周易正義》，茲不贅述。四聖相比，前三聖所作的經文，歷史久遠兼內容簡要，而其中之精粹則由孔子之〈十翼〉發揚之。劉沅雖言四聖，然他心中的聖人實專主於孔子，觀其「附解」中屢舉孔子為言即可證明此點。故對於《易經》的理解和注解，劉沅是緊依孔子〈十翼〉的。

（二）通過〈十翼〉以解《易》

聖人德侔天地，善體天理。因唯有聖人能整全的體悟易道，且作《易》以示明天地之奧，故解易自然應以聖人為宗，即以四聖中的孔子為宗。

> 顧嘗深求其旨，極之於天地，準之於人倫，以孔子為宗，而折衷前人之緒。論不敢雷同，不敢好異，要以平心酌理，無失乎天地之常經，聖人之軌則。[18]

> 愚於諸家皆折衷，以聖人去取，無成心。[19]

《易經》內容含括天地之理，內容複雜，卦爻各有其義，此為其難解之處，劉沅的解決之道即在深求《易》旨後，「以孔子為宗」、「以聖人去取」，據此精神去取前人如朱子、來知德等人之《易》注加以公正的折衷，此即合於聖人之意者取之，不合者則駁之，此在「附解」中多所見之。此亦是「中國言

論：出土簡帛與傳世文獻的互證》（北京：中國財富出版社，2012年），頁307。故《易傳》雖非孔子親作，但主要源於孔子的思想，本文於此採取廖名春的看法。

17 詳參《周易正義》，頁7-12。

18 《周易恆解·序》，頁1057。

19 《周易恆解·義例》，頁1059。

六藝者折中於夫子」[20]精神的反映。

再者，孔子研讀《易經》用功甚深，「韋編三絕」，〈十翼〉之道理已經他多方思索琢磨而後述之。順此而言，後世解《易》諸家，應精研善體孔子的文義，如此方直截了當，萬勿以己意揣測《易經》的內容，另作他說。劉沅云：

> 何況《易》為夫子韋編三絕之學，萬理之原，誠窮極精微，直是一字增損不得。[21]

> 孔子〈十翼〉發明易道已盡，歷代儒者或不盡通其意而多別為他說，豈知能將孔子本文意義，一一得其指歸，則已無餘蘊，何俟別生枝節？[22]

他認為孔子〈十翼〉對易道的發揮已充盡，其內容自然不容許任一字之增損。後人只須深刻玩味孔子之解，且依聖人作解，如此則無歧見。後世之所以有許多他說或是枝節，皆源自不能充份通透孔子之意之故。

這種本於孔子之言解經的態度，乃是緊貼孔子〈十翼〉而解《易》，以為如此則理解《易經》無誤，這自然是基於《易經》專屬於儒家而立論。然問題是聖人和常人無論在對《易經》的認知或對易理的踐履上，本存在著某種程度的差距。而孔子對於《易經》理解的精微處，後人是否能全部領受及傳承下來，也不無疑問。因此要求儒者對於〈十翼〉「盡通其意」或「一一得其指歸」，這樣一種百分之百的領悟，實有其困難存在。

若跳脫孔子不言，易道廣大，自然可容許他家說法。諸家之言，或各見易之一端，如此未必有誤或是「別為他說」、「別生枝節」。劉沅的時代，易學已發展逾千年，以釋道等角度解《易》者之著作者多有，他也在《周易恆

---

20 《史記・孔子世家贊》，頁1947。
21 《周易恆解・義例》，頁1061。
22 《周易恆解・義例》，頁1060。

解》中引用道家、佛家等說法來注《易》。[23]而其之所以如此強調依〈十翼〉解《易》，苦心維護儒家的門庭，或是認知到大儒如朱子等解《易》尚有問題存在，更何況是他人，故正本清源之道，應回歸孔子之意來解《易》，這才能恢復《易經》的本來樣貌。

（三）不容捨經從傳及以意說經

基於《易經》經傳一體，經傳之理一貫之故，故劉沅反對後儒解《易》時割裂《周易》經傳，徒據《易傳》而解，若如此則為「捨經而從傳」，劉沅云：

> 聖人之言，本有條貫，不容捨經以從傳矣。[24]

> 而歷代諸儒，或僅貌玄虛或徒求術數；即言理之家，亦每捨經而從傳。顧此而失彼，聖人之教，不其隱乎？[25]

雖然《易傳》或〈十翼〉對於易道的發揮得十分深刻，但只依傳而捨經不理，無疑造成二者的斷裂，這也是聖人之言領略不全的斷裂，此令人未能認識到《易》之全貌。故依經依傳而解是最簡截有效的方法，如此也能直探聖人心懷。

此外，歷代諸儒或「以意說經」，以己意解經，自為傳注，更是得失難料，劉沅云：

---

23 《周易恆解》載：「莊子曰：『唯止能止眾止』，蓋亦知之而語涉幽元。」（頁1185）「自三教分門，言儒者執中而外求諸物理，不知物理之中，本未發之中，而一以貫之也。言釋道者泥空元，不知空元之實，特言靜存虛寂之狀，而非外人倫以為功也。……而儒者多疑于道家鼎爐之說，謂其相類，不知乾坤鼎爐，人身性命二關，即天地陰陽二竅。」（頁1179-1180）

24 《周易恆解》，頁1245。

25 《周易恆解·序》，頁1057。

一卦有一卦之義，各爻有各爻之義，爻與爻參互錯綜，又有其義，故《易》之為書，廣大悉備，不可執一而談也。歷代諸儒各以意說經，得者多而失者亦復不少。平心而論，惟以聖經自然之文義解之，則不必求多於本文之外，且求本文字句無負可也。[26]

各卦各爻各有其義，爻與爻之間又相互錯綜，情況複雜，故「不可執一而談」，而能依據的解釋標準唯有《易經》經傳本身的文義。而諸儒「以意說經」，是若執一而談。如此則易限於一隅，不能融通，或落入說法牽強之弊。例如在解明夷卦時，後人認為此卦是設事於殷末，故將各爻一一的去匹配當時之史事，然此有拘牽不通之弊。

前人拘牽過甚，謂此卦就殷之末造言，於是以初九為夷齊，六二為文王，九三為武王，六四為微子，上六為紂王，雖其義亦可通，然於聖人設象之意為不融矣，故愚推就本文經義釋之而不專指其事。[27]

明夷卦除六五爻及其小象言及箕子外，所謂：「六五，箕子之明夷，利貞。象曰：箕子之貞，明不可息也。」其餘各卦及小象未言及人，然後儒或許從六五之箕子得到靈感，故從明夷卦之初九到上六，各爻配以一二人物詮釋之。此做法有其意義，然也機械化，乃執象以求，失得意忘象之意。劉沅注解迥異諸儒，除九三小象「象曰：南狩之志，乃大得也。」注解「大」字時引湯武以解外，所謂：「湯武曷嘗有心征伐，德威惟畏，而天下來同，斯為大也。」[28]其餘諸爻未以當時的歷史人物來詮釋，只是就經義而直接述解，如此扣緊經傳文字的詮釋，其詮釋空間較大，意思也較通透。

不只如此，劉沅還主張解經應特別注意經傳中的語氣和虛字，要細細留意，不可輕易放過，所謂：

---

26 《周易恆解・義例》，頁1090。
27 《周易恆解・義例》，頁1151。
28 《周易恆解》，頁1150。

> 聖人已往，其言具存，即其心存。必將其立言之意、理及詞氣之輕重
> 抑揚得之，如親晤聖人矣。故經文虛字，神理毫不可忽。[29]

> 其解經盡除門戶之見，不苟異同，務求當於經義。乃至語氣抑揚之
> 間，必悉脗合。[30]

聖人已矣，任何留傳下來的文字都是聖人心懷的反映，而經傳中的實理和虛字，皆應注重。吾人通過涵泳於這些文字，方能領悟聖人之真意。虛字之得乃在「詞氣之輕重抑揚得之」，即從經傳文字中的語氣去細加玩味，例如在咸卦上六之小象：「咸其輔頰舌，滕口說也。」劉沅就其中之「也」字玩味而釋之曰：「夫子曰：『滕口說也』一也字，無限慨歎，言感人而至此，即所感者正亦已勞矣，況不正乎？」[31]上六以口頭言語去感人，比不上咸卦九四之以心意去感人，蓋前者感人淺，後者之感則「貞吉，悔亡」。「也」字之用乃感歎所感者無論是正或不正皆徒勞，沒有好的結果，因此人應以心去感人。

不「捨經而從傳」，不「以意說經」，細心玩味經傳中的語氣和虛字，乃劉沅解經時遵循的原則，亦糾正他人解經時使用方法上的問題。

三　批評卜筮、強調修德

卜筮者乃〈繫辭上〉所謂的「《易》有聖人之道四焉」之一，《易》也因為是筮卜之書而傳世。[32]

29　《周易恆解‧義例》，頁1061。

30　《周易恆解》，頁1056。

31　《周易恆解》，頁1141。

32　《漢書‧儒林傳》載：「及秦禁學，《易》為筮卜之書，獨不禁，故傳受者不絕也。」
　　《漢書‧藝文志》載：「及秦燔書，而《易》為筮卜之事，傳者不絕。」參〔漢〕班
　　固：《漢書》（北京：中華書局，1962年），頁1704、3597。

　　朱子（1130-1200）認為《易經》的最初性質本是卜筮之書，所謂「《易》本為卜筮而作。」「且如《易》之作，本只是為卜筮。」「今人須以卜筮之書看之，方得；不然，不可看易。」[33]如此觀點在《朱子語類》中多所載錄，朱子《周易本義》書前亦列筮儀，解讀筮法，教人揲蓍成卦之理。

　　劉沅雖亦認為「《周易》為卜筮之書」[34]，然他視卜筮為《易》之支流，蓋「占卜取象大抵因一事一物以求得失，在易為支流。」[35]占卜取象以一事一物而求得失，而天下事物萬端多變，又如何去周全所有的得，避開所有的失呢？此可見卜筮之有限性和不可依靠，倒不如依德性去周全和趨避，且德行可恆久應世且人人簡易能行，故劉沅強調《易經》其實更重視修德之事，所謂「一部《易經》，無非教人修德。」[36]就修德和卜筮相較，修德乃首出，故君子應平日慎於言行，講明義理，實踐窮理盡性的功夫。只有臨事不能決時，君子方去卜筮。此點出卜筮只是助成君子的一輔助工具，不能先以之決定君子行為的趨向。

　　　　卜筮為易之大端，然聖人本意，欲人知吉凶生於善惡。……君子觀象玩占，要在慎動修身，平昔講明義理，臨事而有不決，則卜筮以叩於神明。[37]

　　　　古者卜筮之辭……意主於教人義理，不專向吉凶趨避上立論矣。[38]
　　　　聖人以禍福配道義，而道義重于禍福。然《易》雖占卜之書，聖人一引之于義理。[39]

33　參〔宋〕朱熹撰，黎靖德編，王星賢點校：《朱子語類・卜筮》第四冊（北京：中華書局，1986年），卷六十六，頁1620、1621、1622。

34　《周易恆解》，頁1170。

35　《周易恆解》，頁1255。

36　《周易恆解》，頁1240。

37　《周易恆解・義例》，頁1058-1059。

38　《周易恆解・義例》，頁1061。

39　《周易恆解》，頁1201。

卜筮指引人趨吉避凶,將人的行為寄託於神明,這是文明初始的做法。
《易》之性質,後經聖人轉化,已由原初重視占卜轉為重視義理,重視義理
的實踐已甚於禍福吉凶的選擇。人原是被動的由外在所決定,此際已遂轉為
人主動的掌握了自己的行為,此一大轉折彰顯出人的主體性,亦是人文精神
的發揚。

復次,道義和禍福並非二事,禍福和道義固然相配,然二者以道義為首
出,禍福乃順之而來。禍福亦即吉凶,而「吉凶生於善惡」,故為善為惡所
帶來的吉凶結果都取決於自己。一旦人能依道義實踐,取法《易》之中正之
道而行,則得福得吉,違之則得禍得凶,所謂「《易》貴中正,苟其中正則
吉而福,違則凶而禍。」[40]

此外,若人較重視卜筮,則易忽略聖人教人的本意,故劉沅在《周易恆
解》不列筮儀,表明了此非學易之重點,反而人要超越卜筮,發揚道德。朱
子在〈答張敬夫〉言:「近又讀《易》,見一意思:聖人作《易》,本是使人
卜筮以決所行之可否,而因之以教人為善。」[41]此以卜筮決定人的行為的主
張,即由卜筮引導出人的道德善惡,劉沅認為朱子「似說倒了」。倒了就要
返正,故應是聖人先教人為善為首要考量,劉沅說:

> 聖人自是以善教人,因愚民百姓不能盡明善以誠身,特假象數以昭
> 理,則惟其理介兩可而不能決者,則卜筮決之,非謂平日不講究窮理
> 功夫,專恃卜筮以定指歸也,故曰卜以決疑,不疑何卜。[42]

> 聖人非徒以數教人也。……然趨吉避凶之念則人人有之,聖人藉此誘
> 人,故立為筮法,使人知吉凶生於善惡,欲求趨避,莫如為善去惡。
> 數之所在莫非理之所在,即數以觀理,窮理以合道,則德行備於

---

40 《周易恆解》,頁1201。
41 參〔宋〕朱熹撰,朱傑人、嚴佐之、劉永翔主編:《朱子全書‧晦庵先生朱文公文集
  (二)》第21冊(上海:上海古籍出版社,2002年),頁1350。
42 《周易恆解‧義例》,頁1059。

身……道德者，術數之原，而非此不足言數也。[43]

學易非徒玩卜筮，正欲盡萬物之理，知吾身之理而全其性，以承天地。[44]

聖人和君子重視修身，不以象數顯揚，因而能明善誠身，通於天地。一般人則不能返本修身，承於天地，反追逐象數，故聖人借象數以講明義理，然非停留在「以數教人」而已，反而是「即數以觀理，窮理以合道」，由象數以求天地之理，由窮理盡性以符天地之道。這顯示以道德統領術數的立場，亦是孔子以德義教《易》的佐證。聖人希望人人能充分的去明善誠身，人人若能如此，也就能為善去惡，就有望趨吉避凶了。唯有人於義理無法辯明，有疑而不能決時，最後才以卜筮求助於神明，由神明來決定行為之可否。簡言之，「脩身莫大于德」[45]，要尋求天地之理，就須修德以求，故人平日要留心窮理盡性修德之事，不可諸事依從卜筮。

就窮理盡性言，學者和一般人都應在此下功夫，否則將違失《易經》教人的本意。

學者若無窮理盡性之功，而但求諸文字，其不穿鑿矯勉而失真者幾希。[46]

六十四卦為生民而作，皆教人修德返身，以承天地，以維五倫。奈人不知修德而徒求趨避，則大失作者之本意。[47]

43　《周易恆解》，頁1222。

44　《周易恆解》，頁1218。

45　《周易恆解》，頁1130。

46　《周易恆解‧義例》，頁1059。

47　《周易恆解》，頁1240。

不論是學者的在文字上的營營求求，或是百姓的經卜筮去追求趨吉避凶，皆不能達致天命，以承天地之德。若不能承於天地，又如何進一步要求去與天地相通、天人一貫呢？

　　而人實踐窮理盡性的功夫，乃欲克服人後天生命中情和欲的制約，而對二者加以清除，即由後天功夫之用回到先天之本體，劉沅說：

> 人為萬物之靈，以其得天地之全理。……乃既生以後，雜于情而昏于欲，窮理盡性以至于命，所以返乎天地之本然。[48]

> 人受天地之中以生，即受太極之全體以為性，所以獨異於物。未生以前，此理渾然至足，孟子所謂性善者也。既生以後，氣質拘而七情惑，性失其初，惟後天之心非先天之性，故必學以復性。[49]

> 氣動而心隨之役于形，逐于物有感而遷，其去天日遠矣。……特有生以後，性逐情移，理為欲溺，……氣動于陰，乃後天之心所以多感也。[50]

以上後天之心與先天之性相對而言。[51]人的生命根源於太極，以太極為其性，又得天地之全理，這是未生之前的純然狀態。生降以後，心惑於七情，理昏於人欲，性善不顯，不能復先天之太極本體。此時後天之心做主，多感又多惑，多惑又復多感，一直循環往復，令人的生命充滿雜染，亦離本來之純然越遠。此種一般人的逐物之感，乃蔽於物的有私之感，溺於欲之感，聖

48　《周易恆解》，頁1184。

49　《周易恆解》，頁1184。

50　《周易恆解》，頁1141-1142。

51　蔡方鹿通過對於劉沅《四書恆解》的研究，提出劉沅創造性的提出先天後天說，分心為先天之心與後天之心。先天之心為性，後天之心為情，雜有氣質且蔽於物。後天之心經存養可回歸先天之性。說詳蔡方鹿：〈劉沅的先天後天說〉，《社會科學戰線》第4期（2012年4月），頁28-32。

人之感則不同，乃無心之感。而若欲復先天之性，就要對心做功夫，此即要在心萌動時觀察是否附麗於理。

> 心本無形，有所麗而神發，所麗者不可不正。麗于理則正而明，明則通故亨；麗于欲則邪而昏，昏則塞，塞則窒，不亨矣。此心之萌動省察而言。[52]

> 人秉天地之理，心之靈可以無所不通，而心之偽亦可以無所不毀。[53]
> 盡其心者知其性，謂全乎性之本體，乃盡乎心之分量，故存其有覺之心，養其虛明之性，即所以事天。[54]

心附麗於理或欲，決定了心的正而明或邪而昏的價值。當心附麗於理時，則為有覺之心，此時之心亦謂「心之靈」，人可於此用功夫，存養此心，令其合乎義理；心一旦附麗於欲，則將成後天逐欲之心，此為「心之偽」。窮理盡性之盡性實為盡心，人之盡其心，所要盡者乃為附麗於理之心，由盡此心才能知性，才能成就「有覺之心」。具備「有覺之心」者即為聖人，而此心則統於虛靈純粹之性。彼時性不再惑於七情，反而主宰七情，令情合理而發，所謂「聖人者，有覺之心統于虛靈之性。性定而情為之使，情皆得中，由性無駁雜也。」[55]故要情合乎中道，則需從心去復性，由性去統情。

　　故人的復性之功，就是在己心上做功夫，克去私欲，以復天理。無論是克己復禮，效法文王之敬慎，時中而行[56]，養浩然之氣等，這諸多功夫及次第都必須由聖賢或老師教導，且需積久方成。心上做功夫，其實是將對於

52　《周易恆解》，頁1139。

53　《周易恆解》，頁1203。

54　《周易恆解》，頁1184。

55　《周易恆解》，頁1138。

56　《周易恆解》曰：「六爻不過發明隨時處中之理。」（頁1242）此即勿執中以為中，應順時以為中，隨時變通以合時宜。

《易》的理解收歸於心，由心去領悟及實踐易理。因易理由心生出，《易》此時就成了「心《易》」，所謂：「《易》本於心。《易》，心《易》者，窮理盡性之學也。」[57]而「心《易》」並非是指如陽明後學般以良知解《易》，心學《易》的那一派，蓋此派喜以良知籠罩所有易理，以《易》純為一心之朗現，因而忽略了易理的客觀面。

四　陰陽並重、抑陰扶陽

太極為道體，陰陽二氣為太極的內容，劉沅論二者曰：

> 天道之大者曰陰陽，然陰陽止一太極而已。太極動而生陽，靜而生陰，陰陽之分著者為天地。天，陽也；地，陰也。陽施陰受。[58]

> 太極無象，陰陽有象，即有象以窺無象，而分合變化，生生不窮，流行不已，易之所由來也。六十四卦，天地萬物之理無不該，而實不過一陰一陽。[59]

太極生陰陽，陰陽生天地及萬物，由是被生諸物具有陰陽之性質。太極是理氣合一之存在，其無象；其動而生陽，靜而生陰，陰陽在氣的層次時顯示出象。易之所載皆是陰陽的變化，人即由陰陽變化的世間萬象去體會形上太極之奧秘。而陰陽之變化，生生之作用乃無心之化。

> 陰陽合而萬化生，二氣交而感應起。……天地無心成化，感而實未嘗感，陰陽闔闢，自然翕應，一元之理主宰之。[60]

---

57 《周易恆解》，頁1229。
58 《周易恆解》，頁1247。
59 《周易恆解》，頁1216。
60 《周易恆解》，頁1141。

若夫物之生死變化，則陰陽二氣鼓舞屈伸所為。[61]

天地之生化萬物是無心為之、自然而生，是「感而未感」的去進行，沒有一絲造作及主宰於其中。雖然如此，其所生滅之諸物皆合乎理則，遵循一元之理。

就陰陽之關係言，陰陽性質雖異，作用亦不同，然相互為濟，劉沅曰：

> 天地高卑，其形睽矣，而陽健陰順，互為功用，其生成化育之事同也。男外女內，其跡睽矣，而陽教陰教，共成家法，其志通也。[62]
>
> 自古聖帝明王莫不得賢配之力，即下逮士民，有內助者興，無者則微。[63]

陰陽相互為用，陽創生，陰化育。陰陽亦為夫婦之道，夫婦相互為濟、相輔相成，故家道興旺。此處劉沅沒有男尊女卑，夫貴妻賤之觀點，認為陰陽是平等互助的。

復次，陰陽還互為其根，顯示了陰中有陽、陽中有陰之理，此從日月和家庭中即可證。

> 陰陽動靜，互為其根，各藏其用，而實止一太極之蘊含。[64]

> 日陽精而孕陰，月陰精而孕陽，互為其宅，交致其功，故日月運行。[65]

> 三男本坤體，各得乾之一陽而成男，陽根於陰也。三女本乾體，各得

---

61 《周易恆解》，頁1210。

62 《周易恆解》，頁1154。

63 《周易恆解》，頁1152。

64 《周易恆解》，頁1217。

65 《周易恆解》，頁1212。

坤之一陰而成女,陰根於陽也。[66]

陰為陽之根,陽為陰之根。就自然言,太陽為月亮之根,月亮為太陽之根。就人事言,在〈說卦傳〉中,劉沅引來知德之說解釋家庭中三男三女之形成,蓋三男因陰中有陽之根,三女因陽中有陰之根,故成男成女。

既然陰陽相濟、互為其根,故應平視二者,不可偏重某者,亦不可抑陰扶陽。

> 陰陽互相為用,交濟其功,不可偏重。⋯⋯自先儒誤解,抑陰扶陽,不識泰、否二卦孔子之意,謂陽為君子,陰為小人。不知陰陽和平乃成功化,反之則凶,故夫子因此二卦發明陰陽不可偏廢之義。[67]

至於劉沅所批評的「先儒誤解,抑陰扶陽」,乃就王船山(1619-1692)的觀點而論。

〈繫辭上〉曰:「天尊地卑,乾坤定矣。」王船山就此於《周易內傳》卷三提出「扶陽抑陰」之論,其曰:「易之為教,扶陽抑陰,而於觀、於晉、於鼎,無惡陰之辭,於晉尤若與之者,陰陽剛柔皆天地之大用,有時而柔道貴焉,則亦不廢其用。然象辭類有四德,而觀、晉無之,則陰之不足於德,亦可見矣。」[68]晉之九四王船山注云:「三陰志在上行,五方延而晉之,四以陽處退位,橫互其閒⋯⋯雖以陽止陰,為得其貞,而亦危矣。」[69]晉是火地晉,九四陽處陰位,又為四陰所包,然其橫互三陰令其不進,乃守正而貞厲,此可見易之扶陽而抑陰,陽居尊,陰處卑。[70]而劉沅認為王船山

---

66 《周易恆解》,頁1253。

67 《周易恆解》,頁1105。

68 〔明〕王夫之:《船山易學・周易內傳》(臺北:廣文書局,1971年),卷三,頁254。

69 〔明〕王夫之:《船山易學・周易內傳》,卷三,頁257。

70 詳參林文彬:〈王夫之論「周易」「扶陽抑陰」之教〉,《國立中興大學臺中夜間部學報》(1995年11月),頁1-25。

的「抑陰扶陽」，乃誤解了「陰陽不可偏廢之義」，然王船山並沒解，他實際上是認為既然陽尊陰卑，自然要「抑陰扶陽」。而且以王船山的「乾坤並健」的觀點言，他是乾坤並重，並未有偏廢陰或陽，故劉沅於此是有所誤解的。雖然劉沅未能善加把握王船山的觀點，但他追求的是陰陽地位之平等，不欲如傳統般將陰的地位置在陽之下，這是他積極的一面。

再者，泰、否二卦言君子、小人者皆見於二卦之〈象傳〉。泰卦〈象傳〉云：「內陽而外陰，內健而外順，內君子而外小人，君子道長，小人道消也。」否卦〈象傳〉云：「內陰而外陽，內柔而外剛，內小人而外君子。小人道長，君子道消也。」此處二卦之〈象傳〉相對而言，泰卦為地天泰，順著〈象傳〉之意，泰卦內卦為三陽爻，陽、健、君子表示之；外卦則為三陰爻，陰、順、小人表示之。否卦為天地否，順著〈象傳〉之理解，其內外卦的象徵恰和泰卦相反。故由二卦〈象傳〉本可將陽和君子，陰和小人加以聯結。而這樣的象徵和聯結，是「抑陰扶陽」的表現。然在「抑陰扶陽」下，亦不是「不知陰陽和平乃成功化」之理，實仍體認「陰陽和平乃成功化」之道。

相較於王船山，劉沅也提出了自己的「抑陰扶陽」論，劉沅曰：

> 陽為陰先，陰為陽受。[71]

> 是故陽之貴，貴得其正；陰之貴，以成陽而貴，非但如舊解貴陽賤陰之說也。[72]

> 陰陽不可偏廢。第陽為陰主，抑陰之過正，所以全陰。若陽過亦當抑陽，無許遍勝也。[73]

---

71 《周易恆解》，頁1229。
72 《周易恆解》，頁1234。
73 《周易恆解》，頁1234。

《易》抑陰而扶陽，惡夫陰之凌陽耳，非謂陰之不可用也。[74]

固然劉沅主張「陰陽不可偏廢」，但他在論及乾坤時，以為陽的發展先於陰，陰領受陽而來，此表現出重陽的傾向。而從「陰之貴，以成陽而貴」可知，陰陽地位不平等。若二者地位平等，陰之貴應也同陽一樣是「貴得其正」，而非「以成陽而貴」，這已有陽主陰輔之意，甚至會引人往「貴陽賤陰」的方向思考。他又認為在陰陽的發展上，陰過正則要抑制以保全陽。同理，陽過正亦當抑制以全陰。如此陰和陽就一直處於陰陽平衡、和諧有利的狀態。故《易》之「抑陰而扶陽」，並非謂陰沒有價值，不可利用，實乃因陰若過度發展，處於亢盛，甚至造成陰居陽上，發生了陰凌陽的不利情況。而此時為了維持陰陽的平和，必須有餘損之。

　　「抑陰」之意，劉沅注解小過卦時曾述及。小過為上震下艮，卦乃四陰夾二陽，劉沅曰：

> 六五、上六則已過乎陽，而「密雲不雨」，「弋取在穴」，「弗遇過之」，是謂災眚。一曰已上，一曰已亢，明乎陰上乎陽，自居于亢，無成而有災，抑陰之意顯然。蓋陰之在上卦者，戒其過盛也，宜下不宜上。[75]

六五、上六居處於九三和九四之上已過乎陽，是過盛之象，已上和已亢則分別出自二爻之〈小象〉，六五〈象〉曰：「『密雲不雨』，已上也。」上六〈象〉曰：「『弗遇過之』，已亢也。」六五為已上，上六為已亢，皆引起災眚。上六的災眚更大，因其不遇合陽且超過陽。故二者必須加以抑制，如此可保全陽即扶陽，也可保全陰，此亦合乎小過卦卦辭「不宜上，宜下，大吉。」之意。

---

74 《周易恆解》，頁1110。
75 《周易恆解》，頁1206。

五 結語

　　劉沅《周易恆解》的義理豐富，本文未窮究全書，忽略了其圖說、經傳之句下注解等的內容，主要從其「附解」去推論分析，故呈現的是其易學思想的梗概。

　　根據本文的論析，「附解」的易學觀點可綜合為三大點，首先其解易取徑原道徵聖宗經之路，他以孔子為宗，即依聖人之〈十翼〉而解，且他要求經傳不可割裂解讀，人不可「以意說經」，對於經傳中的實理和虛字皆要用心玩味，在注解時務求詳盡[76]，令人人能理解《易經》的道理。再者，在卜筮上，劉沅以修德和卜筮相較，講求人人要優先修德，明善誠身，努力實踐窮理盡性的功夫。最後，在陰陽的關係上，雖然他強調陰陽相互為用，不可偏廢，但他也提出了「抑陰扶陽」之論。此外，其先後天之說、中正觀、陰陽觀等，猶可進一步鑽研之。

---

[76]《周易恆解·義例》載：「故愚各就本文語義詳解，俾讀者瞭然，諸說之非，不攻自破。其必為串解、附解者，以語意必相承而後明，餘義必詳辨而始盡，非好煩也。」（頁1060）

參考文獻

一 古籍

〔先秦〕莊周,〔清〕郭慶藩、王孝魚點校:《莊子集釋》,北京:中華書局,2004年。

〔先秦〕荀況,〔清〕王先謙,沈嘯寰、王星賢點校:《荀子集解》,北京:中華書局,1988年。

〔漢〕司馬遷:《史記》第一冊、第六冊、第十冊,北京:中華書局,1959年。

〔漢〕班固:《漢書》第六冊、第十一冊,北京:中華書局,1962年。

〔漢〕鄭玄注,〔唐〕孔穎達疏,盧光明等整理:《禮記正義》,北京:北京大學出版社,2000年。

〔魏〕王弼注,〔唐〕孔穎達疏,龔抗雲整理:《周易正義》,北京:北京大學出版社,2000年。

〔宋〕朱熹撰,黎靖德編,王星賢點校:《朱子語類》第四冊（北京:中華書局,1986年）。

〔宋〕朱熹撰,朱傑人、嚴佐之、劉永翔主編:《朱子全書‧晦庵先生朱文公文集（二）》第21冊（上海:上海古籍出版社,2002年）。

〔明〕王夫之:《船山易學‧周易內傳》,臺北:廣文書局,1971年。

〔清〕劉沅:《周易恆解》,《槐軒全書》（三）,成都:巴蜀書社,2006年。

二 近人論著

于瀟怡、汪啟明:〈槐軒易學發微——寫於《十三經恆解‧周易恆解》刊後〉,《周易研究》第1期（2017年1月）,頁27-31。

吳曉欣：〈劉沅的「《易》教人修德」說〉，《綿陽師範學院學報》第35卷第12
　　期（2016年12月），頁41-45。

林彥廷：〈民國以來劉沅與劉門之研究概況〉，《中國文哲研究通訊》第29卷
　　第1期（2019年3月），頁55-72。

林文彬：〈王夫之論「周易」「扶陽抑陰」之教〉，《國立中興大學臺中夜間部
　　學報》（1995年11月），頁1-25。

段渝：〈一代大儒劉沅及其《槐軒全書》〉，《社會科學戰線》第2期（2007年3
　　月），頁142-145。

廖名春：〈錢穆先生「孔子與《周易》關係說」考辨〉，《周易經傳與易學史
　　續論：出土簡帛與傳世文獻的互證》（北京：中國財富出版社，
　　2012年），頁293-308。

蔡方鹿：〈劉沅的先天後天說〉，《社會科學戰線》第4期（2012年4月），頁
　　28-32。

劉平中：〈劉沅經學詮釋的特點〉，《北方文學》（2017年11月），頁200。

劉平中：〈劉沅與儒學元典體系重建探析〉，《中華文化論壇》第11期（2017
　　年11月），頁107-110。

君子如何成其大？
──以〈大有〉等「四大卦」為例

趙中偉*

提要

「君子」，是《周易》經傳當中，極為重要的人格類型之一，寄寓重要的核心人格特質，為國家社會的中流砥柱。

本文特別從《周易》六十四卦中，以「大」字開頭的四卦，包括〈大有〉、〈大畜〉、〈大過〉、〈大壯〉等，進一步探賾索隱，鉤深致遠，深入瞭解「君子」之意義，以小見大，藉以明瞭《周易》經傳在詮釋「君子」時的用心與價值。

本文將從以下問題探討：

「君子」的本義及創造義為何？

「君子」如何成其大？

「君子」，見於甲骨文及金文，在周朝之前，為貴族之統稱。創造義的「君子」，一般認為是指才德出眾者。

「君子」既然定位為才德之人，宜如何成其大？

包括「內聖」的德性修為，知識增進以及應變處世。其中德性修為是「內聖」的優位性。加上養賢的「外王」之道。

在德性修為方面，是《周易》的主軸，是以〈大有〉、〈大畜〉、〈大過〉、〈大壯〉等四卦內容，談論的最多。

---

* 輔仁大學中國文學系兼任教授。

我們從〈大有〉、〈大畜〉、〈大過〉、〈大壯〉等四卦所汲取的精粹,可以看出對「君子」的莫大期許!

第一點,修德是一生的功課,「苟日新,日日新,又日新」。

第二點,渴求知識,多識前言往行,作為前進的動能。

第三點,處世應變,勇者不懼,浩然之氣,配合道義。

第四點,外王養賢,自己成為賢才,並舉薦人才,安人安天下。

關鍵詞:君子、大有、大畜、大過、大壯

"How does a gentleman become great?"

——Taking the "Four Trigrams", such as *Da You*, as an Example

Zhao Zhong-wei

Abstract

"Gentleman" is one of the most important personality types in *Zhou Yi*, which embodies important core personality traits and is the mainstay of the country and society. This paper further explores the hidden depths to understand the meaning of "gentleman" from the sixty-four hexagrams in *Zhou Yi*, which begins with the word "big" (da), including *Da You*, *Da Zhu*, *Da Guo*, *Da Zhuang*, etc. Thus, it aims to try to understand the intention and value of interpreting "jun zi" in *Zhou Yi*. This Paper will explore the following questions: What is the original and creative meaning of "junzi?" How does a "gentleman" become so great?

"Gentleman," found in oracle bone inscriptions and bronze inscriptions, was a collective term for nobles before the Zhou Dynasty. "Gentlemen" who create righteousness are generally considered to refer to those with outstanding talents and virtues. Since a "gentleman" is positioned as a man of virtue, how does he become great? This also includes the "inner sage" virtue cultivation, knowledge enhancement and adaptability to the world. Among them, virtue cultivation is the superiority of "inner sage." In addition, the way of "outer king" of nourishing sages is added.

In terms of moral cultivation, it is the main core of *Zhou Yi*. The four hexagrams, such as *Da You, Da Zhu, Da Guo, Da Zhuang*, are the most talked about. Thus, we can see the great expectations for the "gentleman" from the quintessence of the four hexagrams, such as *Da You, Da Zhu, Da Guo, Da Zhuang*. First, cultivating morality is a lifelong lesson, "gradually being new every day, every day being new, and being new again every day." Second, thirst for knowledge, knowing more about what you say and doing what you do as the driving force for progress. Third, to be adaptable in life. The brave is not afraid with majestic spirit and morality. Fourth, waiwang yangxian. To become a sage by yourself and recommend talents, so as to bring peace to the people and the world.

Keywords: jun zi, *Da You, Da Zhu, Da Guo, Da Zhuang*

　　「君子」，是《周易》經傳當中，極為重要的人格類型之一，寄寓重要的核心人格特質，為國家社會的中流砥柱。

　　本文特別從《周易》六十四卦中，以「大」字開頭的四卦，包括〈大有〉、〈大畜〉、〈大過〉、〈大壯〉等，進一步探賾索隱，鉤深致遠，深入瞭解「君子」之意義，以小見大，藉以明瞭《周易》經傳在詮釋「君子」時的用心與價值。

　　本文將從以下問題探討及開展：

　　「君子」的本義及創造義為何？

　　「君子」如何成其大？包括「內聖」的德性修為，知識增進以及應變處世。其中德性修為是「內聖」的優位性。加上「外王」的養賢之道。

一　「君子」意義，從貴族轉化為才德兼備者是意義創新與視域融合

　　「君子」在《周易》的經傳中，「經」出現18次，「傳」出現111次，總共129次。

　　上焉者，可以臻於「大人」、「聖人」，做到「夫大人者、與天地合其德，與日月合其明，與四時合其序，與鬼神合其吉凶，先天而天弗違，後天而奉天時」的境界[1]。

　　〔唐〕孔穎達（574-648，74歲）解釋說：「此論大人之德，无所不合，廣言所合之事。『與天地合其德』者，莊氏（？-？）云：『謂覆載也。』『與日月合其明』者，謂照臨也。『與四時合其序』者，若賞以春夏，刑以秋冬之類也。『與鬼神合其吉凶』者，若福善禍淫也。『先天而天弗違』者，若在天時之先行事，天乃在後不違，是天合大人也。『後天而奉天時』者，若在

---

[1]　參見〈乾卦‧文言〉，引見李學勤（1933-2019，86歲）主編：《十三經注疏‧（〔唐〕孔穎達（574-648，74歲））周易正義》，卷1，21冊（北京：北京大學出版社，1999年12月），1：23。

天時之後行事，能奉順上天，是大人合天也。」[2]

此即是說明達到「大人」、「聖人」的境界，在於其心要能如天地之無私覆載萬物；如日月之遍照萬化；在春夏治理注重獎賞，在秋冬治理則重在刑罰；再如鬼神般，能夠「福善禍淫」。

至於「先天而天弗違」者，此指自然界還沒有出現變化時，便預先採取必要的措施。例如：水潦未至，先修堤防。「後天而奉天時」者，此指自然界已出現變化後，採取適當的應對措施。例如：時雨已降，則播種、插秧[3]。

這也是展現「天人合一」的特色。即是指天道與人道、自然與人為相通、相類和統一[4]。其中，「天地」、「日月」、「四時」、「鬼神」等，指天道；而「德」、「明」、「序」、「吉凶」等指人道。這兩者相通、相類和統一，即是「天人合一」的具體實踐。

中焉者，為民表率，成為安定國家社會的棟樑。所謂「雲雷屯；君子以經綸」[5]。「經綸」，指治理天下。〔南宋〕朱熹（1130-1200，70歲）說：「屯難之世，君子有為之時也。」[6]在面對險難危亡之際，正是君子有所作為之時。

又曰：「君子安而不忘危，存而不忘亡，治而不忘亂；是以身安而國家可保也。」[7]為了國家安危，君子必須在安居時而不忘危險，存在時而不忘憂慮滅亡，太平之日切莫忘記混亂。誠如〔唐〕崔憬（？）所言：「言有危之慮，則能安其位不失也。言有亡之慮，則能保其存者也。言有防亂之慮，則能有其治者也。」[8]可見君子在國家安危之時所處的重要地位。惟有具有憂患意識，防患未然，方能使國家長治久安，不致危亡。

2　參見〈乾卦‧文言〉疏，同上。

3　參見黃忠天（1961-）：《周易程傳註評》，卷1（高雄：復文圖書出版社，2004年9月），頁23。

4　參見馮契（1915-1995，80歲）主編：《哲學大辭典》，「天人合一」條（上海：上海辭書出版社，1992年10月），頁132。

5　參見〈屯卦‧象辭〉，卷1，同注1，1：34。

6　參見氏著：《周易本義》，卷1（臺北：老古文化事業公司，1987年），頁82。

7　參見〈繫辭下傳‧第5章〉，卷8，同注1，1：307。

8　引見唐‧李鼎祚（？）：《周易集解》，卷15，引見楊家駱（1912-1991，79歲）主編：《周易注疏及補正》（臺北：世界書局，1987年），頁376。

下焉者，則在於自強不息，懲忿窒欲，反身修德，自昭明德，見善則遷，有過則改。即是自我修持，培育德品，成為民眾的典範。所謂「君子以自強不息」、「君子以自昭明德」、「君子以反身修德」、「君子以懲忿窒欲」、「君子以見善則遷，有過則改」等[9]。懲，指止也。窒，指堵塞也。

即是做一位「君子」，就算不能成為「大人」、「聖人」，或者保國安民，成為國家棟樑。退而亦能獨善其身，反身修德，秉善自持，昭明己德，成為謙謙君子，自足自樂。

首先要問「君子」的本義及創造義為何？

從字源解析，「君」的甲骨文為 𓂬，「尹」是「君」的本字。像手執權杖，表示握權執政，管理事務。後來甲骨文加（口，命令），另造「君」代替[10]。金文則為 𓂭，意味著兩手遮口，大聲發號施令[11]。

我國第一部字典，〔東漢〕許慎（約58-約147，約89歲）《說文解字》說：「君，尊也。从尹口。口以發號。」[12]「君」指尊貴，為會意字，是由「尹」與「口」兩個字形組成。「尹」，指掌握權力者；「口」，則指發號施令。

「子」的甲骨文為 𓂮，指幼兒、小兒、子民、人民等[13]。金文為 𓂯[14]。《說文解字》說：「子，十一月，陽氣動，萬物滋，人以為偁。象形。凡子之屬皆從子。」[15]「子」，為象形字，本指幼兒、小兒，後衍生為對人的通稱，亦具有美稱或尊稱的意義寄寓其內。

9　參見〈乾卦‧象辭〉、〈晉卦‧象辭〉、〈蹇卦‧象辭〉、〈損卦‧象辭〉、〈益卦‧象辭〉，卷1、4，同注1，1：10、152。164、173、177。

10　參見「【君】的甲骨文象形文字金文篆文——字典词组含义解释」網頁，http://jiagumm.com/html/jiaguwenzidian_4644.html，2021年7月6日。

11　參見王文耀（？-？）編著：《簡明金文詞典》（上海：上海辭書出版社，1998年），頁176。

12　參見〔清〕段玉裁（1735-1815，80歲）《說文解字注》，2篇上（臺北：藝文印書館，1970年），頁57。

13　參見「【子，籽】的甲骨文象形文字金文篆文——字典词组含义解释」網頁，http://www.jiagumima.com/html/jiaguwenzidian_4208.html，2021年7月6日。

14　參見王文耀（？-？）編著《簡明金文詞典》，同注11，頁176。

15　參見〔清〕段玉裁：《說文解字注》，14篇下，同注12，頁749。

「君子」，在周朝之前，為貴族之統稱。後來於春秋之封建社會則變成士大夫之統稱，也就是為官之人稱君子，平民稱小人。儒家認為君子應不單指貴族或士大夫，而是「聖人之下，富有禮義規範的人」，具有高道德標準的人，君子成為儒家思想中的一個重要的概念[16]。

《白虎通》對「君子」下一個定義說：「或稱君子者何？道德之稱也。」[17]以具有道德修持者稱為「君子」，成為儒學的一種共識。

對於「君子」，一般認為是指才德出眾者，對易學探求本義最有成就者的易學家之一高亨（1900-1986，86歲）認為，這是《易傳》的哲學解釋，而不是《易經》的本來意義。其本來的意義，是根據歷史現象而定，表示：「君子，《易經》中之君子是貴族與士之通稱。……君子，《易傳》認為君子是有才德之人，無論其有爵位與無爵位。」[18]

高氏充分區分「君子」的本義及創造義。

為何「君子」的意義，從貴族與士→→才德之人？

這就是「創造詮釋」。

「創造詮釋」，即是將意義創新與變更。即是在理解與解釋的過程中，不囿於原有概念的本義，產生創發性的思維與意義，針對其論證概念的原有本義，予以意義的創新與變化，以達到詮釋的創新稱之。

詮釋學家潘德榮（1951-）在《詮釋學導論》就明白指陳：「理解的本質是什麼？如果是指向『原意』的，那麼這個『原意』終將會因時間的流逝而磨損，最終化為無；如果理解是『生產』意義的，那麼一切語言、文字流傳物將會在這個『生產』過程中變得越來越豐富、充足。」[19]意義必須不停的生產與創新，才能愈發豐富且充足。如果停滯不前，其意義就會死亡，最終化為無。

---

16 參見「維基百科」網頁，「君子」條，https://zh.wikipedia.org/wiki/%E5%90%9B%E5%AD%90，2021年7月6日。

17 參見〔清〕陳立（1809-1869，60歲）：《白虎通疏證‧號》，卷2，2冊（臺北：廣文書局，1987年），上：59。

18 參見氏著：《周易大傳今注》，卷1（濟南：齊魯書社，2000年），頁45。

19 參見氏著：《詮釋學導論》，第7章（臺北：五南圖書出版公司，1999年），頁192。

　　這種創造性意義，是不斷變化流動，更是不停的創新發展。因此，創造性的意義必然是多義變化，而不是停滯不動、固定僵化的。即是「理解在本質上是創造的，理解的過程是一個創造真理的過程。也正由於這種主觀因素，使『真理』本身具有某種相對性，它是非確定的，不斷流動著的，同時又是多義的」[20]。

　　如何「創造詮釋」？

　　即是根據個人的「前理解」[21]，配合時代變化的「效果歷史」[22]，以形

20　同上，第3章，頁71。

21　前理解（Preunderstanding），由德國哲學家伽達默爾（Hans-Georg Gadamer, 1900-2002，102歲）提出。此指解釋的理解活動之前存在的理解因素。它們構成解釋者與歷史存在之間的關係。前理解是理解的前提，理解不能從某種精神空白中產生，它在理解之前就被歷史給定了許多的已知東西，形成了先在的理解狀態（自註：此指各人的生活環境不同，是以形成了先在的理解狀態。例如我們的原生家庭不同，致各人的背景不同。因此，不要強迫要求他人與你的想法一致；有不同的想法，才能產生多元的價值）。這些前理解包括解釋者存在的歷史環境、語言、經驗、記憶、動機、知識等因素，形成了先在的理解狀態。這些因素即便與將來理解的東西發生抵觸，也可以作為一種認識前提在理解活動中得到修正。因此理解不是個人的、全新的、完全主觀的，它是一個歷史過程，是一個從前理解到理解，再到前理解的指向未來的循環過程。它總在歷史性的先在的「前理解」狀態基礎上，獲得新的理解。參見楊蔭隆（1936-）主編：《西方文學理論大辭典》，「前理解」條（長春：吉林文史出版社，19941年），頁952。帕瑪說：「所有的詮釋都受詮釋者的『前理解』所引導。」參見氏著，嚴平（?-?）譯：《詮釋學》，第9章（臺北：桂冠圖書公司，1997年），頁147。

22　「效果歷史意識（Wirkungsgeschichtliches Bewusstsein）」的理論，由伽達默爾提出。指解釋學理論和解釋活動所應具有的一種歷史意識，它明確意識到解釋的歷史性，即認識到理解活動中同時存在著兩種真實：歷史的真實和歷史理解的真實。前者是一種永遠達不到的解釋目標，而後者則告訴我們要在解釋活動中努力做到歷史有效性。歷史理解的真實情況是，解釋是一種歷史性的循環過程，每一時代的理解都建築在前人和傳統的解釋之上，並融入自己對時代的特殊理解。因此，任何解釋都受制於歷史和傳統，每個解釋頭腦中都存有一個「前理解」的「先在」，它們都只在解釋循環中佔有某種受局限的地位，都只在某種特定的歷史階段和歷史環境中起到一定的效果作用，而永遠不能將解釋對象完整地一勞永逸地解釋盡。解釋首先是一種歷史行為，其次才是個人理解與歷史理解的融匯統一。伽達默爾認為，「效果歷史意識」，應該成為解釋活動的主導意識，它恰當地指出了解釋的本質特徵。因此，「效果歷史意識」又譯「解釋學

成嶄新的「視域融合」[23]。

〔美〕帕瑪（Richard E. Palmer, 1933-2015，82歲）認為，高達美（即是伽達默爾）詮釋學的特徵在於具有這樣的關懷：「理解……並非操作和掌控，而是參與和開放；不是知識，而是經驗，非方法論而是辨證。」[24]此即是說明，在「創造詮釋」的過程中，是一種相互參與和開放思想，又是一種相互的辨證。

誠如詮釋學家洪漢鼎（1938-）所體會的，伽達默爾更明確地把理解說成是一種相互理解或「視域融合（Horizontverschmelzung）」，也就是說，是一種事件或發生（Geschehen）[25]。「視域融合」，不是完全否定對方，而是與對方相互融合成為一體，形成新的理解與解釋。

意識」。參見楊蔭隆主編：《西方文學理論大辭典》，「效果歷史意識」條，同注21，頁1109。「詮釋者需要自覺理論與生活的連結關係，梳理舊時義理與當代情境的呼應之處，活化舊時理論於當代之用（林慈涵（？-？）《《莊子·內篇》生命的反思與超越——內在理路下的詮釋向度》，國立政治大學中國文學研究所碩士論文，106學年度第2學期）」。

23 「視域融合」，又被稱為「視界融合」論，由伽達默爾提出。指由解釋者的主體理解視野和被解釋對象（如歷史文本、文學作品、文化傳統等）的歷史視野之間的相互作用所產生的一種融合狀態，是理解活動的最高境界。伽達默爾認為，在理解活動中，解釋者主體被歷史和文化傳統等因素組成的「前理解」、「前結構」所限定，構成一種指向對象的理解視野；而被解釋對象如文學作品、歷史文本等，也具有自己的理解視野，它期待並指向解釋主體的解釋，尋求最大限度地得到歷史性的合理解釋。在這兩種視野的相遇中，主體的理解視野不能隨意地解釋歷史對象；而被解釋對象的理解視野，也不能因其特定的歷史內容，而使主體的能力受到不應有的妨礙，甚至消融主體，使主體墮入無法求得的歷史真實性的徒勞追求中。解釋的主體和對象的關係，應該達到一種「視界融合」。因此，在此基礎上，使理解產生出新的意義，即既不是主體意義的實現，也非對象客體意義的還原的一種新質的理解，具有歷史有效性的理解。這將給歷史的解釋活動帶來前進。參見楊蔭隆主編：《西方文學理論大辭典》，「視界融合」條，同注21，頁837-8。

24 引自 Charles R. Ringma, *Gadamer's Dialogical Hermeneutic*（《伽達默爾的對話學解釋學》），Heidelberg: Universitätsverlag, 1999, pp.40-41。原註為：Palmer, Hermeneutics, p.215。

25 參見氏著《當代哲學詮釋學導論》，第3章（臺北：五南圖書出版公司，2014年），頁76。

二　君子成其大，必須具備內聖及外王、德性與知識

　　「君子」既然定位為才德之人，宜如何成其大？

　　包括「內聖」的德性修為、知識增進以及應變處世。加上養賢的「外王」之道。

　　就「內聖」言：先就德性修為與知識增進來說。

　　哲學專家鄔昆如（1933-2015，82歲）教授指出：「人有兩樣事物，雖是後天所得，但卻是純屬個人，不但無法給予，也無法轉讓；這就是知性努力學習得來的『知識』，以及德性所修持得來的『德行』。一個人有無知識，全看其有否努力學習；一個人有無德行，全看其有無修練。別人無法授予，當事人亦無法用賭偷騙搶的方式獲得。」[26]

　　道德，是以「道」為理想人格、品質；以「德」為立身根據和行為準則[27]。又指以善惡評價為標準，依據社會輿論、傳統習慣和內心信念的力量，來調整人們之間相互關係的行為原則和規範的總和[28]。

　　在德性修為方面，是《周易》的主軸，具有最優位性，是以〈大有〉、〈大畜〉、〈大過〉、〈大壯〉等四卦內容，談論的最多。就四卦象辭分析：

　　　　大有，柔得尊位，大中而上下應之，曰大有。其德剛健而文明，應乎天而時行，是以元亨。[29]

大有，指大獲所有。柔得尊位，指六五爻陰柔者居於尊位。上下應之，指九四及上九爻為陽剛，與之應合。剛健而文明，此指卦德，下卦為〈乾卦〉，

---

26 參見氏著：《形上學》，第2部分第2章（臺北：五南圖書出版公司，2004年3月），頁299。

27 參見方克立（1938-2020，82歲）主編：《中國哲學大辭典》，「道德」條（北京：中國社會科學出版社，1994年），頁683。

28 參見馮契主編：《哲學大辭典》，「道德」條，同注4，頁1601。

29 參見〈大有卦·象辭〉，卷2，同注1，1：76。

其德剛健；上卦為〈離卦〉，其德文采光明，故稱之。其中「大中」及「剛健而文明」，即是各別德性修為。

> 大畜，剛健篤實輝光，日新其德，剛上而尚賢。能止健，大正也。[30]

大畜，指大為蓄積。止健，為〈艮卦〉及〈乾卦〉的卦德，即指靜止及規正剛健者。其德包括剛健、篤實、光輝、日新及正道等各別德性。

孔穎達析論說：「『輝光日新其德』者，以其剛健篤實之故，故能輝耀光榮，日日增新其德。若无剛健，則劣弱也，必既厭而退。若无篤實，則虛薄也，必既榮而隕，何能久有輝光，日新其德乎？」[31]隕，指墜落。此充分說明：要使德性光輝日新，必須具有剛健實在的本質，日日更新品德。反之，若無剛健之德，必然低劣衰弱；若無實在之德，必然空虛淺薄，又榮耀且墜落。如此，必然「何能久有輝光，日新其德乎」？

> 大過，大者過也。棟橈，本末弱也。剛過而中，巽而說行，利有攸往，乃亨。大過之時大矣哉。

大過，指大為過甚，即是此卦有四陽，陽剛過於強盛。比喻棟樑彎曲，主要是它的兩端為陰爻，致過於柔弱，故稱「本末弱」。面對此，在陽剛過盛時，要能夠適中調和。巽而說行，即是卦德，〈巽卦〉及〈兌卦〉，其德為巽順和悅加以整治，所以說往前行，將有所利，並獲亨通。由此可見，能夠適時適中調和陽剛是多麼的重大！

大過，具有中道、巽順、和悅之德。

〔北宋〕程頤（1033-1107，74歲）特別指出：「剛雖過，而二五皆得中，是處不失中道也。下巽上兌，是以巽順和說之道而行也，在大過之時，

---

30 參見〈大畜卦・象辭〉，卷3，同注1，1：119。
31 參見〈大畜卦・象辭〉疏，同上。

以中道異說而行，故利有攸往，乃所以能亨也。」[32]程氏表示，〈大過卦〉雖然陽剛過盛，然而正巧二爻及五爻皆居中位，合於中道。是以此卦能夠「中道異說而行，故利有攸往，乃所以能亨也」。這是其因所在。

> 大壯，大者壯也。剛以動，故壯。大壯利貞；大者正也。正大而天地之情可見矣！[33]

大壯，指大為強盛。剛以動，指卦德，〈乾卦〉及〈震卦〉的卦德。乾為剛健，震為震動。情，指性情。其個別之德包括剛健、震動、守正及正大等。

「『正大而天地之情可見矣』者，因大獲正，遂廣美正大之義。天地之道，弘正極大，故正大則見天地之情。不言萬物者，壯大之名，義歸天地，故不與〈咸〉〈恆〉同也」[34]。孔穎達解釋說。即具有正大之德，臻於弘正極大的境界，就與天地之道相通，故言「正大而天地之情可見矣」，可見德性修為的重要性。

程頤詮釋說：「大者既壯，則利於貞正。正而大者道也，極正大之理，則天地之情可見矣。天地之道，常久而不已者，至大至正也。正大之理，學者默識心通可也。」[35]格外強調「正大」之德的意義與價值。「大」者必「正」，由「正」而後能「大」。

再就四卦象辭及爻辭分析：

「火在天上，大有；君子以遏惡揚善，順天休命（〈大壯卦·象辭〉）」[36]。休，指美好。此言要想大有所獲，就必須阻止邪惡，發揚善行，順應上天美好使命，不違逆天意。

---

32 參見黃忠天：《周易程傳註評》，卷3，同注3，頁246。

33 參見〈大壯卦·象辭〉，卷4，同注1，1：148。

34 參見〈大壯卦·象辭〉疏，卷4，同注1，1：149。

35 參見黃忠天：《周易程傳註評》，卷4，同注3，頁296。

36 參見〈大有卦·象辭〉，卷2，同注1，1：77。

　　程頤細膩的剖析說：「火高在天上，照見萬物之眾多，故為大有。大有繁庶之義，君子觀大有之象，以遏絕眾惡、揚明善類，以奉順天休美之命。萬物眾多則有善惡之殊，君子亨，大有之盛，當代天工治養庶類，治眾之道，在遏惡揚善而已。惡懲善勸，所以順天命而安群生也。」[37]天工，出於《尚書・皋陶謨》「無曠庶官，天工人其代之」[38]。指代替天以行職。程氏之意，表示觀察大有之象，「遏惡揚善，順天休命」，在於「代天工治養庶類」。其方式僅有一項：「遏惡揚善而已。惡懲善勸」。如此方能順應天命，安定群生。

　　〈大壯卦・象辭〉曰：「雷在天上，大壯；君子以非禮弗履。」[39]履，指施行。此即是說震雷響徹於天，剛強威盛，是以君子宜善保壯盛，是以不施行不合禮法之事。

　　為何如此？「雷震於天上，大而壯也。君子觀大壯之象，以行其壯。君子之大壯者，莫若克己復禮」[40]。程頤認為「非禮弗履」即是「克己復禮」。就是要克制自身私欲，使言行舉止合乎禮儀。

　　程頤接著指出：「古人云：『自勝之謂強。』《中庸》於『和而不流』、『中立而不倚』皆曰『強哉矯』、『赴湯火』、『蹈白刃』，武夫之勇可能也。至於『克己復禮』，則非君子之大壯不可能也，故云：『君子以非禮弗履。』」[41]程氏認為，無論是戰勝自己的「自勝之謂強」；以和待人，不為流俗所移的「和而不流」；執守中道而不偏倚的「中立而不倚」等，皆只是強中之強的「強哉矯」。至於「赴湯火」、「蹈白刃」，則為等而下之的「武夫之勇」。惟有「克己復禮」，才是大為強盛之「非禮弗履」。「克己復禮」與「非禮弗履」的境界是等同的。

37　參見黃忠天：《周易程傳註評》，卷2，同注3，頁296。

38　參見《尚書・皋陶謨》，引見李學勤主編：《十三經注疏・（孔穎達）尚書正義》，卷4，21冊（北京：北京大學出版社，1999年），2：107。

39　參見〈大壯卦・象辭〉，卷4，同注1，1：149。

40　參見黃忠天：《周易程傳註評》，卷2，同注3，頁297。

41　同上。

上九：自天祐之，吉无不利。[42]

大有上吉，自天祐也。[43]

如何才能「天祐」，進而「吉无不利」？惟有德者居之。

《易》曰：「自天祐之，吉无不利。」子曰：「祐者，助也。天之所助者，順也；人之所助者，信也。履信思乎順，又以尚賢也。是以自天祐之，吉无不利也。」[44]順，指順應天道，其德為大公。信，指誠信。即是要獲得天祐、天助者，必須具備三項條件──順應天道、誠信待人以及尊崇賢人。

程頤進一步解釋說：「上九在卦之終，居五位之地，是大有之極，而不居其有者也。處離之上，明之極也。唯至明所以不居其有，不至於過極也。有極而不處，則无盈滿之災，能順乎理者也。五之孚信而履其上，為蹈履誠信之義。五有文明之德，上能降志以應之，為尚賢崇善之義。其處如此，合道之至也，自當享其福慶，自天佑之。行順乎天而獲天祐，故所往皆吉，无所不利也。」[45]

為何「上九：自天祐之，吉无不利」？程子認為：「上九爻」居於上卦〈離卦〉之上，為光明之極至，是以「不居其有，不至於過極也。有極而不處，則无盈滿之災，能順乎理者也」；再加上具有誠信之道，尚賢崇善，自能「享其福慶，自天佑之。行順乎天而獲天祐，故所往皆吉，无所不利也」。道盡了「自天祐之，吉无不利」的意義。

「大有之上，有極當變，由其所為順天合道，故天祐助之，所以吉也。君子滿而不溢，乃天祐也」[46]。程子更深入表示，要獲得天祐及天助，除了順天合道之外，尚必須謙沖自牧，滿而不溢，自當得到「天祐」。

「人類逐漸了解：良好的品行最足以保證取悅上帝，且在一更好世界中

---

42 參見〈大有卦・上九爻辭〉，卷2，同注1，1：79。

43 參見〈大有卦・上九象辭〉，同上，1：80。

44 參見〈繫辭上傳・第11章〉，卷7，同注1，1：290-1。

45 參見黃忠天：《周易程傳註評》，卷2，同注3，頁135。

46 同上，頁136。

得到幸福;所以,在神學底思想史中,道德學不離左右。因此,這兩者成為理性底一切抽象研究之動機和聯繫點」[47]。這就是「天祐」的另一證明。主要還在於具有良好品德的德性修為。

三 君子以多識前言往行,由學而大,格物致知,提升知識與智慧

在知識增進方面,〈大畜‧象辭〉說:

> 天在山中,大畜;君子以多識前言往行,以畜其德。

天在山中,指〈大畜卦〉的卦象——山及天,天隱藏在大山之中。識,指記取。前言往行,指前賢的言論,往聖的事蹟。即是前賢往聖的知識。

程子論述說:「天為至大,而在山之中,所畜至大之象。君子觀象以大其蘊畜,人之蘊畜由學而大,在多聞前古聖賢之言與行,考跡以觀其用,察言以求其心,識而得之,以畜成其德,乃大畜之義也。」[48]

為何需要「多識前言往行」?程子主要是從〈大畜卦〉的卦象加以解釋。「天為至大,而在山之中,所畜至大之象。君子觀象以大其蘊畜」。蘊畜之道,是「由學而大」。即是學習當中,積小成大,達到博古通今。即是「成身莫大於學」[49]。使自身完美,沒有比學習更重要的。

學習的目的,主要在汲取知識,獲得智慧。

知識是人類認識的成果或結晶。包括經驗知識和理論知識。經驗知識是

---

47 參見〔德〕漢斯‧米夏爾‧包姆嘉特納(Hans Michael Baumgartner, 1933-)著,李明輝(?)譯:《康德《純粹理性批判》導讀‧理性‧先驗方法論》(臺北:聯經出版事業公司,2003年),頁142。

48 參見黃忠天:《周易程傳註評》,卷3,同注3,頁230。

49 參見陳奇猷(1917-2006,89歲)校釋:《呂氏春秋校釋》,2冊,卷4(臺北:華正書局,1988年),上:206。

知識認識的初級形態，系統的科學理論是知識的高級形態。知識通常以概念、判斷、推理、假說、預見等思維形式和範疇體系表現自身的存在。[50]

所謂「智慧」，就一般而言，是指聰明穎慧，智慧見識。深一層言，智慧是高等生物所具有的，基於神經器官（物質基礎）一種高級的綜合能力。包含有：感知、知識、記憶、理解、聯想、情感、邏輯、辨別、計算、分析、判斷、文化、中庸、包容、決定等多種能力。智慧讓人可以深刻地理解人、事、物、社會、宇宙、現狀、過去、將來，擁有思考、分析、探求真理的能力。[51]

析言之，智慧就是對事物能夠深入性、系統性、完整性的瞭解及掌握。亦即是智慧就是對事物能夠迅速、靈活、正確地理解和解決的能力。依據智慧的內容以及所起作用的不同，可以把智慧分為3類：創新智慧、發現智慧和規整智慧。其中，創新智慧，可以從無到有地創造或發明新的東西。發現智慧，即是能夠觀察和尋找未知的事物。規整智慧，即是能夠將凌亂及複雜的現象，規畫整理，使其條理井然，清晰有序。同時，智慧亦即是一種智力，是指人的一種綜合認識能力的心理特徵[52]。

想要汲取知識，獲得智慧。必須要經過三個層次：

其一是認真勤力，博覽群籍：誠如《中庸》所云：「博學之，審問之，慎思之，明辨之，篤行之。有弗學，學之弗能，弗措也；有弗問，問之弗知，弗措也；有弗思，思之弗得，弗措也；有弗辨，辨之弗明，弗措也，有弗行，行之弗篤，弗措也。人一能之己百之，人十能之己千之。果能此道矣，雖愚必明，雖柔必強。」[53]措，指棄置。「弗能弗措」，即是要學就要學會，而無法學會，就絕不放棄，一直到學會為止。

---

50 參見馮契主編：《哲學大辭典》，「知識」條，同注4，頁1010。

51 參見「維基百科」網頁，「智慧」條，http://zh.wikipedia.org/wiki/%E6%99%BA%E6%85%A7，2014年5月4日。

52 參見「互動百科」網頁，「智慧」條，http://www.baike.com/wiki/%E6%99%BA%E6%85%A7，2014年5月4日。

53 參見《中庸·第20章》，引見朱熹：《四書章句集注·中庸章句》（臺北：大安出版社，1996年），頁38。

朱熹釋之曰：「君子之學，不為則已，為則必要其成，故常百倍其功。此困而知，勉而行者也，勇之事也。」[54]求取知識與學問，要想有所成，就在於「百倍其功。此困而知，勉而行者也」。如此才能「雖愚必明，雖柔必強」。

其二是認識過程，是從經驗到理智，由理智希求超驗：我們要問認知主體如何透過學習，以接觸客體的事物，進而認識客體的事物，而獲得知識？

據王臣瑞教授（1920-2013，93歲）在《知識論》一書中分析，可分為3個過程：

第一是外感官，共有5個：即是視感官、聽感官、嗅感官、味感官及觸感官。能夠認識專有對象、公共對象及偶有對象。外在感官發揮功能應具備的條件為：

（一）外在感官應有健全的生理組織。

（二）外在感官對於它們的對象，應遵守它們的物理規律。

（三）認知主體必須有正常的心理。

第二是內感官（即指心理），共有4個：

即是指公共感官——分辨不同外在感官的感覺、想像力——想像以往過去事物的能力，分為再現的想像力及創造的想像力、記憶力——想起以往經驗過的事物、評估力——評估事物對我們有益或有害的能力。

內感官發生錯誤的原因，主要有：認知的主體沒有應有的生理與心理的健康，以及認知的主體缺少完善的外在感官。

外內感官的認知過程，又稱為「經驗」。經驗是指感覺經驗。指人們在同客觀事物直接接觸的過程中，通過感覺器官（包括外感官與內感官）獲得的關於客觀事物的現象和外部聯繫的認識。

第三是透過「理智」。理智本義為內讀、內念；引申為研究、探討及理解的意思。理智認識能力，可分為5類：

---

54 參見《中庸·第20章》注，同上，頁42。

（一）普遍性：即是理智認識的對象是存有以其為存有，任何物都是存有，故可以認識任何物。

（二）絕對性：即是理智能夠認識物的本質，是不能錯誤的，即是絕對的。

（三）必然性：即是理智認識物，非必須如此不可；不如此，便不是此物。

（四）認識物質個體的物：即是理智可以認識物的本質，然而物的本質存在於物質個體物上。因此，也間接認識了物質個體的物。

（五）反省能力：即是理智可以回顧自己的活動、自己狀態，以及整個自己。它不但瞭解它所瞭解的事，也瞭解它在瞭解；它不但知道工作的對象，也知道它在工作，此即是理智反省。

難怪鄔昆如教授要大聲疾呼說：「惟有『理性』，才可以認知形上本體。惟有『理性』，才能突破時間，進入永恆；突破空間，進入無限。而永恆和無限，都是形上領域。」[55]

但是，理智也會錯誤，其原因分為外在原因及內在原因。就外在原因言：感官給理智提供了有關外界物的錯誤的資料、權威給理智提供了有關事實的錯誤資訊、事情缺少明顯性。就內在原因言：理智的有限性、意志對理智的不當干預（理智是認識能力，意志是抉擇能力）、腦神經的缺陷與病變。[56]

最後為超驗能力，超越理智的認知，我們稱之為「超驗」。

所謂「超驗」，意為經驗界限之外的。即是超出一切可能的經驗之上，非人的認識能力可以達到。感覺之外的物質世界「自在之物」[57]，是客觀存

---

55 參見氏著：〈評述康德生平及著作〉，引見《哲學與文化》第31卷第2期（總357期）（臺北：哲學與文化月刊雜誌社，2004年2月），頁12。

56 參見氏著：《知識論——心靈與存有》，第13章及第14章（臺北：臺灣學生書局，2000年），頁493-563。

57 自在之物，又譯物自體或自在之物。是康德哲學的一個基本概念。指認識之外的，但

在的,它作用於人們的感官而產生感覺;但是人們通過感覺只能認識到它的現象,而不可能是其本體。[58]

在「超驗」當中,有3個「自在之物」是無法使用理智認知的,即是靈魂、世界和上帝。〔德〕康德(Immanuel Kant, 1724-1804,80歲)把這3個統一體稱為「理性的理念」。這些理念都是「現象界」之外的,其斷言說,「自在之物」是超經驗的,不屬於人的認識範圍,因而不能用「知性的概念」去認識。[59]

其三是思維方式,從直觀經由形象,再到邏輯及辯證思維。

所謂直觀思維法:是指人的感受器官與事物的直接接觸中,產生的感覺、知覺和表象等反映形式。它不經過中間環節,是對客觀事物直接的、生動的反映(即把認識看作是照相那樣的機械靜止的反映),具有具體性和直接性的特性。也就是此種思維模式,只是將內容按類別分類,方以類聚,物以群分,僅作初步的歸納整理,而未作深度的剖析。換言之,就是以感官的直接感受或經驗判定事物及其發展趨勢的思維方式。[60]

而形象思維法:形象是指具體可感的形態、相貌。形象思維是伴隨情感的思維活動,具有直觀性、形象性、情緒性與理性相結合的思維方式。即是此種思維模式,是與直觀思維法相似,但較其更進一層的歸納整理,有個人見解在其中,是歸納法的高度概括。[61]

又絕對不可認識的存在之物。它是現象的基礎,人們承認可以認識現象,必然要承認作為現象的基礎的自在之物的存在。「百度百科」網頁,「物自身」條,http://baike.baidu.com/view/1502272.htm?fromtitle=%E7%89%A9%E8%87%AA%E4%BD%93&fromid=811082&type=syn,2014年4月25日。

58 參見「百度百科」網頁,「超驗」條,http://baike.baidu.com/view/409096.htm,2014年4月25日。

59 參見「維基百科」網頁,「純粹理性批判」條,http://zh.wikipedia.org/wiki/%E7%BA%AF%E7%B2%B9%E7%90%86%E6%80%A7%E6%89%B9%E5%88%A4,2014年4月25日。

60 參見朱伯崑(1923-2007,84歲)主編:《易學基礎教程》,第5章(廣州:廣州出版社,1993年),頁308-9。

61 同上,第5章,頁310。

所謂邏輯思維法：即由概念、判斷、推理等思想形式，能動的反映現實之過程。亦即是此種思維模式，是利用邏輯思維，架構一套完整的思想體系，以達到綱舉目張，一目暸然的目的。亦即遵循邏輯形式及邏輯法則思考問題、認識事物的思維方式。[62]

而辯證思維法：即運用具體概念，對客觀事物辯證發展過程的正確反映之方法。其特點是從對象的內在矛盾之運動變化中，從其各個方面的相互聯繫中進行考察，以便從整體上、本質上完整的認識對象。進言之，此種思維模式，就是對自身論述所建立的體系，再從正、反、合的辯證角度，予以驗證。換言之，即是指以運動的、變化的及聯繫的觀點認識事物的思維方式。[63]

「正反又可以被綜合到另一更高層次去」。[64]

在詮釋學，辯證是另一種意義，這是在詮釋經驗的說出語言性辯證。它是人一方面在自己傳統統的語言中，另方面在詮釋對象的語言裡，在它們之間來回往返，直至說出一個新的意義。詮釋者無法根據方法論，預先說定新的意義。它又異於古希臘以來的辯證，因為它不是目的論的。古希臘的辯證早已認為，真理自存的和擁有它本來的性格，而辯證就是要達到這個目的。但是，詮釋學的辯證不預設真理的意義，也不預知它的目的。它只是兩個語言的辯證。在辯證中，它們得到共識——新的意義。[65]

四　應世處變，獨立不懼，遯世无悶；外王養賢，不家食吉

「君子」「內聖」之道，除了德性修為，知識增進之外，尚有處世應變之道。〈大過・象辭〉云：

---

62 同上，第5章，頁323。

63 同上，第5章，頁331-2。

64 參見陳榮華（1951-）：《葛達瑪詮釋學與中國哲學的詮釋》，第5章（臺北：明文書局，1998年），頁233。

65 同上，第5章，頁226。

澤滅木，大過；君子以獨立不懼，遯世无悶。

澤滅木，指大澤淹沒了樹木。遯世，指逃離世俗。此是從澤滅木的卦象，推論出「君子」宜獨立勇敢，毫無畏懼；並能逃離世俗隱居，亦不會感到苦悶。

「澤潤養於木者也，乃至滅沒於木，則過甚矣。故為大過。君子觀大過之象，以立其大過人之行，君子所以大過人者，以其能獨立不懼，遯世无悶也。天下非之而不顧，獨立不懼也。舉世不見知而不悔，遯世无悶也。如此然後能自守，所以為大過人也」[66]。程子理解與解釋說。

由於澤水本為潤養樹木，如今大為過甚，甚至於淹沒了木。「君子」處此宜如何處世應變？程子建議：一則「天下非之而不顧，獨立不懼也」。即是天下無論如何非議，皆不予理會。二則「舉世不見知而不悔，遯世无悶也」。就是舉世不知我的才華，亦不感到悔恨。

人在世上，總是會面對各項挫折危難，以及無可預期的突發事件，特別有才無人賞識，有德無人知道。面對此，宜如何？「書咄咄，且休休」[67]？

孔子（前551-前479，72歲）即曰：「人不知而不慍，不亦君子乎？」[68] 慍，含怒意。朱熹析之曰：「及人而樂者順而易，不知而不慍者逆而難，故惟成德者能之。然德之所以成，亦曰學之正、習之熟、說之深，而不已焉耳。」[69]

---

66 參見黃忠天：《周易程傳註評》，卷3，同注3，頁246-247。

67 參見〔南宋〕辛棄疾（11140-1207，67歲）：〈鷓鴣天‧鵝湖歸病起作〉。引見「鷓鴣天‧鵝湖歸病起作_原文、翻譯及賞析_辛棄疾詩詞_讀古詩詞網」網頁，https://fanti.dugushici.com/ancient_proses/57057，2021年7月11日。「書咄咄」，指〔東晉〕殷浩（303-356，53歲）被黜放，終日以手指向空中書寫「咄咄怪事」四字。「且休休」，指〔唐〕司空圖（837-907，70歲）為避開災禍，退隱閒居，建一亭名「休休」，以此見志。

68 參見《論語‧學而》，引見朱熹：《四書章句集注‧論語集注》，卷1（臺北：大安出版社，1996年），頁61。

69 參見《論語‧學而》注，同上，頁62。

朱子認為，為人著想而樂者，是順利而容易；反之，他人不知己身之才華而不怒者，則是易於抗拒且是困難重重的。如何避免其失，在於「惟成德者能之。然德之所以成，亦曰學之正、習之熟、說之深，而不已焉耳」。

〈乾卦‧文言〉又說：「初九曰潛龍勿用，何謂也？子曰：龍德而隱者也。不易乎世，不成乎名，遯世无悶，不見是而无悶，樂則行之，憂則違之，確乎其不可拔，潛龍也。」[70]

易，指改變。是，指讚許。確，指堅定。拔，指動搖。此即是說明具有「龍德」者——才德兼備者，面對困境，必須隱姓埋名，潛伏起來。不因世俗影響而改變志節，不汲汲於求取功名，避世隱居而不感到苦悶，不為世人稱許亦不感到苦悶。心中快樂就去做，心中煩憂就不做。永保堅定，貞定守正，這就是像具有「龍德」的「潛龍」。

孔穎達細膩解析說：「『不易乎世』者，不移易其心在於世俗，雖逢險難，不易本志也。『不成乎名』者，言自隱默，不成就於令名，使人知也。『遯世无悶』者，謂逃遯避世，雖逢无道，心無所悶。『不見是而无悶』者，言舉世皆非，雖不見善，而心亦无悶。……『樂則行之，憂則違之』者，心以為樂，己則行之；心以為憂，己則違之。『確乎其不可拔』者，身雖逐物推移，隱潛避世，心志守道，確乎堅實其不可拔，此是潛龍之義也。」[71]

就「不易乎世」說，孔氏主張雖遭逢亂世險難，不為世俗而改易其心，更易其志。

就「不成乎名」說，孔氏強調自我隱居，默然使人不知，而不欲成就功名。

就「遯世无悶」說，孔氏提出雖逢無道之世，在避世逃遯之時，內心亦無所困悶。

就「不見是而无悶」說，孔氏表示舉世皆非之，雖未見任何善行，內心亦不會困悶。

---

70 參見〈乾卦‧文言〉，卷1，同注1，1：14-5。

71 參見〈乾卦‧文言〉疏，同上。

就「樂則行之，憂則違之」說，孔氏說明自身心中為樂，則加以實行；自身心中為憂，則不予實行。

就「確乎其不可拔」說，孔氏分析在隱潛遯世之時，無論遭遇何事，心志守道，堅定不移。

面對其才華無人賞識及不可抗拒之事，程子分析說：「初九陽之微，龍德之潛隱，乃聖賢之在側陋也。守其道，不隨世而變；晦其行，不求知於時；自信自樂，見可而動，知難而避，其守堅不可奪，潛龍之德也。」[72]側陋，指微賤之人。只要其人「自信自樂，見可而動，知難而避，其守堅不可奪」，自能因應一切外在的變化與挑戰。

「內聖」與「外王」，是成為「君子」必備的條件。「內聖」與「外王」，並非是兩件事，而是一體兩面，「外王」是「內聖」的延伸。

「內聖外王」，意謂內有聖人之德，外施王者之化。即是人格理想以及政治理想兩者合而為一。

本文強調的四卦，其「外王」是重在養賢。

　　大畜，利貞。不家食，吉。利涉大川。[73]

大畜，即是指大為蓄積。不家食，不使賢人在家中自食，使之發揮才華，食祿在朝廷。朱子解釋說：「不家食，謂食祿於朝，不食於家也。」[74]

針對「不家食，吉」者，孔穎達說：「已有大畜之資，當須養贍賢人，不使賢人在家自食，如此乃吉也。」[75]「大畜」的特色，要達到吉祥，就必須養育賢人，為朝廷服務，不使在家自食。

程子進而說明指出：「既道德充積於內，宜在上位以享天祿，施為於天下則不獨於【一无於字】一身之吉，天下之吉也。若窮處而自食於家，道之

---

72 參見黃忠天《周易程傳註評》，卷1，同註3，頁11。

73 參見〈大畜卦・卦辭〉，卷3，同註1，1：118。

74 參見氏著《周易本義》，卷1，同註6，頁156。

75 參見〈大畜卦・卦辭〉疏，卷3，同註1，1：118。

否也，故不家食則吉。」⁷⁶程子特別指出，「若窮處而自食於家，道之否也」，必須使賢者不在家自食，為朝廷服務，方是大吉之象。

〈大畜卦‧彖辭〉說：

> 剛上而尚賢，能止健，大正也。不家食吉，養賢也；利涉大川，應乎天也。⁷⁷

充分說明養賢是個人德性修持推廣的一項，不僅使自身成賢，為人所獵；也要尋找天下賢者，為國家獵人頭，蔚為國用，是以「不家食吉」。

「剛上，陽居上也。陽剛居尊位之上，為尚賢之義。止居健上，為能止健之義。止乎健者，非大正則安能以剛陽在上，與尊尚賢德，能止至健，皆大正之道也。大畜之人，所宜施其所畜以濟天下，故不食於家則吉，謂居天位、享天祿也。國家養賢，賢者得行其道也。利涉大川，謂大有蘊畜之人，宜濟天下之艱險也」⁷⁸。程子細密的分析說。具有「大正之道」，必須兼具「尊尚賢德，能止至健」。也由於此，「國家養賢，賢者得行其道也」。

再者，〈大畜卦‧上九爻〉亦指出：

> 上九：何天之衢，亨。
> 象曰：何天之衢，道大行也。⁷⁹

何，同荷。指擔當。衢，指四通八達的大道。易學家黃忠天（1961-）教授指出：「道大行也，賢人之道得以大行。謂其才德如在四通八達的天衢，可以毫無阻礙的充分施展。」⁸⁰解析透闢，深得箇中三昧。

---

76 參見黃忠天：《周易程傳註評》，卷3，同注3，頁228。
77 參見〈大畜卦‧象辭〉，卷3，同注1，1：118。
78 參見黃忠天《周易程傳註評》，卷3，同注3，頁229。
79 參見〈大畜卦‧象辭〉，卷3，同注1，1：121-2。
80 參見氏著《周易程傳註評》，卷3，同注3，頁235。

上九則是「大畜」最為完美的象徵，其深意既包含「自身道德盛美」，更體現「天下賢路大開」，即〔北宋〕游酢（1053-1123，70歲）所謂「『畜』道之成，賢路自我而四達矣」（《折中》引）[81]。顯然，此爻的象徵本質，已經把「畜德」的功用，充分反映在「畜賢」、「養賢」的意義上，與〈象傳〉「剛上而尚賢」正相吻合。這一點，似乎又流露著《周易》作者「選賢與能」的思想。

〔唐〕韓愈（768-824，56歲）〈元和聖德詩〉謂「天錫皇帝，為天下主，並包畜養，無異細巨」，[82]實道出對統治階級「畜養賢者」的期望，與《大畜》喻旨亦應有合。[83]

黃壽祺總評〈大畜卦〉所謂「大為畜聚」，表明事物發展過程中，必須竭力畜聚剛健正氣的道理。用經傳中擬取得「人事」為喻，猶如「君子」廣畜「美德」，「君王」遍聚「賢者」。於是卦辭強調「守正」、「養賢」，指出「畜聚陽剛正德」是「大畜」的關鍵所在。[84]

〈大畜卦〉的核心意義，在於兩個：一是「君子」廣畜「美德」；一是「君王」遍聚「賢者」。兩者相合，才是「大畜」培養「畜聚陽剛正德」的本質所在。

歷史上最有名的養賢國君之一，即是唐太宗（599-649，50歲）。

據蒼海客（？-？）《歷代偉人用人之道》，歸納唐太宗用人之道成功的原因有六項：[85]

（一）**廣求賢能，隨才授任**：用人是政治的根本。歷史上興國在此，敗

---

81 引見〔清〕李光地（1642-1718，76歲）編：《周易折中》，卷11（臺北：武陵出版社，1989年），頁835。

82 引見楊義（1946-）、蔣業偉（？）：《今譯韓昌黎全集》，卷1，2冊（北京：北京燕山出版社，1996年），1：18。

83 參見黃壽祺（1912-1990，78歲）、張善文（1949-）：《周易譯註》，卷4（上海：上海古籍出版社，1989年），頁226。

84 同上，頁225。

85 參見氏著：《歷代偉人用人之道・唐太宗的用人》（臺北：泰華堂出版社，1975年），頁14-31。

國也在此。唐太宗選天下的人才，擔天下的事務，委任責成，各盡其用。

（二）**取長捨短，不棄讎怨**：肯用讎怨的人，才是大政治家的襟度，才有大政治家的事業。所以〔唐〕尉遲恭（字敬德，585-658，73歲）由仇敵而願傾心膂。〔唐〕馬周（601-648，47歲）、〔唐〕劉洎（？-646）自疏遠而卒委鈞衡，託以重任。

（三）**嚴密考核，箴勸臣過**：唐太宗自己說，「知臣莫若君」。唯其知道臣下的情偽和短長，所以不怕臣下，不驕臣下，不虞別人作弊，不嫉勝於自己的人。所以疏遠、過錯、離怨的人都用，用了都能盡其所長，棄其所短，任使各得其當。

（四）**信任部屬，赦罪錄功**：唐太宗的瞭解部下，是難得的。太宗討突厥時，〔唐〕房玄齡（579-648，69歲）留守京師，有人上書急變，房玄齡詰問的結果，原來是告自己，急忙驛遣追帝，以自表白。太宗看罷，反而下詔責備房玄齡道：「公何不自信！」

（五）**聽諍納諫，克己愛人**：唐太宗是最能懺悔的君主。他喜歡壓抑自己的感情，聽納臣下的諫言。〔唐〕魏徵（580-643，63歲）一人前後諫諍的便有二百多條；並且多是觸及皇帝陰私的，太宗不以為忤，一一接受，稱讚魏徵非至誠不能如是。

（六）**以真誠待士，以制度盡才**：唐太宗對臣下是以師以友相待的。貞觀期間君臣的感情是真誠篤切的，賞罰有藝術，盡才有制度，而最後造成有機體的活動和成功。魏徵有病簽請辭職。太宗曾道：金必錘鍊而成器，我方自比於未鍊的金塊，你是善錘的良將，如何可去？「能自得師者王，謂人莫己若者亡（《尚書・商書・仲虺之誥》）」。[86]充分說明了其意義了。

據〔北宋〕司馬光（1019-1086，67歲）等著《資治通鑑》（卷198）記載：唐貞觀二十一（647）年五月，太宗與諸大臣在一起討論建立盛唐的原因，太宗自己總結羅列了5點，原文如下：「（一）自古帝王多疾勝己者，朕見人之善，若己有之。（二）人之行能，不能兼備，朕常棄其所短，取其所

---

86 參見《尚書・仲虺之誥》，同注37，2：198。

長。（三）人主往往進賢則欲置諸懷，退不肖則欲推諸壑，朕見賢者則敬之，不肖者則憐之，賢不肖各得其所。（四）人主多惡正直，陰誅顯戮，無代無之，朕踐阼（音坐。此指帝位）以來，正直之士，比肩於朝，未嘗黜責一人。（五）自古皆貴中華，賤夷、狄，朕獨愛之如一，故其種落皆依朕如父母。此五者，朕所以成今日之功也。」[87] 唐太宗所言5點，其中4點皆是用人之道。

總之，「養賢」成為「外王」展現的最主要特色。

在儒家系統中，「德」既可以指內在之德生性，又可以指外在之德，是生命精神的通體呈現。[88]「修德」，是兼有「內聖」及「外王」內涵的；而「內聖」及「外王」，亦不可缺「修德」。

五　君子成其大，德行與知識的內修，處世應變和畜賢養賢治世的外王，皆不可或缺

「君子」，是儒家塑造自身人格理想的對象，人生的終極目標之一。如何成其大，一直是儒家戮力不懈的目標與方向。

我們從〈大有〉、〈大畜〉、〈大過〉、〈大壯〉等四卦所汲取的精粹，達到「君子」，臻於「大丈夫」[89]，可以看出對「君子」的莫大期許！

第一點，修德是一生的功課，「苟日新，日日新，又日新」

修德是《周易》經傳的核心本質，具有最優位性。「德」就是道德品格。即是行不愧於人，有得於心[90]。再就是由自身品德的修持與涵育，自反

---

87 參見氏編撰：《資治通鑑》，卷198，16冊（臺北：明倫出版社，1975年），10：6247。

88 參見許毓榆（？）：《〈左傳〉〈國語〉卜筮研究》，第4章（臺北：政治大學中國文學研究所碩士論文，2018年9月），頁162。

89 參見《孟子·滕文公下》說：「富貴不能淫，貧賤不能移，威武不能屈，此之謂大丈夫。」引見朱熹：《四書章句集注·孟子集注》，卷6（臺北：大安出版社，1996年），頁371。

90 參見方克立主編《中國哲學大辭典》，「德」條，同注27，頁729。

而縮，下學上達，仰不愧於天，俯不怍於人，方能上合天理，止於「至善」。鄔昆如教授就深入剖析表示：「在倫理道德的層次上，人生的目的也就被界定在『止於至善』之境。從人生目的的指向善，哲學的知識論設法認清『善』的真面目，而形上學則證明『善』原就是存有本身的特性。『存有』與『至善』在本體的意義上是等同的，可以互換的。倫理學在這裡的任務是：教人透過如何的生活，才可以達到這『至善』的目標，完成人生的目的。正如吾人在做許多事時，都有目的，倫理學在這裡的目的，就是教人『善』度生活，在思言行為上都符合倫理的法則，終至使生活有意義，生命有價值。生活的意義，生命的價值，行為的正確，都將濃縮到『善』度生活的抽象理念中。『善』的課題，因而是倫理學首先要討論的課題。」[91]因此，修德是一生的功課，必須「苟日新，日日新，又日新」[92]。

第二點，渴求知識，多識前言往行，作為前進的動能

知識與德性兩者，如同人的雙臂，缺一不可。但是，在我國傳統文化中，重視德性的分量，是高過知性的。可喜的是，在本文所強調的四卦當中，並未忽略知性，重在「多識前言往行」。康德說：「我生性是一位探索者，我渾身充滿著對知識的渴望，我急切難耐地想知道更多東西；每一滿足都化為前進之動力。」[93]充分指出追求知識的渴望，是前進的主要動力。追求知識，詮釋學集大成的伽達默爾也格外提醒：「更重要的是，追求最大可能的知識，是一種絕對的道德責任。這意味著今天一個人仍須通過『科學』被告知（參見氏著《健康的奧秘》，頁16）。這一前提引導著伽達默爾走向

---

91 參見氏著：《倫理學》，第2部第4章（臺北：五南圖書出版公司，1993年），頁313-4。

92 參見《大學·傳之2章》，引見朱熹：《四書章句集注·大學章句》（臺北：大安出版社，1996年），頁6。

93 引見〔德〕卡西爾（Ernst Cassirer, 1874-1945，71歲）著，羅興漢（？）譯：《符號·神話·文化·譯序──論卡西爾思想發展概況》（臺北：結構群文化事業公司，1990年），頁11。

作為科學和藝術的現代醫學。[94]根此，關於知識與德性，鄔昆如教授再次強調：「求知」的活動，使人成為「有才」的知識分子；「修德」的活動，使人成為「有德」的仁人君子。「才德兼備」（我國傳統講法是指「道德文章」）[95]是人性「個別性」的完成。[96]全方位的「知性」，包含了知物、知人、知天；全方位的「德性」，涵蓋了用物、愛人、敬天[97]。良有以也。

第三點，處世應變，勇者不懼，浩然之氣，配合道義

人處在世上，都會面臨不虞的變化，面對此當如何？子曰：「君子道者三，我無能焉：仁者不憂，知者不惑，勇者不懼。」[98]其中，「仁」屬於德性修為，「知」屬於知識汲取；而「勇」則屬於處世應變。面對他人不知自身才華，以及遯世隱居，要有大無畏的精神，勇者不懼。誠如朱子解釋說：「氣足以配道義，故不懼。」[99]「氣」，指浩然之氣，「其為氣也，至大至剛，以直養而無害，則塞於天地之間。其為氣也，配義與道；無是，餒矣。是集義所生者，非義襲而取之也」[100]。直，指正道。餒，指沮喪。襲，指掩取。即是浩然之氣，是道德理性的精神力量，必須配義與道。孫云遐（？）說：「道義雖蘊藏在人心，但不能自動的行出來。惟養成這股氣，見所當行的，便努力去行；見所當為的，便挺身去為。氣因義道而盛大，道義

---

94 參見〔美〕帕特里夏·奧坦伯德·約翰遜（Patricia Altenbernd Johnson?）著，何衛平（1958-）譯：《伽達默爾（*On Gadamer*）·實踐哲學》（北京：中華書局，2003年8月），頁93。

95 參見辛棄疾：〈漁家傲·為余伯熙察院壽〉：「道德文章傳幾世，到君合上三台位。」引見「百度百科」網頁，「道德文章」條，https://baike.baidu.com/item/%E9%81%93%E5%BE%B7%E6%96%87%E7%AB%A0，2017年12月16日。

96 參見氏著：《形上學》，第2部分第2章，同注26，頁299。

97 同上，頁301。

98 參見《論語·子罕》，引見朱熹：《四書章句集注·論語集注》，卷5，同注66，頁156。

99 同上。

100 參見《孟子·公孫丑上》，引見朱熹：《四書章句集注·孟子集注》，卷3，同注89，頁319。

得氣而伸張；兩相配合，即是『配義與道』。」[101]針對「浩然之氣」的形成，做了深入的解析。又「勇者不懼」，在於：「君子不憂不懼。……內省不疚，夫何憂何懼？」[102]為何能如此？〔南宋〕晁說之（1059-1129，70歲）解釋表示：「不憂不懼，由乎德全而無疵。故無入而不自得，非實有憂懼而強排遣之也。」[103] 職此之故，處世應變之道，在於修持其德，配義與道，培養浩氣，自能勇者不懼，獨立不懼，安然處世。

第四點，外王養賢，自己成為賢才，並舉薦人才，安人安天下

　　《周易》〈大有〉等「四大卦」有一特色，不僅追求自身的完美，亦外推期望天下人人完美。由此，其「外王」重在「養賢」，一則是使自己成為人才，受人舉薦；另一則是舉薦人才，蔚為國用。即是我們在獵人頭之際，亦宜使自己成為人頭，為他人所獵。這種自覺覺他，覺行圓滿的境界，即如孔子所說的「脩己以敬」──使自己成為人頭；「脩己以安人」、「修己以安百姓」[104]──獵天下人頭，極至於修己以安天下。如何使自身及尋覓人才的條件為何？根據「商業內幕」（Business Insider）26日報導，全球最大避險基金公司「橋水」（Bridgewater）創辦人、估計身價有184億美元的慈善家〔美〕達里歐（Ray Dalio, 1949-），在一項領袖人格研究中，邀請全世界最頂尖的成功企業家接受長達一小時的個性分析測驗。統計結果顯示，這些企業家明顯有4個特質。第一個是擁有應該怎麼做的心理地圖，因而很有組織、專注；二是擁有願景，而且兼顧細節；三是擁有毅力，能夠忍受達標前的痛苦；第四是擁有熱情，想對世界造成重大正面影響，但無法忍受表現不傑出的屬下。[105]綜此，「君子」要成其大，其「外王」之道，是使自己成為賢才，並舉薦人才，安人安天下的。

---

101 引見謝冰瑩（1906-2000，94歲）等編：《新譯四書讀本‧孟子》（臺北：三民書局，2005年），頁372。

102 參見《論語‧顏淵》，引見朱熹：《四書章句集注‧論語集注》，卷6，同注66，頁184。

103 引見同上。

104 參見《論語‧憲問》，引見朱熹：《四書章句集注‧論語集注》，卷7，同注66，頁222。

105 參見《聯合報》，2019-04-27 15：36。

參考文獻

卡西爾：《符號‧神話‧文化》，臺北：結構群文化事業公司，1990年。

王臣瑞：《知識論──心靈與存有》，臺北：臺灣學生書局，2000年。

方克立主編：《中國哲學大辭典》，北京：中國社會科學出版社，1994年。

朱　熹：《周易本義》，臺北：老古文化事業公司，1987年。

朱　熹：《四書章句集注》，臺北：大安出版社，1996年。

朱伯崑主編：《易學基礎教程》，廣州：廣州出版社，1993年。

李鼎祚：《周易集解》，臺北：世界書局，1987年。

李光地編：《周易折中》，臺北：武陵出版社，1989年。

李學勤主編：《周易正義》，北京：北京大學出版社，1999年。

李學勤主編：《尚書正義》，北京：北京大學出版社，1999年。

帕特里夏‧奧坦伯德‧約翰遜：《伽達默爾（*On Gadamer*）》，中華書局，
　　　　2003年。

段玉裁：《說文解字注》，臺北：藝文印書館，1970年。

柏　瑪：《詮釋學》，臺北：桂冠圖書公司，1997年。

陳　立：《白虎通疏證》，臺北：廣文書局，1987年。

陳榮華：《葛達瑪詮釋學與中國哲學的詮釋》，臺北：明文書局，1998年。

高　亨：《周易大傳今注》，濟南：齊魯書社，2000年。

陳奇猷校釋：《呂氏春秋校釋》，臺北：華正書局，1988年

黃壽祺、張善文：《周易譯註》，上海：上海古籍出版社，1989年。

黃忠天：《周易程傳註評》，高雄：復文圖書出版社，2004年。

馮　契主編：《哲學大辭典》，上海：上海辭書出版社，1992年。

鄔昆如：《形上學》，臺北：五南圖書出版公司，2004年。

鄔昆如：《倫理學》，臺北：五南圖書出版公司，1993年。

楊蔭隆主編：《西方文學理論大辭典》，長春：吉林文史出版社，19941年。

楊　義、蔣業偉：《今譯韓昌黎全集》，北京：北京燕山出版社，1996年。

蒼海客：《歷代偉人用人之道》，泰華堂出版社，1975年。

潘德榮：《詮釋學導論》，臺北：五南圖書出版公司，1999年。

漢斯‧米夏爾‧包姆嘉特納：《康德《純粹理性批判》導讀‧理性：先驗方法論》，臺北：聯經出版事業公司，2003年。

Charles R. Ringma, *Gadamer's Dialogical Hermeneutic*（《伽達默爾的對話學解釋學》），Heidelberg: Universitätsverlag, 1999年。

鄔昆如：〈評述康德生平及著作〉《哲學與文化》第31卷第2期（總357期），哲學與文化月刊雜誌社，2004年2月。

《聯合報》，2019-04-27 15:36

「【君】的甲骨文象形文字金文篆文_字典詞組含義解釋」網頁，http://jiagumm.com/html/jiaguwenzidian_4644.html，2021年7月6日

「維基百科」網頁，「君子」條，https://zh.wikipedia.org/wiki/%E5%90%9B%E5%AD%90，2021年7月6日

「【子，籽】的甲骨文象形文字金文篆文_字典詞組含義解釋」網頁，http://www.jiagumima.com/html/jiaguwenzidian_4208.html，2021年7月6日

「百度百科」網頁，「物自身」條，http://baike.baidu.com/view/1502272.htm?fromtitle=%E7%89%A9%E8%87%AA% E4%BD%93&fromid=811082&type=syn，2014年4月25日

「百度百科」網頁，「超驗」條，http://baike.baidu.com/view/409096.htm，2014年4月25日

「維基百科」網頁，「純粹理性批判」條，http://zh.wikipedia.org/wiki/%E7%BA%AF%E7%B2%B9%E7%90%86%E6%80%A7%E6%89%B9%E5%88%A4，2014年4月25日

「維基百科」網頁，「智慧」條，http://zh.wikipedia.org/wiki/%E6%99%BA%E6%85%A7，2014年5月4日

「互動百科」網頁，「智慧」條，http://www.baike.com/wiki/%E6%99%BA%E6%85%A7，2014年5月4日

「鷓鴣天‧鵝湖歸病起作_原文、翻譯及賞析_辛棄疾詩詞_讀古詩詞網」網頁，https://fanti.dugushici.com/ancient_proses/57057，2021年7月11日

「百度百科」網頁，「道德文章」條，https://baike.baidu.com/item/%E9%81%93%E5%BE%B7%E6%96%87%E7%AB%A0，2017年12月16日

易有聖人之道四焉探析

吳進安[*]

提要

　　《周易》哲理廣大悉備，最初雖是卜筮之書，但其中蘊含自然世界與人文世界的各種關係的描述與推測，而《易傳》將上述二元世界的意義與價值作充分的推演，以喻人間世界的各種行動的真諦。其中在〈繫辭傳上〉所言：「易有聖人之道四焉，以言者尚其辭，以動者尚其變，以制器者尚其象，以卜筮者尚其占。」其意涵頗值探究，聖人之道的四件事，完整地呈現聖人之道的內容，在辭、變、象、占的四種語境中，當有其哲學的預設與理論建構。本文試從知識系統、實踐系統與聖人境界三個層面加以剖析，進而掌握聖人之道所欲突顯的本質意涵。

關鍵詞：周易、聖人、聖人之道

---

[*]　國立雲林科技大學漢學應用研究所專任教授。

The Analysis of "Sheng Ren Shi Dao Si Yan" (the Four ways of Sage's ways in *Yi*)

Wu Jin-an

Abstract

The philosophy in *Chou Yi* is extensive and well-documented. Although it was originally a book of bu shi (divination), it contained descriptions and speculations about various relationships between the natural world and the human world. *Yi Zhua* fully deduces the meaning and value of the above-mentioned dualistic world, which is a metaphor for the true meaning of various actions in the human world. Among them, it is stated in *Xi Ci Chuan Shang*: "Yi you shengren zhi dao siyan, yi yanzhe shang qici, yi dongzhe shang qi bian, yi zhiqizhe shang qi xiang, yi bu shizhe shang qi zhan." Its meaning is worth exploring and discussing. The four events/things of the sage's way fully present the content of the sage's way. There should be its philosophical presuppositions and theoretical constructions in the four contexts of ci, bian, xiang, and zhan. This article attempts to analyze the knowledge system, the practice system, and the realm of the sage to grasp the essential meaning of the way of the sage.

Keywords: *Chou Yi*, Sheng Ren (sage), Sheng Ren Shi Dao (the way of the sage)

一　前言

〈繫辭傳〉是被認為是《周易》的哲學義理與微言大義之所在，也是解讀《周易》在文義內涵與引申詮釋的入門，可說是深度理解《周易》的敲門磚，歷代哲人推察有之。由於《周易》原典文字艱澀難解，於是有〈繫辭傳〉的輔助詮釋，使得易理從卜筮之易而進入義理易學，跳脫原始神話、鬼神思維進入哲學思維，這即是高懷民教授所稱「先秦易學思想的三階段」之說[1]。其中人道思想時代的特色，即是「始於孔子贊易，為易學主流」[2]，因此孔子贊易必有其立論之依據、關切的議題與為《周易》所作的相關詮釋，而表達《周易》哲學意涵的文獻即以〈繫辭傳〉為核心，而吾人之所以如此認知，其來有自。

《周易》本是卜筮之書，是人面對不可知、不可測之抉擇時刻所採取的一種思維與判斷方式，但是隨著人之理性覺醒與自覺意識之產生，續予追問為何如此之問題時，《易傳》給予了哲學創造性詮釋，並且從「生生之謂易」、「天地之大德曰生」的生成變易之演變中，推溯事象之理而得天道與人事的互應、以及互動法則，並且天道下貫於人性層面之形塑上，建立了「繼善成性」之性命觀，「和順於道德而理於義，窮理盡性以至於命」，「道德理義」與「窮理盡性」之儒家觀念躍然而出，超越生物不測、吉凶禍福命定之說，而成就君子的聖人氣象。而「聖人之道」乃呼之欲出，成為自我修為與道德實踐的目標。

《周易》包括經與傳二部分，經包括了卦象、卦名、卦辭與爻辭四部分，在古代本為卜筮之用，對於經之解釋，則透過「十翼」加以解說以明其義理旨趣。「十翼」包括〈彖〉（上下）、〈象〉（上下）、〈繫辭〉（上下）及

1　高懷民教授認為先秦易學思想的發展，經歷了天道思想時代、神道思想時代再到人道思想時代，而孔子著「十翼」正好展示了易理的人道思維，人的主體性與價值意識由此彰顯，〈繫辭傳〉正是人道思想的表徵之一。請見高懷民：《先秦易學史》（臺北：東吳大學中國學術著作獎助委員會，1975年），頁20。

2　高懷民：《先秦易學史》，自序。

〈文言〉、〈說卦〉、〈序卦〉、〈雜卦〉共十篇，對《周易》作了進一步的詮釋
以及增益其哲學內容，《易傳》與《周易》的關係，猶羽翼之於鳥的意思，從
而由原始卜筮占斷轉至義理層次的發揮。《周易》作為整體易學研究之主體，
而《易傳》即是古代傳授經書的賢者對《經》之文本在文字意義與概念範疇
的不同層次之理解與詮釋。因此《經》之原始卜筮之用的功能，透過《傳》
之詮釋之後轉化而成具有「創新性解釋」的哲理，使得原始卜筮意義的
《經》，透過《傳》所闡釋的義理意涵得到了高度的「哲學的突破」（philos-
ophical breakthrough），對於宇宙與人生的問題有一價值澄清及疏理。

此種由原經六十四卦、卦畫、卦辭，以及三百八十四爻之爻辭，揭露的
信息是吉、凶、悔、吝、無咎等占斷性文字，除了表面上的占卜結果信息之
外，應當有其可能存在的依據與理則，如此一來，《易傳》也就扮演一個積
極角色，它要能充分說明《周易》所蘊涵的存在之理、道與術、現象與本質
的問題，它要傳達及闡釋的目的，即在完整地呈現如下之內涵。

> 蓋經文古奧晦澀，後人研究詮釋經文，期能揭露蘊含於「經」文中可
> 能的哲學。因此，「傳」係詮釋、輔翼「經」文之昌明而作。「傳」既
> 取理解和義理表達之路向，則《易》書漸由卜筮之書，轉進成探討宇
> 宙與人生哲理的經典。綜觀六十四卦統貫了形上原理、自然法則、德
> 性原理、人文精神、社會文化生活等諸般豐富的內涵。[3]

曾教授所稱之「形上原理、自然法則、德性原理、人文精神、社會文化生
活」正是中國文化從《周易》的《經》與《傳》之中所滙聚出來的精華，一
方面是中華民族古聖先賢生活實踐的智慧與準則，另一方面也讓吾人透過
《易傳》的解釋，而能進一步掌握此文化內涵的概念認知與價值取向，為宇
宙與人生的「大哉問」，諸問題之解答提供一個文化的知識系統、實踐系統
與價值系統。

---

3 曾春海：《易經的哲學原理》自序（臺北：文津出版社，2003年），頁1。

二 「聖人之道」的知識系統

　　吾人認識內在世界與外在世界，認識的方法不外是透過感覺經驗、理性推理與悟性直覺三種方式來建構起知識的系統，這也是《周易》哲學的價值所在，它不僅是知識的系統，同時也是一種實踐系統，有其方法、步驟與所欲達成的知識成就，描繪了實存世界與理念世界，同時也表現知識不僅僅是一套認知結構，也反映出對宇宙與人生的總體解答，同時也提供一種生命的智慧，「知」與「行」是合一的。

（一）概說

　　司馬遷著《史記》，在〈太史公自序〉有言：「易大傳：天下同歸而殊途，一致而百慮。」司馬遷所稱之文即是〈繫辭傳〉之文，〈繫辭傳〉不像彖傳、象傳是分別針對某卦某爻作解釋，而是一種「導論式」的泛論《周易》之道理，有其在先秦時期一種特殊的地位。高懷民教授在《先秦易學史》對於〈繫辭傳〉曾有如下的評述：

> 繫辭傳由於是早期的論理文學，今日看來其條理難免失於不夠嚴明，在文義上予人以錯雜間出的感覺，但其內容確是極為豐富，反復從不同角度發揮易道之理論，申天人之義。從整個來看，它是以筮術易為根據，極言筮術之神用，聖人體會其神用，極深研幾而發為人事德業，此正儒門易繼筮術易而興之必然跡象。……[4]

〈繫辭傳〉分為上下二篇，王輝編著之《易經》一書對於〈繫辭傳〉之由來作了一番考證及解釋：

---

[4]　高懷民：《先秦易學史》，頁251。

系，古字作毄，有系屬義。辭，本作辭，即詞，有說義。《繫辭》本
義是《繫辭》於卦爻之下。此處以「《繫辭》」為名。乃指系在《周
易》古經後面的文辭，為《十翼》之一。它是《周易》的通論：追述
易之起源，推論易之作用，兼釋卦義以補《彖》、《象》、《說卦》之不
足，並言明占筮方法等。[5]

從知識建構的進路來說，知識的成立必有其指涉對象，即言之有物，才能說
之以理，這樣的探索過程，〈繫辭傳〉為我們提供一個觀察之路，在〈繫辭
傳〉二章云：

> 聖人設卦觀象，繫辭焉而明吉凶，剛柔相推而生變化。是故吉凶者，
> 失得之象也；悔吝者，憂虞之象也；變化者，進退之象也；剛柔者，
> 晝夜之象也；六爻之動，三極之道也。是故君子所居而安者，易之序
> 也；所樂而玩者，爻之辭也。是故君子居則觀其象而玩其辭，動則觀
> 其變而玩其占，是以自天祐之，吉无不利。

由上述之引文觀察，簡言之即是一種「觀象玩辭」[6]，劉君祖指出〈繫辭
傳〉所稱的聖人為《周易》的知識建構進路提供了一套由觀察入手、思維推
理而對應到解釋社會脈動變化、人事變遷的存在理則，他的觀點如下：

> 君子平居無事之時，深觀易象推衍之理，玩索爻辭應變之道，藉此鍛
> 鍊思維，蘊養智慧；一旦形勢有變，將採取行動之際，便可冷靜分
> 析，當機立斷。居而安，樂而玩，觀象玩辭，觀變玩占，舉止動靜皆
> 有法度。以此立身行事，自然如獲天助，順利成功，鮮少失誤。[7]

5　宋學海主編、王輝編著：《易經》（昆明：雲南人民出版社，2015年），頁407。此處之
　　繫，在該書是以簡體字「系」稱繫。
6　劉君祖：《易經之歌》（臺北：大塊文化出版公司，2015年），頁25。
7　劉君祖：《易經之歌》，頁30-31。

此處的「觀象玩辭」是認知的步驟與進路，是知識建構的思維對象，也是天人觀念疏通的表徵，從中得出天人關係對應的內在關係與理則，這種天人關係的產生，即如〈說卦傳〉所言：「昔者聖人之作易也，幽贊於神明而生蓍。」人憑著能力和智慧進而掌握解釋的主動性，理性的覺醒，方有通志成務，雖然難免也會有遇到不可知、不可測之情事發生，但是主體之我明白自然造化之妙與主體內在心靈必有其契合之處，方有乾卦〈文言傳〉所言的「先天而天弗違」所蘊涵的剛健進取的精神，生命事業才會有突破現實條件的限制，創造生命的無限可能。

（二）《易》有聖人之道四焉：以言者尚其辭，以動者尚其變，以制器者尚其象，以卜筮者尚其占

「以言者尚其辭，以動者尚其變，以制器者尚其象，以卜筮者尚其占」這四句話為何稱為「聖人之道」？「道」是指路，聖人之道是指聖人喻示一條成德之路，這四句話有二個涵義，一是水平式（平面式）的文字意義，主要是採用卦爻辭的解釋，點示在生活世界現象層面的吉凶的意思（這本是《周易》的作用），吾人觀察事物變化之理，辭、變、象、占皆是可觀察的對象，以及也可以從這四個對象中得到一些信息，包括警示、隱喻、明示的說明；另一是縱貫式（立體式）的內在精神，即是《周易》在價值世界所蘊涵的本質意義──「憂患意識」（在下一段的實踐系統將有說明）。

解讀上述的四句內涵，吾人認為仍然必須扣住〈繫辭傳〉所欲傳達的旨趣及成聖之道著手，在〈繫辭下傳〉第一章為這個問題揭示一個方向：

> 天地之道，貞觀者也，日月之道，貞明者也，天下之動，貞乎一者也。……爻象動乎內，吉凶見乎外，功業見乎變，聖人之情見乎辭。

此段文字中最具關鍵者厥為「聖人之情見乎辭」，提示辭從何而來的問題，辭是聖人之情的展開與至真情感的流露，聖人之情由天地之變化而來，天地

變化之義乃是「天地之大德曰生」、「生生之謂易」，由內外二重世界的相互
感應產生對生命意義究竟的情愫與關懷，油然而生的是不安、不忍之心。是
故，聖人念茲在茲的「辭」，乃是落在伊川所言「吉凶，消長之理，進退存
亡之道，備於辭。」的生命的普遍關照，對於人的生命實然與應然兩重世界
的激盪，包括吉凶、消長、進退、存亡、生死、死生的普遍性關注，而思轉
化改變之道，以彰顯生命意義，對照起聖人所言之辭，即展現在「天地之大
德曰生，聖人之大寶曰位，何以守位曰仁，何以聚人曰財，理財正辭，禁民
為非曰義。」（〈繫辭下〉第一章）此乃是聖人之情的真性情。因此具備此真
性情所表露之辭，才會有生命的熱情與躍動，也才能看見寬大為懷之心、與
天地同步運轉與脈動與不安、不忍之心，是無私的、廓然大公之訴說，如此
方能是具普遍性的準則與價值。由是，情不是僅止於感嘆世間無可奈何的感
情訴求，而是動之以真情見諸於語言與文字（辭），是內在心靈世界的普遍
性關切，對於人的生活意義、吉凶禍福、成功與失敗、昂揚消退的一種理性
反思之後的不安、不忍之情。而對於《周易》藉言辭的表述方式，正也是充
分表達了聖人之情所欲揭露的目的，「就易辭表達的意向或旨意觀之，則在
明宇宙人生中正光明之正理常道，究明失得之報，導正人們的思想與言行，
安頓流離失所的人心與人的靈性生命」[8]此不安、不忍之情的動見觀瞻與人
性關注躍然紙上，充分展露聖人所欲言之理，存意於辭而見理，亦即是人文
精神的躍動。

其次，聖人之道的第二個內涵是「以動者尚其變」，爻動而變，卦亦
變，爻辭隨著時間、空間、位置與情境而遷移，表達出聖人所思考的易理是
有「易簡、變易、不易」的多元意涵，卦爻之間的變化錯綜複雜而又息息相
關，此「動」來自觀察天地造設、日月運行、四時循序所顯示的運轉法則與
軌跡，而之所以有此跡兆，是來自於變化，變化之因是因其動，天地生生之
德的義理，不管是明示或是隱喻，為聖人所體悟及尊崇，因此吾人在行動上
應本著此種由變化之事實中體悟人生之究竟，天人性命一貫，天德與人德的

---

8 曾春海：《易經的哲學原理》（臺北：文津出版社，2003年），頁164。

合一踐形，此「變」即是推演出「生生之謂易」之理，「生生」是創造化育
與對生命價值的貞定。

《易傳》中天德主要體現在〈彖傳〉的乾卦與坤卦所形象的天與地，
〈乾卦・彖上〉曰：「大哉乾元，萬物資始，乃統天。雲行雨施，品物流
形。大明終始，六位時成，時乘六龍以御天……首出庶務、萬國咸寧。」再
看〈坤卦・彖上〉對坤卦的描述：「至哉坤元，萬物資生，乃順承天。坤厚
載物，德合無疆。含弘光大，品物咸亨。」由〈彖傳〉對乾坤二卦之詮釋，
正好說明「天地之大德曰生」的表現形式及其具體象徵的事物。「生」是
《易傳》所表徵的「天」之首要品德，由「天」而有「生生不已」，生生不
已乃是乾坤二元互為激盪與創造的世界圖像與表徵。高懷民先生認為乾、坤
二卦象傳所代表的意涵如下：

> 乾、坤二卦象傳是孔子哲學思想之根源，而乾象傳尤為「大始」。孔
> 子之哲學，重心在「人」，而精神在「行」，讀論語書，往往不見孔子
> 形上思想的理論根據，今讀乾、坤二卦象傳，乃知孔子之形上思想不
> 只有本有源，且層次分明。在簡而能賅的少數字句中，扼要描述出宇
> 宙生成的系統程序。[9]

此「以動者尚其變」的「動」言之，其目的何在？指向何種目標？〈乾・文
言傳〉曰：「夫大人者，與天地合其德，與日月合其明，與四時合其序，與
鬼神合其吉凶。先天而天弗違，後天而奉天時。」此段話說明大人是仁智並
舉，融合自然演變的理序與人文生命的價值理序，進德修業，不違天時，順
自然之變而調整人文世界的各種修為；換言之，即是本著道德心靈趨善而
避惡。

　　如此之舉動與變遷本是順自然之理與調整改變人倫秩序而趨於中正之
途，導正人的偏差思維而能實踐人倫之道的美善。吾人即以〈說卦傳〉之

9　高懷民：《大易哲學論》（臺北：成文出版社，1978年），頁18。

言：「聖人之作易也，將以順性命之理。」而點出其中的目的性。

> 昔者聖人之作易也，幽贊於神明而生蓍，參天兩地而倚數，觀變於陰陽而立卦，發揮於剛柔而生爻，和順於道德而理於義，窮理盡性以至於命。（第一章）

> 昔者聖人之作易也，將以順性命之理，是以立天之道曰陰與陽，立地之道曰柔與剛，立人之道曰仁與義。兼三才而兩之，故易六畫而成卦。分陰分陽，迭用柔剛，故易六位而成章。（第二章）

程頤與朱熹在《周易本義》中將〈說卦〉第一章之「和順於道德而理於義，窮理盡性以至於命」注解為「和順從容，無所乖逆，統言之也。理謂隨事得其條理，析言之也。窮天下之理，盡人物之性，而合於天道，此聖人作易之極功也。」[10] 它是從統元（普遍性）與析言（個別性）之角度言合於普遍性之天道謂之「理」，而個別性之「事」中亦存在著「理中有事，事中存理」，一元與多元互為核心與表現形式。曾春海教授針對《周易》的「尚其變」歸諸為「實踐哲學」的層次，而有如下的觀點。

> 質言之，周易哲學在「尚其變」的實踐哲學上，以靈智審天時天機天秩，以天賦的德性心契合天德，先驗地意向於成全與提升天下生靈之盡善盡美。以乾坤兩卦合觀，周易哲學在人生實踐上，啟發人應大其心以忠恕體物，以剛健不息，厚德潤物的人文精神，與幾通變，居仁由義，實現人與天地萬物，人與人之間均恕和諧的時中至理。[11]

第三是「以制器者尚其象」，《周易》中此「象」從何而來？《易傳》上的〈繫辭〉云：

---

10 〔宋〕程頤、朱熹：《易程傳　易本義》（臺北：河洛圖書出版社，1974年），頁636。
11 曾春海：《易經的哲學原理》，頁165。

> 是故，夫象，聖人有以見天下之賾，而擬諸其形容，象其物宜，是故
> 謂之象。聖人有以見天下之動，而觀其會通，以行其典禮，繫辭焉，
> 以斷其吉凶，是故謂之爻。極天下之賾者，存乎卦；鼓天下之動者，
> 存乎辭；化而裁之，存乎變；推而行之，存乎通；神而明之，存乎其
> 人；默而成之，不言而信，存乎德行。

「尚象制器」即是文明發展的過程，也是文明躍升的證明，此種躍升與精進
是由「擬諸其形容，象其物宜」而獲得，文化之本意即是人類運用其能力改
變器物的自然狀態，譬如農業文明的演變，起初是看天吃飯，後來人類的能
力提升，創造發明而有水利灌溉工程，改變了自然狀態，從此物阜民豐，不
再受到原始自然的支配，於是文明遞嬗精進。在社會文明方面的進展方面亦
是如此，「尚象制器」亦表現在對於生存環境與制度建構的優化，使得更適
宜人居的器物製作，運用與攸關民生福祉的公共制度更加推陳出新而能開物
成務。〈泰卦・大象〉之言：「天地交，泰。後以財（裁）成天地之道，輔相
天地之宜，以左右民。」宋儒程頤注曰：「天地通泰，則萬物茂遂，人君體之
而為法制，使民奉天時，因地利，輔助化育之功，成其豐美之利也。……民
之生必賴君上為之法制，以教率輔翼之，乃得遂其生養，是左右之也。」[12]

由「尚象制器」指出文明之開始出於對具體形象之物進行感知觀察，而
有「擬諸其形容，象其物宜」的原始意涵，進一步由「具象」之描摹到「抽
象」事物之建構與思考，因而看到文明所顯示的豐富想像力與建立可解釋性
的律則，朝向人類文明博施濟眾、天下歸仁的普遍完善。

第四則言聖人之道中面對不可知、不可測，無可奈何之情境與遭遇抉擇
困境的價值判斷，即是訴諸於「以卜筮者尚其占」的意念與輔弼。人在面對
此種非人之能力所及，亦即是自我突破所不及的問題時，素樸的宗教觀即成
為意念與行為的引導，在此原則下，尋求那不可知、不可測之神靈之指引，
乃成為唯一的選擇，因此在先民的行為中即以占卜問吉凶為方法，此亦展示

---

12 〔宋〕程伊川：《易傳》（臺北：河洛圖書出版社，1974年），頁197。

了《周易》的原始功能，卦爻辭提供了被預測事件的內在演變的可能規律，及其在此變異情境中的多元（錯綜性）的選擇，此種卜筮經驗雖然難以純粹理性加以說明，但其內在的演變規律仍然是從「天人關係」、「天地人三才互動」的邏輯中演變而得，其占並非臆測或是過於玄邈與不可思議。

雖然《周易》最早即有卜筮的功能存在，但是《易傳》再度言及卜筮之時，很明顯地已有提升與改變，甚至降低卜筮的預測功能，此即是司馬遷在《史記・龜策列傳》所言：「或以為聖王遭事無不定志決疑，無不設稽神求問之道者……故推歸至微，而潔於精神也。」《禮記》更將《周易》之義解為「潔靜精微」，無論是《史記》所稱的「潔於精神」，或是《禮記》所言的「潔靜精微」，代表著一種虔敬純正之心，以此淨化個人內在的意念與動機，在天地神祇、祖先英靈之環視見證之下，不敢有任何的僭越與不敬，這是一種高度的道德自覺與自省，於內在世界建立起道德意識的長城，也正是「不敢以其私褻事上帝」的鞭策與規範，方能問心無愧。「占」雖屬於類宗教的儀式，是立基於神鬼與主宰之天的理念，是一種素樸的宗教觀與宇宙觀，但其有意義者，不是占的預測功能，而是超越占，達於人之道德主體、自律性的建立。這也是《易傳》的核心概念，對占不予否定，但更肯定德性之我的認知與建立才是求占並且不為占之所限的後續思考，也是聖人之道所欲指出的問題。建立主體之我的道德行為與價值判斷，也才是人道思想一種新的視域展開。

三　聖人之道的實踐系統

知識構建了理論系統，在上一段吾人以聖人之道的「辭、變、象、占」為基本的知識系統，此四件事也就形成〈繫辭傳〉所言的聖人之道；但是中國哲學並沒有發展出類似西方「知識即是力量」（Knowledge is power）的獨立系統，反而是以實踐之成果來證明知識的價值。由是「道」不僅有知識系統，亦存在著其可以實現的可能，此即是實踐系統的建立。〈繫辭傳〉的「聖人之道」是可以被實現的，而其推動如此作為，除了前述的知識性的認

知之外，有其必須如此作為的核心理念貫穿其間，此即是遍佈流行於《周易》六十四卦的意涵之所在的「憂患意識」，如果沒有憂患意識的概念，《周易》之哲理價值與對人的意義將大為降低，有了「憂患意識」才能使得《周易》與《易傳》所欲傳達的「道德我」擺脫「形軀我」得以建立，也使得人的生命由「自然生命」進一步提升到「價值生命」的層次。此即是勞思光先生研究《周易》之後，認為存在於《周易》之中的是一個「宇宙秩序」[13]的概念。他認為從《周易》中可以獲得如下的發現：

> 此種排列命名，即明顯表示古代思想中之簡單宇宙論觀念。宇宙始於發生之力與基始質料，過程無窮，不可有「終」，只好以〈未濟〉（即無窮）本身作為「終」。
>
> 此外，其餘各重卦之名，亦具有一定意義，皆表示一種可能事態。因為「卦」原是為占卜而設，所以六十四重卦所指述之事態，一方面固指宇宙歷程，另一方面也皆可應用於人生歷程。由此，又透露出另一傳統思想，即是，宇宙歷程與人生歷程有一種相應關係。此種相應性之假定，本是一切占卜思想之共同假定，但在《易》之卦爻組織中，此相應性成為十分顯豁的觀念。[14]

徐復觀先生在《中國人性論史》一書中提出：「周人建立了一個由敬所貫穿的敬德、明德的觀念世界，來察照、指導自己的行為，對自己的行為負責，這正是中國人文精神最早的出現。」[15]而此「敬」的觀念正是《易傳》所表現出來的兩種積極面對的態度，也是勞思光先生所稱的「顯豁的觀念」，第一是「君子以自彊不息」（〈乾卦・象傳〉），代表一種積極性的進取心、向善心，以完成安頓天下蒼生的使命感，不達目的絕不終止的鍥而不舍的精神；第二是「君子終日乾乾，夕惕若厲，無咎。」（〈乾卦・九三爻辭〉）代表著

---

13 勞思光：《中國哲學史（一）》（臺北：三民書局，2014年），頁80。

14 勞思光：《中國哲學史（一）》，頁81。

15 徐復觀：《中國人性論史（先秦篇）》（臺北：臺灣商務印書館，1978年），頁23。

遇事不懼不憂，以自我之努力為方法，克服萬難，戒慎恐懼，如履薄冰，如臨深淵，避免為惡鑄成大錯。

（一）憂患意識是聖人實踐的動力因

此觀念之啟發與對聖人之道實踐的驅策動力與實踐系統之完成，曾春海教授的研究觀點，有如對易學研究投下一個智慧之光，他率先提出「憂患意識」是聖人之道四個面向相連相貫的共同心態，本文在此特以實踐系統的「動力因」稱之，如無此驅動力，四個面向仍然是靜態的展示如此則只有平面意義，充其量也只是闡明《周易》聖人所關切的議題以及形成的途徑，但是無法說明聖人為何如此思維？聖人之所以如此思維的動力來自何處？依據什麼理由使得聖人必須如此思維，因而才被稱為聖人。曾春海教授認為：

> 《易‧繫辭下傳》謂：「易有聖人之道四焉，以言者尚其辭，以動者尚其變，以制器者尚其象，以卜筮者尚其占。」易道雖有四個面向，卻有相連相貫的共同心態，一言以蔽之，就是「憂患意識」。《易‧繫辭下傳》云：「作易者，其有憂患乎！」又云：「易之興也，其當殷之末世，周之盛德邪？當文王與紂之事邪？是故其辭危，危者平，易者使傾，⋯⋯懼以終始，其要無咎，此之謂易之道也。」[16]

從歷史事實而言，周滅商取而代之，觀商紂之無道而使國家覆滅，豈能不引以為鑑，是故「前車之鑑，殷鑒不遠」，如無「懼以終始」的憂患意識，必不能防患未然。

曾教授進一步闡述他的看法：

> 憂患意識的憂患心，係人的性靈生命對時代大生命的感通之際，不忍

---

16 曾春海：《易經的哲學原理》，頁162。

生命的摧折、萎縮、深切企盼將時代的整體大生命奮力振作，帶向
真、善、美的理想境域，是故，貫穿周易哲學首尾的憂患意識，其本
身就是聖人仁心靈智莊嚴的大覺大悟。質言之，憂患意識係深切厚實
的人類道德心，不但對一己的仁心靈智能切己自覺，自尊自信，對天
地生生之大仁德及普天下的生靈，亦投予無比的敬重和期許。[17]

前述在本文第二段所言之縱貫式（立體式）的思維情境即是「憂患意識」，
此「憂患意識」是聖人體悟天地之理與人倫之情，帶著公天下之心，將其領
悟而得的天道與人道互動、互應之智慧，分享於普天之下，天道所言者乃是
順性命之理，此理是「生生之謂易」的理，聖人感而遂通，而得天下之至
神；在人與他人的人際互動溝通上則是「窮理盡性以至於命」與「和順於道
德而理於義」，此正是儒家所言「己立立人，己達達人」之境。

綜而言之，〈繫辭〉之言「憂患意識」，即是建立在體天地化育仁心仁性
之理，下貫之於我人之「繼善成性」的德行成為可能，並旁通於生命間的契
合、感通與溝通，形成上下通達、左右旁通的生命情境，以彰顯人仁智並舉
的價值。是故，

> 仁者見之謂之仁，知者見之謂之知，百姓日用而不知，故君子之道鮮
> 矣。顯諸仁，藏諸用，鼓萬物而不與聖人同憂，聖德大業至矣哉。[18]

此中所言之君子之道，不管是仁者、智者，他們的觀察體會、實踐而得的
「仁與智」無不是儒家道德觀念與血脈，而其根源即是追溯到生生之理的根
源，即是〈繫辭下傳〉第六章之文：

> 子曰：乾、坤其《易》之門邪！乾，陽物也；坤，陰物也。陰陽合
> 德，而剛柔有體。以體天地之撰，以通神明之德。

---

17 曾春海：《易經的哲學原理》，頁162-163。
18 〈繫辭上傳〉。

天地之大德即生生，而生生之謂易的哲理則含攝於天地人三才之中，而成為萬事萬物之生化變易的歷程，再由「陰陽合德、剛柔有體」以生化萬物，此創化即是儒家天道論道德意義下的生化，誠如方東美先生所闡釋的「育種成性、開物成務、創進不息、變化通幾與緜延長存」諸義，而成「機體論的宇宙觀」，以及牟宗三先生所言之「道德形上學進路」。感通之道即表現在〈咸‧彖傳〉之言：

> 咸，感也。柔上而剛下，二氣感應以相與，止而說。……天地感而萬物化生，聖人感人心而天下和平。觀其所感，而天地萬物之情可見也。

生生即是「絪蘊天地萬物之情」的總體表現，有情方有感情之觸動，推而言之方有「感而遂通於天下」之結果，也是易體神化妙運之奧義。陰陽氣化之論述，《易傳》亦有論及，但究其本質之特顯乃是歸於本體宇宙論之型態，而非墮入氣化論之型態。戴璉璋云：

> 在《易傳》，把陰陽看成天地之氣的是〈象傳〉與〈文言〉。這兩傳的作者，並未據此而構成一套宇宙論。把陰陽用為宇宙論詞語的，是〈繫辭傳〉。〈繫辭傳〉作者是從功能的觀念上來談陰陽，所以說「陰陽不測」、「陰陽合德」；更值得注意的是，他所謂「一陰一陽之謂道」，這道內在於人，就是人的善性，即「仁者見之謂之仁，知者見之謂之知」的仁智之性。性與道是一，仁智的功能與陰陽也是一。因此陰陽不可能是質實的氣，它是儒家本體宇宙論中的詞語，不是陰陽家、雜家氣化宇宙論中的詞語，這分際是必須明辨的。把陰陽用作氣化宇宙論的詞語是由《呂氏春秋》開始，到了《淮南子》作者手裡，陰陽就成為氣化宇宙論的中心觀念了。[19]

---

19 戴璉璋：《易傳之形成及其思想》（臺北：文津出版社，1997年），頁68。

　　因為乾坤之道內存於人，由此而得人之善性存存，以〈繫辭傳〉生生創化為功，道內存於人而非外鑠，方可確立其為《易傳》之本體宇宙論的實質內涵，而被我人所認識的是陰陽、乾坤、健順、剛柔之外在應用及型態，天以創生萬物為德，因此後續的乾坤造化而有的大生與廣生乃是易之本體的大用，〈繫辭上傳〉第十章有更進一步之論述：

> 易无思也，无為也，寂然不動，感而遂通天下之故，非天下之至神，其孰能與於此。夫易，聖人之所以極深而研幾也。

宋儒程頤對此解為「此四者易之體所以立，而用所以行者也，易者蓍卦，无思无為，言其无心也，寂然者感之體，感通者，寂之用，人心之妙，其動靜亦如此。」[20]至於「寂然不動，感而遂通」即在證成易道之體的存在，「無思無為者為易道之體，由此『寂然不動，感而遂通』；乃易體之神運妙用，是即用見體、體用不二。無思無為故易無體，易無體乃無以界說，故以『寂然不動』言之，易體雖為寂然不動之本體，其神用可『感而遂通天下』。」[21]故知易道之本體是寂感一如，是體用一如，其用則在妙運以創造萬物，感通潤物以生以成，故稱「生生之謂易」，也是「天地之大德」。

四　聖人境界

　　〈乾‧文言傳〉言及「夫大人者，與天地合其德，與日月合其明，與四時合其序，與鬼神合其吉凶。先天而天弗違，後天而奉天時。」此「大人」應是「聖人」之另類語詞，即是同義詞，吾人可以藉由大人之四項表現以窺聖人境界。在〈繫辭〉的篇章中，對於聖人之描述可稱鉅細靡遺，共有十七則，摘錄於下：

---

20 〔宋〕程頤、朱熹：《易程傳　易本義》，頁56。
21 吳建明：〈《易傳》「天人合德」思想之研究〉，《高雄師大學報》2007年第22期，頁63。

1. 《周易·繫辭上》：

   聖人設卦，觀象繫辭焉而明吉凶，剛柔相推而生變化。

2. 《周易·繫辭上》：

   顯諸仁，藏諸用，鼓萬物而不與聖人同憂，盛德、大業至矣哉！

3. 《周易·繫辭上》：

   子曰：「《易》，其至矣乎！夫《易》，聖人所以崇德而廣業也，知崇禮卑。崇效天，卑法地，天地設位而《易》行乎其中矣。」

4. 《周易·繫辭上》：

   聖人有以見天下之賾，而擬諸其形容，像其物宜，是故謂之「象」；聖人有以見天下之動，而觀其會通以行其典禮，繫辭焉以斷其吉凶，是故謂之「爻」。

5. 《周易·繫辭上》：

   《易》有聖人之道四焉：以言者尚其辭，以動者尚其變，以制器者尚其象，以卜筮者尚其占。是故，君子將有為也，將有行也，問焉而以言。

6. 《周易·繫辭上》：

   夫《易》，聖人之所以極深而研幾也。惟深也，故能通天下之志；惟幾也，故能成天下之務；惟神也，故不疾而速、不行而至。子曰「《易》有聖人之道四焉」者，此之謂也。

7. 《周易·繫辭上》：

   是故，聖人以通天下之志，以定天下之業，以斷天下之疑。

8. 《周易·繫辭上》：

   是故，蓍之德，圓而神；卦之德，方以智；六爻之義，《易》以貢。聖人以此洗心，退藏於密，吉凶與民同患，神以知來，知以藏往。其孰能與於此哉？古之聰明睿知、神武而不殺者夫！

9. 《周易·繫辭上》：

   是以明於天之道而察於民之故，是興神物，以前民用。聖人以此齋戒，以神明其德夫！

10.《周易・繫辭上》：

是故，法象莫大乎天地，變通莫大乎四時，懸象著明莫大乎日月，崇高莫大乎富貴，備物致用、立成器以為天下利莫大乎聖人，探賾索隱、鉤深致遠以定天下之吉凶、成天下之亹亹者莫大乎蓍龜。

11.《周易・繫辭上》：

是故，天生神物，聖人則之；天地變化，聖人效之；天垂象，見吉凶，聖人象之；河出圖，洛出書，聖人則之。《易》有四象，所以示也；繫辭焉，所以告也；定之以吉凶，所以斷也。

12.《周易・繫辭上》：

子曰：「書不盡言，言不盡意。」然則聖人之意其不可見乎？子曰：「聖人立象以盡意，設卦以盡情偽，繫辭焉以盡其言，變而通之以盡利，鼓之舞之以盡神。」

13.《周易・繫辭上》：

是故，「夫象，聖人有以見天下之賾，而擬諸其形容，象其物宜，是故謂之『象』；聖人有以見天下之動，而觀其會通，以行其典禮，繫辭焉以斷其吉凶，是故謂之『爻』」。

14.《周易・繫辭下》：

爻象動乎內，吉凶見乎外，功業見乎變，聖人之情見乎辭。

15.《周易・繫辭下》：

天地之大德曰「生」，聖人之大寶曰「位」，何以守位曰「仁」，何以聚人曰「財」，理財正辭、禁民為非曰「義」。

16.《周易・繫辭下》：

上古穴居而野處，後世聖人易之以宮室，上棟下宇，以待風雨，蓋取諸《大壯》；古之葬者，厚衣之以薪，葬之中野，不封不樹，喪期無數，後世聖人易之以棺槨，蓋取諸《大過》；上古結繩而治，後世聖人易之以書契，百官以治，萬民以察，蓋取諸《夬》。

17.《周易・繫辭下》：

> 是故，變化云為，吉事有祥，象事知器，占事知來，天地設位，
> 聖人成能，人謀鬼謀，百姓與能，八卦以象告，爻象以情言，剛
> 柔雜居，而吉凶可見矣。

由上述從《易傳》所記載的聖人作為，可以看到在天、地、人三才的素樸宇宙觀中，聖人所代表的是人在天地之間具有一特殊的意義，由自然人到社會人到價值人的視域發展歷程，自然人是生物、是個體，是天地蘊育而生，象徵著血肉形軀之我，是感官之我；而社會人則是象徵著人的社會功能性，漸漸擺脫形軀之我、感官之我，進入到人與人彼此之間存在的各種不同組合，如家庭、族群、階層、國家等不同的組織，而有其特定的角色定位功能性；價值人則是成己成務、開物成務，是活生生、活活潑潑的真我，是德業兼備、德業共進，內聖與外王的合一。此聖人並不是活在彼岸的世界，而是生活在此岸的道德典範。

聖人是一種道德人格，從天、地、人三才並立的格局中挺立成為一個典範和人格類型，包括天人、道器、形名、體用、本末、理欲、義利等觀念的展開，皆與聖人高度相關。它所涉及的層面包括：贊天地之化育、百姓日用而不知之事，昇華成為共同的普遍性價值追求，聖人鼓勵人從自然人到社會人，再到價值人，正如〈繫辭傳〉所說的「顯諸仁，藏諸用，鼓萬物而不與聖人同憂，盛德、大業至矣哉。」即如呂紹綱先生所認為的的：「《周易》則強調創造，追求文明，鼓勵人們在不斷認識客觀世界和適應客觀世界的過程中完善自己，實現自己的價值。」[22]簡言之，聖人的境界即是「修己安人」和「兼善天下」。〈繫辭傳〉的聖人為吾人立下一個重要價值取向，聖人之產生是源於歷史的高度自覺而產生的變革意識與憂患意識，由此激盪出正視承擔人間憂患痛苦的社會責任感，如此的認知，讓聖人的角色能超越自然之我、社會之我，而達於道德之我。《易・繫辭》總體性的為我們提出聖人的境界

---

22 呂紹綱：《周易闡微》（長春：吉林大學出版社，1990年），頁248。

即是「至精、至變、至神」的境界。程頤在《伊川易傳序》言：「至微者理也，至著者象也。體用一源，顯微無間。觀會通以行其典禮，則辭無所不備。故善學者，求言必自近。易於近者，非知言者也。予所傳者辭也，由辭以得意則在乎人焉。」

五　結語

聖人之作《易》是一個動態的過程，體認天、地、人三個對象共存於客觀世界之中，人最為貴之處在於頂天立地、繼往開來，通過觀象設卦，將萬物存在、演變律則，以及人我互動的歷程歸諸於《易》，建構了文明的符號和社會進步的動力，「尚象制器」成為文明的基本象徵，「辭、變、象、占」四要素讓文明得以日日新，以臻止於至善。但是聖人之道並不僅止於此層面，而是面對文明變遷的前因後果與人類命運未來的深度思考，常懷憂患意識的關切精神，期能旋乾轉坤、否極泰來，天地人的相互感通與相應，創造至精、至變、至神的主體心靈世界。

即如《豫卦》之言：「天地以順動，故日月不過而四時不忒，聖人以順動，則刑罰清而民服。」這是聖人體天地之情，而油然而生的不安、不忍之心，改善政治之惡使百姓得到妥善的照顧，這是天地之愛，也是人間大愛。再如《恆卦》：「天地之道，恆久而不已也。利有攸往，終則有始也。日月得天而能久照，四時變化，而能久成，聖人久於其道而天下化成。觀其所恆，而天地萬物之情可見矣。」於此始見文明之光，聖人極深而研幾，緣於觀乎天文以察時變，觀乎人文以化成天下。如此，聖人之道方能可大可久。

參考文獻

吳建明：〈《易傳》「天人合德」思想之研究〉，《高雄師大學報》2007年第22
　　期。

呂紹綱：《周易闡微》，長春：吉林大學出版社，1990年。

宋學海主編、王輝編著：《周易》，昆明：雲南人民出版社，2015年。

徐復觀：《中國人性論史（先秦篇）》，臺北：臺灣商務印書館，1978年。

高懷民：《先秦易學史》，臺北：東吳大學中國學術著作獎助委員會，1975
　　年。

高懷民：《大易哲學論》，臺北：成文出版社，1978年。

勞思光：《中國哲學史（一）》，臺北：三民書局，2014年。

曾春海：《周易的哲學原理》，臺北：文津出版社，2003年。

程頤、朱熹：《易程傳　易本義》，臺北：河洛圖書出版社，1974年。

劉君祖：《周易之歌》，臺北：大塊文化出版公司，2015年。

戴璉璋：《易傳之形成及其思想》，臺北：文津出版社，1997年。

《易》與《洪範》之會通
——論熊宗立《洪範九疇數解》「範數」之說

陳睿宏*

提要

　　北宋陳搏一系開啟《易》與《洪範》之融攝會通，創制圖說，好於衍數。蔡沈尤立創造性新法，以「範數」倡言《洪範》，至此《洪範》之學，另闢新說，歷元明而未墜。明代熊宗立《洪範九疇數解》，正為有關之學傳承譜系中之典型代表，亦是蔡沈思想之再詮解。本文主要以熊宗立《洪範九疇數解》為研究之對象，立基於蔡氏原有《易》與《洪範》會通之視域，綜合探討：其一，熊氏所述「圖書」成《易》與《洪範》的象與數之別，背後仿《易》的基本構架內容；其二，〈河圖〉成《易》與〈洛書〉成《範》合陰陽五行之辨；其三，確立「圖書」推衍成《易》與《洪範》的重要異同；其四，熊氏推闡蔡沈《洪範皇極內篇》所展現的重要理學思想；其五，《範》數推占之用的具體操作方法。透過有關論題之討論，就其對蔡氏之說的承繼、改造與創新之實況，予以客觀之學術評論。

關鍵詞：範數、熊宗立、洪範九疇數解、蔡沈、河圖洛書

---

* 現職國立政治大學中國文學系教授。

Yi and *Hong Fan*

——An Analysis on Xiong Zong-li's Theory of "Fan Shu" in *Hong Fan Jiu Chou Shu Jie*

Chen Rui-hong

Abstract

In the Northern Song Dynasty, Chen Tuan and his family started the integration of *Yi* and *Hong Fan* and created the theory of pictures (illustration), which is better than the number of derivatives. Cai Shen-you created a new method and advocated *Hong Fan* with "fan shu." So far, the study of *Hong Fan* has opened up a new theory and has not fallen since the Yuan and Ming Dynasties. Xiong Zong-li's *Hong Fan Jiu Chou Shu Jie* in the Ming Dynasty is a typical representative in the related pedigree studies, which is also a reinterpretation of Cai and Shen's thoughts. This paper mainly studies Xiong Zong-li's *Hong Fan Jiu Chou Shu Jie* and is based on Cai's *Yi* and *Hong Fan* to discuss the following two points: First, Xiong's "picture book (illustration)" presents as the difference between the images and numbers in *Yi* and *Hong Fan* and imitates the basic structure and content of *Yi*; secondly, the distinction between *He Tu* becoming *Yi* and *Luo Shu* becoming *Fan* combined with yin and yang and five elements; thirdly, the establishment of Tu Shu gradually sets the important similarities and differences between and *Yi* and *Hong Fan*; fourthly, Xiong deduces the important philosophical thoughts shown in Cai Shen's *Hong Fan Huang Ji Nei Pian*; Fifthly, the specific operation method of *Fan* number deduction. Through the discussion of relevant topics, objective academic comments will be made on the inheritance, transformation, and innovation of Cai's theory.

Keywords: Fan numbers, Xiong Zong-li, *Hong Fan Jiu Chou Shu Jie*, Cai Shen, He Tu Luo Shu

一　前言

　　《易》與《洪範》不論思想或知識系統的融攝，由來已久，早在漢代時期，面對陰陽災異橫流的詮釋傾向，以及《易》之起源與〈河圖〉、〈洛書〉（本文並以「圖書」簡稱之）的關係，《易》與《洪範》形成某種程度的糾葛。誠如宋會群提出術數理論的來源，主要包括《周易》的陰陽八卦、《洪範》之九疇，以及〈河圖〉與〈洛書〉等三方面。[1]由此可以看出《周易》與《洪範》可能存在的共性，以及「圖書」於其中之聯繫關係。宋代進入新的學術蛻變與衍化之多元發展，陳摶（872-989）一系《易》學圖說發展之廣泛影響，以及《洪範》學[2]與時代政治的應合，如宋仁宗（1010-1063）撰《洪範政鑒》，[3]《易》與《洪範》形成特殊的學風，彼此間也產生具體的會通。

　　《尚書》中的《洪範》，[4]作為先秦帝王乃至儒家人倫政治實踐的重要關懷，論天道亦言治國大法，面對漢代政治與學術的特殊歷史背景，誠如班固（32-92 C.E.）《漢書·五行志》所云，學術風尚尤其是獨尊儒術的儒家經典詮釋，走向高度的陰陽化路線；面對陰陽五行的導向，促使「則乾坤之陰

1　見宋會群：《中國術數文化史》（開封：河南大學出版社，2003年10月1版1刷），頁273。

2　本文稱「《洪範》學」，乃基於歷代學者特就《洪範》進行詮釋與討論之現象，作為一種學術發展傾向的學術範疇之概括泛稱，晚近學者如蔣秋華論著《宋人洪範學》（臺北：國立臺灣大學出版委員會，1986年6月初版。）、劉暢〈北宋《洪範》學興起的近因——以《洪範政鑒》為中心〉〔《天府新論》，2019年第5期（2019年9月），頁42-51。〕一文等，並取「《洪範》學」為名。

3　誠如林之奇（1112-1176）《尚書全解》所言：「《易》之與《洪範》，皆是聖人所以發明道學之秘，論為治之道，所以贊天地之化育，以與天地參者，要其指歸，未嘗有異」。〔宋〕林之奇：《尚書全解》（臺北：臺灣商務印書館景印文淵閣《四庫全書》本第55冊，1986年3月初版），卷24，頁452。《易》與《洪範》之道的指歸同一，化育天地，通自然之天道，明人事之治道。《洪範》作為治道之法典，固啟自《尚書》立著時代，而宋代尤彰其致用之功，宋仁宗著《洪範政鑒》即是。見〔宋〕趙禎：《洪範政鑒》（上海：上海古籍出版社《續四庫全書》第1060冊，影印宋淳熙十三年內府寫本，2002年）。

4　本文「洪範」以獨立的書名看待，故不取篇名號，採用書名號《》。

陽，效《洪範》之咎徵，天人之道粲然著矣」的局面。[5]《易》與《洪範》
彼此既存與發酵的諸多共性，創造彼此的會通與優勢互補。[6]此一時代《洪
範》與五行災異深度契應，而《易》本身陰陽五行之本色，提供更多災異化
的發揮空間。二者相互關切聯繫，最典型者即與〈河圖〉、〈洛書〉的關係，
原始於《繫辭傳》所謂《易》之成書，乃聖人因「圖書」之則準而為者，而
《洪範》也明確指出「天乃錫禹《洪範》九疇」，孔安國（156 B.C.E.-74
B.C.E.）並據之云「天與禹洛出書，神龜負文而出，列于背，有數至于
九」，藉以立九類之治國大法。[7]事實上，自伏生以降，本於先秦有關「圖
書」祥瑞之用，將《易》與《洪範》以神祕化色彩，而至班固時期，《洪
範》已與「五行」齊觀，所以《漢書‧五行志》記載：

> 《易》曰：「天垂象，見吉凶，聖人象之；河出圖，雒出書，聖人則
> 之。」劉歆以為虙羲氏繼天而王，受〈河圖〉則而畫之，八卦是也；
> 禹治洪水，賜《雒書》，法而陳之，《洪範》是也。聖人行其道而寶其
> 真。降及于殷，箕子在父師位而典之。……此武王問《雒書》於箕
> 子，箕子對禹得《雒書》之意也。[8]

《洪範》的五行化，自伏生（260 B.C.E.-161B.C.E.）、孔安國、劉向（77 B.C.E.-
6 B.C.E.）與劉歆（46 B.C. E.-23 C.E.）父子，乃至班固等諸家的理解，大抵
已經確定〈河圖〉作為伏羲畫成《易》八卦、〈洛書〉為禹陳《洪範》九疇的
基本論調。其中，五行與天地之數的運用，也成為「圖書」數論化的先聲。

5　見〔漢〕班固撰，〔唐〕顏師古注：《漢書‧五行志》（北京：中華書局，1997年11月1
　　版北京1刷），卷27上，頁1315。

6　誠如胡家聰所言，學術發展的特殊時空，會產生彼此可以的交會與優勢互補，建立彼
　　此可以更為密切之關聯性。參見胡家聰：《稷下爭鳴與黃老新學》（北京：中國社會科
　　學出版社，1998年9月1版北京1刷），頁33。

7　見〔漢〕孔安國傳，〔唐〕孔穎達等正義，廖名春、陳明整理：《尚書正義‧洪範》（北
　　京：北京大學出版社《十三經注疏》本，2000年），卷12，頁353。

8　見〔漢〕班固撰，〔唐〕顏師古注：《漢書‧五行志》，卷27上，頁1315。

　　五代至宋初，陳摶一系之說以前，並未實質針對「圖書」與《易》及《洪範》關係的具體思想主張進行論述，至陳摶一系才展開系統性的詮釋。《洪範》在宋代進入另一波高度的發展，至蔡沈（1167-1230）作《洪範皇極內篇》，[9]更進一步走向成為具有同《易》的占筮功能之推筮之法，《洪範》學至此又進入以蔡沈為本的另一「範數」[10]發展支系；其內容上除仍陳述《洪範》的諸多原始觀念外，更重要的是延續陳摶一系的思想內涵之辨析與擴張，而又尤不同創新者，即為占筮系統的建立。此「範數」之說，展示的即一套類似邵雍（1011-1077）《皇極經世書》融入《易》與《洪範》思想元素的宇宙自然推衍體系，更如揚雄（53 B.C.E.-18 C.E.）《太玄》、司馬光（1019-1086）《潛虛》等擬準《易》說之著，呈現的已非《洪範》所本有的內容。

　　《易》與《洪範》之會通，於《洪範》之理解上，融入諸多與時代《易》學所關涉之重要思想觀念與元素，包括「河洛」、「先後天」與「太極圖」等重要內涵的詮用，並受以邵雍思想為主的影響與再造。蔡沈制立圖說的「範數」主張，標誌為《易》與《洪範》會通的嶄新路線，強化數值的運用，構築吉凶推衍的新制占筮之法，以數論之辨證法則，闡明宇宙的變化秩序，肯定《洪範》與《易》會通，「數之與象若異用也，而本則一；若殊途也，而歸則同」。[11]二者所歸本的自然之理皆同，背後傳遞的數與理、數與象關係的思想意義，體現因數明理、通數成聖之道。

　　蔡沈的「範數」之說，以及《洪範》與《易》會通的圖式化發展，南宋以降形成一股強大風潮，並為元明時期《洪範》學的重要取向。明代衍說者尤眾，承言者林立，重要名家如熊宗立（1409-1482）、韓邦奇（1479-

---

9　見〔宋〕蔡沈：《洪範皇極內篇》（臺北：臺灣商務印書館景印文淵閣《四庫全書》本第805冊，1986年）。

10　本文所言「範數」，本於蔡沈創制詮說《洪範》用數推占之法，並後傳為《洪範》學一系之說，附以「」，簡稱「範數」；又因涉及文本引述之考量，並有取《範》數為名者，二者義同。

11　見〔宋〕蔡沈：《洪範皇極內篇·序》，頁699-700。

1555)、俞深（1475年進士）、李經綸（1507-1557）、錢一本（1539-1610）、葉良佩（1523年進士）等，尤以熊宗立《洪範九疇數解》、韓邦奇《洪範圖解》為後繼之有功者，而熊宗立又尤後承卓著。[12]

---

12 熊氏家族啟於唐代先祖熊秘，書香門第，一脈相承，至熊宗立前後，並以醫理為名。其間承繼儒學亦有淵源，據《閩中理學淵源考》記載，建陽熊氏家世，傳衍理學自成一派，「子孫世業於儒，《詩》、《書》、《禮》、《樂》之澤相踵，其家學得於朱、蔡之傳為多」。遠自朱門弟子熊節、其後熊剛大，皆以進士登第的建陽理學名士，編註《性理羣書句解》為名。至元代如熊禾（勿軒，1247-1312）作為朱熹三傳弟子，於南宋咸淳十年（1274）登進士，至退隱創立鰲峯書院，「扶樹教道，講學著書」，建立一脈相承的理學傳統。見〔清〕李清馥：《閩中理學淵源考》（臺北：臺灣商務印書館景印文淵閣《四庫全書》本第460冊，1986年），卷32，頁418-419。就此傳衍，可以對應於熊宗立《洪範九疇數解》，即宗本於朱熹、蔡氏父子之說。熊宗立，字道宗、號道宣、又號勿聽子，里籍福建建陽。熊宗立所處時期，家族經營書坊，以「種德堂」、「中和堂」聞名。其一生以醫理稱著，纂著、校勘、編刻之醫籍，如《勿聽子俗解八十一難經》、《婦人良方補遺大全》、《素問運氣圖括》、《傷寒活人指掌圖》、《難經大全》、《圖注難經》、《原醫圖藥性賦》、《山居便宜方》、《溫隱君海上方》、《備急海上方》等等不下四十餘種。致力於醫術之研究，對傳統中醫醫學理論，貢獻卓著。並著有《小學集解》、《通書大全》、《洪範九疇數解》等儒學之作。又有如《金精鰲極》之五行數術之作，以及《居家必用》之雜著。「受業於劉剡仁齋先生之門」，「從劉剡學醫卜之術」，「嘗讀《易》，悟陰陽之奧」，專於陰陽五行之義，能通於《易》與《洪範》及醫道思想。有關之生平事蹟，參見〔清〕謝道承編纂：《福建通志》（臺北：臺灣商務印書館景印文淵閣《四庫全書》本第530冊，1986年），卷61，頁213。又見方彥壽：〈明代刻書家熊宗立述考〉，《文獻》1987年第1期，頁228-243。又見彭榕華〈熊宗立醫學貢獻初探〉，《世界中西醫結合雜志》2008年第3卷第6期（2008年6月），頁316-319。相關之古籍，並可參見〔清〕熊日新主修：《潭陽熊氏宗譜》（建陽），清光緒7年書林熊氏木活字本。又，〔明〕馮繼科纂修：《嘉靖建陽縣志》（上海：上海古籍書店影印《天一閣》藏明代方志選刊第41冊，1982年）。其他又如見〔清〕張廷玉等奉敕修：《明史‧藝文志》（北京：中華書局，1997年），卷96、98，頁2352、2448。〔清〕嵇璜、〔清〕曹仁虎等奉敕撰：《欽定續通志》（臺北：臺灣商務印書館景印文淵閣《四庫全書》本第394冊，1986年3月初版），卷165、166，頁609、616。又見〔清〕嵇璜、〔清〕曹仁虎等奉敕撰：《欽定續文獻通考》（臺北：臺灣商務印書館景印文淵閣《四庫全書》本第630冊，1986年），卷174、184，頁334、454。又見〔清〕黃虞稷：《千頃堂書目》（臺北：臺灣商務印書館景印文淵閣《四庫全書》本第676冊，1986年），卷1、12、13、14，頁21、321、365-368、373-382。

　　《四庫全書總目》指出蔡沈著《洪範九疇數》「未竟而卒」,「釋數未
備,猶有遺恨」,而熊宗立「訓釋其書」,對於有關之闕文,「皆一一補作」,
「推闡《易》義,曲相比附」,「頗能自申其說」。[13]熊宗立補蔡沈之闕遺、
隱晦難明者,尤其對於蔡氏所立八十一疇,僅第一疇外,餘皆無「數曰」之
述,則熊氏於此補之,推闡其義,後顯之功為最,至韓邦奇則循熊宗立之路
線,著力於用數的認識,不若熊宗立之「數」、「理」兼並;如鄧鐙(?-?)
〈洪範圖解序〉所記,韓邦奇自訴,「蠶峰詳於理,吾獨詳於數」,即言熊氏
以理見長,而韓氏善於論數,但是否如作為京闈入門的鄧鐙對韓氏之厚譽,
而隱貶熊氏「疏於數」,仍有商榷者。[14]

　　熊宗立自述學宗於蔡沈,肯定蔡沈的《洪範皇極內篇》,為「發明
《範》數不傳之秘」,而其著論以「暢九峰之道學,闡《洪範》之聖謨,有
以序彝倫資世教」,又倡明「惠迪懲逆之要,君子修己治人之方」。[15]「範
數」之學,即彰明天人之道,體現內聖外王的儒家聖道。朱彝尊(1629-
1709)《經義考》指出《洪範》之學,二千餘年之後,因蔡沈而「始紹其
絕,理由心得,業匪師傳,其功懋矣」。然「數辭未備,而蔡子卒」,此學
「乃又絕矣」,至「鰲峯氏補其缺辭,而訓釋之,其後復明」。[16]高度肯定熊
氏之功。熊氏闡明蔡氏立著之核心內容,「數之大意,以天命之性為提頭,
次以禮樂仁義為準則,因揲蓍以設立占卜之教法,即其事訓示數為警戒,但

13　〈洪範九疇數解提要〉,見〔清〕永瑢等撰:《四庫全書總目・子部・術數類存目》(北
　　京:中華書局,2008年),卷110,頁933。

14　見〔明〕鄧鐙:〈洪範圖解序〉。收於〔明〕韓邦奇:《洪範圖解》(濟南:齊魯書社
　　《四庫全書存目叢書》子部第57冊,1995年9月1版1刷),頁715-716。《洪範圖解》之
　　序文,包括韓邦奇自序有二,一附於書前,另一收於其《苑洛集》中,內容略有不
　　同,故引述之序文,依所由書籍而定。另,又一書前序文,為其門人鄧鐙所作。又,
　　書之後序者,為正德辛巳年(1521)王道之序。

15　見〔明〕熊宗立:《洪範九疇數解・序》(濟南:齊魯書社《四庫全書存目叢書》子部
　　第57冊,1995年),頁601。本文採此版本。

16　見〔清〕朱彝尊:《經義考》(北京:中華書局影印《四部備要》本,1998年),卷
　　273,頁1392。

欲使為之中正，而不可為之邪曲，為君子謀，而不為之小人謀」。[17]與
《易》義近而功同，特別倡言天命之性，禮樂仁義與占筮之法。蔡氏一系
「範數」之傳衍，熊宗立之說，可以視為最重要的補述代表，然歷來學者並
無針對有關議題進行關注與研究，[18]故本人循宋明《洪範》學之發展脈絡，
專就蔡沈一系之傳衍，以熊宗立《洪範九疇數解》[19]所論進行探析。立基於

---

[17] 見〔明〕熊宗立：《洪範九疇數解》，頁621。

[18] 晚近有關熊宗立之研究，主要關注其對傳統醫理方面之貢獻與成就，以及對其個人之
考述，包括如方彥壽：〈明代刻書家熊宗立述考〉；俞慎初〈「醫善專心，藥貴經驗」明
代普及醫學的先驅——熊宗立的學術思想及著述考證〉（見《福建中醫藥》1987年第5
期，頁2-3。）；林慧光〈熊宗立在婦產科學的成就初探〉（見《福建中醫學院學報》
1997年第1期，頁5-6。）；馬茹人〈杏林種德杏苑留芳——熊宗立刻書概況與特點〉
（見《上海中醫藥雜誌》2000年第6期，頁20-21。）；陳國代〈熊宗立刊刻醫書概述〉
（見《中華醫史雜誌》2003年第1期，頁27-29。）與〈建本圖書與醫學傳播〉（見《中
醫文獻雜誌》2003年第2期，頁22-23。）；彭榕華〈熊宗立醫學貢獻初探〉；陳繼華
《明代福建醫家熊宗立醫籍編刻及學術思想研究》（見福建中醫藥大學中醫醫史文獻碩
士論文，2012年6月）；陳曦《熊宗立及《名方類證醫書大全》研究》（見長春中醫藥大
學中國醫史文獻碩士論文，2013年4月）；陳婷〈《勿聽子俗解八十一難經》校語探析〉
（見《時珍國醫國藥》2016年第9期，頁2232-2234。）等諸著，有關其理學思想與
《洪範九疇數解》之研究，則少有見論。

[19] 《洪範九疇數解》之版本與卷數，《四庫全書總目》於「存目」中所述，為兩淮鹽政採
進本之《洪範九疇數解》三卷，並述明「朱彝尊《經義考》載是書作八卷，與此本不
符」。見〔清〕永瑢等撰：《四庫全書總目·子部·術數類存目》，卷110，頁933。館臣
所見為三卷本，並與朱彝尊所見八卷本不同。朱氏自述，未見其所謂之八卷本。見
〔清〕朱彝尊：《經義考》，卷97，頁525。朱氏以八卷為名，即本於傳統之原說，包括
朱睦㮮《授經圖義例》、黃虞稷《千頃堂書目》、張廷玉等奉勅修《明史》，皆記八卷。
至若《總目》所云三卷者，與《欽定續通志》、《欽定續文獻通考》同。相關之記載，
見〔明〕朱睦㮮：《授經圖義例》（臺北：臺灣商務印書館景印文淵閣《四庫全書》本
第675冊，1986年），卷8，頁271。又見〔清〕黃虞稷：《千頃堂書目》，卷1，頁21。又
見〔清〕張廷玉等奉敕修：《明史·藝文志》，卷96，頁2352。見〔清〕嵇璜、〔清〕曹
仁虎等奉敕撰：《欽定續通志》，卷160，頁511。見〔清〕嵇璜、〔清〕曹仁虎等奉敕
撰：《欽定續文獻通考》，卷174，頁334。今傳三卷本不明，八卷本今存北京大學圖書
館藏舊鈔本，並收於四庫全書存目叢書編纂委員會編：《四庫全書存目叢書》子部第57
冊，即本文所採版本。又，日本內閣文庫，並藏有清雍正元年（1723）八卷刊本，惟
不見其實。有關熊宗立成書之時間，其於序文中署明「天順二歲，在戊寅秋七月良

蔡氏原有《易》與《洪範》會通之視域,綜合探討:其一,熊氏所述「圖書」成《易》與《洪範》的象與數之別,背後仿《易》的基本構架內容;其二,〈河圖〉成《易》與〈洛書〉成《範》合陰陽五行之辨;其三,確立「圖書」推衍成《易》與《洪範》的重要異同;其四,熊氏推闡蔡沈《洪範皇極內篇》所展現的重要理學思想;其五,《範》數推占之用的具體操作方法。透過有關論題之討論,就其對蔡氏之說的承繼、改造與創新之重要意義,予以客觀之學術評論。

二 「圖書」成《易》與《洪範》的象與數之別

熊宗立承蔡沈《範》數之學,並於論著之首卷,自述取朱熹(1130-1200)「河圖洛書圖說」之觀點,進行申義訓解,「端使人展卷,則知《範》數之淵源,而有所自來爾」。[20]有關「河圖洛書圖說」之諸引說,即來自蔡元定與朱熹合著《易學啟蒙》之內容。[21]藉以說明《洪範》思想淵源,實即蔡沈所立《範》數之淵源,源於〈河圖〉與〈洛書〉之不同布成,並相應於《易》象與《範》數之別。

(一)漢人傳統與朱蔡定說之發揮

傳統上〈河圖〉與〈洛書〉同《易》之形成,進行明確聯繫之論述者,即《繫辭傳》所謂「河出圖,洛出書,聖人則之」之論述,《易》作為聖人則準〈河圖〉與〈洛書〉而成者,至於「圖書」為何物,則只能視之具神祕性的祥瑞一類之神物。「圖書」聯結加入《洪範》九疇者,源於《洪範》記

日」。即說明此著大概完成於明英宗順天二年(1458)。見〔明〕熊宗立:《洪範九疇數解・序》,頁601。

20 見〔明〕熊宗立:《洪範九疇數解・序》,頁601。

21 有關《易學啟蒙》之作者問題,歷來學者考定,雖指稱為朱熹同蔡元定之共著,然大抵肯定蔡元定為起稿主筆者,或有朱熹之增修者,但基本上同為朱熹所認同之思想主張。

載「天乃錫禹洪範九疇」，禹（2123 B.C.E.-2025 B.C.E.）得天之賜「九疇」之法，得以「彝倫攸敘」；[22]天之所錫者為何？亦具高度的神祕色彩。至漢代《洪範》學走向極端五行化的詮釋路線，「圖書」與《易》之八卦及《洪範》之九疇，由此建立互應對比關係的普遍新理解。如孔安國指出「天與禹洛出書，神龜負文而出，列于背，有數至于九」。〈洛書〉以九數為用，禹並據以制成《洪範》九疇大法。[23]同時並於釋說《顧問》時提出「河圖，八卦。伏犧氏王天下，龍馬出河，遂則其文以畫八卦，謂之河圖」。[24]〈河圖〉作為伏羲畫定八卦之依據。包括如班固、劉歆、鄭玄（127-200）等諸家，乃至《易緯》與相關緯書之說，彼此之關係，已成為定論。又如班固《漢書・五行志》引劉歆之言，指出「虙羲氏繼天而王，受〈河圖〉則而畫之，八卦是也；禹治洪水，賜《雒書》，法而陳之，《洪範》是也」。[25]即完整確立四者的具體關係。四者聯繫下的內容論述，大抵在天地之數與五行之配用上，而〈洛書〉取九數，但是否也不避十數者，則不得而知，至於〈河圖〉，則又未強調專屬於十數配應。

〈河圖〉成八卦，《易》之八卦以「象」明天地自然之道，而〈洛書〉立九疇，九疇則以用「數」而明。為漢儒接受的概念，但漢儒並不強作區分，亦無意於區分與構築彼此的殊別關係，少有具體的著墨；也就是說，有關四者的應接與具體的「象」與「數」相異之內容，流於平淡，並非漢儒之關切者。縱使至宋初「圖書」的創造性認識，亦不刻意挑起其異同之關係，如劉牧（1011-1064）本陳搏之說，主張「圖九書十」之論，認為「圖書」同為伏羲成《易》卦之主要來源，且無意於加入《洪範》與《易》進行「圖

---

22 見〔漢〕孔安國傳，〔唐〕孔穎達等正義，廖名春、陳明整理：《尚書正義・洪範》，卷12，頁353。

23 見〔漢〕孔安國傳，〔唐〕孔穎達等正義，廖名春、陳明整理：《尚書正義・洪範》，卷12，頁353。

24 見〔漢〕孔安國傳，〔唐〕孔穎達等正義，廖名春、陳明整理：《尚書正義・顧命》，卷18，頁592。

25 見〔漢〕班固撰，〔唐〕顏師古注：《漢書・五行志》，卷27上，頁1315。

書」的分立，但至南宋朱熹、蔡元定與蔡沈父子，才依據漢人詮說《洪範》
所進行的四者之相互應對分立關係，作明確推定。

熊宗立宗本於自朱熹、蔡元定與蔡沈之說，執持「圖十書九」的基本主
張。認為「古今傳記，皆以十為〈河圖〉，九為〈洛書〉」，否定劉牧之說，
指出他「託言出於希夷」為誤，「與諸儒舊說不合」；並以其「引《大傳》以
為『圖書』二者皆出於伏羲之世」，使理解《洪範》之用數，恐愈加「昏
昧」，「愈加殘缺」。[26] 追隨朱、蔡等之觀點，對劉牧之說，作極其強烈之否
定。其所謂「古今傳記」皆主其說，仍有需要釐清者：首先，先秦固無十數
或九數之用的說法，至漢代雖隱有提到〈洛書〉九數者，但並無明確以〈河
圖〉為十數者，且取〈洛書〉十數為用，亦非不可。其次，延續《繫辭傳》
聖人則之「圖書」的說法，推言二者於伏羲時已存，似又無不可。尤其其一
系之學者，肯定「圖書」與《易》和《洪範》，可以相互表裏、經緯，何以
不可視二者為同一時期已存在者，何況二者皆本天地之數的自然之道，為諸
儒一貫之說，則二者如劉牧所指，屬自然之道，表述方式不同，但其理同，
則以劉牧之說為誤，仍須明確證言。此理同一之觀點，亦為熊宗立本前人之
說的相近觀點，既是如此，則對劉牧之說宜寬容以待。[27]

熊宗立順前人之說，指出：

> 河出〈圖〉，洛[28]出〈書〉，包犧以圖而作《易》，大禹以書而敘
> 「疇」。《易》者，陰陽之象也，「疇」者，五行之數也。《易》更四
> 聖，其象已著；「疇」因箕子，其《範》始陳，《範》之既陳，其數則
> 不傳矣。繇周以來，千數百年之後，而九峰先生生于宋之南渡，從學
> 考亭，夫子始得不傳之數于遺經，於是著《皇極內篇》，發明《範》
> 數不傳之秘。[29]

---

26 見〔明〕熊宗立：《洪範九疇數解》，頁619-620。

27 有關其理同一的觀點主張，後文並作討論。

28 原書作「落」字，或當為刻誤。

29 見〔明〕熊宗立：《洪範九疇數解・序》，頁601。

這樣的論定，主觀上接受漢代孔安國、劉歆等對《洪範》理解下的分殊觀點，亦是宋代朱熹與蔡氏父子之說的明確分立，以〈河圖〉同伏羲之作《易》，〈洛書〉同禹之敘《洪範》九疇，至於原來《繫辭傳》中所言《易》同時包括〈河圖〉與〈洛書〉二者，則被刻意擱置或視而不見。目的仍在對漢人《洪範》之說的系統性之創論，使「圖書」分屬二者，予以明確等分，凸顯二者的個別獨立性與各自的神聖性價值。這樣的認識，至蔡沈再進一步的強化，並拉升《洪範》可以與《易》進行對比與等量的對待，故認為《易》顯之以「象」，而《洪範》九疇則特別展示於五行之數的「數」之用；既言「五行之數」，其「五行」在於呼應《洪範》九疇之五行觀，而五行之用數，又有別於《易》不避用數之下，主體上關注的是「天地之數」，而《易》仍鍾於天地之數的陰陽推衍之天地之象的「象」的面向。熊宗立根本於蔡沈之法，強調《洪範》本於數的主體本質，卻在一千多年間幾至湮絕，直到蔡沈方重現「數」之用，「發明《範》數不傳之秘」，「數」成為《洪範》的代言人，「範數」也成為標誌《洪範》學發展的新里程碑。

順著《易》與《洪範》並列齊觀及凸顯的殊別之性，正為蔡沈一生致力於《洪範》學建構所關注者，並為其《洪範》學「範數」化關注的重點，透過對比「圖書」與《易》和《洪範》之關係進行確立。此一理解，即熊宗立申明蔡沈「範數」之法，確立推占之用，首先要進行合理化說明者，亦即為〈河圖〉與〈洛書〉同《易》與《洪範》的關係，作詳細而確切的釐清，以所謂對《洪範》的淵源探究，賦予《洪範》合〈洛書〉之用的「範數」化之合理性辯護。熊宗立根本蔡沈分殊的主張，認為「卦，象也；疇，數也。象用方，方者耦也」。卦用象以方耦，相對於數，「數用圓，圓者奇也」。[30]分別「圖書」之異，乃至《易》與《洪範》之差異，構說與對比出兩套系統的殊同，以及背後同明自然之道的蘊意。

---

30 見〔明〕熊宗立：《洪範九疇數解》，卷2，頁635。

（二）輯圖確立「圖書」對應《易》象與《範》數之別

　　論及《洪範》之淵源，熊宗立開宗明義即輯制圖說（見圖一至圖四）。[31]
〈河圖象數圖〉與〈洛書範數圖〉二圖，即朱熹與蔡元定所主張的〈河圖〉
十數與〈洛書〉九數的圖說。〈河圖〉作為《易》卦形成之所由，取《繫辭
傳》天地之數的「五位相得而各有合」之說，確立其「前七二，後一六，左
三八，右九四，居中者五與十」的十數布列方式。〈洛書〉為《洪範》九疇
之依據，取《洪範》所記五行、五事、八政、五紀、皇極、三德、稽疑、庶
徵、五福與六極等九疇大法。於此，〈河圖〉取「象數」為名，〈洛書〉用
「範數」，二者皆以天地之數為用，同時並有五行之配應，同顯陰陽五行的
自然之道；雖蔡沈特別強調〈河圖〉專於「象」，〈洛書〉則主於「數」，但
天地之數與五行之應，皆為二者所本有者，無可偏廢，熊宗立特別凸顯此一
理解。

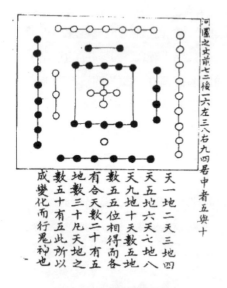

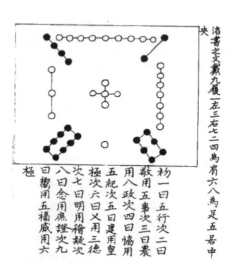

圖一　河圖象數圖　　　　　　圖二　洛書範數圖

31　見〔明〕熊宗立：《洪範九疇數解・洪範淵源》，頁603-604。

　　〈易象之圖〉（圖三）與〈範數之圖〉（圖四）二圖，即據前面〈河圖〉
與〈洛書〉本於天地之數的運化，進一步推衍出《易》卦與《範》數之布
列。二圖非熊宗立所自制，為轉輯錄自蔡沈之子蔡抗（1193-1259）之作，
收於蔡沈《洪範皇極內篇》書末所制說者；熊氏之後，韓邦奇《洪範圖解》
亦輯述。[32]〈易象之圖〉說明《易》本〈河圖〉而取象為用，立八卦成六十
四卦，根本上即在於「象」，取《繫辭傳》「古者包犧氏之王天下也，仰則觀
象於天，俯則觀法於地……」一文，說明聖人仰觀俯察天地自然之物象，制
為《易》之八卦，以通顯神明之德，類比萬物之情狀；觀象用以備物致用，
察知天道萬象，明人事之宜。至於八卦如何推衍而成，則又取《繫辭傳》
「《易》有太極，是生兩儀……」的八卦生次之述，「兩儀」為陰陽之象，
「四象」與「八卦」亦皆陰陽所進一步推衍之象，以象為用，可以定吉凶而
大業可生。又引《繫辭傳》「天地定位，山澤通氣，雷風相薄，水火不相
射，八卦相錯。數往者順，知來者逆，是故《易》逆數也」一文，[33]強調八
卦之生成，八卦之象的布列，對應而相錯，往來順逆有則，同取數之顯用，
數之本質仍即陰陽，雖《易》以象為主，而天地之數又不避用，此亦《繫辭
傳》申言天地之數之所由。往來順逆、相錯生衍的六十四卦序列，便為伏羲
作為畫卦制《易》之傳統認識，則以象制《易》的初始淵源，即伏羲之
《易》，亦即北宋邵雍先天之說的一貫主張，故此〈易象之圖〉理所當然為
伏羲之八卦、六十四卦之先天序列；熊宗立藉《易傳》之說，進行溯源式之
闡釋。

---

32 見〔宋〕蔡沈：《洪範皇極內篇》，卷5，頁750-751。熊宗立輯述外，韓邦奇《洪範圖
　解》亦輯用述說。見〔明〕韓邦奇：《洪範圖解》，頁722。

33 三段《繫辭傳》之引文，見〔明〕熊宗立：《洪範九疇數解・洪範淵源》，頁604。同見
　於蔡抗之說，見〔宋〕蔡沈：《洪範皇極內篇》，卷5，頁750。

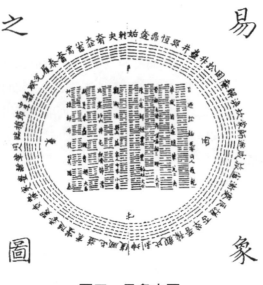

圖三　易象之圖

圖四　範數之圖

九九方數圖

```
九九 九八 九七 九六 九五 九四 九三 九二 九一
   八八 八七 八六 八五 八四 八三 八二 八一
      七七 七六 七五 七四 七三 七二 七一
         六六 六五 六四 六三 六二 六一
            五五 五四 五三 五二 五一
               四四 四三 四二 四一
                  三三 三二 三一
                     二二 二一
                        一一
```

圖五　九九圓數循環之圖　　　　　　圖六　九九方數圖

至於〈範數之圖〉，即取符號表徵數值，亦即蔡沈〈九九圓數圖〉與〈九九方數圖〉二圖之合圖；[34]前者熊宗立稍作更名為〈九九圓數循環之圖〉（圖五），後者〈九九方數圖〉（圖六）圖名不變。[35]蔡抗迻引蔡沈原說，云：

> 昔者天錫禹《洪範》九疇，彝倫攸敘。一者，九之祖也。九者八十一之宗也。圓之而天，方之而地，行之而四時，天之所以覆物也，地之所以載物也，四時所以成物也。散之無外，卷之無內，體謂造化，而不可遺者乎。[36]

〈洛書〉作為《洪範》九疇之本，取「數」之用，以一為萬化之始，由一而衍三，以至於九，九者即蔡沈所謂「數之終」，一為始，萬化之開端，亦終

---

34 見〔宋〕蔡沈：《洪範皇極內篇》，卷1，頁700-701。

35 見〔明〕熊宗立：《洪範九疇數解》，卷4，頁657

36 見〔明〕熊宗立：《洪範九疇數解‧洪範淵源》，頁604。同見於〔宋〕蔡沈：《洪範皇極內篇》，卷2，頁709；卷5，頁751。

極反始之所在，恆常不變，一推至九，故九以一為祖，九則主於變，則八十一由是而成，九必為八十一所宗者。數變推衍，以成天地圓方、四時推移的時空存在，覆載萬物，造化流行，無可偏遺。數化之自然，大道之所自在，進一步云：

> 沖漠無朕，萬象具矣。動靜無端，後則先矣。器根於道，道著器矣。一實萬分，萬復一矣。混兮闢兮，其無窮矣。是故數者，計乎此者也；疇者，等乎此者也；行者，運乎此者也。微而顯，費而幽，神應不測，所以妙乎此者也。[37]

陰陽造化，其「沖漠無朕」者，如《易》之太極一般，寂然不動，感而遂通的神妙之性，無所不在，萬象森然已具，故實已存不為虛，乃天道之流行者，氣運生物，必不得是虛。動與靜、先與後、道與器、一與萬，至微而顯，明與幽，皆在此造化流行的開闢、萬化無窮之間，為造化流行的神妙者。造化之流行，即數之所計，疇之所同等，九疇之數，運化於此間，故《洪範》運數，亦同於伏羲先天《易》說，同具方圓之結構，《易》以六十四卦，《洪範》以八十一數名，數名之行，範圍天地之道。

熊宗立承繼蔡沈擬準邵雍先天圖說之法，以八十一數運數為用，每一數皆有其名，如初為一一之「原」，一二為「潛」，……至終為九九之「終」等，就像《易》六十四卦，每卦亦有其名，卦符即八卦之顯象，而八十一數名，亦有其數符，以明其八十一用數的權威性。專於數與專於象，各樹其異，彰明天地自然之道之理並同。

---

37 見〔明〕熊宗立：《洪範九疇數解·洪範淵源》，頁604。同見於〔宋〕蔡沈：《洪範皇極內篇》，卷1，頁703；卷5，頁751。

三 〈河圖〉成《易》與〈洛書〉成《範》合陰陽五行之辨

　　雖然《易大傳》(《繫辭傳》)確立《易》本於「圖書」，然熊宗立根本蔡元定與朱熹《易學啟蒙》之說，仍關注孔安國與劉歆之主張，確立〈河圖〉所以畫八卦，〈洛書〉所以陳《洪範》九疇者，則「八卦、九章相為表裏」，二者表裏相依，並列齊觀，非《易大傳》之云，若《易》同法於「圖書」，《易》則可含《洪範》九疇，而《洪範》九疇不可牢籠《易》。《易》實本於〈河圖〉一者，如《洪範》九疇之本〈洛書〉，方可彼此表裏齊等。

　　同時，藉由孔安國之言，明確指出〈洛書〉取神龜背之「有數至九」，「以成九類」的《洪範》大法。也就是說，早在孔氏之時，已立說〈洛書〉為九數，合《洪範》九疇以「九」為用之根本。進一步同朱熹、蔡氏父子一般，又取來自阮逸（1027年進士）所偽造的關子明（？-？）《易傳》之說，所謂「〈河圖〉之文，七前六後，八左九右。〈洛書〉之文，九前一後，三左七右，四前左，二前右，八後左，六後右」之說。說明〈河圖〉與〈洛書〉的基本數值布列，同於圖一〈河圖象數圖〉與圖二〈洛書範數圖〉之布列方式。同時又取邵氏之言，「圓者星也，曆紀之數，其肇於此乎；方者土也，畫州並地之法，其倣於此乎」。天圓以星象，推衍曆法之數，而地方以九州推布，亦以數用。隱然之意，似取邵氏之說，證其〈河圖〉本圓而數十以偶，〈洛書〉本方而數九以奇。[38]為伏羲、文王之造《易》，與夏禹、箕子作《洪範》，尋找合理性之來源根據。然究其實，邵雍固非如是說，曲擇其言，以推證己論。

（一）〈河圖〉成《易》之陰陽用數與五行之配應

　　《易大傳》所云天地之數，「以天數一、三、五、七、九，合而籌之，

則二十五數也；以地數二、四、六、八、十，合而籌之，則三十數也」。[39]
天地之數合為五十五，即《易》成八卦、六十四卦之主要來源，以之成天地
之變化而為妙用者。

孔子以此天地之數作為「繫《易》之辭」，熊宗立並認為朱熹據引「以
發明〈河圖〉之祕」。天地之數，作為氣化之質，為天地之間流行之一氣，
即朱熹與蔡元定《易學啟蒙》所云「天地之間一氣而已」，氣化於天地之
間，布散為一陰一陽之二者，並與五行進行造化流行，推衍始終，變化萬
物，皆一氣之用；陰陽五行之布列，一切存在皆由此管攝，〈河圖〉之義即
在於此。既是如此，〈河圖〉之用，必有定序，熊宗立同依《易學啟蒙》之
說，指出「一數與六數共類，位于北；二數與七數同侶，位于南；三數與八
數同途，位于東，四數與九數為儔，位于西；五數與十數，虛而不用，相守
位于中」。所述之言，即本朱熹門人熊節（1199年進士）編《性理群書句
解》，採熊剛大（1214年進士）之解說；正如其自云，於朱熹所未來能闡明
者，取其「宗伯建安熊氏舊註」以補說。[40]五與十居其中，以虛位相守而不
用，餘八數皆兩兩相得各合於一方。〈河圖〉取十數之用，「不越乎各一陰一
陽，各一奇一偶」，強調《易》一陰一陽之道，十數兩兩為一五行，五奇之
陽數，合五偶之陰數，雖以數言，終在於象，亦即「天有五行之象，地有五
行之形」，不論「象」或「形」，皆屬天地之內的氣化的形下之器，總其言即
「象」，亦即〈河圖〉成《易》卦，以「象」類萬物之情之所由。此象形既
為陰陽所成者，又為五行之實，故合蔡、朱所謂「圖之是數，以兩其五行」
之義。[41]

天地之數所表徵的陰陽五行之氣，其屬性「陽氣輕清上浮於天，陰氣重

---

39 見〔明〕熊宗立：《洪範九疇數解・洪範淵源》，頁605。

40 見〔明〕熊宗立：《洪範九疇數解・洪範淵源》，頁605。其說取自其宗伯熊氏之舊註，
　　即來自《性理群書句解》。見〔宋〕熊節撰，〔宋〕熊剛大註：《性理群書句解》（臺
　　北：臺灣商務印書館景印文淵閣《四庫全書》本第709冊，1986年），卷9，頁191。

41 見〔明〕熊宗立：《洪範九疇數解・洪範淵源》，頁605。「而兩其五行也」之「五行」，
　　原缺之後補者作「五形」為誤，當為「五行」。同見熊剛大之註說。見〔宋〕熊節撰，
　　〔宋〕熊剛大註：《性理群書句解》，卷9，頁191。

濁下沉地」，而原蔡、朱乃至熊剛大之說，強調陽氣位居上、陰氣位居下，熊宗立稍作修正，淡化陰陽上下之處位，轉重於強調陰陽之氣的本有質性，陽氣以輕清而上浮，陰氣以重濁而下沉，因為若明確指稱處位，則與〈河圖〉天地之數的布列，天數與地數各五的相得者，明顯不洽，因為〈河圖〉並不以五陽數外處天之位，五陰數亦不內處地之位，天五與地五之十數，因生數與成數的不同，進行內外布列，若指稱陽處上位、陰處下位，則與〈河圖〉之實況不符。天數與地數，因生成數的一陰一陽合五行，為「各有相得者」，而其「各自相合者」，為以五生數以生，五成數以成，同為一五行之生成而致之，故稱「相合」；[42]直言之，即生數與成數同一五行的相合。據此說明天地陰陽十數，配應五行之用，以明《繫辭傳》天地之數的「五位相得而各有合」。

（二）〈洛書〉成《範》之陰陽用數與五行之配應

《洪範》來自〈洛書〉，熊宗立所謂「天賜神龜出於洛，背負文，有數之九，禹遂得以因而次序之，以成九疇也」。延續《洪範》的傳統說法，並明確以孔安國以來至朱熹、蔡氏父子的九數之說，確立九數之配位，「陽居四正，陰居四隅，交互藏於其宅」。[43]九數布列，即陰陽流行變化之規則，各有其序，不紊其次。

在〈河圖〉天地十數的陰陽五行配位上，依水、火、木、金、土之序列，熊宗立每有見述，特別強調〈河圖〉作《易》與五行的密切關係。相對的，有關〈洛書〉本身乃至以〈洛書〉著成《洪範》九疇的五行方面之論述，則較為薄弱，且原來《洪範》九疇的水、火、木、金、土之五行序列，卻未作具體的運用，反而取木、火、土、金、火的序列。因此，若從此一角度言，似乎劉牧的「圖九書十」反而理據尤洽。

---

42 見〔明〕熊宗立：《洪範九疇數解・洪範淵源》，頁606。並見熊剛大之注說。見〔宋〕
　　熊節撰，〔宋〕熊剛大註：《性理羣書句解》，卷9，頁191。

43 見〔明〕熊宗立：《洪範九疇數解》，卷1，頁626。

　　蔡沈論述天地之生數合五行與配應臟腑、五德，言「一為水而腎，其德智也；二為火而心，其德禮也；三為木而肝，其德仁也；四為金而肺，其德義也；五為土而脾，其德信也」。論述上由一而五的生數配應，仍採《洪範》之五行序列進行論述，然而在實際構說五行的配用時，蔡沈採的是木、火、土、金、水的序列，包括其〈五行植物屬圖〉、〈五行動物屬圖〉、〈五行用物屬圖〉、〈五行事類吉圖〉、〈五行事類凶圖〉、〈五行支干圖〉、〈五行人體性情圖〉等，皆取以木為首。[44]因此，熊宗立釋說蔡沈上述的配應之說，則不以一水之腎論起，採用的是蔡沈《範》數五行配應之法，即同於有關圖式的序列，云：

> 夫天地之生數，天三生木，人之元也，性之仁也，臟屬乎肝，生物之始，於時為春。地二生火，人之亨也，性之禮也，臟屬乎心，生物之長，於時為夏。地四生金，人之利也，性之義也，臟屬乎肺，生物之遂，於時為秋。天一生水，人之貞也，性之智也，臟屬乎腎，生物之成，於時為冬。天五生，兩五成十，十者數之極也，位居中央，臟屬乎脾，寄旺于四季也。[45]

天地之生數，由天一至天五，採水、火、木、金、土之序列配說，但就萬化的生成歷程言，以天三之木春作為「生物之始」，而天一之水冬作為「生物之成」，物之生，由始而長而遂而成，至天五則土旺於四季，採用的即以木為始的序列。

　　實際關注〈洛書〉九數，五陽數布列四方與中央之位，四陰數處於四隅，就陽數而言，天一之水在北方，天九之火在南，天三之木在東，天七之金在西，天五之土在中，陰陽五行的運化，仍始於一，就方位與時序而言，依舊為北方之冬。所以不論蔡沈或熊宗立，不論強調「一」為萬化之祖，為

---

44 見〔宋〕蔡沈：《洪範皇極內篇》，卷1，頁701-703、709。
45 見〔明〕熊宗立：《洪範九疇數解》，卷2，頁637。

「數之始」的不變之性，而九則為「數之終」，以變為質；熊宗立甚至認為一同於太極，為「道之原」，而「知乎數則知道矣」。由一數而推至九數，乃至八十一者，一為九之祖，而九則為八十一之宗；合四時之變，進行數列之推衍，熊宗立並云：

> 一數之重，冬至，陽之初也。二數之重，立春，陽之長也。三數之重，春分，陽之中也。四數之重，立夏，陽之壯也。五數之一，則陽漸極矣；陽極而陰生，五數之重，夏至，陰之萌也。六數之重，立秋，陰之長也。七數之重，秋分，陰之中也。八數之重，立冬，陰之壯也。九數之一，則陰漸極矣；陰極而陽生，自一至九九八十一，為一數之周，均分八節，循環運轉，[46] 是為一歲，首尾在於冬至，是九數之重，則復於一，蓋冬至二而餘一也，故九九與一一皆冬至。[47]

數列的布運，由一而九，依序而推衍，確立時序與空間方位之變化，同時也說明陰陽之氣，由一數始於冬至，為陽氣之初，陽氣漸長而至五，陽漸而陰始凝生，同樣至九數則陰極而復於陽生之初，以此循環而無端。由一而九，由始而終，由九而衍為八十一，即始於一一，終於九九。此便為前人已述蔡沈制說〈九九圓數圖〉之數列架構，又即熊宗立〈九九圓數循環之圖〉（圖5）之展示者。[48]

　　從〈洛書〉九數的布列，對應此九九圓數循環之構說，似乎二者不相合，且九數及時序的五行認識，雖與《洪範》以水為始同，卻非全然相合，此即蔡沈乃至熊宗立所無法合理圓說者。

---

46 「循環」之「環」，原作「還」，或為筆誤或刻誤，以「環」為宜。

47 見〔明〕熊宗立：《洪範九疇數解》，卷2，頁637。

48 蔡沈〈九九圓數圖〉，大致與熊宗立〈九九圓數循環之圖〉相近，惟蔡沈之制圖，圖式之序列與節候布列雖無誤，但就方位言，一一與九九之冬至宜置於下方之北方，而夏至則置於上方。或為刻誤。見〔宋〕蔡沈：《洪範皇極內篇》，卷1，頁700。熊宗立圖說則無誤。

四 「圖書」推衍成《易》與《洪範》的重要異同

〈河圖〉取天地十數、〈洛書〉則用九,分別成《易》之八卦與《洪範》之九疇,衍數布列不同,惟皆本於天地之數的自然之道,故雖有相異者,仍有其相合、互為經緯之意義,此為蔡沈一直關注的主張,熊宗立進一步詳言,申明二者的相合相成與具體相異之處。

(一)相合相成之關係

〈河圖〉與〈洛書〉取天地之數,構築自然運化之道,不論數之全或變,其理同一;正變與表裏,亦有其內在相互應合之關係。二者同時以天地之數與五行推衍八卦,也採「五」數立處重要之中位。

1 理一之〈河圖〉主全而〈洛書〉主變

不論〈河圖〉或〈洛書〉,皆為天地之數的陰陽變化之理,即自然之理,雖有其用數之別,但終其理同一。熊宗立本朱、蔡之言,以〈河圖〉主全而〈洛書〉主變。〈河圖〉所全者,為全於天地十數,而致其積則為「偶贏而奇乏」;因主於全,則「極于十而奇耦之位均論」。整全之用,周於其全數以為本。〈洛書〉所變者,指出所用之數為九數,故「極於九」,九數在變,就其位與實,則為「奇贏而耦乏」。〈河圖〉十數全用,五行各有一奇一偶,形成「均平」之實,惟陽數二十五,陰數三十,處於陽奇乏於陰偶者。〈洛書〉九數為用,九主於變,五陽四陰,陽數二十五,陰數二十,為陰偶乏於陽奇。若二者虛中不計,虛中之義並同,則〈河圖〉與〈洛書〉皆以陰陽同為二十,「均平而無所多寡」。[49]〈河圖〉用十數全數,用於耦,「陰陽

---

49 見〔明〕熊宗立:《洪範九疇數解・洪範淵源》,頁608-609。熊宗立採朱、蔡之說,並引熊剛大之言作說明。〔宋〕熊剛大註:《性理羣書句解》,卷9,頁193。並見〔明〕熊宗立:《洪範九疇數解》,卷2,頁635-636。

對待，所以象之立」；〈洛書〉取九數之用，謂「五行迭運，所以數之行也」。[50] 全與變，皆陰陽流行、天地之數的運用，其理皆同。

2 正變表裏的關係

「圖書」與《易》和《洪範》九疇的關係，漢儒孔安國、劉歆已作明確的定論，以〈河圖〉同於《易》、〈洛書〉同於《洪範》九疇，對於《繫辭傳》言聖人則〈河圖〉與〈洛書〉作《易》方面，則未作妥善的說明；劉歆只能視「圖書」內在的相互經緯，而《易》與《洪範》的相表裏，作糢糊敘述的帶過。並未處理好《易》與《洪範》的分殊主張下，如何面對《繫辭傳》的說法。熊宗立延續來自漢儒、朱熹與蔡元定之說，肯定「圖書」彼此相經緯、相表裏，強調「經緯以正變言，表裏以內外言。主〈河圖〉言，則〈圖〉為正，〈書〉為變；主〈洛書〉言，則〈書〉為正，〈圖〉為變」。進一步而言，「《易》之表為卦，而裏固可為《疇》矣；《範》之表為《疇》，而裏固可畫卦矣」。藉《繫辭傳》所述《易》與「圖書」的關係，甚至推衍與《洪範》九疇的關係，以正變說明「圖書」同《易》與《洪範》的內外表裏關係。[51] 可以視為對朱、蔡之說的補充。如此一來，《易》以數言，至當通洽，而《洪範》以《易》義解說，又非不當，二者述義，多有相通者。

3 同顯天地之數與五行可成八卦之用

〈河圖〉十數依生數與成數，本水、火、木、金、土，進行五行之配應，熊宗立強調，「是即《洪範》之五行」，細言之，「〈河圖〉五十五之數，即《洪範》九疇之子目也」。進一步釋說，《洪範》九疇之子目，包括「五行、五事、八政、五紀、五皇極、三德、七稽疑、八庶證、五福、六極」，

---

50 見〔明〕熊宗立：《洪範九疇數解》，卷2，頁636。

51 見〔明〕熊宗立：《洪範九疇數解‧洪範淵源》，頁606。正變、表裏之說，與熊宗立同時的鮑寧並有相近的主張。見〔宋〕鮑雲龍撰，〔明〕鮑寧辨正：《天原發微》（臺北：臺灣商務印書館景印文淵閣《四庫全書》本第806冊，1986年），卷4上，217。

總合五十七數，而實際上「八庶證只有六目」，則九疇子目實為五十五，[52]
故〈河圖〉用數，專於五十五數與五行之配應，推衍八卦之生成，本與《洪
範》相繫，顯於天地五十五數，正九疇子目之數。

河圖既以五行與五十五數為用，同《洪範》五行義法與九疇子目之數，
〈河圖〉「可以為《範》」，彼此相繫，而「〈洛書〉亦可以為《易》」。雖〈河
圖〉五十五數，〈洛書〉四十五數，以〈河圖〉先出於伏羲之用，〈洛書〉後
出於禹時，為先後不同，但「理則一」。同取天地之數，〈河圖〉虛其十，
「便是〈洛書〉四十五」，若虛其五，「便是大衍五十之數」。〈河圖〉五與十
之積為十五，即〈洛書〉縱橫十五之數，而〈洛書〉以「五箇十數」或「十
箇五數」，並皆為大衍五十之數；「〈洛書〉之五又自含五，則得十，而通為
大衍之數」，即〈洛書〉虛五，又自含自天一、地二、天三、地四、天五等
五數，以虛五之「五」，合此「五」，則得十，故通作大衍五十之數。[53]因
此，「圖書」之用數，同取天地之數，理據並同，二者固可相通，既是如
此，《易》與《洪範》又可相貫通。緣自朱、蔡一脈之說，雖有意於貫通彼
此，終歸於天地之數的自然之理，但數值之說，仍不免有附會之鑿痕，似難
平歧轍。

4 「圖書」同採「五」數居中正位

天地之數，五數處中，於「圖書」之布列，並為居中之位，強調「五數
居中，大本之立」的重要地位。[54]〈河圖〉五居於中，一、二、三、四等生
數環列而各居內之一正方，成數環居其外，形成五行配於數位之布列。〈洛
書〉同以五居於中，對應於四正之方者，為一、三、七、九之五陽數，至若
四陰數，則分附於陽數之旁。二者皆以虛中之五為最重要之主體，餘列數則
為客，說明此「五」為「居中而正者，如君之象，側處四旁者，如臣之

---

52 見〔明〕熊宗立：《洪範九疇數解·洪範淵源》，頁611。

53 見〔明〕熊宗立：《洪範九疇數解·洪範淵源》，頁611-612。

54 見〔明〕熊宗立：《洪範九疇數解》，卷2，頁639。

象」。[55]位數有方,不容混淆紊亂,同天理與人道之有序者。「五」若天道天理者,同《中庸》之中,又同《易》之太極;就人倫致用之道,如周敦頤(1017-1073)中正仁義的人極概念,又如《洪範》的皇極治道。不論〈河圖〉或〈洛書〉,以五處中,同有其義。

(二)相異之性

自然天道,同為一理,雖有九數與十數之別,但理或道不變。然又因九與十本不同,致有象與數之別,故〈河圖〉與〈洛書〉有其具體之殊異,並由別異中合同相成。

1 「圖書」數位之異

熊宗立接受朱、蔡之說,於「圖十書九」的基本認識下,「〈河圖〉以五生數統五成數,而同處一方,蓋揭其全以示人,而道其常數之體也。〈洛書〉以五奇數統四偶數,而各居其所,蓋主於陽以統陰,而肇其變數之用也」。即〈河圖〉採五十五數為全體,以一水、二火、三木、四金、五土之五生數,統領六、七、八、九、十之五成數;取「一生一成,共在一方」,透過天地自然之全數,作為示人之要。至於〈洛書〉,以四方合中央的五奇數,統攝四隅的四偶數,各居一位,以奇數之陽,統領偶數之陰而用。[56]強調生成數之配位,〈河圖〉取常數為大體,而〈洛書〉取變數為大用,即從〈河圖〉五十五數為體,〈洛書〉四十五數為用,進行「圖書」體用關係之構說。這便是朱、蔡一系的一貫說法。然而,此處值得細味的是,〈河圖〉十數之用,配諸五行,但〈洛書〉則未言五行之配應,若從原來〈河圖〉為《易》所據,〈洛書〉為《洪範》所準,且《洪範》專主於五行之法,何以此處不見《洪範》的五行之用?此即又回到「圖書」用數上的九數與十數之

---

55 參見〔明〕熊宗立:《洪範九疇數解・洪範淵源》,頁608。

56 見〔明〕熊宗立:《洪範九疇數解・洪範淵源》,頁606-607。並見熊剛大之註說。見〔宋〕熊節撰,〔宋〕熊剛大註:《性理羣書句解》,卷9,頁191-192。

問題，朱、蔡一系之說，批判劉牧之誤的合宜性。顯然熊氏無表疑異，亦無具體著墨。

　　細索「圖書」二者之基本同異，即同於朱、蔡所言，四正與中之五方，「皆三同而二異」，其重要規範為「陽不可易，而陰可易」，惟成數之陽，其有易者，乃在於亦為生數之陰而可易。對比二者，位與數三皆同者，即天一、天三、天五；其二異者，其一異為〈河圖〉之上方地二，〈洛書〉則為天九，其二異為〈河圖〉之右方地四，〈洛書〉為天七，呈現出位與數俱異之情形。就〈河圖〉而言，二、四為陰數，則可與〈洛書〉不類；〈洛書〉其易之生數本為陽，而成數本為陰，以成數對生數而言，雖有屬成數之陽而易者，卻因屬生數之陰而致之。[57]由有關之論述，雖有強為之說與附會之嫌，但反映出陽主陰輔之性，以及生數作為萬化之源，具有相對重要的主導地位。

2　主於生數與奇數之不同

　　〈河圖〉以一水、二火、三木、四金、五土等五生數，統六至十之五成數，熊宗立強調天地十數的布列，為「生數為主」的架構，其中「中央虛五之數而不用不者，不特合中央四方而論」，藉以構成與成數之相得而有合。此即朱熹以五生數統領五成數的基本主張。相對而言，〈洛書〉以「奇數為主」，同樣以五處居中之位，採「中央四方之五奇數為主」，五中之數虛而不用，對應四正之位為上下左右四正之位，乃一、三、七、九等四奇數。[58]因此，「圖書」於此，前者主於生數，後者主於陽數，判然有別。

3　「圖書」陰陽五行運行之相生與相克不同

　　熊宗立根據朱、蔡與熊剛大之說，以〈河圖〉之「生出次序」，即陰陽五行的生成次序，初則生下之一水，次則生上之二火，再次生左之三木，再

---

57 參見〔明〕熊宗立：《洪範九疇數解・洪範淵源》，頁608。

58 見〔明〕熊宗立：《洪範九疇數解・洪範淵源》，頁607。

次生右之四金，再歸於中之五土，復而始於初之一水，依序循環不已。就運行之次第而言，認為初自東方之木，次自南方之火，為木生火；再次至中央之土，為火生土；再次至西方之金，為土生金；終至於北方之水，為金生水。「左運一轉，又自東始，是水生木也」。生數相生，處於內，熊氏特言「在中」，以「一居下，三居左，皆陽數；二居上，四居右，皆陰數也」。陰陽各分，以為分別。成數相成，處於外，「六居下，八居左，皆陰數也；七居上，九居右，皆陽數也」。[59]亦陰陽各分，以為分別。生成之陰陽，交錯分別，以顯其陰陽之交感。熊氏之說，說明生成數的生出與運行次序，有所不同，即就五行而言，生出之次序為水、火、木、金、土，始於水，終於土；就運行次序言，則為木、火、土、金、水，始於木，終於水。此二套不同的五行次序，為傳統上所固用者，而不論朱、蔡或熊氏，著重於木、火、土、金、火的運行上之相生。至於生出的五行之序，本為相克之用，則未詳言。

有關〈洛書〉之次序，就陽數而言，首為一陽數之始居於北，次為三陽居東，再次為五陽居中，再次為七陽居西，再而九陽居南。就陰數而言，首為二陰始居於西南，次而四陰居東南，再次六陰居西北，再次八陰數居東北。陰陽之數合而言之，其次序，首一居北，次二居西南，三居東，四居東南，五居中，六居西北，七居西，八居東北，終於九居南。其運行之次序，「由北而南，水克火；由南而西，火克金；由西而東，金克木；由東而中，木克土。右運一轉，則由中而北，又是土克水也」。[60]因此，就〈洛書〉之運行言，強調五行之相克。

4 八卦生成與九疇立數之別

〈河圖〉數列之用，八卦由是生成。虛中之數五與十為太極，乃宋儒普遍之主張，熊氏同朱、蔡諸家之說，於太極之五與十之外，奇數一、三、

---

59 見〔明〕熊宗立：《洪範九疇數解・洪範淵源》，頁609。熊氏引熊剛大之說，缺「第四生右」，衍出「再歸於中」。此或當刊刻之誤。

60 見〔明〕熊宗立：《洪範九疇數解・洪範淵源》，頁609。

七、九合數為二十，偶數二、四、六、八亦合二十，此太極之五與十，生兩儀之陰陽各二十。內之一、二、三、四之生數，合外之六、七、八、九之成數，即兩儀生四象。四方之相合，乾南、坤北、離東、坎西，立四正之位，而兌東南、震東北、巽西南、艮西北，居四隅者，此四象生八卦，即「伏羲法〈河圖〉以畫《易》」。[61]

　　取〈洛書〉九數直配《洪範》之九疇，即「其一數則次五行，二數則次五事，三數則次八政，四數則次五紀，五數居中則次皇極，六數則次三德，七數則次稽疑，八數則次庶徵，九數則次五福、六極」。九數合九疇，即「大禹法〈洛書〉以作《範》」。[62]熊宗立進一步採朱、蔡與熊剛大之言，認為〈洛書〉虛其五中之數，此數又即太極。四奇數與四偶數，合數皆為二十，同於〈河圖〉之兩儀。一、二、三、四，包含九、八、七、六之數，縱橫皆為十五，並以七為少陽，八為少陰，九為老陽，六為老陰，並為兩儀生四象。四方相對之正位，乾南、坤北、離東，四隅者為兌東南，震東北、巽西南，艮西北。合四正四隅之卦，即四象生八卦。[63]此數值之布列，與〈河圖〉明顯不同，雖述義上似可圓說太極、兩儀至四象、八卦之概念，但數值排列終究不同，則八卦方位實不宜與〈河圖〉相同，理據邏輯啟人疑竇。

　　〈洛書〉雖為九數，但蔡沈至熊宗立，皆云以十數為用，「十者，數之成也，數成而五行備也」。數之用，「方偶對待而見」，「坎一對離九，艮八對坤二，震三對兌七，巽四對乾六，中五合五而十數已悉具矣」。[64]此〈洛書〉用數，仍可見《易》卦之對應，惟所顯之布卦，非原〈河圖〉的伏羲八卦之配列，而屬邵雍所言的文王後天之八卦。熊宗立此處之說，與前取熊剛大之說的伏羲先天八卦序列不同。蔡沈強調「圖書」彼此體用不相離，二者「相為經緯」，[65]或許於此，正表明其義，但仍有難以浹洽之虞。

61 見〔明〕熊宗立：《洪範九疇數解·洪範淵源》，頁610。

62 見〔明〕熊宗立：《洪範九疇數解·洪範淵源》，頁610-611。

63 見〔明〕熊宗立：《洪範九疇數解·洪範淵源》，頁611。

64 見〔明〕熊宗立：《洪範九疇數解》，卷2，頁639。

65 見〔宋〕蔡沈：《洪範皇極內篇》，卷2，頁710。

5　奇偶動靜的卦數判別

　　熊宗立根據蔡沈「數者始於一，象者成於二」之主張，強調《洪範》以九數為用，即〈洛書〉構說自然流行變化之道，「九數從一始，以至十百千萬」，萬化始於一，即「《範》之數始於一」；九疇始於一，終於九，八十一數始於一一之「原」，終於九九之「終」。對應於《易》，《易》本〈河圖〉而成卦，以「二」而成，因兩儀之陰陽之變，以成天地之有象，故「象成於二」；由陰陽之二，而至八卦、六十四卦。《範》數始於一，且用數為九，皆為陽奇之數，而《易》象成於陰陽之二，用數為十，皆為陰偶之數。陽奇應乎動，所以動行，陰偶主乎靜，惟偶者象方得以立，即陰陽二者並在，方可成象。[66] 故〈河圖〉主偶以靜，以立《易》八卦之象；〈洛書〉主奇以動行，所以主於《洪範》之衍數。

　　《易》以二儀之陰陽，生四象，推生「乾、坎、艮、震、巽、離、坤、兌」之八卦。《範》數始於一，「參之三，三數究之九」，即九疇之數。《易》之陰陽推變而生八卦，八卦相重而成六十四卦，再而推成四千零九十六卦，如是「《易》象之變是備矣」。《洪範》以九疇相重而積之成八十一名數，再而成六千五百六十一，則「《範》數綱目周全矣」。[67] 推《範》衍數，便在「綱」、「目」合「會」之數。

6　方圓體用之別

　　蔡沈主張〈河圖〉「體圓而用方」，對應《易》之八卦主於「象」，即所謂「卦者，陰陽之象」；〈洛書〉「體方而用圓」，對應《洪範》九疇主於「數」，即「疇者，五行之數」。[68] 熊宗立本於其說，言〈河圖〉取五生數統五成數，各取一生一成而同處一方，為其「道之常，象體之圓」，體圓用方，以五十取四十九之合象體之圓，其筮之用，以四揲之；〈洛書〉取五奇

66　見〔明〕熊宗立：《洪範九疇數解》，頁619。

67　見〔明〕熊宗立：《洪範九疇數解》，頁619。

68　見〔宋〕蔡沈：《洪範皇極內篇》，卷2，頁708。

統四隅,「各居其所,而肇其變」,則《洪範》顯其方,體方用圓,筮法取三揲之。[69]

五　推闡蔡沈《內篇》之理學思想內涵

好於以「數」言「理」,為陳摶一系《易》學之特色,並影響宋代《易》學的詮釋,朱熹、蔡元定尤為著顯。蔡沈《洪範》學走向擬《易》的占筮推衍之路,標誌出《範》數對比《易》象,突出《洪範》同於《易》的價值與地位;其實質內容則為《洪範》擬《易》的創造性理解,背後傳遞之思想,即承繼程朱理學與融合時代《易》學的義理思想之新詮。熊宗立紹繼蔡沈之說,對其《洪範皇極內篇》再作闡說,也開展其與《易》理相即下,數與理關涉之重要理學思想內涵。

(一) 數合陰陽五行之法

太極之道,自然之理,於道器與體用之間,即同於《洪範》九疇之數,行於其間的自然氣化之道,亦即陰陽五行的氣化之質,熊宗立云:

> 陰陽有自然之氣,五行有自然之質,此數之為《範》,著之於書,以為文字之祖,義理之宗也。……蓋凡管於陰陽五行者,至微遠而顯明,至費近而幽隱,雖天地之大,鬼神之幽,其理莫不具於數《範》之中,為此聖人之精蘊所以為妙也。[70]

本蔡沈之論述脈絡與主體觀點而發,《範》數之用,展示陰陽五行的自然氣

---

69 見〔明〕熊宗立:《洪範九疇數解》,卷2,頁635。
70 「數《範》」或改為「《範》數」為洽。見〔明〕熊宗立:《洪範九疇數解》,卷1,頁623-624。

質,顯微幽隱之間,包絡天地萬物,此自然氣質的運化之理,莫不固存於《範》數的推衍。

蔡沈就氣化流行言體用,認為「陰陽五行,其體而用,用而體者」,於顯微之間不可窮者,即熊宗立所述,「陰陽五行,變化無窮」。[71]惟有體用相參,變化無窮,方顯自然氣化之道的無所不在、普遍性的存在,知其體,卻虛而無計,明其用,則萬化俱遂。此氣化之道,又即《範》數的用數之法,起於一而化於萬,衍生於無窮數之中。

不論「圖書」或《易》與《洪範》之陰陽五行的氣行造化,皆即數之布列運用,體現自然變化之道,其理皆同,即熊宗立所謂「《易》象、《範》數,天地之理一而已矣」。[72]象與數之用,皆不離陰陽五行之造化流行。熊宗立取蔡沈之說,「二氣五行,化生萬物,五殊一實,二本則一,一實萬分,萬一各正,小大有定」。[73]說明理一分殊,各正性命者,同於數列配應的規律有序之道。熊宗立並釋云,「由末而求其本,則五行之殊,本二氣之實,二氣之實,又本一理之極」。萬化殊分,終歸於其本,陰陽五行之變,又極於其理,以理為體,存於萬有之中,亦即「各有一太極之正理」。[74]數列萬變,終在其一其始,而萬變之數,亦本其數之理,數同陰陽五行之變化,同有太極不變之正理。

(二)太極氣化的道器與體用

蔡沈認為宇宙自然「造化之為造化者,幽明屈信而已」,意指陰陽之變的氣化流行。熊宗立進一步指出,「幽明屈信」乃就陰陽之性的聚散而言,

---

71 見〔明〕熊宗立:《洪範九疇數解》,卷1,頁625。蔡沈之說,並見〔宋〕蔡沈:《洪範皇極內篇》,卷1,頁704。

72 見〔明〕熊宗立:《洪範九疇數解》,卷2,頁636。

73 見〔明〕熊宗立:《洪範九疇數解》,卷1,頁634。並見〔宋〕蔡沈:《洪範皇極內篇》,卷1,頁707。

74 見〔明〕熊宗立:《洪範九疇數解》,卷1,頁634。

氣化流行之往來自有其道,「屈則含氣而凝聚,伸則吐氣而發散」。此氣之陰
陽聚散交感,陰陽之基本氣性,陽氣為輕清而上,陰氣為重濁而下,在相互
變化下,產生雲、雷、風、雨,乃至戾氣或不正之氣所致的雹、霾、霧等自
然現象。[75]以具體自然現象,說明造化之實。

　　造化流行,萬物萬象具現,自然形下之器,根於蔡沈所云「沖漠無
朕」、「動靜無端」的道,以道為本,先其器而存在。此固存之道,即熊宗立
所謂之《易》道的「太極」,太極本為沖漠虛寂之狀,由之而為動靜循環之
無端,如「晝而夜,夜而晝」,無時不已,故「陰陽形於下者謂之器,太極
形於上者謂之道」。此陰陽之動靜變化,莫不由太極而著顯者。就道器言,
「器根於道」,一陰一陽之變化,雖屬形器之範疇,但乃「道體之所為」
者,此道體之至極,即所謂之太極。[76]因此,太極之流行,是一陰一陽之流
行,稱之為道,「此道著器矣」。道之與器,即太極之於陰陽。

　　太極因陰陽之用,化生萬有,就體用而言,熊宗立云:

　　　一,太極也。萬物分之以為體,故分物之中,各有一太極,而小大之
　　　物,莫不各有一定之分也。混者,體合而一;闢者,用散而殊。一動
　　　一靜,循環無端。此兼舉體用而言。[77]

太極與陰陽,如道與器,陰陽之變,萬化器形,皆本於太極、本於道,則陰
陽器形,根於太極、根於道。就太極而言,太極生陰陽為兩,則太極為一,
為萬化之始,萬化之根源。就太極之氣化流行,生成萬有,萬物分生,各成
其體,即各有一太極,因萬物本太極而生。萬物之分成殊象,必有一定之規
則、一定之理,本之於太極。萬物聚合,總其一體,則「體合為一」,殊散
萬有,則為體之用,為太極之陰陽變化所致。一陰一陽,一動一靜,循環變
化不已,存在之普遍性與永恆性,即體用之道,即太極與陰陽之變。就太極

75 見〔明〕熊宗立:《洪範九疇數解》,卷1,頁623。

76 見〔明〕熊宗立:《洪範九疇數解》,卷1,頁623。

77 見〔明〕熊宗立:《洪範九疇數解》,卷1,頁623。

本身言,即為體,萬化即其用,就萬化而言,因太極之體而生,則萬化自身有一太極,即有其體,而萬化又為太極之陰陽所生,則陰陽與萬化,皆屬太極之用、太極之動行。

(三)「太極」同於「理」

闡述《易》說之太極生兩儀,認為「太極本無極,謂無形狀之可覩,無聲臭之可聞,主萬化,妙萬物,是生兩儀」。[78]太極同於無極,亦同於理,為自朱熹以降的主張,不論蔡氏父子,或是熊宗立家承思想,並同申此說。

太極與理、氣之間的關係,云:

> 太極,理也;動靜,氣也。氣行則理亦行,是故有理斯有氣,有氣斯有形,形生氣化,形生氣化,而生生之理、太極,無不具於其中矣。[79]

太極同於理,而動靜即氣,氣之動靜,因本於太極與理,理先於氣,同於太極先於陰陽,故有理有太極,而後有陰陽之氣的運化,萬物形器以生,理與太極並具於萬物之中。陰陽絪縕之氣,變化創生萬物,其根源即太極、即理。理即太極,為「渾然一體」者,亦即「圓純不雜」者,[80]於陰陽動靜之前的太和之狀。

至若來自原本於周敦頤《太極圖說》中的「無極而太極」之說,二者先後相分的概念,至朱熹本於理學的基本立場,等同二者,太極既為一理,而無極便在說明太極的實質與樣態,所以熊宗立不斷申言「無極即太極」。無極同於太極同於理,為無形、至極之理,是「無形之中,有箇至極之理」,也同蔡沈之說,「二氣之初,理妙於無」的狀態;[81]作為氣化萬有之根源,

---

78 見〔明〕熊宗立:《洪範九疇數解》,頁619。

79 見〔明〕熊宗立:《洪範九疇數解》,卷1,頁624。

80 見〔明〕熊宗立:《洪範九疇數解》,卷1,頁631。

81 見〔明〕熊宗立:《洪範九疇數解》,卷1,頁634。

為陰陽五行混融無間者。陰陽五行錯綜於氣化之間，氣化成形，以成其生生之功；[82]氣之生生，終本於理、本於太極。

太極生陰陽，陰陽之一動一靜，亦顯太極之妙，一動一靜之中，太極並在其中，「理亦在乎中矣」。太極生陰陽之動靜，氣行則太極亦行，即理亦行，「二者相依，未見其終之有所分離也」。故太極或理，在氣化流行的陰陽動靜之前已固存，亦在陰陽動靜中，「生生而不窮」，[83]於即物即器之中，不易其所在，於四時之變、萬化之中，誠其道，須臾未離。

（四）理因象數而著

理學家言「理」，面對「理」與「數」的關係，蔡沈對比「理之所始」，即「數之所起」，理與數同為萬化之本，同顯造化之理。宇宙自然的一切生成變化，皆在於氣，氣本於理而自有其變化之理，透過氣化而器形著生，蔡沈並言「有理斯有氣，氣著而理隱；有氣斯有形，形著而氣隱」。[84]形器著顯則氣隱，氣之著顯則理隱，氣形在而各一其理。此一觀念，並為熊宗立所承。《洪範》本於「數」，不同於《易》重於「象」。有關「數」之義，根本蔡沈之說，強調「天地之所以開闔，人物之所以形生，萬事之所以失得者，皆由數之所繫也」。宇宙自然之一切人人物物，萬物萬理，皆肇端於數，皆繫之於數。則「數之體，顯《洪範》之聖謨，數之用，通變事物妙理」。[85]以數為體用，可以顯明聖道，通達變通於自然之妙理。

《洪範》本於數，《易》重於象，熊宗立認為二者之「出處」分別來自〈洛書〉與〈河圖〉，「雖若異用，而本原未不一」。二者「所行」之法，包括自然數用與陰陽五行之法等，「雖若殊途，而歸趣未始不同」。所原者與歸本者，皆終在天地之數的自然之道、自然天理，未嘗相異。《洪範》九疇與

---

82 參見〔明〕熊宗立：《洪範九疇數解》，卷1，頁624。

83 見〔明〕熊宗立：《洪範九疇數解》，卷1，頁631-632。

84 見〔宋〕蔡沈：《洪範皇極內篇》，卷1，頁704。

85 見〔明〕熊宗立：《洪範九疇數解》，頁620。

《易》相契相依，彼此會通，則熊宗立具體指稱，云「疇之有數，猶卦之有象也。數之有名，猶卦之有名也」。疇以數用八十一，同於六十四卦以象顯。八十一數皆有其名，如原、潛、守、信、直者；同六十四卦有其卦名，如乾、坤、屯、蒙、需者。「疇之數名之有辭，猶卦之有彖也」。八十一名數皆有其吉凶之辭，若六十四卦卦爻有其彖辭以同明其吉凶。《洪範》九疇用數，準之於九數，九數推衍而成八十一數名，以「原」為八十一數名之始，以「終」為終，強調皆出於數名之「中」，凸顯「中」之數名的重要性。其實對應於《易》卦，始於乾卦，終於未濟卦，至於近處中卦者，如三十二卦恆卦即是，惟《周易》系統並未普遍凸顯此卦，反倒於邵雍先天圖式中，特別將恆卦置於方圖置中之位，另外，以乾坤為基礎，其始本於復姤二卦。[86]八十一數名與六十四卦，皆有其特別凸顯之數名與用卦，二者固有其用意。不論「圖書」二者，或是《洪範》與《易》，皆本於自然氣化流行之則，歸於天道之一理，可以「並行不悖」。[87]

（五）理合天命之性

蔡沈根本於理學之說，以「無形者，理也；有形者，物也」；物之所以成，即陰陽五行之運化作為，而陰陽五行本身即為物，以氣化之物成就萬物，至其所以為陰陽五行者，即理之所在，為無形之狀，故「理其至妙矣乎，氣之未形，物之未生，理無不具焉」。[88]蔡沈特別強調理之優位性，尤其著力於「理」與「氣」的關係立說，理在萬化之先固在，在萬化之後，並存於萬化之中。熊宗立本於蔡沈所論，以《範》數之懿旨，首在天命之性；[89]專就「性」言「理」，從天理的形上範疇，賦予「性」的重要意義，強化

---

86 有關邵雍先天六十四卦方圓圖說，可參見本文圖三〈易象之圖〉。

87 見〔明〕熊宗立：《洪範九疇數解》，頁620。

88 熊宗立之引述，見〔明〕熊宗立：《洪範九疇數解》，卷1，頁629、631。並見〔宋〕蔡沈：《洪範皇極內篇》，卷1，頁705。

89 見〔明〕熊宗立：《洪範九疇數解》，頁621。

「性」與天命的聯繫，以及凸顯「性」的思想價值，並貫通於《範》數之
義，尤其《範》數配用五行之下，所構說的仁、義、禮、智、信的道德之
善，本性之善的說法。熊宗立確立性、理與數之間的基本關係，認為「天命
之謂性，率性之謂理，明理之謂數」，[90] 由性而理而數，三者與陰陽五行的
氣化，構建出緊密的關係。

形氣之先，即天命之性，即天理之所在，「極無不中，性無不善」。惟有
生之後，因「氣稟或偏，則物欲所蔽，任其私意妄作，始有不善」。[91] 性本
為善，但氣稟清濁有別，不善而致之。熊宗立認為「形於上者謂之性，人之
所得於天之理也。形而下者謂之生，人之所得於天之氣也」。形於上為性，
即天命之性，亦即天之理；人得此天之理，亦即得此天命之性，而為人性之
所在。形下之生，即得天之氣化而運生萬有，人亦得此天之氣而生。就來自
天理之人性而言，即稟受於天理而具仁、義、禮、智之善者，此人性無不
善，則人能為萬物之靈。至若萬有因氣而生，氣之清濁各有不同，人與物皆
是，故熊宗立進一步言，「以氣論之，則知覺運動，人與物不異也。以理論
之，則仁、義、禮、智之稟受，豈物之所得與同哉？此人之性所以無不善，
而為萬物之靈也」。於此，熊宗立再而推言，「知理之數，則幾矣」，此數似
同於理，並氣化於其間，即數同於理而為氣，若理有為形上者，而形下則氣
化萬有，萬有並有其理。能知理之所在，氣之所行，則能知幾微之妙，即能
「窮神知化」，故明其數，同能知其理，能夠「窮理盡性，以至於命」。[92]

以天命之性言天理，並貫通於人具此性此理而本然為善，為熊宗立所特
好言者，即特取「天命之性」為基而論理之固存，正為熊宗立闡明理學思
想，陳述蔡沈之說，乃至解釋八十一數名的特重思路。若就「人受天命之
性」的初無不善下的理學觀，強作熊氏與蔡沈甚至朱熹之可能差異的區別，
則熊氏特別強調人與物之不同，即「氣之窒暗者，物也；虛明者，人也」；
即天地陰陽絪縕會合之氣，萬化而生，因「通蔽開塞之異，所以人與物固

---

90 見〔明〕熊宗立：《洪範九疇數解》，卷2，頁637。

91 見〔明〕熊宗立：《洪範九疇數解》，卷1，頁629。

92 見〔明〕熊宗立：《洪範九疇數解》，卷1，頁624-625。

殊」，窒暗與虛明，善與不善，便使人與他物判然有別。但對應於蔡沈之說，並未刻意於氣化萬物下，作人與物的高下之判，人與其他萬物，皆於「生生之理」當中。[93]朱熹肯定「天下無性外之物」，「人物性本同，只氣稟異」。[94]人與物之虛暗，在氣稟之中。人與物同天命之性出發，熊宗立似乎淡化人之外的萬物受天命於性的方面。

　　熊宗立特別顯明於此，一種對《中庸》觀念的運用，以及對於《易》思想會通，在太極與陰陽，或理與氣的體用相依、道器相合的認識下，突出天命之性與理、氣間（亦即太極與陰陽）的關係。天命之性，乃至天理之極，皆為至善者。人固有天命之性之賦形，惟著於人心，但需顯朗此性，通達天理。熊宗立肯定蔡沈所謂人之「真知真見」不易，致天理之不彰，認為「盡乎天理之極，而無一毫人欲之私，乃為「真知真見」；每每因「氣稟所拘，人欲所蔽」，使「天理昏昧，為其所不當為而為，不為其所當為」，[95]則犯義越禮，固為人之所常，能盡天理之極者，確實為之不易。惟聖人君子能「窮理盡性」，致達「中立不倚，旁行而不流，樂天知命而無憂」。[96]

　　萬物形成本於陰陽五行之氣，並宗本於太極於理。以氣或陰陽五行的具體氣化分殊，運化有則，生成萬有，此即理即太極。太極或理，確立陰陽氣化生成萬有，萬有皆有一理一太極，即有其來自天命自然之性，又即所謂「天命之流行，所謂一陰一陽之謂道」。[97]熊宗立並引朱熹之言，指出「天下無性外之物，而性無不在」。太極與理作為萬化的終極根源而存在，卻又聯結出「性」之無所不在於萬物之中，同於萬物因太極因理而生，太極與理固存於萬物之中。太極與理，又等同於性，明言之，「性即理也，成性者，本然之性也。存其性，則天理昭然，存而又存，人心能存乎此，理之所存，

93 見〔明〕熊宗立：《洪範九疇數解》，卷1，頁624-625。

94 見〔宋〕黎靖德編，王星賢點校：《朱子語類》（北京：中華書局，1996年），卷4，頁58、61。

95 見〔明〕熊宗立：《洪範九疇數解》，卷1，頁625。

96 見〔明〕熊宗立：《洪範九疇數解》，卷1，頁629。

97 見〔明〕熊宗立：《洪範九疇數解》，卷1，頁635。

乃道義之門也」。[98]天理自性，即天命昭然自存，而人之所存此性此理，即存仁、義、禮、智四者，存在於人心，故熊宗立云「此四者其於人心，乃是性之本體」。[99]人心所存四者，為道德之間，為性之本體，為理之所在者，又即所謂「心者，一身之主宰，本虛靈不昧，以具眾理，而應萬事者也」。心不被氣稟所拘，不因外在而昏昧，能夠「自然虛靈照燭」，[100]則道性天理無不明。

就性、理聯結《易》象、《範》數，如邵雍特別關注以中為心的概念，先天六十四卦的中心之卦如此，用數取中亦是如此，而《範》數一系之說，特別重視中數、重視五行之中，中心道性，於人極之所企，又如周敦頤《太極圖說》的中正仁義之道。蔡沈《範》數之思想，旨要亦同，而熊宗立本其法之闡說，理據同一，特著力於性義之述。

（六）數通聖人之道

不論〈河圖〉作《易》，以天地之數的變化運用，合大衍策數之用，述明宇宙自然之道，或取〈洛書〉成《範》數之法，始於一而究於九，成八十一至備六千五百六十一之小成與大成者，熊宗立本蔡沈之意，認為「天地之變化，人事之始終，古今之因革，莫不于是著焉」。[101]以數之始終通變，應對往來，無常而不測者，說明萬化之存在，因數而著。故「明乎數，盡天下之物則，則明乎善矣。誠乎數，盡天下之事理，則誠乎身矣。得乎數，則物之則、事之理，無不在焉」。[102]能明於數之所由，誠於數之用，則能明天下萬物之理，窮事理、盡事理之正，誠其身而致其善。

天地自然之道，自有其理，即道即理，盡於萬物之中，而萬物之道之理，

98　見〔明〕熊宗立：《洪範九疇數解》，卷1，頁624。

99　見〔明〕熊宗立：《洪範九疇數解》，卷1，頁631。

100　見〔明〕熊宗立：《洪範九疇數解》，卷1，頁633。

101　見〔明〕熊宗立：《洪範九疇數解》，卷2，頁639。

102　見〔明〕熊宗立：《洪範九疇數解》，卷2，頁640。

又終「盡之於人」，而「惟聖人為能與時消息，順性命，躬天德，而誠行之矣」。[103]亦即惟聖人可以明於天道天理。法聖而行，即法天道天理而不悖。

天命之性，同於致天理之極，為純粹至善而無缺者。又因於氣化之萬物，人與物之有別。熊宗立認為「氣之窒暗者，物也；虛明者，人也」。此虛明之人，不同於他物，則因人受天命之性，使有本然之善。但氣稟固在，本善之性，難得善化，故「聖人設教，使養其良心之本善，去其私欲之不善」，[104]《範》數即可為聖人設教體道之用，以致其洵歸於天理之至善。

聖人範圍造化之道，即為中道，便是熊宗立所云，「天地造化無窮，而聖人為之範圍，不使過於中道」。其範圍匡郭者，即「數」之所指，即「數」所設陰陽變化的合度之中者。熊宗立釋云：

> 稟陽氣之中，則為之剛善，如直、如義之類；稟陽氣之過，則為剛之惡，如猛、如暴之類；稟陰氣之中，則為柔之善，如慈祥之類；稟陰氣之過，則為柔之惡，如懦弱之類。中者，得性之正，故無過不及。[105]

陰陽之氣得其中則得剛柔之善，過中則致剛柔之惡。陰陽得中合度，則本於天命之性之至淳者，來自對天命之性的體證，亦即前述之窮理盡性者，使中正不偏，得性之善存。聖人君子便在修其「中正仁義之極」，「以復其性，能歸於善」。[106]

（七）《範》數之大義

熊宗立本蔡沈《範》數之說而發，云：

---

103 見〔明〕熊宗立：《洪範九疇數解》，卷2，頁642。
104 見〔明〕熊宗立：《洪範九疇數解》，卷1，頁625。
105 見〔明〕熊宗立：《洪範九疇數解》，卷1，頁630。
106 見〔明〕熊宗立：《洪範九疇數解》，卷1，頁631。

混沌之初，一氣未判，數之原也。一氣既判，兩儀立焉，四象生焉，此數之分也。天地定位，星辰晝夜，山峙川流，此數之著也。四時更序，五氣流行，五氣者，雨、暘、燠、寒、風也；風雷之不測，雨露之潤澤，萬物形生，此數之化也。聖人者出，繼天道，立人極，明人倫，數五教，父子有親，君臣有義，夫婦有別，長幼有序，朋友有信，此數之教也。分天、別地、任官、睦俗、造歷、命算、制節、禮樂，此數之度也。然後為天下國家者，以經九，此數之成也。[107]

天地九數之用，強調「一者，數之原也，九者，數之究也」，九數貫通宇宙自然的一切。其「一」者，萬化之根源，為混沌未分之氣，所未判者，又即天道自然之理。氣判陰陽而為二，形器著顯，天地既定，衍生四象，天文地理，俱成於此，四時更序，亦合其則。而後五氣流行，萬物由是而生。天道自命，人道因準，由聖人窮理體道，而有人倫之教，一切法度規矩、國家政治之所本，皆畢其功於此九數者。熊宗立詳論其要，包括制人為九行、任官之九品、九井之均田、九族睦俗之義、九禮之辨分、九變成樂、八陣制兵藏九之用、九刑禁姦之法、九寸為律、九分造曆、九筮稽疑、九章命算、九職任萬民、九賦斂財賄、九式節財用、九府立圜法、九服辨邦國、九命位邦國、九儀命邦國、九法平邦國、九伐正邦國、九貢致邦國之用、九雨擊邦國之民、營國九里、制城九雉、九階、九室、九經、九緯等，[108]莫不彌綸於此中。數之原、數之分、數之著、數之化、數之教、數之度、數之成，正為天人之道之周全周普者。

六 《範》數推占之用

蔡沈透過《洪範》的基本思想，結合宋代初期「圖書」《易》學之說，

---

107 見〔明〕熊宗立：《洪範九疇數解》，卷3，頁646。
108 見〔明〕熊宗立：《洪範九疇數解》，卷3，頁646-650。

建構自然變化的運動規律，藉數值之運用，闡述其天地萬物運動變化的歷程與理想秩序，期待實現羲皇的「皇極之世」。《洪範》七疇「稽疑」，提及卜筮與人謀之關係，推衍《範》數占筮系統。熊宗立據蔡氏占辭，擴大取《易》義解說，成為另類詮《易》之說。

《範》數之占法，熊宗立仿朱熹《易》筮之筮儀，律定更為明確而詳細的《範》數筮儀，[109]強化一致之規範與神聖性意義。熊宗立於序文云，「恐筮者尚疑撲著之法，得猶臨川黎先生溫口授，於是續作〈外篇〉，分圖佈局、附於末卷」。[110]由臨川黎溫（？-？）之傳授，將《範》數推占之重要觀念與要點，採取圖式表列或詩文方式呈現，總名〈外篇〉，以便於推占習誦之用。熊宗立有系統的增補說明，詳言《範》數推占之法。

（一）大衍五十之衍數運用

《周易》占筮採大衍五十之法，主要根據《繫辭傳》而來，而蔡沈《範》數推占用數，明言「其著五十」，亦擬《易》大衍五十之用數，與斟酌〈洛書〉之數而確立。熊宗立據蔡沈五十為大衍之數，描述著草的神祕性，「著莖長一丈，其叢生滿百莖，下有神龜守之，上有雲氣覆之」。[111]既以五十為用，即仿《易》衍說，而《洪範》九疇又為準於〈洛書〉而成者，〈洛書〉布列用數為天地之數之九數，合為四十五，二數不一致，則如何相契而用？熊宗立輯制包括〈皇極居次五圖〉（圖七）、〈大衍洪範數圖〉（圖八）、〈九疇本洛書數圖〉（圖九）、〈九疇虛五用十之圖〉（圖十）、〈九疇合八疇數之圖〉（圖十一）與〈大衍洪範本數圖〉（圖十二）等圖式，[112]述明《範》

---

109 見〔明〕熊宗立：《洪範九疇數解》，卷8，頁712。

110 見〔明〕熊宗立：《洪範九疇數解・序》，頁601。

111 蔡沈與熊宗立之說，見〔明〕熊宗立：《洪範九疇數解》，卷3，頁654。

112 見〔明〕熊宗立：《洪範九疇數解》，卷8，頁707-708。熊宗立輯制諸圖式，多有與〔南宋〕鄭東卿相同者：如本文未列引之〈九疇相乘得數圖〉，即與鄭東卿同；又如〈大衍洪範本數圖〉，鄭東卿名〈九疇本大衍數圖〉，且熊氏有關圖說文字之引述，並同於鄭氏之說；又如〈九疇本洛書數圖〉，鄭東卿名〈九疇本河圖數圖〉，鄭氏本劉牧

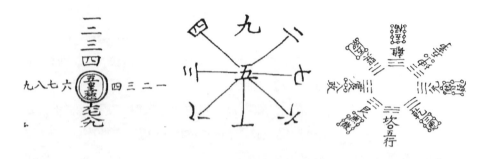

圖七　皇極居次五圖　　圖八　大衍洪範數圖　　圖九　九疇本洛書數圖

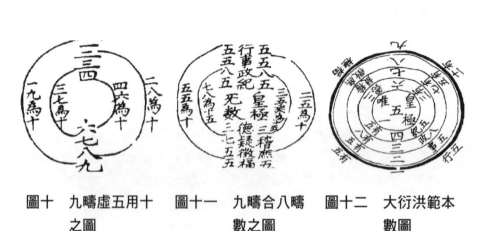

圖十　九疇虛五用十　　圖十一　九疇合八疇　　圖十二　大衍洪範本
　　　之圖　　　　　　　　　　數之圖　　　　　　　　　數圖

之說，採〈河圖〉為九數。因此，有關之圖式，或大多出自鄭東卿之說。鄭東卿之圖說
記載，參見〔宋〕王霆震《古文集成》（臺北：臺灣商務印書館景印文淵閣《四庫全
書》本第1359冊，1986年3月初版），卷62，436-441。又見〔明〕胡廣：《書經大全・圖
說》（臺北：臺灣商務印書館景印文淵閣《四庫全書》本第63冊，1986年3月初版），
頁201-211。又見〔清〕朱彝尊：《經義考》，卷80，頁447。《洪範》用數與大衍五十之
數的關係，明代之前又如宋末丁易東《大衍索隱》制〈洪範合大衍數五十用四十九
圖〉，亦明確制說《洪範》與大衍數之關係。見〔宋〕丁易東：《大衍索隱》（臺北：
臺灣商務印書館景印文淵閣《四庫全書》本第806冊，1986年3月初版），卷2，頁350。

數的基本數列結構，以及與大衍五十的應合情形。

諸圖式確立〈洛書〉九數，作為《洪範》九疇用數的主要來源，表達幾個重要意義：

1. 皇極處次五居中之位，凸顯此位數之重要性。

2. 九數布列，數值之對應，一與九合為十，二與八合為十，三與七合為十，四與六合為十，並統合居中之五，則為十五。

3. 總其〈洛書〉九數，與《洪範》九疇之「五行」、「五事」等總合用數相即。

4. 〈洛書〉九數構制布列，同於九疇用數，並與大衍五十之數結合，賦予《範》數推占用數以大衍五十的合理性依據。

5. 〈洛書〉成《洪範》九疇，並與《易》之八卦相應；所應之八卦，採坎、離、震、兌立四正，乾、坤、艮、巽處四隅，為邵雍所云並為後人所效的後天（文王）八卦之方位，有別於〈河圖〉合伏羲先天八卦之成卦布列，熊宗立並於此一圖說中展示有關的殊異。

諸圖式最重要的認識，即〈洛書〉同《洪範》九疇，以及擬準《易》筮所用大衍五十之數的解說，熊宗立針對有關的圖式，不斷申言此等主張。如釋說〈九疇本洛書數圖〉云：

> 一合九而為十，二合八而為十，三合七而為十，四合六而為十，此〈洛書〉以虛數相合，而為四十者也。若九疇則以實數相合，而為五十矣。[113]

又，釋說〈大衍洪範數圖〉云：

> 大衍之數五十，洛書之數四十五，縱橫十五，而七八九六迭為消長。一含九，二含八，三含七，四含六，中之五數，又自含五而得十，所

---

113 見〔明〕熊宗立：《洪範九疇數解》，卷8，頁707。

以通為大衍之數。[114]

又，釋說〈大衍洪範本數圖〉云：

> 大衍之數五十者，一與九為十，二與八為十，三與七為十，四與六為
> 十，五與五為十，共五十也。其用四十有九者，一用五行，其數五；
> 二用五事，其數五；三用八政，其數八；四用五紀，其數五；五用皇
> 極，其數一；六用三德，其數三；七用稽疑，其數七；八用庶徵，其
> 數五；九用五福六極，其數共十有一。積算至五十也。又曰一，而曰
> 極，大衍所處之太極也。[115]

強調〈洛書〉之虛數相合，乃九數去其中「五」合為四十，但九疇則以實數
之合為五十，即：5+5+8+5+1+3+7+5+（5+6）=50。雖然〈洛書〉虛數取對
應之一與九、二與八、三與七、四與六之合，然中五又自合為十，亦總合同
大衍五十之數。五十之數，總為一太極，並以「一」不用以象太極之體，以
四十九數進行推占，以象太極之用。熊宗立此之制說，乃就蔡沈擬《易》推
占取大衍五十之法，尋找合理性與正當性之論證依據，推其源仍為為宋元以
降，「圖書」與大衍用數相關論述的運用與創新。

（二）基本推占操作之法

蔡沈推占之法，僅簡要概說，未詳其實，熊宗立進行明確的說明，[116]
同時作〈明筮歌〉與〈筮法起數入式歌〉，以利推占之操作與記誦。〈明筮
歌〉云：

---

114 見〔明〕熊宗立：《洪範九疇數解》，卷8，頁707。
115 見〔明〕熊宗立：《洪範九疇數解》，卷8，頁708。
116 見〔明〕熊宗立：《洪範九疇數解》，卷3，頁654-657。

倚數之元，參天兩地。衍而極之，五十乃備。是曰大衍，虛一無為。
其為用者，四十九著。信乎平分，置右于几。取右一著，掛左小指。
乃以右手，撝左之策。三三之余，歸之于扐。扐之左手，無名指間。
右策左撝，餘者若干。或一或二，或四或三。雙則是偶，奇則是單。
兩手比看，各有雙單。兩奇為一，兩偶為二。奇偶為三，木棋莫記。
是則成綱，從左立上。在手之策，權且安置。此名一操，反過存策。
乃作二操，復准前式。所得之策，畫為目矣。一綱一目，排列棋劫。
會同置者，四十九著。作第三操，一如前義。八操既畢，綱目悉具。
綱一目一，是為 一數 。綱一目二， 二數 當知。目三綱一， 三數 言
之。綱二目一， 四數 之實。綱二目二， 五數 何疑。目三綱二， 六數
相依。綱三目一， 七數 端的。綱三目二， 八數 乃立。綱三目三， 九
數 之極。[117]

〈筮法起數入式歌〉云：

兩奇為㊀兩偶㊁，奇偶為㊂須切記。一一為㊀一二㊁，一三為㊂二一
㊃。二二為㊄數居中，二三為㊅三一㊆。三二為㊇不虛言，三三㊈數
真端的。一綱一目各包函，即向九疇判凶吉。[118]

其推占操作步驟之具體重點：

其一，取五十策數，其一不用，置於櫝中，象徵太極之虛一。

其二，四十九策信手二分，左天右地，象徵天地陰陽消長變化。

其三，先取右一策掛扐於左手小指與無名指間，此一策象徵由地而生之
人，並與天地相合，而為三才之道。

其四，不同於《周易》撝之以四，而取三策一撝數，先撝左手，餘一、

---

117 見〔明〕熊宗立：《洪範九疇數解》，卷8，頁711-712。

118 見〔明〕熊宗立：《洪範九疇數解》，卷8，頁710。

二或三策，掛扐於左手無名指與中指之間。再揲右手，同樣三策一揲數，餘一、二、或三策，與左手掛扐之策會合，此即為「一操」。

其五，初揲「一操」三策揲數之策，再如前法，信手二分，掛一揲三，歸餘一、二、三於扐，此即為「二操」。

其六，「一操」為初揲，「二操」為再揲，初揲得餘之數稱「綱」，再揲稱「目」。其兩揲（即「一操」與「二操」）左右手餘數之情形：若初揲左右手餘數為兩奇數，則為綱⊖，若再揲並為兩奇，則為目⊖。同理，若初揲餘數為兩偶，再揲並為兩偶，則為綱⊖目⊖。又，若初揲餘數為奇偶，再揲並為奇偶，則為綱⊖目⊖。然而，這方面熊宗立論述不明，語意不清，甚至出現可能之誤說或後人傳刻之誤。[119]

實際上之推筮揲數：

初揲之可能結果為：左四右三、左三右一、左二右二等三種可能，即綱之⊖、⊖、⊖之或然率皆為1:1:1。

再揲之可能結果為：左四右二、左三右三、左二右一、左四右二、左三右三、左二右一、左四右二、左三右三、左二右一，共有九種可能，即得目之⊖、⊖、⊖之或然率皆為3:3:3。

其七，藉由前述初揲與再揲之推筮揲數之可能情形，合初揲與再揲之綱與目的可能結果，即得⊖⊖、⊖⊖、⊖⊖、⊖⊖、⊖⊖、⊖⊖、⊖⊖、⊖⊖、⊖⊖等九組可能。此即〈明筮歌〉所云，⊖⊖得數為一，⊖⊖為二，⊖⊖為三，⊖⊖為四，⊖⊖為五，⊖⊖為六，⊖⊖為七，⊖⊖為八，⊖⊖為九。得數之所據，即蔡沈所言「綱一函三，以虛待目，目為一以寔從剛」之

---

[119] 有關語意未清，並有誤說者，如就兩奇為一，兩偶為二，奇偶為三之釋說，云：「視左手掛扐，及右手所餘之策，或三一，或三三，是為兩奇數，畫為一。得之二，或二四，是為兩偶數，畫寫二。得之四三，或二一，是為一奇一偶數，畫為三三。」見〔明〕熊宗立：《洪範九疇數解》，卷3，頁655。整段話所言，與操作揲數之實際狀況不合，為錯誤之論述。其中「得之二」，當為「得之二二」；「畫為三三」，當為「畫為三」。但整體論述，仍多有不明。

原則。熊宗立並對此原則作說明，如「綱一目一，乃虛一而不用，以待目之一為實，是為一數」，即綱⊖目⊖＝〔（1－1）×3〕＋1＝1。又如「綱二目一，綱則虛一餘一，則函三待目之實一，湊成是為四數」，[120]即〔（2－1）×3〕＋1＝4。餘皆仿此。九數之推定，即其〈奇偶成數圖〉（圖十三）所制說者。

圖十三　奇偶成數圖

其八，熊宗立云「兩揲則九數悉具」，即前述的九數之推定。再依前面兩揲之法，推為第三、四揲，「合成其數，是謂之大綱目」，即取兩個一至九之數，則得八十一數名，如一之一「原」、一之二「潛」者。[121]藉由前面四揲以得「一一」至「九九」之數，得八十一數名，又其所謂「八十一疇」：[122]一一之「原」至九九之「終」的數名。

其九，經過完整的八揲揲定，則得六千五百六十一之數，「分合變化，如環無端，天命人事，由是較焉，吉凶禍福，由是彰焉」。[123]占斷吉凶，由是而定。

與《範》數推占有關之重要概念，熊宗立除輯制諸多圖式外，並作詩文以利記誦；前列〈明筮歌〉與〈筮法起數入式歌〉外，尚包括〈疇數循環氣候歌〉、〈九疇九等八十一數名歌〉、〈吉凶教名歌〉、〈九數吉凶悔吝入局

---

120 見〔明〕熊宗立：《洪範九疇數解》，卷3，頁655。

121 見〔明〕熊宗立：《洪範九疇數解》，卷3，頁655。

122 見〔明〕熊宗立：《洪範九疇數解》，卷8，頁712。

123 見〔明〕熊宗立：《洪範九疇數解》，卷3，頁655。

歌〉、〈五行植物所屬歌〉、〈五行動物所屬歌〉、〈五行用物所屬歌〉、〈五行事
類吉屬歌〉、〈五行事類凶屬歌〉、〈五行人體性情歌〉等，[124]便於占筮推用
之需。由有關諸元之論述，確立《洪範》來源自〈洛書〉，對比於來自〈河
圖〉之《易》；《易》本占筮之著，蔡沈取立「《範》數」，構築出仿《易》推
衍的複雜推占之法。由《易》以「二」之次方，積為八卦與六十四卦，而
「《範》數」則以「三」之次方得九數、八十一數名（或稱疇），並由八操推
為六千五百六十一數，與一般認為焦延壽所著的《易林》，推為四千零九十
六卦之方式相似。

七　結論

　　（一）《易》與《洪範》之會通，源於漢代《洪範》之五行化，以及
《易》之卦氣與陰陽災異的取向，提升彼此可能的對話空間，尤其在《洪
範》五行化的理解系統中，高度引用以京房《易》說為主的災異主張，開啟
二者的緊密關係。其間孔安國、劉歆諸家論及有關〈河圖〉同《易》之八
卦、〈洛書〉同《洪範》之九疇的成因關聯性，以及天地之數與五行的配應
觀點，成為日後《易》與《洪範》同「圖書」圖式結構具體化會通的主要依
據。宋代陳摶一系圖書之學的構說，乃至《洪範》學之風華再現，皆因本於
原來漢說既有的主體論述；惟陳摶傳至劉牧「圖九書十」的圖構之法，確立
不同於漢說的定數之認識，一種嶄新的新義，也開啟宋儒《易》與《洪範》
會通的新局面。至朱熹、蔡元定駁斥劉牧之非，自是易定「圖十書九」，有
關「圖書」之論述範疇，至此以降，成為《易》學或《洪範》學新的共同關
切者。蔡沈承父願，以「數」立《洪範》之義，擬《易》創制「範數」推占
之創新系統，也為一種《易》與《洪範》會通的新詮釋。蔡沈積力創制，苦
心研發，未竟而終，尤於推占之法，中斷未全，並多有未明者；歷經多時，
逮至熊宗立方予彌補缺漏，增益周全，紹繼其義，使蔡沈之說，不墜於洪流

---

124 見〔明〕熊宗立：《洪範九疇數解》，卷8，頁710-711。

之銷解，幸其未致湮沈中絕，而能復顯彰明。不論在《易》與《洪範》會通的學術理解，或《洪範》學走向「範數」一系的發展，熊宗立之著論，不論在義理的詮釋，或推占方法的補述，乃至有關之領域承傳，具有重要之學術價值與地位。

（二）蔡沈以《洪範》推數為本，進而益加具體化的透過數值之運用，建構出以數為本的推占體系，使《洪範》同於《易》一般，作為一套占筮系統，具有推布吉凶之功能，如此一來，《易》與《洪範》似可等量齊。蔡沈之構說，使《易》與《洪範》因「圖書」的聯結與推占之實用，彼此間建立起一種更為密切的特殊之會通關係；其會通聯繫之性，更強烈的反映出擬《易》之性質，構築出一套創造性的推占之法，如同揚雄《太玄》、司馬光《潛虛》一般。熊宗立根本於蔡沈之法，尤其於推占之用，補缺增明，以祛蒙蔽，後出而有功；彌補其遺缺，解說其錯綜複雜、不易認識者，使能真正的實用操作，使會通背後擬《易》的實義，得以有效的顯現。

（三）不論占筮的操作之法，乃至仿《易》六十四卦而創制的八十一數名，數名之稱謂，以及數名之用辭，強烈的仿《易》之鑿痕，尤其至熊氏守數名占辭之義，增補解說，補苴罅漏，非但使《易》與《洪範》更密切的會通，《洪範》原始內容淡化，反而恢宏於《易》學思想；與其稱之為原始於《洪範》，不如稱為仿《易》詮《易》的創造性推占系統。

（四）熊宗立關注蔡沈「範數」之說，以數衍《範》，非意於數理結構的複雜再造，而在於因數詮理，強調儒學義理與政治教化的倡論與重視，天道入於人事之理想，即一種成聖、成君子之道的思想主張，肯定仁、義、禮、智的道德理想，才是人事吉慶之所由。例如重視以數言禮，認為「明禮適道，孔孟之道也。守禮治民，堯舜之治也。達禮言數，《洪範》九疇也」。延續儒家重禮的道德教化功能，據此，根柢於儒學的理想與功能價值，同時批判「老、佛之道，非禮異端；申、韓治刑，荒唐淺陋；京、郭數術，流于雜技。是皆惑世誣民，充塞仁義者，非君子之所當務也」。[125]因此，熊宗立

---

125 見〔明〕熊宗立：《洪範九疇數解》，卷1，頁634。

所本的蔡沈「範數」之說下的《易》與《洪範》之會通，已絲毫不沾染漢代五行災異化色彩，亦不矜誇曲媚於神祕性的占筮操作，操弄推布吉凶休咎背後的神道之風，可以視為另類的儒學正宗。

（五）蔡沈以十與九數、耦與奇、象與數、方與圓、體與用、陰陽與五行等諸方面的觀點，對〈河圖〉與〈洛書〉，甚至《易》卦與《範》數，進行彼此殊異與相合之性的闡說。熊宗立後承其說，主全主變、正變表裏之主張，說明「圖書」及《易》卦、《範》數，雖有如數位之異、生數與奇數所主之不同、奇偶動靜之別、方圓體用兩判等等之具體殊分，卻非壁壘對立，本質上存在相合相成之性，共顯天地之數與五行及八卦之構成，乃至五行生克相即、生成之數理義相同者諸重要意義；熊宗立進行詳要明晰之解說，強調不論〈河圖〉或〈洛書〉、《易》卦或《範》數系統，同為自然造化之理，以不同方式展示，內在於同理同道，即天地之理為一，固無決然判別，又回到理學思想內涵的本色，義理大抵通洽，可以視為蔡沈之學再詮之正疏，既有承說，又有自屬之定見，其互為經緯之義，亦正為《易》與《洪範》會通互詮的具體之義。

（六）有關「範數」之義法，構制與糾合諸重要認識基礎之圖說，並創作利於背誦與理解之十二闋詩文，有利於後學之習誦，對於蔡沈之法，起傳述之功效。對後學如韓邦奇《洪範圖解》影響尤深，韓氏之著說，多數迻錄其論，晚明與清代學者，亦多見受其啟發者，如潘士權（1701-1772）《洪範註補》即是。[126]

（七）熊宗立「範數」之說，整體而言，值得商榷者：其一、《洪範九疇數解》作為一部對蔡沈之學的詮解論著，大抵能夠申明蔡沈之主要懿旨，惟對前人輯要之述義，雖非若《四庫全書總目》所云「體例龐襍，茫無端緒」的嚴厲批判，[127]但整體脈絡之系統性，或有稍顯不足，也未能就蔡沈

---

126 見〔清〕潘士權：《洪範註補》（濟南：齊魯書社《四庫全書存目叢書》子部第57冊，1995年）。

127 〈洪範九疇數解提要〉，見〔清〕永瑢等撰：《四庫全書總目·子部·術數類存目》，卷110，頁933。館臣所見為兩淮鹽政採進本，標明為三卷本，而本文所用舊鈔本為八

之說作全面性之疏義，誠是可惜。其二，熊宗立無意於蔡沈數值結構之申說，對於占筮推衍之用法，少數部分論述隱晦或有誤說，恐敘述過程之致誤而未細察者。其三、部分之圖說，或迻錄他人之制論，未詳記出處，雖非若韓邦奇之遽，卻仍存明代學者普遍剽奪之風，有竊美之嫌。

卷，恐二本內容多寡有別，而館臣見本較為疏漏，使有「孰為沈之原文，孰為宗立之續補」的混雜不清之情形，又有「體例龐襍，茫無端緒」負面評斷。今八卷本，蔡沈原文與熊宗立之補說，了然分立，並無難辨之失，也少有雜集無緒之感。

參考文獻

一 古籍文獻

〔漢〕孔安國傳，〔唐〕孔穎達等正義，廖名春、陳明整理：《尚書正義》，
　　　北京：北京大學出版社《十三經注疏》本，2000年。

〔漢〕班固撰，〔唐〕顏師古注：《漢書》，北京：中華書局，1997年。

〔宋〕趙禎：《洪範政鑒》，上海：上海古籍出版社《續四庫全書》第1060
　　　冊，影印宋淳熙十三年內府寫本，2002年。

〔宋〕林之奇：《尚書全解》，臺北：臺灣商務印書館景印文淵閣《四庫全
　　　書》本第55冊，1986年。

〔宋〕蔡沈：《洪範皇極內篇》，臺北：臺灣商務印書館景印文淵閣《四庫全
　　　書》本第805冊，1986年。

〔宋〕黎靖德編，王星賢點校：《朱子語類》，北京：中華書局，1996年6
　　　月。

〔宋〕熊節撰，〔宋〕熊剛大註：《性理群書句解》，臺北：臺灣商務印書館
　　　景印文淵閣《四庫全書》本第709冊，1986年。

〔宋〕鮑雲龍撰，〔明〕鮑寧辨正：《天原發微》，臺北：臺灣商務印書館景
　　　印文淵閣《四庫全書》本第806冊，1986年。

〔明〕熊宗立：《洪範九疇數解》，濟南：齊魯書社《四庫全書存目叢書》子
　　　部第57冊，1995年。

〔明〕韓邦奇：《洪範圖解》，濟南：齊魯書社《四庫全書存目叢書》子部第
　　　57冊，1995年9月1版1刷。

〔明〕朱睦㮮：《授經圖義例》，臺北：臺灣商務印書館景印文淵閣《四庫全
　　　書》本第675冊，1986年。

〔明〕馮繼科纂修：《嘉靖建陽縣志》，上海：上海古籍書店影印《天一閣》
　　　藏明代方志選刊第41冊，1982年。

〔清〕李清馥:《閩中理學淵源考》,臺北:臺灣商務印書館景印文淵閣《四庫全書》本第460冊,1986年。

〔清〕謝道承編纂:《福建通志》,臺北:臺灣商務印書館景印文淵閣《四庫全書》本第530冊,1986年。

〔清〕嵇璜、〔清〕曹仁虎等奉敕撰:《欽定續通志》,臺北:臺灣商務印書館景印文淵閣《四庫全書》本第394冊,1986年。

〔清〕嵇璜、〔清〕曹仁虎等奉敕撰:《欽定續文獻通考》,臺北:臺灣商務印書館景印文淵閣《四庫全書》本第630冊,1986年。

〔清〕黃虞稷:《千頃堂書目》,臺北:臺灣商務印書館景印文淵閣《四庫全書》本第676冊,1986年。

〔清〕永瑢等撰:《四庫全書總目》,北京:中華書局,2008年。

〔清〕朱彝尊:《經義考》,北京:中華書局影印《四部備要》本,1998年。

〔清〕張廷玉等奉敕修:《明史》,北京:中華書局,1997年。

〔清〕潘士權:《洪範註補》,濟南:齊魯書社《四庫全書存目叢書》子部第57冊,1995年。

〔清〕熊日新主修:《潭陽熊氏宗譜》(建陽),清光緒7年書林熊氏木活字本。

二　當代論著

宋會群:《中國術數文化史》,開封:河南大學出版社,2003年。

胡家聰:《稷下爭鳴與黃老新學》,北京:中國社會科學出版社,1998年。

蔣秋華:《宋人洪範學》,臺北:國立臺灣大學出版中心,1986年。

三　期刊與學位論文

方彥壽:〈明代刻书家熊宗立述考〉,《文獻》1987年第1期,頁228-243。

林慧光:〈熊宗立在婦產科學的成就初探〉,《福建中醫學院學報》1997年第1期,頁5-6。

俞慎初：〈「醫善專心，藥貴經驗」明代普及醫學的先驅——熊宗立的學術思
　　　　想及著述考證〉，《福建中醫藥》1987年第5期，頁2-3。

馬茹人：〈杏林種德杏苑留芳——熊宗立刻書概況與特點〉，《上海中醫藥雜
　　　　誌》2000年第6期，頁20-21。

陳國代：〈熊宗立刊刻醫書概述〉，《中華醫史雜誌》2003年第1期，頁27-
　　　　29。

陳國代：〈建本圖書與醫學傳播〉（見《中醫文獻雜誌》2003年第2期，頁22-
　　　　23。

陳繼華：《明代福建醫家熊宗立醫籍編刻及學術思想研究》，福州：福建中醫
　　　　藥大學中醫醫史文獻碩士論文，2012年6月。

陳　曦：《熊宗立及《名方類證醫書大全》研究》，長春：長春中醫藥大學中
　　　　國醫史文獻碩士論文，2013年4月。

陳　婷：〈《勿聽子俗解八十一難經》校語探析〉，《時珍國醫國藥》2016年第
　　　　9期，頁2232-2234。

彭榕華：〈熊宗立醫學貢獻初探〉，《世界中西醫結合雜志》2008年第3卷第6
　　　　期（2008年6月），頁316-319。

劉　暢：〈北宋《洪範》學興起的近因——以《洪範政鑒》為中心〉，《天府
　　　　新論》2019年第5期（2019年9月），頁42-51。

劉牧、邵雍與周敦頤對《易》學宇宙論的詮釋比較

黃乾殷*

提要

今日對於〈河圖〉、〈洛書〉、〈先天圖〉、〈太極圖〉這些「易圖」的看法大致可分為三派。其一認為這些易圖皆是自上古流傳的神祕圖騰；其二認為這些易圖是北宋初年由陳摶所發明傳承；其三認為這些易圖是易學家用來詮釋易理的產物。本文以〈河圖〉、〈洛書〉、〈先天圖〉與〈太極圖〉的圖式進行比較，發現這些易圖圖式構型差異甚大，更像是易學家的獨立發明。

「天人合一」是中國哲學思想追求的最高境界。劉牧、邵雍與周敦頤三位理學家在追求「天人合一」的道路上，不約而同地從《易》學的「宇宙論」切入。三人同樣選擇了「易圖」作為詮釋的輔助工具。然而，三人在「太極」、「兩儀」、「四象」、「八卦」這些概念上，有著不同的呈現方式。本文藉由劉牧、邵雍與周敦頤三人的著述學說去研究〈河圖〉、〈洛書〉、〈先天圖〉、〈太極圖〉這些易圖的圖式構形，進而比較三人的圖式思想。

三人圖式差異乃在於對「四象」與「五行」在《易》學宇宙論的定位不同。劉牧在《易數鉤隱圖》中主張：「〈河圖〉主四象，〈洛書〉主五行。」邵雍在《皇極經世》中提倡：「陰陽四象的易數衍化」周敦頤在〈太極圖說〉中則認為：「無極之真，二五之精，妙合而凝。」三人分別根據其思想進路，制定出不同的易圖圖式。

關鍵詞：劉牧、邵雍、周敦頤、宇宙論、易圖

---

* 國立高雄師範大學國文系兼任助理教授。

A Comparison between the Different Interpretation of the Cosmology of *Yi* Study from Liu Mu, Shao Yong and Zhou Dun-yi

Huang Qian-yin

Abstract

The views on "Yi Tu" nowadays, such as *He Tu*, *Luo Shu*, *Xian Tian Tu*, and *Tai Chi Tu*, can be roughly divided into three schools. One believes that these Yi Tus are all mysterious totems which have been passed down since ancient times; the second believes that these Yi Tus were invented and inherited by Chen Tuan in the early Northern Song Dynasty; the third believes that these Yi Tus are the products of Yi scholars to interpret Yi Li. This paper compares the schemas of *He Tu*, *Luo Shu*, *Xian Tian Tu*, and *Tai Chi Tu*, and finds that the structures of these Yi Tu are very different and are more similar to the independent inventions of Yi scholars.

"Harmony between man and nature" is the highest realm pursued by Chinese philosophical thought. During the journey to pursue this realm, Liu Mu, Shao Yong, and Zhou Dun-yi all started from the "cosmology" from Yi study. The three also chose "Yi Tu" as an auxiliary tool for interpretation. However, they have different ways of presenting the concepts of "Tai Chi", "Liang Yi", "Four Xiangs", and "Bagua". Based on the writing and theory of Liu Mu, Shao Yong, and Zhou

Dun-yi, this paper studies the schematic structures of Yi Tu, such as *He Tu*, *Luo Shu*, *Xian Tian Tu*, and *Tai Chi Tu*, and compares the three Schema thinking.

The difference between the three schemas lies in the different positioning of the "four xiangs" and "five xings" in the cosmology in *Yi* study. Liu Mu advocated "*He Tu* focuses on four xiangs, and *Luo Shu* focuses on five xings." Shao Yong promoted "The derivation of the four xiangs of Yin and Yang" in *Huang Ji Jing Shi*. Zhou Dun-yi believed that "The truth of Wuji, the essence of two and five, are wonderfully combined and condensed" in *Tai Ji Tu Shuo*. According to their ideological approaches, the three developed different Yi Tu schemas.

Keywords: Liu Mu, Shao Yong, Zhou Dun-yi, cosmology, Yi Tu

一　前言

宋代初年，學術界吹起了一陣「以圖解經」的風潮，尤以《易經》最盛。[1]南宋早期的易學家朱震（1072-1138）在整理北宋易圖學時，將陳摶推舉為「易圖學之祖」，並在《漢上易傳》中提出一套「易圖傳承說」。其言道：

> 濮上陳摶以〈先天圖〉傳种放，放傳穆修，修傳李之才，之才傳邵雍。放以〈河圖〉、〈洛書〉傳李溉，溉傳許堅，堅傳范諤昌，諤昌傳劉牧。修以〈太極圖〉傳周敦頤，敦頤傳程頤、程顥。[2]

從朱震提出「易圖傳承說」開始，宋代易圖學便繞在「邵雍與〈先天圖〉」、「劉牧與〈河圖〉、〈洛書〉」和「周敦頤與〈太極圖〉」三大領域之上。[3]

近現代學者李申與郭彧透過詳實的考究來論證這些易圖均為宋人為了解釋《易經》與《易傳》中的易學思想所獨立創造的圖式。這些易圖分別有不同的義理與思想，並非一人一時一地所作，更不是上古流傳的神祕圖騰。[4]

要探索這些易圖的謎團，必須從劉牧、邵雍與周敦頤的思想去了解，才

1　在〔南宋〕鄭樵的《通志·藝文略》當中可發現，《易經》、《書經》、《詩經》、《禮記》、《春秋》及《爾雅》的圖書編目當中都有劃分出「圖」，其中以《易經》收錄書籍最多，包含了《大衍元圖》、《鉤隱圖》、《續鉤隱圖》、《周易稽頤圖》、《龍圖》、《河圖洛書解》、《伏羲俯仰畫卦圖》、《周易乾生歸一圖》、《荊定易圖》、《八卦小成圖》十部書。

2　〔南宋〕朱震：《漢上易傳·表》，頁1-2。收錄於《文淵閣四庫全書·第11冊》（臺北：臺灣商務印書館，1983-1986年），頁5。

3　本文將〈河圖〉、〈洛書〉、〈先天圖〉與〈太極圖〉稱作是「宋初三大易圖」，其中〈河圖〉、〈洛書〉兩幅易圖由於構形邏輯相同，大多將兩幅易圖視為是同一套易圖。另外，因劉牧之生卒年略早於邵雍，因此，筆者將兩人順序置換調整。

4　李申的《話說太極圖──《易圖明辨》補》於1992年出版後，學界對於「易圖」的相關問題興起了許多的探討。關於李申與郭彧的論述，詳參李申：《易圖考》與郭彧：《易圖講座》二書。李申：《易圖考》（北京：北京大學出版社，2000年）。郭彧：《易圖講座》（北京：華夏出版社，2007年）。

有辦法得知這些易圖所代表的意義。本文主要採用勞思光的「基源問題研究法」來處理這個問題。勞思光言：

> 所謂「基源問題研究法」，是以邏輯意義的理論還原為始點，而以史學考證工作為助力，以統攝個別哲學活動於一定設準之下為歸宿。[5]

「天道」與「性命」是宋明理學的兩大課題。《易傳》中載：

> 是故易有太極，是生兩儀，兩儀生四象，四象生八卦。八卦定吉凶，吉凶生大業。[6]

《易》學以「太極」、「兩儀」、「四象」、「八卦」去建構起宇宙萬物的化生本源，這些元素亦成為宋明理學家理解「天道」的基礎。宇宙的建構與形成成為了「宋初三大易圖」共同的「基源問題」。透過「宋初三大易圖」的「命名」、「構形」與「圖說」來看，便可發現劉牧、邵雍與周敦頤在處理相同的「基源問題」時存在著差異性。

　　本文分別以「劉牧與《易數鈎隱圖》」、「邵雍與〈先天圖〉」、「周敦頤與〈太極圖〉」三個不同面向切入分析，藉此梳理出三人對於《易》學宇宙論詮釋的角度以及相異之處。

二　劉牧與《易數鈎隱圖》

　　劉牧（？-？），字長民，彭城人，師承范諤昌治《易經》，為北宋初年的易圖學者。[7]其傳世的易圖著作為《易數鈎隱圖》與《遺論九事》二書。[8]

5　勞思光：《新編中國哲學史‧一》（臺北：三民書局，1984年），頁14。

6　〔先秦〕佚名，〔曹魏〕王弼注，〔唐〕孔穎達疏，〔清〕阮元校：《十三經注疏‧周易正義‧卷第七‧繫辭上》（北京：北京大學出版社，2000年），頁340。

7　關於劉牧的生平歷來有所爭論，據近代學者郭彧所考，在北宋初年彭城劉牧與三衢劉

其學術思想盛於仁宗時期，並由其門人黃黎獻、吳秘、徐庸、常豫、鄭夬等人所發揚。在慶曆初年（1041），吳秘將劉牧的易學創作《劉長民易》[9]獻於朝廷後，劉牧的易學思想更是成為一時顯學，影響了後世許多易學家的易圖構形。

《遺論九事》一書的易圖邏輯不若《易數鉤隱圖》完整，鄭樵在《通志》中記載，劉牧除了《易數鉤隱圖》之外，另有一本《先儒遺事》。其條目載：「《先儒遺事》兩卷，劉牧，一作陳純臣。」[10]清代四庫館臣認為《遺論九事》乃是：「先儒之所未及，故曰：『遺論』，本別為一卷。」[11]劉牧斷不可能稱自己為「先儒」，其思想言論也不會是「遺事」、「遺論」，故這些易圖之作者絕非劉牧自己。據此，《先儒遺事》一書應視為是劉牧集輯北宋初

牧為兩位不同之人。彭城劉牧（ ?-? ），字長民，師從范諤昌治《易》，生卒年早於三衢劉牧，三衢劉牧字先之（1011-1164），師從孫復治《春秋》之學，兩人有所不同。筆者以為郭彧所考內容詳實可信。詳參〔北宋〕劉牧著，郭彧導讀：《易數鉤隱圖導讀·導讀》（北京：華齡出版社，2019年），頁1-27。

8　《易數鉤隱圖》收有易圖五十五幅，《遺論九事》則收錄了九幅易圖。在《道藏》中將《易數鉤隱圖》與《遺論九事》視為各自獨立的兩本書；而《四庫全書》則依徐乾學（1631-1694）的《九經解》將《遺論九事》附於《易數鉤隱圖》之後，將兩書併為一書。然此二書的易圖構形邏輯差異甚大，不能混為一談。〔清〕永瑢、紀昀等：《四庫全書總目·卷二·經部二·易類二·易數鉤隱圖》：「《遺論》本別為一卷，徐氏（徐乾學）刻《九經解》附之《鉤隱圖》末，今亦仍之焉。」頁2。收錄於《文淵閣四庫全書·第1冊》，頁63。

9　此書或名為《新注周易》，此書今日已佚。晁公武在《郡齋讀書志》中載此書為：「《劉長民易》，十五卷」。陳振孫載此書目條例曰：「《新注周易》，十一卷。」版本或有不同。〔南宋〕晁公武撰，趙希弁重編：《郡齋讀書志·卷一上·易類·劉長民易》：「《劉長民易》十五卷：右皇朝劉牧長民撰，宋仁宗時言數者皆宗之。慶曆初，吳秘獻其書于朝，優詔獎之，田況為序。」頁9。收錄於《文淵閣四庫全書·第674冊》，頁161。另參〔南宋〕陳振孫：《直齋書錄解題·卷一·易類》，頁10-11。收錄於《文淵閣四庫全書·第674冊》，頁532-533。

10　〔南宋〕鄭樵：《通志·卷六十三·藝文略第一·經類第一·易》，頁8。收錄於《文淵閣四庫全書·第374冊》，頁304。

11　〔清〕永瑢、紀昀等：《四庫全書總目·卷二·經部二·易類二·易數鉤隱圖》，頁2。收錄於《文淵閣四庫全書·第1冊》，頁63。

年早期易圖，進而編纂成冊的一本易圖總集。筆者認為《遺論九事》的九幅易圖很有可能是從《先儒遺事》一書中節錄而出。

除去《遺論九事》，從今日流傳的《易數鈎隱圖》三卷內容來看，每卷各有獨立的中心思想。在《易數鈎隱圖》的〈上卷〉收錄了三十三幅易圖，通篇以「數」的觀念為核心，從天地生成論至人身，呈現出「推天道明人事」的易學觀，是一組完整的概念。〈中卷〉收錄了十五幅易圖，以「氣」的觀念為核心，來說明八卦至六十四卦的卦氣變化。〈下卷〉收錄了七幅易圖，通篇圍繞於「河圖」、「洛書」的觀念[12]之上。然而，南宋晁公武在《郡齋讀書志》中言：

> 《鈎隱圖》三卷：右劉牧撰，皆易之數也。凡四十八圖并遺事九，有
> 歐陽永叔〈序〉，而其文殊不類。[13]

據晁公武的四十八圖說，顯然僅有〈上卷〉三十三圖與〈中卷〉十五圖，兩卷的易圖邏輯是一種「數」與「氣」的體用關係。在〈上卷〉的三十三幅易圖中，更是完整呈現了劉牧對《易》學宇宙論的詮釋觀點。

（一）天地極數的生成與衍化

《易》學中的哲理思想主要來自於陰陽觀念，自太極、兩儀、四象、八卦進而化生萬物的衍化過程，可視為是《易》學的宇宙論。劉牧在《易數鈎

---

12 在劉牧的易學觀念當中「河圖」、「洛書」是一種易學概念，並非易圖。「九數河圖」與「十數洛書」的易圖訂定者為刪改《易數鈎隱圖》之李覯。李覯於〈刪定易圖序論〉中將劉牧《易數鈎隱圖》中的多幅易圖刪減為〈河圖〉、〈洛書〉與〈八卦〉三圖。〔北宋〕李覯：《盱江集・卷四・刪定易圖序論》，頁3-4。收錄於《文淵閣四庫全書・第1095冊》，頁54-55。

13 〔南宋〕晁公武撰，趙希弁重編：《郡齋讀書志・卷一上・易類・鈎隱圖》，頁9。收錄於《文淵閣四庫全書・第674冊》，頁161。

隱圖》中以〈太極〉作為開卷的第一幅易圖。圖式如下所示：[14]

圖一　劉牧：〈太極〉

李申在《易圖考》一書中表示：「最初的〈太極圖〉應是一個空心圓。」[15]
劉牧進一步在空心圓上加以陰陽相間的黑白算子，藉此來構形出「太極」圖
式，除了繼承前人的思想外，亦能表現出個人的易學特色。

　　陰、陽二氣可視為《易》學宇宙論的核心物質，宇宙萬物都是藉由陰陽
二氣的循環衍變，生生不息。劉牧以陰陽二氣的宇宙觀為核心，其用白色算
子來象徵「陽氣」，黑色算子象徵「陰氣」，並以混雜相間的構形來詮釋太極
的「渾沌」狀態。其圖說曰：

　　　　太極無數與象，今以二儀之氣混而為一以畫之，蓋欲明二儀所從而
　　　　生也。

從〈太極〉的圖說中可知，劉牧的〈太極〉圖式其實是為了第二幅易圖〈太
極生兩儀〉而制定的。〈太極生兩儀〉如下圖所示：[16]

---

14 〔北宋〕劉牧：《易數鈎隱圖·卷上·太極第一》，頁1。收錄於《文淵閣四庫全書·第
　　8冊》，頁127。本文大量引用易圖圖式與圖說，圖式與圖說若出處相同，為了避免行文
　　繁瑣，不另重注。

15 李申：《易圖考》，頁65-67。

16 〔北宋〕劉牧：《易數鈎隱圖·卷上·太極生兩儀第二》，頁2-3。收錄於《文淵閣四庫
　　全書·第8冊》，頁127-128。

圖二　劉牧:〈太極生兩儀〉

劉牧認為「太極」原本是無象無數之物,本來是不能畫成易圖的,因此藉由陰陽兩儀的發源觀念制定出〈太極〉圖式。其云:

> 《經》曰:「易有太極,是生兩儀。太極者,一氣也。天地未分之前,元氣混而為一,一氣所判,是曰兩儀。」

從上述這段文字來看,劉牧對「太極」的詮釋理解與《老子》中的「道」十分相似。《老子》載:

> 有物混成,先天地生,寂兮寥兮,獨立不改,周行而不殆,可以為天下母。吾不知其名,字之曰道,強為之名曰大,大曰逝,逝曰遠,遠曰反。[17]

> 道生一,一生二,二生三,三生萬物。萬物負陰而抱陽,沖氣以為和。[18]

劉牧在這幅〈太極〉圖中的圖式充分展現了「有物混成」、「周行而不殆」、「負陰抱陽」等「道」的本體概念。在〈太極生兩儀〉之圖說曰:

---

17 〔先秦〕老子著,〔曹魏〕王弼,樓宇烈校釋:《老子道德經注校釋‧第二十五章》(北京:中華書局,2008年),頁62-63。

18 〔先秦〕老子著,〔曹魏〕王弼,樓宇烈校釋:《老子道德經注校釋‧第四十二章》,頁117-118。

《易》不云乎「天地」，而云「兩儀」者，何也？蓋以兩儀則二氣始
分，天地則形象斯著，以其始分兩體之儀，故謂之兩儀也。

劉牧以「太極」建立起天地萬物之秩序，在陰陽「兩儀」分立之後，並未直
接衍生出「四象」與「八卦」，而是藉由「天五」的概念來進行銜接。〈天
五〉圖式如下所示：[19]

圖三　劉牧：〈天五〉

若說劉牧以〈太極〉一圖來代表「道之體」，那麼〈天五〉一圖便可視為是
「道之用」。劉牧認為「天五」居中而主變化，不知何物，故強名曰：「中和
之氣」。劉牧對於「天五」的詮釋，正如同《老子》中所描述的「道」。劉牧
將「天五」比之為「道」，可見其對「天五」的重視程度。

　　劉牧以黑白來象徵陰陽，將「兩儀」的觀念以「象」來呈現，十分容易
被理解。然而「四象」與「八卦」，不可能單靠「象」來呈現，必須要加上
「數」，才能夠被分辨，於是產生出〈天地數十有五〉。圖式如下所示：[20]

---

19 〔北宋〕劉牧：《易數鉤隱圖・卷上・天五第三》，頁3-4。收錄於《文淵閣四庫全書・
　　第8冊》，頁128。

20 〔北宋〕劉牧：《易數鉤隱圖・卷上・天地數十有五第四》，頁4-5。收錄於《文淵閣四
　　庫全書・第8冊》，頁128-129。

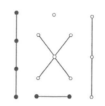

圖四　劉牧：〈天地數十有五〉

此幅〈天地數十有五〉是一幅基礎圖式，劉牧以「兩儀」加上「天五」形成「十五」的「天地生數」，其圖說云：

> 或問曰：「天地之數何以由天五而生變化？」答曰：「天地之生數足所以生變化也。天地之數十有五，自天一至天五，凡十五數也。天一、天三、天五成九，此陽之數也，故乾元用九；地二、地四成六，此陰之數也，故坤元用六。兼五行之成數四十，合而為五十有五，備天地之極數也。所以能成變化而行鬼神。」

劉牧主要用〈天地數十有五〉一圖來解釋「乾元用九」與「坤元用六」的易學觀念，此圖並非靜止不動，而是要讓「天一、地二、天三、地四」這些「四象生數」接續「地六、天七、地八、天九」這些「四象成數」形成「天地極數五十五」。劉牧在其「四象」的衍化過程如下圖所示：[21]

---

21 此圖為筆者自製之衍化過程圖，原圖請參照〔北宋〕劉牧：《易數鉤隱圖・卷上・天地數十有五第四、天一下生地六第五、地二上生天七第六、天三左生地八第七、地四右生天九第八》，頁5-7。收錄於《文淵閣四庫全書・第8冊》，頁129-130。

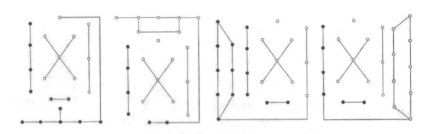

圖五　四象衍化過程

劉牧藉著「天一下生地六」、「地二上生天七」、「天三左生地八」、「地四右生天九」的衍化法則，得到了「六、七、八、九」四個數字，並以此來象徵「少陰、少陽、老陰、老陽」四象。劉牧在「四象生成數」的衍化以套圖的模式來呈現，充分表達《易傳》中「生生之謂易」與《老子》所言「道生一，一生二，二生三，三生萬物」的生成概念。這四幅易圖之後的圖說曰：

> 《經》曰：「參伍以變，錯綜其數。通其變，遂成天地之文，極其數，遂定天下之象。」《義》曰：「參，合也；伍，為偶配也。為天五合配天一，下生地六之類是也。以通其變化，交錯而成四象、八卦之數也。成天地之文者，為陰陽交而著其文理也。極其數者，為極天地之數也。天地之極數，五十有五之謂也。遂定天地之象者，天地之數既設，則象從而定也。」

劉牧將「數」的概念轉化為「易圖」，其最大目的就是要詮「太極」、「兩儀」、「四象」、「八卦」等變化，充分展現出劉牧「數設而象定」的易學思想。

劉牧在「兩儀生四象」與「四象生八卦」的觀念之上，是由《易傳》中的「參伍之變」[22]變化而來。劉牧的〈兩儀生四象〉與〈四象生八卦〉之圖

---

22 〔先秦〕佚名，〔曹魏〕王弼注，〔唐〕孔穎達疏，〔清〕阮元校：《十三經注疏・周易正義・卷第七・繫辭上》：「參伍以變，錯綜其數，通其變，遂成天地之文；極其數，遂定天下之象。非天下之至變，其孰能與於此？」頁334。

式如下：[23]

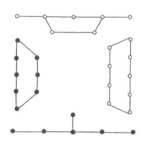   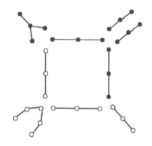

圖六　劉牧：〈兩儀生四象〉　　　圖七　劉牧：〈四象生八卦〉

〈兩儀生四象〉為劉牧首創之圖式，此圖以〈太極生兩儀〉為基礎，分別將「天一」、「地二」、「天三」、「第四」合配於「天五」而成為「地六」、「天七」、「地八」、「天九」四象。至〈兩儀生四象〉圖式，「四象」的易數已衍化完成，此圖亦直接視為「四象」的結論圖。

　　相對於〈兩儀生四象〉可當成「四象」的結論圖，〈四象生八卦〉此圖並不能視為是「八卦」的結論圖。劉牧的〈兩儀生四象〉除了代表「四象」之外，更蘊含了坎、兌、離、震「四正卦」的思想。在〈四象生八卦〉的圖說曰：

　　　　五行成數者，水數六，金數九，火數七，木數八也。水居坎而生乾，

23　〈四象生八卦〉的四隅卦圖式來自於《遺論九事・辨陰陽卦》一圖。然於〈四象生八卦〉右上的「坤卦」在《四庫全書》本與《道藏》本皆作長方形連結，以〈辨陰陽卦〉來看「坤卦」應畫作「兩條分開的三點連結線」；另外，左下的「艮卦」在《四庫全書》中作五邊形連結，以〈辨陰陽卦〉來看「艮卦」應保留上方開口，不可有連接線。另外，在《四庫全書》本與《道藏》兩本「艮卦」的方向有所不同，《四庫全書》本為由內向外看的方向，《道藏》本則是以平面視角的方向來制定。然而，〈艮為少男〉與〈兌為少女〉二圖在《四庫全書》與《道藏》皆為平面視角，故〈四象生八卦〉一圖筆者認為應從《道藏》本圖式為是。〔北宋〕劉牧：《易數鉤隱圖・卷上・兩儀生四象第九、四象生八卦第十》，頁8-11。收錄於《文淵閣四庫全書・第8冊》，頁130-132。另參陸國強等編：《道藏・第3冊》（上海：上海書店，1988年），頁202-203。

金居兌而生坤，火居離而生巽，木居震而生艮。已居四正而生乾、
坤、艮、巽，共成八卦也。

因此在〈四象生八卦〉中只呈現出「乾、坤、艮、巽」的四隅卦之「象」，
此圖可說是「四正卦生四隅卦」之變化圖。

劉牧的易圖衍變目標是窮究天一到地十的易數生成觀念。因此在兩儀、
四象、八卦的生成之後，劉牧將這些易圖結合，而成為〈兩儀得十成變化〉
一圖。圖式如下所示：[24]

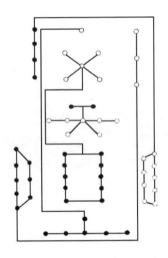

圖八　劉牧：〈兩儀得十成變化〉

此圖式構形依「天一下生地六」、「地二上生天七」、「天三左生地八」、「地四
右生天九」、「地十應天五居中」兩兩相配組合而成，十分符合《易》學中

---

24 此圖式在《四庫全書》與《道藏》中有些許訛誤。在《四庫全書》本中此圖中央的
「地二」與「天七」並未連結，《四庫薈要》本則有，《道藏》本亦有。然《道藏》本
黑白算子布局紊亂無章，不僅不合易理，且與前後易圖邏輯不合。據此，筆者此圖選
用《四庫薈要》本之圖。〔北宋〕劉牧：《易數鈎隱圖・卷上・兩儀得十成變化第十
一》，頁11。收錄於《摛藻堂四庫全書薈要・第15冊》（臺北：世界書局，1990年），頁
246。

「生」的哲學邏輯。劉牧認為此圖屬於「洛書」的易學概念，其象徵的意義是一套完整的「易數生成衍化」，其圖說曰：

> 此乃五行生成數，本屬「洛書」。此畫之者，欲備天地五十五數也。

劉牧的〈兩儀得十成變化〉與今日通行的「十數圖洛書」並不相同。〈兩儀得十成變化〉的構形之所以為上下對稱，是為了使上方的易數為天一到天五，下方的易數為地六到地十，以配合形上形下的道器說。劉牧將《易傳》中：「形而上者謂之道，形而下者謂之器」[25]的觀念套用於天地生成數之上，其最大的目的是要藉著天一到地十這些易數來詮釋「河圖」、「洛書」的概念。劉牧認為「河圖」是天一到天九的四十五數，所重者為「四象」；「洛書」則是天一到地十的五十五數，所重者為「五行」。劉牧此一主張深受漢儒解《易》與《洪範》學說的影響。

（二）天地極數的拆解與重構

劉牧在推論出〈兩儀得十成變化〉一圖之後，分別又以〈天數〉、〈地數〉與〈陽中陰〉、〈陰中陽〉[26]兩種不同易數邏輯，將天地極數五十五進行拆解重構。

---

25 〔先秦〕佚名，〔曹魏〕王弼注，〔唐〕孔穎達疏，〔清〕阮元校：《十三經注疏・周易正義・卷第七・繫辭上》，頁344。

26 在今日的《易數鉤隱圖》中〈乾畫三位〉、〈坤畫三位〉與〈陽中陰〉、〈陰中陽〉圖式為重複的構形。〈陽中陰〉與〈陰中陽〉兩圖的相關圖式可於南宋中期的圖學集《大易象數鉤深圖》一書中見到。此書中之〈陽中陰〉由天一到天五所構成；〈陰中陽〉則是由地六到地十所構成，故《易數鉤隱圖》之〈陽中陰〉缺少天一應是傳鈔的訛誤所致，〈陽中陰〉一圖上方需有「天一」才是。另外，〈乾畫三位〉與〈坤畫三位〉之圖說有所缺漏，不明所以。在宋元的易圖當中亦無〈乾畫三位〉與〈坤畫三位〉相關類似的易圖圖式，筆者藉由〈其用四十有九〉與〈三才〉兩圖的圖說當中的線索去推論還原此二圖的原貌。〔南宋〕佚名：《大易象數鉤深圖・卷下・陽中陰、陰中陽》，頁46。收錄於《文淵閣四庫全書・第25冊》，頁85。

〈天數〉一圖由天一、天三、天五、天七、天九組合而成;〈地數〉一圖地二、地四、地六、地八、地十組合而成。圖式如下所示:[27]

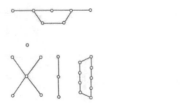

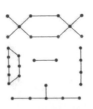

圖九　劉牧:〈天數〉　　　　圖十　劉牧:〈地數〉

劉牧以〈太極〉到〈兩儀得十成變化〉十一幅易圖呈現出天地的生成。而在〈天數〉與〈地數〉兩圖又將變化的結果退回最初陰陽兩儀的思想,並用以解釋《易傳》中的「大衍之數」:

> 大衍之數五十,其用四十有九。分而為二以象兩,掛一以象三,揲之以四以象四時,歸奇於扐以象閏;五歲再閏,故再扐而後掛。天數五,地數五,五位相得,而各有合。天數二十有五,地數三十,凡天地之數五十有五,此所以成變化而行鬼神也。[28]

大衍之數自漢代以來便有「五十」與「五十五」二數之爭,劉牧制定此組易圖的用意便是要釐清「五十五」、「五十」與「四十九」三個易數的變化邏輯。於是劉牧制訂了〈天地之數〉、〈大衍之數〉與〈其用四十有九〉三幅易圖來解釋其中變化過程,筆者將三圖整合後對照其變化,如下圖所示:[29]

---

27 〔北宋〕劉牧:《易數鉤隱圖・卷上・天數第十二、地數第十三》,頁12-13。收錄於《文淵閣四庫全書・第8冊》,頁132-133。

28 〔先秦〕佚名,〔曹魏〕王弼注,〔唐〕孔穎達疏,〔清〕阮元校:《十三經注疏・周易正義・卷第七・繫辭上》,頁328-331。

29 此圖為筆者自製之變化過程圖,原圖請參照〔北宋〕劉牧:《易數鉤隱圖・卷上・天地之數第十四、大衍之數第十五、其用四十有九第十六》,頁13-20。收錄於《文淵閣四庫全書・第8冊》,頁133-136。

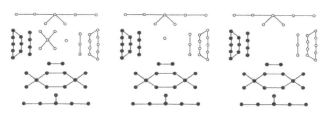

圖十一　大衍之數的變化過程

劉牧對於大衍之數的爭議，首先以「天清地濁」的概念將〈天數〉與〈地數〉兩圖結合為五十五數的〈天地之數〉，其次將「天五」去除，得出五十數的〈大衍之數〉，最後再把「天一」捨去不用，得出四十九數的〈其用四十有九〉。在排出三幅易圖之後，劉牧大肆批判了漢唐以來儒家學者們對《易傳》：「大衍之數其用四十有九」的解釋，並以自身的易數觀念重構出一套新的詮釋方式。

劉牧將「天五」與《易傳》的「退藏於密」[30]的觀念相互結合，藉此說明「天地之數」與「大衍之數」兩者之間「五」的差距；並將「天五」與「天一」視為「造化之尊」與「變化之始」，說明在「大衍法」中為何捨去兩者不用。

劉牧從天一到天五的〈天地數十有五〉衍化為天一到地十的〈天地之數〉，這是五行與四象的交互運用產生的結果。劉牧以天七為〈少陽〉、地八為〈少陰〉、地六為〈老陰〉、天九為〈老陽〉，並將這四個圖式組合為〈七八九六合數〉一圖。筆者將五圖整合一同比較，如下所示：[31]

---

30 〔先秦〕佚名，〔曹魏〕王弼注，〔唐〕孔穎達疏，〔清〕阮元校：《十三經注疏・周易正義・卷第七・繫辭上》：「天一，地二，天三，地四，天五，地六，天七，地八，天九，地十。子曰：『夫《易》何為者也？夫《易》開物成務，冒天下之道，如斯而已者也。』是故聖人以通天下之志，以定天下之業，以斷天下之疑。是故蓍之德圓而神，卦之德方以知，六爻之義易以貢。聖人以此洗心，退藏於密，吉凶與民同患。」頁337-338。

31 此圖為筆者自製之比較圖，原圖請參照〔北宋〕劉牧：《易數鉤隱圖・卷上・少陽第十七、少陰第十八、老陰第十九、老陽第二十、七八九六合數第二十一》，頁20-24。收錄於《文淵閣四庫全書・第8冊》，頁136-138。

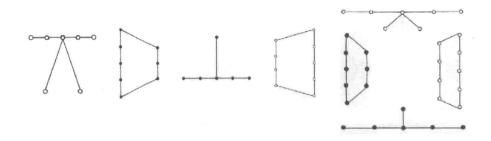

圖十二　四象之獨立圖與組合圖比較

〈七八九六合數〉圖式雖與〈兩儀生四象〉相似，但從易圖的名稱來看便知，此圖的重點並非四象，而是地六、天七、地八、天九這四個易數的衍化意義。

　　相對於〈天數〉、〈地數〉的奇偶拆解，〈陽中陰〉與〈陰中陽〉採取五行生成的對應。〈陽中陰〉一圖由天一、地二、天三、地四、天五組合而成；〈陰中陽〉一圖地六、天七、地八、天九、地十組合而成。如下所示：[32]

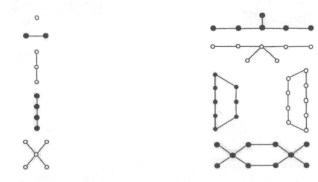

圖十三　劉牧：〈陽中陰〉　　　圖十四　劉牧：〈陰中陽〉

---

[32] 《四庫全書》本〈陽中陰〉一圖上方並無「天一」之白點，《道藏》與《四庫薈要》兩本則有。筆者據其圖說之述，認為應從《道藏》與《四庫薈要》為是。〔北宋〕劉牧：《易數鉤隱圖・卷上・陽中陰第二十四、陰中陽第二十五》，頁25。收錄於《摛藻堂四庫全書薈要・第15冊》，頁253。

若說劉牧以〈天數〉與〈地數〉兩圖來拆解天地極數的目的是用來詮釋「兩儀生四象」的概念圖，那麼以〈陽中陰〉與〈陰中陽〉兩圖來拆解天地極數便可視為是用來詮釋「陰陽生五行」的概念圖。

前文曾說，劉牧的〈四象生八卦〉一圖是由六、七、八、九居於坎、離、震、兌四正位所產生的乾、巽、艮、坤四隅卦，然而，坎、離、震、兌在此圖中並無相對應的卦象圖。劉牧藉由五行生數所組成的〈陽中陰〉配合五形成數所組成的〈陰中陽〉兩幅易圖來說明陰陽五行的生成法則。

劉牧以天、地、人三位構形出〈乾畫三位〉與〈坤畫三位〉兩圖，藉由「陰陽二氣」的組合與「天地人三位」的排序觀念加以轉化。以〈乾獨陽〉與〈坤獨陰〉象徵天地陰陽，輔以〈離為火〉、〈坎為水〉、〈震為木〉、〈兌為金〉、〈天五合地十為土〉來象徵五行。筆者將這些圖式整合如下所示：[33]

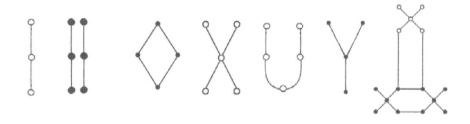

圖十五　天地與五行的圖式比較

劉牧的天地與五行生成概念於此正式建構完成，在劉牧的易學觀念當中，「河圖」主四象，故天五散於四方，地十無法對應生成；「洛書」主五行，故坎、離、震、兌四正卦的水、火、木、金，需配上天五合地十為土，進而化生萬物。這除了是劉牧的易學觀念，更是劉牧宇宙觀的主體思想。

劉牧的易學思想雖以象數為重，但最終目的仍是導向儒家的倫常教化思

---

33 此圖為筆者自製之比較圖，原圖請參照〔北宋〕劉牧：《易數鈎隱圖・卷上・乾獨陽第二十六、坤獨陰第二十七、離為火第二十八、坎為水第二十九、震為木第三十、兌為金第三十一、天五合地十為土第三十二》，頁26-31。收錄於《文淵閣四庫全書・第8冊》，頁139-142。

想。劉牧以〈人稟五行〉一圖將五行生成與儒家的五常與醫家的五臟全數結合。如下所示：[34]

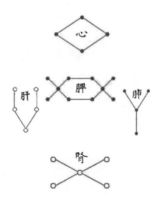

圖十六　劉牧：〈人秉五行〉

劉牧將形而上的易學觀念轉換成形而下的設數定象，將天地之數不斷的解構重構，從宇宙生成衍化最後回到人性，回到儒家以人為本體的核心概念。劉牧的〈人稟五行〉以數為核心概念，並包含了心、性、理、氣、道等宋明理學的要義。正如劉牧在圖說中所言：「是故圓首方足，最靈於天地之問者，蘊是性也。」劉牧的易數思想從宇宙的生成起始，最後回歸於人身之上，展現出易學「推天道明人事」的核心價值。

三　邵雍與〈先天圖〉

　　邵雍（1011-1077），字堯夫，號安樂先生。河北范陽人，幼隨父邵古遷居蘇門山百源之上，卒謚康節。後世學者稱其百源先生、康節先生。邵雍是易圖學當中十分重要的人物，年代較劉牧稍晚。

　　依易學史的脈絡來看，慶曆初年（1041）吳秘獻《劉長民易》於朝，劉

---

34 〔北宋〕劉牧：《易數鈎隱圖・卷上・人稟五行第三十三》，頁31-32。收錄於《文淵閣四庫全書・第8冊》，頁142。

牧的易圖學說成為當時易學界最注目的焦點。慶曆七年（1048）李覯完成
〈刪定易圖序論〉，將劉牧的易圖簡化重構，制定出〈河圖〉、〈洛書〉與
〈八卦〉三幅易圖。然而在邵雍對於〈河圖〉、〈洛書〉並非以「九數」與
「十數」來區分，[35]而是以「圓形」與「方形」來訂定。[36]因此，邵雍的
〈河圖〉、〈洛書〉與李覯修訂劉牧的〈河圖〉、〈洛書〉在圖式構形與背後的
邏輯思想還須進一步的界定釐清。

（一）陰陽二分的加一倍法

　　易學若以「數」為本體來看，可分為「陰陽」與「五行」兩大系統。陰
陽觀念是由「陰」與「陽」兩種物質來構成的宇宙生成論。《易》學中的兩
儀（⚊、⚋）、四象（⚌、⚎、⚍、⚏）、八卦（☰、☶、☵、☴、
☳、☲、☱）這些卦爻圖皆屬於陰陽觀念下的產物。而五行則是金、木、
水、火、土的五種屬性的生剋概念。在最原始的《易經》與《易傳》當中，
僅有陰陽思想並無五行思想。「陰陽」與「五行」兩者原來是不同的理論，
但從《呂氏春秋》一書融合陰陽與五行的觀念開始，陰陽與五行兩者觀念逐
漸緊密連接合而為一。[37]到了西漢董仲舒（前179年-前104年）將天命、陰
陽、五行、讖緯與儒學互相結合成為漢代天人感應學說，此時五行思想與
《易》學結合的更加緊密，到了西漢的京房（前77年-前37年）更是進一步
利用五行學說來解《易》。[38]在《京氏易傳》中載：

---

35 邵雍以黑白算子構形易圖的記載僅見於署名「陳摶、邵雍」傳述的《河洛真數》與
　《河洛理數》兩書當中。然兩書對於〈河圖〉、〈洛書〉之構形並不一致，前者「圖九
　書十」，後者「圖十書九」。兩書易學思想與邵雍差異甚大，為後世數術家託名之偽
　書，不可信之。

36 〔北宋〕邵雍著，郭彧、于天寶點校：《皇極經世書·卷第十二·觀物外篇上》（上
　海：上海古籍出版社，2017年），頁1190。

37 關於《呂氏春秋》與陰陽、五行的關係，詳參孫艷茹：《論《呂氏春秋》之陰陽五行
　說》（石家莊：河北師範大學中國古典文獻學碩士論文，2012年）。

38 朱伯崑以京房易中的「五星配卦說」、「五行爻位說」與「五行生剋說」三項特色，認

　　生吉凶之義，始於五行，終於八卦。[39]

京房將《易傳》中的「八卦定吉凶，吉凶生大業」以五行生剋思想作為詮釋，將五行置於四象與八卦當中。到了東漢鄭玄註解《易經》時，更將五行思想進一步用於「大衍之數」之詮釋之上。[40]鄭玄以五行、方位配與天地生成數，將大衍之數加以解構分析。自此之後，五行思想反倒成為易學之祖了。

　　邵雍的先天易主張回歸最原始的《易經》思想，因此提出了「陰陽四象的易數衍化」。這一思想也影響了邵雍的宇宙生成論。邵雍於《皇極經世書‧觀物外篇》的第一章對此做了一篇完整的理論敘述。[41]南宋蔡元定將此文整理為〈經世衍易圖〉與〈經世天地四象圖〉兩圖。[42]筆者以蔡元定兩圖作為基礎，重新整理繪製邵雍的萬物衍生邏輯圖：[43]

　　為以五行解《易》始於漢代京房。詳參朱伯崑：《易學哲學史‧第一卷》（臺北：藍燈文化事業公司，1991年），頁153-158。

39　〔西漢〕京房：《京氏易傳‧卷下》，頁5。收錄於《文淵閣四庫全書‧第808冊》，頁467。

40　〔東漢〕鄭玄：《周易鄭康成注‧繫辭》，頁26。收錄於《文淵閣四庫全書‧第7冊》，頁143。收錄於《文淵閣四庫全書‧第3冊》，頁337。

41　因邵雍論述的原文過長，未免繁複，筆者僅以〈邵雍萬物衍生邏輯圖〉一圖來表示。原文詳參〔北宋〕邵雍著，郭彧、于天寶點校：《皇極經世書‧卷第十一‧觀物篇之五十一》，頁1146-1148。

42　蔡元定之〈經世衍易圖〉與〈經世天地四象圖〉收錄於《纂圖指要》中。本文以王植《皇極經世書解》之版本。〔清〕王植：《皇極經世書解‧卷首上‧經世衍易圖、卷首下‧經世天地四象圖》，頁38、1-2。收錄於《文淵閣四庫全書‧第805冊》，頁269、271-272。

43　此圖中無框者如「太極、動、靜、陽、陰、剛、柔、太陽、太陰、少陽、少陰、少剛、少柔、太剛、太柔」為形上思想，其餘有框者為實體可見的形下之物。

血	髓	肉	骨				
膀胱	胃	肝	肺	腎	脾	膽	心
春秋	詩	書	易	伯	王	帝	皇
辰	日	月	歲	世	運	會	元
味	氣	聲	色	口	鼻	耳	目
走	飛	草	木	體	形	情	性
雨	月	露	雷	夜	晝	寒	暑
水	火	土	石	辰	星	月	日
坤	艮	坎	巽	震	離	兌	乾

太柔　太剛　少柔　少剛　少陰　少陽　太陰　太陽

柔　　　剛　　　陰　　　陽

地	天

靜　　　　　　　動

太極

圖十七　邵雍萬物衍生邏輯圖

邵雍以太極為一，動靜為二，太極與動靜的觀念皆為先天之道，是一種形而上觀念，直到由「動靜」創生了「天地」，才開始進入了形而下的世界。邵雍以這陰陽四象展開世間萬物推衍，程顥稱其易數觀點為「加一倍法」[44]，

44　〔北宋〕程顥、程頤著，王孝魚點校：《二程集・河南程氏外書・卷第十二・傳聞雜記》，頁428。

但此一思想卻未獲得宋代學界廣泛的認同，朱熹更笑稱邵雍「每見一物便成四片了」[45]。

（二）邵雍〈先天圖〉的圖式構形

提到邵雍的〈先天圖〉，大多數人都會聯想到由六十四卦所構形的方圓圖。然而，邵雍並無易圖著作傳世，最早將「先天圖」一詞與六十四卦方圓圖相互結合的人是王湜。王湜於《易學》中便這幅六十四卦方圓圖稱作〈先天圖〉。圖式如下所示：[46]

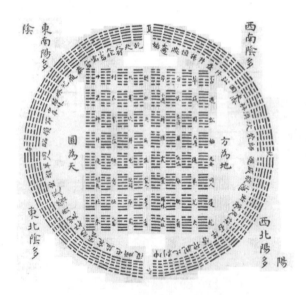

圖十八　王湜：〈先天圖〉

---

45 〔南宋〕朱熹撰，朱傑人、嚴佐之、劉永翔主編：《朱子全書・第十七冊・朱子語類・卷一百・邵子之書》，頁3346。

46 〔南宋〕王湜：《易學・先天圖》，頁7-8。收錄於《文淵閣四庫全書・第805冊》，頁672。

在邵雍的《皇極經世書》當中，多次以圖來解《易》，但邵雍大多以「圖」
來稱呼，使用「先天圖」一詞者僅有一條記載。邵雍言：

> 〈先天圖〉中，環中也。[47]

從這條資料來看，這是邵雍對〈先天圖〉圖式構形的描述，是一個繞著
「中」的「環形圖」。邵雍將「中」解釋為「天地之本」其言：

> 天地之本，其起於中乎。是以乾坤屢變而不離乎中，人居天地之中，
> 心居人之中，日中則盛，月中則盈，故君子貴中也。[48]

邵雍將「中」視為宇宙論之本，而將「心」視為人性論之本，邵雍更進一步
將宇宙論與人性論以「太極」統攝，其言：「心為太極，又曰道為太極。」
[49]。邵雍又言：

> 圓者星也，曆紀之數，其肇於此乎？方者土也，畫州井地之法，其倣
> 於此乎？蓋圓者〈河圖〉之數，方者〈洛書〉之文。故犧、文因之而
> 造《易》，禹、箕敘之而作《範》也。[50]

邵雍提出圓者〈河圖〉，方者〈洛書〉的一個新概念，這個概念與劉牧、李
覯的九數〈河圖〉，十數〈洛書〉易圖構型不同。邵雍的先天易主要思想是

---

47 〔北宋〕邵雍著，郭彧、于天寶點校：《皇極經世書・卷第十二・觀物外篇下》，頁
　　1228。
48 〔北宋〕邵雍著，郭彧、于天寶點校：《皇極經世書・卷第十二・觀物外篇上》，頁
　　1199。
49 〔北宋〕邵雍著，郭彧、于天寶點校：《皇極經世書・卷第十二・觀物外篇上》，頁
　　1214。
50 〔北宋〕邵雍著，郭彧、于天寶點校：《皇極經世書・卷第十二・觀物外篇上》，頁
　　1190。

要將《易經》與《易傳》回歸易數的本位思想，邵雍易數觀回歸於陰陽、四象。因此，邵雍口中的〈河圖〉與〈洛書〉必然不是劉牧、李覯那種黑白算子的圖式，而是由「外圓內方」所構形的「方圓圖」。

綜上所述，邵雍的〈先天圖〉有兩套不同的系統，一者是由環形八卦所構形的〈先天八卦圖〉。另一者則是由方圓六十四卦所構成的〈河圖〉、〈洛書〉。[51]

（二）由環形八卦所構形的〈先天八卦圖〉

在邵雍之前的〈八卦圖〉僅有「震兌橫而六卦縱」之圖式，且無先天、後天之分。直到邵雍提出「先天易」的觀念，才有「乾坤縱而六子橫」的〈先天八卦圖〉。〈先天八卦圖〉是邵雍本於其「先天易」思想的個人發明，邵雍言：

> 「數往者順」，若順天而行，是左旋也。皆已生之卦也，故云：「數往」也。「知來者逆」，若逆天而行，是右行也。皆未生之卦也，故云：「知來」也。夫《易》之數，由逆而成矣。此一節直解〈圖〉意，若逆知四時之謂也。[52]

此段為邵雍詮釋八卦生成的思想，邵雍以「左旋順天」，並以「已生之卦」來象徵「數往」；以「右行逆天」，並以「未生之卦」來象徵「知來」，藉此闡釋《易》學中陰陽流轉，化生萬物的思想，並將其成繪製成八卦圖。今日流傳的〈後天八卦圖〉與〈先天八卦圖〉兩圖圖式如下所示：[53]

---

51 邵雍所作之圖，為解釋其「先天易」之圖，故皆通稱為〈先天圖〉，為了避免與通稱之〈先天圖〉重複，故筆者於後文將「環中之圖」稱作〈先天八卦圖〉。
52 〔北宋〕邵雍著，郭彧、于天寶點校：《皇極經世書·卷第十二·觀物外篇下》，頁1237。
53 在邵雍的著作當中並無易圖傳世，兩圖為今日通行之易圖構形。〈先天八卦圖〉與〈後天八卦圖〉圖式名稱為呼應邵雍易學思想中的「先天易」與「後天易」而來。

圖十九　後天八卦圖　　　　圖二十　先天八卦圖

邵雍認為「震兌橫而六卦縱」的卦序排列為周文王所作，因此屬「後天易」的範疇；而「乾坤縱而六子橫」的卦序排列為伏羲所作，因此屬「先天易」的範疇。邵雍言：

> 「起震終艮」一節，明文王八卦也。「天地定位」一節，明伏羲八卦也。八卦相錯者，明交錯而成六十四卦也。[54]

在邵雍的先天學當中以「本」為先天，以「用」為後天。並以兩幅〈八卦圖〉來說明《易》學的體用關係。[55]

（三）由方圓六十四卦所構形的〈河圖〉、〈洛書〉

將〈先天八卦圖〉陰陽流動的思想進一步的拓展，便能從八卦化生成六十四卦。邵雍言：

> 陽在陰中陽逆行，陰在陽中陰逆行，陽在陽中，陰在陰中，則皆順行。此真至之理，按〈圖〉可見之矣。[56]

---

54 〔北宋〕邵雍著，郭彧、于天寶點校：《皇極經世書・卷第十二・觀物外篇下》，頁1237。

55 〔北宋〕邵雍著，郭彧、于天寶點校：《皇極經世書・卷第十二・觀物外篇上》：「乾坤縱而六子橫，《易》之本也。震兌橫而六卦縱，《易》之用也。」頁1208。

56 〔北宋〕邵雍著，郭彧、于天寶點校：《皇極經世書・卷第十二・觀物外篇上》，頁1211。

邵雍的易圖邏輯在張行成〈分兩圖〉的數字卦序圖中便十分明顯。[57]筆者以張行成〈分兩圖〉為底本，將邵雍的六十四卦方圓圖的生成邏輯繪製如下：

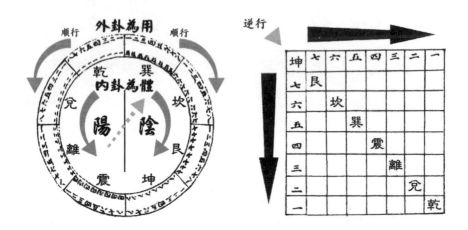

圖二十一 六十四卦圓圖生成動向　　圖二十二 六十四卦方圖生成動向

邵雍以〈先天八卦圖〉為體，並將其作為重卦之內卦，而外卦依序以「乾、兌、離、震、巽、坎、艮、坤」的順序排列，並依照卦序的順行方向前進，因而得出順行的六十四卦圓圖。依序著左陽右陰的邏輯，將陰元坤卦置於在左上，陽元乾卦置於右下，便形成陽在陰中，陰在陽中的狀態，此時卦序全數逆行排列，因而得出逆行之六十四卦方圖。從上述的推理來看，六十四卦方圓圖與邵雍的先天易思想互相呼應。因此，筆者認為邵雍口中的「圓者〈河圖〉，方者〈洛書〉」指的並非劉牧以黑白算子排列的「九數圖」與「十數圖」，而是今日稱為〈先天圖〉的方圓圖。

　　邵雍將六十四卦方圓圖稱作〈河圖〉、〈洛書〉其來有自，此一觀念來自於唐代孔穎達。孔穎達言：

　　《繫辭》云：「河出圖，洛出書，聖人則之。」又《禮緯含文嘉》

---

57 〔南宋〕張行成：《易通變・卷一・分兩圖》，頁11-13。收錄於《文淵閣四庫全書・第804冊》，頁205-206。

曰：「伏犧德合上下，天應以鳥獸文章，地應以河圖洛書。伏犧則而象之，乃作八卦。」故孔安國、馬融、王肅、姚信等並云：「伏犧得河圖而作易。是則伏犧雖得河圖，復須仰觀俯察以相參正，然後畫卦。」伏犧初畫八卦，萬物之象皆在其中。故《繫辭》曰：「八卦成列，象在其中矣」是也。雖有萬物之象，其萬物變通之理，猶自未備，故因其八卦而更重之，卦有六爻，遂重為六十四卦也。[58]

孔穎達是史上第一位將「重卦六十四卦」與「河圖洛書」傳說與互相結合之人。以易學史的角度來看，以圖解《易》的學風在孔穎達之時尚未形成，因此孔穎達口中的「河圖」與「洛書」並不是易圖，而是一種重卦的觀念。到了宋代，邵雍進一步的將其具象化。

邵雍以孔穎達的邏輯為基礎，融攝了《易經》中的「陰陽兩儀」與蓋天說的「天圓地方」，進而創造出〈河圖〉與〈洛書〉兩幅易圖。邵雍言：

一氣才分，兩儀以備。圓者為天，方者為地。變化生成，動植類起。人在其間，最靈最貴。[59]

邵雍的〈河圖〉與〈洛書〉兩圖，一圓一方，一陰一陽，分別象徵了天與地。兩者一內一外，相輔相成，進而創造出萬物。邵雍有詩言：

地以靜而方，天以動而圓。既正方圓體，還明動靜權。靜久必成潤，動極遂成然。潤則水體具，然則火用全。水體以器受，火用以薪傳。體在天地後，用起天地先。[60]

---

58 〔先秦〕佚名，〔曹魏〕王弼注，〔唐〕孔穎達疏：《周易正義·卷首·第二·論重卦之人》，卷首頁7-9。

59 〔北宋〕邵雍著，郭彧整理：《邵雍集·伊川擊壤集·卷之十七·觀物吟》（北京：中華書局，2010年），頁453。

60 〔北宋〕邵雍著，郭彧整理：《邵雍集·伊川擊壤集·卷之十四·觀物》，頁411。

邵雍從觀物當中領悟到事物不是絕對的相對概念，因此沒有絕對的陰陽，進而把這種思想化用至〈河圖〉與〈洛書〉當中。邵雍言：

> 陽之類圓，成形則方；陰之類方，成形則圓。[61]

邵雍的這種思想正如《老子》所言：「萬物負陰而抱陽，沖氣以為合。」[62]孤陰不生，獨陽不成，唯有陰陽相交，才能化生萬物。因此〈河圖〉與〈洛書〉兩圖以一內一外的構形來呈現，最符合邵雍先天易的思想。

邵雍藉由方圓六十四卦所排列而成的〈河圖〉、〈洛書〉詮釋了《易》學的宇宙論，從太極而下，化生出兩儀、四象、八卦到六十四卦，代表了天地間萬物的生成，而這正是其先天易當中的主要思想。

四　周敦頤與〈太極圖〉

周敦頤（1017-1073），字茂叔，號濂溪，河南道州人，卒諡元，後世學者稱其濂溪先生、元公。為宋代理學大儒，著有《易通》與《太極圖‧易說》。[63]

關於〈太極圖〉的傳承問題，目前學界有兩派說法，其一認為〈太極圖〉源自於宋初之時的道教人士，後經由陳摶傳至儒生手中，南宋朱震因此將陳摶推為「易圖之祖」並著錄了相關的易圖傳承譜系。其二，在元代時，劉因就曾於〈太極圖後記〉對朱震的易圖傳承譜系提出質疑：

61　〔北宋〕邵雍著，郭彧、于天寶點校：《皇極經世書‧卷第十二‧觀物外篇上》，頁1211。

62　〔先秦〕老子著，〔曹魏〕王弼注，樓宇烈校釋：《老子道德經注校釋‧第四十二章》，頁117-120。

63　侯外廬、邱漢生、張豈之等人認為，潘興嗣在〈濂溪先生墓誌銘〉中所記載之「易說」，並非是「書名」，而是附於〈太極圖〉後的一篇文章，即今日所見之〈太極圖說〉，兩者合稱為《太極圖‧易說》。筆者認為此種說法可信。詳參侯外廬、邱漢生、張豈之主編：《宋明理學史‧上冊》（北京：人民出版社，1984年），頁50。

〈太極圖〉朱子發謂周子得於穆伯長，而胡仁仲因之，遂亦以謂穆特
周子學之一師，陸子靜因之，遂亦以朱〈錄〉為有考，而潘〈誌〉之
不足據也。蓋胡氏兄弟於希夷不能無少譏議，是以謂周子為非止為
种、穆之學者。陸氏兄弟以希夷為老氏之學而欲其當謬加無極之責，
而有所顧藉於周子也。然其實則穆死於明道元年，而周子時年十四
矣。是朱氏、胡氏、陸氏不惟不考乎潘〈誌〉之過，而又不考乎此之
過也。然始也，朱子見潘〈誌〉之圖為周子所自作，而非有所受於人
也。[64]

劉因以穆修與周敦頤兩人之生卒年來質疑他們的師承關係，並進一步提出
〈太極圖〉的作者問題。近代學者胡適痛批朱震的易圖傳承譜系盡是「瞎
說」、「鬼話」。[65]李申與吾妻重二也對〈太極圖〉的傳承問題做了一系列的
論文考證。[66]據此，筆者認為〈太極圖〉應是周敦頤自己的獨立創作發明。

周敦頤死後約五十年左右，後人將其著作合編付梓，並更名為《通
書》，刊印發行版本眾多。[67]祁寬是最早注意到周敦頤《通書》版本差異之
人，他在〈通書後跋〉中對當時不同版本的《通書》進行比較。其言：

64　〔元〕劉因：《靜修集・卷七・遺文一・太極圖後記》，頁8-9。收錄於《文淵閣四庫全
　　書・第1198冊》，頁537-538。

65　胡適著，李羨林主編：《胡適全集・第二十九卷・日記・民國十年七月六日》：「讀宋人
　　穆脩的《河南穆公集》三卷。穆脩死於明道元年（1032），為北宋提倡『古文』有力的
　　一個人。……今讀《穆集》，無一語及陳摶，可怪。朱震之說必是瞎說，因為穆脩死時
　　（1032），周敦頤（生1017）只有十五歲，無傳授之理。邵雍生於1011，比周敦頤大六
　　歲，尚且是穆脩的再傳弟子何況周呢？……《穆集》中多自傳材料，大概穆脩提倡
　　『古文』，提倡韓愈、柳宗元文章，是事實。李之才（隴西人）曾從他學古文，也是事
　　實。《集》中卻不曾見有『太極』一類的鬼話。」頁345-346。

66　關於李申與的吾妻重二考證，詳參李申：《話說太極圖──《易圖明辨》補・《周氏太
　　極圖》源流》（北京：知識出版社，1992年），頁1-50。〔日〕吾妻重二撰，陳曉杰譯：
　　〈《太極圖》之形成──圍繞儒佛道三教的再討論〉。收錄於〔日〕吾妻重二著，傅錫
　　洪等譯：《朱子學的新研究──近世士大夫思想的展開》，頁46-68。

67　楊柱才：《道學宗主──周敦頤哲學思想研究》（北京：人民出版社，2004年），頁14。

> 《通書》即其（周敦頤）所著也。始出於程門侯師聖（侯仲良），傳
> 之荊門高元舉、朱子發（朱震）。寬初得於高，後得於朱。又後得和
> 靖尹先生（尹焞）所藏，亦云得之程氏。今之傳者是也。逮卜居九
> 江，得舊本於其家，比前所見，無〈太極圖〉。或云：〈圖〉乃手授二
> 程，故程本附之卷末也。[68]

祁寬的〈通書後跋〉作於紹興十四年（1144）。根據祁寬所言可知當時的
《通書》至少有兩種不同的版本，其中最大的差異處是在於〈太極圖〉的有
無。祁寬早年分別從高元舉與朱震兩人手中得到《通書》，兩書卷末皆附有
〈太極圖〉，祁寬稱其為「今傳本」。

　　在祁寬遷居至九江之時，得到一本無〈太極圖〉的「舊本」《通書》。從
祁寬稱其為「舊本」來看，「無〈太極圖〉」的「舊本」在刊刻時間上應早於
「有〈太極圖〉」的「今傳本」。[69]

　　以較可信的時序來推理，筆者認為在周敦頤三十歲時，其「太極觀念」
已初步成形，並在講學之中傳授與二程兄弟。但在此時周敦頤尚未將其「太
極觀念」完全發展成熟到著錄文章的階段，〈太極圖〉既是用來輔助詮釋
〈太極圖說〉的圖式，此時自然尚未問世。在朱熹所編纂的《伊洛淵源錄》
中記有一則故事：

> 江陵有侯師聖（侯仲良）者，初從伊川，未悟（晤），乃策杖訪濂
> 溪。濂溪留之，對榻夜談。越三日，自謂有得如見天之廣大。伊川亦

---

68 〔北宋〕周敦頤著，陳克明點校：《周敦頤集・附錄二・祁寬：〈通書後跋〉》（北京：
　　中華書局，2009年），頁119。

69 在南宋紹興末年到乾道年間（1159-1168）有《諸儒鳴道》一書，書中將周敦頤、司馬
　　光、張載、二程、謝良佐、劉安世、江民表、楊時、潘殖、劉子翬、張九成等十二位
　　道學之著作語錄合集成冊。其中在《濂溪通書》中並無〈太極圖說〉與〈太極圖〉，
　　其內容近於祁寬所描述的「舊本」《通書》。詳參〔南宋〕佚名編，孔子文化大全編輯
　　部編輯：《諸儒鳴道・卷第一・濂溪通書》（濟南：山東友誼社，1992年），頁43-
　　58。

訝其不凡，曰：「非從濂溪來耶？」師聖後遊荊門，胡文定留與為鄰終焉。[70]

侯仲良為二程表弟與二程往來密切，但程頤講學嚴肅剛正不可侵犯，所以侯仲良在學術上有所困惑不解之處，便直接前往拜訪周敦頤請教相關疑問。侯仲良與周敦頤兩人談了三日，侯仲良茅塞頓開，豁然開通。待侯仲良回來之時，程頤聽聞侯仲良的言談，更「訝其不凡」。筆者認為，此一故事正可用來解開為何只有「程門本」的《通書》最末會附上〈太極圖〉的謎團。

綜上所述，周敦頤的「太極觀念」大約發展於三十歲左右，在四十歲到五十歲之間，先後完成了《易通》與〈太極圖說〉，晚年才創造出用以詮釋〈太極圖說〉的〈太極圖〉。

（一）〈太極圖〉的圖式意義

周敦頤〈太極圖〉原始圖式今日已無從而知，在易學史中朱震、楊甲、朱熹、張理、曹端、季本、章潢、胡渭、黃宗羲、黃宗炎、毛奇齡等人的易學著作當中都有周敦頤〈太極圖〉的出現。但在這些文獻當中所載錄的周敦頤〈太極圖〉在構形上卻存有著許多歧異，依照這些圖式構形的流變可追溯至南宋時朱震、楊甲與朱熹三種不同的構形系統之上。[71]

---

70 《朱子全書》中作「未晤」，《四庫》本作「未悟」，筆者認為依照文句前後意義來看應作「未悟」較為合理。〔南宋〕朱熹撰，朱傑人、嚴佐之、劉永翔主編：《朱子全書·第十二冊·伊洛淵源錄·卷第十二·侯師聖》（上海：上海古籍出版社、合肥：安徽教育出版社，2002年），頁1090。

71 鄭吉雄於〈周敦頤《太極圖》及其相關詮釋問題〉一文中將朱震與楊甲之圖視是為同一類，朱熹之圖則為第二類。筆者以為朱震與楊甲之易圖構形有所差異，兩者代表的意義不一樣。因此，筆者將其分為三種不同的圖來討論。另外，鄭吉雄以清代黃宗羲《宋元學案·濂溪學案》中的〈太極圖〉作為朱熹所制定的〈太極圖〉，此一圖式與元代黃瑞節所輯《朱子成書》中的〈太極圖〉不同。筆者認為黃宗羲所重構之〈太極圖〉與朱熹思想有所差距，《朱子成書》中的〈太極圖〉應較近於朱熹的原始圖式。關

　　本文遂以這三幅易圖之構形來對比周敦頤的思想及〈太極圖說〉，來探討什麼樣的易圖構形較符合周敦頤之易學思想。朱震的〈太極圖〉[72]、楊甲的〈易有太極圖〉[73]、朱熹的〈太極圖〉[74]三圖比較如下：

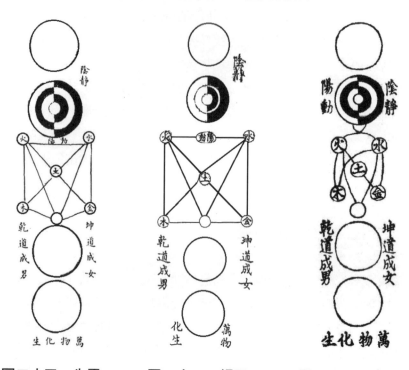

圖二十三　朱震：　　　圖二十四　楊甲：　　　圖二十五　朱熹：
　〈太極圖〉　　　　　　〈易有太極圖〉　　　　　〈太極圖〉

　　於鄭吉雄之論述，詳參鄭吉雄：《易圖象與易詮釋‧周敦頤《太極圖》及其相關詮釋問題》（上海：華東大學出版中心，2007年），頁164。

72　〔南宋〕朱震：《漢上易傳‧卦圖‧卷上‧太極圖》，頁11-12。收錄於《文淵閣四庫全書‧第11冊》，頁313-314。

73　〔南宋〕楊甲撰，〔南宋〕毛邦翰補：《六經圖‧卷二‧易有太極圖》，頁1。收錄於《文淵閣四庫全書‧第183冊》，頁140。

74　〔南宋〕朱熹撰，〔元〕黃瑞節輯：《朱子成書‧第一冊‧太極圖》（北京：北京圖書館出版社），原書無頁碼。

朱震、楊甲與朱熹雖都以「五層分立」的圖式來構形周敦頤〈太極圖〉，但三人在易圖構形中有明顯的不同，要判斷何種圖式最接近周敦頤本圖，需反推回〈太極圖說〉之上。

〈太極圖說〉可說是周敦頤多年對於《易》學宇宙論與人性論之心得。周敦頤在〈太極圖說〉的前半段以「太極」為始，圍繞著「太極」而動，進而化生萬物，為其對《易》學宇宙論之詮釋，原文如下：

> 無極而太極。太極動而生陽，動極而靜，靜而生陰。靜極復動。一動一靜，互為其根；分陰分陽，兩儀立焉。陽變陰合，而生水、火、木、金、土。五氣順布，四時行焉。五行，一陰陽也；陰陽，一太極也；太極，本無極也。五行之生也，各一其性。無極之真，二五之精，妙合而凝。「乾道成男，坤道成女」，二氣交感，化生萬物。[75]

〈太極圖說〉一文蘊含了周敦頤宇宙論與聖人論。以今日的哲學觀點來看，周敦頤將〈太極圖說〉分為兩個部分來進行論述，第一部分是從「無極而太極」到「化生萬物」的「宇宙論」；第二部分則集中聖人之道的「聖人論」探討周敦頤創作〈太極圖〉的最大目的就是用來詮釋〈太極圖說〉第一部分的宇宙論。

（二）「無極而太極」的思想

周敦頤〈太極圖說〉的首句言：「無極而太極」。這句話最大的問題出在「無極」與「太極」兩者的關係，究竟是「無極等同於太極」抑或是「無極在太極之上」。朱熹與陸氏兄弟便對於「無極」與「太極」產生爭論。陸九韶在至朱熹的信件中說道：

---

75 〔北宋〕周敦頤著，陳克明點校：《周敦頤集·卷一·太極圖說》，頁3-8。

「太極」二字，聖人發明道之本源，微妙中正，豈有下同一物之理。
左右之言過矣。今於上又加「無極」二字，是頭上安頭，過為虛無好
高之論也。[76]

「無極」與「太極」的思想分別來自於《老子》與《易經》二書，《易經》、
《老子》、《莊子》三本書在魏晉時期被稱為是「三玄」，早在魏晉時期，三
者互相詮釋的觀念已形成，《老子·第四十章》言：「天下萬物生於有，有生
於無。」[77]周敦頤的「無極而太極」以「易老會通」的角度來詮釋「無極」
與「太極」的關係，但以朱熹與陸氏兄弟等儒家學者卻將周敦頤視為「純
儒」，一再地否定〈太極圖〉中的道家思想。而另一方面，道教人士也開始
以「丹道」思想來解讀周敦頤「無極而太極」的原始思想本質。這種儒道矛
盾的狀況越演越烈，最後淪為意識形態的爭論，失去了「以圖解經」的原始
本意。

　　從朱震、楊甲與朱熹的圖式構形來看，三人的第一層都是以「空心圓」
來象徵「無極而太極」。圖式當中並無任何的文字敘述，此一「空心圓」即
代表了宇宙萬物最原始的狀態，當中便包含了「無極而太極」的思想。

（三）「陰陽」與「五行」的定位問題

　　相對於第一層的「空心圓」圖式來說，第二層的「陰陽同心圓」圖式與
第三層的「五行散布」圖式是周敦頤〈太極圖〉的最大爭議點。目前學界對
於這兩層圖式的來源爭論大略可分為三種說法。其一，認為這兩層圖式完全
是周敦頤的自創圖式，此一說法的代表者為朱熹。其二，認為這兩層圖式是

---

76 陸九韶曾致書信與朱熹兩次，兩封書信今皆亡佚不見全文，僅於在清代張伯行所編
　《周濂溪集》中可見到部分文字。〔北宋〕周敦頤著，〔清〕張伯行編：《周濂溪集·卷
　二·諸儒太極論辯》，頁32。

77 〔先秦〕老子著，〔曹魏〕王弼注，樓宇烈校釋：《老子道德經注校釋·第四十章》，頁
　110。

周敦頤改自道教〈水火匡廓圖〉與與〈三五至精圖〉。其三認為第二層的「陰陽同心圓」圖式來自於佛教的〈十重圖〉。

清代易學家毛奇齡（1623-1716）提出周敦頤〈太極圖〉第二層與第三層之圖式來源為〔東漢〕魏伯陽《周易參同契》中的〈水火匡廓圖〉與〈三五至精圖〉。[78] 此二圖如下所示：

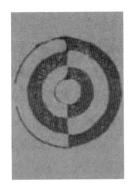　　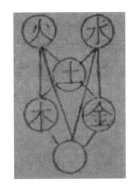

圖二十六　水火匡廓圖　　　　圖二十七　三五至精圖

今人李申在《話說太極圖——《易圖明辨》補》一書中，將毛奇齡的論述一一推翻，其中最重要的一點是在《周易參同契》的各種註本當中並未見有〈水火匡廓圖〉與〈三五至精圖〉此二圖的收錄。而出自圭峰宗密禪師的〈十重圖〉之說，也被吾妻重二之考證推翻，〈十重圖〉圖式出於元代刊行的《禪源諸詮集都序》一書中。也就是說，道教的〈水火匡廓圖〉、〈三五至精圖〉與佛教的〈十重圖〉都出於周敦頤〈太極圖〉之後。不是道教與佛教影響周敦頤的〈太極圖〉，而是周敦頤的〈太極圖〉影響了道教與佛教的圖式思想。[79]

---

78 〔清〕毛奇齡：《西河合集・經集・第六冊・太極圖說遺議》（嘉慶元年蕭山陸凝瑞堂藏版，1796年），頁2。

79 關於周敦頤〈太極圖〉對道教與佛教的影響，此處暫不贅述。李申與的吾妻重二考證，詳參李申：《話說太極圖——《易圖明辨》補・《周氏太極圖》源流》（北京：知識出版社，1992年），頁1-50。〔日〕吾妻重二撰，陳曉杰譯：〈《太極圖》之形成——圍繞儒佛道三教的再討論〉。收錄於〔日〕吾妻重二著，傅錫洪等譯：《朱子學的新研究——近世士大夫思想的展開》（北京：商務印書館，2017年），頁46-68。

　　筆者認為李申與吾妻重二的考證與推斷是十分可信的，周敦頤〈太極圖〉在第二層與第三層之圖式意義上緊扣於周敦頤本身的「陰陽」與「五行」思想，此圖是周敦頤為了其〈太極圖說〉所自創的圖式。

　　在南宋楊甲的《六經圖》一書中收錄了兩幅〈易有太極圖〉，在第一幅周敦頤〈易有太極圖〉之後，另有一幅旁注「舊有此圖」的〈舊式易有太極圖〉。[80]楊甲注文之用意不難看出是要將此圖與周敦頤〈太極圖〉的時間先後做出區別。此圖圖式如下所示：

圖二十八　楊甲：〈舊式易有太極圖〉

此圖中以中央之「氣」為始；第二層發展為「太極」；第三層氣清為上屬陽，氣濁為下屬陰；第四層以木、火、土、金配之五行生成數；最外圈第五層則填上八卦卦象。此圖以「氣」的概念巧妙的詮釋了「八卦」生成邏輯，此圖早於周敦頤〈太極圖〉而出是有可能的。因此筆者推斷，周敦頤〈太極圖〉第二層的「陰陽同心圓」圖式並非來自〈水火匡廓圖〉，而是據〈舊式易有太極圖〉加以修改而成的圖式，並將〈舊式易有太極圖〉化生八卦進一步推展為化生世間萬物。

80　此圖標示無圖名，楊甲旁注「舊有此圖」，本文為了與周敦頤〈太極圖〉區分，將其名為〈舊式易有太極圖〉。〔南宋〕楊甲撰，〔南宋〕毛邦翰補：《六經圖・卷二・舊式易有太極圖》，頁1。收錄於《文淵閣四庫全書・第183冊》，頁140。

　　朱震、楊甲與朱熹在第一層以一個「空心圓」來象徵「無極而太極」是有所共識的。然而，在第二層與第三層的易圖構形差異十分巨大，究其原因並不在於「水火匡廓」與「三五至精」的丹道思想，而是在於「陰陽」與「五行」的定位問題之上。周敦頤的陰陽觀念緊扣於「一動一靜，互為其根」的邏輯之上，以五行配合著陰陽，最終體現「無極之真，二五之精，妙合而凝」的思想。

　　因此，周敦頤在〈太極圖〉第二層中以「陰陽同心圓」圖式來講述其陰陽概念。最裡層的小圓圈象徵最原始的「無極而太極」，接著以「陰陽交錯」的同心半圓向外推遞，用以展現「互為其根」的思想。在第三層以「五行分布」圖式來講述其五行概念，透過五行的生成流轉，最底下的小圓圈象徵「妙合而凝」的「二五之精」又回到最原始的「無極而太極」之上。

　　從朱震、楊甲與朱熹的易圖構形來看，朱震與楊甲的圖將「陰靜」拉至第二層的註解，而將「陽動」置於第二層之下，使「陰靜」與「陽動」兩者有了先後之別，這種圖式思想較偏向邵雍的陰陽思想。反觀朱熹將「陰靜」與「陽動」並排分立於第二層之兩側，更能展現出周敦頤〈太極圖說〉中「分陰分陽，兩儀立焉」的思想。

　　在周敦頤的易學思想中「陰陽」與「五行」是一種密不可分的關係。周敦頤於《通書·動靜第十六》中說：

> 動而無靜，靜而無動，物也。動而無動，靜而無靜，神也。動而無動，靜而無靜，非不動不靜也。物則不通，神妙萬物。水陰根陽，火陽根陰。五行陰陽，陰陽太極。四時運行，萬物終始。混兮闢兮！其無窮兮！[81]

周敦頤以「動」與「靜」的變化來談論宇宙的生成、四時的運行、萬物的生長。從此章「水陰」根於「陽」，「火陽」根於「陰」配合周敦頤〈太極圖〉

---

81 〔北宋〕周敦頤著，陳克明點校：《周敦頤集·卷二·通書·動靜第十六》，頁27-28。

第二層圖式來看，第二層圖式就不會是左離火、右坎水的〈水火匡廓圖〉，而是單純的「陰陽互根」的變化圖式。在第二層「陰陽同心圓」圖式中的左右陰陽互為其根，展現出陰陽的相對關係。而在圖式的左邊最外層為「陽」，右邊最外層為「陰」；第三層「五行散布」圖式上方左邊為「火」，上方右邊為「水」。因此，朱熹以兩條彎曲的連結線「✗」將第二層左邊外層的「陽」連接至第三層的「水」；將第二層右邊外層的「陰」連接至第三層的「火」。朱熹此圖的構形充分展現了《通書·動靜第十六》中「水陰根陽，火陽根陰」之道理。

周敦頤在《通書·理性命第二十二》對於「二氣五行」有其獨到的見解，此說正可作為周敦頤〈太極圖〉第三層「五行散布」圖式思想之說明。周敦頤說：

> 厥彰厥微，匪靈弗瑩。剛善剛惡，柔亦如之，中焉止矣。二氣五行，化生萬物。五殊二實，二本則一。是萬為一，一實萬分。萬一各正，小大有定。[82]

周敦頤所言的「二氣」乃指「陰」與「陽」，「五行」則為「水」、「火」、「木」、「金」、「土」。周敦頤的「二氣五行」主要強調「化生萬物」的概念，因此，楊甲與朱熹的易圖將「水」與「木」的連結繞過中央的「土」，這樣的構形是較能表現出「五行相生」思想的圖式。周敦頤認為「五行」有其分殊，而「二氣」源自於「一」，「一」者「道」也，「太極」也，「無極」也。在〈太極圖〉第三層最底下有一個收束之小圓圈，這個小圓圈就是周敦頤「一」的象徵。五行透過水、火、木、金、土的生成流轉運行，最後又從象徵「陰」與「陽」的「水」與「火」回歸於「太極」之中。因此，朱熹之圖較之朱震與楊甲更能展現強調周敦頤「無極之真，二五之精，妙合而凝」的易學思想。

---

82 〔北宋〕周敦頤著，陳克明點校：《周敦頤集·卷二·通書·理性命第二十二》，頁32。

（四）「萬物化生」的生生不息思想

周敦頤〈太極圖〉的第四層詮釋了《易傳》中天地之間的「陰陽概念」。《易傳》言：

> 乾道成男，坤道成女。乾知大始，坤作成物。乾以易知，坤以簡能。易則易知，簡則易從。易知則有親，易從則有功。有親則可久，有功則可大。可久則賢人之德，可大則賢人之業。易簡而天下之理得矣。天下之理得而成位乎其中矣。[83]

賴貴三於〈《周易・繫辭傳》「易」、「簡」思想析論〉一文中指出〈繫辭傳〉中的「天地」、「乾坤」、「男女」、「易簡」、「德業」與「理位」二元對貞，名雖不同，實則共通一貫。[84] 在《易》學中，以乾卦來象徵父，坤卦來象徵母，乾卦以剛健之性生成陽，坤卦以柔順之性生成陰。陰陽二氣相互交感呼應，進而化生萬物，生生不息，產生變化無窮的宇宙。因此，在第四層「空心圓」圖式左右分別加上「乾道成男」與「坤道成女」的輔助說明，形成與第二層左右的「陽動」與「陰靜」相互對應的現象，進而體現出〈繫辭傳〉：「天下之理得而成位乎其中矣。」之道理。

周敦頤〈太極圖〉的第五層是由「萬物化生」與一個「空心圓」所構形而成的圖式。朱震、楊甲與朱熹所繪製周敦頤〈太極圖〉在最後「萬物化生」的易圖定位上有較大的差異性。此圖的理解是由上而下的解讀，左右的文字為輔助說明，朱震與朱熹的圖將「萬物化生」置於第五層的底下，楊甲則將「萬物化生」置於第五層的兩側。兩種圖式構形相似，但在意義上差距甚大。

---

83 〔先秦〕佚名，〔曹魏〕王弼注，〔唐〕孔穎達疏，〔清〕阮元校：《十三經注疏・周易正義・卷第七・繫辭上》，頁304-306。

84 賴貴三：〈《周易・繫辭傳》「易」、「簡」思想析論〉。收錄於鄭吉雄、林永勝編：《易詮釋中的儒道互動》（臺北：臺灣大學出版中心，2012年），頁307。

周敦頤〈太極圖〉中從「乾道成男，坤道成女」到「萬物化生」，源自於《易傳》的思想：

天地絪縕，萬物化醇；男女構精，萬物化生。[85]

此一思想闡明了《易》學生生不息之道。周敦頤〈太極圖〉的第四層「乾道成男、坤道成女」與第二層之「陽動、陰靜」，兩兩對應，故列於左右兩側。然而「萬物化生」與前者並非「對應關係」而是「衍化關係」，因此，將「萬物化生」接於象徵「無極而太極」的「空心圓」底下，是較為合理的構形方式。

綜上所述，在歷代易學家當中，朱熹於《朱子成書》中所構形的〈太極圖〉圖式最能詮釋周敦頤〈太極圖說〉中的思想。此圖完整的呈現出周敦頤在〈太極圖說〉中透過「陰陽」與「五行」之流轉，進而「萬物化生」的《易》學宇宙論。

五 結語

「宋初三大易圖」最大的共通點在於三者的「基源問題」一致，三者都是為了詮釋《易》學「宇宙論」而被易學家創造出來的圖式。既然要詮釋「宇宙論」的生成，那麼這些圖式就不可能是「寂然不動」的，三者最大的區別在於「動能」有所不同。

劉牧在《易數鉤隱圖》中，以「黑白算子」的圖式來詮釋其易學觀念，並透過「套圖」來呈現當中的變化推演。從此處可明顯看出，劉牧「宇宙論」的中心思想建立於「氣」的動態變化之上。

邵雍在〈先天圖〉中將八卦轉為「數」的概念，並以「數往者順，左

---

85 〔先秦〕佚名，〔曹魏〕王弼注，〔唐〕孔穎達疏，〔清〕阮元校：《十三經注疏‧周易正義‧卷第八‧繫辭下》，頁364-356。

旋；知來者逆，右行」構形出〈先天八卦圖〉。之後更進一步以「陽在陰中陽逆行，陰在陽中陰逆行，陽在陽中，陰在陰中，則皆順行」的運行法則進而排列出「外圓內方的六十四重卦」的〈河圖〉、〈洛書〉，當中的陰陽順逆緊扣於數的變化。從此處可明顯看出，邵雍「宇宙論」的中心思想建立於「數」的動態變化之上。

周敦頤在〈太極圖〉中以「五層分立」的圖式來展現《易》學由天道至人道的思想。其以「水陰根陽，火陽根陰」的思想連結「陰陽」與「五行」串起了「天道」與「人道」的連結。從此處可明顯看出，周敦頤「宇宙論」的中心思想建立於「陰陽」與「五行」的動態變化之上。

三人最大的差異處在於劉牧、邵雍與周敦頤三人對「五行」的看法不同。在《易傳》的原始文本當中，其宇宙論是由太極、兩儀、四象、八卦建構而成，當中並無五行的思想。漢代開始，儒家學者援引五行生剋的原理來解《易》，在原始的陰陽思想之中加入了五行思想。劉牧、邵雍與周敦頤三人對於易學中的「陰陽」與「五行」有著巨大的差異性，這種差異便反映至他們的易圖之上。

劉牧在《易數鉤隱圖》之中以〈太極〉作為全書之首，配合著天地生成數的理論，形成一套詮釋宇宙論的易圖。劉牧《易數鉤隱圖》的最大特色是以套圖衍變的方式來呈現其思想。在劉牧建構起天地極數的宇宙觀後，再分別以「四象」與「五行」兩種不同的思想將天地極數再次地拆解重構，其目的就是要展現「河圖主四象」與「洛書主五行」兩者思想的區別。

在劉牧的易學觀念中「四象」與「五行」雖然都是由陰陽兩儀所生，但兩者所代表的意義完全不一樣的。在「河圖主四象」一系列的套圖中，其本意是用來說明由太極到八卦的宇宙生成理論；而在「洛書主五行」一系列的套圖中，其本意是用來詮釋十天干與五行相生的對應關聯性。

邵雍的〈先天圖〉是用來詮釋其「先天易」思想之輔助圖式，其最大的思想特色是「陰陽四象的易數衍化」。邵雍在〈先天圖〉當中純粹以「陰陽卦爻」所組成的「八卦卦象」與「六十四卦卦象」來構形易圖。邵雍不用木、火、土、金、水五行的生剋思想，而是利用「數」的觀點詮釋「八

卦」，並由「陰陽」的「順行」與「逆行」進而排出六十四卦的方圓圖，這種圖式構形思想反映了邵雍「《易》主陰陽」的「先天易」特色。

　　周敦頤的〈太極圖〉是用來詮釋其〈太極圖說〉中前半段宇宙論之輔助圖式。相對於劉牧與邵雍對於四象、五行的詮釋，周敦頤提出了「無極之真，二五之精，妙合而凝」第三種看法。在周敦頤的〈太極圖〉中，第一層以一個空心圓來象徵「無極而太極」；第二層以一個陰陽同心圓來象徵「一動一靜，互為其根；分陰分陽，兩儀立焉」；第三層以一個五行散布圖來象徵「陽變陰合，而生水、火、木、金、土」。周敦頤在第二層與第三層的中間以一個「❌」連結線來連接兩圖。此一思想便是周敦頤《通書‧十六章動靜》中「水陰根陽，火陽根陰」的觀念，由陰陽兩儀生水、火，在由水、火進而化生出木、金、土，最後「妙合而凝」，進而「男女構精，萬物化生」，展現出《易》學生生不息的宇宙論。

參考文獻

一　專書

（一）古籍

〔先秦〕佚名，〔曹魏〕王弼注，〔唐〕孔穎達疏，〔清〕阮元校：《周易正義》，北京：北京大學出版社，2000年。

〔先秦〕老子著，〔曹魏〕王弼，樓宇烈校釋：《老子道德經注校釋》，北京：中華書局，2008年。

〔西漢〕京房：《京氏易傳》。收錄於《文淵閣四庫全書・第808冊》，臺北：臺灣商務印書館，1986年。

〔東漢〕鄭玄：《周易鄭康成注》。收錄於《文淵閣四庫全書・第7冊》，臺北：臺灣商務印書館，1986年。

〔北宋〕陳摶、邵雍：《河洛理數》，與《範衍》、《廣象徹微初集》合刊於《河洛理數、範衍、廣象徹微初集》一書。收錄於《故宮珍本叢刊・第405冊》，海口：海南出版社，2000年。

〔北宋〕陳摶、邵雍：《河洛真數》，收錄於《續修四庫全書・第1061冊》，上海：上海古籍出版社，1995年。

〔北宋〕劉牧：《易數鉤隱圖》。收錄於陸國強等編：《道藏・第3冊》，上海：上海書店，1988年。

〔北宋〕劉牧：《易數鉤隱圖》。收錄於《文淵閣四庫全書・第8冊》，臺北：臺灣商務印書館，1986年。

〔北宋〕劉牧：《易數鉤隱圖》。收錄於《摛藻堂四庫全書薈要・第15冊》，臺北：世界書局，1990年。

〔北宋〕劉牧：《易數鉤隱圖》。收錄於〔清〕納蘭性德輯：《通志堂經解・第1冊》，揚州：廣陵古籍刻印社，1996年。

〔北宋〕劉牧著，郭彧導讀：《易數鉤隱圖導讀・導讀》，北京：華齡出版
　　社，2019年。

〔北宋〕李覯：《盱江集》。收錄於《文淵閣四庫全書・第1095冊》，臺北：
　　臺灣商務印書館，1986年。

〔北宋〕邵雍：《皇極經世書》。收錄於陸國強等編：《道藏・第23冊》，上
　　海：上海書店，1988年。

〔北宋〕邵雍：《皇極經世書》。收錄於《文淵閣四庫全書・第8冊》，臺北：
　　臺灣商務印書館，1986年。

〔北宋〕邵雍著，郭彧、于天寶點校：《皇極經世書》（全三冊），上海：上
　　海古籍出版社，2017年。

〔北宋〕邵雍著，郭彧整理：《邵雍集》，北京：中華書局，2010年。

〔北宋〕周敦頤著，〔清〕張伯行編：《周濂溪集》，北京：中華書局，1985
　　年。

〔北宋〕周敦頤著，陳克明點校：《周敦頤集》，北京：中華書局，2009年。

〔南宋〕鄭樵：《通志》。收錄於《文淵閣四庫全書・第374冊》，臺北：臺灣
　　商務印書館，1986年。

〔南宋〕晁公武撰，趙希弁重編：《郡齋讀書志》。收錄於《文淵閣四庫全
　　書・第674冊》，臺北：臺灣商務印書館，1986年。

〔南宋〕陳振孫：《直齋書錄解題》。收錄於《文淵閣四庫全書・第674冊》，
　　臺北：臺灣商務印書館，1986年。

〔南宋〕楊甲撰，〔南宋〕毛邦翰補：《六經圖》。收錄於《文淵閣四庫全
　　書・第183冊》，臺北：臺灣商務印書館，1986年。

〔南宋〕朱震：《漢上易傳》。收錄於《文淵閣四庫全書・第11冊》，臺北：
　　臺灣商務印書館，1986年。

〔南宋〕王湜：《易學》。收錄於《文淵閣四庫全書・第805冊》，臺北：臺灣
　　商務印書館，1986年。

〔南宋〕張行成：《易通變》。收錄於《文淵閣四庫全書・第804冊》，臺北：
　　臺灣商務印書館，1986年。

〔南宋〕朱熹撰，〔元〕黃瑞節輯：《朱子成書》（全十一冊），北京：北京圖
　　　　書館出版社，2005年。

〔南宋〕朱熹：《周易本義》。收錄於《文淵閣四庫全書・第12冊》，臺北：
　　　　臺灣商務印書館，1986年。

〔南宋〕朱熹撰，朱傑人、嚴佐之、劉永翔主編：《朱子全書》（全二十七
　　　　冊），上海：上海古籍出版社，合肥：安徽教育出版社，2002年。

〔南宋〕佚名：《大易象數鉤深圖》。收錄於《文淵閣四庫全書・第25冊》，
　　　　臺北：臺灣商務印書館，1986年。

〔清〕永瑢、紀昀等：《四庫全書總目》。收錄於《文淵閣四庫全書・第1
　　　　冊》，臺北：臺灣商務印書館，1983-1986年。

（二）近人專書

朱伯崑：《易學哲學史》（全三冊），臺北：藍燈文化事業公司，1991年。

李　申、郭彧編纂：《周易圖說總匯》，上海：華東師範大學出版社，2004年。

李　申：《周易與易圖》，瀋陽：瀋陽出版社，1997年。

李　申：《易圖考》，北京：北京大學出版社，2000年。

李　申：《話說太極圖——《易圖明辨》補》，北京：知識出版社，1992年。

杜保瑞：《北宋儒學》，臺北：臺灣商務印書館，2005年。

侯外廬、邱漢生、張豈之主編：《宋明理學史》，北京：人民出版社，1984年。

郭　彧：《易圖講座》，北京：華夏出版社，2007年。

陳睿宏：《宋代圖書易學之重要輯著：《大易象數鉤深圖》與《周易圖》一系
　　　　圖說析論》，臺北：政大出版社，2016年。

勞思光：《新編中國哲學史》（全四冊），臺北：三民書局，1984年。

楊柱才：《道學宗主——周敦頤哲學思想研究》，北京：人民出版社，2004年。

趙中偉：《易經圖書大觀》，臺北：洪葉文化事業公司，1999年。

鄭吉雄：《易圖象與易詮釋》，上海：華東師範大學出版社，2007年。

〔日〕吾妻重二著，傅錫洪等譯：《朱子學的新研究——近世士大夫思想的
　　　　展開》，北京：商務印書館，2017年。

二 論文

（一）期刊論文與論文集論文

趙中偉：〈氣數合稱宇宙論之探析——劉牧《易數鉤隱圖》為例〉。收錄於
　　　　《輔仁國文學報》第15期（1999年5月），臺北：輔仁大學中國文學
　　　　系，頁131-162。

鄭吉雄、林永勝：〈易詮釋中的儒道互動・導言〉。收錄於鄭吉雄、林永勝
　　　　編：《易詮釋中的儒道互動》（臺北：臺灣大學出版中心，2012
　　　　年），頁1-10。

賴貴三：〈《周易・繫辭傳》「易」、「簡」思想析論〉。收錄於鄭吉雄、林永勝
　　　　編：《易詮釋中的儒道互動》，頁301-344。

（二）學位論文

黃乾殷：《宋初三大易圖圖式本義探微》，高雄：高雄師範大學國文學系博士
　　　　論文，2021年。

易學資源及詮釋進路：

晚清傳教士麥麗芝與理雅各《易經》英譯本的比較[*]

黎子鵬[*]

提要

　　本文以晚清兩部《易經》英譯本為研究對象，作者分別是晚清時期來華的兩位基督新教傳教士麥麗芝（Thomas McClatchie, 1814-1885）及理雅各（James Legge, 1815-1897）。這兩部最早的《易經》翻譯本風格迥異，詮釋面向不同，本文以比較研究的方法，分析譯者的背景、宗教思想，研究其英譯及詮釋進路，麥麗芝以十九世紀於歐洲興起的「比較神話學」為前設，藉以詮釋《易經》的來源、宇宙觀、鬼神觀等，從基督教的角度把《易經》看為異教經典。理雅各則基於信奉「上帝」對不同民族有「普遍啟示」的神學觀，認為基督教思想和儒家思想基本上並行不悖，與明末清初耶穌會士的「文化適應」策略相類似，契合了「耶儒會通」的思路。另一方面，本文考察兩位傳教士在翻譯過程中所參考的易學資源，把兩部英譯本置放於清代易學的語境脈絡之中，追溯他們可能受相關著作及思想的影響。

關鍵詞：麥麗芝、理雅各、晚清《易經》英譯本、傳教士易學

---

[*]　本文的研究，承蒙香港研究資助局「優配研究金」（General Research Fund, Research Grants Council）：「《易經》的基督新教詮釋：晚清傳教士麥麗芝與理雅各的比較研究」（項目編號 CUHK 14611820）的資助。文本的初步分析及資料的蒐集，得到鄭嘉慧的協助。另外，幸獲鄭吉雄教授於「周鼎珩教授易學國際學術研討會」中批評指正，謹此一併致謝。

[*]　香港中文大學文化及宗教研究系教授。

Yi Study Resources and Interpretation Approaches:

A Comparative Study of the English Translations of the *Yijing* by Thomas McClatchie and James Legge, Protestant Missionaries in Late Qing China

Lai Tsz-pang

Abstract

This article takes two earliest English translations of *The Book of Changes* (*Yijing*) in the late Qing Dynasty as the study object. The translators are two Protestant missionaries who came to China in the late Qing Dynasty, Thomas McClatchie (1814-1885) and James Legge (1815-1897). These two pioneering translations of *The Book of Changes* have different styles and directions of interpretation. This paper adotps a comparative approach to analyze the background and religious thoughts of the translators in the study of their English translations and interpretation perspectives. McClatchie uses the "comparative mythology" that emerged in Europe in the nineteenth century as the premise to interpret the source, cosmology, and views of ghosts and spirits of *The Book of Changes*. In this connection, McClatchie regards *The Book of Changes* as a pagan classic from the perspective of Christianity. Based on Legge's belief in the theological view that God has "universal revelation" for different ethnic groups, he believes that Christian thoughts basically go hand in hand with Confucian thoughts. This is similar to the "cultural accommodation" strategy of the Jesuits in the late Ming and early Qing Dynasties, and is in line with the idea of "Christianity corresponding Confucianism." On the other hand, this paper examines the *Yi* study resources referenced by the two missionaries during the translation process and places the two English translations in the context of the *Yi* study in the Qing Dynasty, which traces their possible influences from related works and ideas.

Keywords: Thomas McClatchie, James Legge, English translation of the *Yijing* in Late Qing Dynasty, missionary *Yi* study

一 引言

　　十九世紀下半葉，兩部英譯《易經》於數年間接連問世，分別出自晚清來華的兩位基督新教傳教士——聖公會的麥麗芝（Thomas McClatchie, 1814-1885）以及倫敦會的理雅各（James Legge, 1815-1897）。麥麗芝採用比較神話學的視角，於一八七六年出版了首部《易經》英譯本；理雅各則主要從道德哲學的角度，於一八八二年完成另一英譯本。雖然兩部譯本風格迥異，詮釋大相逕庭，卻展示出《易經》最初進入英語世界的兩個面向，並見證了十九世紀下半葉歐洲漢學以及比較宗教學的興起。麥麗芝的神話學詮釋遭理雅各以至不少傳教士同儕的大力抨擊，其譯介《易經》的開創之功亦受學界忽略，有待全面、深入的研究。本文比較研究該兩部《易經》英譯本，集中發掘兩位傳教士所主要參考的易學資源，並透過分析英譯本的卦例，比較兩人的宗教思想前設及《易經》詮釋進路，以此推進學界對傳教士易學的認識。

二 譯者背景及詮釋進路

（一）麥麗芝：比較神話

　　麥麗芝[1]（或稱麥嘉祺[2]、麥克開拉啟[3]）是最早英譯《易經》的傳教士，該譯本於一八七六年在上海出版。[4]麥麗芝於一八一二年出生都柏林，曾就讀都柏林大學（Dublin University）的聖三一學院（Trinity College），獲得碩

---

[1] 香港聖公會檔案館編：《香港聖公會檔案館2019年度通訊》（香港：香港聖公會檔案館，2019年），頁1。

[2] 蘇精：《鑄以代刻：傳教士與中文印刷變局》（臺北：臺灣大學出版中心，2014年），頁412。

[3] 黃光域編：《近代中國專名翻譯詞典》（成都：四川人民出版社，2001年），頁574。

[4] Thomas McClatchie, *A Translation of the Confucian* 易經 [*Yih King*]*, or the "Classic of Change"* (Shanghai: American Presbyterian Mission Press, 1876).

士學位。一八四四年加入英行教會（或稱英國聖公會海外傳道會；Church Missionary Society），旋即被派往香港傳教，任香港聖約翰座堂（St. John's Cathedral）法政牧師（Canon）；翌年又獲派往上海傳教，任上海聖三一座堂（Cathedral of the Holy Trinity）法政牧師，直至一八五四年因健康理由返回英國；一八六三年再度來華，於北京擔任英國公使館（British Legation）專任牧師（Chaplain），一八六五年改任杭州的英國領事館（British Consulate）牧師。一八七〇年，麥麗芝再次聯繫英行教會，前往上海擔任英行教會駐中國秘書（Secretary of C.M.S Missions in China）[5]，直至一八八二年退休。之後他返英定居，於一八八五年離世，享年七十二歲。[6]

麥麗芝認為《易經》反映一種異教徒的唯物主義（materialism），把《易經》的宗教思想視為異教信仰（Paganism），其《易經》前言開宗明義道：「翻譯和解釋異教哲學家的著述絕非易事。」[7]他認為《易經》是由《聖經》人物「挪亞」（Noah）其中一位兒子在大洪水後帶往東方的。[8]他曾把〈復卦〉連繫至大洪水及方舟的故事，認為〈復卦〉含藏的坤陰正是代表

5　麥麗芝與英行教會來往的信件及相關檔案，現藏於英國伯明翰大學圖書館（Cadbury Research Library Special Collections, University of Birmingham）及位於牛津的英行教會圖書館（Church Mission Society Library, Oxford）.

6　參閱 T. W. K. [Thomas W. Kingsmill], "In Memoriam [of Rev. Canon McClatchie]," *Journal of the China Branch of the Royal Asiatic Society* 20 (1885): 99-100；李偉榮：〈麥麗芝牧師與英語世界第一部《易經》譯本：一個歷史視角〉，《中外文化與文論》2013年第3期，頁13。另參 George Smith, *A Narrative of an Exploratory Visit to Each of the Consular Cities of China, and to the Islands of Hongkong and Chusan: In Behalf of the Church Missionary Society, in the Years 1844, 1845, 1846* (London: Seeley, Burnside, & Seeley, 1847), p. iii, 38, 134, 143, 282, 289, 291, 292. 其中頁291至292頗詳細描述麥麗芝早期的中文老師，相信麥麗芝從那時開始學習中國的典籍，為日後英譯《易經》奠下基礎。

7　"The Task of translating and explaining the works of Pagan Philosophers is by no means easy of accomplishment." Thomas McClatchie, *A Translation of the Confucian* 易經 [*Yih King*], Preface, p. iii.

8　Richard J. Smith, "How the Book of Changes Arrived in the West," *New England Review* 33.1 (2012): 28.

「大舟」（The Great Receptacle），眾生物在舟中得以存活，挪亞便成為現今人類的先祖。[9]然而，中國古人卻不曉得「彌賽亞」（Messiah）。

麥麗芝倡導以「比較神話學」（Comparative Mythology）的角度去探索《易經》的奧秘。[10]他認為各地方民族有自身的宗教文化；由於傳教士的翻譯工作，乃透過認識異教經典加深對自身信仰的認知，甚或能從異教徒著作中尋索關於「真神」的知識。[11]故此，麥麗芝以異教徒的視角去解讀《易經》，研究他們崇拜對象的神話歷史，以及其中可能存在的三一（Trinity）組合，旨在確定起源的神靈到底是誰。麥麗芝廣泛參閱十八、十九世紀英國比較宗教學及比較神話學著作，[12]常以印度、近東，以及希臘羅馬文化中的神話注解《易經》的概念及卦象。[13]他曾發表文章〈生殖器崇拜〉（Phallic Worship），論及《易經》中代表「陰」和「陽」的兩個符號乃象徵男女的性器官，源於古人的崇拜習俗，並以印度教及希臘神話中的神明交媾述之。[14]故此，他翻譯〈繫辭下傳〉第六章「乾，陽物也；坤，陰物也；陰陽合德，而剛柔有體」時，分別以拉丁語 *membrum virile*（男根）及 *pudendum muliebre*（女陰）翻譯「陽物」及「陰物」，而乾坤之結合便代生萬物。[15]

麥麗芝曾言道：「傳教士必須探究的兩個問題包括：第一，儒家的『上

9　Thomas McClatchie, *A Translation of the Confucian* 易經 [*Yih King*], pp. 454-455.

10　Thomas McClatchie, *A Translation of the Confucian* 易經 [*Yih King*], pp. iii-vi.

11　麥麗芝曾在《教務雜誌》上發表一系列（共五部分）〈異教信仰〉（Paganism）的文章，參閱 *The Chinese Recorder and Missionary Journal*, "Paganism, I, II" (1875), pp. 57-65, 270-281; "Paganism III, IV" (1876), pp. 1-12, 267-275; "Paganism V" (1877), pp. 54-65.

12　例如 Ralph Cudworth (1617-1688), *The True Intellectual System of the Universe*; George Stanley Faber (1773-1854), *Notice of the Origin of Pagan Idolatry;* Edward Moor (1771-1848), *The Hindu Pantheon;* George William Cox (1827-1902), *The Mythology of the Aryan Nations;* Max Müller (1823-1900), *Introduction to the Science of Religion* 等。

13　參閱 John Tsz-pang Lai, "Thomas McClatchie's Mythological Interpretation of the *Yijing*," in Benjamin Wai-ming Ng ed., *The Making of the Global Yijing in the Modern World:* Cross-cultural Interpretations and Interactions (Singapore: Springer, 2021), pp. 107-121.

14　Thomas McClatchie, "Phallic Worship," *The China Review 4* (1876): 257-261.

15　Thomas McClatchie, *A Translation of the Confucian* 易經 [*Yih King*], p. 346.

帝』是誰，或意指什麼？第二，漢語中的「神」字是什麼意思？」[16]為此麥麗芝廣泛研讀中國典籍，並著力探討「儒家的宇宙起源論」（Confucian cosmogony）。麥麗芝主要參照朱熹《御纂朱子全書》第四十九卷，並於一八七四年英譯為 *Confucian Cosmogony: A Translation of Section Forty-Nine of the "Complete Works" of the Philosopher Choo-Foo-Tze, with Explanatory Notes*。[17]第四十九卷即《朱子語類》的卷一、二、三，包括其中〈理氣〉（Fate and Air）、〈太極〉（The Great Extreme）、〈天地〉（Heaven and Earth）、〈陰陽、五行、時令〉（Light and Darkness, etc）等篇。麥麗芝《儒家的宇宙起源論》之翻譯及理解對其《易經》的英譯影響甚深。舉例來說，麥麗芝翻譯〈繫辭上傳〉第四章「精氣為物，遊魂為變，是故知鬼神之情狀」時，以「精」（Ether）和「氣」（Air）來注釋「鬼」（demons）和「神」（gods），他認為「精」乃萬物「下等之靈」（inferior soul），而「氣」則是萬物「上等之靈」（superior soul），至於「精」乃是「鬼」，「氣」則是「神」，所有儒家的神明（Confucian deities）皆是靈（souls）。[18]故此，他認為古代中國是個多神（或者泛神論）的國度，並信奉萬物有靈，儒家經典中所描述的「神」並非獨一的真神。至於《易經》中的「上帝」，乃異教神明之首（First Emperor），諸神及人類之帝（Emperor of god and men），古羅馬神話中的眾神之王朱比特（Jupiter）。[19]

　　除了朱熹的學說外，麥麗芝亦關注周敦頤的〈太極圖說〉，並予以英譯

---

16 Thomas McClatchie, "The Term for 'God' in Chinese," *The Chinese Recorder and Missionary Journal* 7.1 (Jan-Feb 1876): 63.

17 Thomas McClatchie, *Confucian Cosmogony: A Translation of Section Forty-Nine of the "Complete Works" of the Philosopher Choo-Foo-Tze, with Explanatory Notes* (Shanghai: American Presbyterian Mission Press, 1874).

18 "Subtile Air [氣] and Ether [精] form things, and the rational soul [魂] (i.e. the Ether) rambling produces change; it is thus that the forms of demons and gods are ascertained." Thomas McClatchie, *A Translation of the Confucian* 易經 [*Yih King*], p. 300.

19 Thomas McClatchie, *A Translation of the Confucian* 易經 [*Yih King*], p. 232.

及加以注釋。[20]例如翻譯「乾道成男，坤道成女，二氣交感化生萬物」時，麥麗芝按其一貫的進路將之詮釋為乾坤二氣「交媾」（sexually exciting each other）[21]，故英譯《易經》時甚有機會受周敦頤的陰陽圖、理氣，以及五行思想影響。

（二）理雅各：耶儒會通

《易經》第二部英譯本乃出自傳教士、漢學家理雅各之手，他最為人熟知的貢獻，是把《論語》、《大學》、《中庸》、《孟子》、《詩經》、《尚書》、《禮記》、《春秋》、《道德經》、《莊子》等中國主要典籍英譯，[22]由此奠定了他在十九世紀漢學界的地位。一八七六年他獲聘為牛津大學首任漢學教授，直至一八九七年於牛津逝世。[23]其中，他於一八八二年出版的《易經》英譯本甚具影響力，收入牛津大學東方學家穆勒（Friedrich Max Müller, 1823-1900）主編的《東方聖書》（*The Sacred Books of the East*）系列的「中國聖書」

---

20 "Hence the origin of all things is God（神）inherent in matter（氣）; former being the supreme soul of the whole universe, and the origin of all life in it...and the formation of man by the only true God（神）,—whose name is Jehovah, —obscured by heathen philosophy." Canon McClatchie, "Tomb of Chow Lëen-ke,"*The Chinese Recorder and Missionary Journal* (May-June 1876): 209.

21 "Khëen perfects a male, and Khwan a female, and these two airs sexually exciting each other, transmuteand generate the myriad of things." See Canon McClatchie, "Tomb of Chow Lëen-ke,"*The Chinese Recorder and Missionary Journal* 7.3 (May-June 1876): 209.

22 James Legge, *The Chinese Classics: With a Translation, Critical and Exegetical Notes, Prolegomena, and Copious Indexes* (5 vols.) (Hong Kong: Hong Kong University Press, 1960).

23 理雅各的生平及翻譯事業，參閱 Lauren F. Pfister, *Striving for the "Whole Duty of Man: James Legge and the Scottish Protestant Encounter with China; Assessing Confluences in Scottish Nonconformism, Chinese Missionary Scholarship, Victorian Sinology, and Chinese Protestantism* (Frankfurt am Main; New York: Peter Lang, 2004); Norman J. Girardot, *The Victorian Translation of China: James Legge's Oriental Pilgrimage* (Berkeley: University of California Press, 2002).

（Sacred Books of China）[24]，對西方學者了解《易經》有重要貢獻。

根據韓子奇的分析，理雅各把《易經》視為歷史文獻，記載了周朝初年的歷史，特別是周文王及周公如何建立新的政治社會秩序。[25]李偉榮則把理雅各的易學思想總結為五點：第一，主張「經」、「傳」分離；第二，質疑孔子撰十翼的傳統觀點；第三，認為宋易並非源於《易經》本身，而是源於十翼，尤其是〈繫辭傳〉；第四，對之前的西方譯本，如麥麗芝和拉古貝里（Terrien de Lacouperie, 1844-1894）譯本理解的揚棄，而對雷孝思（Jean Baptiste Regis, 1663-1738）譯本卻推崇備至；第五，對傳統易學的懷疑，例如作易者在傳授其哲學時，恐怕是以神喻作為借口的。[26]

從宗教角度而言，理雅各認為《易經》這部儒家經典記載了「上帝」的啟示，而「上帝」正是基督教上主的中文名稱。理雅各指出：「我得到的結論是：中國的先祖最初使用『帝』（Ti）時，意欲表達我們先祖以 "God" 表達的同一概念……當我把『帝』譯為 "God"；『上帝』譯為 "Supreme God"，或簡言之稱作 "God"，我正是在翻譯，並非加上個人的詮釋。」[27]沿著這思路，他把〈豫卦・大象〉的「殷薦于上帝」譯為「presenting it especially and most grandly to God」[28]，又把〈渙卦・大象〉的「享於帝立廟」譯為

---

24 James Legge, *The Yi King* (The Sacred Books of the East; Vol. XVI) (Oxford: Clarendon Press, 1882).

25 Tze-ki Hon, "Constancy in Change: A Comparison of James Legge's and Richard Wilhelm's Interpretations of the Yijing,"*MonumentaSerica* 53 (2005): 315-326. 另參吳禮敬、韓子奇：〈英語世界認識《易經》的三個階段〉，《翻譯界》（2018），頁4-20。

26 李偉榮：〈理雅各英譯《易經》及其易學思想述評〉，《湖南大學學報（社會社學版）》第30卷第2期（2016年3月），頁126-132。

27 "I came to the conclusions that Ti, on its first employment by the Chinese fathers, was intended to express the same concept which our fathers expressed by God...when I render Ti by God and Shang Ti by the Supreme God, or, for the sake of brevity, simply by God, I am translating, and not giving a private interpretation of my own." James Legge, *The Yi King*, p. xx.

28 James Legge, *The Yi King*, pp. 287-288.

「presented offerings to God and established the ancestral temple」。[29]基於以上的理解，理雅各有一次到訪北京，曾進入天壇的祈年殿，向內中存放的「皇天上帝」神牌敬拜，他相信這位上帝就是基督教的上帝。既然理雅各堅信《易經》中的「上帝」等同《聖經》中的 "God"，僅是同出而異名，故「上帝」於不同的民族中便留下「普遍啟示」（universal revelation）。故此，理雅各常引用《聖經》闡述易卦義理；釋〈剝卦·彖傳〉「君子尚消息盈虛，天行也」時，指冬去春來，夜往日來，月缺月圓，而上九一爻所象徵的君子與時偕行，無需喪失盼望，就徵之以〈以賽亞書〉三十章十五節：「你們得救在乎歸回安息，你們得力在乎平靜安穩。」[30]

簡言之，理雅各翻譯《易經》及其他儒家經典時，採取了「耶儒會通」的進路，即糅合基督教與儒家思想，認為兩者並行不悖，彼此互補。例如論到孟子所提倡的「性善論」跟《聖經》教導不相矛盾，傳教士甚至可加以善用，有助向中國人傳播福音。[31]理雅各對「上帝」或「皇天上帝」之說，與明清間耶穌會傳教士淵源頗深。[32]利瑪竇（Matteo Ricci, 1552-1610）在《天主實義》中宣稱：「吾天主，乃古經書所稱上帝也。……歷觀古書，而知上帝與天主，特異以名也。」[33]馬若瑟（Joseph Henri Marie de Prémare, 1666-1736）在《儒交信》（1729）中偶爾亦稱他的「陡斯」為「皇上帝」，這是「皇天上帝」的另一簡稱。[34]理雅各所採取的詮釋進路，基本上與明末清初

---

29 James Legge, *The Yi King*, p. 341.

30 "In returning and rest shall ye be saved; in quietness and in confidence shall be your strength." James Legge, *The Yi King*, p. 233. 本文引用的《聖經》經文，採用《聖經新舊約全書》（新標點和合本）（香港：聯合聖經公會，1988）。

31 James Legge, *The Chinese Classics*（Hong Kong: Hong Kong University Press, 1960）, vol. 2, p. 67.

32 李奭學：《譯述：明末耶穌會翻譯文學論》（香港：香港中文大學出版社，2012年），頁405-406。

33 朱維錚主編：《利瑪竇中文著譯集》（香港：香港城市大學出版社，2001年），頁25-26。

34 《儒交信》的討論，參李奭學：〈「耶穌不滅孔子，孔子倒成全於耶穌」──試論馬若瑟著《儒交信》〉，《道風：基督教文化評論》第46期（2017年春），頁27-73。

耶穌會士的「文化適應」策略相類似，契合了「耶儒會通」的思路。

綜上所述，雖然麥麗芝及理雅各皆把《易經》視為儒家典籍，但兩人對儒家的理解卻迥然不同。對於麥麗芝來說，《易經》是一部徹頭徹尾的異教典籍，講述中國古代宗教神話，尤以儒家的「宇宙生成論」和「宇宙周期循環說」，突出中國人的「生殖器崇拜」思想。至於理雅各卻視《易經》中的「上帝」、「帝」等同基督教的 "God"，故隱含了「上帝」的啟示；如此南轅北轍的詮釋解釋了理雅各為何對麥麗芝的批判不遺餘力，故不時直接引用麥麗芝的翻譯並加以駁斥。理雅各聲稱曾一段一段，一句一句地閱讀麥麗芝的譯本，但發現該譯本對其取法無益。至於麥麗芝試圖以「比較神話學的鑰匙開啟《易經》的奧秘，但這鑰匙並無必要。」[35]

三　翻譯底本及易學資源

為了進一步考察兩位傳教士對《易經》理解的依據，及其《易經》英譯本與中國易學著作的文本網絡關係，下文將集中探討兩人主要參考的《易經》底本及易學資源，其中《周易折中》及《日講易經解義》尤為重要。

（一）《周易折中》：清廷易學大成之作

《周易折中》乃麥麗芝及理雅各共同參照的重要文獻。《周易折中》共二十二卷，始作於康熙五十二年（1713），成於康熙五十四年（1715），是康熙季葉之作。參與撰修者凡五十人，其中由清初重要易學家李光地（1642-1718）總裁，負責撰寫〈綱領〉三篇，書中的「案語」大都出自他的手筆。另外，康熙帝親自撰寫〈序〉與〈凡例〉。劉大均指出《周易折中》雖重程、朱易學，卻能「兼容並蓄眾家之說，時時以『集說』、『案語』、『總說』的方式，提出與程朱不同的學見，有時甚至稱程朱之說為『世儒』之說，而

---

35 James Legge, *The Yi King*, Preface, p. xvii.

批評反駁之，因而使《折中》的確起到了『融分朋立異之見』的作用。」[36]
楊自平亦言道，《周易折中》以《易》經傳為折中原則的實踐，與清初回到
經典本身的治經主張相呼應，而在整個易學發展史來看，《周易折中》對於
宋易的檢討與修訂，實有其重要貢獻。[37]汪學群論道，《周易折中》是對以
往易學的總結，乃集清廷易學大成之作。[38]

　　麥麗芝不時參引《周易折中》，在《易經》英譯本中把《周易折中》稱
為 "*Imperial Edition of the Yik King*"，在其注釋中簡稱 "Imp. Ed."。麥麗芝對
《周易折中》的參考引用，可見於其對《易經》的總論、附錄，以及對若干
卦的注釋。現舉例說明《周易折中》對麥麗芝理解及翻譯《易經》之舉足輕
重。論及〈乾卦〉卦德，麥麗芝引用《周易折中》裡的《程傳》加以闡述：
「乾者，萬物之始，故為天，為陽，為父，為君。」[39]詮釋乾之數為「九」
時，他亦根據《周易折中》徵引孔穎達曰：「乾體有三畫，坤體有六畫，陽
得兼陰，故其數九。」[40]簡言之，根據麥麗芝的注釋，乾卦「三」畫，坤卦
「六」畫，而乾之中爻既包藏坤體，故乾之數「九」乃乾卦「三」畫與坤卦
「六」畫之相加。

　　麥麗芝以全書最後一篇附錄（Note H）專論〈復卦〉，其中注釋「七日
來復」時，麥麗芝徵引《周易折中》〈復卦·彖傳〉「集說」中唐代學者侯行

36　劉大均：〈讀《周易折中》〉，《周易研究》1997年第2期，頁16。

37　楊自平：《世變與學術：明清之際士林〈易〉學與殿堂〈易〉學》（臺北：臺灣大學出
　　版中心，2012年），頁324。

38　汪學群：《清初易學》（北京：商務印書館，2004年），頁448-449。

39　李光地：《御纂周易折中》（[北京]：武英殿，清康熙54年[1715]），卷一，頁2上。麥麗
　　芝譯作："Kheen is the Beginning of the myriad of things, and hence he is Heaven, the Light,
　　and Father, and Prince. Imp. Ed. vol. i, p. 2, com." Thomas McClatchie, *A Translation of the
　　Confucian* 易經 [*Yih King*], p. 438.

40　李光地：《御纂周易折中》，卷一，頁4上下。麥麗芝的注釋："The original number of
　　Heaven is Three (☰), and the original number of Earth is Six (☷); but Heaven always
　　includes Earth which is situated in his centre, and hence the number of Heaven in the Yih
　　King is Nine (3+6). See Imp. Ed. vol. ii, p. 4." Thomas McClatchie, *A Translation of the
　　Confucian* 易經 [*Yih King*], Introduction, p. vi.

果之說：「五月天行至午，陰升也。十一月天行至子，陽升也。天地運行，陰陽升復，凡歷七月，故曰『七日來復』，此天之運行也。《豳詩》曰：『一之日觱發，二之日栗烈。』『一之日』，周之正月也。『二之日』，周之二月也。則古人呼『月』為『日』明矣。」[41]根據「十二消息卦」，〈復卦〉及十一月之卦，而從五月〈姤卦〉之一陰生至十一月〈復卦〉一陽來復，凡經七個月，故本應「七月來復」。侯行果在此引用《詩經・豳風・七月》詩說明周人以「日」稱「月」，故〈復卦〉言「七日來復」。

翻譯《易經》中「道」的概念時，麥麗芝參考了《周易折中》。例如〈恒卦・彖傳〉：「聖人久於其道，而天下化成。觀其所恒，而天地萬物之情可見矣。」麥麗芝據《周易折中》所引《程傳》以「常久之理」釋聖人之「道」：「聖人以常久之道行之有常，而天下化之以成美俗也。……聖人之道，所以能常久之理。……天地常久之道，天下常久之理，非知道者孰能識之？」[42]麥麗芝把「道」譯為"（Divine）Reason"，而這裏的"（Divine）Reason"意指聖人「完美之性」（perfect nature），聖人正是藉其「道」（完美之性）化成天下。[43]麥麗芝翻譯〈泰卦・大象〉「后以財成天地之道」時，同樣把「道」譯為"（Divine）Reason"，而這天地的"（Divine）Reason"正是聖人「與生俱來的」（inherent in himself），並進一步以「神」（God）來注

---

41 李光地：《御纂周易折中》，卷九，頁39上。麥麗芝的注釋："We learn from the commentary on the Fuh Diagram, in the Imperial Edition of the Yik King, the 'the ancients regarded a Month as a day.'" Thomas McClatchie, *A Translation of the Confucian* 易經 [*Yih King*]*, or the "Classic of Change"*, p. 454.

42 李光地：《御纂周易折中》，卷十，頁4上。

43 麥麗芝譯作："…the Sage lastingly retains the (Divine) Reason (i.e. his perfect nature) and thoroughly reforms the world. Observing how his (Divine Reason) is lasting, the passions of Heaven and Earth and the myriad of things may be seen." 麥麗芝的注釋："This Taou [道] or Divine Reason is the 至神 of the classics and hence the Model Man or Sage is said to "preserve the traces of God（神）in the world."….Hence Confucius says that his Taou, or the Divinity within him, is "unity." This Tao is the same as 理 or "Fate." See Imp. Ed. Vol. ix, sec x, p. 3, Com." Thomas McClatchie, *A Translation of the Confucian* 易經 [*Yih King*], p. 150.

釋「道」。[44]於「道」之概念，麥麗芝在全書的導論中亦有較詳細的闡述，言「道」（Divine Reason）乃全宇宙的「上等之靈」（supreme soul）或「至大之神」（Supreme God）。[45]當時，這甚具爭議的翻譯，乃根據上述麥麗芝對「神」的詮釋以及「儒家的宇宙起源論」的理解。

麥麗芝另一具爭議的譯詞「王母」，見於〈晉卦〉六二爻辭：「晉如愁如，貞吉。受茲介福，于其王母。」麥麗芝參考《周易折中》明言「王母」指六五一爻，而「王母」意指祖母，陰之至尊者：「二五相應者也……以陰應陰，則有姙婦之象。不曰母而曰王母者，禮重昭穆，故孫祔於祖，則孫婦祔於祖姑。」[46]麥麗芝把「王母」譯為 "Imperial Mother"，並進一步以希臘羅馬神話相比擬，特指「王母」為羅馬神話中的天后朱諾（Juno），朱諾乃主神朱比特（Jupiter）之妻，主司婚姻生育等。[47]當然，《周易折中》本身並無指涉「王母」與羅馬神話之間的關係，麥麗芝僅僅在《周易折中》的基礎上強加了自己「比較神話學」的前設。

麥麗芝雖經常參引《周易折中》，卻沒有沿用《周易折中》「經傳分離」的體例，其譯本採用了「經傳合一」。根據吳禮敬的推斷，麥麗芝可能根據明代成化年間（1465-1487）印行的四卷本《周易本義》為翻譯底本。[48]此版本雖非《周易本義》之舊，但問世不久被大量翻刻，「經傳合一」的四卷

---

44 麥麗芝譯作："By it the Sovereign richly perfects the (Divine) Reason of Heaven and Earth (inherent in himself)…" 麥麗芝的注釋："道 is the Divine Reason (God) which pervades all creation." Thomas McClatchie, *A Translation of the Confucian 易經 [Yih King]*, p. 62.

45 Thomas McClatchie, *A Translation of the Confucian 易經 [Yih King]*, Introduction, p. vi.

46 李光地：《御纂周易折中》，卷五，頁25上。

47 麥麗芝譯作："Second-Six. Is, advancing with sadness, if correct principles are preserved throughout, good luck ensues, and this great happiness is received from the Imperial Mother." 麥麗芝的注釋："That is, the wife of Imperial Heaven (Juno), who occupies the "throne of the diagram," viz. the fifth stroke, which is soft and therefore feminine. She is the Great Ancestress of the human race; see Imp. Ed . vol. iv, Sec. v, p. 25, *Com.*" Thomas McClatchie, *A Translation of the Confucian 易經 [Yih King]*, p. 164.

48 吳禮敬：《英語世界〈易經〉詮釋的範式轉變》（北京外國語大學博士論文，2017年），頁138。

本從明代後期一直沿用至清代，遠較「分經異傳」的十二卷本更為流行。[49]

　　相對於麥麗芝而言，理雅各對《周易折中》更推崇備至，認為當中「無數對經義的討論，以及獨到的判斷，把對《易經》的詮釋提升至科學的層次。」[50]同時，他根據《周易折中》而奉行「經傳分離」，把「經」稱為「正文」（Text），而「傳」（十翼）稱為「附錄」（Appendixes），並指出「對易正確理解的第一步就是單獨研究「經」（Text），並認為「經」自身已是完整無缺的。」[51]司馬富（Richard J. Smith）亦論及理雅各的「高度直譯」（highly literal translation）版本遵循《周易折中》所反映的清代主流理學正統。[52]

　　理雅各在詮釋卦爻辭時，比麥麗芝更常參考《周易折中》，並於譯文的導論及注釋不時徵引《周易折中》的解釋，稱之為 "The imperial Khang-hsî edition"、"Khang-hsî edition"、"imperial edition"、"editors of the imperial edition"，以及 "Khang-hsî editors"。[53]現試舉若干卦例，說明《周易折中》對理雅各英譯《易經》的影響。首先，理雅各翻譯〈臨卦‧彖傳〉最後一句「至于八月有凶，消不久也」時，徵引了〈集說〉中明代學者陸振奇之說：「日，陽象。月，陰象。八，少陽之數。七，少陽之數。故言陰來之期曰『八月』，言陽來之期曰『七日』。」[54]以及〈案〉語：「『八月』『七日』，說

49　參朱熹撰，廖名春點校：《周易本義》（北京：中華書局，2009年），前言，頁3-8。

50　"Their numerous discussions of the meaning, and ingenious decisions, go far to raise the interpretation of the Yî to a science." James Legge, *The Yi King*, p. xxi.

51　"My first step towards a right understanding of the Yi was to study the Text by itself and as complete in itself." James Legge, *The Yi King*, pp. xiii-xiv.

52　Richard J. Smith, *The I Ching: A Biography* (Princeton: Princeton University Press, 2012), p. 184.

53　理雅各所用的《周易折中》版本，現藏於紐約公共圖書館（New York Public Library）。

54　李光地：《御纂周易折中》，卷九，頁32上。理雅各的注釋："The meaning of the concluding sentence is given in Appendix I as simply being—that, 'the advancing power will decay in no long time.' Lû *Kǎn-khî* [陸振奇] (Ming dynasty) says: —The sun (or the day) is the symbol of what is Yang; and the moon is the symbol of what is *Yin*. Eight is the number of the second of the four emblematic figures (the smaller *Yin*), and seven is the number of the

者多鑿。陸氏之說，最為得之。蓋陽數窮于九，則退而生少陰之八，陰數窮于六，則進而生少陽之七，七八者陰陽始生之數也。若拘拘于卦氣月候之配，則《震》、《既濟》之『七日』，與夫三日、三年、十年之類，皆多不可通者矣。」[55]由此可見，理雅各理解〈復卦〉「七日來復」與麥麗芝相似，主要參考《周易折中》所引陸振奇之說，以解釋「七」、「日」為陽來之期，而「八」、「月」為陰來之期，「八月」陽衰而陰長，故「八月有凶」。

另一與麥麗芝可堪比較的例子，可見於理雅各對〈晉卦〉六二爻辭中「王母」的理解與翻譯：「晉如愁如，貞吉。受茲介福，于其王母。」《周易折中》明言「王母」指六五一爻，而「六五卦之主，而二應之，故有受福之義」[56]根據《程傳》：「王母」意指祖母，陰之至尊者。而《周易折中》的「案語」言道：「二五相應者也……以陰應陰，則有妣婦之象。不曰母而曰王母者，禮重昭穆，故孫祔於祖，則孫婦祔於祖姑。」[57]《周易折中》進一步比較〈晉卦〉六二及〈小過卦〉六二，〈晉卦〉六二言「王母」，而〈小過卦〉六二則言「妣」。[58]理雅各把「王母」譯為 "the king's mother"，並列出

---

third of them (the smaller Yang). Hence to indicate the period of the coming of what is Yin, we use the phrase, "the eighth month;" and to indicate the period of the coming of what is Yang, we use the phrase, "the seventh day." James Legge, *The Yî King*, pp. 98-99.

55 李光地：《御纂周易折中》，卷九，頁32上。理雅各的注釋："The Khang-hsî editors say that this is the best explanation of the language of the Text that can be given: —'The Yang numbers culminate in 9, the influence then receding and producing the 8 of the smaller Yin. The Yin numbers culminate in 6, and the next advance produces the 7 of the smaller Yang; so that 7 and 8 are the numbers indicating the first birth of what is Yin and what is Yang.' 'If we go to seek,' they add, 'any other explanation of the phraseology of the Text, and such expressions as '3 days,' '3 years,' '10 years,' etc., we make them unintelligible." James Legge, *The Yî King*, p. 99.

56 李光地：《御纂周易折中》，卷五，頁25下。理雅各譯作："the name points us to line 5, the correlate of 2, and 'the lord of the hexagram.'" James Legge, *The Yî King*, p. 133.

57 李光地：《御纂周易折中》，卷五，頁25上。

58 〈小過卦〉六二：「過其祖，遇其妣」《周易折中》〈案〉：「古者重昭穆，故孫則祔于祖，孫婦則祔于祖姑。晉之『王母』，此爻之『妣』，皆謂祖姑也。兩陰相應，故取妣婦相配之象。」李光地：《御纂周易折中》，卷八，頁33下至34上。

了歷史人物，包括周文王的祖母「太姜」、文王的母親「太任」，以及文王的夫人，即武王及周公的母親「太姒」。至於「妣」，理雅各譯為 "deceased mother"。[59]另外，理雅各還參考了一六八六年出版的《新輯易經集解》（*New Digest of Comments on the Yî*），以「柔順之君」來注解〈晉卦〉六二所言之「王母」：「則必為上所寵信而吉，且得受此介福于柔順之君矣。」[60]正如韓子奇的分析，理雅各認為《易經》記載了周朝初年的歷史，此處把「王母」理解為周文王之祖母或母親，甚或是周武王之母親，可算是一以貫之，亦較符合《周易折中》的詮釋角度。反觀上述麥麗芝以羅馬神話中的天后朱諾（Juno）的角度解〈晉卦〉之「王母」，當然是以其「比較神話學」的前設加諸《周易折中》的注釋之上。難怪理雅各對於麥麗芝以「朱諾」解「王母」，評之曰「石破天驚」（very astonishing），毫不掩飾地嗤之以鼻。[61]

　　詮釋〈兌卦〉時，理雅各明言「兌」象徵沼澤或湖泊，其卦德為「悅」，但他承認難以聯繫湖泊的象徵與卦德「悅」的關係。此處他援引《周易折中》解釋卦辭「兌，亨，利貞」的「案語」：「地有積濕，春氣至則潤升於上。人身有血，陽氣盛則腴敷于色，此兌為澤為說之義，蓋說雖緣陰，而所以用陰者陽也。人有柔和之質，而非以忠直之心行之，則失正而入于邪矣，故『利貞』。」[62]並把此段注釋逐字逐句譯為英文。[63]理雅各完全採納了《周

59　James Legge, *The Yi King*, p. 133.

60　萬經輯：《辨志堂新輯易經集解》（西爽堂刻本，康熙丙寅25年[1686]），卷二，頁10下。理雅各譯作："The 'New Digest of Comments on the Yî (1686),' in its paraphrase of the line, has, 'He receives at last this great blessing from the mild and compliant ruler.' " James Legge, *The Yi King*, p. 134.

61　James Legge, *The Yi King*, p. 134.

62　李光地：《御纂周易折中》，卷八，頁11上下。

63　理雅各譯作："When the airs of spring begin to blow, from the collections of water on the earth the moistening vapours rise up (and descend again); so, when the breath of health is vigorous in a man's person, the hue of it is displayed in his complexion. Akin to this is the significance of the hexagram Tui representing a marsh, as denoting pleasure. Although the yin lines give it its special character they owe their power and effect to the yang; so when the qualities of mildness and harmony prevail in a man, without true-heartedness and integrity to

易折中》「案語」的詮釋進路,以地氣升騰潤澤比喻人的血氣運行於身而形於色,進而有喜悅之感(feeling of pleasure)[64]。故此,自然之象與人身之象扣連起來,天道與人道互通為一。

再舉一例,當詮釋〈坎卦‧象傳〉「水流而不盈,行險而不失其信」時,理雅各據《周易折中》參考了明初學者梁寅(1303-1389)的注釋:「『流而不盈』,『時止則止』也。盈而後進,『時行則行』也。坎以能止為信,以能行為功,『時止』『時行』,其君子處險之道與。」[65]另外,詮釋「天險不可升也,地險山川丘陵也,王公設險以守其國,險之時用大矣哉」,理雅各依據《周易折中》之「案語」以「忠、信、禮、義」解釋人如何修德用險:「『習坎』者,練習于艱難之事而無所避,立身之大本也。用險者,自然有嚴峻之象而不可干,……在人則所謂忠信以為甲冑,禮義以為干櫓,皆此意也。」[66]由此可見,理雅各採納《周易折中》以「坎水」喻人之德,尤其君子應效法「水」之「信德」,所流之處遇到接二連三「重習」之險阻,仍無所逃避,無所畏懼,如流水勇往直前。同時,君子亦應發揮「習坎」所含在坎難中「反覆練習」,藉以脫離險境。這是理雅各詮釋易卦時典型的「道德哲學」,強調《易經》作為君子立身修德之南針。此進路更鮮明地反映於理雅各對另一清初易著《日講易經解義》的重視。

---

control and direct them, they will fail to be correct, and may degenerate into what is evil. Hence it is said that it will be advantageous to be firm and correct!" James Legge, *The Yi King*, pp. 193-194.

64 James Legge, *The Yi King*, p. 194.

65 李光地:《御纂周易折中》,卷九,頁46下。理雅各的注釋:"Liang Yin [梁寅] says: 'Water stops at the proper time, and moves at the proper time. Is not this an emblem of the course of the superior man in dealing with danger?' " James Legge, *The Yi King*, p. 237.

66 李光地:《御纂周易折中》,卷九,頁47下。理雅各的注釋:"the Khang-hsî editors say that to exercise one's self in meeting difficulty and peril is the way to establish and strengthen the character, and that the use of such experience is seen in all measures for self-defence, there being no helmet and mail like leal-heartedness and good faith, and no shield and tower like propriety and righteousness." James Legge, *The Yi King*, p. 237.

（二）《日講易經解義》：經世致用之道

　　《日講易經解義》始撰於康熙十九年（1680），成於二十三年（1684），為牛鈕等根據康熙帝之意編纂，由康熙欽定，共十八卷。康熙遵循「崇儒重道」的政策，提出「文教是先」，並親撰《日講易經解義序》，強調《周易》在五經中的崇高地位，以及對修己治人的意義，尤其提出「以經學為治法之意」的命題。《日講易經解義》之作，代表著康熙朝前期的清廷易學水平，其對經世致用的重視，為清廷興文教、安邦治國，鞏固清廷的統治提供理論基礎。[67] 簡承禾亦指出《日講易經解義》表現政治經世，偏重義理。日講官藉經義發揮施政之道，以諫人君。[68] 楊自平對《日講易經解義》的內涵分析詳盡，指出該書將卦象、卦爻辭視為整體，並依各卦所代表的處境，論及處世之道。在義理發揮上，《日講易經解義》兼論扶陽抑陰與陰陽相互為用，一方面提出君子、小人之辨，另方面又提出剛柔並濟，同時為了符合康熙經世致用的要求，故詮釋《易經》以帝王的修身與經世為主線。[69]

　　宏觀來看，「經世致用」乃瀰漫在明清之際思想界的主流及共同精神，顧炎武（1613-1682）、黃宗羲（1610-1695）、王夫之（1619-1692）等大儒皆提倡經世致用，例如顧炎武撰有《日知錄》、《天下郡國利病書》等書，乃建築在史學基礎上的經世著作；黃宗羲亦重「史學經世」，其《明夷待訪錄》評論政治制度，關注治國理民之道，可說是史學實用的典範。[70] 十九世紀中葉以降，晚清政治社會危機日益嚴重，清廷於多次戰爭敗於西方列強手下，經世之學因而重新興起，甚至推而廣之成為濟時救國的學問，例如魏源

67　汪學群：《清初易學》，頁408-409。

68　簡承禾：〈康熙聖裁下的朱子《易》學和算學〉，《新亞學報》第三十二卷（2015年5月），頁279。

69　楊自平：〈從《日講易經解義》論康熙殿堂《易》學的特色〉，《臺大中文學報》第28期（2008年6月），頁93-137；另參楊自平：《世變與學術：明清之際士林〈易〉學與殿堂〈易〉學》，頁325-375。

70　參閱余英時：《中國思想傳統的現代詮釋》（二版）（臺北：聯經出版事業公司，2018年），頁418-431。

（1794-1857）和賀長齡（1785-1848）編撰的《皇朝經世文編》收錄大量政治、外交、經濟、社會等史料，成為晚清經世之學的重要文獻，其經世思想尤重效驗的原則。[71]由此觀之，《日講易經解義》所重的「經世致用」思想，到了晚清時期亦有其處境及實踐意義。

為了籌備《易經》的英譯，理雅各於一八七七年專程託友人從廣州購得《日講易經解義》（共兩冊），該書為二手書，上面有原書主人撰寫的大量筆記、眉批等，理雅各對這些筆記讚賞不已，有助於他解讀不少艱深段落的含意，故對該學者深表謝忱。[72]理雅各坦言《日講易經解義》的注解「往往與我的觀點一致」。[73]茹特（Richard Rutt, 1925-2011）點出理雅各經常援引《日講易經解義》，[74]羅軍鳳亦留意到理雅各翻譯《中國經典》的過程中，對清代帝王御纂經籍（包括《日講易經解義》）表示了極大的肯定。[75]然而，學界尚未深入考察《日講易經解義》對理雅各詮釋及翻譯《易經》的重要性及影響力。為了填補這些研究缺口，筆者搜尋理雅各提及之《日講易經解義》真本，發現其藏於美國紐約公共圖書館（New York Public Library）。[76]筆者曾遠赴該圖書館查閱，這珍貴的文獻有助於我們更深理解理雅各對《易經》的詮釋進路。以下主要以〈謙卦〉、〈艮卦〉及〈鼎卦〉為例，說明《日講易經解義》乃理雅各詮釋《易經》的重要資源。

---

71 參閱劉廣京：《經世思想與新興企業》（臺北：聯經出版事業公司，1990年），頁25-186。

72 James Legge, *The Yi King*, Preface, pp. xx-xxi.

73 "Any sinologist who will examine [the *Daily Lectures*]….will see the agreement between my views and those underlying its paraphrase." James Legge, *The Yi King*, p. xiv.

74 Richard Rutt, *The Book of Changes (Zhouyi): A Bronze Age Document* (London: Routledge, 2002), p. 69.

75 羅軍鳳：〈理雅各的《中國經典》與清代帝王御纂經籍〉，《學術論壇》2013年第8期，頁67-71。

76 除了《周易折中》和《日講易經解義》外，紐約公共圖書館所藏理雅各的易學文獻還包括《周易正義》、《新輯易經集解》、《周易觀象》、《周易備旨》、《周易備旨能解》及《易經索引》等。另外，理雅各曾編纂詳細的《易經索引》，有助其進行《易經》的英譯。《易經索引》亦藏於紐約公共圖書館，見 James Legge, *Jiu jing suo yin* (vol. 6) OVQ92-4333。

1 謙卦䷎：哀人欲、益天理

理雅各翻譯〈謙卦〉時，採用了相當獨特的詮釋進路，取《日講易經解義》的眉批注解：「上下五陰。地之象也。一陽居中。地中有山也。五陰之多。人欲也。一陽之寡。天理也。君子觀此象。哀其人欲之多。益其天理之寡。則廓然大公。自可以稱物平施。無所處而不當也」，[77] 並將之全譯。[78] 簡言之，他把〈謙卦〉的九三唯一陽爻理解為「天理」，而其餘五陰爻為「人欲」，故〈大象傳〉的「哀多益寡」便詮釋為「哀人欲之多，益天理之寡」。這顯然是宋代理學家關注的核心議題。宋代理學家多重「理欲之辨」；至於「存天理去人欲」乃程頤的重要主張，他在注釋《論理‧顏淵》「克己復禮」時指出：「視聽言動，非禮不為，即是禮，禮即是理也。不是天理，便是私欲。入於私欲，雖有意於為善，亦是非禮，無人欲即皆天理。」[79] 他認為無人欲則皆天理，蔽於人欲則天理亡，故把「天理」與「人欲」視為兩個對立而互不妥協的概念，並主張竭力去除人欲，保存天理。

誠然，「天理人欲」的主題頗受理雅各關注，常見於若干卦義的詮釋之中。例如詮釋〈夬卦‧象傳〉「利有攸往，剛長乃終」時，理雅各據《周易折中》徵引了元代易學家胡炳文（1250-1333）：「小人有一人之未去，猶足為君子之憂。人欲有一分之未盡，猶足為天理之累。必至于純陽為乾，方為『剛長乃終』也。」[80] 澤天〈夬〉乃一陰五陽之卦，按陰陽消息之理，下五

77　牛鈕等：《日講易經解義》（紐約公共圖書館藏本），卷五，頁5上。

78　理雅各譯作："The five yin lines above and below symbolize the earth; the one yang line in the centre is "the mountain in the midst of the earth." The many yin lines represent men's desires; the one yang line, heavenly principle. The superior man, looking at this symbolism, diminishes the multitude of human desires within him, and increases the single shoot of heavenly principle; so does he become grandly just, and can deal with all things evenly according to the nature of each. In whatever circumstances or place he is, he will do what is right." James Legge, *The Yi King*, p. 287.

79　見朱熹：《論孟精義》，收入《四庫全書》（第198冊）（上海：上海古籍出版社，1987年），頁266上。

80　李光地：《御纂周易折中》，卷十，頁19下。理雅各譯作："Hu Ping-wan (Yuan dynasty)

陽（天理）將要決去上六一陰（人欲），「剛長乃終」便是純陽無陰之〈乾卦〉，人欲盡滅而天理盡顯。另外，理雅各多次引用程頤加以闡述「天理」的思想，例如釋〈夬卦・小象〉上六，據《周易折中》引程頤：「蓋人心一有所欲，則離道矣。」[81]同樣，理雅各注釋〈萃卦・彖傳〉：「利有攸往，順天命也」時，據《周易折中》引程頤：「故『利有攸往』，皆天理然也。故云『順天命也』。」[82]由是觀之，理雅各十分重視程頤「存天理去人欲」的主張。

　　詮釋〈艮卦〉時，理雅各亦採取「天理人欲」的角度，[83]這亦是《日講易經解義》對〈艮卦〉的主要詮釋進路：「君子動靜，皆得其所止也。……人惟不知所止，往往內蔽於己私，外奪於物欲。……縱耳目口鼻之欲，為五身不能無，終不得而累之也。」[84]理雅各在注釋中所言之 "selfish thoughts" 及 "external objects"，很大機會參照了《日講易經解義》「內蔽於己私，外奪於物欲」之義。理雅各詮釋《易經》，經常採取「以經解經」的進路，尤其常用其他儒家經典與易理互相發明。由於他出版《易經》英譯本之前，已經完成並出版「四書」及其餘四經的英譯，對他而言「以經解經」可謂得心應

says: —'If but a single small man be left, he is sufficient to make the superior man anxious; if but a single inordinate desire be left in the mind, that is sufficient to disturb the harmony of heavenly principles. The eradication in both cases must be complete, before the labour is ended.' " James Legge, *The Yi King*, p. 249.

81　李光地：《御纂周易折中》，卷十二，頁30上。理雅各譯作："'If a man,' says [Chengzi], 'cherish a single illicit desire in his mind, he has left the right way.' " James Legge, *The Yi King*, p. 321.

82　李光地：《御纂周易折中》，卷十，頁22上。理雅各譯作："'the ordinances of Heaven' [天命] are simply the natural and practical outcome of 'heavenly principle;' —in this case what should and may be done according to the conditions and requirements of the time." James Legge, *The Yi King*, p. 251.

83　理雅各的注釋："As the name of the figure, it denotes the mental characteristic of resting in what is right; especially resting…'in principle,' — that which is right….resting in principle, free from the intrusion of selfish thoughts and external objects….does not allow himself to be distracted from the contemplation and following of principle….he maintains a supreme regard of principle, when alone, and when mingling with others." James Legge, *The Yi King*, p. 177.

84　牛鈕等：《日講易經解義》，卷十二，頁14上下。

手。詮釋〈艮卦〉時，理雅各表面上並未直接引用《日講易經解義》，但從他引用《中庸》及《大學》來闡述〈艮卦〉之卦義，[85]可證他參照了《日講易經解義》，因此乃同為《日講易經解義》的詮釋進路。《日講易經解義》詮釋〈艮卦‧大象〉「兼山艮，君子以思不出其位」時，化用了《中庸》第十四章之義：「君子即其所居之位而思之，如君臣父子，則各盡其道；富貴貧賤，則各行其素。」[86]同時又引用了《大學》第三章之意：「《大學》言止仁、止敬、止慈、止孝、止信，視之似乎庸常而欲窮其理。」[87]還值得一提的是，理雅各在〈艮卦〉引用《中庸》以經解經時，並非參照《周易折中》，因為《周易折中》釋〈艮卦〉卦辭時，在「集說」部分引用了南宋學者郭雍（1091-1187）曰：「《中庸》曰：喜怒哀樂之未發謂之中，艮之為止，其在茲時乎。」[88]此乃《中庸》第一章，而非理雅各根據《日講易經解義》所引之第十四章。職是之故，理雅各因參考了其《日講易經解義》版本的眉批，而為〈謙卦〉之五陰一陽賦予了獨特的詮釋——哀人欲之多，益天理之寡，而「存天理去人欲」的主題亦貫穿諸卦，這凸顯了儒家修己的「內聖」功夫，而「內聖」乃「外王」（安邦治國）的前提及基礎。

2 鼎卦☲☴：虛中下賢

　　理雅各詮釋〈鼎卦〉時，則把重點放在「外王」及「經世」的主題上。

---

85 "We find this treated of in the Great Learning (Commentary, chapter 3), and in the Doctrine of the Mean, chapter 14, and other places." James Legge, *The Yi King*, p. 177.

86 牛鈕等：《日講易經解義》，卷十二，頁17下。此段典出《中庸》第十四章「君子素其位而行，不願乎其外。素富貴，行乎富貴；素貧賤，行乎貧賤；素夷狄，行乎夷狄；素患難，行乎患難；君子無入而不自得焉。」見朱熹：《四書章句集注》（第二版）（北京：中華書局，2012年），頁24。

87 牛鈕等：《日講易經解義》，卷十二，頁18上。此段典出《大學》第三章：「《詩》云：『邦畿千里，惟民所止。』《詩》云：『緡蠻黃鳥，止于丘隅。』子曰：『於止，知其所止，可以人而不如鳥乎！』《詩》云：『穆穆文王，於緝熙敬止！』為人君，止於仁；為人臣，止於敬；為人子，止於孝；為人父，止於慈；與國人交，止於信。」見朱熹：《四書章句集注》，頁5。

88 李光地：《御纂周易折中》，卷七，頁26上。

理雅各尤重六五之陰爻；闡釋六五爻辭「鼎黃耳，金鉉，利貞。象曰：鼎黃耳，中以為實也」時，徵引了《日講易經解義》的注釋：「此一爻是美人君以虛中之德下賢也。五于象為耳，而有中德，故云黃耳。金，堅剛之物。鉉，謂貫耳以舉鼎者。周公繫鼎五爻曰：六五虛中而應九二之堅剛，是純德之君而又得賢臣以助之。……然必任賢之誠，始終勿移，以底於貞固焉。」[89]理雅各在此爻的注釋中指出，鼎卦六五爻辭讚譽君主以「虛中之德下賢」，而「黃」在《易經》被多次指為「正色」，至於此爻中所指的「黃耳」及「金鉉」，目的是加強大家對居五位之君的讚賞。然而，正因該爻為陰爻，給人君引以為戒：「中以為實」，意指持守「中正」之德。[90]六五之陰既是柔得尊位之君，九二之陽則是剛健之賢臣，此爻為陰陽正應，象徵人君以謙德居於天位，而為求有效統治國家，人君有賴「養聖賢」[91]、「禮賢下士」，賢者得以盡其才，從而君臣合德，共舉作為國家象徵的「鼎器」之重。由此可見，理雅各突出〈鼎卦〉六五爻所象徵的「虛中下賢」之君，緊扣著《日講易經解義》「經世致用」的核心思想。

四　結語

　　本文比較研究了晚清時期基督新教傳教士麥麗芝及理雅各對《易經》的英譯及詮釋。麥麗芝以十九世紀於歐洲興起的「比較神話學」為前設，藉以詮釋《易經》的來源、宇宙觀、鬼神觀等，從基督教的角度把《易經》看為異教經典。他認為中國的原始信仰與近東、印度、古希臘羅馬等地的宗教神話類同，又認為《易經》中的陽爻和陰爻是源自生殖器的崇拜。這與中國歷

89　牛鈕等：《日講易經解義》，卷十二，頁56下。

90　"'Paragraph 5,' says the Daily Lecture, 'praises the ruler as condescending to the worthy with his humble virtue.' 'Yellow' has occurred repeatedly as 'a correct colour;' and here 'the yellow ears and strong rings of metal' are intended to intensify our appreciation of the occupant of 5. As the line is divided, a caution is added about being firm and correct." James Legge, *The Yi King*, p. 173.

91　〈鼎卦・象傳〉曰：「聖人亨以享上帝，而大亨以養聖賢。」

代詮釋《易經》的向度迥然不同，甚至與儒家的根本思想產生矛盾，漠視了不同民族文化各自的獨特性。吳禮敬指這是「基督教文化優越感的反映和東方主義思想的體現。」[92]麥麗芝驚人的觀點引起當時大部分傳教士及漢學家的猛烈批評和藐視，致使他的《易經》英譯本被冷待忽略，終被後來理雅各譯本的光芒掩蓋。然而，麥麗芝把《易經》引進英語世界的開創之功不可抹滅，其譯本見證比較宗教學及比較神話學的發軔，雖難免帶有東方主義的色彩，但畢竟促進了不同宗教文化之間的交流，亦為傳統易學注入全新的血液，甚至成為二十世紀初以「生殖器崇拜」解《易》進路的前奏。[93]麥麗芝於十九世紀末也有難得的知音，曾任上海皇家亞洲文會（The North China Branch of the Royal Asiatic Society）會長的金斯密（Thomas W. Kingsmill）認為，麥麗芝具備譯者應有的眾多最有價值的素質，若不考慮其「古物研究主義」（antiquarianisms），其《易經》英譯本乃迄今「最學術及通順的版本」（most scholarly and idiomatic version）。[94]

　　相對於麥麗芝的神話進路，理雅各對《易經》的詮釋可說大相逕庭。理雅各的英譯本收入穆勒主編的《東方聖書》（*The Sacred Books of the East*）系列的「中國聖書」（Sacred Books of China），其作為儒家「聖典」的地位毋庸置疑。基於信奉「上帝」對不同民族有「普遍啟示」的神學觀，理雅各認為基督教思想和儒家思想基本上並行不悖，而四書五經之中的「帝」與「上帝」，就是「我們的上帝」、也是「起初創天造地的上帝」。[95]他亦認為「在儒家學說之中，『天』（T'ien 或 Heaven）這個字確實經常地與『帝』（Ti 或 God）這個字相替換使用；但對於『天』的這種使用，甚至在新約

---

92 吳禮敬：《英語世界〈易經〉詮釋的範式轉變》，頁91。

93 例如郭沫若指出：「八卦的根底很鮮明地我們可以看出是古代生殖器崇拜的孑遺。畫一以像男根，分而為二以象女陰。」參閱杜衍〔郭沫若〕：〈周易的時代背景與精神生活〉，《東方雜誌》第25卷第21號（1928年11月10日），頁74。

94 T. W. K. [Thomas W. Kingsmill], "In Memoriam [of Rev. Canon McClatchie]," p. 100.

95 James Legge, *Confucianism in Relation to Christianity: A Paper Read before the Missionary Conference in Shanghai on May 11th 1877* (Shanghai: Kelly & Walsh, 1877), p. 3.

聖經之中，也不是沒有先例。」[96]這基本上與明末清初耶穌會士的「文化適應」策略相類似，契合了「耶儒會通」的思路。再者，理雅各認同儒家的道德哲學，指《易經》一方面記載了周初歷史，尤其強調周文王和周公等儒家聖賢的道統，另方面諸卦之義理亦是君子進德修業之南針。由是觀之，理雅各之詮釋《易經》進路既是站在儒家義理的主流，同時從傳教士的立場為《易經》加入基督教色彩，轉化了經中「天」、「帝」及「上帝」等關鍵詞的內涵，從中國本土的神名變為跨文化之「普世上帝」（Universal God）。[97]從比較宗教學的角度來看，理雅各雖然得出與麥麗芝截然不同的結論，但兩人身處同一時代，同樣受穆勒等比較宗教學家的影響，故兩人所採取的比較詮釋進路其實有異曲同工之處。

另一方面，本文考察兩位傳教士在翻譯過程中所參考的易學資源，把兩部英譯本置於清代易學的語境脈絡之中，追溯相關著作及思想對他們的影響。即使兩人各有側重，各取所需，《周易折中》作為清廷易學大成之作，成為麥麗芝及理雅各共同參考的易學資源，例如主導了兩人對「七日」、「八月」、乾坤之數等基礎概念的理解。至於另一重要文本《日講易經解義》則僅獲理雅各垂青，卻並未進入麥麗芝的視野，至少在其譯本及著作中從未提及。當然，理雅各因緣際會購得充滿注釋的舊冊，也許麥麗芝未曾接觸《日講易經解義》。更重要的是，這與兩位傳教士對《易經》的定位及詮釋進路密不可分。麥麗芝對《易經》立身修德之面向顯然絲毫不感興趣，理雅各卻不然，故對《日講易經解義》推崇備至，尤強調其中「存天理去人欲」、「虛中下賢」等修齊治平的思想，凸顯儒家「內聖外王」、「經世致用」等核心思想。如上文所述，清初「經世致用」的思想主流在晚清重新興起，故清初《日講易經解義》中經世致用的主題於晚清同樣有其時代意義，或許這也是理雅各於晚清時期翻譯《易經》如此推崇《日講易經解義》的原因之一。

---

96 Ibid., p. 4.

97 I-Hsin Chen, "From God's Chinese Names to a Cross-cultural Universal God: James Legge's Intertextual Theology in his Translation of *Tian*, *Di* and *Shangdi*," *Translation Studies* 9.3 (2016): 268-281. 另參潘鳳娟：〈郊社之禮，所以事上帝也：理雅各與比較宗教脈絡中的《孝經》翻譯〉，《漢語基督教學術論評》第12期（2011年12月），頁129-158。

參考文獻

一 傳統文獻

〔宋〕朱熹：《論孟精義》，收入《四庫全書》（第198冊），上海：上海古籍
　　　出版社，1987年。

〔宋〕朱熹撰，廖名春點校：《周易本義》，北京：中華書局，2009年。

〔宋〕朱熹：《四書章句集注》（第二版），北京：中華書局，2012年。

〔清〕牛鈕等：《日講易經解義》（紐約公共圖書館藏本）。

〔清〕李光地：《御纂周易折中》，北京：武英殿，清康熙54年（1715）。

〔清〕萬經輯：《辨志堂新輯易經集解》，西爽堂刻本，康熙丙寅25年（1686）。

Legge, James, *Confucianism in Relation to Christianity: A Paper Read before the Missionary Conference in Shanghai on May 11th 1877* (Shanghai: Kelly & Walsh, 1877).

Legge, James, *The Yi King* (The Sacred Books of the East; Vol. XVI) (Oxford: Clarendon Press, 1882).

Legge, James, *The Chinese Classics: With a Translation, Critical and Exegetical Notes, Prolegomena, and Copious Indexes* (5 vols.) (Hong Kong: Hong Kong University Press, 1960).

McClatchie, Thomas, *Confucian Cosmogony: A Translation of Section Forty-Nine of the "Complete Works" of the Philosopher Choo-Foo-Tze, with Explanatory Notes* (Shanghai: American Presbyterian Mission Press, 1874).

McClatchie, Thomas, *A Translation of the Confucian* 易經 *[Yih King], or the "Classic of Change"* (Shanghai: American Presbyterian Mission Press, 1876).

McClatchie, Thomas "Phallic Worship," *The China Review* 4 (1876): 257-261.

McClatchie, Thomas, "The Term for 'God' in Chinese," *The Chinese Recorder and Missionary Journal* 7.1 (Jan-Feb 1876): 60-63.

McClatchie, Canon, "Tomb of Chow Lëen-ke," *The Chinese Recorder and Missionary Journal* (May-June 1876): 207-210.

Smith, George, *A Narrative of an Exploratory Visit to Each of the Consular Cities of China, and to the Islands of Hongkong and Chusan: In Behalf of the Church Missionary Society, in the Years 1844, 1845, 1846* (London: Seeley, Burnside, & Seeley, 1847).

T. W. K. [Thomas W. Kingsmill], "In Memoriam [of Rev. Canon McClatchie]," *Journal of the China Branch of the Royal Asiatic Society* 20 (1885): 99-100.

二　近人論著

朱維錚主編:《利瑪竇中文著譯集》,香港:香港城市大學出版社,2001年。

余英時:《中國思想傳統的現代詮釋》(二版),臺北:聯經出版事業公司,2018年。

李偉榮:〈麥麗芝牧師與英語世界第一部《易經》譯本:一個歷史視角〉,《中外文化與文論》2013年第3期,頁11-23。

李偉榮:〈理雅各英譯《易經》及其易學思想述評〉,《湖南大學學報(社會社學版)》第30卷第2期(2016年3月),頁126-132。

李奭學:《譯述:明末耶穌會翻譯文學論》,香港:香港中文大學出版社,2012年。

李奭學:〈「耶穌不滅孔子,孔子倒成全於耶穌」——試論馬若瑟著《儒交信》〉,《道風:基督教文化評論》第46期(2017年春),頁27-73。

吳禮敬:《英語世界〈易經〉詮釋的範式轉變》,北京外國語大學博士論文,2017年。

吳禮敬、韓子奇：〈英語世界認識《易經》的三個階段〉，《翻譯界》（2018），
　　　頁4-20。

杜衎（郭沫若）：〈周易的時代背景與精神生活〉，《東方雜誌》第25卷第21號
　　　（1928年11月10日），頁73-93。

汪學群：《清初易學》，北京：商務印書館，2004年。

香港聖公會檔案館編：《香港聖公會檔案館2019年度通訊》，香港：香港聖公
　　　會檔案館，2019年。

黃光域編：《近代中國專名翻譯詞典》，成都：四川人民出版社，2001年。

楊自平：〈從《日講易經解義》論康熙殿堂《易》學的特色〉，《臺大中文學
　　　報》第28期（2008年6月），頁93-137。

楊自平：《世變與學術：明清之際士林〈易〉學與殿堂〈易〉學》，臺北：臺
　　　灣大學出版中心，2012年。

潘鳳娟：〈郊社之禮，所以事上帝也：理雅各與比較宗教脈絡中的《孝經》
　　　翻譯〉，《漢語基督教學術論評》第12期（2011年12月），頁129-
　　　158。

劉大均：〈讀《周易折中》〉，《周易研究》1997年第2期，頁10-19。

劉廣京：《經世思想與新興企業》，臺北：聯經出版事業公司，1990年。

簡承禾：〈康熙聖裁下的朱子《易》學和算學〉，《新亞學報》第32卷（2015
　　　年5月），頁271-322。

羅軍鳳：〈理雅各的《中國經典》與清代帝王御纂經籍〉，《學術論壇》2013
　　　年第8期，頁67-71。

蘇　精：《鑄以代刻：傳教士與中文印刷變局》，臺北：臺灣大學出版中心，
　　　2014年。

Chen, I-Hsin, "From God's Chinese Names to a Cross-cultural Universal God:
　　　James Legge's Intertextual Theology in his Translation of *Tian*, *Di* and
　　　Shangdi," *Translation Studies* 9.3 (2016): 268-281.

Girardot, Norman J., *The Victorian Translation of China: James Legge's Oriental
　　　Pilgrimage* (Berkeley: University of California Press, 2002).

Hon, Tze-ki, "Constancy in Change: A Comparison of James Legge's and Richard Wilhelm's Interpretations of the *Yijing*," *Monumenta Serica* 53 (2005): 315-336.

Lai, John Tsz-pang, "Thomas McClatchie's Mythological Interpretation of the *Yijing*," in Benjamin Wai-ming Ng ed., *The Making of the Global* Yijing *in the Modern World: Cross-cultural Interpretations and Interactions* (Singapore: Springer, 2021), pp. 107-121.

Pfister, Lauren F., *Striving for the "Whole Duty of Man: James Legge and the Scottish Protestant Encounter with China; Assessing Confluences in Scottish Nonconformism, Chinese Missionary Scholarship, Victorian Sinology, and Chinese Protestantism* (Frankfurt am Main; New York: Peter Lang, 2004).

Rutt, Richard, *The Book of Changes (Zhouyi): A Bronze Age Document* (London: Routledge, 2002).

Smith, Richard J., *The I Ching: A Biography* (Princeton: Princeton University Press, 2012).

Smith, Richard J., "How the Book of Changes Arrived in the West," *New England Review* 33.1 (2012): 25-41.

周鼎珩教授易學國際學術研討會議程表

東吳大學中國文學系　　　　　　　　周鼎珩教授易學國際學術研討會

【場地 A：普仁堂（R0101）】議程　　　　　　　　　　　＊星號者為【視訊】

場次	時間	議　　程		
		2021 年 11 月 26 日（星期五）		
1A	09:00-09:20	報　　到		
	09:20-09:30	開　幕　式		
	09:30-11:00	緬懷周鼎珩教授		
		主持人	周　師　弟　子	
		侯淑娟（東吳）	林鴻基　亞東聯合會計師事務所 陳素素　東吳大學中國文學系 陳永銓　國立臺北護理健康大學 樊楚才　財團法人千代文教基金會 盧博一　美國賓夕法尼亞大學口腔頜面外科學系	
	11:00-11:10	休　　息		
	11:10-12:00	演講人	專　題　演　講	
		鄭吉雄＊（香港教大）	《易經》的東亞植根與全球遊歷	
	12:00-13:10	午　　餐		
2A		主持人	發表人	論　文　題　目	特約討論
	13:10-14:50	孫劍秋（北教大）	曾春海（文化）	評比《易傳》與《老子》的幸福觀	趙中偉（輔大）
			楊自平（中央）	論明代楊爵明心窮理，知行並重之治《易》特色	孫劍秋（北教大）
			陳威瑨（臺大）	河田孝成《周易新疏》初探	張文朝＊（文哲所）
			羅聖堡（臺大）	戴璉璋《周易經傳疏解》之詮釋特點	張文朝＊（文哲所）
	14:50-15:10	茶　　敘		
3A	15:10-17:10	黃忠天（清大）	劉正（國際考古學暨歷史語言學學會）	20 世紀日本和英美的《周易》研究綜述	賴貴三（臺師大）
			許維萍（淡江）	耶穌會士的讀《易》清單——以上海徐家匯藏書樓的《易》學著作為中心	陳恆嵩（東吳）
			張麗麗＊（中國社科院）	西方易學研究發展的四個階段——以「易經」的性質為中心	許維萍（淡江）
			王詩評（臺藝大）	鮑雲龍《天原發微》的易學思想	蕭登福（臺中科大）
			賴貴三（臺師大）	臺灣先儒黃敬《易經初學義類》史事解《易》析論	黃忠天（清大）
	閉幕式（17:15-17:30）			
	晚　　宴			

【場地 B：戴氏基金會會議室（R0112）】議程　　　　　　　　　＊星號者為【視訊】

場次	2021 年 11 月 26 日（星期五）			
	時間	議　　　　程		
	主持人	發表人	論　文　題　目	特約討論
2B	金培懿 （臺師大） 13:10-14:50	林忠軍＊ （山東大學）	漢代天人之學與《易緯》的「身體哲學」	陳麗桂 （臺師大）
		金演宰＊ （韓國公州大學）	從憂患的敘事看《周易》之聖人史觀與可持續性的文明世界——著重歷史精神的境界	林安梧 （慈濟）
		舘野正美＊ （日本大學）	易哲学の医学哲学的解析——体用一源の哲学体系	金培懿 （臺師大）
		陳明彪＊ （馬來西亞優大）	論清儒劉沅《周易恆解》中易學觀點舉隅	黃忠天 （清大）
	14:50-15:10	茶　　　　敘		
3B	陳福濱 （輔大） 15:10-17:10	趙中偉 （輔大）	君子如何成其大？——以「四大卦」為例	曾春海 （文化）
		吳進安 （雲科大）	易有聖人之道四焉探析	陳福濱 （輔大）
		陳睿宏 （政大）	《易》與《洪範》之會通——論熊宗立《洪範九疇數解》「範數」之說	楊自平 （中央）
		黃乾殷 （高師大）	劉牧、邵雍與周敦頤對《易經》宇宙論的詮釋比較	陳睿宏 （政大）
		黎子鵬＊ （香港中文大學）	易學資源及詮釋進路：晚清傳教士麥麗芝與理雅各《易經》英譯本的比較	鄭吉雄＊ （香港教大）
	閉幕式（17:15-17:30）			
	晚　　　　宴			

【說明】每篇論文發表時間12分鐘，特約討論人8分鐘，餘為綜合討論及提問時間。

本大會保留議程修改權利。

周鼎珩教授易學國際學術研討會論文集

主　　編　陳素素、侯淑娟

責任編輯　呂玉姍

特約校對　林秋芬

發 行 人　侯淑娟

出 版 者　東吳大學中國文學系

地　　址　臺北市士林區臨溪路 70 號

電　　話　(02)28819471

編 輯 所　萬卷樓圖書股份有限公司

　　　　　臺北市羅斯福路二段 41 號 6 樓之 3

　　　　　電話 (02)23216565

　　　　　傳真 (02)23218698

發　　行　萬卷樓圖書股份有限公司

　　　　　臺北市羅斯福路二段 41 號 6 樓之 3

　　　　　電話 (02)23216565

　　　　　傳真 (02)23218698

　　　　　電郵 SERVICE@WANJUAN.COM.TW

香港經銷　香港聯合書刊物流有限公司

　　　　　電話 (852)21502100

　　　　　傳真 (852)23560735

ISBN 978-626-95224-2-2

2022 年 10 月初版

定價：新臺幣 880 元

如何購買本書：

1. 劃撥購書，請透過以下郵政劃撥帳號：

   帳號：15624015

   戶名：萬卷樓圖書股份有限公司

2. 轉帳購書，請透過以下帳戶

   合作金庫銀行　古亭分行

   戶名：萬卷樓圖書股份有限公司

   帳號：0877717092596

3. 網路購書，請透過萬卷樓網站

   網址 WWW.WANJUAN.COM.TW

大量購書，請直接聯繫我們，將有專人為您服務。客服：(02)23216565 分機 610

如有缺頁、破損或裝訂錯誤，請寄回更換

國家圖書館出版品預行編目資料

周鼎珩教授易學國際學術研討會論文集/陳素素、侯淑娟主編.-- 初版.-- 臺北市：東吳大學中國文學系出版：萬卷樓圖書股份有限公司發行, 2022.10

　　面；　　公分.-- (學術論文集叢書)

ISBN 978-626-95224-2-2(平裝)

1.CST: 易經　2.CST: 易學　3.CST: 研究考訂

4.CST: 文集

121.1707　　　　　　　　　　111008906